Hartmut Meine, Hilde Wagner (Hrsg.)

Handbuch Arbeitszeit

Hartmut Meine
Hilde Wagner (Hrsg.)

Handbuch Arbeitszeit

Manteltarifverträge im Betrieb

2., aktualisierte Auflage

Autorinnen und Autoren:

Andrea Fergen
Jörg Köhlinger
Hartmut Meine
Kay Ohl
Elke Schulte-Meine
Dirk Schumann
Stephan Vetter
Hilde Wagner
Gerhard Wick

BUND
VERLAG

Bibliografische Information Der Deutschen Nationalbibliothek
Die Deutsche Nationalbibliothek verzeichnet diese Publikation in der Deutschen Nationalbibliografie; detaillierte bibliografische Daten sind im Internet über http://dnb.d-nb.de abrufbar.

2., aktualisierte Auflage 2016

Herstellung: Kerstin Wilke
Umschlag: Ute Weber, Geretsried
Umschlagmotiv: © Stauke – fotolia.com
Satz: Satzbetrieb Schäper Bonn
Druck und Bindung: Druckerei C.H. Beck, Nördlingen
Printed in Germany 2016
ISBN 978-3-7663-6499-9

www.bund-verlag.de

Vorbemerkung der Herausgeber

»Wem gehört die Zeit?« Wie lassen sich gute Arbeitszeitregelungen und sozial- und gesundheitsverträgliche Arbeitszeiten im Betrieb durchsetzen? Welche Instrumente gibt es und was bieten Tarifverträge dafür? Um diese Fragen geht es in diesem Handbuch.
Das »Handbuch Arbeitszeit« richtet sich in erster Linie an Betriebsratsmitglieder, Vertrauensleute und Gewerkschaftsmitglieder. Es versteht sich als praktische Arbeitshilfe bei der Anwendung der vorhandenen Tarifverträge.
Der Schwerpunkt liegt dabei auf den Regelungen zur Arbeitszeit und zu den allgemeinen Arbeitsbedingungen in den Manteltarifverträgen der Metall- und Elektroindustrie. Soweit andere Tarifverträge oder gesetzliche und betriebsverfassungsrechtliche Regelungen die Gestaltung der Arbeitszeit berühren, werden auch diese im vorliegenden Band behandelt oder erwähnt. Arbeitszeit ist ein Bestandteil der allgemeinen Arbeitsbedingungen, die durch die Regelungen der Tarifvertragsparteien stärker geprägt werden als durch Gesetze, Verordnungen oder einzelvertragliche Abreden. Welche Zusammenhänge zwischen den Manteltarifverträgen und den allgemeinen Grundsätzen des Arbeitsrechts bestehen, wird in diesem Handbuch ebenfalls behandelt. Dem Handbuch Arbeit – Entgelt – Leistung (Meine u.a. 2011) kann ergänzend entnommen werden, wie viel Entgelt für welche Arbeitszeit, welche Arbeitsanforderungen und welche Leistung aufgrund welcher Regelungen zu erwarten ist.
Das »Handbuch Arbeitszeit« ist nicht dazu gedacht, am Stück gelesen zu werden. Es ist ein Nachschlagewerk für diejenigen, die in der betrieblichen Praxis nach Rüstzeug für eine gute Gestaltung der Arbeitszeit und der allgemeinen Arbeitsbedingungen suchen. Es liefert im Kern einen Überblick über die in den Manteltarifverträgen enthaltenen Regelungsbereiche und gibt Hinweise, wie die Bestimmungen in der Praxis zu interpretieren und anzuwenden sind. Dabei werden an mehreren Stellen auch »Fragen aus der Praxis« aufgegriffen und besprochen. Das Handbuch zeigt damit an vielen Stellen auf, wie die tariflichen Schutz- und Gestaltungsrechte im Betrieb im Interesse der Beschäftigten genutzt werden können.
Den Text haben wir zur besseren Verständlichkeit mit besonderen Hervorhebungen für tarifliche Regelungen und Rechtsvorschriften versehen.
Bei der Benennung der Tarifverträge sind im Text jeweils nur die Kurzbezeichnungen angegeben, ihre Bedeutung kann dem Abkürzungsverzeichnis entnommen werden. Soweit es sich um Tarifverträge der Metall- und Elektro-

industrie handelt, wurde auf die Angabe der Branche verzichtet. Auch bei den Quellenangaben sind im Text zunächst nur die Autorinnen und Autoren mit der Jahreszahl der Veröffentlichung und Seitenzahl (bei Zitaten) vermerkt, im Literaturverzeichnis ist die ausführliche Quellenangabe zu finden.

Dieses Handbuch konnte nur durch langjährige Erfahrung und praktische Arbeit im Funktionsbereich Tarifpolitik beim Vorstand der IG Metall, den Bezirksleitungen der IG Metall und dem tarifpolitischen Schwerpunkt des Bildungszentrums Sprockhövel entstehen. Wir danken allen Kolleginnen und Kollegen, die zu dieser Arbeit beigetragen haben. Einige Passagen dieses Handbuches orientieren sich an Kapiteln des »Handbuchs Manteltarifverträge« (vgl. Ohl u.a. 2000). Hierzu danken wir den dort genannten Autorinnen und Autoren für ihr Einverständnis, einzelne Textpassagen übernehmen zu können. Letztendlich ist ein solches Handbuch immer nur durch gemeinsame Arbeit und Diskussion, auch mit den ehrenamtlichen Kolleginnen und Kollegen vor Ort, möglich. Unser Dank gilt auch den Kolleginnen und Kollegen, die die Gestaltung übernahmen, ohne die das Erscheinen eines solchen Buches unmöglich ist – vor allem Myriam Haug und Christiane Hornhardt.

In der vorliegenden 2. Auflage wurden die neuen Tarifverträge zur Altersteilzeit (TV FlexÜ) und zur Bildungsteilzeit berücksichtigt. Außerdem wurden aktuelle Entwicklungen bei den Themen Vereinbarkeit, Tarifeinheit und Urlaubsanspruch eingearbeitet.

Wir hoffen natürlich, dass auch die 2. Auflage dieses Handbuchs in den Betrieben breit genutzt wird. Wir wünschen uns vor allem aber auch Kritik, Anregungen, Ergänzungsvorschläge und Beispiele, damit diese Handlungshilfe in einem lebendigen Dialog weiterentwickelt werden kann.

Hartmut Meine
Hilde Wagner

Inhaltsübersicht

Inhaltsverzeichnis

Abkürzungsverzeichnis

Abs.	Absatz
AEntG	Arbeitnehmer-Entsendegesetz
AFG	Arbeitsförderungsgesetz
AG	Aktiengesellschaft
AiB	Arbeitsrecht im Betrieb (Zeitschrift)
AltTZG	Altersteilzeitgesetz
AN	Arbeitnehmer
ArbG	Arbeitsgericht
ArbPlSchG	Arbeitsplatzschutzgesetz
ArbSchG	Arbeitsschutzgesetz
ArbZG	Arbeitszeitgesetz
Art.	Artikel
AT	außertariflich
ATZ	Altersteilzeit
AuR	Arbeit und Recht (Zeitschrift)
AVE	Allgemeinverbindlicherklärung
AVWL	Altersvorsorgewirksame Leistungen
Az.	Aktenzeichen
AZG	Arbeitszeitgesetz
AZO	Arbeitszeitordnung
AZV	Arbeitszeitverkürzung
BA	Bundesagentur für Arbeit
BAG	Bundesarbeitsgericht
BAGE	Entscheidungssammlung des Bundesarbeitsgerichts
BBiG	Berufsbildungsgesetz
BEEG	Bundeselterngeld- und Elternzeitgesetz
Bd.	Band
BDA	Bundesvereinigung der Deutschen Arbeitgeberverbände e. V.
BDI	Bundesverband der Deutschen Industrie e. V.
BetrVG	Betriebsverfassungsgesetz
BGB	Bürgerliches Gesetzbuch
BMF	Bundesministerium der Finanzen
BMTV	Bundesmontagetarifvertrag
BNZ	Betriebsnutzungszeit

BUrlG	Bundesurlaubsgesetz
BV	Betriebsvereinbarung
BVerfG	Bundesverfassungsgericht
BYOD	Bring Your Own Device
bzw.	beziehungsweise
ca.	circa
CDU	Christlich-demokratische Union
CGM	Christliche Gewerkschaft Metall
CSU	Christlich Soziale Union
d.	der
DGB	Deutscher Gewerkschaftsbund
d. h.	das heißt
DMV	Deutscher Metallarbeiterverband
EFZG	Entgeltfortzahlungsgesetz
EG	Europäische Gemeinschaft
EMTV	Einheitlicher Manteltarifvertrag
ERA-TV	Entgelt-Rahmentarifvertrag
ERA-MTV	Manteltarifvertrag auf Basis von ERA
EStG	Einkommensteuergesetz
etc.	et cetera
EU	Europäische Union
EuGH	Europäischer Gerichtshof
evtl.	eventuell
EWG	Europäische Wirtschaftsgemeinschaft
f.	folgende
ff.	fortfolgende
FDP	Freie Demokratische Partei Deutschlands
FPflZG	Familienpflegezeitgesetz
FSN	Früh-Spät-Nacht
gem.	gemäß
GG	Grundgesetz
ggf.	gegebenenfalls
GmbH	Gesellschaft mit beschränkter Haftung
HS	Halbsatz
i. d. F.	in der Fassung
IG	Interessengemeinschaft
IG BCE	IG Bergbau, Chemie, Energie
InsO	Insolvenzordnung

IAQ	Institut Arbeit und Qualifikation
IRWAZ	Individuelle regelmäßige wöchentliche Arbeitszeit
iSd.	im Sinne des
IT	Informationstechnologie
iVm.	in Verbindung mit
J.	Jahr/en
JArbSchG	Jugendarbeitsschutzgesetz
JAV	Jugend- und Auszubildendenvertretung
KFZ	Kraftfahrzeug
KSchG	Kündigungsschutzgesetz
KuG	Kurzarbeitergeld
LAG	Landesarbeitsgericht
LKW	Lastkraftwagen
max.	maximal
M+E	Metall- und Elektro
Mio.	Million
MTV	Manteltarifvertrag
MuSchG	Mutterschutzgesetz
NachwG	Nachweisgesetz
Nr.	Nummer
NSF	Nacht-Spät-Früh
o. Ä.	oder Ähnliches
OT	ohne Tarifbindung
PC	Personal Computer
PflegeZG	Pflegezeitgesetz
PKW	Personenkraftwagen
RL	Richtlinie
Rn.	Randnummer
S.	Seite
s.	siehe
SGB	Sozialgesetzbuch
SGB III	Drittes Buch Sozialgesetzbuch – Arbeitsförderung
SGB IV	Viertes Buch Sozialgesetzbuch – Gemeinsame Vorschriften für die Sozialversicherung
SGB V	Fünftes Buch Sozialgesetzbuch – Gesetzliche Krankenversicherung

SGB X	Zehntes Buch Sozialgesetzbuch – Sozialverwaltungsverfahren und Sozialdatenschutz
SPD	Sozialdemokratische Partei Deutschlands
Std.	Stunde
Tg.	Tage
TV	Tarifvertrag
TV AVO	Tarifvertrag Anspruchsvoraussetzungen
TV-Besch	Tarifvertrag zur Beschäftigungssicherung
TV FlexÜ	Tarifvertrag zum flexiblen Übergang in die Rente
TV KB	Tarifvertrag zu Kurzarbeit und Beschäftigung
TVG	Tarifvertragsgesetz
TV ZiA	Tarifvertrag Zukunft in Arbeit
TzBfG	Teilzeit- und Befristungsgesetz
u. a.	unter anderem; und andere
UmwG	Umwandlungsgesetz
USA	United States of America (Vereinigte Staaten von Amerika)
usw.	und so weiter
Verf.	Verfasser
vgl.	vergleiche
v. H.	von Hundert
VO	Verordnung
WAZ	Wochenarbeitszeit
WHO	World Health Organisation (Weltgesundheitsorganisation)
WRV	Weimarer Reichsverfassung
WSI	Wirtschafts- und Sozialwissenschaftliches Institut des DGB
z. B.	zum Beispiel
Ziff.	Ziffer
z. T.	zum Teil

Vorwort
Gute Arbeit – Gute Arbeitszeiten – Gute Tarifverträge

von Jörg Hofmann

Die Realitäten der Arbeitszeit haben sich in den letzten Jahrzehnten im Zuge verstärkter Globalisierung und Wettbewerbsorientierung sowie neuer Formen der Arbeitsorganisation drastisch verändert. Verändert haben sich auch Lebensstile und damit die Ansprüche der Beschäftigten an die Arbeitszeitgestaltung. Damit stellen sich neue Fragen in der Arbeitszeitgestaltung – für die einzelnen Beschäftigten, in den Betrieben und letztlich auch in der Gesellschaft.
Die Ergebnisse unserer Beschäftigtenbefragung 2013 zeigen, dass die Flexibilisierung der Arbeit weit fortgeschritten ist. Allerdings richten sich die flexiblen Arbeitszeiten nicht in erster Linie nach den Wünschen und Bedürfnissen der Beschäftigten, sondern nach den betrieblichen Belangen. Und genau da liegt das Problem. Flexibilität darf keine Einbahnstraße sein. Die meisten Beschäftigten haben grundsätzlich kein Problem mit Flexibilität, wenn sie auf Gegenleistungen beruht und ein Mehr an Flexibilität auch für die eigene Lebensgestaltung ermöglicht. Sie wünschen sich Arbeitszeiten, die ihnen erlauben, ihr Privatleben mit familiären und sozialen Aufgaben, aber auch mit kulturellen, sportlichen oder politischen Aktivitäten zu vereinbaren.
Die Dauer der Arbeitszeit ist eine entscheidende Größe für eine gute Balance von Arbeit und Privatleben. Die Ergebnisse der Beschäftigtenbefragung verweisen allerdings darauf, dass die tatsächlichen Arbeitszeiten der Vollzeitbeschäftigten oft deutlich über den tarifvertraglich vereinbarten Arbeitszeiten liegen und besonders zu den gewünschten Arbeitszeiten eine erhebliche Kluft besteht. Die Mehrzahl der Befragten in unserem Organisationsbereich wünscht sich Arbeitszeiten von 35 Stunden oder darunter. Dies steht in deutlichem Kontrast zu der Entgrenzung der Arbeitszeit, die nicht zuletzt auf den gestiegenen Leistungsdruck in den Betrieben zurückzuführen ist. Anforderungen ergeben sich nicht nur durch die betrieblich getriebene Ausweitung von Arbeitszeiten und ihrer Flexibilisierung – etwa durch die Ausweitung von Schichtsystemen. Auch das Fordern von Leistung sowohl in den Bereichen der Produktion, als auch in den Bereichen Forschung und Entwicklung sowie Verwaltung und Vertrieb hat häufig ein gesundes Maß verloren und führt zur Entgrenzung von Arbeitszeit. Und dies, obwohl offensichtlich ist, dass eine Kompensation von zu hohen Leistungsanforderungen aufgrund längerer Arbeitszeiten weder alters- und alternsgerecht noch gesundheitsförderlich ist und früher oder später an Grenzen stößt. Gute Arbeit ist eine Voraussetzung für humane Arbeitszeiten.

Was Beschäftigte, Frauen und Männer, im Betrieb alltäglich erleben, ist auch Thema öffentlicher und politischer Debatten. Politik und Medien unterbreiten Vorschläge für individuelle Maßnahmen zur Stressreduzierung und thematisieren Wege für eine »bessere Vereinbarkeit von Beruf und Familie« – allerdings meist, ohne sich den tatsächlichen Ursachen der Probleme wirklich zu stellen. Mehr Gleichberechtigung bei der Aufgabenverteilung im privaten Bereich und im Berufsleben möglich zu machen, das wünschen sich Frauen und zunehmend auch Männer – mindestens bezogen auf spezifische Lebensphasen mit Familienaufgaben wie Kinderbetreuung und Pflegezeiten. Die Möglichkeit zeitlich begrenzter, kürzerer Arbeitszeiten ist dafür ein richtiger Ansatz.
Für ein »gutes Leben« benötigen die Beschäftigten mehr Zeitsouveränität als verbindlichen Anspruch, der durch kollektive Regelungen abgesichert ist. Tarifverträge können hierfür ein Fundament und einen verbindlichen Gestaltungsrahmen bieten. Unsere Manteltarifverträge, die sowohl die Dauer als auch die Grundsätze zur Lage und Verteilung der Arbeitszeit regeln, sind nicht »vom Himmel gefallen«. Sie wurden den Arbeitgebern in jahrzehntelangen Auseinandersetzungen abgerungen. In diesem Handbuch wird erläutert, welcher Gestaltungsrahmen aktuell zur Verfügung steht. Ziel ist, dass die umfangreichen Informationen die Betriebsräte und Vertrauensleute der IG Metall bei Fragen der Arbeitszeitgestaltung im Betrieb unterstützen. Die Inanspruchnahme bestehender Rechte aus den Tarifverträgen ist nicht zuletzt die Basis für deren Weiterentwicklung. In diesem Sinne ist die vorliegende 2. Auflage des »Handbuchs Arbeitszeit« auch ein Beitrag zur Debatte über Arbeitszeit. Wir fordern ausdrücklich dazu auf, sich mit den bestehenden tarifvertraglichen Bestimmungen und Möglichkeiten auseinanderzusetzen und damit Beiträge zur Diskussion über die künftige Entwicklung der Arbeitszeitgestaltung zu leisten.

1. Wem gehört die Zeit? Arbeitszeit und Lebenszeit

von Kay Ohl und Hilde Wagner

Im gesellschaftlichen, betrieblichen und privaten Alltag spielt die Organisation der Zeit eine herausragende Rolle. Die Zeitrhythmen in der Gesellschaft wie im Privatleben werden durch die Verteilung der Arbeitszeit und der arbeitsfreien Zeit entscheidend geprägt. Seit Beginn der Gewerkschaftsbewegung ist der Kampf um diese Verteilung, um die Dauer und Lage der Arbeitszeit, ein begleitendes und bestimmendes Element. »Wem gehört die Zeit?« – um diese Kernfrage wird im betrieblichen Alltag und zwischen den Betriebs- und Tarifparteien seit jeher gerungen. Die Ergebnisse dieser Auseinandersetzung reichen weit in die gesamte Ökonomie und die Gesellschaft hinein.

Dabei bezog sich die gewerkschaftliche Zeitpolitik traditionell immer auf zwei Dimensionen: auf eine extensive und auf eine intensive. Bei der *extensiven* Dimension ging und geht es darum, die Arbeitszeit zu begrenzen, die für ein definiertes Entgelt zum Lebensunterhalt benötigt wird. Historisch zählt hierzu die Verkürzung der Arbeitszeit von der 60-Stunden-Woche über die 48- und 40-Stunden-Woche zur 35-Stunden-Woche in der westdeutschen Metall- und Elektroindustrie. Inhaltlich ging es dabei auch um einen 8-Stunden-Tag und um freie Wochenenden. Diese extensive Dimension hat darüber hinaus eine weitere Bedeutung: Wird die Zeit begrenzt, in der die Beschäftigten dem Unternehmen im Rahmen des Arbeitsverhältnisses zur Verfügung stehen müssen, begrenzt dies auch den Zugriff des Unternehmens auf das Leben der Beschäftigten. Dies verweist darauf, dass es auch jenseits der Erwerbsarbeit eine Lebenssphäre gibt und – aus gewerkschaftlicher Sicht – ein Recht auf gutes Leben im umfassenden Sinne. Bei der *intensiven* Dimension geht es um das Leben in der Arbeit, um die Leistungsintensität und die interne Arbeitszeitgestaltung durch z. B. Pausenregelungen, Erholungs- und Qualifizierungszeiten.

Auch unter den heutigen Vorzeichen einer Entgrenzung und Flexibilisierung der Arbeit und der Arbeitszeit haben diese beiden Dimensionen nicht an Bedeutung verloren. Allerdings haben sich die arbeitszeitpolitischen Ausgangs- und Handlungsbedingungen für die Beschäftigten und ihre Interessenvertretungen seit mindestens zwei Jahrzehnten grundlegend verändert.

Die alte Frage: »Wem gehört die Zeit?« stellt sich heute in neuer Qualität. Unter den Prämissen globaler Konkurrenz und neuen unternehmerischen Steuerungsformen werden Beschäftigte heute in nahezu allen betrieblichen Bereichen unmittelbarer mit den Anforderungen des Marktes konfrontiert und für die Bewältigung des Marktdrucks verantwortlich erklärt. Leistung

und Arbeitszeit ufern unter diesen Bedingungen aus, vorhandene kollektive Regelungen drohen an Bedeutung zu verlieren. Ausdruck findet dies in der zunehmenden Leistungsverdichtung und der wachsenden Kluft zwischen tariflichen und effektiven Arbeitszeiten in der Metall- und Elektroindustrie. Dieses Problem verschärft sich noch in Bereichen, in denen mobiles Arbeiten zum Alltag gehört. Laptops und Smartphones ermöglichen die »ständige Erreichbarkeit« der Beschäftigten. Maßlosigkeit kann unter diesen Bedingungen schnell zum dominierenden Prinzip werden.
Arbeit und Privatleben unter einen Hut zu bringen, wird unter diesen Bedingungen immer schwieriger. »Arbeiten ohne Ende« ist vor allem in Familien mit Kindern oder mit pflegebedürftigen Familienmitgliedern für beide Elternteile nicht möglich. Im Ergebnis steigt die Teilzeitquote für Frauen an, obwohl sich Frauen und Männer existenzsichernde Arbeit und mehr Zeit für ihr Privatleben wünschen.
Diese Veränderungen in der Arbeitswelt und in den Wünschen der Beschäftigten fordern gewerkschaftliche Arbeitszeitpolitik neu heraus. Dabei geht es nicht um weniger Regulierung, sondern um eine Weiterentwicklung von Regulierungsansätzen, die den jeweiligen Bedürfnissen der Betroffenen entsprechen und dem gestiegenen Maß an Selbstorganisation Rechnung tragen. Darüber hinaus gilt es die Einsicht zu stärken, dass auch eine bessere, selbstbestimmtere Balance von Leistung, Arbeitszeit und Privatleben auf kollektive Regelungen und verbindlich im Gesetz oder Tarifvertrag verankerte Ansprüche angewiesen ist, wenn sie nicht durch betriebliche Flexibilisierungsdiktate gefährdet werden soll. Entsprechend dem schönen Bild »Kein Seiltanz ohne Netz« (Jürgens 2004, Kadritzke 2005) sind Gestaltungs- und Schutzrechte für Beschäftigte auch heute hilfreich und notwendig.

1.1 Arbeitszeit und arbeitsfreie Zeit

Die tariflich geregelten Arbeitszeiten sind das Ergebnis zahlloser betrieblicher und tariflicher Auseinandersetzungen. Wer heute in die Betriebe der deutschen Metall- und Elektroindustrie schaut, findet dort zahlreiche Modelle der Arbeitszeitregelungen. Nach der Durchsetzung der 35-Stunden-Woche in Westdeutschland und der 38-Stunden-Woche in Ostdeutschland haben viele Arbeitgeber nie »ihren Frieden« mit der 35- bzw. 38-Stunden-Woche geschlossen. Betriebsräte, Vertrauensleute und örtliche IG-Metall-Vertreter sind ständig gefordert, verschiedene Versuche der Arbeitgeber zu verhindern, die Arbeitszeit direkt oder »durch die Hintertür« zu verlängern.
In der Mehrheit der tarifgebundenen Betriebe setzen sich engagierte Betriebsräte und Vertrauensleute für die Einhaltung der 35- bzw. 38-Stunden-Woche ein. Dies ist aber ein ständiger Konfliktherd. In einigen Betrieben ist es der Arbeitgeberseite gelungen, die 35- bzw. 38-Stunden-Woche praktisch zu »unterhöhlen«. In der Mehrheit der nicht tarifgebundenen Betriebe und bei den

außertariflichen Beschäftigten (»AT-Angestellten«) ist die 40-Stunden-Woche weiterhin prägender Standard.
Die Arbeitszeiten in der Metall- und Elektroindustrie sind äußerst flexibel. Sie variieren mit der Auftragslage und der jeweiligen Konjunktur. Häufig müssen Beschäftigte ihre arbeitsfreie Zeit den kurzfristigen Bedürfnissen des Betriebes unterordnen. Im Februar 2013 titelte die Zeitschrift Stern »Rettet den Feierabend!«. Anlass war der Stressreport 2012, in dem festgestellt wurde, dass 59 Millionen Krankheitstage auf das Konto psychischer Belastungen gehen. Dies entspricht einem Anstieg von 80 Prozent in den vergangenen 15 Jahren (vgl. Stern 7/2013). Eine wesentliche Ursache für den Anstieg psychischer Belastungen sind die Entwicklungen der Arbeitszeit, sowohl was ihre Dauer als auch ihre Lage angeht. Eine Rolle spielt dabei auch der zunehmende Trend zu ständiger Verfügbarkeit. Nach der Krise in den Jahren 2009 und 2010 sind die Belastungen an den Arbeitsplätzen wieder so stark gewachsen, dass die Presse die Folgen dieser Belastungen zum öffentlichen Thema machte. So betrugen die gewöhnlichen Wochenarbeitszeiten der Vollzeitbeschäftigten in der Metall- und Elektroindustrie 2010 bereits 39,5 Stunden (West) und 40,2 Stunden (Ost) und lagen damit weit über den tariflichen Arbeitszeiten.
Die gewöhnliche Wochenarbeitszeit wird im Rahmen des Mikrozensus bei den Vollzeitbeschäftigten mit der Frage »Wie viele Stunden arbeiten Sie normalerweise in der Woche […]« erhoben. Bei dieser Fragestellung lassen sich Stunden in Arbeitszeitkonten oder der Ausgleich von längeren Arbeitszeiten durch Freischichten nicht trennscharf von der regelmäßigen Arbeitszeit im tariflichen Sinn abgrenzen, dennoch lassen die Ergebnisse Trends der Arbeitszeitentwicklung erkennen.
Der Stressreport der Bundesagentur für Arbeitsschutz und Arbeitsmedizin stellt außerdem zu Recht fest:

> »*Neben der Dauer kommt der Lage der Arbeitszeit in Bezug auf die Belastung ein bedeutsamer Einfluss zu. Von besonderer Relevanz ist in diesem Zusammenhang die Nacht- und Schichtarbeit.*« (Lohmann-Haislah 2012, S. 116)

Nach allen Erhebungen nimmt die Zahl der Beschäftigten zu, die in flexiblen Arbeitszeitmodellen arbeiten. Die Bundesregierung geht davon aus, dass dieser Trend weiter anhalten wird.

> »*Verantwortlich für die fortschreitende Auflösung der starren Arbeitszeitstrukturen sind gesellschaftliche und wirtschaftliche Entwicklungen, die sich bereits seit Mitte der 80er-Jahre abzeichnen und deren Dynamik weiter zunimmt. Es besteht in der Forschung Einigkeit darüber, dass die Flexibilisierung von Arbeitszeit eine Folge des Übergangs von der Industrie- zur Dienstleistungsgesellschaft ist. Durch die Ausweitung des Dienstleistungssektors und eine gesteigerte Kundenorientierung nimmt auch das Bedürfnis nach differenzierten Arbeitszeiten zu. Der Wandel zur Informationsgesellschaft*

> *führt auch dazu, dass nicht nur die Arbeitszeiten flexibler werden, sondern auch der Arbeitsort nicht mehr fest vorgegeben ist.«* (Bundestag 2013 – 17/8531 S. 4)

In welchem Umfang sogenannte atypische Arbeitszeiten nicht nur in der Gesamtwirtschaft, sondern auch in der Metall- und Elektroindustrie verbreitet sind, zeigt die Übersicht 1.1. Unter atypischen Arbeitszeiten werden Schichtarbeit und Nachtarbeit sowie Arbeit am Samstag, an Sonntagen und an Feiertagen verstanden.
Für die Beschäftigten ist nicht nur die Dauer der Arbeitszeit entscheidend für ihre Arbeits- und Lebenssituation, sondern es sind auch die Rahmenbedingungen und die Planbarkeit ihrer Arbeitszeit in flexiblen Arbeitssystemen.
In der Beschäftigtenbefragung der IG Metall 2013 stimmten 45 Prozent der Befragten der Aussage *»Ich will eine geregelte Arbeitszeit mit klar festgelegtem Beginn und Ende. So kann ich mein Privatleben am besten organisieren«* und 37 Prozent der Aussage *»Es ist mir wichtig, meine tägliche Arbeitszeit kurzfristig an meine privaten Bedürfnisse anpassen zu können«* voll und ganz zu (vgl.Übersicht 1.2).
Zu der Frage, wie weit flexible Arbeitszeitformen verbreitet sind, antwortet die Bundesregierung auf eine Kleine Anfrage:

> *»Nach der Arbeitskräfteerhebung 2010 des Statistischen Bundesamtes hatten insgesamt 36,3 Prozent der abhängig Beschäftigten im Jahr 2010 Einfluss auf ihre Arbeitszeiteinteilung. In starren Arbeitszeitmodellen, die sowohl die tägliche Arbeitsdauer als auch Anfangs- und Endzeiten fest vorgeben, arbeiteten in ihrer Haupttätigkeit 58,1 Prozent der abhängig Beschäftigten. Die Flexibilität war unterschiedlich ausgeprägt: 24,1 Prozent aller Befragten konnten ihre Arbeitszeit weitestgehend flexibel mittels eines Arbeitszeitkontos einrichten. Sie mussten dabei lediglich eine vorgegebene Gesamtstundenzahl erreichen und eventuell während sogenannter Kernzeiten präsent sein. Weitere 10,2 Prozent der Beschäftigten konnten über eine Gleitzeitregelung bei täglich vorgegebener Arbeitsdauer zumindest Beginn beziehungsweise Ende ihrer Arbeitszeit flexibel bestimmen. Völlig flexibel bei ihrer Arbeitszeitgestaltung waren 2 Prozent der Beschäftigten. Ihre Leistung wurde ausschließlich über Arbeitsergebnisse beurteilt.«* (Bundestag 2013 – 17/8531 S. 5)

Übersicht 1.1 – Atypische Arbeitszeiten in der Gesamtwirtschaft und in der Metall- und Elektroindustrie

Verbreitung von Schichtarbeit in der Gesamtwirtschaft und Metall- und Elektroindustrie, Deutschland 2010 (in % der abhängig Beschäftigten)		
	Gesamtwirtschaft 2010	M+E-Industrie 2010
Ständig/regelmäßig	15,5 %	20,6 %
gelegentlich	1,6 %	1,3 %
nie	82,8 %	78,0 %
Verbreitung von Nachtarbeit in der Gesamtwirtschaft und Metall- und Elektroindustrie, Deutschland 2006/2010 (in % der abhängig Beschäftigten)		
	Gesamtwirtschaft 2010	M+E-Industrie 2010
Ständig/regelmäßig	9,1 %	10,4 %
gelegentlich	5,5 %	3,9 %
Nie	85,4 %	85,7 %
Verbreitung von Abendarbeit in der Gesamtwirtschaft und Metall- und Elektroindustrie, Deutschland 2006/2010 (in % der abhängig Beschäftigten; unter Abendarbeit wird Arbeit im Zeitraum von ... bis ... Uhr verstanden)		
	Gesamtwirtschaft 2010	M+E-Industrie 2010
Ständig/regelmäßig	24,7 %	24,1 %
gelegentlich	18,3 %	16,8 %
Nie	56,9 %	59,0 %
Verbreitung von Samstagsarbeit in der Gesamtwirtschaft und Metall- und Elektroindustrie, Deutschland 2006/2010 (in % der abhängig Beschäftigten)		
	Gesamtwirtschaft 2010	M+E-Industrie 2010
Ständig/regelmäßig	23,3 %	9,3 %
gelegentlich	19,9 %	21,1 %
Nie	56,7 %	69,5 %
Verbreitung von Sonn- und Feiertagsarbeit in der Gesamtwirtschaft und Metall- und Elektroindustrie, Deutschland 2006/2010 (in % der abhängig Beschäftigten)		
	Gesamtwirtschaft 2010	M+E-Industrie 2010
Ständig/regelmäßig	12,8 %	4,6 %
gelegentlich	12,6 %	9,3 %
Nie	74,5 %	86,1 %

(IG Metall Vorstand/IAQ 2012)

Übersicht 1.2 – Wünsche und Bedürfnisse der Beschäftigten

Arbeitsbezogene Interessen der Beschäftigten

	sehr wichtig	wichtig	weniger wichtig	unwichtig
Ein unbefristeter Arbeitsvertrag	88 %	11 %	1 %	0 %
Ein ausreichendes und verlässliches Einkommen	83 %	17 %	0 %	0 %
Ein gutes Betriebsklima in der Abteilung	65 %	34 %	1 %	0 %
Eine interessante Arbeit	47 %	48 %	5 %	0 %
Planbare Arbeitszeiten	44 %	48 %	8 %	0 %
Mitsprache- und Mitgestaltungsmöglichkeiten	35 %	53 %	11 %	1 %

Arbeitszeitwünsche der Beschäftigten

	stimme ich voll und ganz zu	stimme ich eher zu	stimme ich eher nicht zu	stimme ich nicht zu
Ich will eine geregelte Arbeitszeit mit klar festgelegtem Beginn und Ende. So kann ich mein Privatleben am besten organisieren.	45 %	32 %	17 %	6 %
Es ist mir wichtig, meine tägliche Arbeitszeit kurzfristig an meine privaten Bedürfnisse anpassen zu können.	37 %	45 %	15 %	3 %
Es wäre gut, vorübergehend die Arbeitszeit absenken zu können, um z. B. mehr Zeit für Kinder oder pflegebedürftige Angehörige zu haben.	29 %	50 %	17 %	4 %
Ich würde gerne einen Teil meiner regulären Arbeit von zuhause aus erledigen.	14 %	19 %	34 %	33 %
Ich wurde gerne mehr arbeiten, weil ich das Geld dringend benötige.	10 %	21 %	43 %	25 %
Meine Arbeit bedeutet mir so viel, dass ich ihr in der Regel Vorrang vor dem Privatleben einräume.	7 %	22 %	35 %	36 %
Ich benötige eine Kinderbetreuung, die besser an meine Arbeitszeiten angepasst ist.	12 %	18 %	21 %	49 %

(IG Metall Vorstand 2013 a)

Bei dieser Aussage unterliegt die Bundesregierung einer verkürzten Schlussfolgerung. Sie geht davon aus, dass flexible Arbeitszeitmodelle die Fremdbestimmung über Lage und Verteilung der Arbeitszeit zumindest teilweise aufheben. Häufig ist aber genau das Gegenteil der Fall. Deshalb wünschen sich in der Befragung der IG Metall 87 Prozent der Beschäftigten feste Arbeitszeiten oder die Möglichkeit, Arbeitszeiten kurzfristig an ihre privaten Bedürfnisse anzupassen.

Bei der Gestaltung der Arbeitszeit geht es immer um zwei Regelungsbereiche: Zum einen um die Frage, *wie lange* die Beschäftigten arbeiten müssen, also um die Dauer der Arbeitszeit. Zum andern darum, *wann* die Beschäftigten arbeiten müssen, d.h. um die Lage und die Verteilung der Arbeitszeit. Diese beiden Konfliktfelder lassen sich häufig nicht voneinander trennen. Es nützt z.B. einem alleinerziehenden Elternteil wenig, wenn er kürzer arbeiten kann, aber die kürzere Arbeitszeit so ungünstig liegt, dass sie nicht mit den Öffnungszeiten des Kindergartens in Übereinstimmung gebracht werden kann. Der Gesundheit eines Schichtarbeiters nützt es wenig, wenn seine Arbeitszeit verkürzt wird, aber gleichzeitig die Zahl der Nachtschichten steigt. Dem Amateurfußballer nützt es nicht, wenn ihm mehr Zeit zum Training in der Woche zur Verfügung steht, er aber an den Spieltagen am Wochenende arbeiten muss. Die Dauer der Arbeitszeit und ihre Verteilung müssen als Einheit gesehen werden.

Für die Metall- und Elektroindustrie erstellte das Institut Arbeit und Qualifikation der Universität Duisburg-Essen (IAQ) eine Analyse der tatsächlichen Arbeitszeiten, soweit sie sich aus dem sogenannten Mikrozensus ermitteln lassen.

Hier die wichtigsten Ergebnisse auf einen Blick:

- *Bis Anfang 2011 haben die Arbeitszeiten der Vollzeitbeschäftigten in der M+E-Industrie fast wieder das Ausgangsniveau von 2008 erreicht.*
- *Die Arbeitszeitverlängerungen in den Jahren vor der Krise hatten die durchschnittlichen Arbeitszeiten der M+E-Vollzeitbeschäftigten ungefähr auf das Niveau vom Ende der 1980er-Jahre in Westdeutschland zurückgeführt.*
- *Die Ost-West-Unterschiede werden dadurch kleiner, dass die westdeutschen Arbeitszeiten sich dem höheren ostdeutschen Niveau angenähert haben.*
- *Durch diese Arbeitszeitverlängerungen ist der Unterschied zwischen den Arbeitszeiten in der M+E-Industrie und denen im gesamtwirtschaftlichen Durchschnitt deutlich kleiner geworden.*
- *Die Arbeitszeitunterschiede nach Qualifikationsgruppen sind weiterhin beträchtlich (hochqualifizierte Vollzeitbeschäftigte arbeiten in der M+E-Industrie im Schnitt über 41 Wochenstunden), sind jedoch im zurückliegenden Jahrzehnt nicht größer geworden.*
- *Daraus folgt, dass der überdurchschnittliche Anstieg der Arbeitszeiten in der M+E-Industrie auf besonders starke Arbeitszeitverlängerungen bei*

den Beschäftigten mit mittlerer und geringer Qualifikation zurückzuführen sind – also bei den Beschäftigtengruppen, unter denen die IG Metall und die Betriebsräte traditionell über den größten Einfluss verfügen.

- *Die Geschlechterunterschiede bei den Arbeitszeiten sind wegen der geringeren Bedeutung der Teilzeitarbeit in der M+E-Industrie nicht ganz so groß wie in der Gesamtwirtschaft, doch sie nehmen in der Tendenz ebenfalls zu.*
- *Die Verbreitung atypischer Arbeitszeiten hat sich seit Mitte der 90er Jahre weitgehend kontinuierlich erhöht, teilweise allerdings mit etwas nachlassender Dynamik in den Jahren vor der Krise. Von 2008 auf 2010 ist sie – sicherlich krisenbedingt – generell und deutlich zurückgegangen.«*

(IG Metall/IAQ 2012, S. 5)

Zusammenfassend lässt sich ein differenziertes Bild feststellen. Dabei zeigt allerdings der Blick auf die durchschnittlichen Arbeitszeiten der Vollzeitbeschäftigten in der Metall- und Elektroindustrie, dass diese im Zeitverlauf ansteigen. Geht es nach dem Willen der Arbeitgeber, soll dieser Trend weiter fortgesetzt werden. In einem Interview äußerte sich der neue Präsident von Gesamtmetall, Dr. Rainer Dulger, zu den Perspektiven der Arbeitszeit aus seiner Sicht:

»Die Liefer- und Entwicklungszyklen werden immer kürzer. Wie unsere Unternehmen diesen wachsenden Anforderungen vor dem Hintergrund dieser gesellschaftlichen Veränderungen gerecht werden, interessiert unsere Kunden dabei nicht – und muss es auch nicht! In jedem Fall werden wir mehr und flexibler arbeiten müssen …« (Dulger 2012, S. 6)

Vor zu langen Arbeitszeiten warnen die Arbeitswissenschaftler im Stressreport der Bundesagentur für Arbeitsschutz und Arbeitsmedizin ausdrücklich:

»Die Erhöhung des Unfallrisikos durch lange tägliche und wöchentliche Arbeitszeiten ist mittlerweile gut belegt. Es deutet sich darüber hinaus aus den oben zusammengestellten Ergebnissen an, dass lange Arbeitszeiten die Leistung der Beschäftigten verschlechtern und das Risiko für gesundheitliche Beeinträchtigungen wie Herzerkrankungen, gastrointestinale sowie muskuloskelettale Beeinträchtigungen erhöhen können. Weiterhin begünstigen lange Arbeitszeiten wahrscheinlich gesundheitsschädliche Verhaltensweisen wie den Konsum von Genussmitteln (Alkohol, Zigaretten) sowie eine ungesunde Gewichtszunahme durch falsche Ernährung und mangelnde Bewegung. Einschränkungen durch hohe Wochenarbeitszeiten im sozialen Bereich sind zu vermuten, wurden allerdings bislang nur unzureichend untersucht. Tendenziell verschlechtert sich die berichtete Work-Life-Balance bei langen Arbeitszeiten. Es deutet sich daher an, dass die arbeitswissenschaftlichen Kriterien der Ausführbarkeit, Schädigungslosigkeit und Beeinträchtigungsfreiheit bei langen Arbeitszeiten nicht mehr gewährleistet sind. Weiterhin erscheint auch die Persönlichkeitsförderlichkeit langer Arbeitszeiten sowohl anhand der

vorliegenden Untersuchungen als auch aufgrund theoretischer Annahmen äußerst fraglich.« (Lohmann-Haislah 2012, S. 30)

Neben der Dauer der Arbeitszeit sind auch die Lage und die Verteilung der Arbeitszeit aus arbeitswissenschaftlicher Sicht zu bewerten. Die arbeitswissenschaftlichen Erkenntnissen, die durch eine Entscheidung des Bundesverfassungsgerichts bestätigt wurden, sind unstrittig: Nachtarbeit ist schädlich (vgl. Kapitel 6.1). Offen ist aber die Frage, wie andere ungünstige Arbeitszeiten zu bewerten sind. Auf einer Tagung der Gesellschaft für Arbeitswissenschaft haben Forscher ihre Ergebnisse zu der Frage vorgestellt, wie hoch ein Freizeitausgleich zur Kompensation der Belastungen aus ungünstigen Arbeitszeiten sein müsste. Ihre Frage lautete: »Um wie viele Stunden/Wochen müsste man die Arbeitszeit der zu unüblichen Zeiten Arbeitenden reduzieren, um einen vergleichbaren Grad der Beeinträchtigung wie bei »normal« Arbeitenden nicht zu überschreiten?« Die Ergebnisse haben sie in der Übersicht 1.3 zusammengefasst.

Übersicht 1.3 – Zeitliche Kompensation für Beeinträchtigungs-Freiheit (Auszug)

Parameter	Zuschlag	Zeitlicher Abschlag	Verbleiben bei Vollzeit (37,5 Std.)
Arbeitsdauer	2 %		
Abendarbeit	14 %	- 7,0 Std.	30,5 Std.
Samstagsarbeit	4 %	- 2,0 Std.	35,5 Std.
Sonntagsarbeit	17 %	- 8,5 Std.	29,0 Std.
Kombination aller Effekte	- 17,5 Std.		20,0 Std

(Quelle: Nachreiner/Arlinghaus 2013)

Die Forscher stellen in der Auswertung ihrer Ergebnisse fest, dass diese noch unzureichend sind, vor allem in Bezug auf die Berücksichtigung des Umfangs der unüblichen Arbeitszeiten und die Lage der zur Kompensation herangezogenen Zeiten. Sie stellen aber u. a. fest:

»• *Die hier vorgestellten Ergebnisse zeigen, dass unter dem Gesichtspunkt der Beeinträchtigungsneutralität für unübliche Arbeitszeiten erhebliche zeitliche Abschläge zu gewähren sind*
• *Beeinträchtigungseffekte der unüblichen Lage der Arbeitszeit würden so durch eine Kompensation über die Dauer der Arbeitszeit kompensiert [...]*
• *Die Ergebnisse belegen auch, dass der Einsatz derartiger Arbeitszeiten und die damit erzielten wirtschaftlichen Gewinne offensichtlich zu Lasten der Sicherheit, Gesundheit und der sozialen Teilhabe der Beschäftigten gehen*
• *Unter einer gesamtgesellschaftlichen Perspektive sind die hier vorgestellten zeitlichen Kompensationsstrategien daher zu präferieren*

- *Unübliche Arbeitszeiten sollten daher so weit wie möglich vermieden werden. […]« (Nachreiner/Arlinghaus, 2013, Präsentation)*

Für die betriebliche Interessenvertretung ergibt sich hieraus die Anforderung, bei Vereinbarungen über die Lage und Verteilung der Arbeitszeit darauf zu achten, dass die Dauer der Arbeitszeit an einzelnen Tagen oder in einzelnen Wochen keinen unzumutbaren Umfang annimmt und dass soweit möglich ungünstige Arbeitszeiten vermieden werden.
Festzuhalten bleibt, dass sich in dem Verhältnis Arbeitszeit zu arbeitsfreier Zeit ein Herrschaftsverhältnis ausdrückt. *»Das Verhältnis von Arbeits- und Lebenszeit entscheidet konkret über das Maß an Herrschaft, dem der Arbeiter unmittelbar unterworfen ist, und darüber, wie sich die tatsächlich verfügbare Zeit auf die verbleibenden Lebensbereiche verteilt und nach welchen Schwerpunkten sich die einzelnen Zeitrhythmen organisieren«* (Negt 1987, S. 27). Die Auseinandersetzung um dieses Verhältnis von Arbeitszeit und Lebenszeit wird deshalb auch künftig auf der Agenda gewerkschaftlicher Arbeitszeitpolitik stehen.

1.2 Arbeitsvertrag und die Verfügungsgewalt über die Arbeitszeit

Die Gestaltung der Arbeitszeit ist geprägt von unterschiedlichen und gegensätzlichen Interessen:

- Dem Interesse der Arbeitgeber, die Beschäftigten für das vereinbarte Arbeitsentgelt möglichst lange und immer dann und solange einzusetzen, wie es die jeweilige Auftragssituation erfordert. In der Arbeit selbst soll die Arbeitsintensität gesteigert und sollen die Betriebsmittel möglichst lange genutzt werden, z. B. durch Schicht- und Samstagsarbeit.
- Dem Interesse der Beschäftigten, dann und solange zu arbeiten, dass es ihre finanzielle Unabhängigkeit sicherstellt, die Vereinbarkeit von Beruf und Privatleben ermöglicht und der Gesundheit zuträglich ist.

Beim Kampf um die Durchsetzung dieser jeweiligen Interessen geht es nicht zuletzt um die Frage »wer verfügt über die Zeit?«. Die Ergebnisse dieser Auseinandersetzung finden ihren Niederschlag in institutionellen Regelungen auf verschiedenen Ebenen. Wie die unterschiedlichen Interessen ausgeglichen werden, ist bezogen auf die Arbeitszeit in Gesetzen, Tarifverträgen und Betriebsvereinbarung geregelt.
Mit dem Abschluss des Arbeitsvertrages stellen Beschäftigte ihre Arbeitskraft für eine vereinbarte Zeit dem Unternehmen zur Verfügung. Der Arbeitgeber kann dann über die Arbeitskraft verfügen und innerhalb vertraglicher oder tariflicher Grenzen bestimmen, wann der Beschäftigte welche Arbeiten für ihn ausführt. Die Grenzen ergeben sich aus dem Arbeitsvertrag, aus Betriebsvereinbarungen, Tarifverträgen und aus dem Arbeitszeitgesetz.
Gesetze gelten für jedes Arbeitsverhältnis – und zwar automatisch; es bedarf

keiner gesonderten Vereinbarung. Tarif- oder Arbeitsvertrag können günstigere Regelungen enthalten.
Bei der Vereinbarung von Arbeitsverträgen ist das – auf einer europäischen Richtlinie beruhende – Nachweisgesetz zu beachten. Es schreibt zwar nicht vor, dass Arbeitsverträge schriftlich vereinbart werden müssen und es verlangt auch keine Vereinbarung bestimmter Mindestinhalte. Bei neuen Arbeitsverhältnissen hat der Arbeitgeber aber die Pflicht, wichtige Elemente des Arbeitsvertrages schriftlich zu dokumentieren und dem Arbeitnehmer eine Niederschrift auszuhändigen. In dem sogenannten Dokument – also dem Arbeitsvertrag – müssen mindestens Angaben enthalten sein über folgende Dinge:

Rechtsvorschrift

1. Name und Anschrift der Vertragspartei
2. Beginn des Arbeitsverhältnisses
3. Bei befristeten Arbeitsverhältnissen: vorhersehbare Dauer
4. Arbeitsort oder ein Hinweis darauf, dass der Arbeitnehmer an verschiedenen Orten beschäftigt werden kann
5. Kurze Beschreibung der zu leistenden Tätigkeit
6. Zusammensetzung und Höhe des Arbeitsentgelts einschließlich der Zuschläge, Zulagen, Prämien, Sonderzahlungen und anderer Bestandteile des Arbeitsentgelts sowie deren Fälligkeit
7. Arbeitszeit
8. Dauer des Urlaubs
9. Kündigungsfristen
10. Allgemeiner Hinweis auf anwendbare Tarifverträge und Betriebsvereinbarungen
    Die Angaben zu Arbeitszeit, Erholungsurlaub und Kündigungsfristen können durch einen Hinweis auf die einschlägigen Tarifverträge und Gesetze ersetzt werden.

(§ 2 NachwG)

Viele Tarifverträge schreiben vor, dass in den Arbeitsverträgen bestimmte Inhalte vereinbart werden, vor allem: Beginn des Arbeitsverhältnisses, Art und Ort der Tätigkeit, Entgeltgruppe, Entgeltgrundsatz, Höhe und Zusammensetzung des monatlichen Entgeltes. Einer der wichtigsten Punkte ist hierbei die Arbeitszeit. Die Regelung sollte im Arbeitsvertrag durch einen Verweis auf den Tarifvertrag oder durch eine eigenständige Vereinbarung zur Arbeitszeit erfolgen.
Ist in einem Arbeitsvertrag geregelt, dass sich die Arbeitszeit nach einer tariflichen regelmäßigen Arbeitszeit richtet, gilt in der Metall- und Elektroindustrie im Westen die 35-Stunden-Woche und im Osten die 38-Stunden-Woche. Davon abweichende Arbeitszeiten, z.B. bei Beschäftigten, die Teilzeit arbeiten oder bei Beschäftigten mit verlängerten Arbeitszeiten (vgl. Kapitel 2.3 und 2.4), müssen die abweichenden Arbeitszeiten ausdrücklich im Arbeitsvertrag vereinbart werden.
Ebenso wichtig wie die Dauer der Arbeitszeit sind aber auch Vereinbarungen zu Lage und Verteilung der Arbeitszeit im Arbeitsvertrag. Häufig verlangen

Arbeitgeber, dass Beschäftigte im Arbeitsvertrag bereits der Schicht- und Nachtarbeit zustimmen, obwohl im Betrieb nicht in Schichten oder nachts gearbeitet wird. Solche Arbeitsverträge sind meist in Form eines Formulars gestaltet und enthalten weitgehende Verpflichtungen der Beschäftigten, die es dem Arbeitgeber möglich machen, die Arbeitsbedingungen nach seinem billigen Ermessen beliebig zu ändern, z. B. später Schicht- oder Nachtarbeit einzuführen.

Über die Lage und Verteilung der Arbeitszeit hat der Betriebsrat ein sehr weitgehendes Mitbestimmungsrecht – sowohl nach dem Betriebsverfassungsgesetz als auch nach den Manteltarifverträgen (vgl. Kapitel 4, 5 und 6). Gleiches gilt, wenn der Arbeitgeber zusätzliche Überstunden anordnen will.

Da die Beschäftigten kaum eine Möglichkeit haben, weitgehende Verpflichtungen zu atypischen und ungünstigen Arbeitszeiten bei Abschluss eines Arbeitsvertrages abzulehnen, ist es für ihre konkrete Arbeits- und Lebenssituation wichtig, dass Betriebsräte ihre Mitbestimmungsrechte im Interesse der Beschäftigten nutzen.

Bei Verhandlungen über die Arbeitszeit bringen Arbeitgeber stets das Interesse an einer möglichst hohen Auslastung der Betriebsmittel ein. Wenn die Nachfrage nicht konstant ist, bringen sie meist Regelungen zu einer Flexibilisierung der Arbeitszeit ins Spiel, die sich an der jeweiligen Nachfrage orientieren. Diesen Interessen der Unternehmen gilt es, die Interessen und Bedürfnisse der Beschäftigten gegenüberzustellen. Auf keinen Fall kann der Logik gefolgt werden, das alles, was gut für das Unternehmen ist, auch gut für die Beschäftigten sein wird. Aufgabe der betrieblichen Interessenvertretung ist es, die eigenständigen Interessen der Beschäftigten einzubringen, damit ein Kompromiss zwischen den unterschiedlichen Interessen gefunden werden kann.

> »*Eine wichtige Einflussgröße ist dabei natürlich die Möglichkeit der Einflussnahme der Beschäftigten auf ihre Arbeitszeiten, welche im positiven Fall an die (Freizeit- und) Lebensbedürfnisse der Beschäftigten angepasst werden können.*« (Wirtz 2010, S. 16)

Diesen Anspruch haben auch die Tarifverträge:

Tarifvertrag

»Arbeits- und Leistungsbedingungen und Arbeitszeiten sind im Rahmen der betrieblichen und wirtschaftlichen Möglichkeiten so zu gestalten,

- *dass sie auch auf Dauer zu keiner gesundheitlichen Beeinträchtigung der Beschäftigten führen,*
- *dass die freie Entfaltung der Persönlichkeit der im Betrieb Beschäftigten geschützt und gefördert sowie das Recht auf Menschenwürde geachtet wird,*
- *dass bei Vereinbarungen zu Lage und Verteilung der Arbeitszeit im Rahmen der betrieblichen Möglichkeiten dem Einzelnen Entscheidungsspielräume eingeräumt werden.*

  Werden diese Grundsätze nicht eingehalten, so können die Beschäftigten Vorschläge zur Verbesserung der Arbeitssituation einbringen. Die Vorschläge

> *sind umgehend zu prüfen und, soweit sachlich berechtigt und wirtschaftlich vertretbar, vom Arbeitgeber umzusetzen.«*
> (§ 3 MTV Hessen, vom 20. Juli 2005)

Die Regelungsmöglichkeiten der Arbeitszeit aus den Tarifverträgen müssen offensiv genutzt werden. Die Kernfrage vor dem Hintergrund der oben skizzierten unterschiedlichen Interessen lautet: »Wer bestimmt über die Zeit?«

1.3 Arbeitszeit, Arbeitsentgelt und Leistung

Zwischen Arbeitszeit, Arbeitsentgelt und Leistung besteht ein unmittelbarer Zusammenhang (vgl. Übersicht 1.4)

Übersicht 1.4 – Verhältnis von Arbeitszeit, Entgelt und Leistung

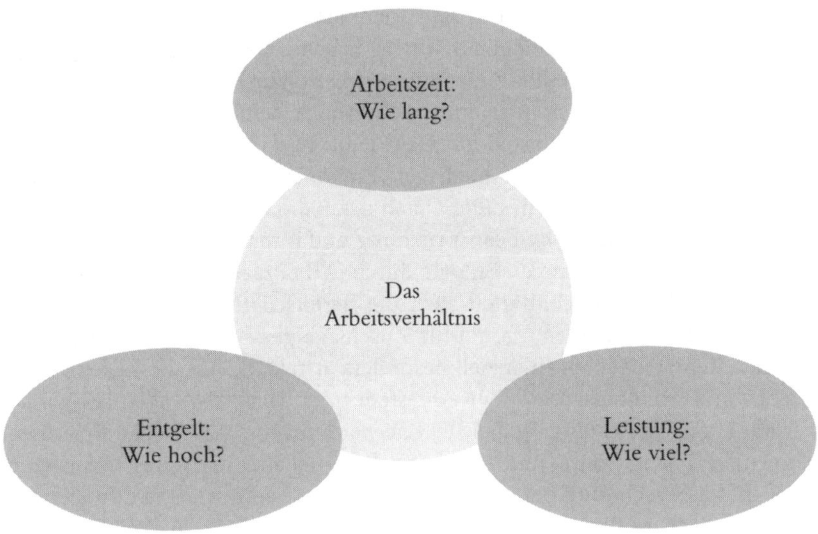

Die Beschäftigten erhalten ein Entgelt für die Zeit, in der sie ihre Arbeitskraft einem Arbeitgeber zur Verfügung stellen. Wie hoch die während dieser Arbeitszeit zu erbringende Leistung ist bzw. wie mit der zu erbringenden Leistung umgegangen wird, hängt von dem vereinbarten Entgeltgrundsatz ab bzw. wird in dessen Rahmen vereinbart. Im Entgeltgrundsatz Zeitentgelt gilt das Prinzip: Bezahlt wird nach der zu leistenden Arbeitszeit. Die Beschäftigten sind verpflichtet, während dieser Zeit ihre Arbeitskraft in vollem Umfang dem Betrieb zur Verfügung zu stellen. Ihre Leistung richtet sich nach ihrem individuellen Leistungsvermögen. Anders ist es in einem Entgeltgrundsatz des Leistungsentgeltes, z. B. im Akkordentgelt, im Prämienentgelt oder in anderen Entgeltsystemen mit einem Kennzahlenvergleich. Bei Zielvereinbarungen gibt es ein vertraglich vereinbartes Verhältnis zwischen dem Entgelt und der zu erbringenden Leistung.

Wie die Entgeltsysteme gestaltet sind, wie auf die Leistungsbedingungen Einfluss genommen werden kann und welche Mitbestimmungsrechte es dabei gibt, ist ausführlich in dem Band *Arbeit - Entgelt - Leistung* (Meine u.a. 2011) beschrieben.

Für die Arbeitszeitgestaltung sind zwei Gesichtspunkte wichtig:

1. Arbeitszeit und Leistungsbedingungen gehören zusammen. Arbeitszeiten ufern dann aus, wenn der Leistungsdruck maßlos wird. Es ist für die Beschäftigten außerdem nicht gleichgültig, zu welchem Zeitpunkt sie eine Leistung zu erbringen haben. Während einer Nachtschicht ist der Mensch nicht so leistungsfähig wie am Tag. Die Gestaltung der Leistungsbedingungen und die Gestaltung der Arbeitszeit sind deshalb zusammen zu betrachten. Gegebenenfalls bedarf es besonderer Zeitzuschläge oder zusätzlicher Pausen innerhalb eines Leistungsentgeltes, um die Arbeitsbedingungen zu ungünstigen Arbeitszeiten erträglich zu gestalten.
2. Die Beschäftigten müssen für die vereinbarte Arbeitszeit auch ein Entgelt erzielen, das ihnen ermöglicht, ihren Lebensunterhalt zu bestreiten. In vielen Fällen sind Beschäftigte mit geringen Verdiensten bereit, längere Arbeitszeiten zu leisten oder unter schweren Arbeitsbedingungen zu arbeiten, weil es ihnen ansonsten am Geld fehlt. Dieses Problem stellt sich vor allem für Beschäftigte mit niedrigen Einkommen. Die Einführung eines gesetzlichen Mindestlohnes dient auch dazu, die Menschen vor Überforderung durch zeitliche Überbeanspruchung und ihre Gesundheit zu schützen.

Die Notwendigkeit, geringes Entgelt durch Arbeitszeiten zu kompensieren, erhöht vielfach bei Beschäftigten auch die Bereitschaft, Schicht- und Nachtarbeit in Kauf zu nehmen, da hierfür Zuschläge gezahlt werden. Ungünstige Arbeitszeiten erscheinen finanziell besonders attraktiv, weil die Zuschläge für Nacht- und Sonntagsarbeit teilweise steuer- und sozialabgabenfrei gezahlt werden (vgl. Kapitel 6.5). Berücksichtigt werden muss aber, dass sich dieser Anreiz zur Nacht, Sonn- und Feiertagsarbeit nicht rentensteigernd auswirkt, denn in die Berechnung der Rentenleistungen fließen nur die Zahlungen ein, die sozialabgabenpflichtig sind. Hierbei kommt es nicht auf die Arbeitszeit und ihre Lage an, sondern ausschließlich auf die Höhe des sozialabgabenpflichtigen Arbeitsentgeltes.

In der Metall- und Elektroindustrie erhalten die Beschäftigten ein Monatsentgelt. Dieses wird für die tarifliche Arbeitszeit von 35 Stunden im Westen und 38 Stunden im Osten gezahlt. Weicht die individuelle regelmäßige Arbeitszeit von der tarifvertraglichen Arbeitszeit ab, wird das Monatsentgelt im Verhältnis zur individuellen regelmäßigen Arbeitszeit zur tariflichen Arbeitszeit erhöht oder verringert (vgl. Kapitel 2.3).

Besteht die Notwendigkeit, wegen eines Auftragsmangels verkürzt zu arbeiten, gibt es unterschiedliche Möglichkeiten, die Arbeitszeit zu reduzieren: Einerseits die Absenkung der Arbeitszeit nach den Tarifverträgen zur Beschäfti-

gungssicherung in der Metall- und Elektroindustrie, andererseits die Einführung der Kurzarbeit nach dem Sozialgesetzbuch. Um die finanziellen Belastungen für die Beschäftigten zu begrenzen, ist nach den Tarifverträgen zur Beschäftigungssicherung die Arbeitszeitabsenkung maximal auf 30 bzw. 28 Stunden möglich. Wird aufgrund mangelnder Aufträge Kurzarbeit eingeführt, erhalten die Beschäftigten von der Arbeitsagentur das Kurzarbeitergeld als Entgeltersatzleistung. Kurzarbeitergeld wird aber erst gezahlt, wenn aufgrund der kürzeren Arbeitszeit ein Entgeltverlust von mindestens 10 Prozent eintritt.
Bei einer Absenkung der Arbeitszeit ist deshalb im Einzelfall zu prüfen, von welchem Instrument, Tarifvertrag zur Beschäftigungssicherung oder Kurzarbeit, Gebrauch gemacht werden soll. Grundsätzlich ist zu empfehlen, zunächst das Instrument der Kurzarbeit zu nutzen, da die finanziellen Auswirkungen für die Beschäftigten dabei geringer sind (vgl. Kapitel 3).
Finanzielle Folgen ergeben sich auch aus der Einführung von Arbeitszeitkonten. Häufig wird nicht unterschieden, welche Art von Arbeitszeit auf einem Arbeitszeitkonto erfasst wird. Handelt es sich um regelmäßige tarifliche Arbeitszeit oder um Mehrarbeit? Werden diese beiden Zeitarten miteinander vermischt, ist es für die Beschäftigten schwer, Mehrarbeitszuschläge oder einen Zeitausgleich für Mehrarbeit durchzusetzen (vgl. Kapitel 5.7).
Gute Arbeits- und Leistungsbedingungen sowie humane Arbeitszeiten schaffen Möglichkeiten für ein gesundes Leben und für die Entfaltung der Persönlichkeit. Angesichts der Zunahme entgrenzter und belastungsintensiver Arbeitszeiten, die mit neuen unternehmerischen Steuerungsformen (indirekte Steuerung) einhergehen, besteht aktueller Handlungsbedarf, wenn es um eine bessere Gestaltung von Arbeit und Arbeitszeit geht. Ziel muss es sein, die Entgrenzung der Arbeitszeit zu stoppen, die Zeitsouveränität der Beschäftigten zu verbessern sowie Arbeitszeiten verlässlich und planbar zu machen, damit sie für Männer und Frauen mit dem Privat- und Familienleben vereinbar sind. Die Arbeitszeitregelungen sollten ferner gesundheitsförderliches, alters- und alternsgerechtes Arbeiten ermöglichen und die Beschäftigung fördern und sichern.
Für gewerkschaftliche Arbeitszeitpolitik stellen sich folgende Aufgaben:

- Auf die Einhaltung der tariflichen Arbeitszeit achten.
- Mehrarbeit begrenzen.
- Nacht- und Wochenendarbeit verhindern bzw. begrenzen.
- Die Entgrenzung von Arbeitszeit eindämmen.
- Mehr Zeitautonomie verankern, für eine bessere Balance von Arbeit und Privatleben.
- Arbeitszeiten gesundheitsförderlich sowie altersgerecht bzw. alternsgerecht gestalten.

Den Rahmen dafür bilden die Tarifverträge der Metall- und Elektroindustrie sowie die Mitbestimmungsrechte der Betriebsverfassung.

2. Dauer der Arbeitszeit

von Kay Ohl

Die Dauer der Arbeitszeit war immer einer der umstrittensten Punkte in Auseinandersetzungen zwischen Gewerkschaften und Arbeitgebern. Den Beschäftigten ging und geht es um zumutbare Arbeitsbedingungen sowie um die Vereinbarkeit von Beruf und Privatleben; den Arbeitgebern um Kosten und um die optimale Ausnutzung der Arbeitskraft. Vor dem Hintergrund dieser unterschiedlichen Interessen haben die Gewerkschaften für kürzere tarifliche Arbeitszeiten gekämpft, gleichzeitig aber auch Forderungen an den Gesetzgeber gerichtet, um die Arbeitszeit im Sinne des Arbeitsschutzes zu begrenzen.

Bereits 1889 beschloss der Internationale Arbeiterkongress folgende Forderung zum Arbeitsschutz:

> *»Eine wirksame Arbeiterschutzgesetzgebung ist in allen Ländern, welche von der kapitalistischen Produktionsweise beherrscht werden, absolut notwendig. Als Grundlage für diese Gesetzgebung fordert der Kongress:*
> *a) Festsetzung eines höchstens 8 Stunden betragenden Arbeitstages für jugendliche Arbeiter,*
> *b) Verbot der Arbeit für Kinder unter 14 Jahren und Herabsetzung des Arbeitstages auf 6 Stunden für beide Geschlechter,*
> *c) Verbot der Nachtarbeit, außer für bestimmte Industriezweige, deren Natur einen ununterbrochenen Betrieb erfordern,*
> *d) Verbot der Frauenarbeit in allen Industriezweigen, deren Betriebsweise besonders schädlich auf den Organismus der Frauen einwirkt,*
> *e) Verbot der Nachtarbeit für Frauen und jugendliche Arbeiter unter 18 Jahren,*
> *f) ununterbrochene Ruhepausen von wenigstens 36 Stunden die Woche für alle Arbeiter,«*
> (Internationaler Arbeiterkongress 1890, S. 121)

Diese Forderungen führten zu dem Beschluss, in allen Ländern am 1. Mai für die Durchsetzung des 8-Stunden-Tages zu demonstrieren.
Die Forderung nach kürzeren Arbeitszeiten wurde auf dem Internationalen Arbeiterkongress in Paris vor allem in den Zusammenhang einer Verbesserung der Arbeitsbedingungen gestellt. Aber auch die Bekämpfung der Arbeitslosigkeit war damals bereits mit der Forderung verbunden, die Arbeitszeit zu verkürzen.
In den Tarifverträgen ist die Dauer der Arbeitszeit eines der Kernelemente tarif-

politischer Gestaltung der Arbeitsverhältnisse, ebenso die Höhe von Löhnen und Gehältern. Bereits in den ersten – aufgrund kollektiver Übereinkunft – getroffenen Regelungen über Arbeitsbedingungen wurde die Arbeitszeit festgelegt.

»§ 11 Die Arbeitszeit ist festgesetzt auf 10 wirkliche Arbeitsstunden täglich, mithin exclusive Frühstück, Mittagessen und Vesperbrot. Die Zeit des Anfangens und des Aufhörens richtet sich nach den Eigentümlichkeiten des betreffenden Geschäfts wie nach der Jahreszeit, unter Möglichster Berücksichtigung eines zu erzielenden früheren Feierabends und damit einer Abendlichen Erholungsstunde.« (Tarif »Promemoria«, Von den Frankfurter Druckereibesitzern verkündet am 09.06.1848)

Im ersten Tarifvertrag für Druckereien wurde der 10-Stunden-Tag im Jahre 1863 vereinbart.
Der 8-Stunden-Tag konnte erst 1918 durchgesetzt werden. Die unternehmerische Ideologie mit langen Arbeitszeiten kostengünstig zu produzieren, war angesichts der Notwendigkeit, viele aus dem Krieg heimkehrende Soldaten wieder in das zivile Leben und in Arbeit zu integrieren, nicht länger haltbar. So wurden z.B. in Frankfurt Richtlinien für die Demobilisation zwischen dem Verband der Metallindustriellen und dem Deutschen Metallarbeiterverband (DMV) vereinbart, die am 16.11.1918 vom Arbeiter- und Soldatenrat auch für alle anderen Gewerbegruppen außerhalb der Metallindustrie in Kraft gesetzt wurden. Dort heißt es:

»Die tägliche Arbeitszeit wird auf höchstens 8 Stunden mit vollem Ausgleich des Verdienstes für die Lohn und Akkordarbeiter festgelegt.
Ist eine weitere Einschränkung des Betriebes erforderlich, so ist diese mit den Arbeiterausschüssen zu vereinbaren. Soweit die Arbeiter und Arbeiterinnen mit verkürzter Arbeitszeit nicht den 1 1/2 fachen Betrag der städtischen Arbeitslosenunterstützung erreichen, erhalten sie bis auf weiteres durch den Arbeitgeber einen entsprechenden Zuschuß.« (DMV 1918, S. 835)

Im Jahre1984 traten die IG Metall und die IG Druck und Papier in einen Arbeitskampf zur Durchsetzung der 35-Stunden-Woche. »Drei gute Gründe« wurden angeführt, um die Arbeitszeit von 40 auf 35 Stunden zu verkürzen:
- Durch die Verkürzung der Arbeitszeit sollte Arbeit umverteilt und ein Beitrag zur Bekämpfung der Arbeitslosigkeit geleistet werden.
- Durch die Begrenzung der Arbeitszeit sollten die Belastungen in der Arbeitswelt verringert werden.
- Durch die Verkürzung der Arbeitszeit sollte den Beschäftigten mehr Freizeit und Zeit zur Teilhabe am gesellschaftlichen und familiären Leben gegeben werden.

In mehreren Stufen konnte die Verkürzung der Arbeitszeit auf 35 Stunden bis zum Jahr 1995 für die westlichen Tarifgebiete durchgesetzt werden. Nach der Herstellung der Deutschen Einheit 1990 wurde im Rahmen der Angleichung der tariflichen Bestimmungen zunächst auch eine Verkürzung der Arbeitszeit in den neuen Bundesländern auf 38 Stunden erreicht. Der letzte Schritt von der 38- zur 35-Stunden-Woche konnte allerdings – auch durch einen Arbeitskampf – nicht erreicht werden, so dass im Jahre 2014 in der Metall- und Elektroindustrie Westdeutschlands die 35-Stunden-Woche und in Ostdeutschland die 38-Stunden-Woche in den Manteltarifverträgen vereinbart ist.

2.1 Gesetzliche Höchstgrenzen der Arbeitszeit

Sowohl Tarifverträge als auch Gesetze regeln die Dauer der Arbeitszeit. Grundsätzlich gilt im Verhältnis zwischen dem Gesetz, dem Tarifvertrag und dem Arbeitsvertrag das Günstigkeitsprinzip.
Das bedeutet, dass ein Arbeitsvertrag eine günstigere Regelung enthalten kann als ein Tarifvertrag, aber keine schlechtere. Für das Verhältnis von Gesetz zu Tarifvertrag muss im Fall der Arbeitszeitgestaltung beachtet werden, dass das Arbeitszeitgesetz auf der einen Seite und die tarifvertraglichen Regelungen auf der anderen Seite unterschiedliche Regelungsansätze verfolgen.
Der offensichtliche Unterschied liegt darin, dass im Gesetz eine tägliche Höchstarbeitszeit, im Tarifvertrag eine wöchentliche Arbeitszeit geregelt ist. Das Arbeitszeitgesetz beruht auf der europäischen Arbeitszeitrichtlinie, wobei die gesetzliche Bestimmung allein darauf abzielt, Beschäftigte vor zeitlicher Überforderung zu schützen. Dem gegenüber enthält der Tarifvertrag verschiedene Regelungsziele: Einerseits die Begrenzung der Arbeitszeit zum Schutz der Gesundheit und des sozialen Lebens der Beschäftigten, andererseits die Bestimmung der Dauer der Arbeitszeit, für die das monatliche Entgelt gezahlt wird.
Die folgende Übersicht zeigt diese unterschiedlichen Regelungsansätze:

Übersicht 2.1 – Gesetzliche und tarifliche Regelungen zur Dauer der Arbeitszeit

Arbeitszeitgesetz	Tarifverträge der Metall- und Elektroindustrie
Bestimmung einer täglichen Höchstarbeitszeit	Regelung der regelmäßigen wöchentlichen Arbeitszeit
Festlegung eines Ausgleichzeitraums für die tägliche Höchstarbeitszeit auf 6 Monate	Festlegung des Ausgleichszeitraums für die individuelle wöchentliche Arbeitszeit von in der Regel 12 Monate
Verteilung der Arbeitszeit auf bis zu 6 Werktage in der Woche	In der Regel Verteilung der Arbeitszeit auf die Tage von Montag bis Freitag

Das Arbeitszeitgesetz ist geprägt von zahlreichen Ausnahmen. So kann die Dauer der täglichen Arbeitszeit von 8 Stunden auf bis zu 10 Stunden ausgedehnt werden. Ein Ausgleich hierfür muss allerdings innerhalb eines Zeitraums von 6 Monaten erfolgen (§ 3 ArbZG).

Vor dem Hintergrund der Verteilung der Arbeitszeit auf bis zu 6 Werktage der Woche erlaubt das Arbeitszeitgesetz in der Regel eine wöchentliche Arbeitszeit von bis zu 48 Stunden. Damit liegt die erlaubte wöchentliche Arbeitszeit weit über der regelmäßigen tariflichen Arbeitszeit in der Metall- und Elektroindustrie von 35 Stunden im Westen und 38 Stunden im Osten.
Zwar gestattet das Arbeitszeitgesetz, den Tarifvertragsparteien einen anderen Ausgleichszeitraum festzulegen, hiervon haben diese in der Metall- und Elektroindustrie aber keinen Gebrauch gemacht. Der Ausgleichszeitraum in den Manteltarifverträgen der Metall- und Elektroindustrie bezieht sich auf die individuelle regelmäßige *wöchentliche* Arbeitszeit und nicht auf die *tägliche* Arbeitszeit.
Weiter ist es nach dem Arbeitszeitgesetz möglich, die tägliche Arbeitszeit über 10 Stunden hinaus auszudehnen, wenn in die Arbeitszeit regelmäßig Arbeitsbereitschaft fällt. Diese Ausdehnung kann entweder im Tarifvertrag oder durch eine Betriebsvereinbarung auf der Grundlage eines Tarifvertrages erfolgen. Für Beschäftigte mit Arbeitsbereitschaft haben die Tarifvertragsparteien in der Metall- und Elektroindustrie die Möglichkeit, abweichende Arbeitszeiten zu vereinbaren, d.h. wöchentlich längere als 35 bzw. 38 Stunden (vgl. Kapitel 7.).
Mit der gesetzlichen Regelung über die Höchstdauer der täglichen Arbeitszeit sind Regelungen über Ruhepausen verbunden. Das Arbeitszeitgesetz bestimmt, dass bei einer Arbeitszeit von über 6 Stunden diese durch eine Ruhepause von mindestens 30 Minuten unterbrochen sein muss. Überschreitet die Arbeitszeit 9 Stunden, beträgt die Ruhepause mindestens 45 Minuten. Als Ruhepausen gelten nur Pausen mit einer Dauer von mindestens 15 Minuten.
Die Pausen nach dem Arbeitszeitgesetz sind unbezahlte Pausen. Die Tarifverträge regeln Ruhepausen nur in Ausnahmefällen, z.B. für Nacht- oder Schichtarbeit, wenn sie im Gegensatz zu den Pausen nach dem Arbeitszeitgesetz zu bezahlen sind.

2.2 Tarifvertraglicher Rahmen

Die Tarifverträge der Metall- und Elektroindustrie regeln, anders als das Arbeitszeitgesetz, eine wöchentliche Arbeitszeit. Die tarifliche wöchentliche Arbeitszeit von 35 bzw. 38 Stunden ist der Regelfall für die Beschäftigten in der Metall- und Elektroindustrie. Von dieser tariflichen Arbeitszeit kann in ebenfalls tariflich geregelten Fällen abgewichen werden. Diese Ausnahmen können einerseits individuelle Abweichungen sein, z.B. für Teilzeitbeschäftigte oder für Beschäftigte im Rahmen der sogenannten Quotenregelung, andererseits kann es sich aber auch um Ausnahmen aufgrund einer besonderen Arbeitssituation handeln.
Welche von der regelmäßigen tariflichen wöchentlichen Arbeitszeit abweichenden Arbeitszeitregelungen in den Tarifverträgen normiert sind, zeigt die folgende Übersicht.

Dauer der Arbeitszeit

Die Tarifverträge der Metall- und Elektroindustrie regeln für alle genannten Fälle, dass die Arbeitszeit gleichmäßig oder ungleichmäßig auf die Tage der Woche verteilt werden kann. Das bedeutet, dass die tatsächliche Arbeitszeit innerhalb einer Woche nicht immer 35 oder 38 Stunden betragen muss. Wie viele Stunden in der jeweiligen Woche zu arbeiten sind, ergibt sich aus den Betriebsvereinbarungen über die Lage und die Verteilung der Arbeitszeit (vgl. Kapitel 4 und 5).

Übersicht 2.2 – Abweichende Arbeitszeiten

Teilzeit	Teilzeitarbeit liegt vor, wenn einzelvertraglich eine geringere als die tarifliche Regelarbeitszeit vereinbart wurde. Auch »geringfügig« Beschäftigte sind Beschäftigte in einem Teilzeitarbeitsverhältnis.
Arbeitsbereitschaft	Für Beschäftigte, die innerhalb ihrer Arbeitszeit einen erheblichen Anteil an Arbeitsbereitschaft haben, regeln Tarifverträge besondere Arbeitszeiten.
»Quotenregelungen«	Die Tarifverträge der Metall- und Elektroindustrie regeln, dass 13 Prozent bzw. 18 Prozent der Beschäftigten eines Betriebes über 35 bzw. 38 Stunden hinaus bis zu 40 Stunden beschäftigt werden dürfen.
Arbeitszeitabsenkung	Tarifverträge zur Beschäftigungssicherung regeln, dass für einen befristeten Zeitraum die Arbeitszeit abgesenkt werden kann. Während dieses Zeitraums können betriebsbedingte Kündigungen nicht wirksam werden.
Kurzarbeit	Durch Betriebsvereinbarung kann bei Vorliegen der Voraussetzungen nach SGB III Kurzarbeit eingeführt werden.

2.3 Individuell vereinbarte Arbeitszeit

Die Tarifverträge der Metall- und Elektroindustrie regeln eine tarifliche wöchentliche Arbeitszeit. Sie beträgt in den westlichen Tarifgebieten 35, in den östlichen Tarifgebieten 38 Stunden. Diese tarifliche wöchentliche Arbeitszeit ist die Regel.

Tarifvertrag
»Die tarifliche wöchentliche Arbeitszeit ohne Pausen beträgt 35 Stunden. Entsprechendes gilt für die Ausbildungszeit.«
(§ 3 (1) MTV Niedersachsen)
»Die tarifliche wöchentliche Arbeitszeit ohne Pausen beträgt 38 Stunden. Entsprechendes gilt für die Ausbildungszeit.«
(§ 3 (1) MTV Sachsen-Anhalt)

Die individuelle Arbeitszeit einzelner Beschäftigter kann davon abweichen, das ist dann die Ausnahme von der Regel. Das Regel- und Ausnahmeprinzip haben die Tarifvertragsparteien gewählt, da für die übrigen tariflichen Bestimmungen, z. B. die Höhe des Monatsentgeltes, ein Bezugspunkt erforderlich ist. Der zeitliche Bezugspunkt ist die tarifliche Regelarbeitszeit. Der Begriff der tariflichen wöchentlichen Arbeitszeit lässt sich mit folgender Definition zusammenfassen:

Definition
Die *tarifliche wöchentliche Arbeitszeit* von 35 Stunden in Westdeutschland bzw. 38 Stunden in Ostdeutschland ist der Regelfall für die Beschäftigten in der Metall- und Elektroindustrie. Sie ist zugleich der Bezugspunkt für das vereinbarte tarifliche Monatsentgelt.

Die Arbeitszeit, die für den einzelnen Beschäftigten und sein Arbeitsverhältnis gilt, wird als »individuelle regelmäßige wöchentliche Arbeitszeit« bezeichnet.

Definition
Die *individuelle regelmäßige wöchentliche Arbeitszeit* (IRWAZ) ist die für das einzelne Arbeitsverhältnis geltende, vertraglich vereinbarte Arbeitszeit. Sie entspricht in der Regel der tariflichen wöchentlichen Arbeitszeit, kann aber – in den tariflich geregelten Ausnahmefällen – hiervon abweichen.

Die IRWAZ beträgt in der Regel in Westdeutschland 35, in Ostdeutschland 38 Stunden. Bei Teilzeitbeschäftigten ist sie entsprechend niedriger (z. B. 25 Stunden), bei Beschäftigten im Rahmen der Quotenregelung höher (z. B. 40 Stunden).
Wie lang die Arbeitszeit in der einzelnen Arbeitswoche ist, ergibt sich aus der Betriebsvereinbarung über Lage und Verteilung der Arbeitszeit. Eine Übereinstimmung der individuellen regelmäßigen wöchentlichen Arbeitszeit mit der Arbeitszeit in der einzelnen Arbeitswoche ergibt sich nur, wenn die Arbeitszeit gleichmäßig auf die Wochen des Ausgleichszeitraums verteilt ist.
Die Tarifverträge regeln, dass die individuelle regelmäßige wöchentliche Arbeitszeit innerhalb eines Ausgleichszeitraums erreicht werden muss. Dieser Ausgleichszeitraum ist betrieblich zu vereinbaren. Nach den Tarifverträgen der Metall- und Elektroindustrie kann er in der Regel bis zu 12 Monate betragen.

2.3.1 Tarifliche Arbeitszeit von 35 Stunden im Westen bzw. 38 Stunden im Osten

Für die meisten Beschäftigten in der Metall- und Elektroindustrie entspricht die individuelle regelmäßige wöchentliche Arbeitszeit der tariflichen Arbeitszeit von 35 bzw. 38 Stunden. Diese regelmäßige Arbeitszeit wurde in mehreren Schritten erreicht.

Übersicht 2.3 – Tarifliche Arbeitszeit in der Metall- und Elektroindustrie

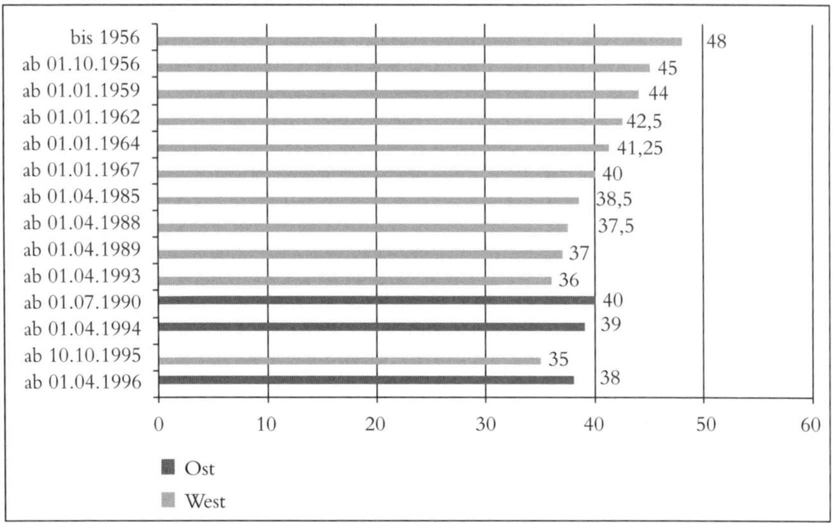

Nach Gründung der Bundesrepublik im Jahre 1949 betrug die wöchentliche Arbeitszeit zunächst 48 Stunden. Sie wurde in den 1960er- und 1970er-Jahren schrittweise auf 40 Stunden verkürzt. Damit wurde, ohne dass dieses in den Tarifverträgen ausdrücklich geregelt war, Schritt um Schritt der Samstag arbeitsfrei.

Im Zuge der weiteren Verkürzung der Arbeitszeit von 40 auf 35 Stunden wurden in die Tarifverträge Regelungen aufgenommen, denen zufolge die wöchentliche Arbeitszeit nicht in jeder Woche zu erfüllen ist, sondern auch ungleichmäßig auf die einzelnen Tage der Woche oder auf mehrere Wochen verteilt werden kann. Gleichzeitig wurden dafür Ausgleichszeiträume vereinbart (vgl. Kapitel 4).

Mit der Verkürzung der wöchentlichen Arbeitszeit auf unter 40 Stunden war der freie Samstag nicht mehr selbstverständlich. Die Konflikte um die Verteidigung des freien Wochenendes nahmen mit der Flexibilisierung der Arbeitszeit zu. In den Tarifverträgen konnte durchgesetzt werden, dass die Arbeitszeit in der Regel auf die Wochentage von Montag bis Freitag verteilt wird, Ausnahmen müssen besonders vereinbart werden.

Da die Arbeitszeit meist nicht mehr gleichmäßig auf die Tage der Woche verteilt ist, ist es für die Beschäftigten wichtig, dass die Arbeitszeit erfasst wird, um unbezahlte Mehrarbeit zu verhindern und die Unterscheidung von Regelarbeitszeit zu zuschlagspflichtiger Mehrarbeit sicherzustellen.

Die individuelle regelmäßige wöchentliche Arbeitszeit muss im Durchschnitt des vereinbarten Ausgleichszeitraums erreicht werden (vgl. Kapitel 4). Die Manteltarifverträge der Metall- und Elektroindustrie sehen meist einen Ausgleichszeitraum von 6 Monaten vor. Dieser Ausgleichszeitraum wurde jedoch durch die später abgeschlossenen Tarifverträge zur Beschäftigungssicherung verlängert. Diese Tarifverträge enthalten die Bestimmung, dass während ihrer Laufzeit der Ausgleichszeitraum für die ungleichmäßige Verteilung der Arbeitszeit nicht 6, sondern 12 Monate beträgt. Daher ist der 12-monatige Ausgleichszeitraum in der Metall- und Elektroindustrie tarifvertraglich der Regelfall.

Für die Beschäftigten ist nicht nur die Dauer sowie die Lage und Verteilung der Arbeitszeit wichtig, sondern auch, was eigentlich alles zur Arbeitszeit zählt. Besonders umstritten ist häufig, ob Wasch- und Umkleidezeiten zur Arbeitszeit gehören und wo die Zeiterfassung erfolgt – am Eingang des Betriebes oder in der Abteilung. Das Bundesarbeitsgericht ist lange davon ausgegangen, dass Wasch- und Umkleidezeiten nicht zur Arbeitszeit gehören und die Beschäftigten dafür keine Bezahlung erwarten können. Diese Rechtsauffassung hat das Bundesarbeitsgericht zwischenzeitlich aufgegeben.

Rechtsvorschrift

»Die gesetzliche Vergütungspflicht des Arbeitgebers knüpft nach § 611 Abs. 1 BGB an die ›Leistung der versprochenen Dienste‹ an. Dazu zählt nicht nur die eigentliche Tätigkeit, sondern jede vom Arbeitgeber im Synallagma (Gegenseitigkeitsverhältnis) verlangte sonstige Tätigkeit oder Maßnahme, die mit der eigentlichen Tätigkeit oder der Art und Weise von deren Erbringung unmittelbar zusammenhängt. Zu den im Sinne von § 611 Abs. 1 BGB ›versprochenen Diensten‹ gehört auch das vom Arbeitgeber angeordnete Umkleiden im Betrieb. In einem solchen Falle macht der Arbeitgeber selbst mit seiner Weisung das Umkleiden und das Zurücklegen des Wegs von der Umkleide- zur Arbeitsstelle zur arbeitsvertraglichen Verpflichtung. An der in der Entscheidung vom 11. Oktober 2000 (Az.: 5 AZR 122/99 – BAGE 96, 45) vertretenen Auffassung, der Arbeitgeber verpflichte sich zur Vergütung nur der eigentlichen Tätigkeit, hält der Senat nicht fest. Der Arbeitgeber verspricht regelmäßig die Vergütung für alle Dienste, die er dem Arbeitnehmer aufgrund seines arbeitsvertraglich vermittelten Direktionsrechts abverlangt.«

(BAG vom 19.09.2012 – 5 AZR 678/11)

Aus dieser neueren Entscheidung ergeben sich Konsequenzen für die Bezahlung und die Zeiterfassung. Da die Wasch- und Umkleidezeiten sowie Wege auf dem Betriebsgelände zur Arbeitszeit gehören, muss die Zeiterfassung auch am Zugang zum Betrieb erfolgen.

2.3.2 Arbeitszeit außertariflich Beschäftigter

Die tariflichen Regelungen zur Arbeitszeit finden nur auf die tariflichen Beschäftigten Anwendung. Mit Ausnahme der Tarifgebiete in Baden-Württemberg regeln die Manteltarifverträge, dass es neben den tariflich Beschäftigten auch außertariflich Beschäftigte geben kann. Für diese sogenannten AT-Beschäftigten finden die Bestimmungen der Tarifverträge in der Metall- und Elektroindustrie keine Anwendung. Die AT-Beschäftigten profitieren aber dennoch von den tarifvertraglich vereinbarten Leistungen. Diese bilden fak-

tisch Mindestarbeitsbedingungen, die bei AT-Beschäftigten nicht unterschritten werden dürfen, sonst wären sie wieder Tarifbeschäftigte, die ihre tariflichen Ansprüche geltend machen und auch gerichtlich durchsetzen könnten.
Die Eigenschaft eines Arbeitsverhältnisses als »außertariflich« setzt immer eine ausdrückliche arbeitsvertragliche Vereinbarung voraus. Der Arbeitsvertrag muss dann die Bedingungen regeln, die üblicherweise tarifvertraglich vereinbart werden.
Da sich die Inhalte des Arbeitsverhältnisses nicht aus dem Tarifvertrag ergeben, müssen sie vollständig im Arbeitsvertrag geregelt werden. Hierzu gehören vor allem die Höhe des Entgeltes, die Dauer der Arbeitszeit, die Urlaubsdauer und das Urlaubsentgelt, ggf. Sonderzahlungen und Regelungen zur Altersvorsorge.
Beim Abschluss von Arbeitsverträgen mit AT-Beschäftigten muss demnach die Dauer der Arbeitszeit ausdrücklich geregelt werden. In den sogenannten AT-Verträgen wird meist eine 40-Stunden-Woche vereinbart. Unternehmer versuchen aber häufig, diesen Punkt bewusst offen zu lassen, mit der Folge, dass scheinbar ein Anspruch auf eine uneingeschränkte Verfügbarkeit über die Zeit der Beschäftigten besteht.
Neben der Regelung zur regelmäßigen Arbeitszeit gibt es in Arbeitsverträgen häufig die Formulierung »mit dem Arbeitsentgelt sind Überstunden abgegolten«. Eine pauschale Abgeltung von Überstunden ist grundsätzlich zulässig, es muss aber auch das maximale Volumen der Überstunden definiert werden.
Dass ein Beschäftigter außertariflich beschäftigt ist, bedeutet nicht, dass der Betriebsrat in seinen Mitbestimmungsrechten eingeschränkt ist. Für das Mitbestimmungsrecht des Betriebsrates kommt es nicht darauf an, ob Beschäftigte tariflich oder außertariflich beschäftigt sind. Die Zuständigkeit des Betriebsrates ergibt sich aus dem Betriebsverfassungsgesetz. Ist ein Beschäftigter kein Leitender Angestellter im Sinne des Betriebsverfassungsgesetzes, ist der Betriebsrat in vollem Umfang für ihn zuständig, auch wenn er ein »Außertariflicher« im Sinne des Manteltarifvertrages ist.
Der Betriebsrat kann und muss das Mitbestimmungsrecht für alle Beschäftigten wahrnehmen. In vielen Betrieben bestehen Betriebsvereinbarungen über Entgeltgrundsätze für außertariflich Beschäftigte. Der Betriebsrat hat hierüber ein Mitbestimmungsrecht, nicht aber über die Höhe der Entgelte. Genauso ist es bei der Arbeitszeit: Der Betriebsrat hat ein Mitbestimmungsrecht über die Lage und die Verteilung der Arbeitszeit sowie über eine vorübergehende Verlängerung der Arbeitszeit (Mehrarbeit) für tariflich und außertariflich Beschäftigte (vgl. § 87 Abs. 1 Ziff. 3 und 3 BetrVG).
Wer AT-Beschäftigter ist, definieren in der Regel die Manteltarifverträge im persönlichen Geltungsbereich. In der Metall- und Elektroindustrie haben sich zwei Regelungsmodelle durchgesetzt. Das eine Regelungsmodell beschreibt eine Entgeltgrenze mit einem im Tarifvertrag geregelten prozentualen Abstand des individuell vereinbarten Entgeltes eines AT-Beschäftigten zu dem höchsten tariflichen Entgelt. Ist dieses eine Kriterium erfüllt und besteht ein entsprechender Arbeitsvertrag, ist der Beschäftigte ein AT-Beschäftigter, die tarif-

vertraglichen Bestimmungen gelten für ihn nicht. Seine Arbeitsbedingungen regeln sich ausschließlich nach dem abgeschlossenen Arbeitsvertrag.

Tarifvertrag
»Nicht als Arbeitnehmer i. S. dieses Vertrages gelten:
[…] d) sonstige Arbeitnehmer, denen auf außertariflicher Grundlage ein garantiertes monatliches Entgelt zugesagt worden ist, das den Tarifsatz der Entgeltgruppe 12 (Stufe B) um 30,5 v. H. übersteigt, oder denen auf außertariflicher Grundlage ein garantiertes Jahreseinkommen zugesagt worden ist, das den zwölffachen Tarifsatz der Entgeltgruppe 12 (Stufe B) um 35 v. H. übersteigt.«
(§ 1 Ziff. 3 MTV Bayern)

Das andere Regelungsmodell geht davon aus, dass die in dem Arbeitsvertrag vereinbarten Arbeitsbedingungen »im Ganzen gesehen« die tariflichen Bedingungen überschreiten müssen. Bei dieser ganzheitlichen Betrachtung wird nicht nur auf das Arbeitsentgelt, sondern auf alle Arbeitsbedingungen abgestellt.

Tarifvertrag
»Er gilt nicht für
a) Beschäftigte, deren Aufgabengebiet höhere Anforderungen stellt als die höchste tarifliche Entgeltgruppe es verlangt und deren Vertragsbedingungen im ganzen gesehen die tariflichen Bedingungen überschreiten, sofern sie durch Einzelarbeitsvertrag aus dem Geltungsbereich des Tarifvertrages herausgenommen worden sind; […]«
(§ 1 Ziff. 3 MTV Hessen)

Für die Ganzheitsbetrachtung ist ein Vergleich vorzunehmen. Wurde mit einem Beschäftigten ein Arbeitsvertrag abgeschlossen, in dem ein Jahresentgelt, eine Jahresarbeitszeit und die private Nutzung des Dienstwagens vereinbart wurden, sind diese Komponenten materiell zu bewerten und den entsprechenden tariflichen Ansprüchen gegenüberzustellen. Bei der Bewertung des Arbeitsvertrages ist das Jahresentgelt und der geldwerte Vorteil des Dienstwagens zu berücksichtigen. Bei der materiellen Bewertung der tariflichen Ansprüche ist zunächst ein Jahreseinkommen zu ermitteln, das ein tariflich Beschäftigter bei der gleichen Arbeitszeit erzielen würde. Hinzuzuziehen ist der tarifliche Anspruch auf Urlaubsgeld und betriebliche Sonderzahlung. Aus dem Vergleich des vertraglichen Anspruchs auf der einen Seite mit dem tariflichen Anspruch auf der anderen Seite ergibt sich, ob die Arbeitsbedingungen im Ganzen gesehen günstiger sind und das Kriterium der AT-Beschäftigung erfüllt ist.
Neben den beschriebenen materiellen Arbeitsbedingungen müssen bei einem ganzheitlichen Vergleich ggf. auch weitere Faktoren berücksichtigt werden: Beispielsweise die ständige Erreichbarkeit eines AT-Beschäftigten auf der einen Seite gegenüber den konkreten tariflichen und betrieblichen Regelungen zur Rufbereitschaft auf der anderen Seite.

2.3.3 Teilzeit

Neben der Regelung der tariflichen Arbeitszeit für das normale Arbeitsverhältnis sehen die Tarifverträge in der Regel auch die Möglichkeit von Teilzeitarbeit vor. Die Teilzeitarbeit ist in den Branchen sehr unterschiedlich ausgeprägt. Im Jahre 2010 arbeiteten 7,7 Prozent der Beschäftigten in der Metall- und Elektroindustrie in Teilzeit. Die Teilzeitquote bei Frauen in dieser Branche beträgt 27,7 Prozent, die der Männer nur 2,3 Prozent. Es lässt sich daher festhalten: Teilzeitarbeit ist weiblich. Viele Frauen wollen oder müssen in Teilzeit arbeiten, um Beruf und Familie miteinander vereinbaren zu können.
Welche Arbeitsverhältnisse als Teilzeitarbeit gewertet werden, ergibt sich einerseits aus dem geltenden Teilzeit- und Befristungsgesetz und andererseits aus dem jeweils geltenden Manteltarifvertrag. So heißt es beispielsweise im Tarifvertrag für die Metall- und Elektroindustrie in Hessen:

Tarifvertrag
»Beschäftigte, deren individuelle regelmäßige wöchentliche Arbeitszeit geringer als die tarifliche wöchentliche Arbeitszeit gem. Ziff. 1 [35 Stunden, d. Verf.] ist, sind Teilzeitbeschäftigte. Teilzeitarbeit wird einzelvertraglich vereinbart.«
(§ 2 Ziff. 2 MTV Hessen)

Diese tarifvertragliche Definition entspricht der des Beschäftigungsförderungsgesetzes. Dort heißt es:

Rechtsvorschrift
»Teilzeitbeschäftigt sind Arbeitnehmer, deren regelmäßige Wochenarbeitszeit kürzer ist als die regelmäßige Wochenarbeitszeit vergleichbarer vollzeitbeschäftigter Arbeitnehmer des Betriebes. [...]«
(§ 2 TzBfG)

Das Teilzeit- und Befristungsgesetz regelt aber nicht, wie lange die Wochenarbeitszeit der teilzeitbeschäftigten Arbeitnehmer ist. Diese ergibt sich wiederum nur aus dem einschlägigen Manteltarifvertrag. Zusammenfassend lässt sich sagen:

Definition
Teilzeitbeschäftigt sind alle Beschäftigten, die einzelvertraglich eine Arbeitszeit vereinbart haben, welche unter der tariflichen Regelarbeitszeit des Manteltarifvertrages liegt, der für ihren Betrieb anwendbar ist.

Ein Teilzeitarbeitsverhältnis setzt immer eine einzelvertraglichen Regelung der Dauer der Arbeitszeit voraus. Da im Tarifvertrag nur die regelmäßige tarifliche Arbeitszeit bestimmt ist, kann die einzelvertragliche Regelung auch nicht durch einen einfachen Verweis auf den Tarifvertrag ersetzt werden. Eine häufige Form der Teilzeitarbeit ist das Halbieren der tariflichen Regelarbeits-

zeit. Für die Beschäftigten ist die Art, wie die Dauer der Arbeitszeit im Arbeitsvertrag vereinbart wird, nicht unwichtig. Grundsätzlich gibt es zwei Möglichkeiten: Entweder die Vereinbarung einer festen Stundenzahl (z. B. 17,5 Stunden im Westen) oder die Vereinbarung eines Anteils der tariflichen Arbeitszeit (z. B. 50 Prozent der tariflichen Arbeitszeit). Bedeutung gewinnt dieser Unterschied, wenn sich die tarifliche Arbeitszeit ändert. Im ersten Fall bleibt es auch bei einer Veränderung der tariflichen Arbeitszeit bei den vereinbarten 17,5 Stunden. Im zweiten Fall ändert sich die Arbeitszeit eines Teilzeitbeschäftigten im gleichen Verhältnis wie die der Vollzeitbeschäftigten.
Für Teilzeitbeschäftigte gelten die gleichen tariflichen und gesetzlichen Bestimmungen wie für Vollzeitbeschäftigte. Teilzeitbeschäftigte dürfen nicht schlechter gestellt werden. Nur ihr Entgelt wird an die veränderte Arbeitszeit angepasst.
Dieses ist auf der Grundlage der tariflichen Entgelte in Verbindung mit der tariflichen Wochenarbeitszeit von 35 Stunden im Westen und 38 Stunden im Osten zu ermitteln.
Das Monatseinkommen für Beschäftigte in Teilzeit ist nach folgender Formel umzurechnen:

$$\frac{\text{tarifliches Monatsentgelt} \times \text{individuelle regelmäßige Arbeitszeit}}{\text{tarifliche regelmäßige Arbeitszeit}} = \text{individuelles Monatsentgelt}$$

Beispiel:
Beschäftigte in der Entgeltgruppe 4 erhalten in Nordrhein-Westfalen ein Grundentgelt von 2244,– Euro bei einer Arbeitszeit von 35 Stunden. Für einen Beschäftigten in Teilzeit errechnet sich sein individuelles Monatsentgelt nach der genannten Formel. Wurde eine 25-Stunden-Woche vereinbart, ergibt sich das folgende Grundentgelt:

$$\frac{2244\,€ \times 25\ \text{Std.}}{35\ \text{Std.}} = 1602{,}86\,€$$

Auf der Grundlage des so umgerechneten tariflichen Grundentgeltes errechnen sich auch alle Zulagen und Zuschläge. Die Berechnung erfolgt in Ostdeutschland entsprechend auf Basis der 38-Stunden-Woche.
Auch Arbeitsverhältnisse mit anderen Arbeitszeiten unterhalb der regelmäßigen tariflichen Arbeitszeit gelten als Teilzeit, z. B. vereinbarte Arbeitszeiten von 25 Stunden in der Woche. Unter die Teilzeitarbeit fallen auch die Arbeitsverhältnisse geringfügig Beschäftigter. Die gesetzlichen und tarifvertraglichen Regelungen geringfügig Beschäftigter unterscheiden sich nicht von denen anderer Beschäftigter, für sie gelten nur besondere Regelungen im Bereich des Sozial- und Steuerrechts. Wer geringfügig Beschäftigter ist, regelt das SGB IV.

Rechtsvorschrift

»(1) Eine geringfügige Beschäftigung liegt vor, wenn

1. *das Arbeitsentgelt aus dieser Beschäftigung regelmäßig im Monat 450,– Euro nicht übersteigt,*
2. *die Beschäftigung innerhalb eines Kalenderjahres auf längstens zwei Monate oder 50 Arbeitstage nach ihrer Eigenart begrenzt zu sein pflegt oder im Voraus vertraglich begrenzt ist, es sei denn, dass die Beschäftigung berufsmäßig ausgeübt wird und ihr Entgelt 450,– Euro im Monat übersteigt.*

(2) Bei der Anwendung des Absatzes 1 sind mehrere geringfügige Beschäftigungen nach Nummer 1 oder Nummer 2 sowie geringfügige Beschäftigungen nach Nummer 1 mit Ausnahme einer geringfügigen Beschäftigung nach Nummer 1 und nicht geringfügige Beschäftigungen zusammenzurechnen.«

(§ 8 SGB IV)

Die Rechte geringfügig Beschäftigter unterscheiden sich nicht von den Rechten in anderen Formen der Teilzeitarbeit, die sich aus allgemeinen arbeitsrechtlichen oder speziell den manteltariflichen Bestimmungen ergeben. Eine Ungleichbehandlung aus Anlass der geringfügigen Beschäftigung würde auch dem europäischen Recht widersprechen, wie es der Europäische Gerichtshof entschieden hat (vgl. EuGH vom 09.09.1999 – RS C 281/97). Der Unterschied einer geringfügigen zu einer anderen Teilzeitarbeit besteht darin, dass der Arbeitgeber für geringfügig Beschäftigte einen Pauschalbeitrag in Höhe von 15 Prozent des Arbeitsentgeltes zur Rentenversicherung zahlt und sie in der gesetzlichen Krankenversicherung nicht pflichtversichert sind. Dagegen müssen Teilzeitbeschäftigte, die die Geringfügigkeitsgrenze überschreiten, entsprechend ihrem Einkommen genauso wie Vollzeitbeschäftigte Sozialabgaben entrichten.

Die Tarifverträge der Metall- und Elektroindustrie schließen solche Arbeitsverhältnisse nicht kategorisch aus. Sie regeln aber häufig, dass die Arbeitszeit von Teilzeitbeschäftigten oberhalb der Geringfügigkeitsgrenze liegen soll. Soweit Beschäftigte unterhalb der Sozialversicherungsgrenze beschäftigt werden, schreiben Tarifverträge in der Regel vor, dass Beschäftigte auf die sozialversicherungsrechtlichen Folgen hingewiesen werden müssen.

Tarifvertrag

»[...] Teilzeitarbeit soll, sofern sachliche Gründe keine andere Regelung erfordern, so gestaltet werden

- *dass die jeweils gültigen Grenzen der Sozialversicherungspflicht im Rahmen der Kranken-, Renten- und Arbeitslosenversicherung nicht unterschritten werden; ist dies aus betriebsorganisatorischen Gründen nicht möglich oder wünscht der Beschäftigte eine kürzere Arbeitszeit, ist der Beschäftigte auf mögliche sozialversicherungsrechtliche Folgen schriftlich hinzuweisen,*
- *dass die tägliche Arbeitszeit mindestens drei Stunden beträgt und zusammenhängend erbracht werden kann. [...]«*

(§ 2 Ziff. 2 MTV Hessen)

Aus den Entgelttarifverträgen lässt sich ableiten, welche Anzahl von Arbeitsstunden im Sinne dieser Tarifnorm mindestens vereinbart werden muss bzw. wie viele Stunden geringfügig Beschäftigte maximal leisen müssen.

Beispiel für Beschäftigte in der untersten Entgeltgruppe
Das tarifliche Grundentgelt in der Entgeltgruppe 1 in der hessischen Metall- und Elektroindustrie beträgt 2136,– Euro (Stand Mai 2014). Das entspricht 14,03 Euro pro Stunde. In diesem Tarifgebiet haben die Beschäftigten einen Anspruch auf eine tarifliche Leistungszulage von durchschnittlich 10 Prozent. Daraus ergibt sich ein Stundenentgelt von 15,43 Euro. Wird die Geringfügigkeitsgrenze von 450,– Euro durch diese 15,43 Euro geteilt, ergibt sich, dass geringfügig Beschäftigte in der Metall- und Elektroindustrie in Hessen maximal 29,2 Stunden im Monat beschäftigt werden dürfen.

Die Tarifverträge regeln, welche Ansprüche ein Teilzeitbeschäftigter im Verhältnis zu einem Vollzeitbeschäftigten hat. Grundsätzlich gilt: Teilzeitbeschäftigte dürfen nicht schlechter gestellt werden als Vollzeitbeschäftigte.

Rechtsvorschrift
»Ein teilzeitbeschäftigter Arbeitnehmer darf wegen der Teilzeitarbeit nicht schlechter behandelt werden als ein vergleichbarer vollzeitbeschäftigter Arbeitnehmer, es sei denn, dass sachliche Gründe eine unterschiedliche Behandlung rechtfertigen. Einem teilzeitbeschäftigten Arbeitnehmer ist Arbeitsentgelt oder eine andere teilbare geldwerte Leistung mindestens in dem Umfang zu gewähren, der dem Anteil seiner Arbeitszeit an der Arbeitszeit eines vergleichbaren vollzeitbeschäftigten Arbeitnehmers entspricht.«
(§ 4 Abs. 1 TzBfG)

Der Grundsatz, dass Teilzeitbeschäftigte nicht schlechter behandelt werden dürfen, folgt aber nicht allein aus dem Teilzeit- und Befristungsgesetz, sondern bereits aus dem allgemeinen Gleichbehandlungsgrundsatz. Die tariflichen Leistungen eines Teilzeitbeschäftigten reduzieren sich stets nur im Verhältnis seiner gegenüber einem Vollzeitbeschäftigten verringerten Arbeitszeit. Teilzeitarbeit rechtfertigt ansonsten keine Ungleichbehandlung.
Nach den Tarifverträgen und nach dem Teilzeit- und Befristungsgesetz sind Beschäftigte in Teilzeit keine Beschäftigten zweiter Klasse. Sie haben die gleichen tariflichen Ansprüche auf Entgelt, Leistungszulage, Urlaub, Urlaubsgeld, Sonderzahlung und Freistellung aus persönlichen Gründen.
Für Beschäftigte in Teilzeit stellt sich häufig das Problem, dass sie in der Phase der Kindererziehung in Teilzeit arbeiten, danach aber wieder auf einen Vollzeitarbeitsplatz wechseln wollen. Das Teilzeit- und Befristungsgesetz sichert den Beschäftigten zwar das Recht zum Wechsel von Voll- in Teilzeitarbeit zu, aber nicht umgekehrt. Tarifverträge regeln den Anspruch, wieder auf einen Vollzeitarbeitsplatz zu wechseln, meist aber nur im Rahmen der »betrieblichen Möglichkeiten«.

Tarifvertrag
»[...] Wünschen Beschäftigte mit Teilzeitarbeit den Übergang in Vollzeitarbeit oder eine andere Arbeitszeit unterhalb der Vollzeitarbeit, so soll dem Rechnung getragen werden, wenn eine solche Beschäftigung an einem anderen Arbeitsplatz oder mit einer anderen Arbeitszeit am gleichen Arbeitsplatz betrieblich möglich ist. [...]«
(§ 2 Ziff. 2 MTV Hessen)

Obwohl diese Regelung keine harten individuellen Rechte enthält, kann sie im Sinne der Beschäftigten genutzt werden. Wünschen Beschäftigte einen Teilzeitarbeitsplatz, kann mit ihnen bereits beim Wechsel in Teilzeit besprochen werden, ob sie später wieder auf einen Vollzeitarbeitsplatz zurückkehren möchten. Dies kann dann rechtzeitig berücksichtigt werden bei der Personalplanung, die mit dem Betriebsrat zu beraten ist. Der Betriebsrat kann und muss seine Vorschläge, vor allem für die Aufstellung und Umsetzung von Maßnahmen zur Förderung der Gleichstellung von Frauen und Männern, in diese Beratung einbringen (vgl. § 92 Abs. 3 BetrVG). Angesichts der Tatsache, dass die Teilzeit überwiegend von Frauen geleistet wird, ist die Verankerung des Rückkehrrechts auf einen Vollzeitarbeitsplatz eine Maßnahme, die Gleichstellung zu fördern. In Auswahlrichtlinien nach § 95 BetrVG kann festgelegt werden, dass die Rückkehr von Teilzeit in Vollzeit der Einstellung von neuen Beschäftigten vorgeht. Über die Aufstellung von Auswahlrichtlinien hat der Betriebsrat ein Mitbestimmungsrecht.

2.4 Verlängerte Arbeitszeiten

Die Tarifverträge sehen auch Abweichungen von der tariflichen Arbeitszeit der 35 Stunden im Westen bzw. 38 Stunden im Osten vor. Solche Abweichungen können zwischen Arbeitgeber und Betriebsrat z. B. bei einem besonderen Arbeitsanfall vereinbart werden (Mehrarbeit). Verlängerte Arbeitszeiten können aber auch auf der Grundlage eines individuellen Vertrages zwischen den Beschäftigten und dem Arbeitgeber vereinbart werden, jedoch nur innerhalb einer tariflich festgelegten, begrenzten Quote (Quotenregelung). Auf der Grundlage eines besonderen Tarifvertrages zur »Förderung von Investitionen und Innovationen« können ferner durch die Tarifvertragsparteien befristete Abweichungen vom Flächentarifvertrag für einzelne Betriebe der Metall- und Elektroindustrie vereinbart werden (Pforzheimer Abkommen). In solchen betrieblichen abweichenden Tarifverträgen können auch kürzere und längere Arbeitszeiten für einen begrenzten Zeitraum zwischen den Tarifvertragsparteien vereinbart werden.

2.4.1 Mehrarbeit (Überstunden)

Die Tarifverträge regeln die tarifliche Arbeitszeit – z. B. legen sie diese auf 35 bzw. 38 Stunden in der Woche fest. Zusätzlich enthalten die Tarifverträge eine Öffnungsklausel, nach der über diese Arbeitszeit hinaus Arbeit geleistet werden kann – eben Mehrarbeit. Was als Mehrarbeit gilt, ist in Tarifverträgen unterschiedlich definiert. Ein Teil der Tarifverträge knüpft dabei an der festgelegten täglichen Arbeitszeit an.

> **Tarifvertrag**
> *»Mehrarbeit sind die über die nach den §§ 3 und 4 festgelegte individuelle regelmäßige tägliche Arbeitszeit hinaus geleisteten Arbeitsstunden; hierunter fallen nicht die Arbeitsstunden, die im Rahmen des § 4 Nr. 3 außerhalb der regelmäßigen Arbeitszeit zum Ausgleich ausgefallener Arbeitsstunden vor- oder nachgearbeitet werden.«*
> (§ 5 Abs. 1 Ziff. 1 MTV Nordrhein-Westfalen)

Andere Tarifverträge knüpfen an die festgelegte Wochenarbeitszeit an.

> **Tarifvertrag**
> *»Mehrarbeit ist*
> - *bei Vollzeitbeschäftigung die über die individuelle regelmäßige wöchentliche Arbeitszeit (§ 2 Ziff. 1) in der Woche,*
> - *bei ungleichmäßiger Verteilung der individuellen regelmäßigen wöchentlichen Arbeitszeit (§ 2 Ziff. 3 und 4) die über die jeweils festgelegte Wochenarbeitszeit, [...]*
>
> *hinausgehende Arbeitszeit.«*
> (§ 6 Ziff. 1 MTV Hessen)

Nach diesen Tarifvertragsbestimmungen liegt Mehrarbeit nicht vor, wenn die tarifliche Regelarbeitszeit überschritten wird, sondern dann, wenn die für den jeweiligen Zeitraum, in der Betriebsvereinbarung über Lage und Verteilung der Arbeitszeit festgelegte individuelle tägliche oder wöchentliche Arbeitszeit überschritten wird.

Hierbei sind zwei Begriffe wichtig: Einerseits die *individuelle* regelmäßige tägliche oder wöchentliche Arbeitszeit, andererseits die jeweils *festgelegte* Arbeitszeit. Für die Entscheidung, ob Mehrarbeit vorliegt oder nicht ist es also wichtig festzustellen, welches die für den jeweiligen Tag oder die jeweilige Woche festgelegte Arbeitszeit ist. Diese für den Einzelnen festgelegte Arbeitszeit an einem Arbeitstag bzw. in einer Arbeitswoche ergibt sich aus der Betriebsvereinbarung über die Lage und die Verteilung der Arbeitszeit.

So kann es bei ungleichmäßiger Verteilung der Fall sein, dass in einer Woche 40 Stunden gearbeitet werden, Mehrarbeit beginnt dann ab der 41. Stunde. Andererseits können zum Ausgleich in einer zweiten Woche nur 30 Stunden gearbeitet werden, Mehrarbeit beginnt dann ab der 31. Stunde.

Mehrarbeit unterscheidet sich von der Regelarbeitszeit dadurch, dass für jede Mehrarbeitsstunde ein Zuschlag gezahlt wird.
Mehrarbeit kann der Arbeitgeber nicht einseitig, ohne Zustimmung des Betriebsrates, anordnen.

> **Rechtsvorschrift**
> *»Der Betriebsrat hat, soweit eine gesetzliche oder tarifvertragliche Regelung nicht besteht, in folgenden Angelegenheiten mitzubestimmen:*
> *[...]*
> *3. vorübergehende Verkürzung oder Verlängerung der betrieblichen Arbeitszeit.«*
> (§ 87 Abs. 1 Ziff. 3 BetrVG)

Daran ändert sich auch nichts, wenn der Arbeitgeber die Mehrarbeit ausschließlich auf freiwilliger Basis ausführt und sich mit dem Arbeitnehmer über die Mehrarbeit geeinigt hat.

> **Rechtsvorschrift**
> *»Bedingen organisatorische oder technische Gründe, dass Arbeitnehmer in einem Rechenzentrum über das Schichtende hinaus arbeiten, ist diese Mehrarbeit mitbestimmungspflichtig auch dann, wenn jeweils nur ein Arbeitnehmer länger arbeiten muss. Das Mitbestimmungsrecht des Betriebsrates entfällt nicht deswegen, weil die Arbeitnehmer im Rechenzentrum aus eigener Entschließung ›freiwillig‹ länger arbeiten.«*
> (BAG vom 22.02.1983 – 1 ABR 27/81)

Tarifverträge sehen für besondere Fälle Regelungen vor, dass der Arbeitgeber auch einseitig Mehrarbeit anordnen kann – z. B., wenn ein unvorhersehbarer Bedarf entsteht. Grundsätzlich ist auch in diesen Fällen die Zustimmung des Betriebsrates zur Mehrarbeit erforderlich. Nur wenn der Tarifvertrag eine besondere Regelung enthält, kann in dem tarifvertraglich gesetzten Rahmen der Arbeitgeber Mehrarbeit einseitig anordnen.
Eine häufig in den Manteltarifverträgen zu findende Formulierung ist, dass der Arbeitgeber zur Anordnung von Mehrarbeit berechtigt ist, wenn ein »unvorhersehbarer Bedarf« entsteht. In diesen Fällen ist der Arbeitgeber verpflichtet, den Betriebsrat nachträglich zu informieren.
Streitig kann dabei sein, was »unvorhersehbarer Bedarf« ist. Diesen Begriff wird man in aller Regel restriktiv auslegen müssen, da sonst der Tarifvertrag unter Verweis auf einen »unvorhersehbaren Bedarf« unterlaufen werden könnte. Gedacht haben die Tarifvertragsparteien an Fälle wie beispielsweise die aufgrund widriger Verkehrsverhältnisse verzögerte Ankunft eines LKW, der noch beladen werden muss, um eine nach Fahrplan verkehrende Fähre am gleichen Tage zu erreichen.
Mehrarbeit hat sich über das eigentliche den Tarifverträgen zugrunde liegende Maß hinaus teilweise zu einer ständigen Praxis in den Betrieben entwickelt. Die

Begrenzung der Mehrarbeit könnte einen wesentlichen Beitrag dazu leisten, dass Arbeitsplätze gesichert und neue geschaffen werden. Mehrarbeit lässt sich nicht total verhindern. Mehrarbeit kann aber auf das notwendige Maß begrenzt werden. In einzelnen Tarifverträgen finden sich Begrenzungen der zulässigen Mehrarbeit:

> **Tarifvertrag**
> *»Bei dringenden betrieblichen Erfordernissen kann Mehrarbeit mit Zustimmung des Betriebsrates bis zu 10 Mehrarbeitsstunden in der Woche und bis zu 20 Stunden im Monat vereinbart werden. Durch Betriebsvereinbarung kann für einzelne Beschäftigte oder Gruppen von Beschäftigten ein Mehrarbeitsvolumen von mehr als 20 Stunden im Monat zugelassen werden.«*
> (§ 8.1.2.1 MTV Nordwürttemberg-Nordbaden)

Zusätzlich kann Mehrarbeit auch so ausgestaltet werden, dass sie nicht beschäftigungsschädlich ist, z. B. durch die zwingende Vereinbarung von Freizeitausgleich für jede geleistete Arbeitsstunde.

> **Tarifvertrag**
> *»Mehrarbeit bis 16 Stunden im Monat kann im einzelnen Fall auch durch bezahlte Freistellung von der Arbeit ausgeglichen werden. Bei mehr als 16 Mehrarbeitsstunden im Monat kann der/die Beschäftigte die Abgeltung durch bezahlte Freistellung von der Arbeit verlangen, soweit dem nicht dringende betriebliche Belange entgegenstehen. Der Freizeitausgleich hat in den folgenden drei Monaten zu erfolgen; in besonderen Fällen (z. B. Montagen) kann im Einvernehmen von Arbeitgeber und Beschäftigten der Freizeitausgleich innerhalb von sechs Monaten erfolgen.*
> *Mehrarbeitszuschläge sind grundsätzlich in Geld zu vergüten.«*
> (§ 5 Abs. 1 Satz 1 MTV Nordrhein-Westfalen)

Gegen den Abbau von Mehrarbeit wird häufig das Argument eingewandt, dass die Beschäftigten, die Mehrarbeit leisten, nicht beliebig durch andere ersetzt werden können. So richtig dieses Argument augenscheinlich ist, ist es doch vordergründig. Mit einer gezielten Personalplanung und einer entsprechenden systematischen Qualifizierung der Arbeitnehmer wären der gegenseitige Ersatz und die gegenseitige Vertretung möglich und damit auch der Abbau von Mehrarbeit.

Bei flexiblen Arbeitszeitsystemen ist häufig unklar, ob und wann Mehrarbeit vorliegt. Mit Flexi-Modellen ist es leicht möglich, Mehrarbeit zu beseitigen, um die tarifvertraglichen Zuschläge einzusparen. Hier ist also die Frage zu beantworten: Wann beginnt Mehrarbeit bei flexiblen Arbeitszeitmodellen?

In der betrieblichen Praxis kommt es häufig kurzfristig zu einem Hoch- oder Herunterfahren der wöchentlichen Arbeitszeit. Die Verteilung der Arbeitszeit auf die einzelnen Wochen und Monate ist hierbei also nicht im Vorhinein auf den Ausgleichszeitraum von 12 Monaten festgelegt. Werden Betriebsvereinbarungen geschlossen, die eine kurzfristige Änderung der festgelegten Arbeitszeit zulassen, sind Ankündigungsfristen zu vereinbaren. In diesen Fällen liegt Mehrarbeit in der Regel dann vor, wenn die Ankündigungsfrist nicht eingehalten wird.

Beispiel:
In der Betriebsvereinbarung zur flexiblen Arbeitszeitgestaltung ist geregelt, dass die wöchentliche Arbeitszeit mit einer Ankündigungsfrist von 2 Monaten verändert werden kann. Nun will der Arbeitgeber von dem Betriebsrat, dass bereits in 2 Wochen die Arbeitszeit von 35 auf 40 Stunden erhöht wird. Die vereinbarte Ankündigungsfrist wird nicht eingehalten, deshalb sind die über 35 Stunden hinausgehenden 5 Stunden Mehrarbeit (und nicht regelmäßige Arbeitszeit im Rahmen bestehender Flexibilisierungsmöglichkeiten).

Diese Mehrarbeitsbestimmung muss Bestandteil der betrieblichen Arbeitszeitvereinbarung sein, damit gewährleistet ist, dass Mehrarbeit zustimmungs- und zuschlagspflichtig bleibt.
Bei Gleitzeitsystemen werden die Bestimmungen zur mitbestimmungs- und zuschlagspflichtigen Mehrarbeit in der Praxis häufiger unterlaufen. Die geleistete Arbeitszeit wird allein dem Gleitzeitkonto gutgeschrieben. Dies ist vor allem dann der Fall, wenn es keine Tarifvertragsbestimmungen bzw. Betriebsvereinbarung gibt, die dieses Problem regeln. Für die Praxis und den Abschluss von Betriebsvereinbarungen über Gleitzeit bietet sich die folgende Formulierung an:

»Mehrarbeit liegt vor, wenn sie außerhalb der Rahmenarbeitszeit liegt oder angeordnet ist und außerhalb der täglichen Kernarbeitszeit geleistet wird und über die tägliche Sollarbeitszeit hinausgeht oder angeordnet ist und an einem vereinbarten Gleittag abgeleistet werden muss.«

Damit kann sichergestellt werden, dass es bei der Handhabung der Gleitzeit keine Unstimmigkeiten darüber gibt, ob Mehrarbeit vorliegt oder nicht.

2.4.2 Quotenregelung für eine Arbeitszeit bis zu 40 Stunden

Die Tarifvertragsparteien der Metall- und Elektroindustrie haben in die Manteltarifverträge eine Öffnungsklausel aufgenommen, nach der die regelmäßige Arbeitszeit für einzelne Arbeitnehmer durch individualrechtliche Vereinbarung auf bis zu 40 Stunden in der Woche verlängert werden kann. Mit dieser sogenannten Quotenregelung wurde eine vorher geltende Differenzierungsregelung in der Metall- und Elektroindustrie abgelöst.
Die von 1985 bis 1990 in der Metallindustrie geltende Differenzierungsregelung sah vor, dass bei Einführung der 38,5-Stunden-Woche im Jahre 1985 ein Teil der Arbeitnehmer bis zu 40 Stunden beschäftigt werden durfte, wenn gleichzeitig andere Arbeitnehmer nur 37 Stunden beschäftigt wurden, so dass im Betriebsdurchschnitt die in diesem Jahr geltende 38,5-Stunden-Woche eingehalten wurde.

Um die Differenzierungsregelung hat sich eine rechtliche Diskussion zur Frage des Günstigkeitsprinzips entwickelt. Im Jahre 1990 wurde von den Tarifvertragsparteien der Metall- und Elektroindustrie diese Differenzierungsregelung durch die sogenannte Quotenregelung ersetzt:

> **Tarifvertrag**
> *»Die tarifliche wöchentliche Arbeitszeit ohne Pausen beträgt 35 Stunden.*
> *Soll für einzelne Arbeitnehmer die individuelle regelmäßige wöchentliche Arbeitszeit auf bis zu 40 Stunden verlängert werden, so bedarf dies der Zustimmung des Arbeitnehmers.*
> *Lehnen Arbeitnehmer die Verlängerung ihrer individuellen regelmäßigen wöchentlichen Arbeitszeit ab, so darf ihnen daraus kein Nachteil entstehen.*
> *Bei der Vereinbarung einer solchen Arbeitszeit bis zu 40 Stunden hat der Arbeitnehmer Anspruch auf eine dieser Arbeitszeit entsprechende Bezahlung.*
> *Die vereinbarte Arbeitszeit kann auf Wunsch des Arbeitnehmers oder Arbeitgebers mit einer Ankündigungsfrist von 3 Monaten geändert werden, es sei denn, sie wird einvernehmlich früher geändert. Das Arbeitsentgelt wird entsprechend angepasst.*
> *Der Arbeitgeber teilt dem Betriebsrat jeweils zum Ende eines Kalenderhalbjahres die Arbeitnehmer mit verlängerter individueller regelmäßiger wöchentlicher Arbeitszeit mit, deren Anzahl 13 Prozent aller Arbeitnehmer des Betriebes zuzüglich der Angestellten gem. § 1 Ziff. 3 a und b (AT-Angestellte) und der leitenden Angestellten nicht übersteigen darf.«*
> (§ 2 Ziff. 1 MTV Hessen)

Andere Tarifverträge begrenzen die Anzahl der Beschäftigten mit verlängerter Arbeitszeit nicht auf 13 Prozent, sondern unter Einbeziehung der AT-Beschäftigten auf 18 Prozent.

> **Tarifvertrag**
> *»Der Arbeitgeber teilt dem Betriebsrat jeweils am Ende des Quartals für das zurückliegende Quartal die Beschäftigten mit verlängerter individueller regelmäßiger wöchentlicher Arbeitszeit mit. Dazu zählen nicht die in § 1 (3) a) Genannten. Die Zahl der Beschäftigten mit verlängerter Arbeitszeit darf 18 Prozent aller sonstigen Beschäftigten des Betriebs nicht übersteigen. Zu den Beschäftigten zählen nicht Praktikanten und Praktikantinnen, Volontäre und Volontärinnen u. Ä. sowie Heimarbeiter und Heimarbeiterinnen und Teilzeitbeschäftigte gemäß § 3 Ziff. (8) Satz 3.«*
> (§ 3 Ziff. 3 MTV Niedersachsen)

Die beiden Tarifregelungen unterscheiden sich aber in ihrer Berechnungsgrundlage. In einem Fall werden die 13 Prozent auf alle Beschäftigten des Betriebes bezogen, im anderen Fall beziehen sich die 18 Prozent auf die Beschäftigten des Betriebes ohne die leitenden Angestellten. Auch bei der Zahl der zu berücksichtigenden AT-Beschäftigten unterscheiden sich beide Tarifnormen. In einem Fall werden die AT-Angestellten hinzu gezählt, im anderen Fall sind sie in der Zahl der Beschäftigten mit verlängerter Arbeitszeit bereits enthalten. Die unterschiedlichen Berechnungsformen zeigt die Übersicht 2.4. Es wird deutlich, dass beide Regelungswege zu ähnlichen Ergebnissen führen.

Übersicht 2.4 – Die unterschiedliche Berechnung der Quote für verlängerte Arbeitszeit

MTV Hessen: Quote: 13 %	MTV Niedersachsen: Quote: 18 %
Der Arbeitgeber teilt dem Betriebsrat jeweils zum Ende eines Kalenderhalbjahres die Arbeitnehmer mit verlängerter individueller regelmäßiger wöchentlicher Arbeitszeit mit. Deren Anzahl darf 13 % aller Arbeitnehmer des Betriebes zuzüglich der Angestellten gem. § 1 Ziff. 3 a und b (AT-Angestellte) und der leitenden Angestellten nicht übersteigen.	Der Arbeitgeber teilt dem Betriebsrat jeweils am Ende des Quartals für das zurückliegende Quartal die Beschäftigten mit verlängerter individueller regelmäßiger wöchentlicher Arbeitszeit mit. Dazu zählen nicht die in § 1 Abs. 3 a) Genannten [leitende Angestellte im Sinne der BetrVG, d. Verf.]. Die Zahl der Beschäftigten mit verlängerter Arbeitszeit darf 18 % aller sonstigen Beschäftigten des Betriebes nicht übersteigen.
Beispiel Betrieb mit 1000 Beschäftigten, davon 10 leitende Angestellte und 40 AT-Beschäftigte. 13 % von 1000 = 130 plus 10 leitende Angestellte und 40 AT-Beschäftigte = **180 Beschäftigte mit verlängerter Arbeitszeit**	**Beispiel** Betrieb mit 1000 Beschäftigten, davon 10 leitende Angestellte und 40 AT-Beschäftigte mit Vertrag über eine 40-Stunden-Woche. 18 % von 990 = **178 Beschäftigte mit verlängerter Arbeitszeit**

Beschäftigte mit einer verlängerten Arbeitszeit haben einen Anspruch auf eine entsprechend erhöhte Bezahlung. Diese ist auf der Grundlage der tariflichen Entgelte in Verbindung mit der tariflichen Wochenarbeitszeit von 35 Stunden zu ermitteln.

Das Monatseinkommen für Arbeitnehmer mit verlängerter Arbeitszeit ist nach folgender Formel umzurechnen:

$$\frac{\text{tarifliches Monatsentgelt} \times \text{individuelle regelmäßige Arbeitszeit}}{\text{tarifliche regelmäßige Arbeitszeit}} = \text{individuelles Monatsentgelt}$$

Beispiel:
Ein Beschäftigter in der Entgeltgruppe 8 erhält in Baden-Württemberg ein Grundentgelt von 3066,50 Euro bei einer Arbeitszeit von 35 Stunden. Vereinbarte er im Rahmen der tariflichen Quotenregelung eine Arbeitszeit von 40 Stunden, errechnet sich sein individuelles Monatsentgelt nach der oben angegebenen Formel:

$$\frac{3066{,}50\ € \times 40\ \text{Std.}}{35\ \text{Std.}} = 3504{,}57\ €$$

Auf der Grundlage des so umgerechneten tariflichen Grundentgeltes errechnen sich auch alle Zulagen und Zuschläge. Eine Berechnung für Ostdeutschland erfolgt entsprechend auf der Basis der 38-Stunden-Woche.
Eine verlängerte Arbeitszeit muss zwischen dem Beschäftigten und dem Arbeitgeber vereinbart werden. Die verlängerte Arbeitszeit wird, wenn der Beschäftigte oder der Arbeitgebers es wünscht, mit einer Ankündigungsfrist von 3 Monaten geändert und wieder auf die tarifliche Arbeitszeit zurückgeführt. Das Arbeitsentgelt wird dann auch wieder entsprechend angepasst.
Zur Sicherung des Fachkräftebedarfs ist es nach den Tarifverträgen in der Metall- und Elektroindustrie möglich, die Quote der Beschäftigten mit verlängerter Arbeitszeit zu erweitern.

Tarifvertrag
»In Betrieben mit einem hohen Anteil (mehr als 50 Prozent der Gesamtbeschäftigten) von Beschäftigten mit Einstufungen ab EG 14, können die Betriebsparteien eine höhere Quote bis maximal 50 Prozent vereinbaren.
Um Innovationsprozesse zu ermöglichen oder Fachkräftemangel zu begegnen, sollen, soweit diese Regelung nicht die Struktur des Betriebes abbildet, auf Antrag der Betriebsparteien die Tarifparteien nach Prüfung eine höhere Quote für den Betrieb oder Teile des Betriebes vereinbaren.«
(§ 7.1.5 ERA-MTV Nordwürttemberg-Nordbaden)

Die Tarifverträge unterscheiden zwei Fallgestaltungen:
Einerseits ist die Erweiterung der Quote für Beschäftigte an Arbeitsplätzen mit besonders hohen Anforderungen geregelt. Welche diese sind, ist in den regionalen Tarifverträgen jeweils durch eine Entgeltgruppe definiert. Für diese Fälle kann betrieblich eine höhere Quote vereinbart werden.
Andererseits sind Regelungen für den Fall vereinbart, dass es an Fachkräften mangelt oder Innovationsprozesse sonst nicht möglich wären. In diesen Fällen wird die Erweiterung der Quote auf Antrag der Betriebsparteien von den Tarifvertragsparteien vereinbart.
Der Betriebsrat hat bei der Vereinbarung der verlängerten Arbeitszeit nur ein indirektes Mitbestimmungsrecht. Da es sich um eine individualrechtliche Regelung handelt, hat der Betriebsrat kein Mitbestimmungsrecht über die einzelne Vereinbarung, die ein Beschäftigter mit seinem Arbeitgeber über die verlängerte Arbeitszeit abschließt.
Der Betriebsrat hat aber ein Mitbestimmungsrecht über Lage und Verteilung der Arbeitszeit für die Beschäftigten mit einer verlängerten Arbeitszeit. Dieses Mitbestimmungsrecht ergibt sich aus den einschlägigen Tarifbestimmungen über die Frage der Lage und Verteilung der Arbeitszeit und § 87 Abs. 1 Ziff. 2 BetrVG.
Für Beschäftigte, die eine verlängerte Arbeitszeit (von z. B. 40 Stunden) aufgrund der Quotenregelung für die Metallindustrie individuell vereinbart haben, sind die bis zu 5 Stunden zusätzliche Arbeitszeit keine Mehrarbeit. Sie können deshalb auch für diese verlängerte Arbeitszeit keine Mehrarbeitszuschläge beanspruchen.

Aus der Vereinbarung über die Lage und Verteilung der Arbeitszeit für Beschäftigte mit verlängerter Arbeitszeit ergibt sich auch, wann für diese Beschäftigten Überstundenzuschläge zu zahlen sind und wann nicht. Insoweit unterscheidet sich ein Beschäftigter mit verlängerter Arbeitszeit nicht von einem Arbeitnehmer mit der tariflichen Normalarbeitszeit.
Bei der vereinbarten Quote von 13 bzw. 18 Prozent in der Metall- und Elektroindustrie handelt es sich um eine Betriebsnorm.

Rechtsvorschrift
»Eine Tarifnorm, die dem Arbeitgeber vorschreibt, welcher Prozentsatz der Belegschaft mit einer verlängerten regelmäßigen Arbeitszeit beschäftigt werden darf, ist eine Betriebsnorm im Sinne von § 3 Abs. 2 TVG. Ihre Geltung erfordert nur die Tarifbindung des Arbeitgebers. Arbeitnehmer können aus ihr keine individuellen Ansprüche ableiten.«
(BAG vom 17.06.1997 – 1 ABR 3/97)

Das bedeutet, in die Berechnung der Quote von 13 Prozent bzw. 18 Prozent sind alle Arbeitnehmer einzubeziehen, unabhängig davon, ob sie Mitglieder der den Tarifvertrag schließenden Gewerkschaft sind oder nicht. So kann aus der Anzahl der Beschäftigten eines Betriebes die Zahl der Beschäftigten errechnet werden, die mit verlängerter Arbeitszeit beschäftigt werden dürfen.
Als problematisch erweist sich bisher die Durchsetzung dieser Quotenregelung. Betrachtet man die von der herrschenden Lehre ausgehenden Rechtsprinzipien, ist der Arbeitgeberverband zur Umsetzung des Tarifvertrages verpflichtet und hat auf die Betriebe einzuwirken, um damit den Tarifvertrag in den tarifgebundenen Betrieben durchzusetzen.

Rechtsvorschrift
»Verlangt eine solche Betriebsnorm die Einhaltung der festgesetzten Quote nur zu halbjährlichen Stichtagen und überläßt sie dem Arbeitgeber, wie er dieses Ergebnis erreicht, so kann der Betriebsrat einer Einstellung nicht mit der Begründung widersprechen, die vereinbarte Arbeitszeit verstoße gegen den Tarifvertrag (§ 99 Abs. 2 Nr. 1 BetrVG), weil die Quote der Betriebsnorm bereits erfüllt sei und durch Neueinstellung überschritten werde.«
(BAG vom 17.06.1997 – 1 ABR 3/97)

Der Arbeitgeber hat nach den Vorstellungen des Bundesarbeitsgerichts gewissermaßen die Entscheidungsfreiheit, einen Arbeitnehmer mit einem 40-Stunden-Vertrag einzustellen, muss dann aber einem anderen Arbeitnehmer die bestehende Arbeitszeitregelung aufkündigen und diese auf die tarifliche Normalarbeitszeit zurückführen.
Die Aufkündigung einer bestehenden Regelung kann der Betriebsrat aber mit dem Mitbestimmungsrecht aus § 99 BetrVG nicht erzwingen.
Diese Entscheidung des Bundesarbeitsgerichts ist unverständlich, da einerseits die Überschreitung der Quote objektiv gegen den Tarifvertrag verstößt, ande-

rerseits durch die erzwungene Herabsetzung der Arbeitszeit für andere Beschäftigte diesen auch Nachteile entstehen können.
Vor dem Hintergrund der bisherigen Rechtsprechung haben weder die Gewerkschaft noch der Betriebsrat eine rechtliche Möglichkeit, Betriebsnormen durchzusetzen - und damit auch die Quotenregelung. So besteht ein rechtsfreier Raum, der mit dem Rechtsstaatsgebot unserer Verfassung unvereinbar ist. Der Gesetzgeber bleibt aufgefordert, eine gesetzliche Regelung zu schaffen, mit der den Gewerkschaften die rechtliche Durchsetzung von Tarifverträgen ermöglicht wird.

2.5 Arbeitszeit in betrieblichen Ergänzungstarifverträgen

Im Jahre 2004 vereinbarten die Tarifvertragsparteien der Metallindustrie das sogenannte »Pforzheimer Abkommen«, durch das betriebliche Ergänzungstarifverträge zur Standort- und Beschäftigungssicherung möglich wurden (vgl. Kapitel 3.3). In der Umsetzung des »Pforzheimer Abkommens« zeigt sich, dass die Tarifvertragsparteien entsprechend der jeweiligen betrieblichen Situation besondere Lösungen finden. Hier werden von den Tarifvertragsparteien häufig Sanierungs- bzw. Standortsicherungstarifverträge vereinbart. In denen werden häufig u.a. einerseits der Ausschluss von betriebsbedingten Kündigungen, andererseits der befristete Verzicht der Beschäftigten auf tarifliche Leistungen vereinbart - z.B. Verschiebung von Tariferhöhungen, Halbierung des Urlaubsbzw. des »Weihnachtsgeldes«.
Im »Pforzheimer Abkommen« ist als möglicher Regelungsinhalt von Ergänzungstarifverträgen auch eine *»Erhöhung oder Absenkung der Arbeitszeit mit oder ohne vollen Entgeltausgleich«* angesprochen. Eine Auswertung der bisher abgeschlossenen firmenbezogenen Tarifverträge zeigt, dass auch die Arbeitszeit in vielen Fällen Regelungsgegenstand ist, oft in Form einer befristeten, unbezahlten Arbeitszeitverlängerung. Meist werden solche Ergänzungstarifverträge abgeschlossen, um Entlassungen zu vermeiden bzw. zu begrenzen. In einer Situation, bei der Entlassungen ausgesprochen werden sollen, macht es allerdings keinen Sinn, die Arbeitszeit zu verlängern, da dies die Zahl der von Entlassung bedrohten Beschäftigten nur erhöhen würde.
Gerade in den Krisenjahren 2008 und 2009 hat sich gezeigt, dass nicht die Verlängerung, sondern im Gegenteil die Absenkung der Arbeitszeit, vor allem in Form von Kurzarbeit, Beschäftigung gesichert hat. Die Möglichkeit der Absenkung von Arbeitszeit kann sowohl durch Kurzarbeit als auch durch die Nutzung des Tarifvertrages Beschäftigungssicherung über eine Betriebsvereinbarung erfolgen (vgl. Kapitel 3). Eine tarifliche Regelung ist hierfür nicht erforderlich; nach dem »Pforzheimer Abkommen« sind aber diese betrieblichen Möglichkeiten vorrangig zu nutzen. Welche Wirkungen die betrieblichen Abweichungen auf die durchschnittliche Arbeitszeit in der Metall- und Elek-

troindustrie haben, kann daher nur beurteilt werden, wenn auf der einen Seite die Verträge nach dem Pforzheimer Abkommen, auf der anderen Seite die Betriebsvereinbarungen zur Absenkung der Arbeitszeit in die Bewertung einbezogen werden.

3. Arbeitszeit und Beschäftigungssicherung

von Dirk Schumann

Ginge es allein nach Arbeitgebern, neoliberalen Politikern und Wirtschaftswissenschaftlern, gäbe es in Deutschland die sogenannte »Hire and Fire«-Politik: Wenn die Aufträge im Betrieb zunehmen, werden neue Beschäftigte eingestellt; wenn die Aufträge zurückgehen, werden die Beschäftigten gefeuert und in die Arbeitslosigkeit entlassen. In der Metall- und Elektroindustrie hat sich in den letzten Jahren eine andere Herangehensweise herausgebildet. Wenn die Aufträge im Betrieb zurückgehen, versuchen Betriebsräte und Vertrauensleute, Alternativen zu Entlassungen durchzusetzen. Beispiele sind der Abbau von positiven Salden auf den Arbeitszeitkonten, Kurzarbeit oder die Verkürzung der Arbeitszeit ohne Entgeltausgleich, wie sie durch die Tarifverträge zur Beschäftigungssicherung ermöglicht wird.

Auch viele Arbeitgeber haben ein Interesse an einer solchen Vorgehensweise, da sie die Fachkräfte im Betrieb halten wollen, um sie bei einer späteren Erhöhung der Auftragseingänge sofort zur Verfügung zu haben. Bei hoch komplizierten Tätigkeiten, die eine lange Einarbeitungszeit erfordern, sind etliche Arbeitgeber angesichts des zunehmenden Fachkräftemangels gerne bereit, Maßnahmen der Beschäftigungssicherung mitzutragen. Die Beschäftigung konnte so auch in der Wirtschaftskrise der Jahre 2008 bis 2010 in der deutschen Metall- und Elektroindustrie halbwegs stabil gehalten werden.

Wie mit kollektiven Flexi-Konten Beschäftigung gesichert werden kann, ist in Kapitel 5.4 beschrieben. Reicht dies nicht aus, kommt zunächst Kurzarbeit, dann eine Arbeitszeitverkürzung nach den Tarifverträgen zur Beschäftigungssicherung infrage.

3.1 Kurzarbeit

Tariflich geregelte Arbeitszeit bedeutet für die Beschäftigten, dass sie für diese Zeit ihre Arbeitskraft dem Arbeitgeber zur Verfügung stellen müssen. Andererseits bedeutet die tariflich geregelte Arbeitszeit aber auch, dass der Arbeitgeber für diesen Zeitraum den Beschäftigten ein entsprechendes Entgelt zu zahlen hat.

Kann der Arbeitgeber den Beschäftigten z. B. wegen Auftrags- oder Absatzmangels nicht in dem vereinbarten Maße beschäftigen, trägt er grundsätzlich das Betriebs- und Wirtschaftsrisiko (vgl. Kapitel 12).

Dieses Risiko kann der Arbeitgeber unter bestimmten Bedingungen verringern, indem er mit dem Betriebsrat eine Vereinbarung über Kurzarbeit trifft. Kommt eine solche Vereinbarung über Kurzarbeit zustande, erhalten die betroffenen Beschäftigten für den vereinbarten Kurzarbeitszeitraum Kurzarbeitergeld von der Agentur für Arbeit, das der Arbeitgeber für sie beantragt, mit der Arbeitsagentur abrechnet und ihnen mit der jeweiligen Entgeltabrechnung auszahlt.

Definition
Kurzarbeit liegt vor, wenn aufgrund eines vorübergehenden Absatzeinbruchs oder eines Lieferengpasses Arbeit ausfällt. Während der Kurzarbeit wird im gesamten Betrieb oder in organisatorisch abgrenzbaren Teilen eines Betriebes vorübergehend die betriebliche Arbeitszeit verkürzt. Die Beschäftigten haben einen Anspruch auf Kurzarbeitergeld (KuG), dieser ist im Sozialgesetzbuch III geregelt. Das Kurzarbeitergeld wird von der Bundesagentur für Arbeit (BA) gezahlt und kann vom Arbeitgeber oder Betriebsrat beantragt werden.

Kurzarbeit stellt das zentrale Instrument dar, mit dem auf einen konjunkturell bedingten Beschäftigungseinbruch reagiert werden kann, um Entlassungen entgegenzuwirken. In der akuten Phase der Finanz- und Wirtschaftskrise 2009 bis 2010 hat sie sich bewährt, u. a. auch dadurch, dass die IG Metall unter dem Motto »Keine Entlassungen in der Krise« eine Erweiterung der gesetzlichen Bestimmungen für den Bezug von Kurzarbeitergeld durchsetzen konnte (IG Metall Vorstand 2013 b, S. 4 ff.). Für die Umsetzung der Kurzarbeit enthalten die Tarifverträge Rahmenbestimmungen, die es möglich machen, Kurzarbeit einzuführen (vgl. Kapitel 3.1.1). Neben den tarifvertraglichen Voraussetzungen zur Einführung von Kurzarbeit, sind die gesetzlichen Voraussetzungen zur Gewährung von Kurzarbeitergeld nach §§ 95 ff. SGB III zu beachten (vgl. Kapitel 3.1.2).
Hinsichtlich der Vorschriften im SGB III soll noch darauf hingewiesen werden, dass sich seit April 2012 die Systematik der rechtlichen Vorschriften verändert hat. Der frühere § 169 SGB III ist nunmehr § 95 SGB III usw. In den Tarifverträgen wurde dies z. T. noch nicht angepasst.

3.1.1 Tarifvertragliche Regelungen über Kurzarbeit

Rechtsgrundlage für Kurzarbeit in der Metall- und Elektroindustrie sind die Bestimmungen in den jeweiligen *Manteltarifverträgen*. Die Regelungstiefe ist dabei in den einzelnen Tarifgebieten sehr unterschiedlich. Für den Betriebsrat sind die Tarifregelungen bei Einführung von Kurzarbeit (vgl. Kapitel 3.1.2) zu beachten, selbst wenn sie keine abschließende Regelung nach § 87 Abs. 1 BetrVG darstellen und im Wesentlichen *Rahmenbedingungen* regeln, die einer weiteren Umsetzung durch Betriebsvereinbarung bedürfen (Kittner/Zwanziger/Deinert, § 27 Rn. 149).

Tarifvertrag
»Für Beschäftigte kann Kurzarbeit durch Betriebsvereinbarung eingeführt werden. Zu regeln sind unter anderem
a. Beginn und Dauer der Kurzarbeit
b. Lage und Verteilung
c. Personenkreis.«
(§ 5 Abs. 1 MTV Küste)

Es muss eine Vereinbarung zwischen dem Betriebsrat und dem Arbeitgeber über die Einführung von Kurzarbeit erfolgen. Diese ist auch über die Einigungsstelle erzwingbar (vgl. Kapitel 3.1.3). Teilweise ist hier die tarifliche Schlichtungsstelle vorrangig (z.B. § 4 Abs. 2 und 3 MTV Niedersachsen). Es bestehen tarifvertragliche *Ankündigungsfristen*. Diese betragen, je nach Tarifgebiet, zwischen 1 Woche und 1 Monat.

Tarifvertrag
»1. Kurzarbeit kann, wenn es die Beschäftigungslage des Betriebes erfordert, nach Abschluss einer Betriebsvereinbarung für die gesamte oder einen Teil der Belegschaft (nicht für einzelne Beschäftigte) eingeführt werden, wenn die gesetzlichen Voraussetzungen (§§ 169ff. SGB III) vorliegen.
2. Die Ankündigungsfrist beträgt 14 Kalendertage. Bei nicht vorhersehbaren Ereignissen beträgt die Ankündigungsfrist eine Woche. Arbeitgeber und Betriebsrat können eine kürzere Ankündigungsfrist vereinbaren. Die Ankündigung hat in betriebsüblicher Weise zu erfolgen.«
(§ 4 MTV Hessen)

Eine Verkürzung der tarifvertraglich festgelegten Ankündigungsfristen durch die Betriebsparteien ist nicht zulässig und unwirksam, die Beschäftigten behalten in diesem Fall gegenüber dem Arbeitgeber ihren vollen Entgeltanspruch.

Rechtsvorschrift
»Dem Betriebsrat steht ein Mitbestimmungsrecht nur zu, soweit keine tarifliche Regelung besteht. Unter den Voraussetzungen des Eingangssatzes zu § 87 Abs. 1 BetrVG hat der Betriebsrat mitzubestimmen bei einer vorübergehenden Verkürzung der betriebsüblichen Arbeitszeit (§ 87 Abs. 1 Nr. 3 BetrVG). Im vorliegenden Fall enthält der Tarifvertrag neben den Voraussetzungen zur Einführung von Kurzarbeit eine Ansagefrist von sieben Kalendertagen. Diese Vorgaben sind für den Arbeitgeber und den Betriebsrat bindend. Sie dürfen sich nicht durch Betriebsvereinbarung darüber hinwegsetzen.«
(BAG vom 12.10.1995 – 7 AZR 398/93)

Das Entgelt der in Kurzarbeit einbezogenen Beschäftigten reduziert sich entsprechend der verminderten Arbeitszeit. In einigen Tarifgebieten gibt es die Regelung, dass eine Kürzung des Entgeltes erst ab einem Arbeitsausfall von 10 Prozent der Arbeitszeit erfolgt.

> **Tarifvertrag**
> *»Unterschreitet bei Kurzarbeit die wöchentliche Arbeitszeit die individuelle regelmäßige wöchentliche Arbeitszeit … nicht um mindestens zehn v. H., so darf eine Kürzung des Entgelts nicht erfolgen.«*
> (§ 3 Abs. 4 MTV Bayern)

In den meisten Tarifgebieten gibt es keine Verpflichtung des Arbeitgebers, das *Kurzarbeitergeld durch Zuschüsse aufzustocken.* Eine solche Regelung kann aber im Wege einer Betriebsvereinbarung über Kurzarbeit getroffen werden (vgl. Kapitel 3.1.2). Lediglich in Baden-Württemberg gibt es hierzu im Manteltarifvertrag eine tarifvertragliche Regelung, die einen Zuschuss vorsieht.

> **Tarifvertrag**
> *»Bei einer Verringerung des monatlichen Bruttoentgelts infolge Kurzarbeit um mehr als 10 Prozent gewährt der Arbeitgeber dem Beschäftigten zum gekürzten Monatsentgelt und zum Kurzarbeitergeld einen Zuschuss.«*
> (§ 8.2.4 MTV Nordwürttemberg/Nordbaden)

Zu beachten ist, dass hier der Tarifvertrag zu Kurzarbeit und Beschäftigung (TV KB) für die Berechnung des Zuschusses zum Kurzarbeitergeld vorrangig ist. Der Tarifvertrag sieht eine Staffelung des Zuschusses entsprechend des jeweiligen Entgeltausfalls vor.

> **Tarifvertrag**
> *»An Stelle des § 8.2. 4 MTV gilt nachfolgendes Modell zur Berechnung eines Zuschusses zum Kurzarbeitergeld:*
> *Bei einer Verringerung des monatlichen Bruttoentgelts infolge Kurzarbeit gewährt der Arbeitgeber den Beschäftigten zum gekürzten Monatsentgelt und zum Kurzarbeitergeld einen Zuschuss. Dieser errechnet sich aus dem Differenzbetrag zwischen dem tatsächlichen Netto-Monatsentgelt in Kurzarbeit zuzüglich dem Kurzarbeitergeld einerseits und*
> *97 Prozent des ungekürzten Nettoarbeitsentgelts bei Entgeltausfall durch Kurzarbeit bis zu insgesamt 10 Prozent*
> *[…]*
> *86,5 Prozent des ungekürzten Nettoarbeitsentgelts bei Entgeltausfall durch Kurzarbeit bei mehr als 80 Prozent*
> *des jeweiligen Abrechnungsmonats andererseits.«*
> (§ 2.2 TV KB Baden-Württemberg)

Ein *Ausschluss betriebsbedingter Kündigungen* ist in den tariflichen Regelungen über Kurzarbeit – im Gegensatz zu den Tarifverträgen zur Beschäftigungssicherung (vgl. Kapitel 3.2.1) – nicht enthalten. In Baden-Württemberg haben die Betriebsparteien auf Grundlage des Tarifvertrages die Möglichkeit, eine Beschäftigungssicherung im Gegenzug zu einer leichten Absenkung der oben genannten Zuschussregelung zu vereinbaren.

Tarifvertrag
»Betriebsbedingte Beendigungskündigungen werden bei Abschluss einer Betriebsvereinbarung nach § 3.1 frühestens zum Ende der Laufzeit der Betriebsvereinbarung wirksam. Diese Beschäftigungssicherung gilt nur für diejenigen Beschäftigten, die vom Geltungsbereich der Betriebsvereinbarung erfasst werden.«
(§ 3.3 TV KB Baden-Württemberg)

Allerdings kann und sollte der Ausschluss betriebsbedingter Kündigungen für die Dauer der Kurzarbeit in der entsprechenden Betriebsvereinbarung festgeschrieben werden (vgl. Übersicht 3.1). Kommt eine Regelung über den Ausschluss betriebsbedingter Kündigungen nicht zustande oder wurden bereits Kündigungen ausgesprochen, sehen die Manteltarifverträge regelmäßig vor, dass Beschäftigte für den Fall einer Kündigung für die Dauer der Kündigungsfrist Anspruch auf ein Arbeitsentgelt besitzen, das ihrer individuellen regelmäßigen wöchentlichen Arbeitszeit entspricht.

Tarifvertrag
»Wird Beschäftigten vor Einführung, bei Beginn oder während der Kurzarbeit gekündigt, so haben sie für die Dauer der Kündigungsfrist Anspruch auf das regelmäßige Arbeitsentgelt (berechnet nach Ziffer 9.5), das ihrer individuellen regelmäßigen wöchentlichen Arbeitszeit entspricht.«
(§ 5.3 MTV Berlin-Brandenburg)

3.1.2 Mitbestimmung des Betriebsrates

Bei der Einführung von Kurzarbeit besitzt der Betriebsrat ein Mitbestimmungsrecht nach § 87 Abs. 1 Nr. 3 BetrVG. Hinsichtlich der Lage und Verteilung der verkürzten Arbeitszeit besteht darüber hinaus auch ein Mitbestimmungsrecht aus § 87 Abs. 1 Nr. 2 BetrVG.

Rechtsvorschrift
(1) Der Betriebsrat hat, soweit eine gesetzliche oder tarifliche Regelung nicht besteht, in folgenden Angelegenheiten mitzubestimmen:
[…]
2. Beginn und Ende der täglichen Arbeitszeit einschließlich der Pausen sowie Verteilung der Arbeitszeit auf die einzelnen Wochentage;
3. Vorübergehende Verkürzung oder Verlängerung der betriebsüblichen Arbeitszeit […]
(§ 87 Abs. 1 BetrVG)

Die in den Manteltarifverträgen bestehenden *tariflichen Regelungen über Kurzarbeit* sind zu beachten und begrenzen wegen des Tarifvorrangs nach § 87 Abs. 1 Eingangssatz BetrVG das Mitbestimmungsrecht, sofern sie abschließende Regelungen treffen. In der Regel weisen die Tarifverträge die genaue Ausgestaltung der Kurzarbeit den Betriebsparteien zu (vgl. Kapitel 3.1.1).

Der Betriebsrat besitzt ein *Initiativrecht* und kann z.B. im Fall drohender Entlassungen gegenüber dem Arbeitgeber die Einführung von Kurzarbeit einfordern (BAG vom 04.03.1986 – 1 ABR 15/84). Verweigert der Arbeitgeber seine Zustimmung, kann die Einigungsstelle nach § 87 Abs. 2 BetrVG angerufen werden. Der Arbeitgeber darf bis zu einer Entscheidung der Einigungsstelle nicht kündigen, ansonsten verletzt er das Initiativ-Mitbestimmungsrecht des Betriebsrates. Dieser kann dann im Wege einer einstweiligen Verfügung Unterlassung verlangen (Däubler u.a. 2012, § 87 Rn. 134).

In einer *Betriebsvereinbarung zur* Kurzarbeit ist sowohl das »Ob«, als auch das »Wie« der Kurzarbeit zu regeln, d.h. die Betriebsvereinbarung legt fest, in welchem Umfang und für welche Dauer Kurzarbeit eingeführt wird und in welchen Abteilungen wie viele Beschäftigte wie viele Stunden während der Kurzarbeitsperiode arbeiten. Zusätzlich muss eine Betriebsvereinbarung über Kurzarbeit auch regeln, wie die Kurzarbeit ausgeführt werden soll, z.B., indem einzelne Tage in der Woche oder ganze Wochen im Betrieb nicht gearbeitet wird (Däubler u.a. 2012, § 87 Rn. 128).

Die Zustimmung des Betriebsrates zur Einführung von Kurzarbeit sollte immer nur unter der Bedingung erfolgen, *dass tatsächlich Kurzarbeitergeld durch die Arbeitsagentur gezahlt wird* bzw. die Entgeltzahlungspflicht des Arbeitgebers bei Nichtzahlung von Kurzarbeitergeld erhalten bleibt, denn mit Abschluss der Betriebsvereinbarung werden die betriebliche Arbeitszeit und damit auch die Entgeltansprüche der Beschäftigten reduziert. Und zwar unabhängig davon, ob der Arbeitgeber bei der Arbeitsagentur den Arbeitsausfall anzeigt und ob diese Kurzarbeitergeld zahlt (BAG vom 16.12.2008 – 9 AZR 164/08).

Strittig ist, ob das Mitbestimmungsrecht des Betriebsrates auch eine finanzielle Abmilderung der durch die Kurzarbeit verursachten Entgeltkürzung, z.B. in Form eines Zuschusses des Arbeitgebers zum Kurzarbeitergeld, umfasst. Nach herrschender Rechtsauffassung ist dies nicht der Fall (BAG vom 21.01.2003 – 1 ABR 9/02; vgl. zur Gegenmeinung Däubler u.a. 2012, § 87 Rn. 129).

Kommt es zwischen Betriebsrat und Arbeitgeber zu keiner Einigung über die Inhalte der Betriebsvereinbarung, kann die Einigungsstelle angerufen werden.

In Betrieben ohne Betriebsrat muss der Arbeitgeber mit jedem einzelnen Beschäftigten eine arbeitsvertragliche Regelung über eine Absenkung der Arbeitszeit vereinbaren. Kommt diese nicht zustande, kann der Arbeitgeber eine Änderungskündigung aussprechen, gegen die sich der Beschäftigte gerichtlich zur Wehr setzen kann.

Rechtsvorschrift

»In betriebsratslosen Betrieben kann der Arbeitgeber die Kurzarbeit nicht einseitig aufgrund des Direktionsrechts einführen. […] Die Meldung der Kurzarbeit (§ 63 ff. AFG) beim Arbeitsamt ist hierfür keine Ermächtigungsgrundlage. Der Arbeitgeber ist vielmehr gehalten, mit allen Arbeitnehmern eine Vereinbarung hierüber herbeizuführen bzw. eine außerordentliche oder ordentliche Ände-

> *rungskündigung auszusprechen. Verweigert ein betroffener Arbeitnehmer die angebotene Kurzarbeitregelung, so führt dies dazu, dass sein Vergütungsanspruch aus Annahmeverzug bestehen bleibt …«*
> (LAG Rheinland-Pfalz vom 07.10.1996 – 9 Sa 703/96)

Übersicht 3.1 – Checkliste für eine Betriebsvereinbarung über Kurzarbeit

Die Betriebsvereinbarung muss Regelungen treffen über:

- Beginn der Kurzarbeit
- Dauer der Kurzarbeit
- Lage und Verteilung der Arbeitszeit (z.B. Verkürzung der Arbeitstage oder Arbeit nur an einzelnen Wochentagen)
- Auswahl der von der Kurzarbeit betroffenen Beschäftigten oder Abteilungen
- Zeiträume, in denen die Arbeit ganz ausfallen soll
- Vorbehalt, dass die Zustimmung zur Einführung der Kurzarbeit unter der Bedingung erteilt wird, dass das Kurzarbeitergeld durch die Arbeitsagentur gezahlt wird oder bei Nichtzahlung des Kurzarbeitergeldes die Entgeltzahlungspflicht des Arbeitgebers bestehen bleibt
- Ausschluss betriebsbedingter Kündigungen von Beschäftigten – unabhängig, davon, ob sie sich in Kurzarbeit befinden oder nicht – während der Laufzeit der Betriebsvereinbarung im gesamten Betrieb
- Zuschuss des Arbeitgebers zum Kurzarbeitergeld, soweit nicht durch Tarifvertrag geregelt (rechtlich nicht über die Einigungsstelle durchsetzbar)
- Qualifizierung von Beschäftigten während der Kurzarbeit

Aus dem Anwendungsbereich der Betriebsvereinbarung auszunehmen sind:

- Beschäftigte, deren Arbeitsverhältnis während des Kurzarbeitszeitraums aufgrund Kündigung oder Aufhebungsvertrag endet
- Schwangere Frauen und werdende Väter, die Elterngeld in Anspruch nehmen werden und bei denen der Bezug von Kurzarbeitergeld in den Bemessungszeitraum des Elterngeldes gem. § 2 BEEG fallen wird
- Beschäftigte in Altersteilzeit
- Geringfügig Beschäftigte
- Auszubildende und Berufsakademie-Studenten sowie das mit der Ausbildung beauftragte Personal
- Beschäftigte, bei denen die persönlichen Voraussetzungen für den Bezug von Kurzarbeitergeld nicht vorliegen

(Quelle: IG Metall 2013, S. 18)

3.1.3 Voraussetzungen für die Zahlung von Kurzarbeitergeld

Die Frage, ob und in welchem Umfang Kurzarbeit eingeführt wird, obliegt allein den Betriebsparteien (vgl. Kapitel 3.1.2). Über die Zahlung von Kurzarbeitergeld entscheidet dagegen die Agentur für Arbeit. Die Zahlung von Kurzarbeitergeld ist von bestimmten Voraussetzungen abhängig, die zusammen vorliegen müssen, damit ein Anspruch besteht:

Rechtsvorschrift
»Arbeitnehmerinnen und Arbeitnehmer haben Anspruch auf Kurzarbeitergeld, wenn
1. ein erheblicher Arbeitsausfall mit Entgeltausfall vorliegt,
2. die betrieblichen Voraussetzungen erfüllt sind,
3. die persönlichen Voraussetzungen erfüllt sind und
4. der Arbeitsausfall der Agentur für Arbeit angezeigt worden ist.«
(§ 95 SGB III)

Erheblicher Arbeitsausfall

Ein erheblicher Arbeitsausfall im Sinne des § 96 SGB III liegt vor wenn dieser
- auf wirtschaftlichen Gründen oder einem unabwendbaren Ereignis beruht,
- vorübergehend ist,
- nicht vermeidbar ist und
- im jeweiligen Kalendermonat mindestens ein Drittel der in dem Betrieb beschäftigten Arbeitnehmerinnen und Arbeitnehmer von einem Entgeltausfall von jeweils mehr als 10 Prozent ihres monatlichen Bruttoentgeltes betroffen ist (in diesem Fall besteht auch für Beschäftigte, deren Entgeltausfall nicht diese Größe erreicht, ein Anspruch).

»*Wirtschaftliche Gründe*« für den Arbeitsausfall sind alle Störungen, die sich aus der Teilnahme des Betriebes am Wirtschaftsleben ergeben können, z.B. Auftrags- oder Absatzmangel, Mangel an Rohstoffen. Technische Störungen fallen allerdings nicht darunter.

»*Unabwendbar*« ist ein Ereignis, das auch durch die äußerste den »Umständen angemessene und vernünftigerweise zu erwartende Sorgfalt weder abzuwehren noch in seinen schädlichen Folgen zu vermeiden ist« (IG Metall Vorstand 2013b, S. 25). Dazu zählen z.B. Naturkatastrophen im Inland oder im Ausland mit Fernwirkungen auf den betroffenen Betrieb.

Der Arbeitsausfall darf nur »*vorübergehend*« auftreten, d.h. mit einer gewissen Wahrscheinlichkeit muss damit zu rechnen sein, dass die Arbeit wieder voll aufgenommen wird. Es darf keine Betriebsänderung mit dauerhaftem Arbeitsausfall vorliegen.

»*Unvermeidbar*« ist der Arbeitsausfall, wenn der Arbeitgeber vor der Anzeige des Arbeitsausfalls vergeblich versucht hat, den Arbeitsausfall abzuwenden oder einzuschränken. Zur Vermeidung eines Arbeitsausfalls können z.B. auch »Arbeit auf Lager«, eine vorbeugende rechtzeitige und ausreichende Beschaffung von Roh-, Heiz- und Betriebsstoffen, die Umsetzung der Kurzarbeiter in andere, vollarbeitende Betriebsabteilungen oder auch Aufräumungs- oder Instandsetzungsarbeiten infrage kommen (Bundesagentur 2013, S. 46).

Rechtsvorschrift
»Ein Arbeitsausfall ist nicht vermeidbar, wenn in einem Betrieb alle zumutbaren Vorkehrungen getroffen wurden, um den Eintritt des Arbeitsausfalls zu verhindern. Als vermeidbar gilt insbesondere ein Arbeitsausfall, der
1. überwiegend branchenüblich, betriebsüblich oder saisonbedingt ist oder ausschließlich auf betriebsorganisatorischen Gründen beruht,

> *2. durch die Gewährung von bezahltem Erholungsurlaub ganz oder teilweise verhindert werden kann, soweit vorrangige Urlaubswünsche der Arbeitnehmerinnen und Arbeitnehmer der Urlaubsgewährung nicht entgegenstehen, oder*
> *3. durch die Nutzung von im Betrieb zulässigen Arbeitszeitschwankungen ganz oder teilweise vermieden werden kann.«*
> (§ 96 Abs. 4 SGB III)

Kurzarbeitergeld wird somit erst dann gewährt, wenn alles unternommen wurde, um den Arbeitsausfall zu verhindern. Das heißt, dass vorrangig auch die betrieblichen Instrumente zur Einschränkung des Arbeitsausfalls auszuschöpfen sind.
Zur Vermeidung des Arbeitsausfalls kommt auch die Gewährung von Urlaub in Betracht, wobei aber nach § 96 Abs. 4 Satz 2 Nr. 2 SGB III den Urlaubswünschen der Beschäftigten der Vorrang vor einer Vermeidung des Arbeitsausfalls einzuräumen ist. Sinn und Zweck des Erholungsurlaubs sollen nicht gefährdet werden (Bundesagentur 2013, S. 55). Bereits betrieblich vereinbarte Zeiträume von Betriebsferien müssen ebenfalls nicht in die Zeit der Kurzarbeit vorverlegt werden (IG Metall Vorstand 2013 b, S. 29).
Sind im Betrieb Arbeitszeitkonten vorhanden, sollte geprüft werden, inwieweit diese zur Vermeidung des Arbeitsausfalls genutzt werden müssen (vgl. Kapitel 3.1.4).

Betriebliche und persönliche Voraussetzungen

Kurzarbeitergeld wird nur für Beschäftigte gezahlt, die in Betriebsteilen beschäftigt sind, in denen sich ein Arbeitsausfall unmittelbar auswirkt. Beschäftigte, in deren Bereichen weitergearbeitet werden kann, haben keinen Leistungsanspruch (IG Metall Vorstand 2013 b, S. 39).
Die persönlichen Voraussetzungen nach § 98 Abs. 1 SGB III sind vor allem dann erfüllt, wenn der Beschäftigte nach Beginn des Arbeitsausfalls eine versicherungspflichtige Beschäftigung fortsetzt (§ 98 Abs. 1 Nr. 1 a SGB III). Daraus ergibt sich, dass u. a. geringfügig Beschäftigte, Werkstudenten und Umschüler keinen Anspruch auf Kurzarbeitergeld besitzen (IG Metall Vorstand 2013 b, S. 40). Gleiches gilt für Beschäftigte, deren Arbeitsverhältnis gekündigt oder durch Aufhebungsvertrag aufgelöst ist. Dabei ist schon der Zugang der Kündigung oder der Abschluss des Aufhebungsvertrages ausschlaggebend. Bei Kündigung und Aufhebungsvertrag kann sich die mit dem Kurzarbeitergeld verfolgte arbeitsmarktpolitische Zielsetzung, das Beschäftigungsverhältnis zu erhalten, nicht verwirklichen (Bundesagentur 2013, S. 91). Die Entgeltzahlungspflicht des Arbeitgebers lebt hier für die Dauer der Kündigungsfrist wieder auf. Die Regelung korrespondiert mit den tarifvertraglichen Regelungen, wonach Beschäftigte für den Fall einer Kündigung Anspruch auf ein Arbeitsentgelt besitzen, das ihrer bisherigen individuellen regelmäßigen wöchentlichen Arbeitszeit entspricht (vgl. Kapitel 3.1.1).

3.1.4 Kurzarbeit und Arbeitszeitkonten

Nach § 96 Abs. 4 Nr. 3 SGB III müssen zur Vermeidung von Arbeitsausfällen auch die betrieblichen *Möglichkeiten zur Flexibilisierung* der Arbeitszeit (»Arbeitszeitschwankungen«) genutzt werden. Dazu gehört grundsätzlich auch die Nutzung von Arbeitszeitkonten (vgl. Kapitel 5). Ob Guthaben von Arbeitszeitkonten zur Vermeidung von Arbeitsausfall zu nutzen sind, richtet sich danach, für welchen Zweck sie vorgesehen sind.
Arbeitszeitkonten, die typischerweise dem Ausgleich saisonaler Schwankungen dienen (kollektive Flexi-Konten, vgl. Kapitel 5.4), haben gerade auch den Zweck, in wirtschaftlich schlechten Zeiten die Arbeitszeit entsprechend der verringerten Produktion reduzieren zu können. Solche Konten sind daher vor Einführung von Kurzarbeit zu nutzen und auszuschöpfen. Das gilt z. B. für die tariflichen Flexi-Konten in den Manteltarifverträgen in Baden-Württemberg, als auch für betriebliche Kontenregelungen im Rahmen des tarifvertraglichen Ausgleichszeitraums.
Die Verpflichtung zur Nutzung gilt aber nur, wenn im Betrieb von den bereits bestehenden Vereinbarungen auch tatsächlich Gebrauch gemacht wird. Zur Vermeidung des Arbeitsausfalls wird nicht verlangt, dass die Betriebsparteien bestehende Arbeitszeitvereinbarungen ändern oder eine neue Vereinbarung über flexible Arbeitszeiten treffen (Bundesagentur 2013, S. 58 f.). Die Betriebsparteien müssen allerdings prüfen, ob im Rahmen einer bestehenden Vereinbarung über flexible Arbeitszeiten der Arbeitsausfall vermieden werden kann. Das beinhaltet grundsätzlich auch den Aufbau von Minusstunden im Rahmen eines Arbeitszeitkontos, es sei denn, dies ist dem Arbeitgeber wirtschaftlich unzumutbar, z. B. wegen Liquiditätsschwierigkeiten (Bundesagentur 2013, S. 59).
Eine Sonderregelung zur Nutzung von Arbeitszeitschwankungen stellt § 96 Abs. 4 Satz 3 SGB III dar. Danach sind *bestimmte Arbeitszeitguthaben von dem Erfordernis der vorrangigen Nutzung ausgenommen* und müssen nicht vor Beantragung von Kurzarbeitergeld aufgelöst werden. Von Interesse für die Metall- und Elektroindustrie sind hier vor allem die Nr. 2, 4 und 5 des § 96 Abs. 4 Satz 3 SGB III.

Rechtsvorschrift
»Die Auflösung eines Arbeitszeitguthabens kann von der Arbeitnehmerin oder dem Arbeitnehmer nicht verlangt werden, soweit es
[...]
2. ausschließlich für die in § 7c Absatz 1 des Vierten Buches genannten Zwecke bestimmt ist,
[...]
4. den Umfang von 10 Prozent der ohne Mehrarbeit geschuldeten Jahresarbeitszeit einer Arbeitnehmerin oder eines Arbeitnehmers übersteigt oder
5. länger als ein Jahr unverändert bestanden hat.«
(§ 96 Abs. 4 Satz 3 SGB III)

§ 96 Abs. 4 Satz 3 Nr. 2 SGB III betrifft die in § 7 c SGB IV enthaltenen *Verwendungszwecke* von Wertguthaben, z. B. im Rahmen eines *Langzeitkontos* (vgl. Kapitel 5.5). Das können z. B. Arbeitszeitguthaben sein, die für eine Verwendung vor Eintritt in eine Altersrente, für Pflegezeiten, Elternzeiten oder für Qualifizierungszwecke angespart wurden. Sie sind in vollem Umfang geschützt und müssen nicht zur Vermeidung von Kurzarbeit herangezogen werden. Hierzu gehören auch Langzeitkonten auf Grundlage der tariflichen Regelungen in den Tarifgebieten Baden-Württemberg und Nordrhein-Westfalen, soweit sie solche Verwendungszwecke vorsehen.
Nach § 96 Abs. 4 Satz 3 Nr. 4 SGB III werden Arbeitszeitguthaben geschützt, soweit *ihr Umfang 10 Prozent der Jahresarbeitszeit* übersteigt. Zu beachten ist hier, dass der Begriff der »Jahresarbeitszeit« im SGB III eigenständig ist und nichts mit einer – sehr kritisch zu bewertenden – Vereinbarung einer »Jahresarbeitszeit« im Betrieb zu tun hat (vgl. Kapitel 5.1). Das gilt für sämtliche Arbeitszeitkonten, auch für solche ohne eine konkrete Zweckbestimmung.

Beispiel:
Jahresarbeitszeit in der Metallindustrie (West): 1820 Stunden (35 × 52). Arbeitszeitkonto weist ein Guthaben von 220 Plusstunden auf. 10 Prozent der Jahresarbeitszeit, also 182 Stunden, müssen im Rahmen der Unvermeidbarkeit des Arbeitsausfalls eingebracht werden. Ein Guthaben von 38 Stunden bleibt geschützt.

§ 96 Abs. 4 Satz 3 Nr. 5 SGB III schützt *Arbeitszeitguthaben, die länger als ein Jahr unverändert bestanden haben.* »Unverändert« bedeutet nicht, dass das Arbeitszeitguthaben überhaupt keinen Schwankungen unterworfen sein darf. Geschützt ist in diesem Fall der innerhalb eines Jahres vor Beginn der Kurzarbeit erreichte niedrigste Stand (Bundesagentur 2013, S. 64).

Beispiel:
Das Guthaben im Arbeitszeitkonto eines Beschäftigten wies im Jahr vor Beginn der Kurzarbeit Stände zwischen 50 und 100 Plusstunden auf. Geschützt ist der niedrigste Stand, also 50 Stunden. Diese 50 Guthabenstunden müssen nicht zur Vermeidung der Kurzarbeit eingebracht werden.

Für die Beschäftigten kommt hier diejenige Regelung des § 96 Abs. 4 Satz 3 SGB III zur Anwendung, die für sie günstiger ist.

Beispiel – Variante 1:
Das Arbeitszeitkonto eines Beschäftigten schwankte im Jahr vor Beginn der Kurzarbeit zwischen 60 und 250 Plusstunden. Als Kurzarbeit im Betrieb ansteht, hat er 210 Stunden auf dem Konto. Geschützt nach § 96 Abs. 4
Nr. 4 SGB III sind Guthaben, die 10 Prozent der Jahresarbeitszeit übersteigen, hier also nur 28 Stunden (210 minus 182). Nach § 96 Abs. 4 Nr. 5 SGB III wird dagegen der niedrigste Kontenstand geschützt, also 60 Stunden. Somit sind 60 Guthabenstunden geschützt und müssen nicht zur Vermeidung der Kurzarbeit eingebracht werden.

Beispiel – Variante 2:
Das Arbeitszeitkonto des Beschäftigten aus Beispiel 1 wird im Jahr vor Beginn der Kurzarbeit ausgeglichen und steht z. B. zu Beginn dieses Zeitraums einmal auf »Null«. Mit dem niedrigsten Wert »Null« ergibt sich kein Guthaben, welches nach § 96 Abs. 4 Nr. 5 SGB III geschützt würde. Nach § 96 Abs. 4 Nr. 4 SGB III wird aber ein Guthaben von 28 Stunden geschützt. § 96 Abs. 4 Nr. 4 SGB III ist in diesem Fall die für den Beschäftigten günstigere Regelung. Somit sind 28 Guthabenstunden geschützt und müssen nicht zur Vermeidung der Kurzarbeit eingebracht werden.

Obwohl sie in § 96 Abs. 4 Satz 3 SGB III nicht explizit aufgeführt werden, müssen auch bestehende Zeitguthaben auf *Gleitzeitkonten* nicht vorrangig zur Vermeidung des Arbeitsausfalls abgebaut werden, wenn sie der zeitlichen Größe des vereinbarten Gleitzeitrahmens entsprechen und die Regelung eine entgeltliche Abgeltung nicht zulässt (Bundesagentur 2013, S. 65).
Schließlich enthält § 96 Abs. 4 Satz 4 SGB III noch eine Regelung, durch die bei bestimmten *flexiblen Arbeitszeitregelungen* die Unvermeidbarkeit des Arbeitsausfalls angenommen wird.

Rechtsvorschrift
»In einem Betrieb, in dem eine Vereinbarung über Arbeitszeitschwankungen gilt, nach der mindestens 10 Prozent der ohne Mehrarbeit geschuldeten Jahresarbeitszeit je nach Arbeitsanfall eingesetzt werden, gilt ein Arbeitsausfall, der im Rahmen dieser Arbeitszeitschwankungen nicht mehr ausgeglichen werden kann, als nicht vermeidbar.«
(§ 96 Abs. 4 Satz 4 SGB III)

Gemeint sind hier Regelungen, bei der die Arbeitszeit im Umfang von mindestens 10 Prozent der ohne Mehrarbeit geschuldeten Arbeitsleistung schwanken kann. Dabei kann auch von der wöchentlichen Arbeitszeit ausgegangen werden, wenn diese innerhalb eines bestimmten Zeitraums erreichbar sein muss. Bei einer tariflichen wöchentlichen Arbeitszeit von 35 Stunden wird der geforderte Umfang z. B. durch schwankende Arbeitszeiten zwischen 31 bis 39 Stunden (35 Stunden plus/minus 10 Prozent) in der Woche erfüllt, soweit ein Ausgleichszeitraum existiert. Besteht bei einer solchen Regelung keine Möglichkeit, die Kurzarbeit zu vermeiden, weil ansonsten der Durchschnitt der wöchentlichen Arbeitszeit von 35 Stunden nicht erreicht werden kann, gilt der Arbeitsausfall als unvermeidbar (Bundesagentur 2013, S. 66 ff.).

3.1.5 Höhe und Bezugsdauer des Kurzarbeitergeldes

Wurde im Betrieb kollektivrechtlich über eine Betriebsvereinbarung wirksam Kurzarbeit eingeführt (vgl. Kapitel 3.1.2), werden die Bedingungen des Arbeitsverhältnisses für die Dauer der Vereinbarung verändert: Die Arbeitszeit wird reduziert und der Entgeltanspruch der Beschäftigten verringert sich in dem Umfang, in dem die Arbeitszeit reduziert wird.

Ansprüche auf weitere Leistungen – wie zusätzliches Urlaubsgeld, betriebliche Sonderzahlung oder altersvermögenswirksame Leistungen (AVWL) – verändern sich aufgrund der Formulierungen in den Tarifverträgen der Metall- und Elektroindustrie dagegen nicht, Kurzarbeit führt nicht zur Reduzierung dieser Ansprüche. Gleiches gilt für die Vergütung von Urlaubs- und Feiertagen, an denen die Arbeit nicht aufgrund der Kurzarbeit entfällt. Hinzu kommen außerdem noch Sozialversicherungsbeiträge, die der Arbeitgeber gem. § 249 Abs. 2 SGB V für das ausfallende Entgelt zu zahlen hat. Die Kosten für Beschäftigte in Kurzarbeit sinken somit nicht proportional zu den wegfallenden Arbeitsstunden. Diese trotz Kurzarbeit bestehende Kostenbelastung des Arbeitgebers bezeichnet man als *Remanenzkosten.*
Zusätzlich zum reduzierten Arbeitsentgelt zahlt die Arbeitsagentur das Kurzarbeitergeld. Es beträgt 60 Prozent (allgemeiner Leistungssatz) der Nettoentgeltdifferenz des Monats, in dem die Arbeit ausgefallen ist, also kurzgearbeitet wurde. Beschäftigte, auf deren Lohnsteuerkarte ein Kinderfreibetrag von mindestens 0,5 eingetragen ist, erhalten unabhängig von ihrem Familienstand einen erhöhten Leistungssatz von 67 Prozent.

Rechtsvorschrift
»Das Kurzarbeitergeld beträgt
1. für Arbeitnehmerinnen und Arbeitnehmer, die beim Arbeitslosengeld die Voraussetzungen für den erhöhten Leistungssatz erfüllen würden, 67 Prozent,
2. für die übrigen Arbeitnehmerinnen und Arbeitnehmer 60 Prozent
der Nettoentgeltdifferenz im Anspruchszeitraum.«
(§ 105 SGB III)

Das Nettoentgelt wird dabei pauschaliert ermittelt, d.h., es wird nicht die individuelle Einkommenssituation eines Beschäftigten zugrunde gelegt. Die pauschalierten monatlichen Nettoentgelte werden durch Rechtsverordnung durch das Bundesministerium für Arbeit und Soziales festgelegt (§ 109 Abs. 1 Nr. 1 SGB III). Die Bundesagentur für Arbeit stellt eine Tabelle zur Berechnung des Kurzarbeitergeldes zur Verfügung.
Bezüglich der Berechnung des Kurzarbeitergeldes im Anschluss an eine Arbeitszeitabsenkung nach den Tarifverträgen zur Beschäftigungssicherung vgl. Kapitel 3.2.1.
Das Kurzarbeitergeld kann grundsätzlich für längstens *6 Monate* beantragt werden. Durch Verordnungsermächtigung kann die Dauer des Anspruchs verlängert werden.

Rechtsvorschrift
»Kurzarbeitergeld wird für den Arbeitsausfall für eine Dauer von längstens sechs Monaten von der Agentur für Arbeit geleistet. Die Bezugsdauer gilt einheitlich für alle in einem Betrieb beschäftigten Arbeitnehmerinnen und Arbeitnehmer. Sie beginnt mit dem ersten Kalendermonat, für den in einem Betrieb Kurzarbeitergeld vom Arbeitgeber gezahlt wird.«
(§ 104 Abs. 1 SGB III)

> *»Das Bundesministerium für Arbeit und Soziales wird ermächtigt, durch Rechtsverordnung, die nicht der Zustimmung des Bundesrates bedarf,*
> *[...]*
> *2. die Bezugsdauer für das Kurzarbeitergeld über die gesetzliche Bezugsdauer hinaus*
> *a) bis zur Dauer von zwölf Monaten zu verlängern, wenn außergewöhnliche Verhältnisse auf dem Arbeitsmarkt in bestimmten Wirtschaftszweigen oder Bezirken vorliegen und*
> *b) bis zur Dauer von 24 Monaten zu verlängern, wenn außergewöhnliche Verhältnisse auf dem gesamten Arbeitsmarkt vorliegen.«*
> (§ 109 Abs. 1 Nr. 2 SGB III)

So wurde z. B. während der Wirtschaftskrise 2009/2010 die Bezugsfrist für Kurzarbeitergeld auf 24 Monate (2009) bzw. auf 18 Monate (2010) verlängert.
Per Rechtsverordnung vom 13. 12. 2012 wurde der Bezugszeitraum auf bis zu 12 Monate erweitert. Das gilt für alle Ansprüche auf Kurzarbeitergeld, die bis zum 31. 12. 2013 entstanden sind. Der bereits bezogene Zeitraum ist dabei mit einzurechnen.
Für Ansprüche, die nach dem 31. 12. 2013 entstanden sind, gilt dann wieder die grundsätzliche Bezugsdauer von 6 Monaten gem. § 104 Abs. 1 SGB III (IG Metall Vorstand 2013 b, S. 12).
Entscheidend ist dabei nicht die Anzeige der Kurzarbeit bei der Arbeitsagentur, sondern die tatsächliche Durchführung von Kurzarbeit.

3.1.6 Kurzarbeit und Arbeitskampf

Das Bundesarbeitsgericht vertritt die Auffassung, dass ein Arbeitsausfall infolge streikbedingter Fernwirkungen nicht zum Betriebsrisiko des Arbeitgebers zählt und dieser den Beschäftigten somit kein Entgelt zu zahlen braucht (»Arbeitskampfrisiko«, vgl. Kapitel 12.2.4). Dies betrifft Fälle, in denen ein Betrieb nicht selbst bestreikt wird, sondern es z. B. infolge von fehlendem Material oder fehlender Abnahme von Produkten zu Arbeitsausfällen kommt.

> **Beispiel 1:**
> Im Betrieb eines Automobilherstellers kann aufgrund eines Streiks bei einem Lieferanten, der für diesen Betrieb Getriebe und Achsen herstellt, nicht mehr gearbeitet werden.

> **Beispiel 2:**
> Im Betrieb des Automobilherstellers kann aufgrund eines Teilstreiks im eigenen Lackierwerk nicht mehr gearbeitet werden.

> **Beispiel 3:**
> Bei dem Automobilhersteller fehlen aufgrund eines Streiks bei der Bahn wichtige Teile, die zu Arbeitsausfällen führen.

Beispiel 4:
Bei dem Automobilhersteller entstehen aufgrund eines Streiks bei einem französischen Zulieferer für Elektroteile Arbeitsausfälle.

Es stellt sich die Frage, wie es sich in diesen Fällen mit der Einführung von Kurzarbeit und der Zahlung von Kurzarbeitergeld verhält.
Nach dem Bundesarbeitsgericht wird bei mittelbar arbeitskampfbedingter Kurzarbeit das *Mitbestimmungsrecht des Betriebsrates* eingeschränkt. Ob und in welchem Umfang der Betrieb eingeschränkt und die Arbeitszeit reduziert wird, sei allein Sache des Arbeitgebers. Das Bundesarbeitsgericht begründet dies mit einer ansonsten eintretenden Störung des Kräftegleichgewichts im Arbeitskampf. Ein Mitbestimmungsrecht des Betriebsrates ergebe sich nur bei der Frage, wie die Auswirkungen des Arbeitsausfalls bewältigt werden können (BAG vom 22.12.1980 – 1 ABR 2/79; kritisch hierzu: Berg u.a. 2013, Rn. 370 ff.). Dieser Grundsatz gilt aber nur dann, wenn es tatsächlich zu einer Beeinflussung des Kräfteverhältnisses kommen kann. Hierfür ist erforderlich, dass der von Fernwirkung betroffene Betrieb »koalitionspolitisch« mit dem bestreikten Betrieb verbunden ist, z.B. *über Mitgliedschaft im gleichen Arbeitgeberverband oder durch die Zugehörigkeit zur gleichen Branche*. In den oben genannten Beispielen sind die Mitbestimmungsrechte des Betriebsrates somit nur in Beispiel 1 und 2 eingeschränkt, da der Streik dort in einem Betrieb der gleichen Branche bzw. sogar im eigenen Betrieb stattfindet. Bei Arbeitsausfällen infolge von Streiks in einer anderen Branche oder im Ausland bleibt dagegen das volle Mitbestimmungsrecht erhalten.
In allen Fällen bleibt das *Informationsrecht* des Betriebsrates uneingeschränkt bestehen (BAG vom 10.02.2002 – 1 ABR 7/02).
Der *Anspruch auf Kurzarbeitergeld* wird bei Fernwirkungen von Arbeitskämpfen innerhalb derselben Branche außerdem durch § 160 SGB III (der frühere § 116 AFG) *eingeschränkt*:

Rechtsvorschrift
»§ 160 über das Ruhen des Anspruchs auf Arbeitslosengeld bei Arbeitskämpfen gilt entsprechend für den Anspruch auf Kurzarbeitergeld bei Arbeitnehmerinnen und Arbeitnehmern, deren Arbeitsausfall Folge eines inländischen Arbeitskampfes ist, an dem sie nicht beteiligt sind.«
(§ 100 Abs. 1 SGB III)
»Ist die Arbeitnehmerin oder der Arbeitnehmer durch einen inländischen Arbeitskampf arbeitslos geworden, ohne an dem Arbeitskampf beteiligt gewesen zu sein, so ruht der Anspruch auf Arbeitslosengeld bis zur Beendigung des Arbeitskampfes nur, wenn der Betrieb, in dem die oder der Arbeitslose zuletzt beschäftigt war,
1. dem räumlichen und fachlichen Geltungsbereich des umkämpften Tarifvertrags zuzuordnen ist oder
2. nicht dem räumlichen, aber dem fachlichen Geltungsbereich des umkämpften Tarifvertrags zuzuordnen ist und im räumlichen Geltungsbereich des Tarifvertrags, dem der Betrieb zuzuordnen ist,

> *a) eine Forderung erhoben worden ist, die einer Hauptforderung des Arbeitskampfes nach Art und Umfang gleich ist, ohne mit ihr übereinstimmen zu müssen, und*
> *b) das Arbeitskampfergebnis aller Voraussicht nach in dem räumlichen Geltungsbereich des nicht umkämpften Tarifvertrags im Wesentlichen übernommen wird.«*
> (§ 160 Abs. 3 SGB III)

Die Auswirkungen dieser Regelung für Beschäftigte, deren Betrieb durch Fernwirkungen mittelbar durch einen Arbeitskampf betroffen ist, lassen sich wie folgt zusammenfassen:

- Beschäftigte, deren Betrieb durch einen Arbeitskampf im Ausland oder in einer anderen Branche betroffen ist, erhalten Kurzarbeitergeld (Beispiele 3 und 4)
- Beschäftigte, deren Betrieb sich im Tarifgebiet befindet, in dem gestreikt wird (»räumlicher und fachlicher Geltungsbereich des umkämpften Tarifvertrages«), erhalten kein Kurzarbeitergeld (Beispiel 2)
- Beschäftigte, deren Betrieb sich außerhalb des Tarifgebiets befindet, in dem gestreikt wird, erhalten kein Kurzarbeitergeld, wenn in ihrem eigenen Tarifgebiet eine vergleichbare Tarifforderung erhoben wurde und ein Tarifergebnis mit hoher Wahrscheinlichkeit auch dort übernommen wird

In Beispiel 1 ist es im Ergebnis somit unerheblich, ob sich der bestreikte Zulieferer im gleichen oder in einem anderen Tarifgebiet befindet: Es wird kein Kurzarbeitergeld gezahlt, wenn im Rahmen der Tarifbewegung vergleichbare Forderungen erhoben wurden und eine Übertragung des Tarifergebnisses wahrscheinlich ist.

Fernwirkungen haben ihre Ursachen in der engen Vernetzung von Produktion und Logistik, die einer hohen Störanfälligkeit ausgesetzt ist. Das Risiko für Störungen durch Arbeitskämpfe trifft allerdings nicht die Arbeitgeber. Die aktuelle Gesetzeslage führt stattdessen dazu, dass viele Beschäftigte, die selbst nicht streiken, ohne Entgeltanspruch und Kurzarbeitergeld dastehen und von der Gewerkschaft nicht unterstützt werden können. Die sogenannte »Kalte Aussperrung« wird zu einem zusätzlichen Kampfmittel der Arbeitgeber und führt zu einem unkalkulierbar hohen Risiko für die Kampf führende Gewerkschaft.

> **Definition**
> Bei kalter Aussperrung schickt der Arbeitgeber Beschäftigte ohne Entgelt nach Hause mit der Behauptung, dass wegen fehlenden Vormaterials oder fehlender Abnahme nicht gearbeitet werden könne, und zwar weil der Liefer- bzw. Abnahmebetrieb wegen Streik oder Aussperrung nichts mehr liefert oder abnimmt.

Hoch vernetzte Branchen wie z. B. die Automobil- und Zulieferindustrie drohen daher zu einer »streikfreien Zone« zu werden. Gewerkschaftliche Streikkonzepte müssen sich auf eingeschränkte Arbeitskampfformen oder auf andere Betriebe beschränken. Darin liegt ein Eingriff in die Koalitionsfreiheit der Gewerkschaften (Berg u. a. 2013, Rn. 379 ff.).

3.2 Tarifverträge zur Beschäftigungssicherung

Vor dem Hintergrund einer Rezession in der Metall- und Elektroindustrie wurden erstmals 1994 Tarifverträge zur Beschäftigungssicherung mit dem Ziel abgeschlossen, Arbeitsplätze durch Absenkung der Arbeitszeit zu sichern.
Vorreiter war der Firmentarifvertrag für die Volkswagen AG von 1993. Der Tarifvertrag hatte Signalwirkung: Ein wichtiges Industrieunternehmen setzte sich damit über die traditionelle Grundposition der Arbeitgeber hinweg, weitere Verkürzungen der Arbeitszeit kategorisch abzulehnen (IG Metall Vorstand 2003, S. 5). Durch die Einführung der »4-Tage-Woche« bzw. der 28,8-Stunden-Woche konnten bei Volkswagen im Jahre 1993 30 000 Entlassungen vermieden werden.
Nach einer Urabstimmung in der niedersächsischen Metallindustrie wurden 1994 in zentralen Verhandlungen in Hannover für alle Tarifgebiete der Metall- und Elektroindustrie Tarifverträge zur Beschäftigungssicherung vereinbart. Sie eröffnen den Betriebsparteien die Möglichkeit, eine Arbeitszeitverkürzung ohne Entgeltausgleich zu vereinbaren, im Gegenzug schreiben sie eine Beschäftigungssicherung für die Dauer der Vereinbarung fest.
Die Tarifverträge stellen eine *Ergänzung der Regelungen zur Kurzarbeit* dar, die dann zur Anwendung kommen, wenn Kurzarbeit nicht greift, weil entweder aufgrund des Umfangs der Reduzierung der Arbeitszeit oder der Anzahl der Betroffenen die Voraussetzungen für den Bezug von Kurzarbeitergeld nicht erfüllt sind oder weil der Bezugszeitraum für Kurzarbeitergeld bereits ausgeschöpft wurde. In vielen Tarifgebieten der Metall- und Elektroindustrie wurden die ursprünglichen Tarifverträge zur Beschäftigungssicherung inzwischen in einen neuen »Tarifvertrag zur Beschäftigungssicherung und Beschäftigungsaufbau« bzw. »Tarifvertrag zum Aufbau und Sicherung von Beschäftigung« integriert. Der wesentliche Inhalt einer Arbeitszeitverkürzung zur Beschäftigungssicherung ist dabei aber erhalten geblieben.

3.2.1 Tarifsystematik und Regelungsinhalte

Die Tarifverträge zur Beschäftigungssicherung sehen für die westdeutschen Tarifgebiete vor, dass die tarifliche individuelle regelmäßige Arbeitszeit *von 35 Stunden auf bis zu 30 Stunden*, z. T. auch auf 29 Stunden (Tarifgebiete Bayern und Niedersachsen), abgesenkt werden kann. Für die ostdeutschen Tarifgebiete ist eine Absenkung *von 38 Stunden auf bis zu 33 Stunden* möglich, in Sachsen-Anhalt auf bis zu 32 Stunden. Die Arbeitszeitabsenkung kann auch für Beschäftigte in Teilzeit erfolgen, in einigen Tarifgebieten besteht hier aber eine Untergrenze von 20 Stunden. Die Absenkung der Arbeitszeit kann einheitlich für den ganzen Betrieb oder Teile des Betriebes bzw. Gruppen von Beschäftigten erfolgen.

Tarifvertrag

»1. Zur Sicherung und zum Erhalt von Arbeitsplätzen können Arbeitgeber und Betriebsrat durch Betriebsvereinbarung die regelmäßige wöchentliche Arbeitszeit vorübergehend absenken auf eine Dauer von unter 35 bis zu 29 Stunden einheitlich für den ganzen Betrieb oder Teile des Betriebes bzw. Gruppen von Arbeitnehmern. Auch eine unterschiedliche Absenkung und eine unterschiedliche Dauer der Absenkung kann vereinbart werden. Vollzeitbeschäftigte mit so reduzierter tariflicher Arbeitszeit bleiben Vollzeitbeschäftigte.

2. Für Arbeitnehmer mit einer individuellen regelmäßigen wöchentlichen Arbeitszeit von weniger als 35 Stunden wird die Arbeitszeit um dieselbe Stundenzahl abgesenkt wie bei Vollzeitbeschäftigten, jedoch nicht unter 20 Stunden. Durch Betriebsvereinbarung können davon abweichende Regelungen getroffen werden.«

(§ 2 Abs. 1 und 2 TV-Besch Bayern)

Bisher in Vollzeit Beschäftigte mit einer reduzierten Arbeitszeit bleiben nach dem Tarifvertrag *Vollzeitbeschäftigte*. Die Regelungen zu Teilzeitbeschäftigten (vgl. Kapitel 2.3.3) finden keine Anwendung. Dies ist vor allem in Hinblick auf die Rückkehr zur bisherigen Arbeitszeit von Bedeutung.

Die Absenkung der Arbeitszeit erfolgt im Wege einer Betriebsvereinbarung, die nicht über eine Einigungsstelle erzwungen werden kann. Für Konfliktfälle zwischen den Betriebsparteien haben die Tarifvertragsparteien besondere *Schlichtungsstellen* eingesetzt, die unter Vorsitz eines neutralen Vorsitzenden eine verbindliche Entscheidung zu treffen haben. Die Absenkung der Arbeitszeit kann jedoch gegen den Betriebsrat nur einmalig für maximal 6 Monate erzwungen werden.

Tarifvertrag

»Können sich Arbeitgeber und Betriebsrat bei vorübergehenden Beschäftigungsproblemen nicht über die Absenkung der tariflichen Arbeitszeit gem. Nr. 1 einigen, so kann auf Initiative des Betriebsrates oder des Arbeitgebers eine tarifliche Schlichtungsstelle angerufen werden. Die Schlichtungsstelle setzt sich aus je zwei Vertretern der Tarifvertragsparteien und einem neutralen Vorsitzenden zusammen. Die Schlichtungsstelle trifft eine verbindliche Entscheidung innerhalb einer Frist von vier Wochen, nur einmal bei gleichem Sachverhalt und längstens für sechs Monate. Die Tarifvertragsparteien treffen im Voraus eine Vereinbarung über die Vorsitzenden der Schlichtungsstellen.«

(§ 2 Abs. 7 TV-Besch Hessen)

Solange die tarifliche Schlichtungsstelle noch nicht entschieden hat, ergibt sich für den Betriebsrat ein Anspruch gegen den Arbeitgeber es zu unterlassen, bereits vor Abschluss des Schlichtungsverfahrens Kündigungen auszusprechen. Der Ausspruch der Kündigung verletzt in diesem Fall das durch den Tarifvertrag zur Beschäftigungssicherung erweiterte Mitbestimmungsrecht des Betriebsrates (LAG Hamburg vom 24.06.1997 – 3 TaBV 4/97; Schoof 1998, S. 228).

Die monatlichen Entgelte vermindern sich dabei proportional zur Absenkung der Arbeitszeit. Das gilt genauso für die vom Entgelt abgeleiteten Leistungen, wie Sonderzahlungen oder zusätzliche Urlaubsvergütung. Ausbildungsvergütungen sind teilweise hiervon ausgenommen (sofern nicht Auszubildende generell von der Absenkung der Arbeitszeit ausgenommen werden). Ein Entgeltausgleich ist tarifvertraglich nicht vorgesehen. Die Tarifverträge sehen allerdings vor, dass die Betriebsparteien Ausgleichszahlungen vereinbaren können, die mit der tariflichen Sonderzahlung oder dem zusätzlichen Urlaubsgeld verrechnet werden. Damit sollen allzu starke Einschnitte beim monatlichen Entgelt vermieden werden.

> **Tarifvertrag**
> *»Die Monatsentgelte und von ihnen abgeleitete Leistungen vermindern sich entsprechend der verkürzten Arbeitszeit.*
> *Zwischen den Betriebsparteien kann durch freiwillige Betriebsvereinbarung ein Teillohnausgleich vereinbart werden. Sofern nicht alle Beschäftigten von einer Absenkung betroffen sind, kann in diesem Fall zusätzlich mit Zustimmung der Tarifvertragsparteien eine solidarische Finanzierung des Teillohnausgleiches unter Einbeziehung derjenigen, die in Vollzeit beschäftigt werden, vereinbart werden.*
> *Um die Absenkung der Monatsentgelte zu vermeiden oder zu vermindern, können die Betriebsparteien Ausgleichszahlungen vereinbaren, die mit den tariflichen Jahresleistungen (betriebliche Sonderzahlung und/oder zusätzliche Urlaubsvergütung) verrechnet werden. Der Anspruch auf diese tariflichen Leistungen vermindert sich entsprechend.«*
> (§ 5 Abs. 5, 6 und 7 TV-Besch Küste)

Während der Absenkung der Arbeitszeit sind *betriebsbedingte Kündigungen grundsätzlich ausgeschlossen*. Sollte dennoch eine betriebsbedingte Kündigung erfolgen, wird diese je nach Tarifgebiet frühestens mit dem Ende der Absenkung der Arbeitszeit bzw. erst 2 Monate nach Absenkung der Arbeitszeit wirksam. Beschäftigte, die durch Kündigung ausscheiden, erhalten trotz verkürzter Arbeitszeit das volle Entgelt für die letzten 4 bzw. 6 Monate (je nach Tarifgebiet) vor dem Ausscheiden.

> **Tarifvertrag**
> *»Grundsätzlich wird während der Absenkung der Arbeitszeit zur Sicherung der Beschäftigung den Betroffenen gegenüber keine betriebsbedingte Kündigung ausgesprochen. Sollte dennoch eine betriebsbedingte Kündigung im Sinne des § 1 KSchG erforderlich sein, wird die Entlassung infolge der betriebsbedingten Kündigung frühestens 2 Monate nach dem Ende der Absenkung der Arbeitszeit wirksam.*
> *Durch Kündigung ausscheidende Beschäftigte haben Anspruch auf die ihrer individuellen wöchentlichen Arbeitszeit (ohne Absenkung) entsprechende Vergütung für die letzten 6 Monate vor dem Ende des Arbeitsverhältnisses.«*
> (§ 5 Abs. 3 und 6 TV-Besch Niedersachsen)

Eine Begrenzung der Laufzeit von betrieblichen Regelungen zur Arbeitszeitabsenkung ist tarifvertraglich nicht vorgesehen. Wie oben dargestellt, kann die Anwendung der Tarifverträge in der Schlichtungsstelle aber gegen den Betriebsrat nur einmalig für maximal 6 Monate erzwungen werden.
Wird nach der Anwendung des Tarifvertrages zur Beschäftigungssicherung Kurzarbeit vereinbart, berechnet sich das Kurzarbeitergeld auf Grundlage des unverminderten Vollzeitarbeitsentgeltes.

Rechtsvorschrift
»Bei der Berechnung der Nettoentgeltdifferenz nach Absatz 1 bleiben auf Grund von kollektivrechtlichen Beschäftigungssicherungsvereinbarungen durchgeführte vorübergehende Änderungen der vertraglich vereinbarten Arbeitszeit außer Betracht [...]«
(§ 106 Abs. 2 Satz 3 SBG III)

Bei den Tarifregelungen über die Absenkung der regelmäßigen wöchentlichen Arbeitszeit durch erzwingbare Betriebsvereinbarung bzw. durch Schiedsstellenspruch handelt es sich um betriebsverfassungsrechtliche Normen im Sinne des § 3 Abs. 3 TVG (Berg u.a. 2013, § 1 Rn. 281; vgl. Kapitel 13.3.4). Die Tarifbindung des Arbeitgebers reicht somit für die tarifrechtliche Geltung aus. Damit gilt sie auch für unorganisierte Beschäftigte. Die vorübergehende Absenkung der Arbeitszeit über die Tarifverträge zur Beschäftigungssicherung ist rechtlich zulässig und verstößt auch nicht gegen die Berufsfreiheit des einzelnen Beschäftigten (BAG vom 25.10.2000 – 4 AZR 438/99).

3.2.2 Verhältnis zur gesetzlichen Kurzarbeit

Die Tarifverträge zur Beschäftigungssicherung sind ursprünglich als ergänzendes Instrument zur Kurzarbeit entstanden. Aus dieser tarifvertraglichen Zweckbestimmung lässt sich ein Vorrang der Kurzarbeit vor Anwendung der Tarifverträge zur Beschäftigungssicherung herleiten, der in einigen Tarifgebieten festgeschrieben ist. Der Tarifvertrag in Baden-Württemberg spricht davon, dass eine Arbeitszeitabsenkung erst dann infrage kommt, wenn vorübergehende Beschäftigungsprobleme nicht durch Kurzarbeit überwunden werden können (zur hiervon abweichenden Systematik im Tarifvertrag Kurzarbeit und Beschäftigungssicherung vgl. Kapitel 3.2.3).

Tarifvertrag
»Um bei vorübergehenden Beschäftigungsproblemen, die nicht durch Kurzarbeit überwunden werden können, betriebsbedingte Kündigungen zu vermeiden, können beide Betriebsparteien den Abschluss einer Betriebsvereinbarung zur Absenkung der Arbeitszeit verlangen.«
(§ 3.1 TV-Besch Baden-Württemberg)

In anderen Tarifgebieten finden sich Regelungen, wonach die Einführung von Kurzarbeit durch den Tarifvertrag Beschäftigungssicherung nicht eingeschränkt wird oder die Möglichkeiten der Kurzarbeit auszuschöpfen sind.

> **Tarifvertrag**
> *»Können sich Arbeitgeber und Betriebsrat bei vorübergehenden Beschäftigungsproblemen nach Ausschöpfung der Kurzarbeitsmöglichkeiten nicht über die Absenkung der tariflichen Arbeitszeit gem. Ziff. 1 einigen [...]«*
> (§ 2 Abs. 7 TV-Besch Bayern)

Ein Vorrang der Tarifverträge zur Beschäftigungssicherung kann jedenfalls nicht aus § 96 Abs. 4 Nr. 3 SGB III hergeleitet werden, der – vorrangig zur Kurzarbeit – die Nutzung betrieblicher Möglichkeiten zur Arbeitszeitflexibilisierung verlangt, um Arbeitsausfälle zu vermeiden (vgl. Kapitel 3.1.4). Bei den Tarifverträgen zur Beschäftigungssicherung handelt es sich aber gerade nicht um Regelungen über flexible Arbeitszeiten, sondern um die Festsetzung der tariflichen Arbeitszeit. Deshalb kann eine Verkürzung der Arbeitszeit nach den Tarifverträgen zur Beschäftigungssicherung auch nicht unter Hinweis auf § 96 Abs. 4 Nr. 3 SGB III erzwungen werden.
Sowohl mit der Kurzarbeit als auch mit den Tarifverträgen zur Beschäftigungssicherung soll eine Senkung der Personalkosten und die Vermeidung von Entlassungen erreicht werden. Dennoch ergeben sich signifikante Unterschiede:
Die Einführung von Kurzarbeit stellt ein *betriebliches Instrument* zur Absenkung der Arbeitszeit dar und unterliegt der zwingenden Mitbestimmung des Betriebsrates nach § 87 Abs. 1 Ziff. 3 BetrVG, der Betriebsrat hat ein Initiativrecht. Die Absenkung der Arbeitszeit über die Tarifverträge zur Beschäftigungssicherung ist dagegen ein *tarifliches Instrument* und kann daher nicht über die betriebsverfassungsrechtliche Einigungsstelle erzwungen werden. Stattdessen ist für den Konfliktfall ein tarifliches Schlichtungsverfahren vorgesehen.
Unterschiede ergeben sich auch bei der *Verteilung von Krisenlasten*: Die Logik der Tarifverträge zur Beschäftigungssicherung – proportionale Absenkung von Arbeitszeit und Entgelt – führt für den Betrieb zur Einsparung von Personalkosten in gleicher Höhe, während der Arbeitgeber bei der Kurzarbeit mit den Remanenzkosten aus Feiertagen, Urlaub, zusätzlichen Sozialabgaben und den tariflichen Sonderzahlungen belastet bleibt. Einen mit dem Kurzarbeitergeld vergleichbaren Ausgleich für den Entgeltausfall infolge der abgesenkten Arbeitszeit sehen die Tarifverträge nicht vor. Daraus ergibt sich auch die auf maximal 5 Stunden in der Woche begrenzte Absenkung der Arbeitszeit, während im Rahmen von Kurzarbeit die Arbeitszeit bis auf »Null« abgesenkt werden kann.
Daraus lässt sich eine auf den ersten Blick scheinbar relativ eindeutige Interessenlage ableiten: Für die Beschäftigten steht die Begrenzung materieller Nachteile im Vordergrund, weshalb sie Kurzarbeit bevorzugen. Umgekehrt zieht der Arbeitgeber eine Arbeitszeitabsenkung nach den Tarifverträgen zur Beschäftigungssicherung wegen der unmittelbaren und unkomplizierten Kosten-

ersparnis vor. Zu berücksichtigen ist außerdem, dass im Rahmen der Tarifverträge zur Beschäftigungssicherung Arbeitszeitverkürzungen vorgenommen werden, auch wenn die Voraussetzungen nach den §§ 95 ff. SGB III nicht erfüllt sind und damit Arbeitsplätze gesichert werden.
Ob es sinnvoll ist, Kurzarbeit einzuführen oder von den Regelungen des Tarifvertrages zur Beschäftigungssicherung Gebrauch zu machen, hängt letztendlich von der Art und dem Umfang der notwendigen Arbeitszeitverkürzung im Betrieb ab.

3.2.3 Tarifliche Kurzarbeit

Die Wirtschaftskrise 2009/2010 mit einem dramatischen Einbruch der Produktion bedrohte hunderttausende Arbeitsplätze in der Metall- und Elektroindustrie. Trotz »Konjunkturpaket« und einer Erweiterung der gesetzlichen Bestimmungen für den Bezug von Kurzarbeitergeld wurden angesichts der unsicheren Situation Gespräche und Verhandlungen der IG Metall mit den Arbeitgeberverbänden über eine Ergänzung und Erweiterung der bislang vorhandenen tarifvertraglichen Elemente zur Beschäftigungssicherung notwendig.
Ergebnis waren Tarifverträge, die zum einen die Anwendung von Kurzarbeit über einen möglichst langen Zeitraum sicherstellen sollten, zum anderen die Regelungen aus den Tarifverträgen zur Beschäftigungssicherung erweiterten. Im Tarifgebiet Nordrhein-Westfalen wurde hierzu der *Tarifvertrag »Zukunft in Arbeit« (TV »ZiA«)* abgeschlossen, der, teilweise mit regionalspezifischen Anpassungen, in die meisten übrigen Tarifgebiete übertragen wurde. Diese Tarifverträge sind zum 30.06.2012 ohne Nachwirkung ausgelaufen und spielen daher aktuell keine Rolle mehr. In Baden-Württemberg wurden eigenständige tarifvertragliche Lösungen entwickelt, die heute im *Tarifvertrag Kurzarbeit und Beschäftigung (TV KB)* enthalten und nach wie vor in Kraft sind.
Beide tarifvertraglichen Regelungen verfolgen zunächst das Ziel, die gesetzliche Kurzarbeit so lange wie möglich zu nutzen – ausgehend von einem per Rechtsverordnung verlängerten Bezugszeitraum, (vgl. Kapitel 3.1.5) – und sehen daher eine Verringerung der tarifvertraglichen Remanenzkosten vor. Nach dem Tarifvertrag »Zukunft in Arbeit« erfolgt dies durch ein Umlegen der tariflichen Einmalzahlungen (zusätzliche Urlaubsvergütung und Jahressonderzahlung) auf das laufende monatliche Entgelt, so dass sich diese proportional zum Anteil der Kurzarbeit verringern (IG Metall Bezirksleitung Nordrhein-Westfalen 2010, S. 56 ff.). In Baden-Württemberg verringert sich dagegen der vom Arbeitgeber zu zahlende Zuschuss je nach Größe des Arbeitsausfalls (vgl. Kapitel 3.1.1). Außerdem besteht für die Betriebsparteien die Möglichkeit eine Regelung zu treffen, nach der einerseits ein verringerter Arbeitgeberzuschuss gezahlt wird, andererseits ab dem sechsten Monat in Kurzarbeit tarifliche Einmalzahlungen entsprechend des Arbeitsausfalls reduziert werden können. Voraussetzung ist hierfür, dass betriebsbedingte Kündigungen für die Laufzeit der Betriebsvereinbarung ausgeschlossen sind.

Tarifvertrag
»Betriebsbedingte Beendigungskündigungen werden bei Abschluss einer Betriebsvereinbarung nach § 3.1 frühestens zum Ende der Laufzeit der Betriebsvereinbarung wirksam. Diese Beschäftigungssicherung gilt nur für diejenigen Beschäftigten, die vom Geltungsbereich der Betriebsvereinbarung erfasst werden.«
(§ 3.3 TV KB Baden-Württemberg)

Im Anschluss an die Umsetzung von Kurzarbeit mit abgesenkten Remanenzkosten ermöglichen die Tarifverträge eine Absenkung der Arbeitszeit mit Teilentgeltausgleich. Diese *»tarifliche Kurzarbeit«* ist eine Erweiterung der Möglichkeiten der bestehenden Tarifverträge zur Beschäftigungssicherung. Die jeweilige tarifliche Arbeitszeit kann durch Vereinbarung der Betriebsparteien um bis zu 7 Stunden in der Woche abgesenkt werden. Dabei erfolgt ein Teilentgeltausgleich. Betriebsbedingte Kündigungen sind für die Dauer dieser Arbeitszeitabsenkung ausgeschlossen (IG Metall Bezirksleitung Nordrhein-Westfalen 2010, S. 84ff.). In den Tarifverträgen »Zukunft in Arbeit« ist diese Arbeitszeitverkürzung an die vorherige Ausführung von Kurzarbeit mit reduzierten Remanenzkosten gekoppelt gewesen, um eine »Beschäftigungskette«, d.h. eine möglichst lange Sicherung der Arbeitsplätze durch Verbindung beider Instrumente zu erreichen (Schumann 2010, S. 224).

Tarifvertrag
»Um bei vorübergehenden Beschäftigungsproblemen, die nicht durch Kurzarbeit iSd. SGB III überwunden werden können, betriebsbedingte Kündigungen zu vermeiden, können beide Betriebsparteien den Abschluss einer Betriebsvereinbarung zur Absenkung der Arbeitszeit unter 31,5 bis 28 Stunden verlangen (tarifliche Kurzarbeit).«
(§ 4.1 1. TV KB Baden-Württemberg)

Hier erfolgt ein Teilentgeltausgleich von 15,33 Prozent je Ausfallstunde.

Tarifvertrag
»Nach einem Monat tariflicher Kurzarbeit wird der Schnitt der individuellen regelmäßigen wöchentlichen Arbeitszeit des Monats betrachtet. Der zwischen 28 Stunden und unter 31,5 Stunden liegende Durchschnitt ist Basis des abzurechnenden Monatsentgelts sowie für die Ermittlung des Teilentgeltausgleichs. Letzterer beträgt für jede abgesenkte Arbeitsstunde unterhalb der tariflichen Arbeitszeit gem. § 7.1 MTV 15,33 Prozent eines Stundenverdienstes.«
(§ 4.1 4. TV KB Baden-Württemberg)

Für die Laufzeit der Betriebsvereinbarung besteht Kündigungsschutz wie in den Tarifverträgen zur Beschäftigungssicherung. Auch hier entscheidet in Konfliktfällen über die Einführung die tarifliche Schlichtungsstelle.
Von besonderer Bedeutung sind hier die *Vorrangregelungen* über eine Ab-

grenzung der unterschiedlichen Instrumente zur Beschäftigungssicherung und deren Erzwingbarkeit:

Tarifvertrag
»Abweichend von § 3 Abs. 1 HS. 1 TV Besch besteht für die Absenkung der Arbeitszeit auf eine Dauer von unter 35 bis 31,5 Stunden kein Vorrang der Kurzarbeit iSd. SGB III.
Bei einer Arbeitszeitabsenkung von unter 35 bis 31,5 Stunden ist ausschließlich die Arbeitszeitabsenkung nach § 3 TV Besch erzwingbar. In diesem Fall sind Kurzarbeit iSd. SGB III oder tarifliche Kurzarbeit nicht erzwingbar.
Bei einer Arbeitszeitabsenkung unter 31,5 Stunden haben Kurzarbeit iSd. SGB III und die tarifliche Kurzarbeit Vorrang vor den Regelungen des TV Besch.«
(§ 5.1 TV KB Baden-Württemberg)

Die Regelungen zur tariflichen Kurzarbeit liefen mit den Tarifverträgen »Zukunft in Arbeit« in den meisten Tarifgebieten Mitte 2012 aus. **Zurzeit bestehen Regelungen zur tariflichen Kurzarbeit somit noch im Tarifvertrag Kurzarbeit und Beschäftigung im Tarifgebiet Baden-Württemberg.**

3.3 Betriebliche Ergänzungstarifverträge

Gerät der Betrieb in eine grundsätzliche Krisensituation, reichen häufig Vereinbarungen zur Kurzarbeit oder zur Absenkung der Arbeitszeit ohne Entgeltausgleich nicht aus. Hier besteht die Möglichkeit, dass die IG Metall und der Arbeitgeberverband für den einzelnen Betrieb einen Sanierungs- bzw. einen Ergänzungstarifvertrag vereinbaren.

3.3.1 Grundsätze

Grundlage für abweichende Tarifverträge in der Metall- und Elektroindustrie ist heute das sogenannte »Pforzheimer Abkommen« (so benannt nach dem Ort, an dem 2004 das Pilotergebnis für diese Tarifvereinbarung getroffen wurde). Die Entstehung dieser Tarifregelung ist eng mit dem sozialpolitischen Klima in der Bundesrepublik Anfang der 2000er-Jahre verknüpft. Es dominierte ein neoliberaler Mainstream in weiten Teilen von Politik, Wirtschaftswissenschaften und Verbänden, der sich auf das bestehende Tarifvertragssystem eingeschossen hatte und dessen Aufweichung forderte.
So forderte der damalige FDP-Chef Guido Westerwelle: »Im Bereich der Lohnfindung muss der flächendeckende Tarifvertrag verschwinden« (Deutscher Bundestag 29.10.2002). Friedrich Merz, damals stellvertretender CDU-Fraktionsvorsitzender, forderte eine »Durchlöcherung des Tarifkartells durch betriebliche Vereinbarungen unterhalb des Tarifniveaus« (dpa-Gespräch 09.06.2003.). Michael Glos (CSU) forderte ohne Umschweife: »Wir müssen die Flächentarif-

verträge beseitigen« (Talkshow »Sabine Christiansen« 22.06.2003). Und der frühere BDI-Präsident Michael Rogowski verstieg sich gar zu der Forderung: »Man müsste Lagerfeuer machen und erst mal die ganzen Flächentarifverträge verbrennen« (Spiegel Online 11.03.2003).
Die Hetze gegen das bewährte Tarifvertragssystem erfolgte in der Zeit einer negativen konjunkturellen Entwicklung, die vom Platzen der sogenannten »IT-Blase« geprägt war. Nach einem lang anhaltenden Boom, in dem sich der amerikanische Präsident Bush sogar dazu verstieg, die Wirtschaft in Deutschland als »old economy« zu bezeichnen, sanken die weltweiten Wachstumsraten des IT-Sektors im Jahre 2002 auf minus 5 Prozent. In der Folge des Platzens der IT-Blase sank auch die Wachstumsrate des Bruttoinlandsproduktes in Deutschland im Jahre 2002 auf 0,7 Prozent. Vor dem Hintergrund dieser wirtschaftlichen Entwicklung kündigte Bundeskanzler Gerhard Schröder im Jahre 2003 sehr weitreichende Veränderungen in der Arbeits- und Sozialpolitik an (»Agenda 2010«).
Den Tarifvertragsparteien drohte er unverhüllt mit einer Änderung des Tarifvertragsgesetzes und des Betriebsverfassungsgesetzes:
»Ich erwarte also, dass sich die Tarifparteien entlang dessen, was es bereits gibt – aber in weit größerem Umfang –, auf betriebliche Bündnisse einigen, wie das in vielen Branchen bereits der Fall ist. Geschieht das nicht, wird der Gesetzgeber zu handeln haben« (Schröder 2003).
Die Drohung, als Gesetzgeber zu handeln, zielte im Wesentlichen auf die Beseitigung des Tarifvorbehaltes in § 77 Abs. 3 BetrVG und die Relativierung des Günstigkeitsprinzips in § 4 Abs. 3 TVG (vgl. Kapitel 13.2.2 und 13.2.3).
Dieses Vorhaben wurde letztendlich nicht realisiert. Die deutlichen Drohungen mit einer gesetzlichen Regelung veranlassten die Tarifparteien der Metall- und Elektroindustrie aber dazu, eine Regelung zu treffen, die einerseits betriebliche Sonderregelungen ermöglicht, anderseits diese Sonderregelung aber im Hoheitsbereich der Tarifparteien belässt und zudem an enge Bedingungen knüpft.
Vor diesem Hintergrund vereinbarten die Tarifvertragsparteien im Frühjahr 2004 das »Pforzheimer Abkommen«. Mit diesem Tarifvertrag wurden Verfahrensregelungen geschaffen, welche befristete Abweichungen von den Bestimmungen des Flächentarifvertrages für einzelne Betriebe auf der Grundlage eines zwischen den Tarifvertragsparteien geschlossenen Vertrages möglich machten. Inzwischen wurde diese Tarifvereinbarung in den meisten Tarifgebieten mit den Tarifverträgen zur Beschäftigungssicherung unter dem Titel »Tarifvertrag zur Beschäftigungssicherung und zum Beschäftigungsaufbau« (TV-Besch) oder unter einem ähnlich lautenden Titel zusammengefasst. Die Vereinbarungen enthalten ein mehrstufiges Verfahren zur *Sicherung und Förderung von Beschäftigung.*

1. Die Betriebsparteien prüfen, ob alle Maßnahmen der Beschäftigungsförderung im Rahmen geltender Bestimmungen (Gesetze, Tarifverträge und Betriebsvereinbarungen) ausgeschöpft sind.
2. Das Unternehmen informiert die Tarifvertragsparteien umfassend über die

wirtschaftliche Situation des Betriebes und stellt die dafür erforderlichen Unterlagen zur Verfügung.
3. Die Tarifvertragsparteien prüfen, ob unter Abwägung der sozialen und wirtschaftlichen Folgen eine abweichende Tarifregelung erforderlich ist.
4. Die Tarifvertragsparteien beurteilen, ob eine vom Tarifvertrag abweichende Regelung Auswirkungen auf den Wettbewerb und die Beschäftigung in der Branche und der Region haben würde.
5. Die Tarifvertragsparteien treffen im Rahmen eines firmenspezifischen Ergänzungstarifvertrages ggf. eine befristete ergänzende und vom Flächentarifvertrag abweichende Regelung.

In der ersten Stufe prüfen die *Betriebsparteien* die Nutzung bestehender betrieblicher und tarifvertraglicher Möglichkeiten, wie z.B. flexible Arbeitszeiten, Abbau von Mehrarbeit, Kurzarbeit oder die Nutzung des Tarifvertrages zur Beschäftigungssicherung. Hierzu gehören ebenfalls offensive betriebliche Handlungsstrategien, wie »Besser statt billiger« (IG Metall Vorstand 2007a, S. 33ff.). Die IG Metall hat zur Flankierung und Unterstützung solcher Prozesse verschiedene Angebote wie Beraternetzwerke, Technologieberatung oder die Bereitstellung von Analyseinstrumenten auf den Weg gebracht (IG Metall Vorstand 2008, S. 4ff.).

Erst wenn diese Instrumente nicht ausreichen, kann von den Tarifvertragsparteien eine abweichende Regelung *mit befristeter Laufzeit* vereinbart werden.

Tarifvertrag

»Die Betriebsparteien prüfen, ob die Maßnahmen im Rahmen der geltenden Bestimmungen ausgeschöpft sind, um Beschäftigung zu sichern und zu fördern.
[...]
Ist es unter Abwägung der sozialen und wirtschaftlichen Folgen erforderlich, durch abweichende Tarifregelung eine nachhaltige Verbesserung der Beschäftigungsentwicklung zu sichern, so werden die Tarifvertragsparteien nach gemeinsamer Prüfung mit den Betriebsparteien ergänzende Tarifregelungen vereinbaren oder es wird einvernehmlich befristet von tariflichen Mindeststandards abgewichen (z.B. Kürzung der Sonderzahlungen, Stundung von Ansprüchen, Erhöhung oder Absenkung der Arbeitszeit mit oder ohne vollen Lohnausgleich (soweit nicht durch den Tarifvertrag zur Beschäftigungssicherung geregelt)).«
(§ 2 TV zur Wettbewerbsfähigkeit und Standortsicherung Rheinland-Pfalz)

Tarifrechtlich handelt es sich um *Ergänzungs- oder Zusatztarifverträge* mit verbandsangehörigen Firmen (vgl. Kapitel 13.3). In diesen werden üblicherweise Verzichte der Beschäftigten auf tarifvertragliche Ansprüche sowie Gegenleistungen des Arbeitgebers in Form von Beschäftigungs- und Investitionszusagen geregelt. Das vorgeschaltete betriebliche Verfahren ist daher von besonderer Bedeutung. In der Praxis wird es nicht immer ausgereizt, häufig wird zu schnell der Weg über Tarifverhandlungen mit dem Ergebnis der tariflichen Abweichung beschritten. Nach der Tarifvereinbarung sind abweichende Tarifvereinbarungen dagegen die Ausnahme und bedürfen einer besonderen Begründung. Der Flächentarifvertrag soll Ausgangspunkt und Standard bleiben.

3.3.2 Verfahrensregelungen

Die IG Metall hat Regeln für die Aufnahme und den Ablauf von Verhandlungen aufgestellt, die *interne Kommunikations- und Koordinierungsprozesse* betreffen. Aber auch gegenüber der Arbeitgeberseite werden klare *inhaltliche und formale Bedingungen* definiert. Dabei wird zwischen Sanierungsvereinbarungen und den »Pforzheimer Vereinbarungen« nicht unterschieden. In allen Fällen handelt es sich um abweichende Tarifvereinbarungen, die sich nach dem festgelegten Verfahren richten.
Die Betriebsparteien können, wenn die Notwendigkeit hierfür gesehen wird, einen *Antrag auf die Aufnahme von Tarifverhandlungen* stellen. Dabei gibt es *keinen Anspruch auf das Führen von Tarifverhandlungen* und den Abschluss eines Tarifvertrages, es handelt sich um einen ergebnisoffenen Prozess, der von jeder Seite auch jederzeit abgebrochen werden kann. Von besonderer Bedeutung ist, dass der Arbeitgeber vor der Entscheidung über die Aufnahme von Verhandlungen der IG Metall Unterlagen zur Verfügung stellt, aus denen sich die *wirtschaftliche Notwendigkeit einer tariflichen Abweichung* und ein wirtschaftliches Konzept ergeben müssen. Diese sollten im Rahmen eines (Kurz-)Gutachtens überprüft werden.

> **Tarifvertrag**
> *»Voraussetzung hierfür ist eine umfassende Information mit den dazugehörigen Unterlagen. Die beteiligten Personen sind analog BetrVG zur Vertraulichkeit verpflichtet.«*
> (§ 2 Abs. 4 TV-Besch Küste)

Eine weitere wichtige Notwendigkeit vor Beginn des tariflichen Verhandlungsprozesses ist die Prüfung eventuell entstehender *Auswirkungen auf weitere Unternehmen im Konzern oder in der gleichen Branche.* Wettbewerbsverzerrungen durch Tarifabweichungen sollen begrenzt werden.

> **Tarifvertrag**
> *»In die Gesamtbeurteilung sollen eventuelle Auswirkungen auf den Wettbewerb und die Beschäftigung in der Branche und der Region, soweit es um Betriebe gleicher Tarifzugehörigkeit geht, einfließen.«*
> (§ 2 Abs. 5 TV-Besch Küste)

Die mögliche Verzerrung der Wettbewerbsbedingungen ist ein sehr kritischer Punkt bei der Umsetzung des »Pforzheimer Abkommens«. Anträge auf abweichende Tarifregelungen werden häufig von Unternehmen mit wirtschaftlichen Schwierigkeiten gestellt. Verzichten Beschäftigte in diesen Betrieben auf tarifvertragliche Ansprüche, werden ggf. Arbeitsplätze der dortigen Beschäftigten erhalten. Es besteht dann aber die Gefahr, dass aufgrund der gewonnenen Wettbewerbsvorteile Arbeitsplätze in anderen Betrieben gefährdet werden.
Daher ist die Beachtung der Auswirkungen auf die Wettbewerbsbedingungen in der Praxis besonders wichtig. Um dieser Aufgabe gerecht zu werden, hat die

IG Metall für sich Richtlinien für die Handhabung für den Umgang mit dem »Pforzheimer Abkommen« entwickelt:

> *»[...] Um zu verhindern, dass Betriebe im Wettbewerbskarussell gegeneinander ausgespielt werden und den Umgang mit der steigenden Zahl an Abweichungsanträgen zu verbessern, hat der Vorstand der IG Metall 2005 inhaltliche Grundsätze und ein abgestimmtes Vorgehen für betriebliche Abweichungen vom Tarifvertrag beschlossen. [...] Insbesondere in Fällen mit standort- und bezirksübergreifender Bedeutung ist die Abstimmung und Koordinierung weiter auszubauen. Dabei ist in vielen Fällen auch die europäische Ebene einzubeziehen. Deshalb ist ein engmaschigeres Netz von grenzübergreifenden Informationen und Aktivitäten aufzubauen, in dem die europäischen Betriebsräte eine zunehmend wichtigere Rolle einnehmen.*
> *Konflikte um Abweichungen sind betriebliche Tarifauseinandersetzungen, die gewerkschaftlich begleitet werden müssen. Dazu gehören die Bildung von betrieblichen Tarifkommissionen, die Einbeziehung der Vertrauensleute und die Einberufung von Mitgliederversammlungen vom Beginn der Verhandlungen bis nach Abschluss der Vereinbarungen. Zu betriebsnaher Tarifpolitik gehört ferner ein politisches Controlling, insbesondere bei der Frage der Rückkehr abweichender Regelungen zur Fläche.*
> *Bezogen auf das Verhältnis Fläche und Betrieb besteht das Risiko, dass bei einer deutlich zunehmenden Zahl abweichender Regelungen der Ausnahmefall zur Regel wird und dadurch die ordnende und solidarische Funktion des Flächentarifvertrages geschwächt wird. Die IG Metall wird deshalb in den nächsten Jahren weiter darauf achten, Abweichungen entsprechend der beschlossenen Grundsätze zu befristen und zu begrenzen. [...]«*
> (IG Metall Vorstand 2007 b, Entschließung 3 des 21. Ordentlichen Gewerkschaftstages)

Während des gesamten Prozesses sind die Mitglieder der IG Metall durch *Information und Beteiligung* einzubinden. Bewährt haben sich beispielsweise regelmäßige Mitgliederversammlungen und das Einholen von Mitgliedervoten z. B. zur Entscheidung über die Aufnahme von Verhandlungen oder zur Bewertung von Verhandlungsständen oder einem Verhandlungsergebnis.

> **Rechtsvorschrift**
> *»Die Beteiligung der Mitglieder der jeweiligen Betriebe bei Willensbildung und Durchsetzung ist durch die/den Bezirksleiter/in bzw. bei bundesweit wirkenden Vereinbarungen, durch das für Tarifpolitik zuständige Vorstandsmitglied sicher zu stellen.«*
> (Teil A § 5.4 der IG Metall Richtlinie für Tarifkommissionen)

Nach den Richtlinien der IG Metall ist in jedem Fall eine *betriebliche Tarifkommission* zu bilden, die den Verhandlungsprozess begleitet und über Annahme oder Ablehnung eines Verhandlungsstandes entscheidet.

Ein Verhandlungsergebnis muss eine *Erklärungsfrist* enthalten. Rechtlich gesehen ist diese eine aufschiebende bzw. auflösende Bedingung, d.h. das Verhandlungsergebnis wird nur wirksam, wenn bis zu einer bestimmten Frist kein Widerruf erfolgt. Damit sollen nach Abschluss der Verhandlungen interne Willensbildungs- und Beratungsprozesse ermöglicht werden, z.B. auch die Zustimmung des IG Metall Vorstands über die Tarifabweichung. Die Frist sollte daher 14 Tage in keinem Fall unterschreiten.

> **Rechtsvorschrift**
> *»Die Verhandlungsführung stellt eine ausreichende Erklärungsfrist im Verhandlungsergebnis sicher.«*
> (Teil A § 5.5 der IG Metall Richtlinie für Tarifkommissionen)

3.3.3 Regelungsinhalte

Beschäftigungs- und Standortsicherung ist das Kernthema abweichender Tarifverträge. Diese müssen grundsätzlich immer klare und belastbare Regelungen zur Beschäftigungssicherung enthalten. Die Beschäftigungssicherung soll aber nicht nur auf dem Papier stehen. Gefordert wird ein *tragfähiges Sanierungs- oder Standortkonzept*, aus dem sich nachhaltige strukturwirksame Maßnahmen für das Unternehmen ableiten lassen. Diese müssen auch ausdrücklicher Inhalt des Vertrages sein. Über ein *Sonderkündigungsrecht* der IG Metall für den Fall von Verstößen oder Nichterfüllung lassen sich solche Zusagen absichern. Ist die arbeitgeberseitige Zusage (z.B. Standorterhalt) hinreichend konkret im Tarifvertrag abgesichert, kann sich bei Verstößen auch ein *Unterlassungsanspruch* der IG Metall ergeben.

> **Rechtsvorschrift**
> *»Hat sich der Arbeitgeber im schuldrechtlichen Teil eines Standort- und Beschäftigungssicherungs-TV zur Vornahme von Investitionen und Schaffung von 220 Arbeitsplätzen in einem neu aufzubauenden Betriebsteil verpflichtet, so hat die tarifschließende Gewerkschaft für die Dauer der Laufzeit des TV einen Anspruch auf Unterlassung einer beabsichtigten Übertragung dieses Betriebsteils auf eine neu gegründete Tochtergesellschaft im Wege des § 613a BGB.«*
> (LAG Niedersachsen vom 18.05.2011 - 17 SaGa 1939/10)

Zusagen der Arbeitgeberseite können vor allem sein:
- Festschreiben von Standorten oder einzelnen Produkten (Standort- oder Produktzusagen)
- Festschreiben von Beschäftigung durch Ausschluss betriebsbedingter Kündigungen oder Benennung konkreter Beschäftigtenzahlen (Beschäftigungszusagen)
- Festschreiben von Investitionen, Investitionsplanung (Investitionszusagen)

Je nach Situation können weitere verbindliche Zusagen eingefordert und festgeschrieben werden, z.B. zu Qualifizierungsmaßnahmen für Beschäftigte, zusätzliche Beteiligungsrechte des Betriebsrates oder Prüfrechte von Betriebsrat und/oder IG Metall. Von entscheidender Bedeutung ist, dass eine kontinuierliche Begleitung und Kontrolle des aus den Maßnahmen folgenden Umsetzungsprozesses während der Laufzeit der Regelung erfolgt.

Hinsichtlich der *Beiträge der Beschäftigten* werden in den Tarifverträgen keine genauen Gegenstände genannt. Der Tarifvertrag spricht nur von einer Abweichung »von tariflichen Mindeststandards« und führt beispielhaft einige tarifliche Leistungen auf. Danach sind z. B. denkbar

- Stundung von Entgeltbestandteilen (Verschiebung des Auszahlungszeitpunkts)
- Verzicht auf Entgeltbestandteile mit Rückzahlungsvereinbarung
- Verschiebung von Entgelterhöhungen (innerhalb einer Tarifperiode)
- Erhöhung der wöchentlichen Arbeitszeit ohne Entgeltausgleich

Welche tariflichen Leistungen in welchem Umfang reduziert werden, ist letztendlich eine *Frage des Einzelfalls.* Bestimmte Grundsätze müssen allerdings beachtet werden, vor allem auch deshalb, weil ihre Nichtbeachtung dazu führen kann, dass eine Vereinbarung widerrufen werden muss.

So sollte grundsätzlich *keine Reduzierung der tariflichen Grundentgelte* erfolgen. Dies könnte ansonsten zu einer Abkopplung des Betriebes von der Entwicklung der Entgelte in der Fläche führen. Anstelle der Monatsentgelte können tarifliche Einmalzahlungen *gestundet* werden, womit sich deren Auszahlung verschiebt. Genauso können vereinbarte Entgelterhöhungen hinsichtlich ihres Inkrafttretens *verschoben* werden. Allerdings sollte hierbei darauf geachtet werden, dass diese Verschiebung die Tarifperiode nicht überschreitet, d. h. rechtzeitig vor der nächsten Tariferhöhung in Kraft tritt. Muss (vor allem zur unmittelbaren finanziellen Entlastung eines Unternehmens) für bestehende Entgeltansprüche ein *Verzicht* vereinbart werden, also vor allem auf Teile der Jahressonderzahlung oder der zusätzlichen Urlaubsvergütung, sollte auf jeden Fall eine *Rückzahlungsvereinbarung* für einen späteren Zeitpunkt der wirtschaftlichen Besserung des Betriebes vereinbart werden.

Will der Arbeitgeber eine *Verlängerung der wöchentlichen Arbeitszeit* (die in diesen Fällen in der Regel ohne oder ohne vollen Entgeltausgleich erfolgen soll), muss zunächst geklärt werden, welche Effekte diese für den Betrieb hat: In einer Situation von Auftragsmangel und verringerter Produktion ist eine solche Maßnahme kontraproduktiv. Gerade bei einer Verlängerung der Arbeitszeit ist zu beachten, dass tarifvertragliche Abweichungen befristet erfolgen und nach Ablauf des abweichenden Tarifvertrages die Regelungen der Verbandstarifverträge wieder zur Anwendung kommen. Deshalb empfiehlt sich, von Anfang an eine *Stufenregelung* zu vereinbaren, die die im Betrieb geltende Arbeitszeit sukzessive wieder an die Bedingungen des Verbandstarifvertrages heranführt.

Abweichende Tarifverträge sind immer zu befristen, d. h. es ist eine *Laufzeit mit einem festen Endzeitpunkt* der Regelungen zu vereinbaren. Denkbar sind unterschiedliche Laufzeiten für einzelne Regelungsinhalte. Dabei gilt: Die Regelungen über Zusagen des Arbeitgebers, z. B. Standort- und/oder Beschäftigungszusage, müssen in ihrer Laufzeit mindestens den Regelungen über Beiträge der Beschäftigten entsprechen, im Idealfall gelten sie länger als diese. Obwohl das Bundesarbeitsgericht davon ausgeht, dass Firmentarifverträge, die eine befristete Verschlechterung gegenüber dem Flächentarifvertrag darstellen, den konkludenten *Ausschluss der Nachwirkung* enthalten (BAG vom 11.01.2011 – 1 AZR 310/09), sollte im abweichenden Tarifvertrag ausdrücklich festgeschrieben werden, dass eine Nachwirkung seiner Regelungen ausgeschlossen ist (Berg u.a. 2013, § 4 Rn. 308).

3.4 Fragen aus der Praxis

Kann der Betriebsrat Kurzarbeit erzwingen, um Entlassungen zu vermeiden?
Der Betriebsrat hat bei der Einführung von Kurzarbeit ein Initiativrecht und kann die Einigungsstelle anrufen, wenn der Arbeitgeber seine Zustimmung verweigert. Dies ergibt sich aus § 87 Abs. 2 BetrVG. So sieht das auch das Bundesarbeitsgericht (BAG vom 04.03.1986 – 1 ABR 15/84).

Die tarifvertragliche Ankündigungsfrist für Kurzarbeit beträgt 14 Tage. Arbeitgeber und Betriebsrat schließen eine Betriebsvereinbarung ab, die Kurzarbeit ab dem übernächsten Tag vorsieht. Was ist mit der Arbeitszeit und den Entgeltansprüchen der Beschäftigten?
Der Betriebsrat hat zwar ein Mitbestimmungsrecht zur Einführung von Kurzarbeit, hier besteht aber der Tarifvorrang für die 14-tägige Ankündigungsfrist. Die Betriebsvereinbarung ist unwirksam, die Beschäftigten behalten ihre bisherige Arbeitszeit und ihre Entgeltansprüche. Dies gilt wegen des Betriebs- und Wirtschaftsrisikos des Arbeitgebers selbst dann, wenn dieser keine Beschäftigung anbieten kann (vgl. Kapitel 3.1 und 12). Eine abweichende Regelung von den tariflichen Ankündigungsfristen kann nur durch die Tarifvertragsparteien erfolgen.

Durch Betriebsvereinbarung wird von Juli bis Dezember Kurzarbeit eingeführt, die Arbeitszeit der Beschäftigten reduziert sich um ein Drittel. Im November zahlt der Arbeitgeber die Sonderzahlung nur zu zwei Dritteln aus. Zulässig?
Nein. Nach den Tarifverträgen der Metall- und Elektroindustrie bemisst sich die Sonderzahlung nach dem Monatsverdienst oder dem durchschnittlichen Verdienst in einem bestimmten Zeitraum. Verdienstkürzungen durch Zeiten von Kurzarbeit bleiben dabei außer Betracht. Hier verringert sich der tarifliche Anspruch nicht proportional zur Absenkung der Arbeitszeit (vgl. Kapitel 3.1.5).

Die Betriebsparteien schließen auf Grundlage des Tarifvertrages zur Beschäftigungssicherung eine Betriebsvereinbarung, mit der die wöchentliche

Arbeitszeit auf 30 Stunden abgesenkt wird. Ein Beschäftigter, der nicht Mitglied der Gewerkschaft ist, droht mit Klage: Der Tarifvertrag gehe ihn nichts an, die Absenkung seiner Arbeitszeit sei nicht zulässig. Hat er Recht?
Nein. Bei den Tarifregelungen über eine Absenkung der Arbeitszeit handelt es sich um eine Betriebsnorm nach § 3 Abs. 2 TVG. Für die Geltung einer solchen betrieblichen oder betriebsverfassungsrechtlichen Regelung reicht die Tarifbindung des Arbeitgebers aus, sie findet dann auch Anwendung auf nicht tarifgebundene Beschäftigte, also auch auf Nichtmitglieder (vgl. Kapitel 13.3.4). Auch das Bundesarbeitsgericht hat die Zulässigkeit solcher Regelungen bestätigt (BAG vom 25.10.2000 – 4 AZR 438/99).

Der Arbeitgeber plant wegen Absatzschwierigkeiten Entlassungen. Der Betriebsrat möchte das verhindern und schlägt eine Absenkung der Arbeitszeit nach den Tarifverträgen zur Beschäftigungssicherung vor. Der Arbeitgeber weigert sich. Der Betriebsrat ruft die tarifliche Schlichtungsstelle an. Arbeitgeber und Arbeitgeberverband ziehen das Verfahren absichtlich in die Länge. Die Einigungsstelle nach § 112 Abs. 2 BetrVG weist einen Aussetzungsantrag des Betriebsrates zurück und stellt das Scheitern der Verhandlungen über einen Interessenausgleich fest. Der Arbeitgeber leitet nunmehr Kündigungen ein. Was kann der Betriebsrat jetzt tun?
Der Betriebsrat sollte den geplanten Kündigungen widersprechen und außerdem einen Antrag auf einstweilige Verfügung gegen die Kündigungen beim Arbeitsgericht beantragen. Die in der Einigungsstelle getroffene Feststellung, dass die Verhandlungen über einen Interessensausgleich gescheitert sind, da über die Frage der Vermeidung von Kündigungen durch eine Absenkung der Arbeitszeit noch nicht entschieden wurde, ist wegen Verstoß gegen den Tarifvertrag zur Beschäftigungssicherung rechtswidrig. Die Entscheidung der tariflichen Schlichtungsstelle hätte abgewartet werden müssen (LAG Hamburg vom 24.06.1997 – 3 TaBV 4/97; Schoof 1998, S. 228).

Der Arbeitgeber stellt bei der IG Metall einen Antrag auf Abschluss einer abweichenden Tarifvereinbarung. Er behauptet, aufgrund seiner Kostenstrukturen sei er nicht mehr wettbewerbsfähig. Die IG Metall verlangt Einblick in die Bücher, die Vorlage eines Standortkonzepts und die Erstellung eines Gutachtens, für das der Arbeitgeber die Kosten tragen soll. Der Arbeitgeber verweigert dies, er wisse selbst, wie er aus der Misere käme, die Gewerkschaft solle ihre Tätigkeit auf die Verhandlungen beschränken. Stimmt das?
Die Regelungen über das »Pforzheimer Abkommen« sprechen davon, dass eine »umfassende Information mit den dazugehörigen Unterlagen« Voraussetzung für eine abweichende Regelung ist. Es wird nicht präzise beschrieben, was genau der Arbeitgeber vorzulegen hat und wie umfangreich eine Prüfung durch die IG Metall zu erfolgen hat. Diese Frage ist anhand des Einzelfalles zu entscheiden. Letztendlich hat die IG Metall darüber zu bestimmen, da sie auf Grundlage der offengelegten Informationen und deren Prüfung über die

Aufnahme von Verhandlungen entscheiden muss. Wie umfangreich Information und Prüfung sind, ist somit ebenfalls Verhandlungssache. Der Arbeitgeber hat aber keinen Anspruch darauf, dass Verhandlungen aufgenommen werden, wenn die IG Metall dies wegen unzureichender Unterlagen verweigert.

Wegen einer akuten Absatzkrise vereinbaren Arbeitgeber und Betriebsrat kurzfristig die Einführung der 40-Stunden-Woche ohne Entgeltausgleich. Der Arbeitgeber erklärt den Beschäftigten, dies sei ein typischer »Pforzheim«-Fall. Rechtens?
Wegen des Tarifvorbehalts (vgl. § 77 Abs. 3 BetrVG) sind Betriebsvereinbarungen über Materien, die tariflich geregelt sind oder üblicherweise tariflich geregelt werden, unzulässig und rechtsunwirksam. Eine etwaige Betriebsvereinbarung über eine Dauer der wöchentlichen Arbeitszeit von 40 Stunden ist somit rechtswidrig und besitzt keine Gültigkeit (vgl. Kapitel 13.2.2). Das »Pforzheimer Abkommen« enthält keine tarifvertragliche Öffnungsklausel. Die Betriebsparteien sollen zunächst bestehende betriebliche und tarifvertragliche Möglichkeiten prüfen und ggf. nutzen. Falls eine abweichende Regelung nötig ist, wird diese ausschließlich von den Tarifparteien durch Tarifvertrag getroffen. Im Übrigen sind längere Arbeitszeiten bei fehlendem Absatz nicht dazu geeignet, Arbeitsplätze zu sichern. Hier wären kürzere Arbeitszeiten das geeignete Mittel.

4. Lage und Verteilung der Arbeitszeit: Grundprinzipien

von Hartmut Meine

Bis Anfang der 1980er-Jahre gab es im Vergleich zu heute relativ stabile und einheitliche Arbeitszeiten in der Metall- und Elektroindustrie. Die tarifvertragliche Arbeitszeit betrug damals 40 Stunden pro Woche, der Regelfall war die Verteilung von 5 × 8 Stunden auf die Wochentage von Montag bis Freitag. Im Produktionsbereich waren neben dem Ein-Schicht-Betrieb, ein herkömmlicher Zwei-Schicht- oder Drei-Schicht-Betrieb von Montag bis Freitag üblich. Im Büro und im Forschungs- und Entwicklungsbereich entwickelten sich vereinzelt Gleitzeitregelungen mit vergleichsweise geringen Gleitzeitkonten von plus/minus 8 oder 16 Stunden. Das Wochenende blieb in den Betrieben der Metall- und Elektroindustrie überwiegend frei. Lediglich in Bereichen, in denen dies aus technologischen Gründen notwendig war, existierte eine vollkontinuierliche Schicht unter Einschluss des Samstags und des Sonntags.

4.1 Arbeitszeit als betriebliches Konfliktfeld

Diese vergleichsweise stabile Organisation der Arbeitszeit löste sich in den vergangenen 30 Jahren mehr und mehr auf. Zu Beginn der 1980er-Jahre begann eine breite Debatte zur Deregulierung des Tarifsystems, der Entgeltsysteme und der Arbeitszeitregelungen. Diese Debatte war ideologisch motiviert und wurde von neo-liberalen Kräften, Teilen des Arbeitgeberlagers, Teilen der CDU und vor allem von der FDP forciert. Auch im Wissenschaftsbereich gab es erste Vorschläge zu einer Flexibilisierung der Arbeitszeit.
Ab 1978 begann die IG Metall in Westdeutschland eine breite Kampagne zur Durchsetzung der 35-Stunden-Woche. Hintergrund war vor allem die steigende Massenarbeitslosigkeit, aber auch die Zielsetzung, die Arbeitswelt menschlicher zu gestalten und den Beschäftigten mehr Freizeitmöglichkeiten zu eröffnen. Im Jahre 1984 fand der bislang größte Streik der IG Metall in den Tarifgebieten Nordwürttemberg/Nordbaden und Hessen statt, an dessen Ende zunächst die Einführung der 38,5-Stunden-Woche zum 01.04.1985 stand. Das Tarifergebnis wurde in einem Schlichtungsverfahren unter Leitung des SPD-Politikers Georg Leber vereinbart. Dieser sogenannte »Leber-Kompromiss« enthielt neben der Vereinbarung der 38,5-Stunden-Woche auch mehrere Möglichkeiten, die Arbeitszeit zu flexibilisieren. So konnte die 38,5-Stunden-

Woche gleichmäßig oder ungleichmäßig auf die Arbeitstage verteilt werden. Die Betriebsnutzungszeit von 40 Stunden konnte beibehalten und die Differenz zur 38,5-Stunden-Woche durch freie Tage ausgeglichen werden. Darüber hinaus war es möglich, für einzelne Beschäftigtengruppen in einem bestimmten Rahmen längere oder kürzere Arbeitszeiten auf der betrieblichen Ebene zu vereinbaren.
Bei der Umsetzung der 38,5-Stunden-Woche im Betrieb wurden die bisher stabilen Arbeitszeitsysteme in den Betrieben grundsätzlich infrage gestellt und neu gestaltet. Dieser Prozess entwickelte sich im Verlauf mehrerer Jahre bis zum Jahre 1995, als endgültig die 35-Stunden-Woche in der westdeutschen Metallindustrie eingeführt wurde.

Übersicht 4.1 – Logo für die 35-Stunden-Woche im Jahre 1984

Ein vergleichbarer Prozess fand im Jahre 1996 in Ostdeutschland nach der Übertragung der westdeutschen Tarifsysteme auf Ostdeutschland und der damit einhergehenden Verkürzung von 40 auf 38 Stunden statt. Die 1980er- und 1990er-Jahre in der Metall- und Elektroindustrie waren von Debatten, Konflikten und Vereinbarungen rund um die Flexibilisierung der Arbeitszeit geprägt. Einige Wissenschaftler sprechen von einem »historischen Kompromiss«, bei dem die IG Metall die 35-Stunden-Woche durchsetzen konnte, sich im Gegenzug aber auf eine zunehmende betriebliche Flexibilisierung der Arbeitszeit eingelassen hat. Heute ist in fast allen Betrieben eine flexible Arbeitszeitgestaltung vereinbart.
In der betrieblichen Praxis ergeben sich zahlreiche Konfliktsituationen über die Lage und Verteilung der Arbeitszeit. Hier treffen die gegensätzlichen Interessen der Arbeitgeber- und der Arbeitnehmerseite aufeinander. Die Arbeitgeber verfolgen in den meisten Fällen die Ziele einer hohen Betriebsnutzungszeit und einer nach ihren Bedürfnissen gestalteten flexiblen Arbeitszeit, um so Kapital- und Personalkosten zu sparen. Für die Arbeitnehmerseite stehen dagegen andere Ziele im Vordergrund: Arbeitszeiten, die nicht in sozial wichtige Zeitrahmen fallen, z.B. die Vermeidung von Nachtarbeit und Wo-

chenendarbeit. Wichtig sind auch planbare Arbeitszeiten, um Privat- und Arbeitsleben besser vereinbaren zu können (vgl. Kapitel 1 und 9). Damit in diesem Konflikt um die Lage und die Verteilung der Arbeitszeiten der Arbeitgeber nicht allein entscheiden kann, sind im Betriebsverfassungsgesetz und in den Manteltarifverträgen »harte« Mitbestimmungsrechte des Betriebsrates verankert.

Über die Lage und Verteilung der Arbeitszeit kann der Arbeitgeber nicht allein entscheiden. Jede Regelung der Lage und Verteilung der Arbeitszeit ist zwischen Arbeitgeber und Betriebsrat zu vereinbaren.

4.2 Verteilung der Arbeitszeit

4.2.1 Rechtliche und tarifliche Grundlagen

Die Mitbestimmungs- und Beteiligungsrechte der Betriebsräte zur Lage und Verteilung der Arbeitszeit sind im Betriebsverfassungsgesetz und in den Manteltarifverträgen verankert, wobei gleichzeitig bestimmte einzelne Rahmenregelungen des Arbeitszeitgesetzes zu beachten sind (vgl. Kapitel 2).

Die Mitbestimmung des Betriebsrates bei der Lage und Verteilung der Arbeitszeit ergibt sich aus § 87 Abs. 1 Ziff. 2 und 3 des BetrVG:

> **Rechtsvorschrift**
> *»Der Betriebsrat hat, soweit eine gesetzliche oder tarifliche Regelung nicht besteht, in folgenden Angelegenheit mitzubestimmen: […]*
> *2. Beginn und Ende der täglichen Arbeitszeit einschließlich der Pausen, sowie Verteilung der Arbeitszeit auf die einzelnen Wochentage;*
> *3. Vorübergehende Verkürzung oder Verlängerung der betriebsüblichen Arbeitszeit.«*
> (§ 87 Abs. 1 BetrVG)

Durch das Arbeitszeitgesetz ist die tägliche Höchstarbeitszeit in der Regel auf 8 Stunden begrenzt. Außerdem sind dort Ruhepausen (AZG-Pausen) von in der Regel 30 Minuten vorgesehen (vgl. Kapitel 4.3).

> **Rechtsvorschrift**
> *»Arbeitszeit der Arbeitnehmer: Die werktägliche Arbeitszeit der Beschäftigten darf 8 Stunden nicht überschreiten. Sie kann auf bis zu 10 Stunden nur verlängert werden, wenn innerhalb von 6 Kalendermonaten oder innerhalb von 24 Wochen im Durchschnitt 8 Stunden werktäglich nicht überschritten werden.«*
> (§ 3 ArbZG)

In den Manteltarifverträgen der Metall- und Elektroindustrie finden sich weitere Bestimmungen über die Mitbestimmungsrechte des Betriebsrates. Über die gesetzlichen Bestimmungen hinaus sind dazu verschiedene Rahmenregelungen angesprochen: Regelfall der Verteilung der Arbeitszeit auf die Werktage von Montag bis Freitag sowie Ausnahmeregelungen für die Arbeit am Samstag und Sonntag. Darüber hinaus wird von einem Ausgleichszeitraum ausgegangen, in dem die tarifliche Arbeitszeit von 35 bzw. 38 Stunden im Durchschnitt erreicht werden muss. Dieser Ausgleichszeitraum ist im Manteltarifvertrag mit 6 Monaten vereinbart, wird jedoch in allen Tarifgebieten durch Tarifverträge zur Beschäftigungssicherung auf 12 Monate erweitert.

> **Tarifvertrag**
> *»Beginn und Ende der täglichen Arbeitszeit bzw. Ausbildungszeit und die Pausen werden mit dem Betriebsrat vereinbart … Die individuelle regelmäßige wöchentliche Arbeitszeit sowie die wöchentliche Ausbildungszeit kann grundsätzlich gleichmäßig oder ungleichmäßig auf 5 Werktage von Montag bis Freitag verteilt werden. Eine davon abweichende Regelung kann nach Maßgabe der betrieblichen Erfordernisse mit dem Betriebsrat vereinbart werden. Diese wöchentliche Arbeitszeit muss im Durchschnitt von 6 Monaten erreicht werden. In den Betriebsvereinbarungen über die Arbeitszeitverteilung sind auch Beginn und Ende der Ausgleichzeiträume festzulegen.«*
> (§ 3 Abs. 3 MTV, Niedersachsen)

Der dort vereinbarte Ausgleichszeitraum von 6 Monaten wird im Tarifvertrag Aufbau und Sicherung von Beschäftigung auf 12 Monate erweitert:

> **Tarifvertrag**
> *»Ausgleichszeitraum: Abweichend von § 3 Ziffer 3 Absatz 2 Satz 3 MTV muss die wöchentliche Arbeitszeit im Durchschnitt von längstens 12 Monaten erreicht werden. Im Ausnahmefällen kann mit Zustimmung der Tarifvertragsparteien auch ein längerer Ausgleichszeitraum vereinbart werden«.*
> (§ 10 TV-Besch Niedersachsen)

Aufgrund der gesetzlichen und tariflichen Regelungen der Metallindustrie kann als Regelfall wie folgt formuliert werden:
Die 35-Stunden-Woche in Westdeutschland und die 38-Stunden-Woche in Ostdeutschland sind auf die Werktage von Montag bis Freitag zu vereinbaren, wobei von einer Höchstarbeitszeit von 8 Stunden täglich und einer Pausenzeit von 30 Minuten pro Tag ausgegangen wird. Die 35-Stunden-Woche bzw. die 38-Stunden-Woche muss im Durchschnitt von 12 Monaten erreicht werden.
Von diesem Regelmodell der Arbeitszeitverteilung sind allerdings mit Zustimmung des Betriebsrates und in einigen Tarifgebieten mit Zustimmung der Tarifvertragsparteien Änderungen sowohl bei der Verteilung der Arbeitszeit auf die Wochentage (Samstags- und Sonntagsarbeit), als auch bei der Dauer der täglichen Arbeitszeit möglich.

4.2.2 Gleichmäßige und ungleichmäßige Verteilung der Arbeitszeit

In den Betrieben der Metall- und Elektroindustrie haben sich in den letzten Jahrzehnten spezifische Formen der Arbeitszeit entwickelt. Eine gleichmäßige Verteilung der 35-Stunden-Woche in Westdeutschland bzw. der 38-Stunden-Woche in Ostdeutschland ist überaus selten vorzufinden. Dieses Arbeitszeitmodell ist eher ein theoretischer Bezugspunkt für eine ungleichmäßige Verteilung der Arbeitszeit bzw. eine flexible Arbeitszeitgestaltung im Rahmen von Arbeitszeitkonten.

Gleichmäßige Verteilung in Westdeutschland

35 Stunden (Westdeutschland): Die tägliche Arbeitszeit beträgt von Montag bis Freitag 7 Stunden. Dazu kommt täglich eine (unbezahlte) AZG-Pause von 30 Minuten, so dass sich von Montag bis Freitag eine Anwesenheitszeit von täglich 7,5 Stunden ergibt.
Häufig findet sich in 3-Schicht-Betrieben eine tägliche Arbeitszeit von 7,5 Stunden und 0,5 Stunden AZG-Pause, so dass ein dreimal 8-Stunden-Rhythmus von Früh-, Spät- und Nachtschicht ermöglicht wird. So ergibt sich eine Arbeitszeit von 5 × 7,5 = 37,5 Stunden. Die Differenz von 2,5 Stunden zur 35-Stunden-Woche ist durch Freischichten auszugleichen (vgl. Kapitel 4.4).

Gleichmäßige Verteilung in Ostdeutschland

38 Stunden (Ostdeutschland): Die tägliche Arbeitszeit beträgt von Montag bis Freitag 7 Stunden, 36 Minuten. Bei einer (unbezahlten) AZG-Pause von 30 Minuten ergibt dies eine Anwesenheitszeit 8 Stunden und 6 Minuten pro Tag.
Ausgehend von diesen Modellen der gleichmäßigen Verteilung der Arbeitszeit gibt es verschiedene andere Modelle der ungleichmäßigen Verteilung der Arbeitszeit.

Ungleichmäßige Verteilung in Westdeutschland

- »Kurzer Freitag« bzw. Frühschluss am Freitag
  Montag bis Donnerstag: 7,5 Stunden, Freitag 5 Stunden
- 2-Schicht-Betrieb mit verkürzter Spätschicht
  1. Woche: 5 Tage à 8 Stunden Frühschicht
  2. Woche: 5 Tage à 6 Stunden Spätschicht
- Saison-Arbeit
  Ein halbes Jahr 30 Stunden und ein halbes Jahr 40 Stunden
- 5 Tage à 8 Stunden Ausgleich durch 29 freie Tage (vgl. Kapitel 4.4)

Ungleichmäßige Verteilung in Ostdeutschland

- »Kurzer Freitag« bzw. Frühschluss am Freitag
  Montag bis Donnerstag: 8 Stunden, Freitag 6 Stunden
- 2-Schicht-Betrieb mit verkürzter Spätschicht
  1. Woche: 5 Tage à 8 Stunden Frühschicht
  2. Woche: 5 Tage à 7,2 Stunden Spätschicht

- Saison-Arbeit
  Ein halbes Jahr 40 Stunden und ein halbes Jahr 36 Stunden
- 5 Tage à 8 Stunden, Ausgleich durch 12 freie Tage im Jahr (vgl. Kapitel 4.4)

Die betriebliche Vereinbarung von gleichmäßiger und ungleichmäßiger Arbeitszeit in einer Betriebsvereinbarung ist auch vor dem Hintergrund der tarifvertraglichen Mehrarbeitsdefinition zu sehen.

> **Tarifvertrag**
> *»Mehrarbeit ist bei Vollzeitbeschäftigten die Arbeitszeit, die vor oder nach der für den Tag oder für die Woche festgelegten Arbeitszeit liegt und über diese hinausgeht.«*
> (§ 5 Abs. 2 MTV, Niedersachsen)

Ist die Arbeitszeit gleichmäßig oder ungleichmäßig verteilt und in einer Betriebsvereinbarung nach einem Modell vereinbart, wie sie oben genannt sind, oder einem anderen Modell, ergibt sich im Zusammenhang mit der Mehrarbeitsdefinition eindeutig, ab wann Mehrarbeit vorliegt. Bei einer flexiblen Gestaltung der Arbeitszeit im Rahmen von Arbeitszeitkonten ergeben sich hierzu neue Konfliktkonstellationen und Regelungsvorschläge (vgl. Kapitel 5).

4.3 Pausenregelung

Bei der Lage und Verteilung der Arbeitszeit spielen auch immer der Anspruch sowie die Lage von Pausen eine Rolle. Im Wesentlichen handelt es sich dabei um Ruhepausen nach dem Arbeitszeitgesetz. Für besondere Fälle ist dabei auch eine Pausenregelung für Schichtarbeiter im Tarifvertrag geregelt. Für das in der Metallindustrie häufig anzutreffende Leistungsentgelt sind in den Tarifverträgen Ansprüche auf persönliche Verteil- und Erholungszeiten vereinbart.
Die Lage der Pausen ist mitbestimmungspflichtig und ist in einer Betriebsvereinbarung zwischen Arbeitgeber und Betriebsrat zu regeln:

> **Rechtsvorschrift**
> *»Der Betriebsrat hat, soweit eine gesetzliche oder tarifliche Regelung nicht besteht, in folgenden Angelegenheiten mitzubestimmen: […]*
> *2. Beginn und Ende der täglichen Arbeitszeit einschließlich der Pausen, […]«*
> (§ 87 Abs. 1 BetrVG)

Ruhepausen nach dem Arbeitszeitgesetz

Das Arbeitszeitgesetz legt für die regelmäßige Arbeitszeit Ansprüche von Ruhepausen fest. Diese Pausenzeiten sind unbezahlt. In den Betrieben werden umgangssprachlich diese Pausen immer noch als AZO-Pausen bezeichnet. Die Abkürzung bezieht sich auf die sogenannte Arbeitszeitordnung, die vor Inkrafttreten des Arbeitszeitgesetzes relevant war. In einigen Betrieben wird heute korrekterweise von »AZG-Pausen« gesprochen.

Rechtsvorschrift
»Ruhepausen. Die Arbeit ist durch im Voraus feststehende Ruhepausen von mindestens 30 Minuten bei einer Arbeitszeit von mehr als 6 bis zu 9 Stunden und 45 Minuten bei einer Arbeitszeit von mehr als 9 Stunden insgesamt zu unterbrechen. Die Ruhepausen nach Satz 1 können in Zeitabschnitte von jeweils mindestens 15 Minuten aufgeteilt werden. Länger als 6 Stunden hintereinander dürfen Arbeitnehmer nicht ohne Ruhepause beschäftigt werden.«
(§ 4 ArbZG)

Für Jugendliche, die noch nicht 18 Jahre alt sind, gelten nach dem Jugendarbeitsschutzgesetz erweiterte Pausenansprüche.

Rechtsvorschrift
»(1) Jugendlichen müssen im Voraus feststehende Ruhepausen von angemessener Dauer gewährt werden. Die Ruhepausen müssen mindestens betragen 30 Minuten bei einer Arbeitszeit von mehr als 4 bis zu 6 Stunden, 60 Minuten bei einer Arbeitszeit von mehr als 6 Stunden. Als Ruhepause gilt nur eine Arbeitsunterbrechung von mindestens 15 Minuten.«
(§ 11 JArbSchG)

In der betrieblichen Praxis finden sich unterschiedliche Regelungen: In einigen Bereichen wird eine 30-minütige unbezahlte AZG-Pause vereinbart, in anderen Bereichen eine »Frühstückspause« von 15 Minuten und eine »Mittagspause« von 30 Minuten. In Verbindung mit der täglichen Anwesenheitszeit sind am häufigsten folgende Modelle zu beobachten: Entweder 8 Stunden Arbeitszeit plus 0,5 Stunden unbezahlte AZG-Pause oder 7,5 Stunden Arbeitszeit plus 0,5 Stunde unbezahlte AZG-Pause. Daraus ergeben sich betriebliche Anwesenheitszeiten von 8,5 bzw. 8 Stunden.

Pausen bei Drei-Schichtarbeit

Hierzu sehen die regionalen Manteltarifverträge unterschiedliche Regelungen vor. Teilweise werden die 30-minütigen Pausen bei Drei-Schichtarbeit bezahlt, teilweise sind von diesem Grundsatz abweichende Regelungen zulässig. In der betrieblichen Praxis gibt es je nach Tarifgebiet sehr unterschiedliche Regelungen. Hierzu sind beispielhaft zwei Regelungen aufgeführt:

Tarifvertrag
»In 3-Schicht-Betrieben ist den Arbeitnehmern je Schicht eine Pausenzeit von insgesamt 30 Minuten ohne Entgeltabzug zu gewähren. In 1- und 2-schichtigen Betrieben gilt das gleiche in den Fällen, in denen in Folge Weiterlaufens der Maschinen eine feststehende Pause nicht eingehalten werden kann.«
(§ 2 Abs. 10 MTV Bayern)
»In Drei-Schicht-Betrieben ohne feste Betriebspause ist den Beschäftigten die erforderliche Zeit zur Einnahme des Essens ohne Entgeltabzug zu gewähren.«
(§ 3 Abs. 10 MTV Niedersachsen)

Leistungsentgelt: persönliche Verteilzeiten und Erholungszeiten
Die Entgeltrahmentarifverträge der Metall- und Elektroindustrie gehen – vereinfacht gesagt – von einer Unterteilung in Zeitentgelt und Leistungsentgelt aus. Für diejenigen Formen des Leistungsentgeltes wie Akkordentgelt, Prämienentgelt oder Kennzahlenvergleich sehen die regionalen Entgeltrahmentarifverträge neben den AZG-Pausen zusätzliche bezahlte Pausenzeiten vor. Dies sind einerseits persönliche Verteilzeiten, andererseits Erholungszeiten (Meine u.a. 2011, S. 377).
Die persönliche Verteilzeit oder auch persönliche Zeit umfasst den Zeitbedarf für persönliche Bedürfnisse des Menschen während der Arbeit, z.B. Gang zur Toilette, Aufsuchen der Kantine, Gespräch mit Kollegen, kurze Verschnaufpausen. In einigen Tarifgebieten ist eine persönliche Verteilzeit von 5 Prozent bzw. 3 Minuten in der Stunde im Tarifvertrag festgeschrieben. In anderen Tarifgebieten muss dies zwischen Arbeitgeber und Betriebsrat vereinbart werden.
Die Erholungszeit ist die Zeit, die als Ausgleich für arbeitsbedingte Ermüdung festgelegt oder vereinbart wird. In vielen Betrieben weigern sich Unternehmer, den Beschäftigten im Leistungsentgelt Erholungszeiten zu gewähren. In einigen Tarifgebieten sind Erholungszeiten von 5 Minuten pro Stunde verankert, in einigen Betrieben gibt es entsprechende Betriebsvereinbarungen für Erholungszeiten von 5 bzw. 3 Minuten pro Stunde.
Unter den restriktiven Zeitzwängen im Leistungsentgelt (z.B. bei der Fließbandarbeit) werden die Ansprüche auf Verteil- und Erholungszeiten in der Regel geblockt, so dass sich neben der AZG-Pause im Verlauf einer Arbeitsschicht weitere bezahlte Pausenblöcke von jeweils 10 bzw. 15 Minuten ergeben können.

4.4 Freie Tage bei Arbeitszeitverkürzung

Ist die Betriebsnutzungszeit höher als die individuelle Arbeitszeit, ergibt sich eine wöchentliche Differenz (z.B. Betriebsnutzungszeit: 40 Stunden, individuelle Arbeitszeit: 35 Stunden, Differenz: 5 Stunden). Dazu ist in den Manteltarifverträgen die Freie-Tage-Regelung (Freischichten-Regelung) vereinbart.

> **Tarifvertrag**
> *»Aus Anlass der Neufestlegung der Arbeitszeit wird die Auslastung der betrieblichen Anlagen und Einrichtungen nicht vermindert. Bei einer Differenz zwischen Betriebsnutzungszeit und der Arbeitszeit für die einzelnen Beschäftigten kann der Zeitausgleich auch in Form von freien Tagen erfolgen. Dabei muss zur Vermeidung von Störungen im Betriebsablauf eine möglichst gleichmäßige Anwesenheit der Beschäftigten gewährleistet sein. Bei der Festlegung der freien Tage sind die Wünsche der Beschäftigten zu berücksichtigen. Es dürfen nicht mehr als 5 freie Tage zusammengefasst werden.«*
> (§ 3 Ziff. 4 MTV, Niedersachsen)

Die praktische Handhabe der Freie-Tage-Regelung ist in den Betrieben sehr unterschiedlich. Die Manteltarifverträge sehen dazu keine detaillierten Regelungen vor. In der Praxis wird dazu entweder das Anspar- oder das Setzungsprinzip angewendet. Zum Teil wird auch eine Kombination angewendet.

Definition
Beim *Ansparprinzip* wird die täglich »angesparte« längere Arbeitszeit auf ein AZV-Konto verbucht (AZV = Arbeitszeitverkürzung). Wird vom Beschäftigten individuell bzw. in Absprache mit dem Vorgesetzten ein freier Tag genommen, werden die angesparten Stunden aus dem Konto ausgebucht.

Das Ansparprinzip wird überwiegend bei Beschäftigten in Normalschicht bzw. in 2-schichtiger Wechselschicht, z. T. aber auch in 3-schichtiger Wechselschicht angewendet.

Definition
Beim *Setzungsprinzip* werden meistens für den Zeitraum eines Kalenderjahres die Zahl und die Lage der freien Tage zu Beginn des Jahres vereinbart bzw. festgelegt.

Das Setzungsprinzip wird überwiegend in Schicht-Arbeitssystemen angewendet, bei denen mehr als 15 und bis zu 21 Schichten pro Woche (Montag bis Sonntag) von 4 oder 5 Schichtgruppen abgedeckt werden (vgl. Kapitel 6). In einem detaillierten Schichtsystem werden für die einzelnen Beschäftigten individuell über das Jahr hinaus im Voraus die freien Tage festgelegt (»gesetzt«).

Definition
Bei einer *Kombination von Anspar- und Setzungsprinzip* wird ein Teil der sich ergebenen freien Tage gesetzt und ein anderer Teil individuell entnommen.

Beispielsweise werden in einer Betriebsvereinbarung »Brückentage«, z. B. nach Christi Himmelfahrt oder Tage zwischen Weihnachten und Neujahr, als kollektive freie Tage vereinbart (»gesetzt«).
Für Fragen des Anspruchs, des Verfalls und der Bezahlung der freien Tage gibt es beim Anspar- und beim Setzungsprinzip unterschiedliche Regelungen, Konflikte und Rechtsprechungen.

4.4.1 Ansparprinzip

Liegt beispielsweise die Betriebsnutzungszeit bei 40 Stunden und die individuelle regelmäßige wöchentliche Arbeitszeit bei 35 Stunden, arbeiten die Beschäftigten pro Woche 5 Stunden mehr als tariflich vereinbart, also pro Tag 1 Stunde mehr. Sie sparen pro Tag 1 Stunde Arbeitszeit an bzw. pro Woche 5 Arbeitsstunden.

In diesem Fall hätten die Beschäftigten jeweils nach 8 Arbeitstagen Anspruch auf einen bezahlten freien Tag bzw. auf eine bezahlte Freischicht. Die aufgelaufenen Differenzen der Arbeitszeit (»angesparte Arbeitszeit«) ist auf einem separaten Arbeitszeitkonto vom Betrieb zu buchen und dem Beschäftigten jederzeit mitzuteilen. Vom Grundgedanken dieses Modells ergibt sich trotz einer betrieblichen Nutzungszeit von 40 Stunden durch die Inanspruchnahme von entsprechenden freien Tagen am Jahresende eine durchschnittliche Arbeitszeit von 35 Stunden in Westdeutschland und von 38 Stunden in Ostdeutschland. Im Manteltarifvertrag bzw. in ergänzenden Bestimmungen der Beschäftigungssicherungstarifverträge ist der Ausgleichszeitraum von 6 auf 12 Monate erweitert worden. Das heißt: Im Durchschnitt von 12 Monaten muss beim Freie-Tage-Modell die durchschnittliche Arbeitszeit von 35 bzw. 38 Stunden erreicht sein.

Definition
Im *AZV-Konto* (AZV = Arbeitszeitverkürzung) wird die tägliche Differenz zwischen tatsächlicher und tariflicher Arbeitszeit »eingebucht«. Wird ein freier Tag genommen, werden die Stunden »ausgebucht«.

Das AZV-Konto wird parallel zu anderen Konten geführt, z. B. zum individuellen Gleitzeitkonto oder zum kollektiven Flexi-Konto. In einigen Betrieben besteht dazu ein gemeinsames Arbeitszeitkonto (vgl. Kapitel 5). Im Unterschied zu anderen Arbeitszeitkonten kann das AZV-Konto nur einen positiven Wert haben.
In den Manteltarifverträgen der Metall- und Elektroindustrie werden z. T. sehr unterschiedliche Begriffe gebraucht.

Definition
Die *Betriebsnutzungszeit* pro Woche gibt die Zeit an, in der die betrieblichen Anlagen genutzt werden. Da in vielen Bereichen auch nach der Einführung der 35- bzw. der 38-Stunden-Woche, der 8-Stunden-Tag bzw. die 40-Stunden-Woche beibehalten wurde, beträgt die Betriebsnutzungszeit in der Regel im 1-Schicht-Betrieb 5 × 8 = 40 Stunden.
Die *individuelle regelmäßige wöchentliche Arbeitszeit* (IRWAZ) ist die für das einzelne Arbeitsverhältnis geltende, vertraglich vereinbarte Arbeitszeit. Sie entspricht in der Regel der tariflichen wöchentlichen Arbeitszeit, kann aber – in den tariflich geregelten Ausnahmefällen – hiervon abweichen.

Die IRWAZ beträgt in der Regel in Westdeutschland 35 Stunden und in Ostdeutschland 38 Stunden. Bei Teilzeitbeschäftigten ist sie entsprechend niedriger, z. B. 25 Stunden. Bei Beschäftigten im Rahmen der Quotenregelung ist sie höher, z. B. 40 Stunden (vgl. Kapitel 2.4.2).
In vielen Betrieben werden neben dem AZV-Konto andere Konten vereinbart, z. B. Gleitzeitkonto, Flexi-Konto (für schwankenden Arbeitsanfall) oder Langzeitkonto. In einigen Betrieben werden die Regelungsvarianten auf einem

gemeinsamen, kombinierten Konto, z. B. für AZV und Gleitzeit, zusammengefasst (vgl. Kapitel 5).
Die jeweilige tägliche Differenz wird nur für Tage eingebucht, an denen die Beschäftigten die Arbeitszeit tatsächlich erbracht haben, jedoch nicht an Urlaubstagen, Feiertagen, Krankheitstagen und Tagen mit unbezahlter Freistellung. Die freien Tage werden von den Beschäftigten individuell bzw. in Absprache mit dem Vorgesetzten bzw. Arbeitskollegen entnommen.

4.4.2 Setzungsprinzip

Beim Setzungsprinzip wird für ein Jahr im Voraus berechnet und festgelegt, wie viele Freischichten dem Beschäftigten in einem Jahr zustehen und an welchen Tagen diese liegen. Dies wird überwiegend dann angewendet, wenn im 3-Schicht-Betrieb vier und mehr Schichtgruppen eingesetzt werden (vgl. Kapitel 6).
Fast alle Manteltarifverträge lassen das Verfahren zur Berechnung von Freischichten offen, so dass sich in den einzelnen Tarifgebieten und Betrieben unterschiedliche Regelungen durchgesetzt haben. Nur in den Manteltarifverträgen für die bayrische und sächsische Metallindustrie finden sich detaillierte Bestimmungen.
Im Allgemeinen wird für die Ermittlung der freien Tage wie folgt vorgegangen:
Von den 52 Wochen eines Jahres werden 6 Wochen für Urlaub abgezogen, woraus sich 46 Wochen ergeben. Pro Woche ergibt sich eine Differenz zwischen der Betriebsnutzungszeit (Sollzeit) und der individuellen Arbeitszeit (IRWAZ). In Westdeutschland ergibt sich bei einer Betriebsnutzungszeit von 40 Stunden und einer individuellen Arbeitszeit von 35 Stunden eine Differenz von 5 Stunden pro Woche (in Ostdeutschland entsprechend: 40 – 38 = 2 Stunden).
Die Zahl der freien Tage wird wie folgt berechnet:

$$\frac{46 \times (\text{Sollzeit} - \text{IRWAZ})}{\text{Sollzeit} \times 1/5} = \text{Zahl der freien Tagen pro Jahr}$$

An zwei Beispielrechnungen für Westdeutschland und Ostdeutschland soll die Anwendung der Formeln verdeutlicht werden. Es wird jeweils davon ausgegangen, dass die Betriebsnutzungszeit 40 Stunden beträgt.

1. Westdeutschland (35-Stunden-Woche)

$$\frac{46 \times (40 - 35)}{40 \times 1/5} = \frac{46 \times 5}{8} = 28{,}75 \text{ freie Tage, aufgerundet 29 freie Tage}$$

2. Ostdeutschland (38-Stunden-Woche)

$$\frac{46 \times (40 - 38)}{40 \times 1/5} = \frac{46 \times 2}{8} = 11{,}5 \text{ freie Tage, aufgerundet 12 freie Tage}$$

In der folgenden Tabelle ist für einzelne Betriebsnutzungszeiten von 40 bis 35 bzw. 38 Stunden die Woche, die Zahl der freien Tage für West- und Ostdeutschland berechnet worden

Übersicht 4.2 – Berechnung freie Tage

Individuelle regelmäßige wöchentliche Arbeitszeit **Westdeutschland (35-Stunden-Woche)**			Individuelle regelmäßige wöchentliche Arbeitszeit **Ostdeutschland (38-Stunden-Woche)**		
Betriebs-nutzungs-zeit (Wochen-stunden)	Freie Tage	Freie Tage gerundet	Betriebs-nutzungs-zeit (Wochen-stunden)	Freie Tage	Freie Tage gerundet
40	28,75	29	40	11,50	12
39,5	25,88	26	39,5	8,63	9
39	23,00	23	39	5,75	6
38,5	20,13	20	38,5	2,88	3
38	17,25	17	38	0,00	0
37,5	14,38	14	–		
37	11,50	12	–		
36,5	8,63	9	–		
36	5,75	6	–		
35,5	2,88	3	–		
35	0,00	0	–		

Um in 3-Schicht-Betrieben den Rhythmus von Früh-, Spät- und Nachtschicht mit 3 × 8 Stunden zu organisieren, wird in Westdeutschland häufig folgendes Schichtmodell angewendet: Je Schicht eine Arbeitszeit von 7,5 Stunden und eine AZG-Pause von 0,5 Stunden. So ergibt sich eine Arbeitszeit von 5 × 7,5 Stunden = 37,5 Stunden. Die Differenz zur 35-Stunden-Woche wird durch 14 freie Tage ausgeglichen (vgl. Kapitel 6).

4.4.3 Verfall von freien Tagen bei Krankheit, Urlaub und Feiertagen

Die Frage, ob freie Tage aus der Arbeitszeitverkürzung beim Zusammenfallen mit Krankheit, Urlaub und Feiertagen verfallen, hat in der betrieblichen Praxis zu zahlreichen Konflikten geführt, die auch durch Rechtsprechung entschieden wurden. Allerdings ist die Rechtsprechung teilweise unstimmig und widersprüchlich. Darüber hinaus sind bei der Rechtsprechung die jeweiligen regionalen Besonderheiten der Tarifverträge zu berücksichtigen. Wie genau mit diesem Problem im Betrieb umgegangen wird, muss vor dem Hintergrund der regionalen Manteltarifverträge und den jeweiligen betrieblichen Vereinbarungen gesehen werden. Dabei muss unterschieden werden, ob das Anspar- oder das Setzungsprinzip angewendet wird.

Die geringsten Probleme entstehen beim *Ansparprinzip*, da dort die freien Tage individuell, in der Regel in Absprache mit dem Vorgesetzten entnommen werden. Kein Beschäftigter wird auf die Idee kommen, für die Urlaubszeit oder für einen Feiertag einen freien Tag aus der Arbeitszeitverkürzung zu beantragen. Beim Ansparprinzip treten Probleme lediglich dann auf, wenn Beschäftigte an vereinbarten freien Tagen plötzlich erkranken. In diesem Falle wird nach der Rechtsprechung des Bundesarbeitsgerichts der freie Tag verfallen. In der Praxis finden sich dagegen häufig betriebliche Regelungen, nach denen den Beschäftigten zugestanden wird, den freien Tag an einem anderen Tag zu entnehmen.

Größere Probleme beim Verfall von freien Tagen treten beim *Setzungsprinzip* auf. Dies wird meistens bei 3-Schicht-Betrieben mit 4 oder 5 Schichtgruppen angewendet. Hier werden für ein Kalenderjahr zu Jahresbeginn die freien Tage (»Freischichten«) für das gesamte Jahr im Vorhinein festgelegt. Erkrankt ein Beschäftigter an einem festgesetzten freien Tag, entfällt nach der Rechtsprechung des Bundesarbeitsgerichts der freie Tag. Dieser Sachverhalt ist für freie Tage aus der Arbeitszeitverkürzung anders geregelt als beim Urlaub. Denn nach § 9 BUrlG ist Urlaub bei Krankheit »nach zu gewähren«. Da eine entsprechende Regelung für freie Tage aus der Arbeitszeitverkürzung fehlt, geht die Rechtsprechung vom Verfall des freien Tages aus. Andererseits wird davon ausgegangen, dass beim Setzungsprinzip an den Krankheitstagen nicht ausdrücklich ein weiterer Freizeitanspruch erworben werden muss.

Die Frage, ob gesetzte freie Tage aus der Arbeitszeitverkürzung durch Urlaub oder Feiertage verfallen, ist strittig, lässt sich aber in der betrieblichen Praxis durch eine entsprechende Gestaltung der Schichtpläne vermeiden. Die Lage der freien Tage sollte für jede und jeden einzelnen Beschäftigten in den Schichtplänen so erfolgen, dass sie außerhalb des Urlaubs und der Feiertage liegen.

Die Lage der freien Tage muss zwischen Arbeitgeber und Betriebsrat vereinbart werden und ist beim Setzungsprinzip nach § 87 Abs. 1 Satz 2 BetrVG mitbestimmungspflichtig.

Mit einer derartigen Betriebsvereinbarung und entsprechenden Schichtplänen ist allen Beteiligten am besten gedient, da bei ohnehin schon komplizierten Schichtsystemen die wenigsten Konflikte auftreten.

4.4.4 Bezahlung von freien Tagen

Bei der Einführung der 38,5-Stunden-Woche im April 1985 und bei weiteren Schritten der Arbeitszeitverkürzung zur 35-Stunden-Woche in Westdeutschland gab es zahlreiche Konflikte um die Bezahlung von freien Tagen. Die Konflikte waren vor allem dadurch geprägt, dass damals im gewerblichen Bereich noch ein Stundenlohn gezahlt wurde.

Die damaligen rechtlichen Konflikte um die Bezahlung der freien Tage haben sich heute durch die Einführung des Monatsentgeltes und der Entgeltrahmentarifverträge entschärft. Wird ein freier Tag entnommen, wird an diesem Tag das Monatsentgelt fortgezahlt. Diese Regelung ist völlig unproblematisch und in der Praxis bei Beschäftigten im Zeitentgelt oder im konstanten Leistungsentgelt, die in 1-schichtiger Arbeitsweise tätig sind, einfach zu handhaben. Spezielle Regelungen treten nur auf, wenn sogenannte variable Entgeltbestandteile gezahlt werden, entweder zeitabhängige variable Entgeltanteile (u.a. Schichtzuschläge) oder variable leistungsbezogene Entgeltbestanteile (u.a. variables Leistungsentgelt). Für die Bezahlung der freien Tage sind variable Entgeltbestandteile in der Regel so zu berücksichtigen, dass der Durchschnitt der letzten 3 Monate zugrundgelegt wird. Hierzu finden sich in den regionalen Tarifverträgen detaillierte Berechnungsvorschriften, wie dieser Durchschnitt zu ermitteln ist.

4.4.5 Weitere Fragestellungen

In der Praxis ergeben sich für die Freie-Tage-Regelung bei der Arbeitszeitverkürzung weitere Fragestellungen:

Mehrarbeit an freien Tagen

Werden im Rahmen des Setzungsprinzips freie Tage über das Jahr hinaus im Voraus festgelegt, kann es passieren, dass für einzelne Beschäftigte beantragt wird, dass sie an diesen Tagen arbeiten sollen. Dies ist nur zulässig im Rahmen einer Mehrarbeitsregelung, bei der die Zustimmung des Betriebsrates zwingend Voraussetzung ist. In diesem Fall ist die 8-stündige Arbeitszeit während eines ursprünglich gesetzten freien Tages als 8-stündige Mehrarbeit mit den entsprechenden Zuschlägen zu vergüten.
Beim Ansparprinzip kann die Konstellation »Mehrarbeit an freien Tagen« im Grunde nicht auftreten, da zwingend vorgesehen ist, dass am Ende des 12-monatigen Bezugszeitraums das Konto auf null gestellt wird.

Handhabung des Arbeitszeitkontos: Überschreiten der Höchstgrenze

Die Regelungen der Tarifverträge gehen davon aus, dass das AZV-Konto am Ende des 12-monatigen Bezugszeitraums ausgeglichen ist und auf einen Stand von plus/minus null gesetzt wird. In der betrieblichen Praxis ist dies oft nicht möglich. Häufig ergeben sich zum Ende des Ausgleichszeitraums (in der Regel das Jahresende) positive Salden auf den Arbeitszeitkonten. In einigen Tarifverträgen sind dazu Regelungen enthalten, in anderen Tarifverträgen nicht.

> **Tarifvertrag**
> *»3. Ist am Ende des Ausgleichszeitraums die individuelle regelmäßige wöchentliche Arbeitszeit des Beschäftigten über- bzw. unterschritten, so muss die Differenz innerhalb der folgenden vier Monate durch Freistellung bzw. Nacharbeit ausgeglichen werden. Bestehende Mitbestimmungsrechte bleiben unberührt.«*
> (§ 4 TV-Besch Nordrhein-Westfalen)

Ergibt sich in einem Betrieb innerhalb dieses Tarifgebietes ein positiver Zeitsaldo zum Ende des Bezugszeitraums, ist unter Mitbestimmung des Betriebsrates in den nächsten 4 Monaten durch zusätzliche freie Tage der positive Kontostand auf plus/minus null zu bringen.
In den Tarifgebieten, in denen eine derartige »Überlauf-Klausel« nicht enthalten ist, muss zum Ende des Ausgleichszeitraums ein Saldo von plus/minus null erreicht werden. Dazu bieten sich sogenannte Ampelregelungen an (vgl. Kapitel 5.9). Dort ist in einer Betriebsvereinbarung geregelt, dass z.B. 3 Monate vor Ende des Ausgleichszeitraums den Beschäftigten mitgeteilt wird, dass sie einen positiven Zeitsaldo auf dem AZV-Konto haben und sie aufgefordert werden, diese durch Freistellung bis zum Ende des Bezugszeitraums abzubauen. Bei Ampelregelungen wird dann beispielsweise vereinbart: rot – plus 40 Stunden, gelb – plus 20 Stunden, grün – weniger als 20 Stunden positiver Zeitsaldo 3 Monate vor Ende des Ausgleichszeitraums.
Ergibt sich dennoch ein positiver Zeitsaldo, ist es nicht zulässig, diesen Zeitsaldo auf das Folgejahr zu überführen. Dazu gibt es einen abschließenden Beschluss des Bundesarbeitsgerichts: In einer Betriebsvereinbarung eines Großbetriebes war vereinbart worden, dass am Ende des Bezugszeitraums 30 Guthabenstunden auf den Folgemonat bzw. 100 Guthabenstunden auf das nächste Jahr übertragen werden können. Diese Betriebsvereinbarung verstößt nach Auffassung des Bundesarbeitsgerichts gegen den Tarifvertrag und ist unwirksam (BAG vom 29.04.2004 – 1/ABR30/02).
Häufig konfrontieren Arbeitgeber den Betriebsrat mit dem Ansinnen, am Ende des Ausgleichszeitraums die Plusstunden auszuzahlen. Das ist in keinem Tarifgebiet zulässig. Es wäre ein gravierender Verstoß gegen den Tarifvertrag und liefe letztlich auf eine Arbeitszeitverlängerung hinaus. Es ist nur zulässig, dass die Plusstunden mit Zustimmung des Betriebsrates als Mehrarbeit gewertet und mit den tariflich vereinbarten Mehrarbeitszuschlägen ausgezahlt werden. Es wird empfohlen, dies nur in wirklichen Ausnahmefällen zu vereinbaren. Kommt es bei vielen Beschäftigten zum Ende des Bezugszeitraums zu relevanten positiven Zeitsalden, ist dies ein Hinweis dafür, dass der Arbeitsanfall nicht mit der vorhandenen Personalstärke bearbeitet werden kann. Der Betriebsrat sollte dies zum Anlass nehmen, Neueinstellungen zu fordern.

4.5 Das freie Wochenende

»Tschüss – Schönes Wochenende!« – so verabschieden sich die Beschäftigten in der Regel am Freitag, wenn sie den Betrieb verlassen. Allein schon die eingängige und häufig zu hörende Formulierung zeigt die hohe Bedeutung, die ein freies Wochenende für die große Mehrheit der arbeitenden Menschen hat: 5 Tage wird gearbeitet – von Montag bis Freitag. Das Wochenende bleibt frei. Es dient der Entspannung, der Freizeit, dem Zusammensein mit der Familie und mit Freunden. Dieser Zeitrhythmus prägt unsere Gesellschaft, auch wenn es inzwischen zahlreiche Ausnahmen gibt. Als Ende der 1950er-Jahre und in den 1960er-Jahren in Westdeutschland die Arbeitszeit von 48 auf 40 Stunden verkürzt wurde, gab es einen gesellschaftlichen Konsens, dass der Samstag arbeitsfrei werden sollte. Das bekannte DGB-Plakat bringt es auf den Punkt: *»Samstags gehört Vati mir!«* Heute hieße es: *»Samstag gehören Vati und Mutti mir!«*

Übersicht 4.3 – DGB-Plakat aus dem Jahre 1954

In dieser Zeit wurde die Arbeitszeitverkürzung in der Regel so umgesetzt, dass die ursprüngliche Arbeitszeit von 8 Stunden am Samstag Schritt für Schritt verkürzt wurde – bis zum arbeitsfreien Samstag. Bis in die 1980er-Jahre war die 40-Stunden-Woche von Montag bis Freitag das dominierende Arbeitszeitmodell in der Metall- und Elektroindustrie, wenn man von kontinuierlichen Schichtsystemen aufgrund von technologischen Gegebenheiten absieht. Als die Arbeitszeit in den 1980er- und 1990er-Jahren in Westdeutschland von 40 auf 35 Stunden verkürzt wurde, versuchten die Arbeitgeber nicht nur die bestehenden Betriebsnutzungszeiten beizubehalten, sondern auch den Samstag als Regelarbeitstag wieder in die Arbeitszeit einzubeziehen und so die Betriebsnutzungszeiten auszuweiten. Eine ähnliche Tendenz war bei der Einführung der 38-Stunden-Woche in Ostdeutschland zu beobachten. In immer mehr Bereichen – auch dort, wo es nicht durch technologische Zwänge vorgegeben war – versuchten die Arbeitgeber gleichzeitig auch regelmäßige Sonntagsarbeit durchzusetzen. Ihr Ziel war und ist in vielen Bereichen: Die Maschinen und Anlagen müssen rund um die Uhr ausgelastet werden, an 24 Stunden pro Tag, an 7 Tagen in der Woche.

Der Interessengegensatz bei der Gestaltung der Arbeitszeit zwischen Arbeitgebern und Beschäftigten wird vor allem bei der Frage der Samstags- und Sonntagsarbeit unmittelbar sichtbar. Dem Interesse an hohen Renditen auf das eingesetzte Kapital durch eine hohe Anlagenverfügbarkeit stehen die Interessen der arbeitenden Menschen an einem freien Wochenende entgegen.

Arbeitgeber behaupten immer wieder, dass es bei Wochenendarbeit bei der 5-Tage-Woche bliebe und die Beschäftigen in einem rollierenden System an anderen Wochentagen frei hätten – mal Montag und Dienstag, dann Mittwoch und Donnerstag usw. Diese Argumentation geht an der sozialen Bedeutung des Wochenendes vorbei. Wann trainiert eine Sportmannschaft, wenn ihre Mitglieder unterschiedliche Arbeitszeiten haben? Was nützt dem Familienvater an einem Wochentag das leere Freibad, wenn er es nicht mit Frau und Kindern benutzen kann? Sinnvolle Freizeitgestaltung setzt gerade am Wochenende voraus, dass alle Menschen *gemeinsam* freie Zeit haben. Wichtig ist die Kommunikation mit anderen Menschen, ob in der Familie, mit Freunden, im Sport oder bei der Kultur.

Am deutlichsten wird dies in der Familie. Der am Sonnabend arbeitende Vater, die am Sonntag arbeitende Mutter, sie haben vom freien Montagen nichts. Gleiches gilt für »Singles«. Wann sollen sie in einer Sportmannschaft spielen? Wann werden Feten gefeiert, wann gibt es die besten Konzerte? Familienfeste und Partys, kulturelle Ereignisse und Sportveranstaltungen, sie alle sind mit wenigen Ausnahmen an das Wochenende gebunden. In der deutschen Gesellschaft hat sich eine Wochenendkultur entwickelt. Das freie Wochenende wird auch manchmal als »sozialer Zeitgeber« bezeichnet, das den Wochenverlauf strukturiert. 5 Tage werden gearbeitet, dann haben alle 2 Tage gemeinsam frei.

In der letzten Zeit wird viel über die Vereinbarkeit von Beruf und Privatleben diskutiert, auch in manchen Großunternehmen, die sich nach außen als fortschrittlich darstellen wollen. Gleichzeitig wird aber in weiten Bereichen in diesen Unternehmen Wochenendarbeit praktiziert, doch für die Vereinbarkeit von Beruf und Familie ist das freie Wochenende zentral (vgl. Kapitel 9).

In einem Gutachten hat der Sozialwissenschaftler Jürgen P. Rinderspacher fünf Funktionen des gemeinschaftlichen freien Wochenendes benannt:

1. *Schutzfunktion*
   Das Wochenende bietet einen Schutz vor den Ansprüchen Dritter und ermöglicht so, dass die Beschäftigten ihre Zeit selbst gestalten.
2. *Entlastungsfunktion*
   Das gemeinsame Wochenende schützt davor, durch unerledigte Hausarbeit weiterbelastet zu werden. Die zeitliche Tabu-Zone »Wochenende« ermöglicht das Nichtstun und den sozialen Kontakt ohne schlechtes Gewissen.
3. *Animationsfunktion*
   Das Wochenende ermöglicht nicht nur zeitlich den sozialen Kontakt, sondern durch gemeinsame Freizeit stiftet es geradezu den Anlass für gesellschaftliche Kontakte, wie z. B. Sport und Kulturveranstaltungen oder private Partys und Feiern.
4. *Koordinierungsfunktion*
   Der *gemeinsame* Lebens- und Arbeitsrhythmus einer Gesellschaft ermöglicht die Herstellung sozialer Kontakte und die Koordination von Aktivitäten.
5. *Integrationsfunktion*
   Die Gemeinsamkeit der Ruhetage führt zu einer gemeinsamen Lebenspraxis. Eine gewisse Regelmäßigkeit und ein zeitlicher Rhythmus stellen auch Sicherheit für die einzelnen Menschen dar.

(vgl. Rinderspacher 1987, S. 42/43)

Der Konflikt um das freie Wochenende spielt sich in einem rechtlichen und tariflichen Rahmen ab, der für Samstags- und Sonntagsarbeit unterschiedlich ist.

4.5.1 Samstagsarbeit

In der Praxis zeigt sich in der Metallindustrie ein differenziertes Bild: In vielen Bereichen ist bis heute der freie Samstag konkrete Wirklichkeit, in anderen Bereichen ist es den Arbeitgebern gelungen, die regelmäßige Arbeitszeit auf den Samstag auszuweiten.

Dazu im Einzelnen:

- In weiten Teilen der Metallindustrie sind der Samstag und der Sonntag arbeitsfrei. Dies ist überwiegend in folgenden Bereichen zu beobachten: In Produktionsbereichen mit 1-schichtiger bzw. 2-schichtiger Fahrweise sowie in Büros, Verwaltung, Konstruktion, Einkauf, Vertrieb usw.
- Samstagsarbeit als Mehrarbeit
  In zahlreichen Betrieben wird die Mehrarbeit am Samstag, vor allem in der Samstagsfrühschicht, als Kapazitätspuffer vereinbart. Jede Form der Mehrarbeit muss im Einzelfall vom Betriebsrat genehmigt werden und ist mit den tariflichen Mehrarbeitszuschlägen zu bezahlen.
- Sonderbereiche
  Je nach Betriebszweck sind unterschiedliche Bereiche zu beobachten, in denen regelmäßige Samstagsarbeit vereinbart wird, so z. B. im Kundenservice, in der Instandhaltung, bei der Feuerwehr, im Werkschutz usw.
- Samstagsarbeit in der Produktion
  In der Metallindustrie findet sich Samstagsarbeit überwiegend in der Kombination mit 3-Schicht-Betrieben (vgl. Kapitel 6). Die Arbeitgeber haben hier aus der Zielsetzung, eine möglichst hohe Rendite durch hohe Anlagennutzungszeiten zu erzielen, einen hohen Druck entwickelt. Vor allem die Drohung mit einer Verlagerung im Niedriglohngebiete hat dazu geführt, dass Betriebsräte und die IG Metall eine Ausweitung der Arbeitszeit auf den Samstag nicht immer verhindern konnten. Die klassische 3-Schicht-Fahrweise von Montag bis Freitag (15-Schichten-Modell) wird in diesen Fällen erweitert. Es finden sich hier Schichtmodelle unter Einbeziehung des Samstags und des Sonntags. In 16-Schicht-Modellen wird beispielsweise die Samstagsfrühschicht einbezogen. Bei 17- und 18-Schicht-Modellen sogar die Samstagsspätschicht und die Samstagsnachtschicht. Da vor allem die Spät- und Nachtschicht am Samstag bei den Beschäftigten auf starke Ablehnung stoßen, wurden in vielen Betrieben 16- bzw. 17-Schicht-Modelle vereinbart unter Einbeziehung einer Sonntags-Anfahrschicht, die am Sonntag um 22.00 Uhr beginnt, da nach Auffassung zahlreicher Beschäftigten der Freizeitwert am Samstagnachmittag oder am Samstagabend höher ist als am Sonntagabend.
  Im Extremfall finden sich auch dann, wenn es aus technischen Gründen nicht notwendig ist, 19-, 20- und 21-Schicht-Modelle in der Metallindustrie. Dort wird dann im Extremfall an 7 Tagen in der Woche in 3 Schichten à 8 Stunden gearbeitet. Die entsprechenden freien Tagen zur Erzielung der 35-Stunden-Woche im Westen bzw. der 38-Stunden-Woche im Osten, werden durch 4 oder 5 Schichtgruppen und entsprechend gesetzte Schichtpläne sichergestellt (vgl. Kapitel 6).

Rechtliche und tarifliche Grundlagen

Zur Frage der Samstagsarbeit gibt es in allen Manteltarifverträgen der Metall- und Elektroindustrie Regelungen.

Die Einführung von Samstagsarbeit unterliegt der vollen Mitbestimmung des Betriebsrates gem. § 87 Abs. 1 und 2 BetrVG. Ohne Zustimmung des Betriebsrates darf im Betrieb keine Samstagsarbeit eingeführt werden. Im Streitfall entscheidet die Einigungsstelle bzw. die tarifliche Schlichtungsstelle.

In allen Manteltarifverträgen der Metall- und Elektroindustrie ist hinsichtlich der Samstagsarbeit ein »Regel-Ausnahme-Prinzip« formuliert: In der Regel soll die wöchentliche Arbeitszeit auf die Werktage von Montag bis Freitag verteilt werden; nur in Ausnahmefällen ist die Einbeziehung des Samstags möglich. Hierzu ein Beispiel:

> **Tarifvertrag**
> *»Die individuelle regelmäßige wöchentliche Arbeitszeit sowie die wöchentliche Ausbildungszeit, kann grundsätzlich gleichmäßig oder ungleichmäßig auf 5 Werktage von Montag bis Freitag verteilt werden. Eine davon abweichende Verteilung kann nach Maßgabe der betrieblichen Erfordernisse mit dem Betriebsrat vereinbart werden.«*
> (§ 3.3 MTV Niedersachsen)

Beabsichtigt der Arbeitgeber, Samstagsarbeit einzuführen, kann er dies nicht ohne Zustimmung des Betriebsrates tun. Verweigert der Betriebsrat seine Zustimmung, hat der Arbeitgeber die Möglichkeit, die Einigungsstelle bzw. die tarifliche Schlichtungsstelle anzurufen und mit Hinblick auf die sogenannten »betrieblichen Erfordernisse« zu argumentieren, warum Samstagsarbeit eingeführt werden soll. Wird keine Einigung erzielt, erfolgt eine Abstimmung unter Einbeziehung des unparteiischen Vorsitzenden.

In zwei Tarifgebieten der Metall- und Elektroindustrie gibt es erweiterte Schutzregelungen für den freien Samstag: Im MTV Küste ist die Einführung von Samstagsarbeit an die Zustimmung der Tarifvertragsparteien, also des Arbeitgeberverbandes und der IG Metall, gebunden. Im Manteltarifvertrag Baden-Württemberg kann Samstagsarbeit nur mit Zustimmung des Betriebsrates eingeführt werden, die nicht durch den Spruch der Einigungsstelle ersetzt werden kann.

> **Tarifvertrag**
> *»4.1 Die individuelle wöchentliche Arbeitszeit kann gleichmäßig oder ungleichmäßig auf die 5 Werktage Montag bis Freitag durch Betriebsvereinbarung verteilt werden …*
> *4.2. Sollte bei der Verteilung der individuellen regelmäßigen wöchentlichen Arbeitszeit ausnahmsweise ein Betrieb in seiner Gesamtheit in eine andere Verteilung auf die Werktage einbezogen werden, so Bedarf diese Betriebsvereinbarung der Zustimmung der Tarifvertragsparteien.*

4.2.4 Das gleiche gilt, wenn in einer Betriebsvereinbarung eine Verteilung auf 6 Werktage in der Woche vorgesehen ist.«
(MTV Hamburg, Schleswig-Holstein und Mecklenburg-Vorpommern)

Tarifvertrag
»Soll der Samstag im Übrigen für einzelne Beschäftigte oder für bestimmte Beschäftigungsgruppen in die Verteilung der regelmäßigen Arbeitszeit einbezogen werden, so bedarf dieses der Zustimmung des Betriebsrates, die nicht durch den Spruch der Einigungsstelle ersetzt werden kann. Die abgeschlossene Betriebsvereinbarung ist den Tarifparteien zur Kenntnis zu geben.«
(§ 7.5.2 MTV, Nordwürttemberg/Nordbaden)

Grundsätzlich sollte versucht werden, dass in allen Bereichen des Betriebes die Arbeitszeit auf Montag bis Freitag begrenzt wird und das Wochenende frei bleibt.
In den Fällen, in denen dies nicht durchsetzbar erscheint, muss die regelmäßige Samstagsarbeit eng begrenzt werden. Aus der Sichtweise vieler Beschäftigter ist die Begrenzung von Samstagsarbeit auf die Samstagsfrühschicht entscheidend. Für viele Beschäftigte im Schichtbetrieb haben vor allem der Samstagnachmittag und der Samstagsabend einen hohen Stellenwert für Freizeitaktivitäten und das Familienleben. Im Rahmen von Schichtsystemen sollte versucht werden, möglichst viele Wochenenden für die Beschäftigten im 3-Schicht-Bereich freizuhalten. In vielen Betrieben ist dies durch langfristige Schichtpläne gelungen, so dass die beschäftigten Schichtarbeiter wissen, an welchen Wochenenden des Jahres sie komplett frei haben (vgl. Kapitel 6).

4.5.2 Sonntagsarbeit und Feiertagsarbeit[1]

Während der Samstag gesetzlich ein normaler Werktag ist und daher die Samstagsarbeit nur durch Tarifverträge eingeschränkt ist, wird der freie Sonntag gleich mehrfach gesetzlich geschützt.
Dies ändert jedoch nichts daran, dass Arbeitgeber in vielen Bereichen versuchen, die regelmäßige Arbeitszeit nicht nur auf den Samstag, sondern sogar auf den Sonntag auszuweiten. Aufgrund des gesetzlichen Verbotes der Sonntagsarbeit, finden sich in den Tarifverträgen relativ wenige Regelungen zur Ausgestaltung der Sonntagsarbeit. Im wesentliche beschränken sich die Tarifverträge auf die Regelung von Zuschlägen für Sonn- und Feiertagsarbeit.
Die Sonntagsruhe ist gesetzlich geschützt – und zwar nicht durch ein einfaches Bundesgesetz. Der Sonntagsschutz ist Bestandteil des Grundgesetzes. Nach Art. 40 GG gelten einige Bestimmungen der Weimarer Reichsverfassung fort, u.a. auch Art. 139 WRV:

1 Es handelt sich bei diesem Unterkapitel um einen überarbeiteten, ergänzten und aktualisierten Text aus dem »Handbuch Manteltarifverträge« (Ohl u.a. 2000).

Rechtsvorschrift
»Die Bestimmungen der Artikel 136 … der Deutschen Verfassung vom 11. August 1919 sind Bestandteile dieses Grundgesetzes.«
(Artikel 140 GG).
»Der Sonntag und die staatlich anerkannten Feiertage bleiben als Tage der Arbeitsruhe und der seelischen Erhebung gesetzlich geschützt.«
(Art. 139 WRV vom 11.08.1919)

Das Gebot des Grundgesetzes, die Sonntagsruhe zu achten, ist im Arbeitszeitgesetz grundsätzlich umgesetzt, aber mit zahlreichen Ausnahmeregelungen aufgelockert worden.

Rechtsvorschrift
»Arbeitnehmer dürfen an Sonn- und gesetzlichen Feiertagen von 0.00–24.00 Uhr nicht beschäftigt werden.«
(§ 9 Abs. 1 ArbZG)

In § 10 ArbZG sind zahlreiche Ausnahmeregelung detailliert aufgeführt, die sich vor allem auf Not- und Rettungsarbeiten, auf die Feuerwehr, das Aufrechterhalten der öffentlichen Sicherheit, den Betrieb in Krankenhäusern, auf Gaststätten, Theatervorstellungen, bei Freizeiteinrichtungen, beim Rundfunk, bei Messen usw. beziehen. Für die Metallindustrie ist folgende Ausnahmebestimmung relevant:

Rechtsvorschrift
»(1) Sofern die Arbeiten nicht an Werktagen vorgenommen können, dürfen Beschäftigte an Sonn- und Feiertagen abweichend von § 9 beschäftigte werden. […]
(14) Bei der Reinigung und Instandhaltung von Betriebseinrichtungen, soweit hierdurch der regelmäßige Fortgang des eigenen oder eines fremden Betriebes bedingt ist, bei der Vorbereitung der Wiederaufnahmen des vollen werktägigen Betriebes sowie bei der Aufrechterhalten der Funktionsfähigkeit von Datennetzen und Rechnersystemen.«
(§ 10 Abs. 1 Ziff. 14 ArbZG)

In der Metallindustrie gibt es einzelne Produktionsanlagen, die aus technischen Gründen kontinuierlich im Einsatz sein müssen und nicht ohne Weiteres abgestellt werden können. Auch hierzu existiert im Arbeitszeitgesetz eine Ausnahmeregelung:

Rechtsvorschrift
»(1) Sofern die Arbeiten nicht an Werktagen vorgenommen werden können, dürfen Beschäftigte an Sonn- und Feiertagen abweichend von § 9 beschäftigt werden […]
(16) Zur Vermeidung einer Zerstörung oder erheblichen Beschädigungen der Produktionseinrichtungen.«
(§ 10 Abs. 1 Ziff. 16 ArbZG)

Von größerer Relevanz hat sich ab 1994 eine damals eingeführte Bestimmung in § 13 ArbZG entwickelt. Hierbei geht es um die sogenannte Konkurrenzfähigkeit gegenüber Betrieben im Ausland.

> **Rechtsvorschrift**
> *»Die Aufsichtsbehörde hat abweichend von § 9 die Beschäftigung von Beschäftigten an Sonn- und Feiertagen zu bewilligen, wenn bei einer weitgehenden Ausnutzung der gesetzlich zulässigen wöchentlichen Betriebszeiten und bei längeren Betriebszeiten im Ausland, die Konkurrenzfähigkeit unzumutbar beeinträchtigt ist und durch die Genehmigung von Sonn- und Feiertagsarbeit die Beschäftigung gesichert werden kann.«*
> (§ 13 Abs. 5 ArbZG).

Wenn Arbeitgeber von dieser Ausnahmegenehmigung Gebrauch machen wollen, müssen sie gegenüber dem Betriebsrat und dem Gewerbeaufsichtsamt darlegen, dass die Voraussetzungen für die Genehmigung von Sonn- und Feiertagsarbeit nach dieser Vorschrift erfüllt sind. Im Einzelnen hat das Gewerbeaufsichtsamt vor der Genehmigung von Sonn- und Feiertagsarbeit nach dieser Vorschrift Folgendes zu prüfen:

1. Ist die gesetzlich zulässige Arbeitszeit bereits weitgehend ausgenutzt?
   Das bedeutet, dass innerhalb des Betriebes bereits bisher unter Einbeziehung des Samstags und unter Ausnutzung der Möglichkeiten der Nachtarbeit gearbeitet werden muss. Liegt die Arbeitszeit bisher unter 144 Stunden pro Woche (18 Schichten à 8 Stunden von Montag bis Samstag), kann auch ohne Sonn- und Feiertagsarbeit die Betriebszeit ausgedehnt werden. Das Gewerbeaufsichtsamt hat daher die Zustimmung zur Sonn- und Feiertagsarbeit zu versagen.
2. Bestehen im Ausland längere Betriebszeiten?
   Der Arbeitgeber muss nachweisen, dass in einem ausländischen Staat das gleiche Produkt hergestellt wird und dort die Produktion mit längerer Betriebszeit als 144 Stunden in der Woche läuft. Es kommt dabei nicht darauf an, ob in diesem ausländischen Staat die Sonntagsarbeit zulässig ist. So ist es beispielsweise in Israel üblich, dass der Betrieb nicht am Sonntag, sondern am Sabbat (dem Samstag) ruht. Genauso haben auch andere Länder andere Traditionen. Dass in anderen Ländern am Sonntag gearbeitet wird, sagt noch lange nicht, dass die Betriebszeiten höher sind als in Deutschland.
3. Ist die Konkurrenzfähigkeit des Betriebes unzumutbar beeinträchtigt?
   Hier hat der Betrieb gegenüber dem Gewerbeaufsichtsamt die Grundlagen seiner Preiskalkulation im Vergleich zu den Konkurrenzbetrieben im Ausland offen zu legen und den Nachweis zu erbringen, dass die Preisdifferenz so groß ist, dass es zu einer unzumutbaren Beeinträchtigung der Konkurrenzfähigkeit kommt.
4. Kann die Beschäftigung durch Sonn- und Feiertagsarbeit gesichert werden?
   Hier hat der Arbeitgeber darzustellen, dass nur die Genehmigung von Sonn- und Feiertagsarbeit in der Lage ist, den Wettbewerbsnachteil gegen-

über anderen Konkurrenten auszugleichen und gleichzeitig Beschäftigung zu garantieren. Kann der Arbeitgeber dies nicht überzeugend darstellen, ist die Zustimmung zur Sonntagsarbeit zu verweigern.

Das Gewerbeaufsichtsamt hat von Amts wegen zu prüfen, ob die vier Voraussetzungen des § 13 Abs. 5 ArbZG erfüllt sind. Ist dies der Fall, hat sie keinen Ermessensspielraum, sondern muss die Einführung von Sonn- und Feiertagsarbeit genehmigen. Ist jedoch eine der Voraussetzungen nicht erfüllt, ist der Antrag von Sonn- und Feiertagsarbeit abzulehnen. Da das Gewerbeaufsichtsamt kaum in der Lage ist, die betrieblichen Verhältnisse von sich heraus zu beurteilen, hat sie auch die Möglichkeit, Erkundigungen beim Betriebsrat und der im Betrieb vertretenden Gewerkschaft einzuholen. Die zuständigen Ministerien in den Bundesländern haben sich darauf verständigt, dass im Zweifel eine Auskunft bei der im Betrieb vertretenden Gewerkschaft einzuholen ist. Die einzelnen Bundesländer machen von dieser Möglichkeit jedoch nur in unterschiedlichem Maße Gebrauch. Häufig werden auch Darstellungen von Unternehmen als gegeben angenommen. Eine solche Praxis ist jedoch vor dem Hintergrund des Verfassungsauftrages, die Sonn- und Feiertagsruhe zu wahren, nicht zulässig.

In einzelnen Bundesländern ist es üblich, dass der DGB und die zuständige Einzelgewerkschaft des DGB vor der Erteilung der Zustimmung zu Sonn- und Feiertagsarbeit gehört wird. Hier besteht für die zuständige Gewerkschaft die Möglichkeit, die Entscheidung der Behörde durch Vorbringen sachgerechter Argumente zu beeinflussen.

Selbst wenn das Gewerbeaufsichtsamt den Antrag des Arbeitgebers auf Sonntagsarbeit genehmigt, ist vor der Einführung der Sonntagsarbeit die Zustimmung des Betriebsrates gem. § 87 Abs. 1 Ziff. 2 BetrVG einzuholen. Eine Entscheidung des Gewerbeaufsichtsamts setzt das Betriebsverfassungsgesetz nicht außer Kraft!

Verweigert der Betriebsrat die Einführung von Sonntagsarbeit im Rahmen seines Mitbestimmungsrechts nach § 87 des BetrVG, kann der Arbeitgeber die Einigungsstelle bzw. die tarifliche Schlichtungsstelle anrufen. Es dürfte sehr schwierig werden, nach einer Entscheidung des Gewerbeaufsichtsamts in einer Einigungsstelle die Sonntagsarbeit zu verhindern, dennoch kann der Betriebsrat versuchen, im Rahmen des Einigungsstellenverfahrens entlastende Formen der Arbeitszeitgestaltung trotz Einführung der Sonntagsarbeit durchzusetzen (z. B. Festlegung von einer Mindestanzahl von freien Wochenenden). Darüber hinaus kann versucht werden, arbeitnehmerfreundliche Schichtsysteme durchzusetzen, wenn schon Sonntagsarbeit eingeführt wird (vgl. Kapitel 6).

Ausgleich für Sonn- und Feiertagsbeschäftigung

Wird im Betrieb auf der Grundlage der Ausnahmebestimmungen des Arbeitszeitgesetzes Sonntagsarbeit eingeführt, sind bestimmte Schutz- und Ausgleichsmaßnahmen für die betroffenen Beschäftigten in § 11 ArbZG geregelt. So müssen mindestens 15 Sonntage im Jahr beschäftigungsfrei bleiben. Darüber hinaus ist den Beschäftigten, die an einem Sonntag beschäftigt werden, ein Ersatzruhetag innerhalb eines Zeitraums von 2 Wochen zu gewähren.

> **Rechtsvorschrift**
> *»Mindestens 15 Sonntage im Jahr müssen beschäftigungsfrei bleiben.«*
> (§ 11 Absatz 1 ArbZG)
> *»Werden Arbeitnehmer an einem Sonntag beschäftigt, müssen sie einen Ersatzruhetag haben, der innerhalb eines dem Beschäftigungstag einschließenden Zeitraums von 2 Wochen zu gewähren ist. Werden Arbeitnehmer an einem auf einem Werktag fallenden Feiertag beschäftigt, müssen sie einen Ersatzruhetag haben, der innerhalb eines dem Beschäftigten einschließenden Zeitraums von 8 Wochen zu gewähren ist.«*
> (§ 11 Absatz 3 ArbZG).

Der Umfang der Sonntagsruhe

An Sonn- und Feiertagen gilt nicht nur, dass Beschäftigte nicht tätig sein dürfen. Das Gesetz schreibt vielmehr vor, dass an Sonn- und Feiertagen der Betrieb ruhen muss. Der Zeitraum der Betriebsruhe kann jedoch verschoben werden. Dies regelt § 9 ArbZG.

> **Rechtsvorschrift**
> *»(1) Arbeitnehmer dürfen an Sonn- und gesetzlichen Feiertagen von 0.00–24.00 Uhr nicht beschäftigt werden.*
> *(2) In mehrschichtigen Betrieben mit regelmäßiger Tag- und Nachschicht kann Beginn oder Ende der Sonn- oder Feiertagsruhe um bis zu 6 Stunden vor- oder zurückverlegt werden, wenn für die auf den Beginn der Ruhezeit folgenden 24 Stunden der Betrieb ruht.«*
> (§ 9 ArbZG)

Auf diese Regelungen nehmen auch einzelne Tarifverträge Bezug, z. B.:

> **Tarifvertrag**
> *»Beginn und Ende der Sonntags- und Feiertagsarbeit bei Wechselschichten sind im Rahmen der gesetzlichen Bestimmungen so festzulegen, dass jeweils die vollen Schichten zuschlagsfrei oder zuschlagspflichtig sind.«*
> (§ 4.4. MTV Hessen)

Mit dieser gesetzlichen und tariflichen Regelung ist es möglich, im Rahmen von Schichtsystemen die Arbeit so zu organisieren, dass die Arbeit bereits am Sonntag um 22.00 Uhr beginnen kann. In diesem Fall wird der Zeitraum der Betriebsruhe um 2 Stunden vorverlegt. Im Betrieb dürfen dann Beschäftigte von Samstagabend 22.00 Uhr bis Sonntagabend 22.00 Uhr nicht tätig sein, um den 24-Stunden-Zeitraum einzuhalten.

Zuschläge für Sonn- und Feiertagsarbeit

Die Manteltarifverträge für die Metall- und Elektroindustrie enthalten regional unterschiedliche Zuschläge für Sonn- und Feiertagsarbeit:

- Die Zuschläge für Sonntagsarbeit schwanken je nach dem regionalen Manteltarifvertrag zwischen 50 Prozent und 70 Prozent

- Die Zuschläge für Arbeiten an Feiertagen schwanken je nach regionalem Tarifgebiet zwischen 100 Prozent und 150 Prozent

Rechtsvorschrift
»(1) Steuerfrei sind Zuschläge, die für tatsächlich geleistete Sonntags-, Feiertags- oder Nachtarbeit neben dem Grundlohn gezahlt werden, soweit sie …
2. […] für Sonntagsarbeit 50 Prozent,
3. […] für Arbeit am 31. Dezember ab 14 Uhr und an den gesetzlichen Feiertagen 125 Prozent,
4. für Arbeit am 24. Dezember ab 14 Uhr, am 25. und 26. Dezember sowie am 1. Mai 150 Prozent
des Grundlohns nicht übersteigen.«
(§ 3 b Abs. 1 EStG).

Die Auswirkungen werden an folgendem Beispiel deutlich: Tariflicher Zuschlag für Sonntagsarbeit: 50 Prozent. Angenommenes Monatsentgelt: 3000,– Euro. Daraus ergibt sich bei einer 35-Stunden-Woche ein Stundenentgelt von 19,70 Euro pro Stunde. Der Zuschlag pro Stunde beträgt somit 9,85 Euro pro Stunde. Arbeiten Beschäftigte an einem Sonntag 8 Stunden, erhalten sie dafür einen anderen freien Tag und erhalten einen steuer- und abgabefreien Zuschlag von 8 × 9,85 Euro = 78,80 Euro (»Brutto für Netto«).

Feiertagsruhe

Die Grundsätze der Sonntagsruhe gelten auch für die gesetzlichen Feiertage. Das Arbeitszeitgesetz regelt jedoch nicht, was gesetzliche Feiertage sind. Das ist in den Feiertagsgesetzen der einzelnen Bundesländer geregelt.

4.6 Fragen aus der Praxis

Darf der Arbeitgeber »im Schnellverfahren« einseitig Änderung der Arbeitszeitregelung anordnen?
Nein, das ist nicht zulässig. Jegliche Änderungen der Lage und Verteilung der Arbeitszeit müssen zwischen Arbeitgeber und Betriebsrat vereinbart werden.

Wie viele freie Tage erhalte ich, wenn die wöchentliche Arbeitszeit (Betriebsnutzungszeit) 40 Stunden beträgt?
In Westdeutschland gilt die 35-Stunden-Woche, woraus sich 29 freie Tage ergeben. In Ostdeutschland gilt die 38-Stunden-Woche, woraus sich 12 freie Tage ergeben (vgl. Kapitel 4.4).

Darf am Jahresende ein positiver Zeitsaldo auf dem AZV-Konto ausgezahlt werden?
Nein, das ist nicht zulässig. Am Ende eines 12-monatigen Ausgleichzeitraums

sind die AZV Konten auf null zu stellen. Ungefähr 3 bis 4 Monate vor Jahresende sollten Beschäftigte mit hohen Kontoständen darauf hingewiesen werden, dass diese abzubauen sind. Durch eine Betriebsvereinbarung kann im Einzelfall geregelt werden, dass die positiven Stunden als Mehrarbeit mit Mehrarbeitszuschlag bezahlt werden.

Darf am Jahresende ein positiver Zeitsaldo aus dem AZV-Konto auf ein anderes Konto, zum z. B. ein Langzeitkonto, gebucht werden?
Das ist in der Regel nicht möglich, da das AZV-Konto am Jahresende bzw. am Ende des 12 monatigen Ausgleichszeitraums auf plus/minus Null sollte. Ein »Umbuchen« auf andere Konten ist nur im Rahmen einer Betriebsvereinbarung zulässig, wenn sichergestellt ist, dass die wöchentliche Arbeitszeit im Ausgleichszeitraum von 12 Monaten erreicht wird.

Während eines freien Tages aufgrund der Arbeitszeitverkürzung wird ein Beschäftigter krank. Verfällt der freie Tag?
Hier muss danach unterschieden werden, ob das Ansparprinzip oder das Setzungsprinzip vereinbart wurde. Beim Ansparprinzip ist eine Situation, in der Krankheit auf einen freien Tag fällt, in der Praxis ausgeschlossen. Beim Setzungsprinzip ist dies möglich. In diesem Fall verfällt der freie Tage durch Krankheit (vgl. Kapitel 4.4).

An vereinbarten bzw. gesetzten freien Tagen soll gearbeitet werden. Ist das zulässig?
Das ist nur dann zulässig, wenn es vorher mit dem Betriebsrat vereinbart wurde. Entweder wird der freie Tag auf einen anderen Tag gelegt, oder die Arbeit während eines freien Tages ist zusätzlich als Mehrarbeit mit Mehrarbeitszuschlägen zu vergüten.

Ist Arbeit am Samstag zulässig?
Die Manteltarifverträge in der Metall- und Elektroindustrie gehen vom Regelfall aus, bei dem die Arbeitszeit auf die Werktage von Montag bis Freitag verteilt wird. In Ausnahmefällen ist auch eine Verteilung der Arbeitszeit unter Einschluss des Samstags zulässig. Dies muss vorher in der Betriebsvereinbarung vereinbart werden (vgl. Kapitel 4.5).

Ist Arbeit am Sonntag zulässig?
Grundsätzlich nein. Die Sonntagsruhe ist durch das Grundgesetz geschützt. Es sind aber eng gesetzte Ausnahmen möglich. Voraussetzung ist eine Betriebsvereinbarung zwischen Arbeitgeber und Betriebsrat sowie die Zustimmung des zuständigen Gewerbeaufsichtsamts (vgl. Kapitel 4.5).

Im Rahmen eines 3-Schicht-Systems beginnt die erste Nachtschicht der Woche bereits am Sonntag um 22.00 Uhr (Anfahrschicht). Ist das zulässig?
Das ist dann zulässig, wenn der entsprechende Schichtplan zwischen Arbeit-

geber und Betriebsrat vereinbart ist und die Beschäftigten eine entsprechend Ruhezeit am Wochenende haben (vgl. Kapitel 4.5).

Ist Arbeit am 24. Dezember und am 31. Dezember zulässig? Wie wird sie bezahlt?
Grundsätzlich sind die Arbeitstage am 24. und 31. Dezember Werktage. Üblicherweise wird aber in den Betrieben vereinbart, dass diese beiden Tage frei sind. In einigen Betrieben ist es möglich, dass die Arbeitszeit für den 24. und 31. Dezember vorgearbeitet wird. Die regionalen Manteltarifverträge legen dazu Detailregelungen einschließlich der Bezahlungsregelung fest.

Ist eine Verlängerung der täglichen Arbeitszeit zulässig, um einen freien »Brückentag« zu ermöglichen (Vorarbeiten)?
Das ist im Prinzip möglich, wenn eine tägliche Arbeitszeit von 10 Stunden nicht überschritten wird und das Verfahren in einer Betriebsvereinbarung zwischen Arbeitgeber und Betriebsrat geregelt ist.

4.7 Regelungsvorschläge

Der Regelungsbereich Arbeitszeit wird je nach der betrieblichen Situation meistens in mehreren verschiedenen Betriebsvereinbarungen geregelt. Das sind beispielsweise Betriebsvereinbarungen zu:

- Lage und Verteilung der Arbeitszeit, einschließlich des AZV-Kontos (siehe unten)
- Schichtarbeit
- Gleitzeitkonto
- Flexi-Konto für Auftragsschwankungen
- Gegebenenfalls Langzeitkonto, wenn der Manteltarifvertrag dies zulässt
- Weitere Einzelaspekte, wie z. B. Arbeitsbereitschaft, Rufbereitschaft usw.

In jeder Betriebsvereinbarung sollte der Geltungsbereich (Abteilungen, Kostenstellen, Bereiche des Betriebes) klar beschrieben sein. Ebenso sollte vereinbart sein, dass Änderungen des Geltungsbereichs mit dem Betriebsrat zu vereinbaren sind. Weiter wird empfohlen, einen Absatz aufzunehmen, nach dem Streitigkeiten aus der Betriebsvereinbarung zwischen Betriebsrat und Geschäftsleitung einvernehmlich zu regeln sind. Im Streitfall entscheidet die Einigungsstelle bzw. die tarifliche Schlichtungsstelle. Empfohlen wird ebenfalls, klare Kündigungsregelungen in der Betriebsvereinbarung festzuhalten, z. B. eine Frist von 3 Monaten zum Quartalsende. Gekündigte Betriebsvereinbarungen in mitbestimmungspflichtigen Tatbeständen wirken nach der Kündigung solange nach, bis eine neue Betriebsvereinbarung abgeschlossen ist.
Im Folgenden werden Eckpunkte für eine Betriebsvereinbarung »Lage und Verteilung der Arbeitszeit einschließlich AZV-Konto« dargestellt. Auf andere Regelungspunkte beispielsweise zu Arbeitszeitkonten wird in Kapitel 5, zur Schichtarbeit in Kapitel 6 eingegangen.

Eckpunkte für eine Betriebsvereinbarung zur Lage und Verteilung der Arbeitszeit

- Geltungsbereich
- Verteilung der Arbeitszeit auf die Werktage von Montag bis Freitag
- Hier ggf. abteilungsspezifisch regeln:
  Beginn der Arbeitszeit um … Uhr
  Ende der Arbeitszeit um … Uhr
  Lage der unbezahlten AZG-Pause von … Uhr bis … Uhr
- Für jede bzw. jeden Beschäftigte/n wird ein AZV-Konto geführt (AZV = Arbeitszeitverkürzung). Auf diesem Konto werden die Differenz zwischen der tatsächlichen täglichen Arbeitszeit und einem 1/5 der jeweiligen individuellen regelmäßigen wöchentlichen Arbeitszeit gebucht (Westdeutschland: 35-Stunden-Woche geteilt durch 5 = 7 Stunden Ostdeutschland: 38-Stunden-Woche geteilt durch 5 = 7,6 Stunden)
  Positive Zeitsalden werden durch die Entnahme von freien Tagen ausgeglichen, die in Absprache zwischen dem einzelnen Beschäftigten und den Vorgesetzten genommen werden. Für jeden freien Tag werden 8 Stunden aus dem AZV-Konto ausgebucht.
  Der Ausgleichszeitraum für das AZV-Konto beträgt 12 Monate. Er beginnt am 1. Januar und endet am 31. Dezember eines jeden Jahres. Am Ende des Ausgleichszeitraums ist das Konto auf plus/minus Null zu stellen. In Ausnahmefällen ist es mit Zustimmung des Betriebsrates zulässig, positive Kontostände als Mehrarbeit mit Mehrarbeitszuschlag auszuzahlen. Handelt es sich um mehr als Ausnahmefälle, werden Arbeitgeber und Betriebsrat über Neueinstellungen verhandeln.
  Auf der monatlichen Entgeltabrechnung ist für die Beschäftigten der jeweilige individuelle Kontostand des AZV-Kontos auszuweisen.
  Auf Antrag ist dem Betriebsrat eine Liste für alle Beschäftigten mit den jeweiligen Kontoständen des AZV-Kontos auszuhändigen. Alternativ: Einem Betriebsratsmitglied ist Zugriff auf das Personalabrechnungssystem zu gewähren.
- Regelung von Streitigkeiten
- Inkrafttreten und Kündigung

5. Flexibilisierung der Arbeitszeit und Arbeitszeitkonten

von Hilde Wagner und Gerhard Wick

Die Flexibilisierung und Ausdifferenzierung der Arbeitszeiten hat in den Betrieben der Metall- und Elektroindustrie bereits ein hohes Ausmaß angenommen. Hintergrund ist, dass die Arbeitszeiten in den Unternehmen stärker an den Markt- und Kundenanforderungen angepasst werden. Das geht häufig mit zwei Entwicklungen einher: Zum einen richtet sich die Flexibilität in der Regel nach den betrieblichen Belangen, während die Interessen der Beschäftigten nach mehr Zeitsouveränität den betrieblichen Anforderungen untergeordnet bleiben. Zum anderen geraten die Beschäftigten selbst verstärkt unter Druck, die Grenzen der regulären Arbeitszeit zu überschreiten. In der Folge steigt das Risiko, dass Arbeitszeit verfällt. In den Betrieben nehmen Modelle flexibler Arbeitszeiten zu. Die Ergebnisse der Beschäftigtenbefragung der IG Metall (2013) zeigen, dass die meisten Beschäftigten flexiblen Arbeitszeiten allerdings durchaus positiv gegenüberstehen, und zwar dann, wenn dabei ihre Interessen und Wünsche Berücksichtigung finden. Im Konflikt über die Ausgestaltung und Verteilung der Arbeitszeit spiegelt sich letztlich die Auseinandersetzung über die Frage: »Wer entscheidet über die Zeit?«

5.1 Überblick über Arbeitszeitkonten

Die mittlerweile in den Betrieben am weitesten verbreitete Form der flexiblen Arbeitszeitgestaltung ist die ungleichmäßige Verteilung mittels Arbeitszeitkonten. Dabei beschreibt der Begriff Arbeitszeitkonto lediglich ein Instrumentarium, mit dem ungleichmäßig verteilte Arbeitszeit oder geleistete Mehrarbeit verwaltet wird. Im Wesentlichen sind folgende Kontenmodelle zu unterscheiden (vgl. Übersicht 5.1):

Übersicht 5.1 – Übersicht über verschiedene Arbeitszeitkonten

Kapitel 4		Kapitel 5		
	AZV-Konto (im Rahmen der freien Tageregelung)	**Gleitzeitkonto**	**Kollektives Flexi-Konto**	**Langzeitkonto**
Zweckbestimmung	Verrechnung von Zeitguthaben und freien Tagen	Individuelle Gestaltung der Arbeitszeit	Ausgleich von Auftrags- und Produktionsschwankungen	Längere Freizeitblöcke und vorzeitiger Ausstieg aus dem Arbeitsleben
Zuführung Entnahme	Kollektives Auffüllen und individuelle Entnahme	Individuell	Kollektiv (durch Betriebsvereinbarung)	Individuell
		Abgrenzung Mehrarbeitskonto		

AZV-Konto (AZV = Arbeitszeitverkürzung)

Im AZV-Konto wird die tägliche Differenz zwischen tatsächlicher und tariflicher Arbeitszeit »eingebucht«. Wird ein freier Tag genommen, werden z.B. 8 Stunden ausgebucht (vgl. Kapitel 4.4).

Als Hilfestellung für die tarifvertraglich eröffnete Möglichkeit, Arbeitszeit innerhalb des Ausgleichszeitraums von bis zu 12 Monaten ungleichmäßig zu verteilen, werden – jenseits der Erfassung der täglichen Differenz – teilweise auch Konten gebildet, die mit dem Begriff *Jahresarbeitszeitkonto* bezeichnet werden. Mit ihrer Hilfe kann überprüft werden, ob die tarifvertraglich vereinbarte Sollarbeitszeit und der Ausgleichszeitraum eingehalten werden. Viele von den Arbeitgebern vorgeschlagene Arbeitszeitmodelle mit festgelegten Jahresarbeitszeitvolumina unterlaufen dagegen die Mitbestimmungsrechte über Mehrarbeit und haben keine tarifvertragliche Grundlage.

Gleitzeitkonto

Bei Gleitzeit haben die Beschäftigten die Möglichkeit, innerhalb bestimmter Grenzen Beginn und Ende ihrer täglichen Arbeitszeit selbst zu wählen. Auf einem Gleitzeitkonto werden Gleitzeitguthaben oder Gleitzeitschulden festgehalten. In einigen Tarifgebieten sind die Grenzen für Plus- und Minusstunden im Tarifvertrag festgelegt. Falls dies nicht der Fall ist, werden diese Stundengrenzen und weitere Rahmenbedingungen betrieblich geregelt.

Kollektives Flexi-Konto

Ein »flexibles Arbeitszeitkonto« oder »Flexi-Konto« wird in der Regel vereinbart, um betriebliche Auftrags- und Produktionszyklen durch Erhöhung oder Absenkung der betrieblich vereinbarten regelmäßigen Arbeitszeit auszugleichen. Die betrieblichen Vereinbarungen finden auf der Basis tarifvertraglicher Regelungen statt. Ein tarifliches Regelungswerk, das für Flexi-Konten den Ausgleichszeitraum aufhebt und tarifliche Rahmendaten setzt, gibt es bislang in der Metall- und Elektroindustrie lediglich in den Tarifgebieten in Baden-Württemberg.

Langzeitkonto

Das Langzeitkonto ist ein Ansparkonto, das für längerfristige individuelle Freistellungen von der Arbeit – häufig in Form eines vorzeitigen Eintritts in den Ruhestand, aber auch für persönliche Weiterbildung, Verlängerung der Elternzeit oder sonstige Lebensarbeitszeitplanungen – verwendet wird. Ein Langzeitkonto kann auf Basis tarifvertraglicher Rahmenregelungen, die es für die Tarifgebiete in Baden-Württemberg und Nordrhein-Westfalen gibt, betrieblich vereinbart werden. In freiwilligen Betriebsvereinbarungen werden dabei die möglichen Verwendungszwecke konkretisiert. In allen weiteren Tarifgebieten sind Ergänzungstarifverträge notwendig, wenn Langzeitkonten eingerichtet werden sollen. Von Langzeitkonten, die für verschiedene Freistellungszwecke genutzt werden, sind *Lebensarbeitszeitkonten* zu trennen, die *ausschließlich* dem früheren Ausstieg aus dem Erwerbsleben dienen.

Mehrarbeitskonto

Auf einem Mehrarbeitskonto können Mehrarbeitsstunden registriert werden, um sie anschließend in Freizeit auszugleichen. Die Mehrarbeitszuschläge werden ausbezahlt. Wird von einem Mehrarbeitskonto ein Zeitguthaben z.B. für einen freien Tag entnommen, verringert sich das Zeitguthaben entsprechend. Wichtig ist eine klare Trennung von Mehrarbeit und Guthaben anderer Kontenarten, z.B. von Gleitzeitguthaben.

Arbeitszeitkonten bieten die Möglichkeit, kollektiv oder individuell vereinbarte Regelarbeitszeiten in ungleichmäßigen Portionen über einen definierten Zeitraum verteilen zu können. Das Instrumentarium kann dabei einerseits verwendet werden, um die Arbeitszeit an Auftrags- und Produktionsschwankungen anzupassen und die Flexibilität der Betriebe zu erhöhen, andererseits können Arbeitszeitkonten die individuellen Spielräume und Gestaltungsmöglichkeiten der Beschäftigten in Bezug auf ihre Arbeitszeit erhöhen. Ihre Konstruktion gehört deshalb ins Zentrum der Debatte um die Gestaltung der Arbeitszeit im Sinne der Beschäftigten.

Bevor im Folgenden wesentliche Kontenmodelle näher beleuchtet werden, geht es darum, dass und wie Arbeitszeit erfasst werden muss, denn die Erfassung bildet die unabdingbare Grundlage für alle Arbeitszeitkonten.

5.2 Zeiterfassung

Wenn es um die Gestaltung flexibler Arbeitszeitmodelle und Arbeitszeitkonten geht, verlangt die Steuerung der Arbeitszeiten bzw. die Logik der Kontenführung, dass die geleisteten Arbeitszeiten erfasst werden. Eine gute und übersichtliche Arbeitszeiterfassung ist die Basis für flexible Arbeitszeitmodelle und Arbeitszeitkonten. Eine ordnungsgemäße Dokumentation der Arbeitszeiten ist allerdings auch allein schon deshalb erforderlich, damit der Arbeitgeber seiner Pflicht zur Einhaltung der Arbeitszeitvorschriften nachkommen kann.
Zu den Aufgaben des Arbeitgebers gehört es, die Einhaltung der Arbeitszeitvorschriften durchzusetzen. Das Arbeitszeitgesetz verpflichtet ihn, die Arbeitszeiten zu erfassen – zumindest soweit sie über 8 Stunden hinausgehen und soweit sie geleistete Mehrarbeit der Beschäftigten umfassen. Laut Arbeitszeitgesetz hat der Arbeitgeber:

Rechtsvorschrift
»[…] die über die werktägliche Arbeitszeit des § 3 Satz 1 hinausgehende Arbeitszeit der Arbeitnehmer aufzuzeichnen […]. Die Nachweise sind mindestens zwei Jahre aufzubewahren.«
(§ 16 Abs. 2 ArbZG)

Mit der Erfassung aller tatsächlich geleisteten Arbeitszeiten kommt der Arbeitgeber seiner Dokumentationspflicht nach und schafft gleichzeitig die Basis, Arbeitszeiten im Rahmen flexibler Arbeitszeitmodelle zu steuern. Darüber hinaus dient die Arbeitszeiterfassung häufig auch als Grundlage für die Kalkulation, für die Entgeltabrechnung oder als Zeitnachweis zur Abrechnung gegenüber Kunden.
Wird die wirklich geleistete Arbeitszeit der Beschäftigten nicht erfasst oder dokumentiert, laufen auch tarifliche und betriebliche Anspruchsrechte und Gestaltungsansätze häufig ins Leere. Nur eine Dokumentation der Arbeitszeit sichert den Rechtsanspruch darauf, dass Höchstarbeitszeiten eingehalten werden. Bei Kontenmodellen sichert die Dokumentation die Ansprüche auf die Zeitentnahme und auf Vergütung der geleisteten Arbeitszeit.
Das seit Jahren an Bedeutung zunehmende Problem der Entgrenzung von Arbeit wird ohne Arbeitszeiterfassung verschleiert. Die Ursachen der Entgrenzung können nur noch schwer nachvollzogen werden und den betroffenen Beschäftigten und Interessenvertretungen fehlt die Grundlage für Einsprüche und die Entwicklung von Lösungsansätzen.
Die Arbeitszeiterfassung bezieht sich auf den Anfang und das Ende der täglichen Arbeitszeit (einschließlich etwaiger Bereitschaftszeiten und Rufbereitschaft). Erfasst werden damit auch Zeiten der Mehrarbeit, außerdem Beginn und Ende der Pausen, Dienstreisezeiten, bezahlte und unbezahlte Freistellungzeiten inklusive Zeiten für die Weiterbildung, für Urlaub sowie für Fehlzeiten.

Bei der Einführung und Nutzung von Systemen der Arbeitszeiterfassung hat der Betriebsrat ein Mitbestimmungsrecht:

> **Rechtsvorschrift**
> *»Der Betriebsrat hat, soweit eine gesetzliche oder tarifliche Regelung nicht besteht, in folgenden Angelegenheiten mitzubestimmen:*
> *1. Fragen der Ordnung des Betriebes und des Verhaltens der Arbeitnehmer im Betrieb*
> *[...]*
> *6. Einführung und Anwendung von technischen Einrichtungen, die dazu bestimmt sind, das Verhalten oder die Leistung der Arbeitnehmer zu überwachen.«*
> (§ 87 Abs. 1 BetrVG)

Unter technischen Einrichtungen im Sinne des § 87 Abs. 1 Nr. 6 BetrVG fallen alle elektronischen Arbeitszeiterfassungssysteme und alle Personalabrechnungs- und Informationssysteme. Der Betriebsrat hat bei *»der Einführung und Anwendung von Stempel-/Stechuhren und Zeitstemplern«* ein Mitbestimmungsrecht (vgl. LAG Frankfurt vom 21.11.1978 – 5 TaBVGa 82/78 und LAG Berlin vom 09.01.1984 – 12 Sa 127/83). Der Betriebsrat sollte sein Mitbestimmungsrecht so nutzen, dass in einer Betriebsvereinbarung abschließend festgelegt wird, welche Daten zu welchem Zweck vom Arbeitgeber verarbeitet werden dürfen.

Der Betriebsrat sollte am besten vor Beginn der konkreten Planungen einbezogen sein. Das gilt unabhängig von der Methode der Zeiterfassung, die genutzt werden soll, weil die Rechte des Betriebsrates bei allen Formen der Zeiterfassung identisch sind.

Grundsätzlich besteht gesetzlich oder tariflich zwar keine Verpflichtung des Arbeitgebers, Arbeitszeit in einer bestimmten Weise zu erfassen. Aus Gesetzen oder der Rechtsprechung ergeben sich aber teilweise Verpflichtungen, Arbeitszeiten aufzuzeichnen und zu dokumentieren. So hat der Arbeitgeber die Verpflichtung, seinen Betrieb so zu organisieren, dass er die Einhaltung gesetzlicher und tarifvertraglicher Bestimmungen und Betriebsvereinbarungen gewährleisten kann (vgl. BAG vom 06.05.2003 – 1 ABR 13/02 und BAG vom 29.04.2004 – 1 ABR 30/02). In dem letztgenannten Urteil des Bundesarbeitsgerichts wird betont, dass der Arbeitgeber der Erbringung betriebsvereinbarungswidriger Arbeitsleistung einzelner Arbeiter nicht tatenlos zuschauen darf.

> **Rechtsvorschrift**
> *»Er [der Arbeitgeber] hat vielmehr seinen Betrieb so zu organisieren, dass die betriebsverfassungsrechtlich geregelten Arbeitszeitgrenzen eingehalten werden. Hierzu muss es die Übereinstimmung betrieblicher Abläufe mit den normativen Vorgaben der von ihm geschlossenen Betriebsvereinbarungen überprüfen und erforderlichenfalls korrigierend eingreifen. Er kann sich seiner Verantwortung für die Führung seines Betriebes nicht entziehen.«*
> (BAG vom 29.04.2004 – 1 ABR 30/02)

Die Aufzeichnungspflichten umfassen alle tatsächlich geleisteten Arbeitszeiten (täglicher Arbeitsbeginn und Arbeitsende) im Sinne des Arbeitszeitgesetzes, d.h. Arbeitszeiten mehr als 8 Stunden am Tag und mehr als 48 Stunden in der Woche, einschließlich etwaiger Bereitschaftszeiten (vgl. BAG vom 17.03.2010 – 5 AZR 296/09) und müssen Auskunft über die Einhaltung der Ruhepausen mit den Angaben zu Pausenbeginn und Pausenende sowie zu den Ruhezeiten geben.
Darüber hinaus besteht im Rahmen der Überwachungsaufgabe des Betriebsrates aus dem Betriebsverfassungsgesetz, die sich auch auf die Einhaltung der Dokumentationspflichten durch den Arbeitgeber bezieht, ein Auskunfts- und Informationsrecht über die betrieblichen Arbeitszeiten inklusive Beginn, Ende und Umfang der tatsächlich geleisteten wöchentlichen Arbeitszeiten (vgl. BAG vom 06.05.2003 – 1 ABR 13/02).

Rechtsvorschrift
»(1) Der Betriebsrat hat folgende allgemeine Aufgaben:
1. darüber zu wachen, dass die zugunsten der Arbeitnehmer geltenden Gesetze, Verordnungen, Unfallverhütungsvorschriften, Tarifverträge und Betriebsvereinbarungen durchgeführt werden.«
(2) Zur Durchführung seiner Aufgaben nach diesem Gesetz ist der Betriebsrat rechtzeitig und umfassend vom Arbeitgeber zu unterrichten; […] Dem Betriebsrat sind auf Verlangen jederzeit die zur Durchführung seiner Aufgaben erforderlichen Unterlagen zur Verfügung zu stellen.«
(§ 80 BetrVG)

Im Rahmen der Mitbestimmung ist es ratsam, eine betriebliche Regelung über Zeiterfassung zu treffen, die absichert, dass eine vollständige Zeiterfassung stattfindet und dass die geleisteten Stunden aller Beschäftigten aufgezeichnet werden (vgl. Kapitel 5.2.3).

5.2.1 Methoden der Zeiterfassung

Eine bestimmte Form für die Zeiterfassung ist gesetzlich nicht vorgeschrieben. Was ein Zeiterfassungssystem jedoch gewährleisten muss ist, dass mit ihm alle Zeiten, die als Arbeitszeit im Sinne des Arbeitszeitgesetztes gelten, erfasst und dokumentiert werden können.

Mechanische und elektronische Verfahren:

Ein in der Industrie in der Vergangenheit häufig eingesetztes Instrument zur Aufzeichnung der Arbeitszeit war die Stechuhr. Die Beschäftigten benutzen dabei zu Beginn und Ende der Arbeitszeit eine Stempelkarte, die häufig dann am Monatsende auch zur Entgeltabrechnung herangezogen wird.
Die traditionelle Stechuhr wurde inzwischen durch verschiedene elektronische Verfahren der Zeiterfassung ersetzt. Diese können sein

- Elektronische Arbeitszeiterfassung, stationär oder mobil sowie

- Verfahren zur Arbeitszeiterfassung mit Möglichkeiten, diese durch ein Personalabrechnungs- und Informationssystem weiterzuverarbeiten. Hierfür werden inzwischen zahlreiche Software-Lösungen angeboten (vgl. Übersicht 5.2)

Bei den Zeiterfassungssystemen ist darauf zu achten, dass keine Zeitanteile wegfallen, z. B. dadurch, dass Beginn und Ende der Arbeitszeiten nur zu vollen Stunden erfasst werden oder die Arbeitszeit erst erfasst wird, wenn der Arbeitnehmer sich online einloggt.

Selbstaufzeichnung der Beschäftigten

Vereinbarungen, die ein Selbstaufschreiben der Arbeitszeiten durch die Arbeitnehmer vorsehen, nehmen zu. Bei dieser Methode zeichnen die Beschäftigten ihre Arbeitszeit selbst auf, entweder dadurch, dass sie Arbeitsbeginn und -ende erfassen und eigenverantwortlich Arbeitsunterbrechungen abziehen, oder dass sie nur noch die jeweils täglich erbrachte Arbeitszeitdauer aufschreiben. Hierbei ist zu beachten, dass dieses Vorgehen rechtlich lediglich die Nachweispflicht der Beschäftigten im Innenverhältnis zum Arbeitgeber abdeckt. Die eigenständige Dokumentationspflicht des Arbeitgebers nach § 16 Abs. 2 ArbZG wird dadurch nicht eingelöst und entfällt dadurch auch nicht. Die vom Arbeitgeber geforderte Beachtung normativer Vorgaben des Arbeitszeitgesetzes kann nicht auf den Arbeitnehmer delegiert werden (vgl. Buschmann u. a. 2011, S. 237).

In jedem Fall hat der Betriebsrat ein Einsichtsrecht in die Aufzeichnungen der Arbeitszeit für jeden einzelnen Beschäftigten und ein Recht auf Vorlage von Listen bzw. ein Recht auf Zugriff auf das Personalabrechnungs- und Informationssystem.

Übersicht 5.2 – Beispiel für eine monatliche Zeiterfassung (zu: Mechanische und Elektronische Verfahren)

Arbeitszeitnachweis vom 01.06.2013 bis 31.08.2013	
erstellt am 27.08.2013 von	Seite:1
Mitarbeiter: 00218987 … … str. 3 A	
Abrechnungskreis: … Personalbereich: … Kostenstelle: …	Personalbereich: … Mitarbeiterkreis: … AZPRegel: …

Datum	Tag	TAZMOD	Kommt	Geht	GesSTD	Soll	erf. Zt.	anger. Zt.	GLAZ	AZK	Abwesenheitsgrund
01.08	Do	G001				7.00		7.00	26.47		Tarifurlaub
02.08	Fr	G001				7.00		7.00	26.47		Tarifurlaub
03.08	Sa	FREI							26.47		Tarifurlaub
04.08	So	FREI							26.47		Tarifurlaub
05.08	Mo	G001				7.00		7.00	26.47		Tarifurlaub
06.08	Di	G001				7.00		7.00	26.47		Tarifurlaub
07.08	Mi	G001				7.00		7.00	26.47		Tarifurlaub
08.08	Do	G001	06:41	13:41	7.00	7.00	6.30	6.30	26.17		
09.08	Fr	G001	06:38	13:30	6:52	7.00	6.22	6.22	25.39		
10.08	Sa	FREI				25.39					
11.08	So	FREI				25.39					
12.08	Mo	G001	06:41	14:36	7.55	7.00	7.25	7.25	26.04		
13.08	Di	G001	06:44	14:45	8.01	7.00	7.31	7.31	26.35		
14.08	Mi	G001	06:40	14:45	8.05	7.00	7.35	7.35	27.10		
15.08	Do	G001	06:37	14:43	8.06	7.00	7.36	7.36	27.46		
16.08	Fr	G001	06:38	14:18	7.40	7.00	7.10	7.10	27.56		
17.08	Sa	FREI				27.56					
18.08	So	FREI				27.56					
19.08	Mo	G001	06:40	15:01	8.21	7.00	7.51	7.51	28.47		
20.08	Di	G001	06:39	14:45	8.06	7.00	7.36	7.36	29.23		
21.08.	Mi	G001	06:39	14:24	7.45	7.00	7.15	7.15	29.38		
22.08	Do	G001	06:39	14:48	8.09	7.00	7.39	7.39	30.17		
23.08	Fr	G001	06:38	14:24	7.46	7.00	7.16	7.16	30.34		
24.08	Sa	FREI				30.34					
25.08	So	FREI				30.34					
26.08	Mo	G001	06:36	15:59	9.23	7.00	8.53	8.53	32.26		

Zeitkonten			
Art	Vormonat kumuliert	aktueller Monat	akt. Monat kumuliert
GLAZ AZK-STD ÜB-STD Einbehalt für Verbesserungen MEV	26.47	5.40	32.26
Anwesenheitsstunden	Soll-Zeit	Urlaubsanspruch	Resturlaub
96.40	126.00	30,00	10,00

In Fällen, in denen es dem Arbeitgeber unmöglich oder nicht zumutbar ist, der Dokumentationspflicht eigenverantwortlich nachzukommen, kann es aus sachlichen Gründen differenzierte Anforderungen an die Erfüllung der Dokumentationspflicht durch den Arbeitgeber geben. Das ist z. B. der Fall, wenn Arbeitszeiten außerhalb des Betriebes geleistet werden, etwa von Beschäftigten auf Montage oder bei Beschäftigten, die zuhause oder unterwegs im Netz arbeiten (vgl. dazu Kapitel 7.3 und 7.4). In solchen Fällen kann eine *»zeitnahe Aufzeichnungs- und Meldepflicht des Beschäftigten ausreichen, um die Dokumentationspflichten zu erfüllen. Den Arbeitgeber treffen in diesem Fall aber erhöhte Kontroll- und Überwachungspflichten«* (Buschmann u. a. 2011, S. 238).

5.2.2 Grenzen ständiger Erreichbarkeit

Fragen der Erfassung der Arbeitszeit können sich auch ergeben, wenn Beschäftigte außerhalb ihrer regulären Arbeitszeit dienstlichen Belangen nachgehen, weil es von ihnen erwartet wird oder weil sie selbst keine andere Möglichkeit sehen, um z. B. Arbeitsabsprachen oder Projekttermine zu halten. »Ständige Erreichbarkeit« und damit die Verfügbarkeit der Beschäftigten auch außerhalb der regulären Arbeitszeit hat in den letzten Jahren erheblich zugenommen. Erleichtert wird diese Entwicklung durch Informations- und Kommunikationsmedien, wie Notebooks, Tablet-Computer, Mobiltelefone und Smartphones. Die Ausbreitung des Phänomens kann jedoch nicht nur und nicht vorrangig auf die technischen Grundlagen und Möglichkeiten zurückgeführt werden, sondern resultiert aus allgemeinen Veränderungen in der Arbeit, aus einem veränderten Umgang mit Arbeits- und Leistungsanforderungen sowie aus veränderten Erwartungshaltungen. Beschäftigte sehen sich häufig damit konfrontiert, dass sie die Arbeits- und Leistungsanforderungen nur dann oder besser bewältigen, wenn sie auch zuhause oder unterwegs noch dienstlich kommunizieren.

Dass ständige Erreichbarkeit inzwischen zu einem erheblichen Belastungsfaktor geworden ist, zeigt der »DGB-Index Gute Arbeit«. Den Ergebnissen dieser Untersuchung zufolge steigt der Anteil der *»extrem Gehetzten«*, je mehr von den Beschäftigten Erreichbarkeit verlangt wird. Insgesamt geben 21 Prozent der Beschäftigten an, sich bei ihrer Arbeit gehetzt zu fühlen, bei den ständig Erreichbaren sind es mit 38 Prozent fast doppelt so viele (DGB-Index Gute Arbeit 2012). Weiteren Studien zufolge führt außerdem die Erwartung, dass auf eingehende Mails oder Telefonnachrichten sofort reagiert wird, zu erheblichen Beeinträchtigungen im Privatleben der Beschäftigten. Die Erholungsfähigkeit der Beschäftigten wird durch ständige Erreichbarkeit stark beeinträchtigt. Über längere Zeiträume kann dies negative Auswirkungen auf die Gesundheit und auf die sozialen Beziehungen haben.

Ständige Erreichbarkeit ist kein individuelles Problem. Deshalb sollten Regelungen gefunden werden, wie mit der neuen Entwicklung umzugehen ist. Dabei ist zunächst zu klären und festzulegen, auf was sich die Regelung im Kern beziehen soll: Geht es um den Schutz vor dienstlichen Verpflichtungen in der privaten Zeit, um bestimmte, begrenzte Zeiten der Erreichbarkeit oder um mobile Arbeit, die der Beschäftigte an verschiedenen Orten ausüben kann? Für letzteres sind gesonderte Regelungen abzuschließen (vgl. Kapitel 7). Je nachdem, welche Prioritäten die Belegschaften setzen, kann die Regulierung also unterschiedliche Kernpunkte beinhalten. Manche der bereits bestehenden betrieblichen Regelungen unterbinden den Zugriff der Beschäftigten auf das

Firmennetz ab einer bestimmten Zeit nach der regulären Arbeitszeit, andere begrenzen den Zugriff auf die Zeitspanne der Gleitzeit. Eine derartige Sicherung von freien Zeiten, in denen von den Beschäftigten keine Erreichbarkeit oder keine Tätigkeit im Rahmen mobiler Arbeit erwartet wird, kann eine sinnvolle Lösung sein. Andere Lösungen sehen Regelungen von Erreichbarkeitszeiten oder Ansprechzeiten vor, auf die bezogen dann auch die Erfassung der draus resultierenden Arbeitszeit zu regeln ist. Bei Fehlzeiten sind auf alle Fälle klare Vertretungsregelungen für den E-Mail-Verkehr empfehlenswert. Außerdem sollte auf jeden Fall gewährleistet werden, dass Arbeiten in der Nacht und am Wochenende unterbleiben.

5.2.3 Regelungsvorschläge für eine Betriebsvereinbarung zur Zeiterfassung

Ratsam ist, die Möglichkeit der Mitbestimmung zu nutzen und eine betriebliche Regelung über Zeiterfassung abzuschließen die darauf abzielt, dass die geleisteten Stunden aller Beschäftigter erfasst und aufgezeichnet werden.

Zeiterfassung
Zur Erfassung und Dokumentation der geleisteten Arbeitszeiten wird das Zeiterfassungs- und Zugangskontrollsystem … genutzt. Einzelheiten und eine Dokumentation des Zeiterfassungssystems sind in der Anlage … beigefügt.

Verpflichtung zur Zeiterfassung
Mit dem Zeiterfassungssystem werden alle geleisteten Arbeitszeiten der Beschäftigten erfasst und dokumentiert. Die Beschäftigten sind verpflichtet, Beginn und Ende der täglichen *Anwesenheitszeit* am Arbeitsplatz durch Bedienung des Systems zu erfassen. Vorgesetzte haben dafür Sorge zu tragen, dass die gesamten Zeiten ihres Verantwortungsbereichs im System dokumentiert werden.

Erfassen der Arbeitszeitsalden, individuelles Arbeitszeitkonto
Für alle Beschäftigten wird ein Arbeitszeitkonto geführt, auf dem *die regelmäßig geleistete Arbeitszeit* dokumentiert wird. Mehrarbeit ist gesondert zu erfassen. Der Saldo des Kontos wird täglich durch die Differenz zwischen geleisteter Arbeitszeit und der individuellen regelmäßigen Sollarbeitszeit gebildet. Die Behandlung von Krankheit, Feiertag, Freistellung ist ebenfalls regeln. Das individuelle Konto sollte eine Soll-Untergrenze (Zeitschuld) von … und eine Soll-Obergrenze (Zeitguthaben) von … Stunden nicht übersteigen. Die Beschäftigten erhalten einmal monatlich eine schriftliche Information über ihren individuellen Kontostand. Dieser ist auch am jeweiligen Terminal abrufbar.

Zweckbestimmung der erfassten Daten
Die mittels Zeiterfassungssystem erfassten und gespeicherten Daten werden ausschließlich zur Dokumentation der geleisteten Arbeitszeit und der Erstellung der Entgeltabrechnung verwendet. Eine anderweitige Verwendung einschließlich einer Verknüpfung mit anderen Daten ist nicht zulässig. Die erhobenen Daten dürfen nicht zur Verhaltens- und Leistungskontrolle bzw. -beurteilung genutzt werden.

5.3 Gleitzeit[1]

In vielen Betrieben der Metall- und Elektroindustrie sind Gleitzeitmodelle vereinbart.

Definition
Gleitzeit ist eine Arbeitszeitform, bei der die Beschäftigten die Möglichkeit haben, Beginn und Ende der täglichen Arbeitszeit innerhalb bestimmter Grenzen frei zu wählen.

Diese Grenzen werden zum einen durch die Kernzeitarbeitszeit gebildet, in der für die Beschäftigten Anwesenheitspflicht besteht. Zum anderen gibt es eine Rahmenarbeitszeit, welche die Ausdehnung der Arbeitszeit nach oben begrenzt (vgl. Übersicht 5.3). Die Beschäftigten können ihren Arbeitsbeginn und ihr Arbeitsende innerhalb dieser Grenzen selbst wählen. Dadurch können sie Zeitguthaben oder Zeitschulden bis zu einer definierten Anzahl von Stunden ansammeln – je nach Betriebsvereinbarung oder Tarifvertrag. Über die Zeitentnahme von seinem Guthaben verfügt der Einzelne innerhalb bestimmter betrieblicher Grenzen selbst.

Übersicht 5.3 – Prinzipien der Gleitzeit

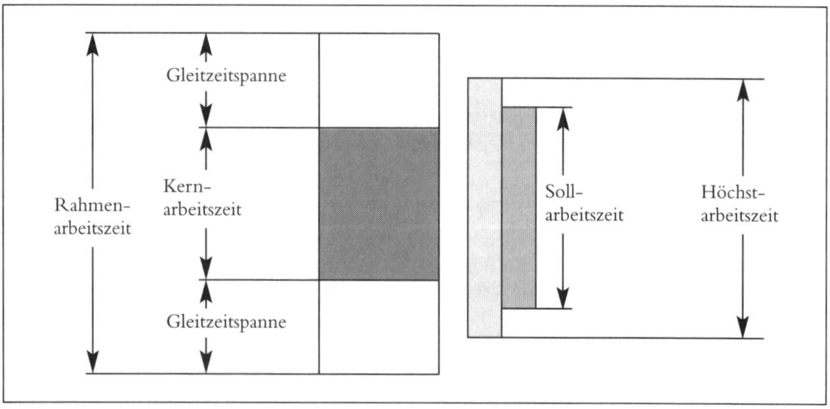

Klassische Gleitzeitregelungen beinhalten eine Vielzahl von Regelungstatbeständen und Definitionen, die der Gleitzeit erst ihre konkrete Gestalt geben. In der Praxis findet man – wenn auch nicht in jeder Vereinbarung gleich – folgende Kernelemente:

1 Es handelt sich bei diesem Unterkapitel um einen überarbeiteten, ergänzten und aktualisierten Text aus dem »Handbuch Manteltarifverträge«, der ursprünglich von Andrea Fergen stammt (Ohl u.a. 2000).

- ***Sollarbeitszeit***
  Mit Sollarbeitszeit ist die regelmäßige wöchentliche bzw. tägliche Arbeitszeit entsprechend der tarifvertraglichen Bestimmungen und betrieblichen Vereinbarungen gemeint (z. B. 35 Stunden in der Woche und 7 Stunden am Tag in Westdeutschland bzw. 38 Stunden und 7,6 Stunden in Ostdeutschland).
- ***Kernarbeitszeit***
  Die Kernarbeitszeit – häufig auch einfach Kernzeit genannt – ist die vereinbarte tägliche Mindestanwesenheitszeit. In dieser Zeit besteht für alle Beschäftigten Anwesenheitspflicht. Die Kernzeit ist kürzer als die Sollarbeitszeit.
- ***Gleitzeitspanne***
  Als Gleitzeitspanne wird die Zeit bezeichnet, die innerhalb der Rahmenarbeitszeit vor und nach der Kernarbeitszeit liegt. In dieser Zeitspanne können die Beschäftigten über Beginn und Ende ihrer individuellen Arbeitszeit selbst entscheiden.
- ***Rahmenarbeitszeit***
  Die Rahmenarbeitszeit umfasst den Zeitraum, in dem die tägliche Arbeitszeit liegen muss. Sie ergibt sich aus der Addition der Kernarbeitszeit und der Gleitzeitspannen.
- ***Höchstarbeitszeit***
  Die individuelle tägliche Höchstarbeitszeit beträgt 8 Stunden. Sie darf auf bis zu 10 Stunden ausgedehnt werden, wenn der Ausgleich auf durchschnittlich 8 Stunden im Zeitraum von 6 Monaten erfolgt (vgl. Kapitel 4 und § 3 ArbZG).
- ***Ausgleichszeitraum***
  Der Ausgleichszeitraum ist die Zeitspanne, innerhalb welcher Gleitzeitguthaben oder Gleitzeitschulden ausgeglichen werden müssen. Ausgleichszeiträume im Rahmen von Gleitzeitvereinbarungen sind nicht zu verwechseln mit Ausgleichszeiträumen, die bei ungleichmäßig verteilter Arbeitszeit gelten (vgl. Kapitel 4).
- ***Gleitzeitsalden***
  Das sind entweder angesparte Zeitguthaben, die durch geleistete Arbeit über die Sollarbeitszeit hinaus angespart werden, oder Zeitschulden, die durch entnommene Freizeit entstehen.
- ***Mehrarbeit***
  Die Abgrenzung von Gleitzeit und Mehrarbeit ist ein wichtiger Regelungspunkt in Gleitzeitvereinbarungen (vgl. Kapitel 5.3.2 und 5.7).

Die Gleitzeit bietet innerhalb festgelegter Grenzen individuelle Wahlmöglichkeiten bezogen auf den Beginn und das Ende der täglichen Arbeitszeit. Die Vorzüge der klassischen Gleitzeit wollen heute viele Beschäftigte nicht mehr missen. Musste man früher bei jeder Minute Verspätung Rechenschaft ablegen, ist das mit Gleitzeit kein Problem mehr. Auch für einen freien Nachmittag muss man nicht mehr lange beim Vorgesetzten anfragen.

Allerdings gibt es auch bei Gleitzeit problematische Entwicklungen. In Verbindung mit Personalabbau und Leistungsverdichtung gibt es einzelne Abteilungen oder ganze Betriebe, die unter dem Deckmantel der Gleitzeit eine schleichende Ausweitung der Arbeitszeit durchgesetzt haben. Hierbei werden oftmals Gleitzeitguthaben von vielen hundert Stunden vor sich hergeschoben, deren Abbau fraglich ist. In einzelnen Fällen gibt es auch eine Umdeutung von Kernzeiten in variable Funktions-, Service- oder Ansprechzeiten, während derer Abteilungen oder Teams eigenverantwortlich sicherstellen sollen, dass entsprechende Arbeitsplätze besetzt sind. Damit werden organisatorische Aufgaben, wie Regelungsabsprache auf die Abteilungen oder Teams verschoben. Damit wird die eigenständige Zeitplanung der Beschäftigten zugunsten einer Betriebs- und Kundenorientierung im Interesse des Unternehmens eingeschränkt.

Gleitzeit ist mit Vorteilen und Risiken verbunden:

- Gleitzeit bietet ein Mehr an Zeitsouveränität, da Beginn und Ende der Arbeitszeit in Grenzen frei bestimmbar sind. Gleitende Arbeitszeit ist damit auch ein hilfreiches Mittel für die Vereinbarkeit von Familie und Beruf.
- In der betrieblichen Praxis führt jedoch ständig wachsender Leistungsdruck dazu, dass diese individuelle Gestaltungsoption häufig nicht realisiert werden kann. Kundendruck, hoher Arbeitsanfall und arbeitsorganisatorische Zwänge bestimmen oftmals die Arbeitszeit. In der Folge entstehen hohe Gleitzeitguthaben, die nicht rechtzeitig abgebaut werden können. Viele Gleitzeitregelungen lassen sogar zu, dass Guthaben, die über eine bestimmte Stundenzahl hinausgehen, einfach gekappt werden. Das ist gleichzusetzen mit einer unbezahlten Arbeitszeitverlängerung auf »kaltem« Wege. Dass dies unzulässig ist, bestätigt ein Urteil des Bundesarbeitsgerichts, in dem es heißt: Es »bedeutet jedoch nicht, dass der Arbeitgeber der Erbringung betriebsvereinbarungswidriger Arbeitsleistung einzelner Arbeiter tatenlos zuschauen dürfte. Er hat vielmehr seinen Betrieb so zu organisieren, dass die betriebsverfassungsrechtlich geregelten Arbeitszeitgrenzen eingehalten werden. Hierzu muss es die Übereinstimmung betrieblicher Abläufe mit den normativen Vorgaben der von ihm geschlossenen Betriebsvereinbarungen überprüfen und erforderlichenfalls korrigierend eingreifen. Er kann sich seiner Verantwortung für die Führung seines Betriebes nicht entziehen« (BAG vom 29.04.2004 – 1 ABR 30/02).
- Eine zu lange Rahmenarbeitszeit und das gezielte Ausnutzen der Gleitzeitspannen können zu »verdeckter Schichtarbeit« führen.
- Im betrieblichen Alltag werden Gleitzeitregelungen teilweise dazu benutzt, Mehrarbeitsbestimmungen zu unterlaufen (vgl. Kapitel 5.7). Dabei werden sowohl die Mitbestimmungsrechte des Betriebsrates missachtet, als auch die Mehrarbeitszuschläge den Beschäftigten vorenthalten.
- Gleitende Arbeitszeit führt häufig dazu, dass Freistellungsansprüche von der Arbeit nicht mehr innerhalb der regulären Arbeitszeit eingelöst werden. Arztbesuche o. Ä. werden vielfach in die Gleitspannen gelegt und belasten damit das eigene Zeitkonto. Denn eine Freistellung von der Arbeit gibt es nur, wenn eine Arbeitspflicht besteht – und dies ist nur in der Kernzeit der

Fall. Hiervon abweichende Regelungen können allerdings durch Tarif- oder Arbeitsvertrag vorgenommen werden (vgl. LAG Köln vom 10.02.1993 – 8 Sa 894/92).

Die möglichen Risiken von Gleitzeit können durch eine Betriebsvereinbarung eingegrenzt werden, die die beschriebenen Eckpunkte und Probleme möglichst umfassend regelt (vgl. Kapitel 5.3.2). Unter dieser Bedingung können dann sehr wohl die attraktiven Seiten gleitender Arbeitszeit überwiegen. Geregelte Gleitzeit mit begrenzten individuellen Wahlmöglichkeiten ist auf alle Fälle eine bessere Lösung als eine sogenannte Vertrauensarbeitszeit, die häufig vonseiten der Arbeitgeber favorisiert wird (vgl. Kapitel 5.6).

5.3.1 Rechtliche und tarifliche Grundlagen

Für die betriebliche Gestaltung von Gleitzeitregelungen sind einige konkrete gesetzliche Eckpunkte von Bedeutung.

- Die Einführung und Ausgestaltung von Gleitzeit unterliegt der Mitbestimmung des Betriebsrates nach § 87 Abs. 1 Ziff. 2 und 3 BetrVG. Beginn und Ende der täglichen Arbeitszeit müssen nicht für alle Beschäftigten gleich sein, um unter die Schutzfunktion der Mitbestimmung zu fallen. Auch bei einer Verschiebung von Beginn und Ende innerhalb einzelner Arbeitstage sowie bei unterschiedlich langen Arbeitszeiten mit Zeitausgleich innerhalb eines definierten Ausgleichszeitraums bleibt das Mitbestimmungsrecht des Betriebsrates bestehen (BAG vom 18.04.1989 – 1 ABR 3/88). Das Gleiche gilt für Mehrarbeit. Auch hierauf muss der Betriebsrat sein besonderes Augenmerk richten (vgl. Kapitel 5.3.2). Die erforderlichen Einzelheiten sind durch Betriebsvereinbarung festzulegen, vor allem die Gleitzeitspannen, die Kern- und Rahmenarbeitszeit.
- Die im Arbeitszeitgesetz festgelegte Grenze der werktäglichen Arbeitszeit auf 8 Stunden gilt auch für Gleitzeit. Die tägliche Arbeitszeit darf auf bis zu 10 Stunden inklusive Mehrarbeit nur verlängert werden, wenn innerhalb von 6 Monaten (nach § 3 ArbZG) der durchschnittliche 8-Stunden-Tag nicht überschritten wird (vgl. Kapitel 2 und 4). Eigenständige tarifvertragliche Regelungen zu Ausgleichszeiträumen bleiben hiervon unberührt (vgl. Kapitel 4). Entsprechend dieser aus arbeitsmedizinischer Sicht sinnvollen Festlegung der täglichen Arbeitszeit sollte in der Betriebsvereinbarung zur Gleitzeit eine entsprechende Begrenzung der Gleitzeitspannen und der Rahmenarbeitszeit festgelegt werden.
- Zu den bei Gleitzeit einzuhaltenden gesetzlichen Regelungen gehören auch die nach § 4 ArbZG vorgeschriebenen Ruhepausen sowie die Ruhezeit nach § 5 ArbZG. Hiernach müssen Beschäftigte nach Beendigung der täglichen Arbeitszeit eine ununterbrochene Ruhezeit von mindestens 11 Stunden haben (vgl. Kapitel 4.3)

Die Regelung von Gleitzeit obliegt in weitreichendem Umfang den Betriebsparteien. Bei der betrieblichen Gestaltung von Gleitzeitregelungen sind allerdings – unabhängig davon, ob die Tarifverträge Rahmenregelungen zur Gleitzeit enthalten oder nicht – die tariflichen Arbeitszeitbestimmungen zu beachten. Wichtige Schnittstellen zu den tariflichen Arbeitszeitregelungen sind:

- Die tägliche Höchstarbeitszeit ist in einigen Tarifverträgen auf 8 Stunden pro Tag begrenzt. Manchmal findet sich auch eine Formulierung, in der es heißt: »Die tägliche Höchstarbeitszeit beträgt ein Fünftel der individuellen, regelmäßigen, wöchentlichen Arbeitszeit (IRWAZ)« oder »Die Verteilung der täglichen Arbeitszeit auf die Werktage ist mit dem Betriebsrat zu vereinbaren« (vgl. Kapitel 4).
- Weiterhin ist die tarifliche Mehrarbeitsdefinition zu beachten (vgl. Kapitel 2).
- Die Tarifverträge haben eigenständige Rechtsansprüche zur Freistellung von der Arbeit (vgl. Kapitel 12).

In den Fällen, in denen tarifliche Bestimmungen zur Gleitzeit vorliegen, handelt es sich im Wesentlichen um Rahmenregelungen.

Tarifvertrag

»2. Durch Betriebsvereinbarung kann ›gleitende Arbeitszeit‹ eingeführt werden. Mit der ›gleitenden Arbeitszeit‹ wird die Möglichkeit eröffnet, unter Berücksichtigung der betrieblichen Erfordernisse die Arbeitszeit in den Grenzen der betrieblich vorgegebenen Gleitspannen und im Rahmen der gesetzlichen und tariflichen Vorschriften über Dauer und Verteilung der Arbeitszeit zu gestalten.

3. Eine Betriebsvereinbarung über ›gleitende Arbeitszeit‹ muss folgenden Inhalt umfassen:

3.1 Geltungsbereich

3.2 Beginn und Ende der für den Betrieb/die Betriebsabteilung/den einzelnen Arbeitnehmer festgelegten Arbeitszeit für den Fall, dass die Gleitzeitregelung aus betrieblichen oder in der Person des Arbeitnehmers liegenden Gründen nicht zur Anwendung kommt (Sollarbeitszeit)

3.3 Lage und Dauer von Kernarbeitszeiten

3.4 Umfang und Lage von Gleitzeitspannen
Die nach dem ArbZG zulässige Höchstarbeitszeit darf nicht überschritten werden.

3.5 Pausenregelung

3.6 Die Höchstgrenzen für Gleitzeitguthaben und -schulden betragen je 16 Stunden.

3.7 Abgrenzung von Gleitzeit und Mehrarbeit
Mehrarbeit ist Arbeitszeit, die auf Anordnung außerhalb der täglichen Kernarbeitszeit geleistet wird und die Dauer der täglichen Sollarbeitszeit überschreitet.

3.8 Gleitzeitguthaben können in Absprache mit dem Arbeitgeber auch während der Kernzeiten abgegolten werden; dies kann sowohl stundenweise als auch in halben oder ganzen freien Tagen erfolgen.

3.9 Regelung der Zeiterfassung

3.10 Für Teilzeitbeschäftigte sind ggf. entsprechende Sonderregelungen zu schaffen …«

(Anhang II zum MTV Hamburg und Umgebung, Schleswig-Holstein, Mecklenburg-Vorpommern vom 03.07.2008)

Die noch wenig verbreiteten Tarifvertragsregelungen zur gleitenden Arbeitszeit zeigen, dass weitere tarifliche Bestimmungen sinnvoll wären, die es erlaubten, Gleitzeitregelungen im Interesse der Beschäftigten zu gestalten und Missbrauch durch einseitige, nur am Betriebsinteresse orientierte Arbeitszeitvorgaben zu verhindern.

5.3.2 Hinweise für die Interessenvertretung und Regelungsvorschläge

In den Betriebsvereinbarungen zur Gleitzeit sind die Eckpunkte so zu regeln, dass die Risiken von Gleitzeit möglichst minimiert und die Chance auf mehr Zeitsouveränität für die Beschäftigten wirksam erhöht wird. Hierfür ist es unabdingbar, durch betriebliche Regelung zu gewährleisten, dass innerhalb der Gleitzeitspanne Beginn und Ende der Arbeitszeit ohne Einschränkung selbst bestimmt werden können.
Ein Gleitzeitmodell, das dieser Grundannahme folgen will, muss mindestens folgende betriebliche Erfahrungen und Eckpunkte berücksichtigen:

Kernzeit und Gleitzeitspanne

- Im Interesse der Beschäftigten sollten Kernzeit und Gleitzeitspanne klar definiert sein.
- Vorsicht ist für die Interessenvertretung geboten, wenn Kernzeiten in Ansprech- oder Funktionszeiten umdefiniert werden sollen. Wie bereits erwähnt, verpflichten Ansprech- oder Funktionszeiten nicht die einzelnen Beschäftigten zur Anwesenheit, sondern sind eine Besetzungsvorgabe für eine Abteilung, Gruppe o. Ä. Das Abschaffen von Kernzeiten bedeutet keineswegs ein Mehr an Zeitsouveränität, vielmehr geht es häufig darum, Lage und Verteilung der Arbeitszeit unmittelbarer an Markt- und Kundenerfordernisse anzupassen. Die Zeitbedürfnisse der Beschäftigten bleiben bei diesem Modell oft auf der Strecke. Die »klassische« Regelung von Kernzeiten und Gleitzeitspannen bietet den Beschäftigten in der Regel mehr Planungssicherheit.

Höchstarbeitszeit, Sollarbeitszeit, Rahmenarbeitszeit

- Aus sozialen und arbeitsmedizinischen Gründen ist die Festlegung der individuellen täglichen Höchstarbeitszeit auf 8 Stunden zu empfehlen. Diese Grenze konnte früher bei einer Sollarbeitszeit von 40 Stunden pro Woche häufig nicht eingehalten werden. Um Zeitguthaben aufzubauen, musste länger als 8 Stunden gearbeitet werden. Deshalb hat man im Zusammenhang mit gleitender Arbeitszeit die Höchstarbeitszeit als Sollarbeitszeit plus 1 Stunde definiert. Durch die weitere Reduzierung der Wochenarbeitszeit macht es auch bei Gleitzeit wieder Sinn, den 8-Stunden-Tag als Referenzgröße zu wählen im Sinne der gesetzlichen Bestimmung: Die individuelle tägliche Höchstarbeitszeit beträgt 8 Stunden, sie darf auf bis zu 10 Stunden ausgedehnt werden, wenn der Ausgleich auf durchschnittlich 8 Stunden im Zeitraum von 6 Monaten erfolgt (§ 3 ArbZG).

- Die Sollarbeitszeit entspricht der tariflichen Arbeitszeit. Bei einer Arbeitszeit von 35 Stunden pro Woche in Westdeutschland sollte die tägliche Sollarbeitszeit 7 Stunden, bei einer Arbeitszeit von 38 Stunden in Ostdeutschland sollte die tägliche Sollarbeitszeit 7,6 Stunden betragen.
- Sinnvoll ist auch eine deutliche Begrenzung der Rahmenarbeitszeit. Hiermit kann der Gefahr verdeckter Schichtarbeit und zu langer Arbeitstage entgegengewirkt werden.

Grenzen der Gleitzeitsalden und Schutz vor Verfall von Arbeitszeit

- Die betriebliche Regelung von Gleitzeit muss die Höhe der zulässigen Gleitzeitsalden definieren. Einige Tarifverträge geben 16 Stunden vor. Eine Begrenzung des Saldos ist sinnvoll, weil damit das Risiko, hohe Gleitzeitguthaben vor sich herzuschieben, minimiert wird. Auch eine Zeitentnahme in Form von halben oder ganzen freien Tagen sollte qua betrieblicher Regelung ermöglicht werden.
- Durch eine betriebliche Regelung ist auszuschließen, dass bei Überschreiten der Höchstgrenze Arbeitsstunden einfach gekappt werden. Hier kann eine vorgeschriebene Abbauverpflichtung, wie sie beim Ampelkonto-Modell vorgesehen ist, hilfreich sein (vgl. Kapitel 5.9).
- Folgende Beschlüsse des Landes- und Bundesarbeitsgerichts können zum Schutz vor Verfall von Zeitguthaben herangezogen werden. Ihre Einhaltung sollte in der betrieblichen Praxis überwacht werden.

Rechtsvorschrift

»Der Arbeitgeber ist verpflichtet, eine Gleitzeitvereinbarung, wonach die Sollzeit am Ende eines Abrechnungszeitraumes um höchstens zehn Stunden über- oder unterschritten werden darf und Zeitguthaben von mehr als zehn Stunden verfallen, in der Weise durchzuführen, dass der Verfall von Gleitzeitguthaben verhindert wird. Der Arbeitgeber hat darauf zu achten, dass die Arbeitnehmer keine betrieblich veranlasste Arbeitsleistung erbringen dürfen, wenn das Zeitguthaben bereits überschritten ist und es sich nicht um mit dem Betriebsrat vereinbarte Überstunden handelt.«

(LAG Frankfurt vom 09.10.1997 – 5 TaBV 8/97)

»Die Arbeitgeberin kann gegenüber dem Unterlassungsanspruch nicht erfolgreich einwenden, sie sei ihrer Verpflichtung zur Durchführung der Betriebsvereinbarung dadurch nachgekommen, dass sie außerhalb des Gleitzeitrahmens geleistete Arbeiten nicht vergütet habe. […] Er hat vielmehr seinen Betrieb so zu organisieren, dass die betriebsverfassungsrechtlich geregelten Arbeitszeitgrenzen eingehalten werden. Hierzu muss er die Übereinstimmung betrieblicher Abläufe mit den normativen Vorgaben der von ihm geschlossenen Betriebsvereinbarungen überprüfen und erforderlichenfalls korrigierend eingreifen. Er kann sich seiner Verantwortung für die Führung seines Betriebs nicht entziehen.«

(BAG vom 29.04.2004 – 1 ABR 30/02)

Kein automatischer Überlauf und Trennung von Gleitzeitguthaben und Mehrarbeit

- Ein »Überlaufen« des Gleitzeitkontos auf ein anderes Konto gilt es z. B. mithilfe eines Ampelmodells (vgl. Kapitel 5.9) zu verhindern. Durch einen automatischen Überlauf können die Mitbestimmungsrechte des Betriebsrates bei Mehrarbeit ausgehöhlt werden, dem Betriebsrat werden dadurch wichtige Einflussmöglichkeiten genommen. Eine klare Trennung von Gleitzeitguthaben und Mehrarbeit ist unverzichtbar, um einer Verlängerung der Arbeitszeit auf »kaltem« Wege entgegenzuwirken.
- Hinsichtlich der Unterscheidung von Mehrarbeit und Gleitzeit ist die tarifvertragliche Definition der Mehrarbeit zu beachten (vgl. Kapitel 2 und 5.7). Mehrarbeit kann individualrechtlich durch Anordnung, Billigung oder durch Duldung entstehen. Bei Gleitzeit verzichtet der Arbeitgeber innerhalb des vereinbarten Rahmens der Gleitzeitspanne auf sein Direktionsrecht zur Festlegung der Arbeitszeit. Hieraus folgt, dass Anordnungen durch den Arbeitgeber in diesem Rahmen in jedem Fall mitbestimmungspflichtig sind (vgl. BAG vom 15.07.1961 – 2 AZR 436/60; 25.11.1993 – 2 AZR 517/93; 04.05.1994 – 4 AZR 445/93; 17.04.2002 – 5 AZR 644/00; 25.05.2005 – 5 AZR 319/04). Abgesehen von einer Ausnahme – in den Tarifgebieten des Bezirks Küste ist die Abgrenzung von Mehrarbeit bei Gleitzeit in den Tarifverträgen abschließend definiert (vgl. Kapitel 5.7) – liegt Mehrarbeit nach den Tarifverträgen dann vor, wenn die festgelegte tägliche oder wöchentliche Arbeitszeit überschritten wird. Bei der Gleitzeit legen allerdings die Beschäftigten Beginn und Ende ihrer Arbeitszeit selbst fest. Daher sind Mehrarbeitsstunden die Stunden, die außerhalb der von dem Beschäftigten gewählten Arbeitszeit geleistet werden müssen. Jede von einem Vorgesetzten angeordnete Arbeitszeit außerhalb dieser Zeit ist Mehrarbeit und muss beim Betriebsrat beantragt und nach Tarifvertrag zuschlagspflichtig vergütet werden. Das Gleiche gilt für angeordnete Arbeitszeit an einem freien Gleittag. Mehrarbeit muss gesondert ausgewiesen werden, z. B. auf einem Mehrarbeitskonto, und darf nicht mit den Gleitzeitsalden verrechnet werden.
- Ferner gilt es Regelungen zu treffen, um gesetzliche, tarifvertragliche und betriebliche Bestimmungen über bezahlte Freistellung zu sichern.

Eine im Interesse der Beschäftigten gestaltete Gleitzeitregelung ermöglicht größere Entscheidungsspielräume für den Einzelnen. Aber ein Mehr an individuellen Wahlmöglichkeiten für die Beschäftigten heißt nicht weniger Auseinandersetzungen für den Betriebsrat, sondern das Gegenteil ist der Fall: Mehr individuelle Gestaltungsspielräume benötigen einen kollektiven Unterbau. Sie gehen außerdem mit einer größeren Sensibilität gegenüber Druck von Vorgesetzten und arbeitsorganisatorischen Zwängen einher, die mehr Kontrolle des Betriebsrates über die Einhaltung betrieblicher Regelungen oder Vereinbarungen erfordern.

5.4 Kollektives Flexi-Konto

5.4.1 Ausgangssituation und tarifliche Grundlagen

Im Gegensatz zu Gleitzeitkonten, die der individuellen Flexibilität der Beschäftigten bezogen auf Beginn und Ende ihrer Arbeit dienen, regelt das kollektive Flexi-Konto die betrieblich verlangte Flexibilität durch kollektiv vereinbarten Auf- und Abbau von Arbeitszeit. Die Einführung und Ausgestaltung flexibler Arbeitszeitmodelle ist gem. § 87 Abs. 1 Nr. 2 BetrVG mitbestimmungspflichtig.

Definition
Das kollektive Flexi-Konto dient dem Ausgleich betrieblicher Auftrags- und Produktionsschwankungen durch Erhöhung oder Absenkung der betrieblich vereinbarten regelmäßigen Arbeitszeit. Die Beschäftigten arbeiten entsprechend der betrieblichen Vereinbarung phasenweise länger oder kürzer, dabei bleibt für sie die Höhe der individuellen regelmäßigen wöchentliche Arbeitszeit und das Entgelt konstant. Das kollektive Flexi-Konto obliegt der Mitbestimmung des Betriebsrates.

Das Flexi-Konto soll dem Betrieb ermöglichen, Auftragsschwankungen über eine Verringerung oder Vergrößerung der Arbeitszeitkapazität auszugleichen. Beispielsweise gibt es bei Konsumgüterherstellern oft Produktionsschwankungen, die z. B. mit dem Wetter oder mit Feiertagen wie Weihnachten zusammenhängen. Weil die Menschen meist gleichzeitig Geschenke kaufen, gibt es z. B. vor Weihnachten regelmäßig Auftragsspitzen und nach Weihnachten Auftragsrückgänge. Automobilzulieferer sind den Abrufschwankungen der Hersteller ausgeliefert und müssen oft sehr kurzfristig zusätzliche höhere Auftragszahlen liefern oder aber mit kurzfristigen Auftragsrückgängen klarkommen. Ein Teil der Schwankungen lässt sich durch entsprechende Lagerhaltung ausgleichen. Lagerhaltung ist teuer und verringert den Gewinn; deshalb versuchen die Unternehmen, die Arbeitszeit der Beschäftigten als Puffer einzusetzen

Wird ein kollektives Flexi-Konto von der Geschäftsführung und dem Betriebsrat konstruktiv angewendet, kann es vorkommen, dass in Zeiten des Auftragsmangels in 1 Monat statt 35 Stunden nur 30 Stunden pro Woche gearbeitet wird. Bei Auftragsspitzen kann dann ein Ausgleich erfolgen, indem in einem Folgemonat 40 Stunden pro Woche gearbeitet wird.

Übersicht 5.4 – Kollektives Flexi-Konto

West-Deutschland (Durchschnittliche Arbeitszeit 35 Stunden)

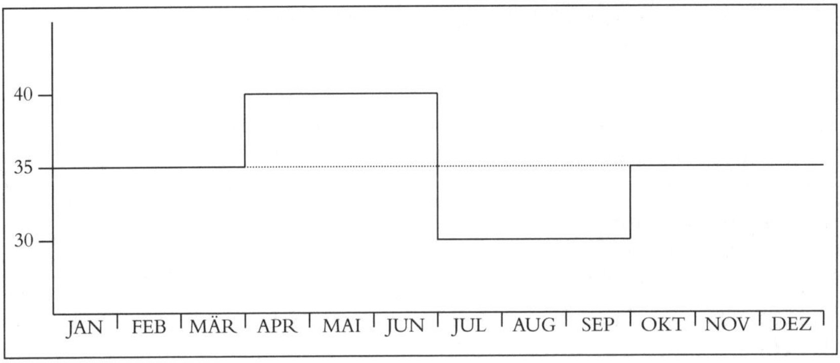

Ost-Deutschland (Durchschnittliche Arbeitszeit 38 Stunden)

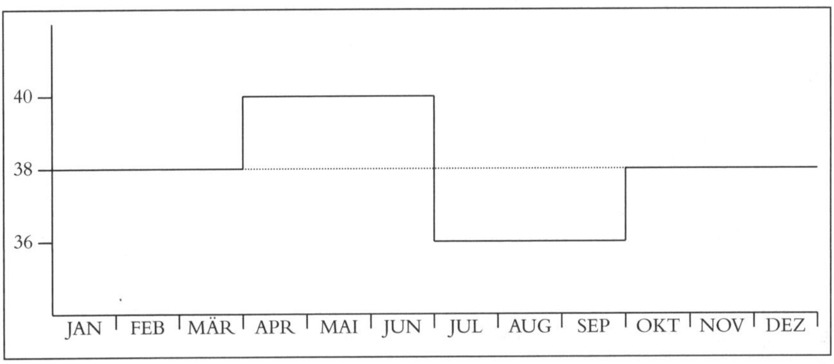

Seit einigen Jahren fahren die Unternehmen die Strategie der »unteren Personallinie«. Sie versuchen, für diese Strategie das Instrument der Arbeitszeitkonten zu nutzen: Anstatt Menschen einzustellen, werden die Zeitkonten gefüllt. Die möglichen Saldengrößen haben so durchaus auch Einfluss auf den Arbeitsmarkt. Kann eine hohe Anzahl von Stunden ins Zeitkonto fließen, braucht der Arbeitgeber längere Zeit keine Neueinstellungen vorzunehmen. Umgekehrt kann er bei einem Auftragseinbruch nicht sofort Beschäftigten kündigen, weil Zeitkonten abgebaut oder ins Minus gefahren werden können.

Beispiel:
Annahme: 500 Beschäftigte mit 35 Stunden pro Woche und 44 Arbeitswochen im Jahr:
500 × 35 × 44 = 770 000 Stunden im Jahr
Kapazitätsausweitung
Arbeitszeitkonto mit + 150 Stunden × 500 Beschäftigte = 75 000 Stunden
in % der Gesamtkapazität 9,7 %
in Personalkapazität 48 Personen

Kapazitätsreduzierung
Arbeitszeitkonto Abbau von plus 150 Stunden auf minus 150 Stunden = 150 000 Stunden
in % der Gesamtkapazität bei Kapazitätsreduzierung 19,48 %
in Personalkapazität 97 Personen

Nach anfänglichen grundsätzlichen Diskussionen werden heute in vielen Betrieben der Metall- und Elektroindustrie kollektive Flexi-Konten einvernehmlich zwischen Geschäftsführung und Betriebsrat vereinbart. Die Größenordnung ist sehr unterschiedlich: In einigen Betrieben sind Konten von plus/minus 100 Stunden vereinbart, in anderen Betrieben von bis plus/minus 400 Stunden. Aus Sicht der Beschäftigten bieten positive Salden auf den Konten eine Art Beschäftigungssicherung. Denn bei Auftragsmangel wird das Unternehmen zuerst die positiven Konten abbauen, bevor es Kurzarbeit bzw. sogar Entlassungen beantragt. Hält der Auftragsmangel für eine längere Zeit an, kann dann sogar »ins Minus« gegangen werden. Das heißt: Die Arbeitszeit wird reduziert, aber das Entgelt konstant weiter gezahlt. In der Krise von 2008/2009 konnten so viele Entlassungen vermieden werden. Anderseits führt dies dazu, dass am Ende des Aufschwungs zunächst negative Kontensalden ausgeglichen werden, dann positive Kontensalden erarbeitet und erst dann Neueinstellungen getätigt werden. Durch kollektive Flexi-Konten wird die Beschäftigungssituation auch bei Auftragsschwankungen stabil gehalten. Diese Regelung ist eine gute Alternative zur »Hire and Fire«-Politik zahlreicher amerikanischer Unternehmen.

Übersicht 5.5 – Krisenmedizin: Weniger arbeiten

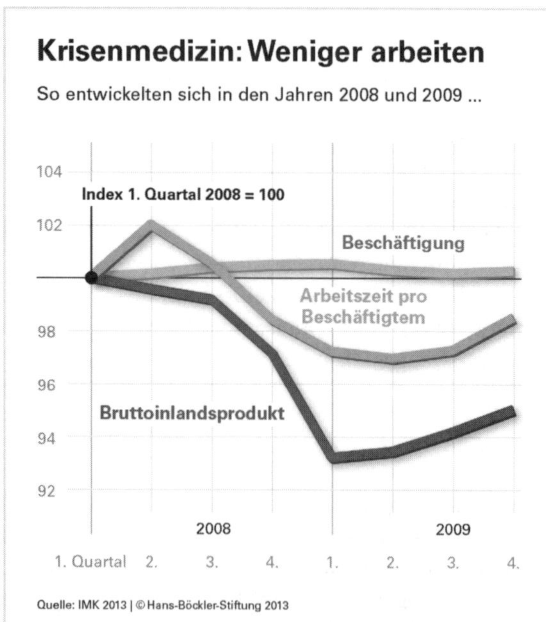

Hin und wieder gibt es in den Betrieben Debatten darüber, dass bei positiven Kontoständen die Beschäftigten den Unternehmen einen zinslosen Kredit gewähren. Das ist einerseits richtig, andererseits ist bei negativen Zeitsalden genau das Gegenteil der Fall: Das Unternehmen zahlt trotz reduzierter Arbeitszeit das Monatsentgelt fort und gibt den Beschäftigten einen zinslosen Kredit. Im Lauf der Jahre wird sich dieser Effekt ausgleichen.
Die Regelungen der Tarifverträge zum Ausgleichszeitraum (vgl. Kapitel 4) haben aus Sicht der Unternehmen den Nachteil, dass die Flexibilität auf 12 Monate begrenzt ist. Das Arbeitszeitkonto muss am Ende dieses Zeitraums die Nulllinie durchlaufen. Das heißt, dass im Durchschnitt von 12 Monaten die 35-Stunden-Woche im Westen bzw. die 38-Stunden-Woche im Osten (bzw. die individuelle regelmäßige wöchentliche Arbeitszeit) erreicht werden muss. Die Betriebsräte haben beim Abschluss entsprechender Betriebsvereinbarungen über flexible Arbeitszeitkonten ein Mitbestimmungsrecht. Einigen sich Betriebsrat und Arbeitgeber nicht auf eine Betriebsvereinbarung, kann eine Seite die Einigungsstelle nach § 76 BetrVG anrufen.
Es gibt aber auch andere, längere Auftragszyklen für die ein 12-monatiger oder ein 24-monatiger Ausgleichszeitraum (§ 5.1 TV-Besch Baden-Württemberg) nicht ausreichend ist. Zum Beispiel gibt es für die Druckmaschinen Branche alle 4 Jahre eine große Messe. Im Jahr vor der Messe werden in Erwartung neuer Maschinentypen weniger Aufträge vergeben, nach der Messe steigen die Auftragseingänge stark an. Aus diesem Grund kann es sinnvoll sein, die Ausgleichzeiträume diesem Zyklus anzupassen.
Für die Tarifgebiete Baden-Württembergs wurden deshalb flächentarifvertragliche Rahmenregelungen abgeschlossen, denen zufolge im Rahmen einer freiwilligen Betriebsvereinbarung auch Arbeitszeitkonten ohne Ausgleichszeitraum oder auch mit einem längeren als einem 12- bzw. 24-monatigem Ausgleichzeitraum abgeschlossen werden können. Da in diesem Modell die Risiken für die Beschäftigten wesentlich größer sind, haben die Tarifvertragsparteien vereinbart, dass der Weg zur Einigungsstelle in diesem Fall nicht möglich ist (freiwillige Betriebsvereinbarung).

Tarifvertrag
»Die Betriebsparteien können sowohl flexible Arbeitszeitkonten (s. § 7.7. 1) als auch Langzeitkonten (s. § 7.7. 2) jeweils durch freiwillige Betriebsvereinbarung vereinbaren. Für beide Zeitkonten gelten keine Ausgleichszeiträume. Dies gilt nicht für sonstige Zeitkonten im Rahmen des § 7 MTV (z.B. Gleitzeit).«
(§ 7.7 MTV-ERA Nordwürttemberg-Nordbaden)

Tarifvertrag
»Das flexible Arbeitszeitkonto dient dem Ausgleich betrieblicher Auslastungsschwankungen … und damit der Verstetigung von Beschäftigung. Die Regeln für die Zuführung von Zeitguthaben in das Konto als auch für den Abbau aus dem Konto sind zwischen den Betriebsparteien zu vereinbaren. Die Betriebsvereinbarung soll neben Guthabenstunden auch Minusstunden vorsehen. Dieses Konto wird als individuelles Zeitkonto geführt …«
(§ 7.7.1.1. ERA-MTV Nordwürttemberg-Nordbaden)

> *»Für das flexible Arbeitszeitkonto ist jeweils eine Obergrenze für Guthabenstunden bzw. eine Untergrenze für Minusstunden festzulegen. Es sind Verfahrensregelungen und Fristen zur Einhaltung der betrieblich vereinbarten Stundengrenzen zu vereinbaren …«*
> (§ 7.7.1.2 ERA-MTV Nordwürttemberg-Nordbaden)
> *»Der Aufbau und Abbau des flexiblen Arbeitszeitkontos erfolgt durch von den Betriebsparteien vereinbarte zusätzliche oder reduzierte Arbeitszeiten (ungleichmäßige Verteilung der Arbeitszeit) für den ganzen Betrieb, für einzelne Abteilungen oder für einzelne Beschäftigtengruppen.«*
> (§ 7.7.1.3 ERA-MTV Nordwürttemberg-Nordbaden)

In anderen Tarifgebieten fordert die IG Metall seit langer Zeit ebenfalls tarifliche Regelungen zu kollektiven Flexi-Konten, was von einigen Arbeitgeberverbänden strikt abgelehnt wird. Damit stellen sich die Arbeitgeber gegen eine geregelte tarifliche Flexibilisierung. Viele Betriebe außerhalb von Baden-Württemberg wenden kollektive Flexi-Konten in einer rechtlichen Grauzone an. Soll dies außerhalb von Baden-Württemberg rechtlich korrekt geregelt werden, sind firmenbezogene Ergänzungs-Tarifverträge erforderlich.

5.4.2 Hinweise für die Interessenvertretung und Gestaltungsvorschläge

- Ein Vorteil des Flexi-Kontos auf Basis tariflicher Rahmenbestimmungen gegenüber Kurzarbeit und Nutzung des Tarifvertrages zur Beschäftigungssicherung ist das konstante Entgelt.
- Für flexible Arbeitszeitkonten sind Ober- und Untergrenzen in Betriebsvereinbarungen festzulegen.
- Minusstunden sind bei diesem Kontenmodell möglich und gewollt. Die Höchstgrenze der Minusstunden sollte nicht unter der Höchstgrenze der Plusstunden liegen.
- Die betriebliche regelmäßige Arbeitszeit (im Unterschied zur gleichbleibenden individuellen regelmäßigen wöchentlichen Arbeitszeit) wird mit dem Betriebsrat vereinbart. Zusätzlich zu dieser Vereinbarung sollte die Erhöhung oder Absenkung der Arbeitszeit rechtzeitig mit den Beschäftigten beraten werden, ihre Interessen sind zu berücksichtigen (z.B. auch in Form von Ausnahmeregelungen aus persönlichen Gründen).
- Ausreichende Ankündigungsfristen sind mit den Beschäftigten betrieblich zu vereinbaren.
- Eine maximale Anzahl von Zu- und Abfluss-Stunden (täglich bzw. wöchentlich) und/oder eine maximale Schwankung der Wochenarbeitszeit (z.B. 30 bis 40 Stunden), sollte ebenfalls festgelegt werden.
- Das Flexi-Konto sollte mit einer verbindlichen Beschäftigungssicherung ähnlich dem Beschäftigungssicherungsvertrag verbunden werden, z.B. mit einer Verpflichtung zum Kontenabbau vor betriebsbedingten Kündigungen.

(Vgl. auch Gestaltungseckpunkte der IG Metall Bezirksleitung Baden-Württemberg 2011).

5.5 Langzeitkonto und Wertguthaben

Der Grundgedanke von Langzeitkonten besteht darin, dass Beschäftigte über lange Phasen, die bis zum Ende des Erwerbslebens reichen können, Zeit- oder Geldguthaben ansparen, um mit diesen Salden längere Unterbrechungen der Erwerbsarbeit oder einen früheren Ausstieg aus dem Erwerbsleben finanzieren zu können. Hierfür wurde im Sozialrecht mit dem »Gesetz zur Verbesserung der Rahmenbedingungen für die Absicherung flexibler Arbeitszeitregelungen und zur Änderung anderer Gesetze vom 21. Dezember 2008« (sogenanntes Flexi II-Gesetz) ein verbindlicher Regelungsrahmen geschaffen. Dieser rechtliche Rahmen sollte Hürden beseitigen, die zuvor die Einführung von Langzeitkonten auf der rechtlichen Basis des Gesetzes von 1998 behinderten. Bei der Neufassung des SGB IV (§ 7b ff und § 116 SGB IV – sogenanntes Flexi II-Gesetz) handelt es sich somit um ein Artikelgesetz, das im Wesentlichen vormals behindernde Regelungen im SGB IV änderte bzw. erleichternde Regelungen ergänzte.
Die herkömmlichen Rechtsvorschriften des SGB IV waren noch die Grundlage für die Vereinbarung der tariflichen Regelungen zu Langzeitkonten in der Metall- und Elektroindustrie Baden-Württembergs und Nordrhein-Westfalens im Jahre 2005. Allerdings hat auch die gesetzliche Neuregelung von 2008 bislang nicht dazu geführt, dass Langzeitkonten bzw. Wertguthaben eine erheblich größere Verbreitung gefunden haben. Nach einer vom Bundesministerium für Arbeit und Soziales in Auftrag gegebenen Evaluierung sind echte Langzeitkonten/Wertguthaben erst in gut 2 Prozent aller Betriebe eingeführt (Seifert u.a. 2013).

Definition
Bei einem Langzeitkonto handelt es sich um ein Ansparmodell, das eine längerfristige Freistellung von der Arbeit oder einen vorzeitigen Eintritt in den Ruhestand vorsieht. Es ist ein individuelles Konto, das mit einer definierten Zweckbestimmung versehen ist (vorgezogener Ruhestand, persönliche Qualifizierung, Familienzeiten u.a.). Es speist sich aus Entgeltbestandteilen oder aus Zeiten, die nicht durch zeitnahen Abbau ausgeglichen werden, wobei der Zufluss nur freiwillig und aus definierten Quellen möglich ist.

Sozialrechtlich wird bei einem Langzeitkonto eine Vereinbarung über ein Wertguthaben geschlossen. Im SGB IV werden folgende Kriterien für eine Wertguthaben-Vereinbarung definiert:

Rechtsvorschrift
»Eine Wertguthaben-Vereinbarung liegt vor, wenn
- *der Aufbau des Wertguthabens auf Grund einer schriftlichen Vereinbarung erfolgt,*
- *diese Vereinbarung nicht das Ziel der flexiblen Gestaltung der werktäglichen*

oder wöchentlichen Arbeitszeit oder den Ausgleich betrieblicher Produktions- und Arbeitszeitzyklen verfolgt
- *Arbeitsentgelt in das Wertguthaben eingebracht wird, um es für Zeiten der Freistellung von der Arbeitsleistung oder der Verringerung der vertraglich vereinbarten Arbeitszeit zu entnehmen*
- *das aus dem Wertguthaben fällige Arbeitsentgelt mit einer vor oder nach der Freistellung von der Arbeitsleistung oder der Verringerung der vertraglich vereinbarten Arbeitszeit erbrachten Arbeitsleistung erzielt wird und*
- *das fällige Arbeitsentgelt insgesamt 400 Euro monatlich übersteigt, es sei denn die Beschäftigung wurde vor der Freistellung als geringfügige Beschäftigung ausgeübt.«*

(§ 7 b SGB IV)

Das SGB IV definiert ebenfalls beispielhaft eine breite Palette an Freistellungszwecken (vgl. § 7 c SGB IV):
- Freistellung zur Pflege der Angehörigen und zur Erziehung der Kinder
- Zeitweise Verringerung der Arbeitszeit nach dem Teilzeit- und Befristungsgesetz
- Freistellung zum vorzeitigen Eintritt in den Ruhestand
- Freistellung zur Teilnahme an beruflichen Qualifizierungsmaßnahmen

Wertguthaben-Vereinbarungen sollen dazu dienen, *»den Beschäftigten im gesamten Lebensverlauf Flexibilität ... bei der Arbeitsorganisation auch über einen längeren Zeitraum«* zu geben (Deutscher Bundestag 2012, S. 3). Sie sind für Verwendungszwecke vorgesehen, die von den Beschäftigten zu definieren sind und durch betriebliche Vereinbarungen ermöglicht werden.

Zu unterscheiden von Langzeitkonten sind sogenannte *Lebensarbeitszeitkonten*, die allein auf die Gestaltung des Rentenübergangs (vorzeitiger Ausstieg aus dem Erwerbsleben oder Altersteilzeit) abzielen. Ein Ausgleich dieser Konten wird ausschließlich am Ende des Arbeitslebens in Form eines vorzeitigen Ruhestands oder als zusätzliche Altersversorgung fällig.

Nach der Neufassung des SGB IV wird die Kontoführung in Entgelteinheiten vorgenommen, wobei ein Bestandsschutz für ältere Konten in Zeiteinheiten besteht. Die Zeitkonten verändern ihren Charakter, was im Begriff des »Wertkontos« oder »Zeitwertkontos« zum Ausdruck kommt.

5.5.1 Tarifliche Grundlagen von Langzeitkonten

Flächendeckende tarifliche Rahmenregelungen für Langzeitkonten gibt es in der Metall- und Elektroindustrie bislang lediglich in den Tarifgebieten von Baden-Württemberg und Nordrhein-Westfalen. In den weiteren Tarifgebieten sind Langzeitkonten nur auf der Grundlage von Ergänzungstarifverträgen möglich. In diesen Tarifverträgen ist die betriebliche Ausgestaltung solcher Konten mehr oder weniger detailliert geregelt.

Tarifvertrag

»Betriebliche Einführung von Langzeitkonten

1. Die Betriebsparteien können durch freiwillige Betriebsvereinbarungen Langzeitkonten gemäß den Bestimmungen dieses Tarifvertrages vereinbaren.

2. Das Langzeitkonto dient – unter Beachtung der betrieblichen Erfordernisse – der persönlichen Lebensarbeitsplanung des einzelnen Beschäftigten, insbesondere

- *dem vorzeitigen Ausscheiden des Beschäftigten (unmittelbar) vor Rentenbeginn*
- *der Verkürzung der Arbeitsphase im Altersteilzeit-Blockmodell.*

Die Betriebsparteien können diese Zielsetzungen betrieblich nicht ausschließen, aber gemäß den Bestimmungen dieses Tarifvertrages erweitern.

Für die in das Langzeitkonto in Zeit oder Geld eingestellten Stunden gelten keine tariflichen Ausgleichszeiträume.«

(§ 2 TV Langzeitkonten Nordrhein-Westfalen)

»Die Betriebsparteien können sowohl flexible Arbeitszeitkonten (s. § 7.7. 1) als auch Langzeitkonten (s. § 7.7. 2) jeweils durch freiwillige Betriebsvereinbarung vereinbaren. Für beide Zeitkonten gelten keine Ausgleichszeiträume. Dies gilt nicht für sonstige Zeitkonten im Rahmen des § 7 MTV (z.B. Gleitzeit).«

(§ 7.7 ERA-MTV Nordwürttemberg-Nordbaden)

»Das Langzeitkonto dient der persönlichen Lebensarbeitszeitplanung des einzelnen Beschäftigten, auch der Verkürzung der Lebensarbeitszeit unmittelbar vor Bezug einer Altersrente.

Die Langzeitkonten werden grundsätzlich in Zeit geführt. Abweichendes kann in der freiwilligen Betriebsvereinbarung vereinbart werden.

[...] Die Regeln für die Zuführung von Zeitguthaben in das Langzeitkonto sind zwischen den Betriebsparteien zu vereinbaren.

In diesem Rahmen können Beschäftigte Arbeitsstunden, für die ein Vergütungsanspruch besteht, in das Langzeitkonto buchen. [...]

Ein Regelüberlauf von anderen Arbeitszeitkonten in das Langzeitkonto ist ausgeschlossen.

[...] Der Zufluss zum Langzeitkonto darf 152 Stunden pro 12 Monate nicht überschreiten. Diese Begrenzung gilt nicht für Stunden, die der Beschäftigte aus der individuellen regelmäßigen wöchentlichen Arbeitszeit zugunsten eines Zuflusses in das Langzeitkonto verbucht, soweit die Regelungen dieser Betriebsvereinbarung dies zulassen.

[...] Über die Entnahme von Zeitguthaben entscheidet in folgenden Fällen der Beschäftigte:

- *bei nahem Rentenzugang, wenn bei Verbrauch des Guthabens das Arbeitsverhältnis beendet und ein Übergang in ein Rentenverhältnis angestrebt wird. Hierbei ist die Entnahme spätestens 12 Monate vor Beginn des Abbaus des Zeitguthabens anzukündigen.*
- *zur Verwendung von Arbeitszeitguthaben in der Arbeitsphase der Altersteilzeit. Diese Entnahme ist bei Vertragsabschluss festzulegen;*
- *für die persönliche Weiterbildung im Sinne von § 5 des Tarifvertrages zur Qualifizierung. [...]*

Diese Verwendungszwecke können im Rahmen der freiwilligen Betriebsvereinbarung nicht ausgeschlossen werden.

> *[...] Darüber hinaus können die Langzeitguthaben auch noch in folgenden Fällen verwendet werden, wenn und soweit die Betriebsvereinbarung dies vorsieht:*
> - *zur Abkürzung der gesetzlichen Elternzeit, höchstens jedoch bis zu deren gesetzlicher Grenze,*
> - *für sonstige Verwendungszwecke, soweit sich Beschäftigter und Arbeitgeber darauf einigen.«*
>
> (§ 7.7.2 ERA-MTV Nordwürttemberg-Nordbaden)

5.5.2 Zufluss zu Langzeitkonten

Die Differenz aus abweichender längerer Arbeitszeit zur individuellen regelmäßigen wöchentlichen Arbeitszeit kann auf der Basis dieser Tarifregelung auf ein Langzeitkonto gebucht werden. Gemäß dem Tarifvertrag über Langzeitkonten in Nordrhein-Westfalen können Beschäftigte zum Aufbau des Guthabens auf dem Langzeitkonto außerdem Bestandteile des Arbeitsentgeltes (z. B. Sonderzahlungen) verwenden. Dies ist nach den Tarifbestimmungen zu Langzeitkonten in den Tarifgebieten Baden-Württembergs nicht möglich.

In manchen Betrieben werden Zeitguthaben bei Erreichen der Obergrenzen von flexiblen Arbeitszeitkonten in Langzeitkonten übertragen, um eine Auszahlung oder gar den unbezahlten Verfall von geleisteter Arbeitszeit zu vermeiden. Eine *automatische Übertragung* aus den flexiblen Arbeitszeitkonten in Langzeitkonten ist allerdings in den meisten Tarifverträgen und Betriebsvereinbarungen *ausgeschlossen*, weil dies in der Tendenz zu längeren Arbeitszeiten führen könnte.

Die Tarifverträge ermöglichen den Zufluss aus Zeiten, die durch Verzicht auf die aktuelle Auszahlung von Arbeitszeit und Umbuchung ins Langzeitkonto entstehen, z. B. durch die Reduzierung um 5 Stunden von 35 auf 30 Stunden oder von 40 auf 35 Stunden. Das Monatsentgelt kann ggf. konstant bleiben, durch Zwölftelung des Weihnachts- oder Urlaubsgeldes und eine Aufzahlung auf das Monatsentgelt.

Zeit oder Geld?

Das SGB IV sieht vor, dass die Wertguthaben auf Langzeitkonten als Arbeitsentgeltguthaben (unter Einschluss des Gesamtsozialversicherungsbeitrages – vgl. § 7d Abs. 1 SGB IV) geführt werden müssen. Das heißt, dass nicht Stunden in die Konten gebucht werden, sondern das Äquivalent der gearbeiteten Zeit in Geld: *»Die Arbeitszeitguthaben sind in Arbeitsentgelt umzurechnen«* (§ 7d Abs. 1 SGB IV). In aller Regel unterliegen diese Zeitwertkonten den finanziellen Zins-Risiken des Kapitalmarktes. Bei einer – im Vergleich mit der Tarif- und Einkommensentwicklung – niedrigeren Verzinsung kann das dazu führen, dass für das Geld einer gearbeiteten Stunde am Ende der Laufzeit bei der Entnahme nicht eins zu eins zur gearbeiteten Zeit Freizeit entnommen werden kann. Bei einer hohen Verzinsung hingegen wäre es denkbar, dass umgekehrt mehr Freizeit entnommen werden kann.

Ähnlich verhält es sich mit Berufskarrieren. Wer gegen Ende des Arbeitslebens eine besser bezahlte Tätigkeit ausübt als am Beginn seines Arbeitslebens, hat

diese Karriere im Zeitwertkonto in der Regel nicht abgebildet und kann daher weniger Zeit entnehmen als eingebucht wurde.
Die Neufassung des SGB IV beinhaltet allerdings eine Besitzstandsklausel für »alte Regelungen«, denen zufolge die Konten in Zeit geführt werden. Bei den Tarifverträgen in Baden-Württemberg und Nordrhein-Westfalen handelt es sich um solche »alte Regelungen«. Der Manteltarifvertrag in Nordwürttemberg-Nordbaden schreibt beispielsweise in § 7.7. 2.1 vor, dass Langzeitkonten grundsätzlich in Zeit geführt werden (vgl. Kapitel 5.5.1). Das hat für die Beschäftigten den Vorteil, dass eine eingebrachte Stunde während der Arbeitsphase auch in der Freistellung 1 Stunde bleibt. Es gibt kein Finanzmarktrisiko, Inflationsrisiken können durch Entgelterhöhungen während der Laufzeit kompensiert werden. Bei der Freistellung wird das Entgelt ausbezahlt, das im Falle einer Weiterarbeit in diesem Zeitraum zu bezahlen wäre, und Karrieren werden ebenfalls, positiv wie negativ, automatisch abgebildet. Bei der Evaluierung des sogenannten Flexi II-Gesetzes hat sich herausgestellt, dass bundesweit dreiviertel der Betriebe – und damit die überwiegende Mehrzahl – die Wertguthaben nach wie vor in Zeiteinheiten führt.

5.5.3 Entnahme von Zeitguthaben

Langzeitkonten sind Guthabenkonten. Deshalb kann für die Freistellung eine Entnahme maximal in Höhe des jeweiligen Guthabenkontos erfolgen.
Die Entnahme von Zeitguthaben aus dem Langzeitkonto erfolgt durch bezahlte Freistellung von der Arbeitsleistung. In einem Ergänzungstarifvertrag in Baden-Württemberg wurde z. B. vereinbart, dass im Falle der Freistellung das im Monat vor Beginn der Freistellung erzielte Monatsentgelt für die Entgeltberechnung zugrunde gelegt wird.
Mögliche Zweckbestimmungen für Entnahmen aus dem Langzeitkonto sind den Tarifvertragstexten der Tarifgebiete Nordrhein-Westfalen und Baden-Württembergs (vgl. oben) zu entnehmen. Es handelt sich dabei im Wesentlichen um

- das vorzeitige Ausscheiden der Beschäftigten vor Rentenbeginn,
- die Verkürzung der Arbeitsphase im Altersteilzeit-Blockmodell
- und nach dem Manteltarifvertrag Nordwürttemberg-Nordbaden um persönliche Weiterbildung (im Sinn des § 5 TV Qualifizierung).

Diese Verwendungszwecke können durch freiwillige Betriebsvereinbarungen nicht ausgeschlossen werden. Weitere Zwecke sind möglich, wenn Betriebsvereinbarungen dies vorsehen. In der Praxis wird allerdings in der überwiegenden Zahl der Fälle die Zweckbestimmung eines vorzeitigen Eintritts in den Ruhestand vereinbart.
In der politischen Debatte über den vorzeitigen Ausstieg aus dem Erwerbsleben wird häufig auf Langzeitkonten verwiesen. Teilweise wird dies als Alternative zu tariflichen Regelungen zur Altersteilzeit dargestellt (vgl. Kapitel 11). Eine einfache Überschlagsrechnung zeigt allerdings, dass die Möglichkeiten doch sehr begrenzt sind.

Beispiel:
Unter der Annahme, dass im Jahr 46 Wochen gearbeitet werden, ergibt sich in Westdeutschland eine jährliche Arbeitszeit von $46 \times 35 = 1610$ Stunden und in Ostdeutschland von $46 \times 38 = 1748$ Stunden. Werden in Westdeutschland pro Woche 40 Stunden gearbeitet und 5 Stunden in ein Langzeitkonto gebucht, ergibt sich pro Jahr ein Zeitguthaben von 230 Stunden. Um 1 Jahr früher aus dem Betrieb ausscheiden zu können, müssten Beschäftigte in Westdeutschland 7 Jahre lang 40 Stunden statt 35 Stunden arbeiten (1610 geteilt durch 230 = 7 Jahre). In Ostdeutschland werden bei einer 40-Stunden-Woche pro Jahr 92 Stunden in ein Langzeitkonto gebucht. Dort müssten Beschäftigte 19 Jahre lang 40 Stunden arbeiten, um 1 Jahr vorher aussteigen zu können (1748 geteilt durch 92 = 19 Jahre).

Die Überschlagsrechnung zeigt, dass Langzeitkonten gute Regelungen zum vorzeitigen Ausstieg aus dem Erwerbsleben nicht ersetzen können. Zu bedenken ist auch, dass Beschäftigte, die Arbeitsstunden bis zur Endphase ihres Erwerbslebens ansparen, auf Belastungsausgleich durch kurzfristigere Arbeitszeitreduzierungen verzichten.

Vorzeitige Auflösung (Störfall)

Immer dann, wenn das Wertguthaben nicht für die bezahlte Freistellung verwendet wird, liegt ein »Störfall« vor. Ein Störfall kann z. B. in folgenden Fällen vorkommen:

- durch Kündigung,
- durch Ausscheiden in Rente,
- durch Eintritt von Invalidität oder Erwerbsminderung,
- durch Tod,
- durch Insolvenz des Arbeitgebers.

In diesen Fällen wird das Guthaben grundsätzlich nach Versteuerung und Beitragsabführung an die Sozialversicherung an den Arbeitnehmer bzw. die Hinterbliebenen ausbezahlt.

Übertragbarkeit auf andere Arbeitgeber (Portabilität)

Die Regelungen des SGB IV berücksichtigen eingeschränkt, dass Lebensläufe heutzutage immer wieder durch Arbeitslosigkeit oder Jobwechsel unterbrochen werden. Geregelt wurde deshalb die Möglichkeit, die individuellen Zeitwertkonten auch zu einem neuen Arbeitgeber mitzunehmen. Diese Möglichkeit der Übertragbarkeit wird auch *Portabilität* genannt. Die Übertragbarkeit steht allerdings unter dem Vorbehalt, dass sich der neue Arbeitgeber mit einer Übernahme einverstanden erklärt. Eine rechtliche Verpflichtung des Arbeitgebers besteht hierfür nicht. Alternativ besteht dann die Möglichkeit, das Guthaben bei der Deutschen Rentenversicherung Bund als rentensteigernde Einzahlung einzubringen. Diese Möglichkeit wird häufig als wenig attraktiv eingeschätzt, u. a. weil sich das Guthaben dabei nicht weiterentwickelt; sie wird deshalb in der Praxis auch kaum genutzt.

5.5.4 Insolvenzsicherung

Leidvolle Erfahrungen mit hohen Kontenständen, die bei Insolvenzeröffnung wertlos wurden, haben gesetzliche Lösungen notwendig gemacht. Nach der Definition des SGB IV sind Langzeitkonten Wertguthaben, die auf einer Wertguthaben-Vereinbarung beruhen. Diese Vereinbarung kann ein Tarifvertrag, eine Betriebsvereinbarung oder auch ein Einzelvertrag sein. Wie oben bereits erläutert liegt nach dem neu gefassten § 7b SGB IV dann eine Wertguthaben-Vereinbarung vor, wenn sie »*... nicht das Ziel der flexiblen Gestaltung der werktäglichen oder wöchentlichen Arbeitszeit oder den Ausgleich betrieblicher Produktions- und Arbeitszeitzyklen verfolgt*«. Für Guthaben auf dieser Basis besteht eine gesetzliche Insolvenzsicherungspflicht. Nach § 7e SGB IV muss eine Absicherung aber erst erfolgen, wenn »*das Wertguthaben des Beschäftigten ... einen Betrag in Höhe der monatlichen Bezugsgröße übersteigt*«. Diese sozialversicherungsrechtliche Bezugsgröße wird für jedes Kalenderjahr durch das Bundesministerium für Arbeit und Soziales festgesetzt, für 2014 beträgt sie 2765,– Euro (West) bzw. 2345,– Euro (Ost). Erst ab diesem Betrag wird eine Insolvenzsicherung zwingend. Tarifverträge können hier eine andere Regelung vorsehen (§ 7.7.2.6.1 MTV Nordwürttemberg/Nordbaden. § 6 TV Langzeitkonten NRW: ab der ersten Stunde).

Diese negative Abgrenzung spiegelt u.a. den Willen des Gesetzgebers wider, Gleitzeit- und Flexi-Konten nicht in den zwingenden Insolvenzschutz einzubeziehen. Damit verfehlt der Gesetzgeber aber ein wesentliches Problem der Praxis, denn Flexi-Konten sind deutlich stärker verbreitet als Langzeitkonten und sind in vielen Fällen bei Insolvenz nicht gesichert.

Die nun eingeführte Insolvenzsicherung von Langzeitkonten ist damit lückenhaft. Eine Absicherung aller Kontenmodelle über das Insolvenzgeld oder ähnlich wie für die Betriebsrenten durch den Pensionssicherungsverein wären bessere Lösungen. Die nach dem Gesetz vorzunehmende privatrechtliche Absicherung muss durch die Beschäftigten und Betriebsräte genau und ständig kontrolliert werden. Das ist auch deshalb notwendig, weil sich etliche Unternehmen vor den hohen Kosten für die Insolvenzsicherung drücken wollen und gegen die Pflicht zur Insolvenzsicherung der Langzeitkonten verstoßen. Zwar ist positiv, dass bei mangelhafter Insolvenzsicherung nun ein Schadensersatzanspruch u.a. auch gegen Geschäftsführer und Vorstandsmitglieder besteht. Das nützt aber wenig, wenn diese Personen ebenfalls zahlungsunfähig sind.

Für die Art der Insolvenzsicherung ist sicherzustellen, dass im Insolvenzfall Ansprüche der Beschäftigten an einen unternehmensexternen Insolvenzsicherungsdienstleister bestehen. Allein Bilanzrückstellungen des Arbeitgebers oder Patronatserklärungen der Konzernobergesellschaft sind »*nicht geeignet*« (§ 7e Abs. 3 SGB IV) und damit verboten. Es sollte weiter angestrebt werden, dass dieser Dienstleister nicht nur die Verwaltung des zu sichernden Wertes, sondern auch die Abwicklung im Insolvenzfall übernimmt.

5.5.5 Arbeitsmarkt und Sozialversicherung

Bis zur Entnahme des Zeitguthabens führen Langzeitkonten zu einer Verlängerung der Arbeitszeit – unter Umständen über viele Jahre. Je mehr Beschäftigte solche Zeitkonten nutzen, desto weniger Personal muss neu eingestellt werden. Bei anhaltend hoher Arbeitslosigkeit und millionenfacher prekärer Beschäftigung kann dies zu zusätzlichen Belastungen am Arbeitsmarkt führen. In den Flächentarifregelungen hat die IG Metall zur Verringerung der negativen Auswirkungen durchgesetzt, dass der Zufluss aus Mehrarbeit auf 152 Stunden pro Jahr begrenzt ist (§ 3.2 TV über Langzeitkonten Nordrhein-Westfalen, § 7.7.2.3 ERA-MTV Nordwürttemberg/Nordbaden).
Zudem enthalten die Tarifverträge eine »arbeitsmarktneutrale« Möglichkeit zum Aufbau der Langzeitkonten. Nach dieser Regelung können Beschäftigte Stunden aus der individuellen regelmäßigen wöchentlichen Arbeitszeit in ein Langzeitkonto fließen lassen. Dadurch wird die Arbeitszeit nicht verlängert.

Beispiel:
Die Beschäftigten arbeiten weiterhin 35 Stunden pro Woche. Davon gehen 5 Stunden in ein Zeitkonto, werden also auch nicht ausbezahlt. Das Monatsentgelt reduziert sich linear um die ins Zeitkonto gebuchten Stunden. Um das Monatsentgelt konstant zu halten, können dafür Teile des zusätzlichen Urlaubsgelds oder der betrieblichen Sonderzahlung in Monatsentgelt umgewandelt werden.
3000,– Euro brutto bei einer 35-Stunden-Woche
3000 Euro × 30/35 = 2571,– Euro
Dafür werden 261 Stunden auf das Zeitkonto gebucht.
(4,35 Wochen pro Monat × 12 Monate × 5 Stunden = 261 Stunden)

Für gearbeitete Zeit, die auf Zeitkonten gebucht wird, oder Gelder, die in Zeitwertkonten einbezahlt werden, entfallen die Sozialversicherungsbeiträge solange, bis die Zeit- oder Wertguthaben entnommen werden. Das führt einerseits dazu, dass im Falle der Langzeitkonten den Sozialversicherungen längere Zeit keine Gelder zufließen. Für die Beschäftigten besteht das Risiko – oder das Glück –, dass sich die Sozialversicherungsbeiträge zum Zeitpunkt der Entnahme erhöht oder verringert haben und mehr oder weniger zum Zeitpunkt der tatsächlichen Erarbeitung bezahlt werden muss.
Festhalten lässt sich: Bei den Langzeitkonten handelt es sich um ein kompliziertes Tauschgeschäft zwischen Beschäftigten und Unternehmen. Dies vor allem deshalb, weil die Interessen sehr unterschiedlich sind: Das Unternehmen hat in der Regel ein Interesse daran, die Betriebszeiten möglichst einfach und kostensparend ausdehnen zu können und die Arbeitszeiten kapazitätsorientiert zu gestalten. Die Beschäftigten haben ein Interesse an sicheren Arbeitsplätzen und an möglichst selbstbestimmten, lebensphasenorientierten Arbeitszeiten. Dafür bedarf es einer Interessenbalance, die konkret geregelt werden muss, wenn sie funktionieren soll. Dass eine solche Interessenbalance bei

Langzeitkonten relativ schwer herstellbar ist, hängt vor allem mit den langen Zeiträumen von bis zu 40 Jahren zusammen, um die es in der Praxis bei Langzeitkonten gehen kann. Weder das Unternehmen noch die Beschäftigten hatten bisher in Fragen der Arbeitszeit solch lange Planungshorizonte und damit unkalkulierbare Risiken. Daher auch die hohe Bedeutung der Insolvenzsicherung.

Eine weitere Gefahr besteht in der individuellen Überforderung durch lange Arbeitszeiten ohne zeitnahen Ausgleich. Dies kann sowohl zu höheren gesundheitlichen Gefährdungen als auch zu sozialen Problemen aufgrund mangelnden Gleichgewichts von Arbeit und Privatleben führen. Bei Lebensarbeitszeitkonten, die ausschließlich zur Nutzung für einen vorzeitigen Einstieg in den Ruhestand gedacht sind, kann sich die Problematik durch einseitige Belastungen und Überforderungen in der Lebensmitte verschärfen.

Auch die Tendenzen zur Verlängerung der wöchentlichen Arbeitszeit, die durch betriebliche Praxis und auch durch Veränderungen einzelner Tarifverträge zunehmen, wirken sich dämpfend auf eine Ausweitung von Langzeitkonten aus. Denn je länger die individuelle regelmäßige Arbeitszeit wird, desto weniger Zeit steht für zusätzliche Stunden zur Verfügung, die in Zeitkonten fließen könnten.

Dies alles trägt mit dazu bei, dass von Langzeitkonten gegenwärtig sehr wenig Gebrauch gemacht wird. Langzeitkonten sind ein Instrument, das nicht für alle Unternehmen und für alle Beschäftigten gleich gut funktionieren kann. Dafür sind aufseiten der Beschäftigten allein schon die Möglichkeiten, Zeiten anzusparen oder Geld einzubringen, zu ungleich verteilt, und für Beschäftigte mit belastenden Tätigkeiten (Schichtarbeit, schwere physische Arbeit etc.) ist dies in der Regel aus gesundheitlichen Gründen auch nicht wünschenswert.

5.5.6 Hinweise für die Interessenvertretung zu Langzeitkonten

Um angesichts der beschriebenen Wirkungen und Risiken Langzeitkonten für Beschäftigte attraktiv und handhabbar zu machen, sind klare Regelungen in einer Betriebsvereinbarung unumgänglich. Die Basis dafür sind Flächentarifregelungen oder Ergänzungstarifverträge.

Bei entsprechenden tariflichen Regelungen empfiehlt es sich, folgende Punkte zu beachten:

- Der Zufluss ist nur freiwillig und aus definierten Quellen möglich.
- Automatischer Überlauf aus anderen Konten ist auszuschließen. Nur im Einzelfall kann auf Verlangen des Beschäftigten und unter Beteiligung des Betriebsrates eine Umbuchungsmöglichkeit sinnvoll sein.
- Die Arbeitgeber (und auch die Beschäftigten) erhalten durch Langzeitkonten keinen Anspruch auf zusätzliches Arbeitsvolumen.
- Die Festlegung des maximalen Zuflusses von Mehrarbeitsstunden pro Monat bzw. Jahr muss betrieblich geregelt werden. In den Tarifbestimmungen zu Langzeitkonten in Nordrhein-Westfalen und Baden-Württemberg ist eine Obergrenze von maximal 152 Stunden pro Jahr festgelegt.

- In Betriebsvereinbarungen sollten in jedem Fall auch Elternzeit und sonstige Zwecke zur Vereinbarkeit von Familie und Beruf sowie weitere individuelle Entnahmerechte verankert werden.

5.6 Vertrauensarbeitszeit[2]

Seit einigen Jahren versuchen die Arbeitgeber verstärkt, Vertrauensarbeitszeit in den Betrieben einzuführen. Dies geht in der Regel damit einher, dass die Beschäftigten die Verantwortung für Arbeitsabläufe und für das Arbeitsergebnis übertragen bekommen. In welcher Arbeitszeit sie ihre Arbeit und das Arbeitsergebnis erbringen, ist ihnen selbst überlassen. Die Arbeitszeitfreiheit, die den Beschäftigten mit dem Modell Vertrauensarbeitszeit zugestanden wird, hat allerdings vielfältige Kehrseiten. Was wie eine Befreiung des Arbeitsalltags von Vorschriften und Vorgesetztendruck daher kommt, hat weitreichende soziale, arbeitsrechtliche und betriebspolitische Konsequenzen, die mit erheblichen Folgen und z. T. mit erheblichen Risiken für die Beschäftigten verbunden sind.

> **Definition**
> Vertrauensarbeitszeit ist formal durch den Verzicht auf eine genaue Zeiterfassung und damit auch durch den Verzicht auf eine genaue Kontrolle der Arbeits- und Anwesenheitszeiten der Beschäftigten charakterisiert.

Im Folgenden wird zunächst der grundlegende Funktionsmechanismus der Vertrauensarbeitszeit vorgestellt. Dabei wird auch der Frage nachgegangen, was der Arbeitgeber gewinnt, wenn er ein solches Modell einführt.
Kernelemente des Modells »Vertrauensarbeitszeit« sind:

- Vertrauensarbeitszeit ist ein strategisches Mittel, um eine Neuorientierung im Umgang mit den Beschäftigten und dem Faktor »Arbeitszeit« durchzusetzen. Die Geschäftsführung steuert nicht mehr in erster Linie über direkte Kontrolle, sondern über Rahmenbedingungen und Ziele. Sie versucht die Beschäftigten so einzubinden, dass sie von sich aus das wollen, was das Unternehmen will. Dabei geht es nicht mehr um Anwesenheitszeit im Betrieb, vielmehr steht das Arbeitsergebnis und nicht die dafür notwendige Zeit im Vordergrund. Durch eine konsequente Orientierung am Arbeitsergebnis soll auch die »nicht wertschöpfende Zeitverschwendung« minimiert werden. Aus diesem Grundgedanken wird für die Gestaltung der betrieblichen Arbeitszeitsysteme abgeleitet, dass sich Lage und Dauer der Arbeitszeit unmittelbar aus Ziel- und Ergebnisvorgaben des Unternehmens

2 Es handelt sich bei diesem Unterkapitel um einen überarbeiteten, ergänzten und aktualisierten Text aus dem »Handbuch Manteltarifverträge«, der ursprünglich von Andrea Fergen stammt (Ohl u. a. 2000).

ergeben. Gemäß dieser Philosophie ordnet sich auch die Besetzung betrieblicher Funktionen (Ansprech- und Servicezeiten) den Kundenwünschen und Dienstleistungsanforderungen unter.

- Das Modell der Vertrauensarbeitszeit geht damit einher, dass den Beschäftigten verstärkt Verantwortung über die Arbeit und das Arbeitsergebnis übertragen wird, ebenso wie die Verantwortung für eine termingerechte Erledigung von Arbeitsvorhaben und damit auch für gefährdete Termine – mangelnde Ressourcen und Rahmenbedingungen hin oder her. Risiken, wie Störungen in Arbeitsabläufen, hohe Krankheitsquoten oder sonstige Gründe, die dazu führen, dass die vorgegebenen Ziele nicht erreicht werden, gehen zulasten der Beschäftigten. Um negative Auswirkungen zu vermeiden, geraten Beschäftigte unter Druck, ihre Arbeitszeit »freiwillig« zu verlängern.
- Vertrauensarbeitszeit wird durch den Verzicht auf elektronische Zeiterfassung charakterisiert. Der bloßen Anwesenheit wird also nicht mehr das bisherige Augenmerk geschenkt. Der exakten Zeiterfassung des Kommens und Gehens folgt das Prinzip »Vertrauen statt Kontrolle« oder »Vertrauen plus Ergebniskontrolle«. Hierdurch soll die Motivation der Beschäftigten gesteigert und nicht unmittelbar wertschöpfende Zeitanteile bei der Arbeit reduziert werden. In einigen Fällen praktizieren die Beschäftigten ein »Selbstaufschreiben« der Zeiten auf einem Formular oder im eigenen Terminkalender meist mit einer Toleranzgrenze von viertel oder halben Stunden sowohl nach oben wie nach unten, Minutenabweichungen werden in der Regel nicht mehr erfasst (vgl. Kapitel 5.1). Abweichungen nach oben (also Verlängerung der Sollarbeitszeit) müssen teilweise schriftlich begründet werden.
- Das Modell »Vertrauensarbeitszeit« kennt – anders als die Gleitzeit – keine Kernzeit, also eine Zeitspanne, in der Anwesenheitspflicht besteht. Kernzeit wird von Arbeitgebern vielfach als Flexibilitätsbarriere betrachtet. In Zeiten geringen Arbeitsanfalls müssen während der Kernzeit mehr Arbeitnehmer bereitgehalten werden als vom Arbeitsanfall her notwendig. Ein weiterer Nachteil der Kernzeit aus Arbeitgebersicht ist, dass eine abgesicherte Besetzung der betrieblichen Funktionen während der Gleitspanne nicht möglich ist. Es besteht keine Pflicht der Beschäftigten, sich hierüber untereinander abzusprechen, was gerade in den späten Nachmittagsstunden zu Problemen bei der Besetzung von Arbeitsplätzen führen kann.
- Bei der Vertrauensarbeitszeit besteht entweder überhaupt kein definierter Arbeitszeitrahmen, oder es werden betriebliche Bereiche und Funktionen innerhalb eines in der Regel weit gefassten Arbeitszeitrahmens besetzt. In manchen Fällen gibt es auch Mindestanwesenheitszeiten. Konkrete Arbeitszeitabsprachen werden meist allein in der Abteilung oder Gruppe vorgenommen. Für die individuellen Arbeitszeiten sind die kundenspezifischen bzw. aufgaben- und funktionsspezifischen Erfordernisse maßgebend.

Die hier vorgestellten Eigenschaften der Vertrauensarbeitszeit kommen in der betrieblichen Praxis in unterschiedlicher Ausprägung vor. Sieht man von diesen Differenzen einmal ab, kann die zuvor genannte Definition von Vertrauensarbeitszeit folgendermaßen ergänzt werden:

Definition
Vertrauensarbeitszeit ist ein Arbeitszeitmodell, das bislang verbindliche Arbeitszeitregelungen (Arbeitsbeginn, Arbeitsende, Höchstarbeitszeit usw.) beseitigt, um mit weniger Personal eine effizientere Service- und Kundenorientierung zu gewährleisten. Menschliche Arbeitskraft und Arbeitszeit werden den Markt- und Kundenerfordernissen angepasst. Letztlich entscheiden Markt- und Kundenanforderungen, Termine, Arbeitsanfall usw. über das Arbeitszeitverhalten der Beschäftigten. Mit dem Verzicht auf eine Kontrolle der Arbeits- und Anwesenheitszeiten geht eine schärfere Kontrolle der Einhaltung von Ziel- und Ergebnisvorgaben einher.

Risiken der Vertrauensarbeitszeit und zu beachtende Eckpunkte:

- **Als Voraussetzung für Zeitsouveränität – elektronische Zeiterfassung beibehalten oder einführen**
  Nur eine klare Zeitdokumentation von Arbeitszeit sichert auch den Rechtsanspruch auf »Zeitentnahme« von dem Zeitkonto und ist damit eine Voraussetzung von Zeitsouveränität.
  In der betrieblichen Praxis wird es in vielen Bereichen aufgrund des gestiegenen Leistungsdrucks nicht möglich sein, weniger zu arbeiten, als es die tarifliche Arbeitszeit vorsieht. Betriebliche Erfahrungen zeigen, dass unter den Vorzeichen einer Vertrauensarbeitszeit die Arbeitszeiten eher ausgedehnt werden. Da die längere Arbeitszeit nicht bzw. nur individuell dokumentiert ist, steigt die Wahrscheinlichkeit, dass Plusstunden verfallen. Außerdem zeigen betriebliche Beispiele, dass die Anzahl der freien Tage, die von den Beschäftigten in Anspruch genommen werden, unter den Vorzeichen von Vertrauensarbeitszeit sinkt.
  Es sind vielfältige Arbeitssituationen vorstellbar, die die Beschäftigten dazu bewegen könnten, Plusstunden, die in einigen Vertrauensarbeitszeitmodellen ja nur begründet aufgeführt werden dürfen, nicht zu registrieren. Denn sehr schnell kann vom Vorgesetzten die Frage aufgeworfen werden, ob Plusstunden letztlich in mangelnder individueller Leistungsfähigkeit und Effektivität begründet sind.
- **Zusammenhang mit Leistungsbeurteilung beachten**
  Wenn es in einzelnen Bereichen die Quantität des Arbeitsaufkommens den Beschäftigten ermöglicht, vor Ablauf der tariflichen Arbeitszeit den Arbeitsplatz zu verlassen, wer garantiert dafür, dass sich dieses Verhalten nicht auf die nächste Leistungsbeurteilung auswirkt? Es ist leicht vorstellbar, dass ein solches Verhalten unter Bewertungskriterien, wie Arbeitseinsatz oder Motivation, negativ sanktioniert wird.
- **Zusammenhang mit Entgelt beachten**
  Unter den Bedingungen von Vertrauensarbeitszeit ist unklar, welches Arbeitsvolumen Beschäftigte für ihr Monatsentgelt erbringen müssen. Bei Vertrauensarbeitszeit handelt es sich um eine »Flatrate«. Würde bei einer Entkopplung von Arbeitszeit und Entgelt der Blick unter der Überschrift »Vertrauen« nicht auf die Arbeitszeit, sondern auf das Entgelt gerichtet,

könnten sich die Beschäftigten beim Erreichen von 35 oder 38 Stunden pro Woche ein Vertrauensentgelt von Arbeitgeberkonto abbuchen.
Das Risiko von einerseits unbezahlter Arbeit und andererseits von Entgeltkürzung bei Auftragsmangel liegt bei dem Modell der Vertrauensarbeitszeit bei den Beschäftigten. Das geht auch aus der Rechtsprechung des Bundesarbeitsgerichts hervor. »*Brummt der Betrieb, muss sich ... der/die Beschäftigte den betrieblichen Bedingungen anpassen und mehr arbeiten, kann dafür aber nicht unbedingt etwas verlangen*« (Hamm 2013, S. 520 mit Verweis auf BAG vom 27.06.2012 – 5 AZR 530/11). »*Geht die Auslastung dann runter und er/sie erholt sich, dann kann der Arbeitgeber für diese Zeit die Vergütung kürzen, denn mangels Regelung ist – so das BAG – der Arbeitgeber nicht verpflichtet, für Zeiten zu bezahlen, in denen nicht gearbeitet wird.*« (Hamm 2013, S. 520). Deshalb sind Arbeitszeitkonten sinnvoll, die zum späteren Zeitausgleich berechtigen. Notwendige Voraussetzung dafür sind Regelungen zur Dauer, Lage und Erfassung der Arbeitszeit sowie das Einhalten dieser Regelungen.

- **Mitbestimmungsrechte des Betriebsrates erhalten**
  Das Modell geht von einem Verzicht auf Mitbestimmungsrechte aus. Beginn und Ende der täglichen Arbeitszeit, ihre Verteilung auf die Wochentage sowie Ausgleichszeiträume werden nach diesem Modell nicht mehr mit dem Betriebsrat festgelegt. Es ist noch nicht einmal mehr möglich zu registrieren, wann die Arbeit aufgenommen und wann sie beendet wird. Auch eine Überwachung der persönlichen Zeitkonten ist unmöglich. Mehrarbeit ist damit ebenfalls nicht mehr erfass- und kontrollierbar.
- **Vorteile der Kernzeit im Auge behalten**
  Eine klare Trennung von Kernzeit und Gleitzeitspanne gibt den Beschäftigten Planungssicherheit und garantierte Freiräume. Zwar besteht in der Kernzeit für die Beschäftigten eine Verpflichtung zur Anwesenheit, auf die sich der Arbeitgeber berufen kann. Jedoch stellt die Gleitzeitspanne auch einen definierten Freiraum für die Beschäftigten dar. Wenn diese Trennlinie verschwimmt oder gänzlich aufgehoben wird, ist in der betrieblichen Praxis eine Unterscheidung zwischen Pflicht und Freiraum nicht mehr möglich. So sind z.B. gerade Familien und besonders Frauen mit Kindern darauf angewiesen, dass ihre Arbeitszeit mit den Zeiten möglichst vereinbar ist, in denen gesellschaftlich organisierte »Kinderversorgung« (Kindergarten, Schule) stattfindet. Die sich hieraus ergebenden Zeitbedürfnisse können mit dem Grundsatz »Arbeitszeit wird primär bestimmt durch Markt- und Kundenerfordernisse« in unlösbaren Widerspruch treten. Zeitsouveränität würde durch ein solches Modell also zunehmend gefährdet statt gefördert.
  Der Kernzeit kommt eine weitere Schutzfunktion zu: Der Arbeitgeber ist nämlich verpflichtet, in dieser Zeit Arbeitsleistung des Beschäftigten entgegenzunehmen. Gibt es keine Kernzeit mehr, könnte der Arbeitgeber entweder offiziell oder informell in Zeiten von Auftragsmangel die Beschäftigten dazu bewegen, ihre Zeitguthaben aufzubrauchen bzw. Zeiten ins Minus zu fahren. Hiermit droht den Beschäftigten einmal mehr der Verlust

von Verfügungs- und Gestaltungsmöglichkeiten über ihr Arbeits- und Freizeitverhalten.

Vertrauensarbeitszeit und Tarifvertrag

In den tarifvertraglichen Bestimmungen zur Arbeitszeit gibt es keine eigenständigen Regelungen zur Vertrauensarbeitszeit. Jedoch gibt es Bestimmungen, die indirekt die Frage beantworten, ob die Einführung von Vertrauensarbeitszeit mit den Tarifvertragsbestimmungen zu vereinbaren ist.
Ein wesentlicher Aspekt, der gegen die Einführung von Vertrauensarbeitszeit spricht, ist die tarifvertragliche Festschreibung der wöchentlichen Arbeitszeit bzw. die Festlegung von Ausgleichszeiträumen, innerhalb derer die regelmäßige wöchentliche Arbeitszeit erreicht werden muss. Durch das mit der Vertrauensarbeitszeit einhergehende Abschaffen der genauen Zeiterfassung ist die Dauer der Arbeitszeit nicht mehr eindeutig nachvollziehbar. Es ist für den Betriebsrat in der Praxis nicht mehr festzustellen, wie lange die Beschäftigten in einem bestimmten Zeitraum arbeiten. Eine schleichende Verlängerung von Arbeitszeit ist damit vorprogrammiert.
Es liegt auf der Hand, dass auch die tariflichen Bestimmungen zur Mehrarbeit bei der Vertrauensarbeitszeit nicht eingehalten werden, da die tariflichen Mehrarbeitsbestimmungen in der Regel auf festgelegten Arbeitszeiten aufbauen. Ferner schreibt die Mehrzahl der Tarifverträge vor:

> **Tarifvertrag**
> *»Beginn und Ende der täglichen Arbeitszeit bzw. Ausbildungszeit und die Pausen werden mit dem Betriebsrat vereinbart [...].«*
> (§ 3 Abs. 3 MTV Niedersachsen)

Auch dieser tariflich vereinbarte Mitbestimmungssachverhalt, aus dem sich für die Beschäftigten die Planbarkeit von Arbeitszeit und Freizeit ergibt, wird durch die Vertrauensarbeitszeit unterlaufen.

Vertrauensarbeitszeit und Arbeitszeitgesetz

Bei Vertrauensarbeitszeit ist geleistete Arbeitszeit nicht kontrollierbar. Minutenabweichungen bis zu einer halben Stunde etwa werden beim Selbstaufschreiben oft gar nicht erfasst, darüber hinausgehende Abweichungen von der Sollarbeitszeit werden häufig nur von den Beschäftigten selbst registriert. Für den Betriebsrat sind damit seine gesetzlichen Überwachungsaufgaben (§ 80 BetrVG), die eine Unterrichtung zwingend voraussetzen, und seine Mitbestimmungsrechte (§ 87 BetrVG) hinsichtlich der betrieblichen Arbeitszeitgestaltung nicht mehr wahrnehmbar. Kommt aber der Arbeitgeber seiner Verpflichtung, dem Betriebsrat Auskunft über die exakten Arbeitszeiten zu geben, damit dieser seine Überwachungsaufgabe ausüben kann, nicht nach, handelt es sich laut folgender Urteile des Bundes- und des Landesarbeitsgerichts um einen Gesetzesverstoß:

Rechtsvorschrift

»Auch wenn der Betriebsrat einem Arbeitszeitmodell zugestimmt hat, bei dem auf die Festlegung von Beginn und Ende der täglichen Arbeitszeit verzichtet wird (Vertrauensarbeitszeit), hat der Arbeitgeber seinen Betrieb so zu organisieren, dass die gesetzlichen und tariflichen Höchstarbeitszeitgrenzen – und im Streitfall der mit dem Betriebsrat vereinbarte Höchstumfang von Mehrarbeitsstunden – eingehalten werden.

Der Arbeitgeber hat die betreffenden Informationen deshalb auch dann zu beschaffen, wenn er selbst meint, auf sie verzichten zu können.

Der Arbeitgeber ist verpflichtet, dem Betriebsrat Auskunft über die exakten Arbeitszeiten zu geben, soweit dessen Überwachungsaufgabe nach § 80 BetrVG dies erfordert. Er darf deshalb auf die exakte Feststellung der »Ist-Zeiten« nicht verzichten. Benutzt er zur Zeiterfassung kein elektronisches System, sondern »vertraut« er auf die Selbstaufschreibung der Arbeitnehmer, muss er durch wirksame Kontrollen gewährleisten, dass die Arbeitszeiten zutreffend aufgeschrieben werden.«

(LAG Niedersachsen vom 08.11.2004 – 5 TaBV 36/04)

»Zur Wahrnehmung seiner Überwachungsaufgabe nach § 80 Abs. 1 Nr. 1 BetrVG benötigt der Betriebsrat im Hinblick auf die Einhaltung der gesetzlichen Ruhezeiten und der tariflichen wöchentlichen Arbeitszeit Kenntnis von Beginn und Ende der täglichen und vom Umfang tatsächlich geleisteten wöchentlichen Arbeitszeit der Arbeitnehmer. […] Er muss sich deshalb über die genannten Daten in Kenntnis setzen und kann dem Betriebsrat die Auskunft hierüber nicht mit der Begründung verweigern, er wolle die tatsächliche Arbeitszeit der Arbeitnehmer wegen einer im Betrieb eingeführten »Vertrauensarbeitszeit« bewusst nicht erfassen.«

(BAG vom 06.05.2003 – 1 ABR 13/02)

Ferner fehlt bei Vertrauensarbeitszeit die Grundlage, um entscheiden zu können, wann mitbestimmungspflichtige Mehrarbeit vorliegt (vgl. Kapitel 2 und 5.7). Würde ein Betriebsrat dem zustimmen, gäbe er nicht nur ein wichtiges betriebliches Druckmittel aus der Hand, sondern er würde gleichzeitig die Schutzfunktion, die von § 87 Abs. 1 Ziff. 2 und 3 BetrVG für die Arbeitnehmer ausgeht, unterhöhlen – also das Gegenteil von dem tun, wofür er eigentlich da ist.

Ein weiteres Problem mit der Vertrauensarbeitszeit ergibt sich aufgrund der vom Gesetzgeber auferlegten Aufzeichnungspflicht von Arbeitszeit. Nach § 16 Abs. 2 ArbZG ist der Arbeitgeber verpflichtet, die über die werktägliche Arbeitszeit von 8 Stunden hinausgehende Arbeitszeit der Arbeitnehmer aufzuzeichnen. Ebenso aufzeichnungspflichtig ist die Arbeit an Sonn- und Feiertagen. Hierdurch soll die Überwachung der Arbeitszeiten seitens der Aufsichtsbehörden sichergestellt werden. Ist die Aufsichtsbehörde anhand der vorgelegten Arbeitszeitnachweise nicht in der Lage, die Einhaltung der Arbeitszeitvorschriften des Arbeitszeitgesetzes zu kontrollieren, kann sie nach § 17 Abs. 2 ArbZG Anordnungen treffen, die der Arbeitgeber zur Erfüllung seiner Aufzeichnungspflicht vorzunehmen hat. Selbst wenn es möglich sein sollte, dass der Arbeitgeber die Führung der Arbeitszeitnachweise den Arbeitnehmern überträgt, kann es dennoch zu streitigen Auseinandersetzung im Falle von Vertrauensarbeitszeit kommen. Die Aufsichtsbehörde hat in jedem Einzelfall zu beurteilen, ob die vom Arbeitgeber gewählte Aufzeichnung den gesetzlichen Anforderungen entspricht oder nicht. Ist sie der Überzeugung, dass die Aufzeichnung eine Kontrolle nicht oder nur unzureichend ermöglicht, muss der Arbeitgeber seine Methode, Arbeitszeitnachweise zu erbringen, ändern.

Hinweise für die Interessenvertretung

Die aufgeführten betriebspolitischen, tariflichen und arbeitsrechtlichen Auswirkungen und Risiken der Vertrauensarbeitszeit haben verdeutlicht, dass dieses Arbeitszeitmodell abgelehnt werden sollte.

Es führt zu negativen Auswirkungen auf die Beschäftigten sowie auf die Durchsetzungsfähigkeit der betrieblichen Interessenvertretungen. Eine Alternative zur Vertrauensarbeitszeit bieten Gleitzeit (vgl. Kapitel 5.3) oder Arbeitszeitkonten mit Ampelfunktion (vgl. Kapitel 5.9). Hierbei können in betrieblichen Verhandlungen Kompromisse gesucht und – bei Nutzung der weitreichenden Mitbestimmungsmöglichkeiten in Fragen der betrieblichen Arbeitszeitgestaltung – sicher auch gefunden werden.

5.7 Flexible Arbeitszeit und Mehrarbeit

Ob und wann Mehrarbeit vorliegt, ist bei flexiblen Arbeitszeitsystemen häufig unklar. Mit Flexi-Modellen ist es leicht möglich, Mehrarbeit zu umgehen, um die tarifvertraglich vereinbarten Zuschläge einzusparen. Wie bereits in Kapitel 2 ausgeführt, geht es also um die Frage, wann bei flexiblen Arbeitszeitmodellen Mehrarbeit beginnt.

Rechtsvorschrift

»Auch eine flexibilisierte Arbeitszeit richtet sich nach den Bestimmungen der anzuwendenden TV, BV und Arbeitsverträge. Vertragliche Überstundenverpflichtungen des AN bedürfen eines gesonderten schriftlichen Nachweises. Sie sind dem Arbeitsverhältnis nicht immanent [...] Sie ergeben sich nicht selbstverständlich aus dem Direktionsrecht, sondern bedürfen einer besonderen vertraglichen Grundlage.«

(BAG vom 03.06.2003 – 1 AZR 349/02)

Nach den meisten Tarifvertragsbestimmungen in der Metall- und Elektroindustrie liegt Mehrarbeit bei ungleichmäßiger Verteilung der individuellen wöchentlichen Arbeitszeit dann vor, wenn die für den jeweiligen Zeitraum festgelegte individuelle tägliche und/oder wöchentliche Arbeitszeit überschritten wird. Ein Beispiel für letzteres:

> **Tarifvertrag**
> *»Mehrarbeit ist*
> *[…] bei ungleichmäßiger Verteilung der individuellen regelmäßigen wöchentlichen Arbeitszeit […] die über die jeweils festgelegte Wochenarbeitszeit hinausgehende Arbeitszeit.«*
> (§ 6 Ziff. 1 MTV Hessen)

Wichtig ist bei dieser Mehrarbeitsdefinition, wie hoch die für die jeweilige Woche festgelegte Arbeitszeit ist. Bei ungleichmäßiger Verteilung kann z. B. festgelegt werden, dass in einer Woche 30 Stunden gearbeitet werden – dann beginnt die Mehrarbeit ab der 31 Stunde. Zum Ausgleich kann in der zweiten Woche 40 Stunden gearbeitet werden – dann beginnt die Mehrarbeit ab der 41 Stunde (vgl. Kapitel 2). Kommt es kurzfristig zum Hoch- und Runterfahren der wöchentlichen Arbeitszeiten, sind feste Ankündigungsfristen zu vereinbaren.
Bei *Gleitzeitsystemen* ist das Risiko besonders hoch, dass die Bestimmungen zur zuschlags- und mitbestimmungspflichtigen Mehrarbeit umgangen werden. Alle geleisteten Arbeitsstunden werden in der Praxis häufig allein auf dem Gleitzeitkonto gutgeschrieben.
Gleitzeit zeichnet sich dadurch aus, dass die Beschäftigten Beginn und Ende ihrer Arbeitszeit selbst festlegen. Der Betriebsrat verzichtet damit innerhalb eines bestimmten Rahmens auf sein Mitbestimmungsrecht und der Arbeitgeber innerhalb eines bestimmten Rahmens ebenfalls auf sein Direktionsrecht zur Festlegung der Arbeitszeit. Hieraus folgt, dass Anordnungen in diesem Rahmen – also im Rahmen der individuell ausschöpfbaren Gleitzeitspanne – in jedem Fall mitbestimmungspflichtig sind. Von Vorgesetzen in diesem Rahmen angeordnete und beim Betriebsrat beantragte Mehrarbeit ist zuschlagspflichtig. Diese Mehrarbeit darf nicht mit den Gleitzeitsalden verrechnet werden, sie sollte gesondert ausgewiesen werden, z. B. auf einem Mehrarbeitskonto.
Arbeitszeiten außerhalb der Rahmenarbeitszeit in Gleitzeitsystemen sind auf alle Fälle mitbestimmungs- und zuschlagspflichtige Mehrarbeit.
Eine tarifvertragliche Rahmenregelung, wie es sie für »Gleitende Arbeitszeit« für die Tarifgebiete des Bezirks Küste gibt, ist auch bei der Abgrenzung von Gleitzeit und Mehrarbeit hilfreich. Dort heißt es im Anhang zum Manteltarifvertrag:

> **Tarifvertrag**
> *»Abgrenzung von Gleitzeit und Mehrarbeit*
> *Mehrarbeit ist Arbeitszeit, die auf Anordnung außerhalb der täglichen Kernarbeitszeit geleistet wird und die Dauer der täglichen Sollarbeitszeit überschreitet.«*
> (Anhang II Ziff. 3.7. MTV Hamburg und Umgebung, Schleswig-Holstein, Mecklenburg-Vorpommern)

Damit die Bestimmungen zur zuschlags- und mitbestimmungspflichtigen Mehrarbeit nicht unterlaufen werden, ist eine Regelung im Tarifvertrag und/

oder in einer Betriebsvereinbarung zu Mehrarbeit bei Gleitzeit und anderen flexiblen Arbeitszeitmodellen auf alle Fälle sinnvoll und wichtig.

5.8 Fragen aus der Praxis

Unsere Kolleginnen und Kollegen haben keine Möglichkeit, ihre Guthaben abzubauen, da Personalmangel herrscht. Was können wir als Betriebsrat tun?
In Betriebsvereinbarungen klare Bestimmungen einfügen, was passieren soll, wenn die Obergrenzen der Zeitkonten erreicht sind. Falls sich der Arbeitgeber nicht an Betriebsvereinbarungen hält, kann die Einhaltung dieser Betriebsvereinbarungen gerichtlich erzwungen werden. Tarifvertragswidrige Betriebsvereinbarungen bzw. ihre Einhaltung können nicht vor Gericht erzwungen werden (vgl. BAG vom 29.04.2004 - 1 ABR 30/02).

Das Unternehmen verpflichtet die Beschäftigten bei Auftragsmangel, ihre aufgebauten Guthaben abzubummeln. Was können wir als Betriebsrat dagegen tun?
In Betriebsvereinbarungen den Zweck der Zeitkonten genau regeln. In den meisten Fällen empfiehlt es sich, mehrere Zeitkonten für verschieden Zwecke zu regeln und diese auch sauber voneinander zu trennen (vgl. Kapitel 5.1).

Aufgrund der Arbeitszeitkonten schwanken unsere Arbeitszeiten täglich nach Kundenanforderungen. Was können wir als Betriebsrat für mehr Planbarkeit tun?
In Betriebsvereinbarungen zu Zeitkonten die Mitbestimmungsrechte des Betriebsrates bei der Festlegung der flexiblen Arbeitszeiten eindeutig regeln und Ankündigungsfristen für geänderte Arbeitszeiten festlegen, z. B. zwei Arbeitstage vorher muss die geänderte Arbeitszeit den Beschäftigten mitgeteilt werden. Außerdem kann der Betriebsrat ein Mitbestimmungsrecht bei der Produktionsplanung einfordern, um kurzfristige Änderungen zu vermeiden.

Können Zuschläge als Arbeitszeit ins Arbeitszeitkonto eingebracht werden?
Das hängt von den tariflichen Regelungen ab. Wenn Tarifverträge das so vorsehen oder entsprechende Öffnungsklauseln für Betriebsvereinbarungen vorhanden sind, ist das möglich. Wenn aber die Zahlung der Zuschläge im Tarifvertrag abschließend geregelt ist, hat diese in Geld zu erfolgen. Abweichende Regelungen sind nur über eine Änderung des Tarifvertrages durch die Tarifvertragsparteien möglich oder ggf. durch den Abschluss eines Ergänzungstarifvertrages durch die Tarifvertragsparteien.

Was geschieht mit den Guthaben bei Kurzarbeit?
Das hängt zum einen von der Art und dem Zweck der Konten ab, zum anderen von der Verordnung der Bundesagentur für Arbeit. Grundsätzlich sind Lang-

zeitkonten bei Beachtung bestimmter Kriterien und entsprechender vereinbarter Zweckbestimmungen im Falle von Kurzarbeit vor dem Zugriff des Arbeitgebers geschützt. Das gilt nicht für flexible Arbeitszeitkonten, deren Zweck ja gerade der Ausgleich konjunktureller Schwankungen sein soll.

Sind die Arbeitszeitkonten gegen Insolvenz gesichert?
Der Arbeitgeber ist bei Arbeitszeitkonten, die Wertguthaben-Vereinbarungen sind, gesetzlich zur Insolvenzsicherung verpflichtet (vgl. Kapitel 5.5). Diese liegen nach § 7b SGB IV dann vor, wenn »[...] *nicht das Ziel der flexiblen Gestaltung der werktäglichen oder wöchentlichen Arbeitszeit oder* [...] *Ausgleich betrieblicher Produktions- und Arbeitszeitzyklen verfolgt*« wird. Für Guthaben auf dieser Basis besteht demnach eine gesetzliche Insolvenzsicherungspflicht. Nach § 7e SGB IV muss eine Absicherung aber erst erfolgen, wenn »*das Wertguthaben des Beschäftigten* [...] *einen Betrag in Höhe der monatlichen Bezugsgröße übersteigt*«. Diese sozialversicherungsrechtliche Bezugsgröße wird für jedes Kalenderjahr durch das Bundesministerium für Arbeit und Soziales neu festgesetzt (vgl. Kapitel 5.5). Erst ab diesem Betrag wird eine Insolvenzsicherung zwingend. Tarifverträge können hier eine andere Regelung vorsehen (vgl. § 7.7.2.6.1 ERA-MTV Nordwürttemberg/Nordbaden und § 6 TV Langzeitkonten Nordrhein-Westfalen). Eine Insolvenzsicherung besteht ansonsten nur, wenn sie mit dem Arbeitgeber ausdrücklich in einer Betriebsvereinbarung vereinbart wurde oder ein Tarifvertrag das vorschreibt.

Welche Möglichkeiten haben unsere Beschäftigten, auf einem Arbeitszeitkonto Zeiten für eine längere Auszeit (Sabbatical) anzusparen?
Die Möglichkeit gibt es nur, wenn entsprechende Betriebsvereinbarungen dies regeln. Dies geht nur über die Vereinbarung von Langzeitkonten, für die in den meisten Tarifgebieten Ergänzungs-Tarifverträge erforderlich sind (vgl. Kapitel 5.5). Einzelvertragliche Regelungen empfehlen sich nicht, auch in den Fällen nicht, in denen es eventuell möglich wäre, weil die Materie zu kompliziert ist. Das beginnt bei der Frage der Insolvenzsicherung und geht bis zur Frage der Zugriffsrechte auf das Konto.

5.9 Hinweise für die Interessenvertretung und Gestaltungsvorschläge

Zweckbestimmung und Trennung der Zeitkonten

Oftmals werden unterschiedliche Arbeitszeitkonten miteinander vermischt. Dies unterhöhlt die Mitbestimmungsrechte des Betriebsrates und erschwert die Wahlmöglichkeiten für die Beschäftigten. Entsprechend der unterschiedlichen Zweckbestimmung von Gleitzeitkonten, flexiblen Arbeitszeitkonten und Langzeitkonten müssen jeweils getrennte Regelungen für diese Kontensysteme getroffen werden. Die Regelungen müssen auch Klarstellungen darüber enthalten, ob die einzelnen Beschäftigten oder kollektiv der Betrieb unter Mitbestimmung des Betriebsrates über den Auf- und Abbau der jeweiligen Konten entscheiden. Betriebliche Regelungen über Langzeitkonten oder andere flexible Arbeitszeitkonten, die mit einer Aufhebung des tariflich festgelegten Ausgleichszeitraums von 12 Monaten einhergehen, können nur auf Basis eines Flächen- oder eines Ergänzungstarifvertrages abgeschlossen werden.

Maßnahmen gegen Überschreitungen der Kontengrenzen

Die Ober- und Untergrenzen für die Zeitkonten müssen entsprechend den unterschiedlichen Zwecken und Rahmenbedingungen unterschiedlich geregelt werden. Durch zeitnahe Steuerung auf allen Ebenen des Betriebes sind Verletzungen der Ober- und Untergrenzen zu vermeiden. Ist die Obergrenze eines Zeitkontos erreicht, endet die Möglichkeit, längere Arbeitszeit ins Zeitkonto zu buchen.
Kommt es dennoch zu einer Überschreitung der Obergrenze, kann dies unter Umständen als Mehrarbeit aufgefasst werden, die beim Betriebsrat beantragt werden und im Falle der Genehmigung mit den tariflichen Mehrarbeitszuschlägen vergütet werden muss. Ein anderer Lösungsvorschlag sieht vor, beim Erreichen von Kontenobergrenzen – neben individuellen Ausgleichsrechten – dem Betriebsrat ein Beratungs- und Mitbestimmungsrecht über Leistungsbedingungen und Personalbemessung einzuräumen. Dann kann z. B. in Abteilungen mit überlaufenden Arbeitszeitkonten überprüft und verhandelt werden, wie übermäßige Arbeitszeiten kurzfristig und künftig verhindert werden können.

Kein Überlaufen von Zeitkonten von einem aufs andere Konto

Wenn mehrere Zeitkonten nebeneinander existieren – wie z. B. Gleitzeitkonto, kollektives Flexi-Konto und Langzeitkonto –, versuchen Arbeitgeber immer wieder die über der Obergrenzen des jeweiligen Zeitkontos liegenden und geleisteten Arbeitszeiten einfach zu kappen oder einem anderen Konto, z. B. einem Langzeitkonto, automatisch gutzuschreiben. Diese Vorgehensweise ist abzulehnen. Das automatische Überlaufen der Zeit von einem Konto auf das andere ist nicht anders als die schleichende Verlängerung der Arbeitszeit und die Aushöhlung des Mitbestimmungsrechts des Betriebsrats.

Kein Verfall von Arbeitszeit

Manche Betriebsvereinbarungen sehen immer noch vor, dass Arbeitszeiten, die z. B. außerhalb des regulären Arbeitszeitrahmens geleistet werden oder die jenseits der Obergrenze eines Zeitkontos liegen, ohne Vergütung verfallen. Häufig lag solchen Betriebsvereinbarungen die Einschätzung der Betriebsräte zugrunde, mit diesen Vereinbarungen die Beschäftigten zum Einhalten der vereinbarten Arbeitszeiten »erziehen« zu können. Aufgrund veränderter Wettbewerbsbedingungen und neuer unternehmerischer Steuerungsformen und dem daraus resultierenden Leistungsdruck auf die einzelnen Beschäftigten läuft diese »erzieherische« Maßnahme zunehmend ins Leere. Vor allem die

sogenannte Selbststeuerung der Arbeitszeit unter fremdbestimmten Rahmenbedingungen führt dazu, dass die Beschäftigten zunehmend vorhandene Regulierungen in eigener Regie unterlaufen.
Verfallsregeln dienen den Arbeitgebern dazu, die Verantwortung für das Einhalten vereinbarter Obergrenzen an die Beschäftigten zu delegieren und die eigene Verantwortung zu bestreiten. Laut Statistik verfallen tausende Stunden Arbeitszeit ohne jegliche Vergütung (Salm 2010). Damit wird deutlich, dass Verfallsregeln einseitig Arbeitgeberinteressen schützen und nicht die Beschäftigten vor sich selbst. Um den Verfall von Arbeitszeit einzudämmen, sind Kappungsgrenzen in Arbeitszeitvereinbarungen zu vermeiden bzw. abzulehnen.
Wenn Arbeitsentgelt, das einem Beschäftigten tariflich zusteht, nicht gezahlt wird, werden dafür auch keine Sozialversicherungsbeiträge bezahlt. Deshalb ist ein Verfall von Arbeitszeit auch sozialpolitisch schädlich, er ist außerdem tarif- und gesetzeswidrig.

Rechtsvorschrift

»[...] ein Verfall der Stunden kann nicht angenommen werden. Eine solche Interpretation der Betriebsvereinbarung würde einen Verstoß gegen § 611 Abs. 1 BGB darstellen.
Der Kläger hat Arbeitsleitung im Umfang von 3,98 Stunden erbracht. Die Beklagte ist deshalb gesetzlich zur Gewährung der vereinbarten Vergütung verpflichtet.«
(ArbG Heilbronn vom 23.03.2011 – 6 Ca 167/10)

Gestaltungsvorschlag »Ampelregelung«

Um dem Problem überlaufender Zeitkonten entgegenzuwirken, können sogenannte »Ampelregelungen« oder »Ampelkonten« hilfreich sein. Bei Ampelregelungen werden bestimmte Kontenstände mit Prozessen verbunden, die das Zeitguthaben oder die Zeitschuld im gewünschten Rahmen halten und das Erreichen von Kontengrenzen verhindern sollen. Dabei wird in der Regel ein grüner Bereich definiert, in dem der Arbeitszeitsaldo variieren kann. Dann gibt es einen gelben Bereich, in dem bereits ein Korrekturmechanismus ausgelöst wird. Und in einem dritten Bereich wird eine rote Zone definiert, die eigentlich nicht erreicht werden darf. Sie ist die Grenze, ab der das Guthaben sofort und ohne Verfall abzubauen ist. Wichtigster Mechanismus eines Ampelkontos ist, dass verbindliche Maßnahmen zu ergreifen sind, bevor ein Limit erreicht wird (vgl. IG Metall Vorstand 2011, S. 20 f.).

Übersicht 5.6 – Ampelregelung bei Arbeitszeitkonten

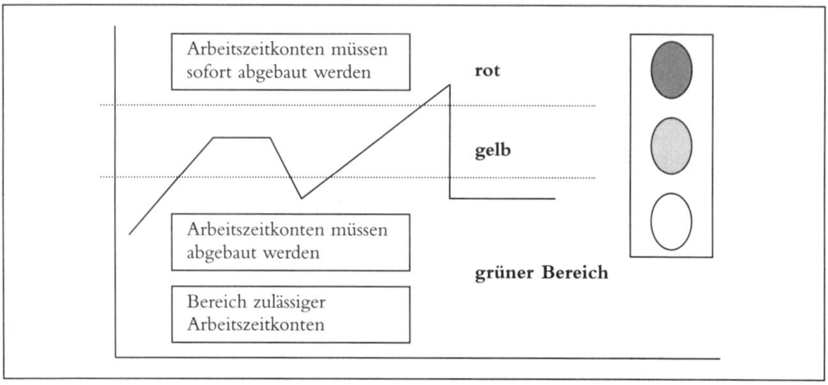

Individuelle Ampelregelung

Das Volumen des Zeitguthabens bzw. des Zeitdefizits auf den Zeitkonten wird in drei Phasen eingeteilt:

Grüner Bereich

Solange sich die Kontensalden im grünen Bereich bewegen, ist alles in Ordnung. Welche Schwankungsbreite dafür gewählt wird, variiert von Betrieb zu Betrieb. Für ein flexibles Arbeitszeitkonto kann z. B. die Wochenarbeitszeit (IRWAZ) innerhalb des tariflichen Ausgleichszeitraums als wünschenswerte Schwankungsbreite gelten. Zu regeln ist, ab wann der Ausgleich der Zeitguthaben bzw. Zeitschuld zu erfolgen hat (z. B. nach Monatsende).

Gelber Bereich

Bei Eintritt in den gelben Bereich müssen Vorgesetzte und Beschäftigte darüber informiert werden. Beschäftigte müssen zusammen mit dem Vorgesetzten versuchen, durch Abbauvereinbarungen den Zeitsaldo wieder in den grünen Bereich zu bringen. Dabei ist sicherzustellen, dass auch der Betriebsrat Meldung von individuellen Zeitguthaben und Bereichsguthaben bekommt und ggf. zur Regelung des Problems hinzugezogen wird. Denkbar ist auch die Vereinbarung einer Frist, in der das Konto wieder in den grünen Bereich gebracht werden muss.

Roter Bereich

Wird die Grenze zum roten Bereich überschritten, muss sofort innerhalb vordefinierter Fristen die Rückführung des Kontos in die Gelb- bzw. Grünphase erfolgen. Ein bindender Plan zum Zeitabbau muss unter Beteiligung des Betriebsrates erstellt werden.

Wenn sich Zeitkonten häufig in der Rotphase befinden, ist für den Betriebsrat nicht die Auszahlung des Guthabens die Lösung des Problems, sondern es sollten Neueinstellungen und eine erweiterte Mitbestimmung über die Leistungsbedingungen gefordert und durchgesetzt werden.

Solche individuellen Ampelregelungen funktionierten in den Betrieben allerdings nicht immer als das Selbstregulationsinstrument, wie gehofft. Solange der Betriebsrat isoliert individuelle Arbeitszeit regelt, kann ihn der Arbeitgeber immer in die Zwickmühle bringen, dass er entweder die Autonomie oder die Zuverdienstmöglichkeiten der Beschäftigten einschränkt. Probleme mit ausufernden Konten und dem Verfall von Arbeitszeit lassen sich erfolgreich nur angehen, wenn auch andere »Stellschrauben« der Leistungsbedingungen beeinflusst werden. Dazu gehören vor allem die Personalbesetzung, das zu erledigende Arbeitspensum und Zielvereinbarungen. Inzwischen werden in einigen Betrieben Versuche unternommen, mit sogenannten »kollektiven Ampeln« die Probleme in den Griff zu bekommen.

Kollektive Ampelregelung

Bereichsbezogene kollektive Ampelregelungen verbinden die Höhe des Durchschnitts der Kontenstände der Beschäftigten des Bereichs mit gestaffelten Beratungs- und Initiativrechten des Betriebsrates.

Beispiel für eine Regelung zur kollektiven Ampel:

1. Die Überprüfung der Kontenstände erfolgt jeweils zum Ende eines Kalendermonats getrennt für jeden der definierten Bereiche (Abteilungen, Teams, Gruppen usw.). Ziel der Überprüfung ist die Feststellung, ob Arbeitsmenge und personelle Ressourcen im Wesentlichen übereinstimmen. Aus dem jeweiligen Ergebnis der Überprüfung ergeben sich die in den Punkten 2–4 genannten Folgen.
2. Unterschreiten die Kontenstände in einem der definierten Bereiche bezogen auf jeden Beschäftigten durchschnittlich z.B. bis minus 50 Stunden, besteht für diesen Bereich keine Verpflichtung, eventuell ausscheidende Beschäftigte zu ersetzen.
3. Befinden sich die Kontenstände in einem definierten Bereich durchschnittlich pro Beschäftigtem zwischen minus 50 und plus 200 Stunden, werden eventuelle aus diesem Bereich ausscheidende Mitarbeiter unverzüglich ersetzt. Das erfolgt in der Regel durch Ersatzeinstellungen. Diese sind gegenüber dem Betriebsrat als solche kenntlich zu machen. Im Einvernehmen mit dem Betriebsrat können stattdessen auch interne Versetzungen oder andere Maßnahmen vorgenommen werden.
4. Überschreiten die Kontenstände in einem der definierten Bereiche durchschnittlich pro Beschäftigtem 200 Stunden, gehen die Betriebsparteien davon aus, dass ein zusätzlicher Bedarf an weiteren Arbeitskräften besteht. Deshalb sind zusätzlich zu den erforderlichen Ersatzeinstellungen zur Aufstockung des Personals weitere Einstellungen in diesem Bereich vorzunehmen. Für je 500 Stunden (Summe der Zeitguthaben aller Beschäftigten eines Bereichs) ist mindestens ein Mitarbeiter im Umfang von 50 Prozent der regelmäßigen tariflichen Arbeitszeit einzustellen.

Die tariflichen Vorschriften für das Zeitkonto, wie z.B. der Ausgleichszeitraum, sind selbstverständlich zu beachten. Im Hinblick hierauf ist neben der Betrachtung des Bereichs auch noch eine Betrachtung der individuellen Zeitkonten erforderlich.

Ausufernde Saldenstände können auch ein Hinweis auf mangelhafte Arbeitsorganisation oder zugespitzte Leistungsbedingungen und daraus sich ergebende Arbeitsüberlastung sein. Durch Ampelkonten kann die Gestaltung der Arbeitszeit – neben der Verknüpfung mit Personalbemessung – auch stärker mit Regulierungsmechanismen der Leistung verknüpft werden. Dazu sollten die tariflichen Regelungen zur Leistungsbemessung genutzt werden. Möglich sind auch Regelungen, die bei Überschreitung definierter individueller oder kollektiver Grenzen von Arbeitszeitkonten – neben individuellen Ausgleichsrechten – Beratungs- und Mitbestimmungsrechte des Betriebsrates über Leistungsbedingungen auslösen.

6. Schichtarbeit

von Andrea Fergen, Elke Schulte-Meine
und Stephan Vetter

In der heutigen Industriegesellschaft ist Arbeit immer weniger an bestimmte Zeiten gebunden: Sie wird rund um die Uhr erledigt. Nacht-, Schicht- und Wochenendarbeit nehmen zu. Ständig oder regelmäßig in der Nacht arbeiteten im Jahre 2001 rund 2,5 Mio. Beschäftigte, im Jahre 2011 waren es bereits 3,3 Mio. Das ist ein Anstieg von 32 Prozent. Die Zahl der Schichtarbeitenden hat im gleichen Zeitraum um 24 Prozent zugenommen, nämlich von 4,8 auf 6 Mio. Beschäftigte. An Wochenenden arbeiteten im Jahre 2011 8,9 Mio. Beschäftigte, das ist ein Anstieg um 33 Prozent gegenüber 2001 (Bundestag 2013 - 17/12273).
Während Schicht- und Nachtarbeit früher hauptsächlich aus versorgungs- oder prozesstechnischen Gründen gemacht wurde, liefern heute zunehmend wirtschaftliche Argumente die Begründung für ihre Ausweitung. Durch möglichst lange Betriebsnutzungszeiten sollen die Rendite des eingesetzten Kapitals gesteigert und mit langen Ansprech- und Servicezeiten neue Kunden gewonnen werden. Auch Produktions- und Logistikkonzepte forcieren die Ausbreitung der Schichtarbeit. Unter den Bedingungen einer Just-In-Time-Produktion sollen Stillstandszeiten vermieden und Produktionsausfälle kompensiert werden, indem die Arbeitszeit möglichst flüssig angepasst wird. Konkret heißt das: Es muss möglichst flexibel zu jeder Tages- und Nachtzeit gearbeitet werden, das Wochenende eingeschlossen.
Für die betroffenen Beschäftigten sind die Folgen dieser Entwicklung vielschichtig und weitreichend: So stellt Nacht- und Schichtarbeit eine besondere Arbeitsbelastung dar, die zu arbeitsbedingten Erkrankungen führen kann. Auch das Privatleben leidet häufig unter den unsozialen Arbeitszeiten, und die Teilnahme am gesellschaftlichen Leben ist nur mit Einschränkungen möglich.
Aus der Perspektive der Unternehmen und auch aus Sicht der Konsumenten hat das Nonstop-Programm eine Reihe von Vorteilen. Zweifelsohne ist es schön, wenn man sonntags Brötchen und abends noch ein Buch kaufen kann oder wenn Unternehmen mit einer Ausweitung der Betriebsnutzungszeiten kostengünstig und konkurrenzfähig produzieren können. Doch Vorsicht! Die Arbeit rund um die Uhr ist nicht nur ein individuelles Problem für die betroffenen Beschäftigten. Auch die gesellschaftlichen Folgekosten sind nicht zu unterschätzen: Was aus einzelbetrieblicher Sicht ökonomisch sinnvoll erscheinen mag, kann volkswirtschaftlich höchst problematische Effekte bewirken. Unter den Bedingungen von niedrigem Wirtschaftswachstum und hohen Überkapazitäten führt ein verschärfter Verdrängungswettbewerb über längere Betriebsnutzungs-

zeiten nicht zu mehr Beschäftigung, sondern zu einem Konzentrationsprozess in der Branche und dem Wegfall von Arbeitsplätzen. Auch die Auswirkungen von gesundheitsgefährdenden Arbeitszeiten auf das Gesundheitssystem sind nicht zu unterschätzen. Letztlich ist jede Erkrankung oder Frühverrentung aus der Perspektive der Finanzierung unseres Solidarsystems ein Kostenfaktor. Damit nicht genug: Betrachtet man den Wandel der Altersstruktur in der Gesellschaft, zeigt sich, dass sich mittelfristig auch in den Betrieben der Anteil älterer Beschäftigter erhöhen muss. Unsoziale und gesundheitsbelastende Arbeitszeiten unterlaufen aber die Arbeitsfähigkeit der Älteren.
Die negativen gesellschaftlichen Folgekosten und die Auswirkungen auf die betroffenen Beschäftigten lassen nur einen Schluss zu: Ziel muss es sein, unsoziale und gesundheitsgefährdende Arbeitszeiten möglichst zu vermeiden. Doch das ist leichter gesagt als getan. Gewerkschaften und Betriebsräte befinden sich häufig in einer widersprüchlichen Situation. Einerseits können sie sich den betriebswirtschaftlichen Argumenten nicht gänzlich entziehen. Der wirtschaftliche und politische Druck ist in vielen Betrieben einfach zu groß und zwingt zu Zugeständnissen. Anderseits sind die negativen Folgen nicht zu übersehen. Deshalb muss in jedem betrieblichen Einzelfall genau geprüft werden, ob Schichtarbeit überhaupt notwendig ist und wenn nein, ob ein ausreichendes Widerstandspotential aus der Belegschaft organisiert werden kann. Das Motto für diese Strategie lautet:
Keine Schichtarbeit ist besser als eine gut gestaltete. Lässt sie sich aber nicht verhindern, rückt die Frage nach dem »Wie« in den Vordergrund. Dann geht es darum, wie der Schichtplan gestaltet sein muss.
Dieser Frage wird in diesem Kapitel nachgegangen. Um die hierzu gemachten Hinweise, Gestaltungsanforderungen und Regelungsvorschläge besser verstehen zu können, werden im Folgenden die verwendeten Begriffe rund um die Schichtarbeit kurz erläutert.

Definition wichtiger Begriffe zur Schichtarbeit

Unter dem Begriff »Schichtarbeit« werden die Arbeitszeitsysteme zusammengefasst, bei denen die Arbeit zu wechselnden Zeiten (z. B. im Wechsel Früh-, Spät- und Nachtschicht) oder zu konstanter, aber ungewöhnlicher Zeit (z. B. in Dauer-Nachtschicht) ausgeführt wird.
Zum besseren Verständnis stehen an dieser Stelle weitere Begriffsklärungen im Zusammenhang mit Schichtarbeit, wie sie in der Praxis häufig verwandt werden:

Definition

- Die **Schichtart** bezeichnet die zeitliche Lage der einzelnen Schichten im Laufe von 24 Stunden, also z. B. Früh-, Spät- und Nachtschichten.
- Die **Schichtwechselperiodik** ist die Anzahl der von den Schichtbeschäftigten nacheinander zu absolvierenden gleichartigen Arbeitsschichten, z. B. 5 Tage Spätschicht, dann Schichtwechsel. Zur Realisierung des Schichtwechsels sind mehrere Schichtgruppen erforderlich.

- Unter **Schichtgruppen** wird die Aufteilung der Beschäftigten in mehrere feste Gruppen verstanden, die den jeweils festgelegten Schichtwechselrhythmus miteinander durchlaufen.
- Der **Schichtwechselrhythmus** kann gleichmäßig oder ungleichmäßig sein. Gleichmäßig meint z.B. 5 Tage Frühschicht, 5 Tage Spätschicht usw., ungleichmäßig wären z.B. 5 Tage Spätschicht, 3 Tage Nachtschicht usw.
- Die **Schichtlänge** beschreibt die in Stunden (und Minuten) ausgedrückte Dauer einer Schicht, z.B. 8 Stunden.
- Die **Schichtenfolge** oder **Rotation** gibt an, in welcher Reihenfolge die Schichten abzuleisten sind. Bei Drei-Schichtbetrieben werden vorwärtsrollierende Schichtenfolgen (Früh, Spät, Nacht) und rückwärtsrollierende Schichtenfolgen (Nacht, Spät, Früh) unterschieden.
- Die **Schichtenkontinuität** legt den Durchlaufcharakter der Schichtarbeit fest. Vollkontinuität bedeutet die Aufrechterhaltung des Arbeitsprozesses das ganze Jahr hindurch. Teilkontinuität ist durch Unterbrechungen des Arbeitsprozesses an Wochenenden gekennzeichnet, diskontinuierliche Modelle weisen Unterbrechungen im 24-Stunden-Zyklus auf.
- Bei der Schichtplangestaltung bezeichnet der Begriff der **Betriebsnutzungszeit** die Zeit, die die betrieblichen Anlagen in der Woche genutzt werden. Im Drei-Schichtbetrieb an 5 Werktagen beträgt die Betriebsnutzungszeit z.B. $3 \times 5 \times 8$ Stunden = 120 Stunden pro Woche. In den Tarifverträgen der Metallindustrie wird der Begriff in der Regel für die Betriebsnutzungszeit in einer Schicht verwendet, z.B. 8 Stunden pro Schicht bzw. bei einer 5-Tage-Woche 40 Stunden pro Woche (vgl. Kapitel 4.4). In diesem Kapitel 6 wird der Begriff im Sinne der Schichtplangestaltung benutzt.

Die Bezeichnung eines Schichtmodells leitet sich generell von seiner Kontinuität ab. So wird beispielsweise ein Schichtmodell mit wechselnden Früh- und Spätschichten (ohne Nachtschicht) als ein Zwei-Schichtmodell bezeichnet. Entsprechend werden Schichtmodelle mit wechselnden Früh-, Spät- und Nachtschichten Drei-Schichtmodelle genannt.
In der Praxis hat es sich als hilfreich erwiesen, die verschiedenen Drei-Schichtmodelle nach der Anzahl der Schichten je Woche zu unterscheiden. So bezeichnet ein 15-Schichten-System in der Regel ein Schichtmodell von Montag bis Freitag mit hintereinanderliegend 5 Früh-, 5 Spät und 5 Nachtschichten. Hingegen bezeichnet man mit 21-schichtiger Fahrweise in der Regel ein vollkontinuierliches Schichtmodell, in dem von Montag bis Sonntag (also an 7 Tagen die Woche) wechselweise in 3 Schichtarten (Früh-, Spät- und Nachtschicht) gearbeitet wird.
Während das Zwei-Schichtmodell fast ausnahmslos auch mit 2 Schichtgruppen gefahren wird, variiert dies in einem Drei-Schichtmodell schon erheblich. Verbreitet sind Modelle mit drei, vier, fünf oder sogar noch mehr Schichtgruppen. In der jüngeren Vergangenheit wurde dann von einem Drei-Schicht-, Vier-Schicht- bzw. Fünf-Schichtmodell gesprochen. Diese Bezeichnung suggeriert jedoch fälschlicherweise, dass es neben den drei klassischen Schichtarten (Früh-, Spät- bzw. Nachtschicht) noch eine bzw. zwei weitere Schichtarten gibt. Aus Gründen der Genauigkeit und zum besseren Verständnis wird nach-

folgend ersatzweise der Begriff Drei-Schichtmodell mit drei, vier bzw. fünf Schichtgruppen gewählt. Ihre Anwendung finden letztere häufig im 18-Schichten-Betrieb (Montag bis Samstag.) bzw. im 21-Schichten-Betrieb (Montag bis Sonntag.). Siehe hierzu nachfolgend Kapitel 6.4.

6.1 Schichtarbeit und Belastungen

Die Antwort auf das »Wie« der Schichtplangestaltung ist nicht schnell gegeben. In der Diskussion über neue Schichtpläne spielen viele Argumente eine Rolle. Auch zwischen den Beschäftigten kann es höchst unterschiedliche Interessen, Sichtweisen und Prioritäten geben, die ihre grundsätzliche Haltung zur Schichtarbeit oder zu einem bestimmten Schichtmodell prägen. Für die einen ist an der Schichtarbeit vor allem der geldliche Aspekt von Bedeutung (vgl. Kapitel 6.5). Bei Mehrschichtmodellen werden nach den meisten Tarifverträgen Zuschläge fällig, die eine wichtige Einkommensquelle darstellen. Für andere Beschäftigtengruppen steht die Verbindung von beruflichen Anforderungen und privaten Zeitinteressen im Vordergrund. Je nach individueller Lebenssituation kann das zu ganz unterschiedlichen Präferenzen bei der Bewertung von Schichtmodellen führen. Wer lange in einem anspruchsvollen Schichtmodell gearbeitet hat und mit zunehmendem Alter die Folgen spürt, der wird möglicherweise gesundheitlichen Aspekten der Schichtplangestaltung aufgeschlossener gegenüberstehen als andere.
Sicher, das alles könnten gute Gründe sein, bei der Gestaltung der Schichtarbeit im Betrieb alles beim Alten zu lassen. Auch aus gewerkschaftlicher oder arbeitswissenschaftlicher Sicht lautet der Grundsatz nicht: In jedem Betrieb muss eine intensive Debatte über Schichtarbeit geführt und das praktizierte Modell geändert werden. Die Interessenvertretung sollte sich genau überlegen, wann, wie und mit welcher Zielsetzung sie eine Debatte über Schichtarbeit beginnt. Die Anlässe dafür können unterschiedlich sein. Aber unabhängig von der einzelnen Ausgangskonstellation gibt es grundlegende arbeitswissenschaftliche Empfehlungen zur Gestaltung von Schichtarbeit (vgl. Kapitel 6.8) und ein paar zentrale Aspekte, die der Betriebsrat in jedem Fall berücksichtigen sollte:

- **Ein Schichtmodell kann nicht verordnet werden**
  Ein bestimmtes Schichtmodell kann nicht am grünen Tisch entwickelt und dann verordnet werden. Bei der Schichtarbeit müssen unterschiedliche Interessen und Prioritäten miteinander in Einklang gebracht werden. Ein solches Vorhaben trifft nur auf Akzeptanz, wenn im Vorfeld alle Beteiligten ihre Sicht der Dinge einbringen können und aktiv in die Kompromissbildung einbezogen werden.
- **Es gibt kein optimales Schichtmodell**
  Allen betrieblichen Akteuren muss klar sein, dass es kein optimales Schichtmodell gibt. Alle Modelle, auch die von der IG Metall oder der Arbeitswissenschaft favorisierten, haben Schwächen und stellen einen Kompromiss

zwischen unterschiedlichen Aspekten dar. Die Schwächen und die Stärken eines jeden Modells müssen auf den Prüfstand. Am Ende wird man über Prioritäten diskutieren und sich für eine Variante entscheiden müssen.

- **Pilotphase vereinbaren**
  Bei der Entwicklung und Umsetzung neuer Schichtmodelle hat es sich für alle Beteiligten als sinnvoll erwiesen, eine Pilotphase zu vereinbaren, nach der wieder zum alten Modell zurückgekehrt werden kann, denn für die Beschäftigten ist der Wechsel von einem zum anderen Schichtmodell ein »Sprung ins kalte Wasser«. Man weiß nicht, ob der Körper den neuen Schichtrhythmus so verkraften wird wie den alten, ob Berufs- und Privatleben miteinander in Einklang gebracht werden können. Solche und ähnliche Bedenken können im Vorfeld des Wechsels eher akzeptiert werden, wenn der Ausstieg nach einer Pilotphase möglich ist. Außerdem gibt es die Chance, im Verlauf der Pilotphase an Verbesserungen des Modells zu arbeiten.
- **Gesundheitliche Aspekte müssen von der Interessenvertretung aktiv eingebracht werden**
  Nicht alle Aspekte zur Bewertung von Schichtmodellen liegen auf der Hand. So scheint für viele Betroffene eine Schichtfolge günstig zu sein, die eine ganze Reihe von Nachtschichten hintereinander schaltet, um einen »Gewöhnungseffekt« zu erreichen. Arbeitsmedizinische Untersuchungen haben gezeigt, dass dem nicht so ist. Der Betriebsrat wird also für ein Modell, das mit einer solchen Logik bricht, erst intensiv werben müssen. Ein leichtfertiges Ignorieren der arbeitswissenschaftlichen Erkenntnisse zur Schichtplangestaltung wäre folgenreich, geht es hierbei doch um nichts Geringeres als um Fragen von Lebensqualität und Gesundheit – und damit letztlich auch um den Erhalt der Arbeitsfähigkeit bis zum gesetzlichen Renteneintritt.

Doch wie kann Schichtarbeit gestaltet werden, damit sie nicht zu vorschnellem Gesundheitsverschleiß führt? Welche Hilfsmittel können Betriebsräte nutzen, um auch arbeitswissenschaftliche Anforderungen bei der Schichtplangestaltung zu berücksichtigen? Die Antwort hierauf verlangt einen Blick auf die Wirkungsweise von Schichtarbeit auf den menschlichen Organismus.

6.1.1 Gesundheitliche Gefährdungen durch Schichtarbeit

Nacht- und Schichtarbeit stellt eine besondere Arbeitsbelastung dar, die zu arbeitsbedingten Erkrankungen führen kann. Schlafstörungen, Herz-Kreislauf- oder Magen-Darm-Erkrankungen sind bei Schichtbeschäftigten häufig anzutreffende Krankheiten. Seit einigen Jahren steht Schichtarbeit auch im Verdacht, Krebs zu erzeugen. Die Internationale Agentur für Krebsforschung der Weltgesundheitsorganisation (WHO) hat Schichtarbeit als »wahrscheinlich krebserzeugend« eingestuft. In Dänemark wird Brustkrebs bei Nachtschichtarbeiterinnen als Berufskrankheit anerkannt. Die Gründe für die massive Beanspruchung des Organismus durch Schichtarbeit sind seit Langem bekannt.

Die besonderen Belastungen durch Nacht- und Schichtarbeit hängen mit der »inneren Uhr« des Menschen oder der sogenannten Circadianrhythmik physiologischer Systeme zusammen.

Definition
»*Circadianrhythmik*« meint kurvenartige Verläufe von körperlichen Funktionen, die ungefähr 1 Tag dauern. Alle Körperfunktionen des Menschen unterliegen einer Tages- und Nachtperiodik. Sie haben einen Tagesgang, d.h. innerhalb von 24 Stunden ein Maximum und ein Minimum.

Dieser 24-stündige Lebensrhythmus ist dem Menschen als biologisches Erbe vorgegeben und nur in engen Grenzen beeinflussbar. Der Körper mit seiner Vielzahl von Funktionen ist dadurch am Tag optimal auf Leistung eingestellt, in der Nacht auf Erholung und Ruhe.
Die Rhythmik beruht auf kombinierten Effekten einer angeborenen »inneren Uhr« und auf äußeren Einflüssen. Die innere Komponente (der Rhythmus der inneren Uhr) bleibt erhalten, auch wenn die Steuerfaktoren der Umwelt (u.a. Zeitgeber) ausgeschaltet werden. Die äußere Komponente hängt mit dem Schlaf-Wach-Wechsel zusammen. Viele physiologische Funktionen werden direkt durch den Schlaf beeinflusst. Zu den äußeren Faktoren aus der Umwelt gehören u.a. der Hell-Dunkel-Wechsel, Temperaturunterschiede, Lärm, das Zeitbewusstsein und das Zeitverhalten der Gesellschaft.
In engem Zusammenhang mit diesen körperlichen Tagesrhythmen steht der Verlauf der menschlichen Leistungsbereitschaft über den 24-Stunden-Tag. So ist beispielsweise die Leistungsfähigkeit auf ihrem Tageshöhepunkt etwa um 9.00 Uhr morgens um ca. 40 Prozent höher als die durchschnittliche tägliche Leistungsfähigkeit des Menschen. Im Verlaufe der Nacht fällt das Leistungsvermögen weit unter die Tageswerte, ebenso wie die durchschnittliche Leistungsfähigkeit (vgl. Übersicht 6.1). Mit der sinkenden Leistungsfähigkeit eines Menschen einhergehen kann eine Zunahme der Fehlerhäufigkeit und die Zahl möglicher Unfälle.

Übersicht 6.1 – Die Leistungskurve des Menschen im Tagesverlauf

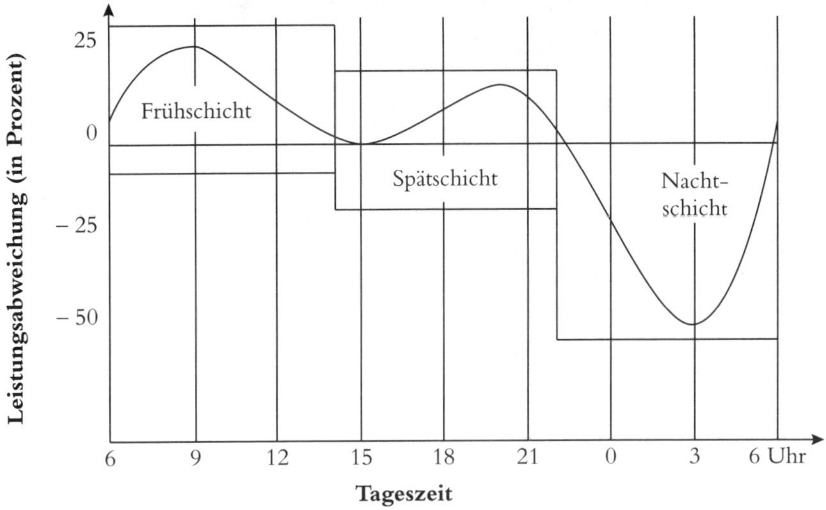

Bei Schichtarbeit, vor allem bei Nachtarbeit, kommt es zu einer Diskrepanz zwischen den inneren und äußeren Steuerkomponenten. Verschiedene physiologische Funktionen laufen nun in unterschiedlichen Perioden ab. Beschäftigte in Nachtarbeit leben gegen ihre »innere Uhr«. Die sozialen Zeitgeber, also die Zeitstruktur der restlichen Gesellschaft, verhindern, dass sich der Körper der Schichtarbeiter vollkommen auf den Nachtarbeitsrhythmus umstellen kann, auch nicht nach vielen Nachtschichten hintereinander. Dieses Arbeiten und Schlafen gegen die »innere Uhr« (die Verschiebung der Phasenlage von Arbeit und Schlaf) stellt die eigentliche Belastung bei Nacht- und Schichtarbeit dar.

Der Tag-Nacht-Rhythmus läuft ohne Einwirkungsmöglichkeiten des Menschen ab. Verlängert werden können nur die Wachphasen, die Schlafphasen sind kaum beeinflussbar. Längere Wachphasen führen, entgegen den Erwartungen, zu kürzeren, nicht aber zu längeren Schlafphasen. Eine Umstellung des Circadianrhythmus erfolgt nur, wenn der Mensch in andere Zeitsysteme wechselt und damit auch veränderten Zeitgebern ausgesetzt ist. Wenn man in die USA fliegt und dann etwa 8 Stunden oder mehr »zurück liegt«, passt man sich in wenigen Tagen der neuen Zeit an, da der Tag-Nacht-Wechsel, Temperatur, Lärm, die soziale Zeit etc. auf unseren Rhythmus als neue Zeitgeber einwirken. Muss aber eine Person im Schichtdienst arbeiten, kann sie selbst durch häufigere aufeinanderfolgende Nachtschichten diese Ordnung nicht vollständig umkehren.

Bei einzeln vorkommenden Nachtschichten treten nahezu keine Veränderungen der Circadianrhythmik auf. Erste Verschiebungen, beispielsweise beim Verlauf der Körperkerntemperatur, sind erst nach der zweiten Nachtschicht erkennbar. Unter bestimmten Bedingungen kann es zu Teilanpassungen kommen, die jedoch durch einen oder zwei freie Tage mit Schlaf in der Nacht wieder aufgehoben werden.

Eine Rückanpassung an die »normale« Lebensweise der Tagarbeiter braucht umso länger, je länger Nachtschichten angesetzt waren (Anzahl der hintereinander liegenden Nachtschichten). Das bedeutet u.a., dass es in langsam rotierenden Schichtsystemen (sechs bis sieben hintereinander liegende Nachtschichten) zu ständigen Anpassungsversuchen des Organismus kommt. Eine tiefgreifende Veränderung der Rhythmik lässt sich aufhalten, wenn spätestens nach der dritten Nachtschicht in Folge 1 oder besser 2 freie Tage folgen (vgl. Übersicht 6.2).

Übersicht 6.2 – Nachtarbeit und Schlafstörungen

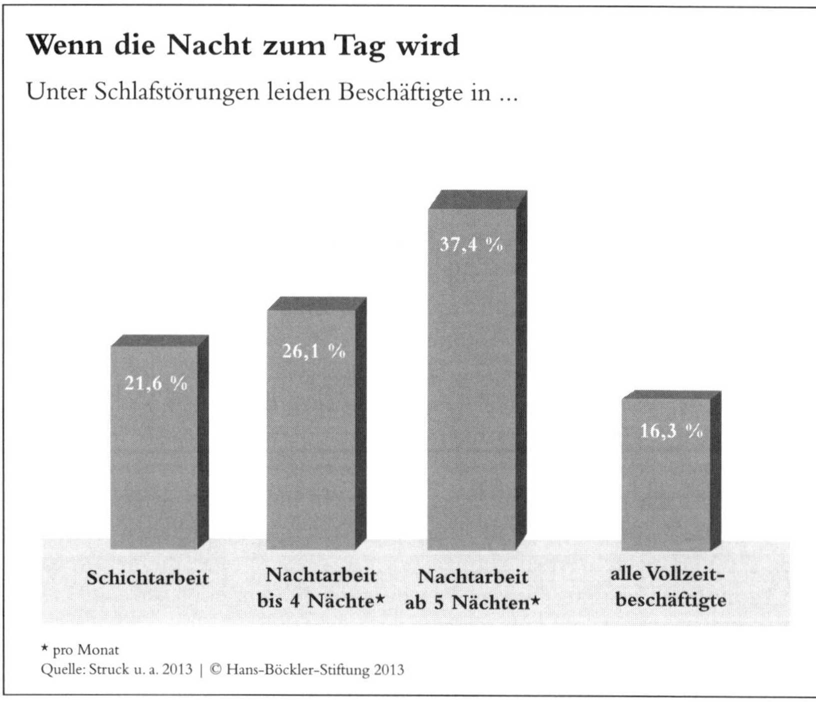

Vor dem Hintergrund der besonderen physiologischen Belastungen durch Schichtarbeit leiden Schichtbeschäftigte in weit stärkerem Maße unter schlechten Arbeits- und Arbeitsumgebungsbedingungen. Die Widerstandsfähigkeit des Organismus ist gegenüber weiteren Belastungen am Arbeitsplatz durch Gefahrstoffe, Lärm oder hohen Leistungsdruck herabgesetzt.

Auch bringt der nach der Nachtschicht erzwungene Tagschlaf nicht die erforderliche Erholung. So finden sich bei lärmgestörtem Tagschlaf deutlich weniger Tiefschlaf- und Traumphasen. Zu berücksichtigen ist hierbei, dass die physische Erholung wesentlich an die Tiefschlafphasen gekoppelt ist und die psychische Erholung an die Traumphasen. Darüber hinaus ist die Dauer des Schlafes allgemein kürzer.

Belastungen im Rahmen von Schichtarbeit können auch mit der Ernährung und den Essenszeiten zusammenhängen. Der Magen arbeitet nur in Tagschicht, dann produziert er die meisten Verdauungssäfte. Nachts hat er frei, er befindet sich im Ruhezustand. Deshalb ist er auch nicht darauf vorbereitet, größere Mengen von Nahrung zu verarbeiten.
Aber: Nicht jeder Mensch reagiert gleich! Belastung ist nicht zugleich auch Beanspruchung. Die gleiche objektive Belastung durch Schichtarbeit kann zu einer unterschiedlichen subjektiven Beanspruchung und damit auch zu unterschiedlichen Folgen für die Betroffenen führen. Das Ausmaß der individuellen Beanspruchung hängt wesentlich von sogenannten intervenierenden Faktoren ab. Diese beeinflussen das Ausmaß der individuellen Beanspruchung und Beschwerden (vgl. Übersicht 6.3).
Hierbei wird zwischen internen und externen intervenierenden Faktoren unterschieden. Zu den internen Faktoren gehören beispielsweise das Alter, die Schichtarbeitserfahrung, das Geschlecht, ein bestimmtes Schlafverhalten, der Chronotypus (Morgen-Abend-Typ) oder der allgemeine Gesundheitszustand. Zu den externen Faktoren zählen etwa die Akzeptanz von Schichtsystemen, die Rotation im Schichtplan, psychosoziale Faktoren oder die Arbeitsumgebung. Die internen Faktoren gelten als mehr oder weniger unbeeinflussbar. Die externen Faktoren können optimiert werden, um negative Auswirkungen der Schichtarbeit zu reduzieren. Dies ist Aufgabe einer guten Schichtplangestaltung und entsprechender Rahmenregelungen.
Zusammenfassend ist festzuhalten: Schicht- und vor allem Nachtarbeit ist ein Risikofaktor für die Gesundheit, der die Wahrscheinlichkeit einer Erkrankung erheblich erhöht (vgl. Übersicht 6.4). Arbeitswissenschaftliche Untersuchungen zeigen, dass die Verschlechterung des Gesundheitszustandes (gemessen an einem »Gesundheitsindex«) bei Schichtarbeitern stärker ausgeprägt ist als bei am Tage arbeitenden Beschäftigten. Etwa ab dem 35. Lebensjahr sind diese Unterschiede signifikant, d.h. nicht mehr zufällig.

Übersicht 6.3 – Belastungs-Beanspruchungs-Modell zur Schichtarbeit

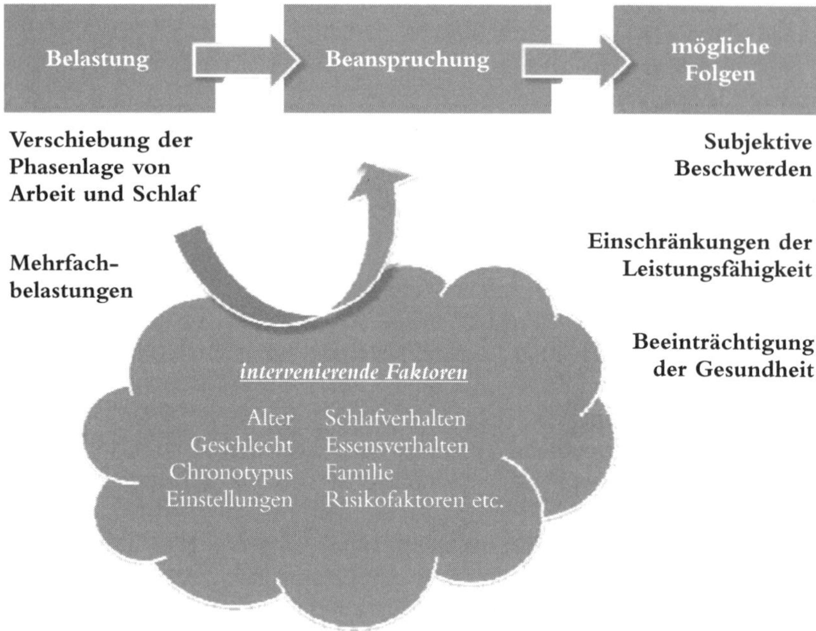

Viele Schichtbeschäftige verlassen aus gesundheitlichen Gründen den Schichtdienst. Die sogenannte »Selbstauslese« der Schichtbeschäftigten kann zu merkwürdigen statistischen Verzerrungen führen. Diese drücken sich im »healthy worker effect« (Schichtbeschäftigte werden immer »gesünder«) vieler Studien aus, die unter Umständen sogar »gesündere« Schichtarbeiter als Tagarbeiter finden. Es bleiben in der Schicht die übrig, die Schichtarbeit am besten gesundheitlich »wegstecken« können.

Übersicht 6.4 – Auswirkungen von Schicht- und Nachtarbeit

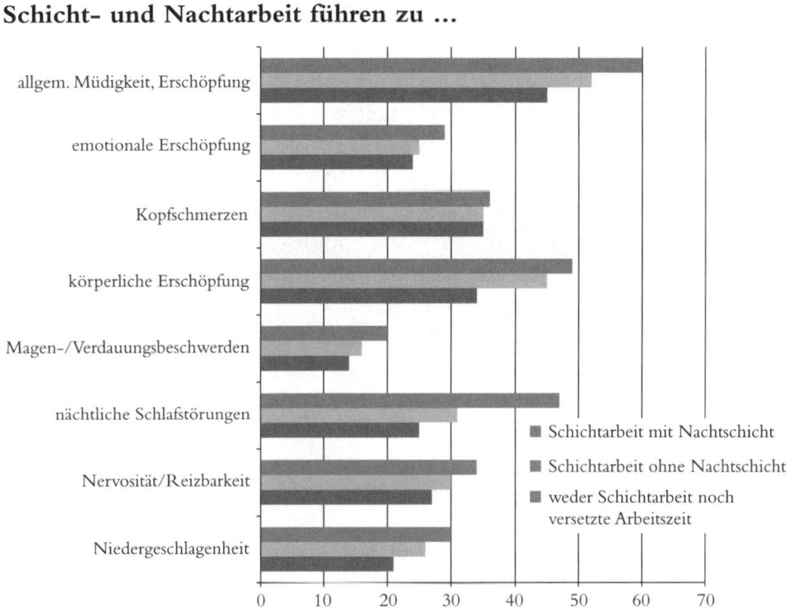

(Quelle: Stressreport 2012 der BAuA)

6.1.2 Soziale Probleme durch Schichtarbeit

Bei regelmäßig wechselnden oder atypischen Arbeitszeiten kommt es auch zu Beeinträchtigungen von sozialen Beziehungen. Durch Schichtarbeit werden sowohl familiäre Kontakte beeinträchtigt, als auch sonstige soziale Aktivitäten (vgl. Kapitel 9). Diese sind etwa:

- Kontakte zu schulpflichtigen Kindern
- partnerschaftliche Beziehungen
- Kontakte zu Freunden
- regelmäßige Teilnahme an sportlichen, politischen, kulturellen oder religiösen Veranstaltungen
- Teilnahme an Wochenendaktivitäten mit Familie oder Freunden
- Wahrnehmung von gewerkschaftlichen und politischen Aufgaben
- Teilnahme an Weiterbildungsmaßnahmen usw.

Der überwiegende Teil der Aktivitäten außerhalb der Arbeit findet in der Regel abends oder an Wochenenden statt. Die wertvollen Freizeitstunden sind trotz vielfach flexibler Arbeitszeiten immer noch die Abendstunden und die Zeiten am Wochenende. Die für das familiäre und soziale Leben störenden Schichten sind folglich die Spätschicht und die Nachtschicht sowie die Arbeit an Wochenenden. Schichtarbeit bedeutet immer auch, dass Menschen zu bestimmten Zeiten mehr oder weniger von der Teilnahme am normalen Rhythmus des sozialen Lebens und von den Erfahrungen der Mehrheit ausgeschlossen werden. Es findet, je nach Schichtplan und Schichtfolge, eine zunehmende Entkopplung des Schichtbeschäftigten vom sozialen Rhythmus seiner Umgebung statt. Beeinträchtigungen des familiären und sozialen Lebens ergeben sich sowohl durch die Dauer der Freizeit als auch durch ihre zeitliche Lage. Man spricht allgemein von einem an der Normalarbeitszeit ausgerichteten Zeitprofil, das individuell kaum beeinflussbar ist. Vor allem die Spätschicht überdeckt die Kernfreizeit der am Tag arbeitenden Beschäftigten stark und schließt damit die Wechselschichtler von Vielem aus oder hindert sie zumindest weitgehend an der Teilnahme am gesellschaftlichen und politischen Leben. Deshalb lautet auch eine Forderung einer arbeitswissenschaftlichen Schichtplangestaltung: Wenigstens ein freier Abend pro Woche.

Ungünstig für das Ausüben sozialer Kontakte sind auch Dauerspätschichten (z. B. mehr als fünf Schichten hintereinander), Dauernachtschichten und Schichtsysteme, die das Wochenende miteinschließen, sowie Schichtsysteme, die langsam rotieren.

Ein rückwärts rotierendes Schichtsystem mit langen Schichtfolgen führt dazu, dass erst in der Frühschichtwoche (3. Woche) der erste freie Abend mit der Familie oder Freunden verbracht werden kann. Aber selbst diese Abende sind noch dadurch gestört, dass Schichtbeschäftigte zeitig ins Bett müssen, um für die folgende Frühschicht fit zu sein. Solche Schichtsysteme können dazu führen, dass der Bekanntenkreis von Schichtbeschäftigten auf Dauer stark eingeschränkt ist und zuletzt nur noch aus Kolleginnen und Kollegen der gleichen Schichtbelegschaft besteht. Eine Hilfe bieten hier kurz vorwärts rotierende Schichtsysteme (zwei Früh, zwei Spät, zwei Nacht, zwei Frei), obwohl diese Systeme zunächst von vielen Betroffenen, die sie noch nicht ausprobiert haben, abgelehnt werden.

Insgesamt lässt sich festhalten, dass das formelle gesellschaftliche Leben durch Schichtarbeit mehr beeinträchtigt wird als das informelle. Familienmitglieder passen sich häufig notgedrungen schnell an, in Bezug auf das soziale Leben aber fühlen sich viele Schichtbeschäftigte isoliert.

Eine wichtige Rolle spielt auch der Nutzwert der Freizeit. Wenn Menschen aufgefordert werden, für jede Stunde des Tages anzugeben, wie wichtig ihnen diese Stunde für ihre Freizeit ist, zeigen sich Unterschiede. Verständlicherweise haben die Schlafzeiten bei fast allen Befragten den geringsten Freizeitnutzen, die Abendstunden den höchsten. Große Unterschiede im Freizeitnutzwert finden sich etwa zwischen jüngeren und älteren Beschäftigten. Jüngere gewichten die späten Abendstunden insgesamt höher, vor allem die Nachtstunden zwischen Freitag und Samstag sind z. B. für Disco-Besuche mit Freunden eine beliebte Zeit.

Auch der Lebensabschnitt oder die Lebensphase, in der sich der Beschäftigte gerade befindet, führt zu einer unterschiedlichen Gewichtung gleicher Freizeitstunden. Ein Single verbringt »freie Zeit« zu anderen Tageszeiten als beispielsweise ein Familienvater oder eine -mutter. Daraus folgt, dass es z. B. für eine Schichtbelegschaft unterschiedlichen Alters schwierig sein kann, befriedigende Schichtplanlösungen für alle zu finden. Das Ausmaß möglicher familiärer und sozialer Probleme ist im Wesentlichen abhängig vom Schichtsystem, vom Alter der Beschäftigten, vom Familienstand sowie von der Anzahl und dem Alter der Kinder.

6.2 Mitbestimmung und Organisation von Schichtarbeit

Der Betriebsrat hat bei der Frage der Einführung von Schichtarbeit sowie bei der Schichtplangestaltung weitreichende Mitbestimmungsrechte, die sich auf das »Ob« und »Wie« der Schichtarbeit beziehen. Der Betriebsrat hat bei der Einführung mitzubestimmen, bei der Ausgestaltung, der Änderung, also auch beim »Rückfahren« von Schichtarbeit. Dabei ist es für die Mitbestimmung unerheblich, ob sich die Maßnahmen auf den ganzen Betrieb oder nur auf einzelne Betriebsbereiche erstrecken.
Dem Betriebsrat stehen hierzu zwei mitbestimmte Zugänge zur Verfügung. Einerseits kann er seine Rechte nach § 87 Abs. 1 Ziff. 2 BetrVG wahrnehmen. Hiernach hat die betriebliche Interessenvertretung das Recht über alle betrieblichen Arbeitszeitregelungen mitzubestimmen.

Rechtsvorschrift
»Der Betriebsrat hat, soweit eine gesetzliche oder tarifliche Regelung nicht besteht, in folgenden Angelegenheiten mitzubestimmen: […] 2. Beginn und Ende der täglichen Arbeitszeit einschließlich der Pausen sowie Verteilung der Arbeitszeit auf die einzelnen Wochentage; […]«
(§ 87 Abs. 1 Ziff. 2 BetrVG)

Bei der Ausübung dieses Mitbestimmungsrechts kann sich der Betriebsrat auf weitere bestehende gesetzliche Vorschriften stützen. Für die Ausgestaltung der Schichtarbeit von maßgeblicher Bedeutung ist dabei das Arbeitszeitgesetz; vor allem § 6 ArbZG. Hiernach ist die Arbeitszeit der Nacht- und Schichtarbeitnehmer nach den gesicherten arbeitswissenschaftlichen Erkenntnissen über die menschengerechte Gestaltung der Arbeit festzulegen.

Rechtsvorschrift
»Die Arbeitszeit der Nacht- und Schichtarbeitnehmer ist nach den gesicherten arbeitswissenschaftlichen Erkenntnissen über die menschengerechte Gestaltung der Arbeit festzulegen; […]«
(§ 6 Abs. 1 ArbZG)

Mit dieser Bestimmung soll dem im Grundgesetz verbrieften Recht auf körperliche Unversehrtheit Rechnung getragen werden. Die konkrete betriebliche Umsetzung dieser gesetzlichen Verpflichtung obliegt den Betriebsparteien.

Das Mitbestimmungsrecht gem. § 87 Abs. 1 Ziff. 2 BetrVG umfasst neben der Arbeitszeit- auch die Pausengestaltung. Zusätzlich flankiert bzw. konkretisiert wird dieses Mitbestimmungsrecht durch tarifvertragliche Regelungen, die weitere Schutzbestimmungen (vor allem für Wochenend- und Mehrarbeit) enthalten.
Für den Betriebsrat eröffnet sich jedoch mit dem § 87 Abs. 1 Ziff. 7 BetrVG – also über den Arbeits- und Gesundheitsschutz – noch ein zweiter mitbestimmter Zugang zur Schichtarbeit.

> **Rechtsvorschrift**
> *»Der Betriebsrat hat, soweit eine gesetzliche oder tarifliche Regelung nicht besteht, in folgenden Angelegenheiten mitzubestimmen: [...] 7. Regelungen über die Verhütung von Arbeitsunfällen und Berufskrankheiten sowie über den Gesundheitsschutz im Rahmen der gesetzlichen Vorschriften oder der Unfallverhütungsvorschriften; [...]«*
> (§ 87 Abs. 1 Ziff. 7 BetrVG)

Eine ausgestaltungsbedürftige Vorschrift nach § 87 Abs. 1 Ziff. 7 BetrVG stellt der § 5 ArbSchG dar. Hiernach ist der Arbeitgeber verpflichtet, mögliche Gefährdungen z. B. resultierend aus der Arbeitszeit zu ermitteln und zu beurteilen. Je nach Ergebnis der Gefährdungsbeurteilung sind Maßnahmen zur Verringerung oder Beseitigung der Gefährdungen umzusetzen.

> **Rechtsvorschrift**
> *»Der Arbeitgeber hat durch eine Beurteilung der für die Beschäftigten mit ihrer Arbeit verbundenen Gefährdung zu ermitteln, welche Maßnahmen des Arbeitsschutzes erforderlich sind. [...] Eine Gefährdung kann sich insbesondere ergeben durch [...] 4. die Gestaltung von Arbeits- und Fertigungsverfahren, Arbeitsabläufen und Arbeitszeit und deren Zusammenwirken, [...] 6. psychische Belastungen bei der Arbeit.«*
> (§ 5 ArbSchG)

Auch hier ist die Mitbestimmung des Betriebsrates möglich und erforderlich. Über den mitbestimmten Weg des § 87 Abs. 1 Ziff. 7 BetrVG kann der Betriebsrat Einfluss nehmen auf die Beurteilung sämtlicher Gefährdungen, denen die Beschäftigten im Zusammenhang mit Schichtarbeit ausgesetzt werden. Für erforderliche Maßnahmen stehen dem Betriebsrat dabei, entsprechend § 6 ArbZG, die gesicherten arbeitswissenschaftlichen Erkenntnisse (vgl. Kapitel 6.8) als Gestaltungselemente einer gesundheitsförderlichen Schichtplangestaltung zur Verfügung.
Die Möglichkeit, die betrieblichen Regelungen zur Schichtplangestaltung entsprechend § 87 Abs. 1 Ziff. 2, 3 und 7 BetrVG mitzubestimmen, sollte nicht nur Recht, sondern zugleich Verpflichtung für den Betriebsrat sein. Die Pflicht der Interessenvertretung seiner Mitbestimmung nachzukommen bestätigt auch das Bundesarbeitsgericht.

Rechtsvorschrift
»Der Betriebsrat kann aber über sein Mitbestimmungsrecht im Interesse der Arbeitnehmer nicht in der Weise verfügen, dass er in der Substanz auf die ihm gesetzlich obliegende Mitbestimmung verzichtet.«
(BAG vom 26.04.2005 – 1 AZR 76/04, Rn. 34)

Der Betriebsrat kann also nicht auf die ihm übertragenen Mitbestimmungsrechte dergestalt verzichten, dass er allein die erzwungene Freiwilligkeit der Beschäftigten bei der Gestaltung der individuellen Arbeitszeitgestaltung in den Vordergrund stellt und den Beschäftigten bei der konkreten Absprache der zu leistenden Arbeitszeit z. B. in Form von Wochenend- oder Mehrarbeit »freie Hand« lässt. Vielmehr hat der Betriebsrat die Pflicht, die erforderlichen betrieblichen Vereinbarungen mitzubestimmen und die Einhaltung der für die Schichtarbeit relevanten gesetzlichen und tariflichen Schutzrechte zu überwachen (z. B. tägliche Maximalarbeitszeit, Ausgleichszeitraum, Ruhezeit, Sonntagsruhe). Von besonderer Bedeutung ist hierbei das Arbeitszeitgesetz. Auch wenn dieses Gesetz eine Vielzahl von Ausnahmetatbeständen enthält, sind in ihm wichtige Schutzrechte für die Beschäftigten enthalten, die für die Schichtarbeit relevant sind:

- in Abhängigkeit von der Arbeitszeitdauer: 30 bis 45 Minuten Pause
- tägliche Höchstarbeitszeit: 10 Stunden (bei einem entsprechenden Umfang von Arbeitsbereitschaft bis zu 12 Stunden möglich)
- Ausgleichzeitraum: 48 Stunden pro Woche in 6 Monaten (6 Betriebstage)
- Ruhezeit zwischen 2 Arbeitstagen: zusammenhängend 11 Stunden
- 15 arbeitsfreie Sonntage mit unmittelbar sich anschließender Ruhezeit (Ruhezeit über einen Sonntag oder Ersatzruhetag = 24 Stunden am Sonntag plus 11 Stunden Ruhezeit = 35 Stunden Gesamt-Ruhezeit)

Dreh- und Angelpunkt für ein akzeptables Schichtsystem ist eine nachhaltige Personalplanung. Hierfür sind in den §§ 92 ff. BetrVG die Rechte und Pflichten von Arbeitgeber und Betriebsrat benannt. Aufgrund der gesetzlichen Vorgaben des Arbeitszeitgesetzes und ergänzender tarifvertraglicher Regelungen sowie den zu beachtenden Interessen der Beschäftigten kommt der tatsächlich erforderlichen Betriebsnutzungszeit als Ausgangspunkt für betriebliche Vereinbarungen zu einem neuen Schichtmodell eine besondere Bedeutung zu.

6.2.1 Arbeitszeit und Betriebsnutzungszeit

Infolge längerer Betriebsnutzungszeiten (BNZ) hat sich die Schicht- und Nachtarbeit in den Industriebetrieben ausgeweitet. Der Nutzen für die Arbeitgeber liegt auf der Hand: Die Nutzungszeit von Betrieben und Anlagen ist von der tariflichen Arbeitszeit entkoppelt, so dass eine höhere Rendite auf das eingesetzte Kapital erzielt wird. Während bei Ein-schichtiger Fahrweise die Betriebsnutzungszeit zumeist der tarifvertraglichen Arbeitszeit – je nach Tarifgebiet – von 35 bzw. 38 Stunden pro Woche entspricht, liegt die Betriebsnutzungszeit im Zwei-Schichtmodell zwischen 70 und 80 Stunden pro Woche.

Im klassischen Drei-Schichtmodell (Montag bis Freitag) beträgt sie 120 Stunden je Woche, im vollkontinuierlichen Schichtbetrieb steigt sie auf 168 Stunden je Woche an (vgl. Übersicht 6.5). Um diese Schichtmodelle in Einklang mit der tariflichen Arbeitszeit zu bringen sind z. T. mehrere Zeitkonten erforderlich (vgl. Kapitel 5).

Übersicht 6.5 – Betriebsnutzungszeit (BNZ), Arbeitszeit und Schichtanzahl

BNZ/ Woche	Tage/ Woche	Schicht- zeit	Wochen- arbeits- zeit*	Anzahl der Schichten	
35 Std.	5 Tg.	7 Std.	35 Std.	**5**	z. B. 5 Früh- oder 5 Normalschichten/Woche
38 Std.	5 Tg.	7,6 Std.	38 Std.	**5**	z. B. 5 Früh- oder 5 Normalschichten/Woche
40 Std.	5 Tg.	8 Std.	35 Std.	**5**	z. B. 5 Früh. oder 5 Normalschichten/Woche ≥ 5 h Zeitgutschrift/Woche
			38 Std.		z. B. 5 Früh- oder 5 Normalschichten/Woche ≥ 2 h Zeitgutschrift/Woche
70 Std.	5 Tg.	7 Std.	35 Std.	**10**	z. B. im Wechsel 5 Früh- und 5 Spätschichten/Woche
76 Std.	5 Tg.	7,6 Std.	38 Std.	**10**	z. B. im Wechsel 5 Früh- und 5 Spätschichten/Woche
80 Std.	5 Tg.	8 Std.	35 Std.	**10**	z. B. im Wechsel 5 Früh- und 5 Spätschichten/Woche (≥ 5 h Zeitgutschrift/Woche)
			38 Std.		z. B. im Wechsel 5 Früh- und 5 Spätschichten/Woche (≥ 2 h Zeitgutschrift/Woche)
105 Std.	5 Tg.	7 Std.	35 Std.	**15**	z. B. im Wechsel 5 Früh-, 5 Spät- und 5 Nachtschichten/Woche
114 Std.	5 Tg.	7,6 Std.	38 Std.	**15**	z. B. im Wechsel 5 Früh-, 5 Spät- und 5 Nachtschichten/Woche
120 Std.	5 Tg.	8 Std.	35 Std.	**15**	z. B. im Wechsel 5 Früh-, 5 Spät- und 5 Nachtschichten/Woche (≥ 5 h Zeitgutschrift/Woche)
			38 Std.		z. B. im Wechsel 5 Früh-, 5 Spät- und 5 Nachtschichten/Woche (≥ 2 h Zeitgutschrift/Woche)
< **120** Std. > **144** Std.	< 5 Tg.	8 Std.	35/ 38 Std.	**16**	analog 15 Schichten + **Samstagsfrühschicht** (ggf. samstags mit Schichtzeit < 8 Std.)
				17	analog 16 Schichten + **Samstagsspätschicht** (ggf. samstags mit Schichtzeit < 8 Std.)
144 Std.	6 Tg.	8 Std.	35/ 38 Std.	**18**	i. d. R. mit 4 Schichtgruppen, wechselweise 6 Früh-, Spät- und Nachtschichten (i. d. R. mit Nachleistungspflicht)

BNZ/ Woche	Tage/ Woche	Schicht-zeit	Wochen-arbeits-zeit*	Anzahl der Schichten	
> **144** Std. < **168** Std.	> 6 Tg.	8 Std.	35/ 38 Std.	**19**	analog 18 Schichten + **Sonntagfrühschicht** (ggf. sonntags mit Schichtzeit < 8 Std.)
				20	analog 19 Schichten + **Sonntagspätschicht** (ggf. sonntags mit Schichtzeit < 8 Std.)
168 Std.	7 Tg.	8 Std.	35/ 38 Std.	**21**	i.d.R. mit 5 Schichtgruppen, wechselweise 6 Früh-, Spät- und Nachtschichten (i.d.R. mit Nachleistungspflicht)

* 35 Std./Woche in Westdeutschland und 38 Std./Woche in Ostdeutschland

Der erste Schritt auf dem Weg zum »richtigen« Schichtmodell ist also eine Analyse der erforderlichen Betriebsnutzungszeit. Je genauer diese Analyse ausfällt, desto mehr Variationsmöglichkeiten erhalten Unternehmen und Betriebsrat und letztlich auch die Beschäftigten. Bei einer Betriebsnutzungszeit von beispielsweise 120 Stunden ist ein geschlossener Drei-Schichtrhythmus unumgänglich. Was aber, wenn die genauere Analyse aller betriebswirtschaftlichen Vorgaben ergibt, dass nur rund 100 Stunden in der Woche benötigt werden? Im Rahmen eines Zwei-Schichtmodells gäbe es nur dann eine Lösung, wenn der Samstag ein weiterer Regelarbeitstag wird. Hingegen gäbe es im Drei-Schichtmodell – auch ohne Zeitkonto – eine Lösung, wenn die Nacht- bzw. die Spätschicht am Freitag verkürzt oder dann gar nicht gearbeitet werden würde (vgl. Kapitel 6.4). Auch die Anzahl der Schichtgruppen hängt maßgeblich von der Betriebsnutzungszeit bzw. dem Verhältnis der Betriebsnutzungszeit zur tariflichen Arbeitszeit ab.
Sie berechnet sich z.B. wie folgt: Bei 120 Stunden Betriebsnutzungszeit pro Woche geteilt durch 35 Stunden pro Woche tarifliche Arbeitszeit ergeben sich rechnerisch 3,42 Schichtgruppen (Westdeutschland). In Ostdeutschland ergeben sich aufgrund der höheren Arbeitszeit von 38 Stunden 3,15 Schichtgruppen.
Da es 0,42 bzw. 0,15 Schichtgruppen nicht gibt, sind die Betriebsparteien vor die Wahl gestellt: drei oder vier Schichtgruppen. Zumeist erfolgt bei 120 Stunden Betriebsnutzungszeit eine Umsetzung mit drei Schichtgruppen. Die rechnerische Differenz führt zwingend zu einer realen Arbeitszeit, die oberhalb der tariflichen Arbeitszeit liegt. Bei einer Betriebsnutzungszeit von 144 Stunden mit regelmäßiger Samstagsarbeit ergeben sich in Westdeutschland 4,1 Schichtgruppen. Unter Beibehaltung von drei Schichtgruppen führt ein solches Schichtmodell daher zu einer schnell ansteigenden Anhäufung der Arbeitszeit oder einer Vielzahl von (flexiblen) Freischichten und damit häufig zu einer permanenten nicht ausreichenden Deckung durch das Personal (Personalunterdeckung) in den einzelnen Schichtgruppen.
Das ist sicherlich nicht im Sinne der Beschäftigten. Wenn am Samstag regelmäßig gearbeitet werden muss, ist der Betriebsrat gut beraten, über die Bildung

einer vierten Schichtgruppe nachzudenken bzw. zu verhandeln. Das gilt – wie oben gezeigt – in jedem Fall für Betriebe, in denen die 35-Stunden-Woche gilt. Bei dieser Berechnung ist allerdings noch nicht berücksichtigt, dass die Beschäftigten einen Urlaubsanspruch haben und krank werden können. Deswegen ist auch bei einer 38-Stunden-Woche eine vierte Schichtgruppe sinnvoll (144 Stunden pro Woche BNZ geteilt durch 38 Stunden pro Woche WAZ = 3,78 Schichtgruppen). Anders ausgedrückt: Für die Beschäftigten ergibt sich zwar eine Nachleistungspflicht. Wenn aber gegenüber der rechnerischen Situation berücksichtigt wird, dass Beschäftigte Urlaubsansprüche haben und krank werden können, wird die entstehende rechnerische Nachleistungspflicht durch die zu berücksichtigenden geplanten und ungeplanten Abwesenheitszeiten überkompensiert. Die Praxis zeigt: Arbeitszeitkonten bauen sich ständig auf oder es ist eine regelmäßige Unterbesetzung der Schichten feststellbar.
Deshalb ist der zweite Schritt auf dem Weg zum »richtigen« Schichtmodell die Analyse und Berücksichtigung der durchschnittlichen geplanten und ungeplanten Abwesenheiten (Urlaub, Krankheit, Weiterbildung usw.). Dann erst ergibt sich aus der Gegenüberstellung der beabsichtigten wöchentlichen Betriebsnutzungszeit und der individuellen durchschnittlichen An- und Abwesenheit der tatsächliche Personalbedarf. Aber auch dieser errechnete Personalbedarf ist entsprechend der betrieblichen Voraussetzungen weiter zu analysieren bzw. zu konkretisieren – je nach betrieblicher Arbeitsorganisation: Gruppen- oder Teamarbeit, Doppelbesetzung von Arbeitsplätzen, Mehrmaschinenbedienung usw.

Übersicht 6.6 – Einflussfaktoren auf die Erstellung eines (neuen) Schichtmodells/ -plans

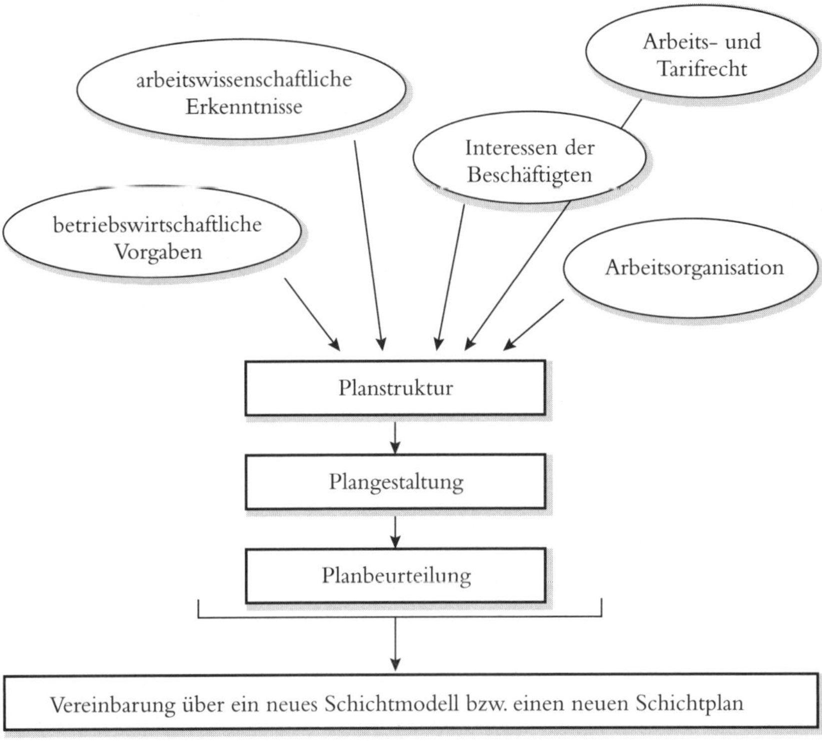

Aus Übersicht 6.6 ergeben sich die weiteren Einflussfaktoren, die der Betriebsrat bei der endgültigen Erstellung eines Schichtplans beachten sollte. Neben den betriebswirtschaftlichen Vorgaben der Arbeitgeberseite sowie den arbeits- und tarifvertraglichen Schutznormen sind dies vor allem die arbeitswissenschaftlichen Erkenntnisse zur Schichtarbeit (vgl. Kapitel 6.1) und die Interessen der Beschäftigten. Selbst wenn bei der Schichtplanerstellung die normativen Rahmenbedingungen beachtet werden, die Erstellung aber an den Interessen der Beschäftigten vorbei bzw. ohne ihre Beteiligung geschieht, wird der beste Schichtplan vermutlich nicht die erforderliche Akzeptanz in der Belegschaft finden. Hier ist der Betriebsrat gefordert, da er bei der Schichtplangestaltung in allen Einzelheiten mitzubestimmen hat.

6.2.2 Formen der Schichtarbeit

Schichtarbeit kann in den Betrieben in unterschiedlicher Art und Weise eingeführt werden. Zum einen hängt dies mit der im Rahmen der Schichtarbeit erforderlichen Dauer der Betriebsnutzungszeit zusammen, zum anderen gestattet die Schichtarbeit auch die Entwicklung vielfältiger Schichtmodelle. Dabei besteht die größte Herausforderung darin, eine möglichst hohe Überein-

stimmung zwischen den unterschiedlichen Interessen der Beschäftigten und den betriebswirtschaftlichen Interessen des Unternehmens zu erzielen.
Schichtarbeit unterscheidet sich zunächst einmal durch die Anzahl der Schichten, in denen die Beschäftigten tätig sind. Im Rahmen von Schichtarbeit wird jeder Beschäftigte einer bestimmten Schicht zugeordnet. Für diese Schicht wiederholt sich die Arbeitszeit in einem regelmäßigen Rhythmus. So wechseln Früh- und Spätschicht (Zwei-Schichtmodell) oder Früh-, Spät- und Nachtschicht (Drei-Schichtmodell) miteinander ab. Die Beschäftigten arbeiten dann tage- bzw. wochenweise im Wechsel, mal in der Früh- und in der Spät- bzw. auch in der Nachtschicht. Die Anzahl der Schichten, in die die Beschäftigten für die Schichtarbeit eingeteilt werden, hat jedoch nichts mit der Zahl der Schichten zu tun, die an einem Tag geleistet werden. Stark verbreitet – vor allem in Drei-Schichtmodellen – ist eine Schichtzeit von 8 Stunden (24 : 3 = 8). Die Schichtzeit entspricht dabei in vielen Fällen nicht der Arbeitszeit. Häufig ist eine tägliche Arbeitszeit von 7,5 Stunden pro Schicht mit einem unbezahlten Pausenanteil von 0,5 Stunden kombiniert. Vereinbaren die Betriebsparteien eine Arbeitsorganisation (z. B. eine Springerregelung) mittels derer die Maschinen und Betriebsmittel während der gesamten Schichtzeit in Betrieb bleiben können, resultiert aus einem solchen Modell eine tägliche Betriebsnutzungszeit von 24 Stunden.
In der Regel entsteht dabei eine Differenz zwischen der – aus dem Schichtmodell resultierenden – individuellen regelmäßigen wöchentlichen Arbeitszeit (IRWAZ) und der tariflich vereinbarten Arbeitszeit. Diese Differenz kann je nach betrieblicher Vereinbarung unterschiedlich groß sein. Bedeutende Einflussgrößen sind bezahlte oder unbezahlte Pausen sowie ggf. vereinbarte und zu bezahlende Schichtübergabezeiten.
Die individuelle, regelmäßige wöchentliche Arbeitszeit kann auch kleiner sein als die tarifvertraglich vereinbarte Arbeitszeit. Das ist vor allem in kontinuierlichen Schichtmodellen mit kurzen Zyklen der Fall und führt zu einer Zeitschuld. Diese muss »nachgeleistet«, also in Schichten zusätzlich zum individuellen Schichteinsatz erbracht werden. Mit der Vereinbarung eines Schichtmodells muss also zugleich auch vereinbart werden, wie mit einer ggf. existierenden Differenz umgegangen wird. Dafür gibt es grundsätzlich zwei Möglichkeiten:

1. Die Arbeitszeitguthaben bzw. -salden werden auf einem Zeitkonto angespart und ihre Entnahme bzw. Nachleistung individuell zwischen Beschäftigten und Vorgesetzten oder – im Rahmen von Gruppenarbeit – mit der Gruppe abgestimmt (Ansparprinzip; vgl. Kapitel 4.4.1).
2. Die Arbeitszeitguthaben bzw. -salden werden über individuell gesetzte Nachleistungs- bzw. Freischichten (ggf. in Verbindung mit betrieblich vereinbarten Brückentagen) ausgeglichen (Setzungsprinzip; vgl. Kapitel 4.4.2)

In beiden Fällen sollte der Betriebsrat jedoch ein besonderes Augenmerk auf den Umgang mit freien Tagen, mit der Anzahl der Urlaubstage sowie vor allem mit dem Verfall von freien Tagen beim Zusammentreffen von Freischicht und Arbeitsunfähigkeit (vgl. Kapitel 4 und 5) haben.
Verzichtbar ist eine Regelung zum Umgang mit Arbeitszeitguthaben bzw.

-salden eigentlich nur dann, wenn das jeweilige Schichtmodell ohne Zeitguthaben bzw. -salden auskommt. Um das Entstehen von Arbeitszeitsalden zu verhindern, gibt es – je nach betrieblicher Situation – verschiedene Stellgrößen. Ein Untersuchungsgegenstand für den Betriebsrat ist die Möglichkeit, Schicht- oder Mehrarbeitszuschläge von Geld in Freizeit umzuwandeln und auf diesem Weg die entstehende Differenz zu minimieren. Hierbei sind jedoch die tariflichen Bedingungen zu beachten. Die Umwandlung von Schichtzuschlägen ist tarifvertraglich ausgeschlossen. Allerdings ist in einigen Tarifgebieten auf Basis einer Betriebsvereinbarung die Umwandlung von Mehrarbeitszuschlägen in Zeit möglich. Ein weiterer Weg, das Entstehen von Arbeitszeitsalden auszuschließen, ist, die Arbeitszeit zu verkürzen. Soll dies für den gesamten Betrieb geschehen, ist hierfür ein betrieblicher Ergänzungstarifvertrag zwischen der IG Metall und dem Arbeitgeberverband erforderlich. Wenn die Arbeitszeit nur vorübergehend oder nur für einzelne Abteilungen verkürzt wird, sollte diese Regelung zum Schutz der Interessen der Beschäftigten zeitlich befristet werden, z.B. nur für die Dauer des Einsatzes in dem jeweiligen Schichtmodell.

Hierzu ein kurzes Beispiel: Ein weit verbreitetes vollkontinuierliches Schichtmodell mit vier Schichtgruppen kommt auf eine durchschnittliche Arbeitszeit von 33,6 Stunden. Durch eine Verkürzung der tariflichen Arbeitszeit von 35 auf 33,6 Stunden pro Woche würde das Entstehen einer Zeitschuld von vornherein verhindert, die Arbeit ohne echtes Wochenende nicht noch dadurch erschwert, dass die betroffenen Beschäftigten Nachleistungsschichten zu erbringen haben. Verknüpft mit Wahlmöglichkeiten für die Beschäftigten entstehen Arbeitsbedingungen, die die Beeinträchtigungen durch Schichtarbeit zumindest punktuell reduzieren und zu einer gesundheitsförderlichen Gestaltung von Schichtarbeit beitragen können. So wurde z.B. in einem firmenspezifischen Ergänzungstarifvertrag die Arbeitszeit auf 32 Stunden pro Woche reduziert, wodurch die Beschäftigten von der existierenden Nachleistungspflicht entbunden wurden (vgl. Kapitel 6.4.3)

Eine weitere Möglichkeit, das Entstehen von Arbeitszeitsalden bzw. -guthaben von vornherein zu verhindern, besteht darin, einzelne Schichten zu verkürzen, zu verlängern bzw. ganz entfallen zu lassen (vgl. Übersichten 6.9 und 6.11).

Der Vorteil: Eine Übereinstimmung der im Schichtzyklus erreichten Arbeitszeit mit der individuellen Arbeitszeit erübrigt die ansonsten erforderliche betriebsratsseitige Prüfung der gesetzlichen bzw. tariflichen Ausgleichszeiträume der Zeitkonten (vgl. Kapitel 5). Diese kann die Prüfung mehrerer sich ggf. gegenseitig ersetzender Rechtsquellen umfassen. Während aus dem Arbeitszeitgesetz im Durchschnitt eines halben Jahres eine wöchentliche Arbeitszeit von höchstens 48 Stunden je Woche (Annahme: 6 Betriebstage – bei 5 Tagen 40 Stunden pro Woche) resultiert, ist nach den Mantel- und Beschäftigungssicherungstarifverträgen der Metall- und Elektroindustrie die 35- bzw. 38-Stunden-Woche im Durchschnitt von 12 Monaten zu erreichen (vgl. Kapitel 4).

Schichtarbeit unterscheidet sich durch die Anzahl der Schichten, die hintereinander geleistet werden müssen. Der traditionelle langzyklische Schicht-

wechsel, der sich in Industrie- und Dienstleistungsbetrieben entwickelt hat, geht davon aus, dass die Beschäftigten in Schichtarbeit wechselweise ganze Wochen in Frühschicht und Spät- bzw. Nachtschicht arbeiten (klassisches Drei-Schichtmodell; in 3 Wochen: 5 Früh-, 5 Spät- und 5 Nachtschichten). Vor allem, wenn in solchen langzyklischen Schichtrhythmen Nachtschichten vorkommen, stellt sich dies als sehr belastend dar. Deshalb wurden von einer Vielzahl von Betrieben in Zusammenarbeit mit Arbeitswissenschaftlern kürzere Schichtrhythmen entwickelt, bei denen der Wechsel von einer Schicht zur anderen nicht erst nach einer Woche, sondern z. B. bereits nach 2 Tagen erfolgt. Diese kürzeren Schichtwechsel erfordern auf der einen Seite einen höheren Koordinationsaufwand, hat sich aber auf der anderen Seite als weniger belastend herausgestellt, vor allem wenn nach dem Nachtschichtblock mehrere Freischichten eingeplant werden.
Ein drittes Unterscheidungsmerkmal ist die Dauer der Schicht. Bei traditioneller Schichtarbeit beträgt die Schichtdauer meist 8 Stunden. Durch die Verkürzung der Arbeitszeit auf 35 Stunden pro Woche sind aber auch diskontinuierliche Schichtmodelle mit einer Dauer von 7 Stunden denkbar. Sie ermöglichen eine vielfältigere Abstimmung der Arbeitszeit mit der Betriebsnutzungszeit.
Immer häufiger werden sogenannte »flexible Modelle« durch das Unternehmen bzw. ihre jeweiligen Berater angestrebt. Grundgedanke ist dabei, die Betriebsnutzungszeit unmittelbar an die Produktionsanforderungen anzupassen. Dazu werden vergleichsweise kurze Arbeits- bzw. lange Freizeitblöcke je nach Bedarf durch verpflichtende Zusatzschichten aufgefüllt. Problematisch sind solche Modelle für die Beschäftigten, weil weder eine längerfristige Zeitplanung, noch eine zeitsouveräne Einflussnahme seitens der Beschäftigten möglich ist. Das gilt vor allem dann, wenn diese Vorgehensweise mit kurzen Ankündigungsfristen verbunden ist.

6.3 Zwei-Schichtarbeit

Die folgende Übersicht zeigt einen Schichtplan für einen klassischen Zwei-Schichtbetrieb. In diesem Schichtplan finden sich die Schichtgruppen A und B. Der Schichtrhythmus ist so gestaltet, dass jeweils eine Schichtgruppe früh und eine Schichtgruppe spät arbeiten muss. Früh- und Spätschicht wechseln sich im Wochenrhythmus ab. Die tarifliche Arbeitszeit von 35 Stunden wird bei diesem Schichtrhythmus erreicht, wenn die tägliche Schichtzeit auf 7 Stunden festgelegt ist. Also z. B. ein Schichtmodell mit einer Frühschicht (inkl. unbezahlter Pause von 30 Minuten) von 6.30 bis 14.00 Uhr und einer Spätschicht (inkl. unbezahlter Pause von 30 Minuten) von 14.00 bis 21.30 Uhr.

Übersicht 6.7 – Klassisches Zwei-Schichtmodell (samstags/sonntags frei)

Schicht-gruppe	1. Woche							2. Woche							3. Woche				
	M	D	M	D	F	S	S	M	D	M	D	F	S	S	M	D	...	S	S
A	F	F	F	F	F			S	S	S	S	S			F	F	...		
B	S	S	S	S	S			F	F	F	F	F			S	S	...		

F = Frühschicht / S = Spätschicht

Bei einer Schichtzeit von 8 Stunden müssen zusätzliche freie Tage für die einzelnen Arbeitnehmer eingeplant werden, um auf die tarifliche Regelarbeitszeit von 35 Stunden zu kommen (Freischichten nach Setzungsprinzip). Alternativ dazu können die Zeiten auch angespart und eine individuelle Entnahme durch die Beschäftigten ermöglicht werden (Ansparprinzip). Letzteres entspricht sicherlich eher den Wünschen der Beschäftigten. In beiden Fällen ist es aber dringend geboten das zeitliche Aufeinandertreffen von Krankheit und individuell vereinbarten freien Tagen zu regeln (vgl. Kapitel 4.4).
Je nach betrieblichen Notwendigkeiten kann eine weitere Möglichkeit darin bestehen, die beiden letzten Schichten der Woche am Freitag zu verkürzen (vgl. Übersicht 6.8). Es ergibt sich eine Frühschicht (Mo. bis Do.) von 6.00 bis 14.00 Uhr und eine Spätschicht (Mo. bis Do.) von 14.00 bis 22.00 Uhr (jeweils mit einer unbezahlten Pause von 30 Minuten). Die beiden Freitagsschichten finden statt von 6.00 bis 13.00 Uhr (Frühschicht) und von 13.00 bis 18.00 Uhr (Spätschicht) ohne Pause. Die resultierende Arbeitszeit entspricht 35 Stunden je Woche und der erholungswirksame Charakter des Wochenendes wird durch die versetzten und verkürzten Freitagsschichten unterstützt.

Übersicht 6.8 – Zwei-Schichtmodell mit kurzer Früh-/Spätschicht am Freitag (samstags/sonntags frei)

Schicht-gruppe	1. Woche							2. Woche							3. Woche				
	M	D	M	D	F	S	S	M	D	M	D	F	S	S	M	D	...	S	S
A	F	F	F	F	Fk			S	S	S	S	Sk			F	F	...		
B	S	S	S	S	Sk			F	F	F	F	Fk			S	S	...		

F = Frühschicht / S = Spätschicht / Fk = kurze Frühschicht / Sk = kurze Spätschicht

Das »klassische« 2-Schichtmodell wird auch bei einer tariflichen Regelarbeitszeit von 38 Stunden je Woche in Ostdeutschland angewendet. Wenn auch hier von einer unbezahlten Pause von 30 Minuten ausgegangen wird, ist es aber erforderlich, Beginn und Ende der jeweiligen Schicht anzupassen. Ein Beispiel: Frühschicht von 6.00 bis 14.00 Uhr und Spätschicht von 14.00 bis 22.00 Uhr. Wenn darüber hinaus die Montag-Frühschicht eine halbe Stunde eher angefangen wird und die Freitags-Spätschicht eine halbe Stunde später beendet, würde daraus eine wöchentliche Arbeitszeit von 38 Stunden je Woche resultieren. Das Modell wäre also ohne Zeitkonto realisierbar. Die um eine halbe Stunde verlängerte Montag-Frühschicht kann zur wöchentlichen Werkstattsteuerung (in ganzheitlichen Produktionssystemen oft als Shopfloor-Management bezeichnet) genutzt werden. Ergänzend kann die um eine halbe Stunde verlängerte Freitag-Spätschicht zum gemeinsamen Aufräumen, Saubermachen oder für vorbeugende Wartung und Instandhaltung (in ganzheitlichen Produktionssystemen oft auch als Total Productive Maintenance bezeichnet) genutzt werden.

Übersicht 6.9 – Zwei-Schichtmodell mit längerer Frühschicht montags und längerer Spätschicht freitags (samstags/sonntags frei)

Schichtgruppe		1. Woche							2. Woche							Wochen-arbeitszeit
		M	D	M	D	F	S	S	M	D	M	D	F	S	S	
A	Schichtart	F	F	F	F	F			S	S	S	S	S			$\Sigma_{\varnothing}$ = 38 Stunden
	Arbeitszeit (in Stunden)	8	7,5	7,5	7,5	7,5			7,5	7,5	7,5	7,5	8			((38+38):2)
B	Schichtart	S	S	S	S	S			F	F	F	F	F			$\Sigma_{\varnothing}$ = 38 Stunden
	Arbeitszeit (in Stunden)	7,5	7,5	7,5	7,5	8			8	7,5	7,5	7,5	7,5			((38+38):2)

F = Frühschicht / S = Spätschicht

6.4 Drei-Schichtarbeit

In der Metall- und Elektroindustrie sind sehr häufig Drei-Schichtmodelle anzutreffen. Sie zeichnen sich dadurch aus, das die Maschinen, Anlagen und Betriebsmittel rund um die Uhr laufen – also 24 Stunden am Tag. Begründet wird dies von der Unternehmensseite fast ausschließlich mit den hohen Anschaffungskosten, die sich in einer immer kürzeren Produktlebenszeit wieder amortisieren sollen.

6.4.1 Drei-Schichtarbeit mit drei Schichtgruppen

In der Übersicht 6.10 ist ein klassisches langzyklisches Drei-Schichtmodell mit drei Schichtgruppen zu sehen.

Übersicht 6.10 – Klassisches langzyklisches Drei-Schichtmodell (samstags/sonntags frei)

Schicht-gruppe	1. Woche							2. Woche							3. Woche							4. Woche				
	M	D	M	D	F	S	S	M	D	M	D	F	S	S	M	D	M	D	F	S	S	M	D	...	S	S
A	F	F	F	F	F			S	S	S	S	S			N	N	N	N	N			F	F	...		
B	S	S	S	S	S			N	N	N	N	N			F	F	F	F	F			S	S	...		
C	N	N	N	N	N			F	F	F	F	F			S	S	S	S	S			N	N	...		

F = Frühschicht / S = Spätschicht / N = Nachtschicht

Zu lesen ist das Modell wie folgt: In der ersten Woche muss ein Beschäftigter der Schichtgruppe A hintereinander fünf Frühschichten von Montag bis Freitag leisten. Das Wochenende ist frei. In der zweiten Woche muss der gleiche

Beschäftigte fünf Spätschichten und in der dritten Woche fünf Nachtschichten ableisten; auch hier sind die Wochenenden frei. In der vierten Woche beginnt das Ganze von neuem und der Beschäftigte leistet wieder fünf Frühschichten, Wochenende frei …
Eine weit verbreite Regelung ist hier: Frühschicht von 6.00 bis 14.00 Uhr, Spätschicht von 14.00 bis 22.00 Uhr und Nachtschicht von 22.00 bis 6.00 Uhr. Ausgehend von einer unbezahlten Pause beträgt die bezahlte Arbeitszeit 37,5 Stunden pro Woche (nach Arbeitszeitgesetz muss mindestens eine halbstündige unbezahlte Pause gewährt werden). Daraus resultiert – je nach tariflicher Arbeitszeit (35 bzw. 38 Stunden je Woche) ein Zeitguthaben von 2,5 Stunden je Woche oder aber eine Zeitschuld von 30 Minuten je Woche. Letztere könnte durch eine Schichtübergabezeit von 6 Minuten pro Schicht eliminiert werden. Wenn dies nicht möglich ist, ist eine Regelung zur Gewährung von Zeitguthaben bzw. zur Ableistung der angesammelten Zeitschuld erforderlich.
Bei der betrieblichen Vereinbarung über die Arbeits- und Pausenzeiten sind im Drei-Schichtmodell aber – je nach Tarifgebiet – unterschiedliche tarifvertragliche Regelungen über eine bezahlte Pause zu beachten. Sie unterscheiden sich im Wesentlichen dadurch, dass die Gewährung einer bezahlten Pause an Bedingungen geknüpft ist, z. B. das Nichtvorhandensein einer festen Betriebspause.

Tarifvertrag
»In Ein- und Zwei-schichtigen Betrieben ist den Arbeitnehmern je Schicht eine Pausenzeit von insgesamt 30 Minuten ohne Entgeltabzug zu gewähren. In 1- und 2-schichtigen Betrieben gilt das gleiche in den Fällen, in denen infolge Weiterlaufens der Maschinen eine feststehende Pause nicht eingehalten werden kann.«
(§ 2 Ziff. 10 MTV Bayern)

»Wenn Beschäftigte in drei oder mehr Schichten ohne feste Betriebspausen arbeiten, ist ihnen zur Einnahme des Essens eine Pausenzeit von 30 Minuten ohne Lohnabzug zu gewähren; dies gilt auch für Beschäftigte, die ständig in der Nachtschicht arbeiten.«
(§ 3 Abs. 3 MTV Berlin und Brandenburg (Tarifgebiet I))

Analog der oben beschriebenen Arbeitszeiten resultiert daraus eine individuelle Wochenarbeitszeit von 40 Stunden (inkl. bezahlter Pausen). Also entsteht – je nach tariflicher Arbeitszeit (35 bzw. 38 Stunden je Woche) – ein Zeitguthaben von 5 bzw. 2 Stunden je Woche. Diese müssen entweder als zusätzliche freie Tage oder im Rahmen eines individuellen Anspar- und Entnahmeprinzips im Schichtmodell bzw. vor allem bei der Personaleinsatzplanung berücksichtigt werden.
Je nach betrieblicher Kapazitätsanforderung besteht alternativ dazu die Möglichkeit, einzelne Schichten bzw. das Schichtmodell zu verkürzen (vgl. Übersicht 6.11). Entsprechend den arbeitswissenschaftlichen Erkenntnissen sollten

die für die Beschäftigten am meisten belastenden Schichten – also möglichst die Wochenendschichten bzw. die Spät- und Nachtschichten – wegfallen. Ruht die Arbeit am Wochenende ohnehin – so wie in diesem Modell –, sollte als nächstes die angrenzende Nachtschicht und ggf. auch die Spätschicht davor in den Blick genommen werden. Entsprechend könnte die Lösung hier sein: Eine klassische Fahrweise von Montag bis Donnerstag und am Freitag nur noch eine Frühschicht. Wenn diese letzte Schicht um 1 Stunde verlängert wird, also erst um 15.00 Uhr endet, wird im Schichtzyklus (also innerhalb von 3 Wochen) eine durchschnittliche Arbeitszeit von 35 Stunden je Woche erreicht. Ein Arbeitszeitausgleichskonto ist in diesem Fall nicht erforderlich. Die Stunde am Freitag könnte z. B. genutzt werden zum gemeinsamen Aufräumen, Saubermachen oder für vorbeugende Wartung und Instandhaltung (in ganzheitlichen Produktionssystemen oft auch als **T**otal **P**roductive **M**aintenance bezeichnet).

Übersicht 6.11 – Drei-Schichtmodell ohne Spät-/Nachtschicht am Freitag (samstags/sonntags frei)

			1. Woche							2. Woche							3. Woche							Wochen-arbeitszeit
			M	D	M	D	F	S	S	M	D	M	D	F	S	S	M	D	M	D	F	S	S	
Schichtgruppe	A	Schichtart	F	F	F	F	Fl			S	S	S	S				N	N	N	N				**Σø = 35 Stunden** ((41+32+32):3)
		Arbeitszeit (in Stunden)	8	8	8	8	9			8	8	8	8				8	8	8	8				
	B	Schichtart	S	S	S	S				N	N	N	N				F	F	F	F	Fl			**Σø = 35 Stunden** (32+32+41):3)
		Arbeitszeit (in Stunden)	8	8	8	8				8	8	8	8				8	8	8	8	9			
	C	Schichtart	N	N	N	N				F	F	F	F	Fl			S	S	S	S				**Σø = 35 Stunden** (32+41+32):3)
		Arbeitszeit (in Stunden)	8	8	8	8				8	8	8	8	9			8	8	8	8				

F = Frühschicht / S = Spätschicht / N = Nachtschicht / Fl = lange Frühschicht am Freitag

Wie im Kapitel 6.1 gezeigt wurde, gilt es inzwischen als arbeitswissenschaftlich gesichert, dass Schichtmodelle mit kurzen Zyklen für den menschlichen Biorhythmus weitaus weniger gesundheitsschädlich sind, als Schichtmodelle mit langen Zyklen. Auch wenn eine Umstellung von lang- auf kurzzyklische Schichtmodelle zuerst einmal von einer großen Ablehnung der Beschäftigten begleitet sein wird, ist bei allen wissenschaftlich-begleiteten Projekten (nach einer ausreichend langen Zeit von etwa 6 Monaten) eine flächendeckende Zustimmung der Beschäftigten zum neuen Schichtmodell zu beobachten. Deshalb wird in vielen Betrieben der Umstieg auf ein kurzzyklisches Modell angegangen. Dabei muss jedoch beachtet werden, dass ein solcher Umstieg mindestens eine vierte Schichtgruppe oder mehrere Untergruppen verlangt, um die gesetzlichen Ruhezeiten einzuhalten. Um diese Herausforderung sichtbar zu machen sind die Ruhezeiten in der Übersicht 6.12 mit abgebildet.

Übersicht 6.12 – Restriktionen beim kurzzyklischen Drei-Schichtmodell und Realisierung über eine vierte Schichtgruppe

Schicht-gruppe	Montag (Ruhezeit)		Dienstag (Ruhezeit)		Mittwoch (Ruhezeit)		Donnerstag (Ruhezeit)		F	S	S
A	F	16 Std. ☑	F	24 Std. ☑	S	16 Std. ☑	S	24 Std. ☑	N		
B	S	16 Std. ☑	S	24 Std. ☑	N	16 Std. ☑	N	Keine!	F		
C	N	16 Std. ☑	N	Keine !	F						

... und Realisierung über eine vierte Schichtgruppe

Schicht-gruppe	Montag (Ruhezeit)		Dienstag (Ruhezeit)		Mittwoch (Ruhezeit)		Donnerstag (Ruhezeit)		F	S	S
A	F	16 Std. ☑	F	24 Std. ☑	S	16 Std. ☑	S	24 Std. ☑	N		
B	S	16 Std. ☑	S	24 Std. ☑	N	16 Std. ☑	N	96 Std. ☑	X		
C	N	16 Std. ☑	N	24 Std. ☑	X			48 Std. ☑	F		
D					F	16 Std. ☑	F	24 Std. ☑	S		

grau = analog oben / schwarz = mögliche Veränderung durch 4. Schichtgruppe

In der oberen Tabelle der Übersicht 6.12 wird sichtbar: Ein Beschäftigter der Schichtgruppe A hätte in der hier betrachteten Woche je nach Wochentag eine Ruhezeit zwischen Arbeitsende und Arbeitsbeginn von 16 bzw. 24 Stunden. Gesetzlich ist eine Ruhezeit von mindestens 11 Stunden vorgeschrieben, diese Zeit ist eingehalten (✓). Ein Beschäftigter der Schichtgruppe B beginnt die Woche mit zwei Spätschichten, dann folgen zwei Nachtschichten und dann würde der Beschäftigte direkt aus der Nachtschicht in die Frühschicht wechseln müssen. Das ist jedoch nicht zulässig, weil zwischen beiden Schichten keine Ruhezeit liegt. Der Beschäftigte aus der Schichtgruppe C hätte denselben Wechsel schon 2 Tage eher. Das führt zu der Frage, ob es beim rückwärts rollieren möglich ist, die Ruhezeit einzuhalten.
Selbst wenn man von den arbeitswissenschaftlichen Gründen absieht, die gegen einen Rückwärtswechsel sprechen, würde dieser auch nicht helfen. In einem rückwärts rollierenden Modell würde man zwar den Schichtstoß (Schicht auf Schicht) verhindern, aber 8 Stunden Ruhezeit beim Wechsel von der Nacht- auf die Spätschicht sind immer noch 3 Stunden zu wenig. In der unteren Tabelle sind die aufgrund zu geringer Ruhezeiten nicht zulässigen Schichten gestrichen (X) und auf die zusätzliche Schichtgruppe D übertragen. Man sieht die dadurch entstehenden längeren Ruhezeiten (z. B. liegen bei Schichtgruppe C zwischen Ende der Nachtschicht von Dienstag auf Mittwoch

und der Wiederaufnahme der Arbeit Freitag früh 48 Stunden). Man sieht auch: die Maschinen und Anlagen können an 5 Tagen je Woche rund um die Uhr besetzt werden. Allerdings erreichen die Beschäftigten nicht ihre tarifliche Arbeitszeit: aus einem Schichtzyklus (4 Wochen) resultiert selbst unter Berücksichtigung bezahlter Pausen nur eine geleistete Arbeitszeit von durchschnittlich 30 Stunden je Woche.

6.4.2 Drei-Schichtmodell mit vier Schichtgruppen

Wenn mit der Bildung einer vierten Schichtgruppe nicht zugleich eine Ausweitung der Betriebsnutzungszeit verbunden ist, stellen sich jedoch sofort weitere Fragen: Wie viel Beschäftigte werden in jeder Schichtgruppe benötigt? Wie soll die tarifliche Wochenarbeitszeit erreicht werden?
Dreh- und Angelpunkt für einen gesundheitsförderlichen Schichtplan ist eine nachhaltige Personalplanung. Hierfür sind in den §§ 92 ff. BetrVG die Rechte und Pflichten von Arbeitgeber und Betriebsrat benannt.

> **Rechtsvorschrift**
> *»Der Arbeitgeber hat den Betriebsrat über die Personalplanung, insbesondere über den gegenwärtigen und künftigen Personalbedarf sowie über die sich daraus ergebenden personellen Maßnahmen und Maßnahmen der Berufsbildung anhand von Unterlagen rechtzeitig und umfassend zu unterrichten. Er hat mit dem Betriebsrat über Art und Umfang der erforderlichen Maßnahmen und über die Vermeidung von Härten zu beraten.«*
> (§ 92 Abs. 1 BetrVG)

Häufig wird von Arbeitgeberseite versucht, die Beteiligungsrechte des Betriebsrates ins Leere laufen zu lassen, indem behauptet wird, es gäbe keine Personalplanung. Das ist gerade bei Schichtarbeit unglaubwürdig, denn eine Schichtplangestaltung ohne Personalplanung ist nicht möglich.
Konkret bedeutet das für das oben angedeutete Beispiel eines kurzzyklischen Schichtsystems mit vier Schichtgruppen: Weil die tarifvertraglich geregelte Arbeitszeit individuell grundsätzlich nicht erreicht werden kann, sondern Nachleistungsschichten vereinbart werden müssen, muss – unter Beteiligung des Betriebsrates – tendenziell mit Unterdeckung geplant werden, um die entstehenden Personallücken mittels Nachleistung wieder zu schließen. Der auf den ersten schnellen Blick vorhandene Charme langer zusammenhängender Freizeitblöcke geht in gleichem Maße verloren. Eine Hauptaufgabe des Betriebsrates dürfte es in diesem Zusammenhang sein, den Prozess der Personalsteuerung in den Betrieb zu überwachen, also konkret die Lage und gerechte Verteilung der Nachleistungsschichten, die Ankündigungsfristen usw. Ein besonderes Augenmerk gilt dabei den zuschlagspflichtigen Schichten. Beschäftigte, die auf das dadurch ermöglichte zusätzliche Entgelt angewiesen sind, werden diese Schichten gern freiwillig leisten. Andere kommen gar nicht in den »Genuss« dieser Schichten. Die Interessenlage der Beschäftigten ist sehr

vielschichtig. Der Betriebsrat ist deshalb gut beraten, darauf zu achten, dass das Freiwilligkeitsprinzip nicht zulasten einzelner Beschäftigter auf den Kopf gestellt wird.

Eine vierte Schichtgruppe ist allerdings dann unerlässlich, wenn die erforderliche Betriebsnutzungszeit zu regelmäßiger Samstagsarbeit führt. Anders lassen sich die erforderliche Schichtbesetzung, die gesetzlichen bzw. tariflichen Ausgleichszeiträume und die gesetzlich geregelten Ruhezeiten nicht in Übereinstimmung bringen. Ein kurzzyklisches 18-Schichtenmodell ist in Übersicht 6.13 abgebildet. Dieses Modell führt – bei einer Schichtlänge von 8 Stunden und einer unbezahlten Pause von 30 Minuten – zu einer Nachleistungspflicht von 1,25 Stunden (35 Stunden pro Woche) bzw. 4,25 Stunden (38 Stunden pro Woche) im Wochendurchschnitt. Wenn allerdings statt einer unbezahlten eine bezahlte Pause von 30 Minuten vereinbart wird, reduziert sich diese Nachleistungspflicht auf nur noch 2 Stunden je Woche (38 Stunden pro Woche) bzw. führt bei 35 Stunden pro Woche zu einer Arbeitszeitgutschrift (1 Stunde je Woche). Mit dem Ziel, die Nachleistungspflicht weiter zu senken, könnte der Betriebsrat die Initiative ergreifen und das Unternehmen auffordern, über Schichtübergabezeiten zu verhandeln. Diese werden im Zuge von ganzheitlichen Produktionssystemen immer sinnvoller. Im vorliegenden Beispiel würde eine tägliche Schichtübergabezeit von 10 Minuten pro Schicht die Nachleistungspflicht (bei 38 Stunden pro Woche) um weitere 45 Minuten je Woche reduzieren.

Übersicht 6.13 – Kurzzyklisches Drei-Schichtmodell mit vier Schichtgruppen (Arbeiten auch samstags, 18-Schichtmodell)

Schicht-gruppe	1. Woche							2. Woche							3. Woche							4. Woche						
	M	D	M	D	F	S	S	M	D	M	D	F	S	S	M	D	M	D	F	S	S	M	D	M	D	F	S	S
A	F	F	S	S	N	N				F	F	S	S		N	N			F	F		S	S	N	N			
B			F	F	S	S		N	N			F	F		S	S	N	N				F	F	S	S	N	N	
C	N	N			F	F		S	S	N	N				F	F	S	S	N	N				F	F	S	S	
D	S	S	N	N				F	F	S	S	N	N				F	F	S	S		N	N			F	F	

F = Frühschicht / S = Spätschicht / N = Nachtschicht

Die Zustimmung zum jeweiligen Schichtmodell hängt maßgeblich von der Freizeit am Wochenende ab. Das oben abgebildete Modell hat diesbezüglich den Nachteil, dass es in einem 4-wöchigen Zyklus nur ein freies Wochenende gibt. Wenn jedoch die unbeliebte Samstag-Nachtschicht entfällt und die Beschäftigten stattdessen den Schichtbetrieb bereits am Sonntag-Abend um 22.00 Uhr aufnehmen, erhöht sich der Freizeitwert der »länger werdenden« Wochenenden für die Beschäftigten, da viele Freizeitaktivitäten am Samstagabend stattfinden – vgl. dazu Übersicht 6.14. Unter dem Strich bleibt ein Drei-Schichtmodell mit 18 Schichten dennoch eine Zumutung vor allem für Familien.

Übersicht 6.14 – Verschiebung der Samstags-Nachtschicht auf eine Sonntags-Anfahrschicht im kurzzyklischen Drei-Schichtmodell mit vier Schichtgruppen (arbeiten auch samstags, 18-Schichtmodell)

Schicht-gruppe	1. Woche							2. Woche							3. Woche							4. Woche						
	M	D	M	D	F	S	S	M	D	M	D	F	S	S	M	D	M	D	F	S	S	M	D	M	D	F	S	S
A	F	F	S	S	N	X				F	F	S	S	N	N	N			F	F		S	S	N	N			
B			F	F	S	S	N	N	N			F	F		S	S	N	N				F	F	S	S	N	X	
C	N	N			F	F		S	S	N	N				F	F	S	S	N	X				F	F	S	S	N
D	S	S	N	N				F	F	S	S	N	X				F	F	S	S	N	N	N			F	F	

F = Frühschicht / S = Spätschicht / N = Nachtschicht / X = verschobene Nachtschicht – jetzt frei!

6.4.3 Drei-Schichtmodell mit fünf Schichtgruppen

Das Drei-Schichtmodell mit mindestens fünf Schichtgruppen ist spätestens dann unerlässlich, wenn ein vollkontinuierlicher Maschinen- und Anlagendurchlauf realisiert werden soll (rund um die Uhr an 7 Tagen die Woche). Nur so können die Betriebsnutzungszeit und die tarifliche wöchentliche Arbeitszeit von 35 bzw. 38 Stunden pro Woche unter Beachtung der gesetzlichen bzw. tariflichen Ausgleichzeiträume in Übereinstimmung gebracht werden. Im vollkontinuierlichen Schichtbetrieb beträgt die wöchentliche Betriebsnutzungszeit (BNZ) 168 Stunden (7 × 24 Stunden). Rein rechnerisch ergeben sich daraus bei einer tariflich geregelten Wochenarbeitszeit von 35 Stunden pro Woche 4,8 bzw. bei einer 38-Stunden-Woche 4,4 Schichtgruppen (Betriebsnutzungszeit geteilt durch die tarifliche wöchentliche Arbeitszeit). In einem vollkontinuierlichen Schichtsystem ist die unterschiedliche Auswirkung von kurzzyklischer bzw. langzyklischer Fahrweise ausdrücklich spürbar. Vor allem für ältere Beschäftigte sind 7 Schichten, vor allem 7 Nachtschichten am Stück, mit entsprechenden gesundheitlichen Beschwerden verbunden. Diese treten zwar auch bei einer Fahrweise in kurzen Zyklen auf, aber bei Weitem nicht so stark wie in einem Schichtmodell mit langen Zyklen. Diese Umstellung von einer lang- auf eine kurzzyklische Fahrweise ist nicht nur mit einer Senkung der gesundheitlichen Beanspruchung, sondern auch mit einer höheren Arbeitszufriedenheit der Beschäftigten verbunden. Zu diesem Schluss kommen gleichlautende Untersuchungen aus diversen Betrieben. Am bekanntesten sind die Firmen Rasselstein, Salzgitter AG, Thyssen-Krupp, Bosch und Teile der Volkswagen AG. Dort und in einer Vielzahl weiterer Betriebe hat sich die Umstellung bewährt. In Übersicht 6.15 ist ein Modell dargestellt, das in einer Zykluszeit von 5 Wochen 21 Schichteinsätze enthält.

Übersicht 6.15 – Kurzzyklisches vollkontinuierliches Schichtmodell (arbeiten auch samstags und sonntags, 21-Schichtmodell, 5 Schichtgruppen)

		1. Woche							2. Woche							3. Woche							4. Woche							5. Woche						
		M	D	M	D	F	S	S	M	D	M	D	F	S	S	M	D	M	D	F	S	S	M	D	M	D	F	S	S	M	D	M	D	F	S	S
Schichtgruppe	A	F	F	S	S	N	N	N					F	F	F	S	S	N	N						F	F	S	S	S	N	N					
	B	N	N						F	F	S	S	N	N	N					F	F	F	S	S	N	N						F	F	S	S	S
	C			F	F	S	S	S	N	N						F	F	S	S	N	N	N					F	F	F	S	S	N	N			
	D	S	S	N	N						F	F	S	S	S	N	N						F	F	S	S	N	N	N					F	F	F
	E					F	F	F	S	S	N	N						F	F	S	S	S	N	N						F	F	S	S	N	N	N

F = Frühschicht / S = Spätschicht / N = Nachtschicht

Wenn die Schichten jeweils 8 Stunden dauern und die Pausen bezahlt werden, resultiert eine durchschnittliche wöchentliche Arbeitszeit von 33,6 Stunden pro Woche. Im Schichtzyklus von 5 Wochen sind das bei 35 Stunden pro Woche 7 Stunden Nachleistungspflicht; bei 38 pro Woche bereits 22 Stunden.
Dem Vorteil langer Freizeitblöcke und zweier arbeitsfreier Wochenenden im Schichtzyklus stehen also 9,13 Nachleistungsschichten (bei 35 Stunden pro Woche) bzw. 28,7 Nachleistungsschichten pro Jahr (bei 38 Stunden pro Woche) entgegen. Tendenziell ist es sicherlich ein Weg, die Nachleistungspflicht z.B. durch Schichtübergabezeiten zu verringern. Angenommen, es gelingt dem Betriebsrat, eine tägliche Schichtübergabezeit von 15 Minuten pro Schicht zu vereinbaren, entfällt die Nachleistungspflicht bei einer 35-Stunden-Woche komplett (im Durchschnitt = 34,65 Stunden pro Woche), bei einer 38-Stunden-Woche verbleiben trotzdem noch 21,2 Nachleistungsschichten pro Jahr. Da dürfte das Schichtmodell, das in Übersicht 6.16 abgebildet ist (ebenfalls 5 Wochen Zykluszeit), schon eher weiterhelfen.
Es operiert mit sogenannten Flexi-Schichten (gekennzeichnet mit: fx). Das sind Schichten, in denen der bzw. die Beschäftigte – unter Beachtung der gesetzlichen Vorschriften zu Ruhezeiten und weiterer gesetzlicher Regelungen bzw. betrieblicher Vereinbarungen – in die unterschiedlichen Schichten eingeteilt werden kann. Vorteil aus Sicht des Unternehmens: An 5 von 7 Tagen die Woche stehen eingearbeitete Beschäftigte als »stille Reserve« zur Verfügung. Aus Sicht der Beschäftigten besteht im Gegensatz zu dem klassischen Fünf-Schichtmodell selbst bei einer 38-Stunden-Woche (bei 8 Stunden bezahlter Schichtzeit) keine Nachleistungspflicht, sondern es entstehen ca. 13 zu gewährende Freischichten pro Jahr; also mehr Planbarkeit.

Übersicht 6.16 – Kurzzyklisches vollkontinuierliches Schichtmodell mit Flexi-Schichten (arbeiten auch samstags und sonntags, 21-Schichtmodell, 5 Schichtgruppen)

		1. Woche							2. Woche							3. Woche							4. Woche							5. Woche						
		M	D	M	D	F	S	S	M	D	M	D	F	S	S	M	D	M	D	F	S	S	M	D	M	D	F	S	S	M	D	M	D	F	S	S
Schichtgruppe	A	F	F	S	S	N	N			fx	fx	fx	fx					F	F	S	S	N	N	N			F	F	S	S	S	N	N			F
	B		fx	fx	fx	fx					F	F	S	S	N	N	N			F	F	S	S	S	N	N			F	F	F	S	S	N	N	
	C			F	F	S	S	N	N	N			F	F	S	S	S	N	N			F	F	F	S	S	N	N			fx	fx	fx	fx		
	D	N	N			F	F	S	S	S	N	N			F	F	F	S	S	N	N			fx	fx	fx	fx					F	F	S	S	N
	E	S	S	N	N			F	F	F	S	S	N	N			fx	fx	fx	fx					F	F	S	S	N	N	N			F	F	S

F = Frühschicht / S = Spätschicht / N = Nachtschicht / fx = Flexi-Schicht

Ein gänzlich anderer Weg wird bei der Firma ArcelorMittal in Eisenhüttenstadt gegangen. Dort wurde die *Arbeitszeit tarifvertraglich reduziert*: Durch einen Ergänzungstarifvertrag wurde die Arbeitszeit auf 32 Stunden pro Woche reduziert und die Beschäftigten dadurch von der existierenden Nachleistungspflicht entbunden.

Tarifvertrag
»Die regelmäßige wöchentliche tarifliche Arbeitszeit beträgt, abweichend von den Bestimmungen des § 2 Manteltarifvertrag (MTV), ab dem 01.01.2011 anstelle von 35 Stunden 32 Stunden.«
»Abweichend von den Bestimmungen des § 4 Ziff. 1 Abs. 2 MTV entfällt auf Grund der vorstehend vereinbarten 32-Stundenwoche erstens die Pflicht der Arbeitnehmer, 13 Verfügungsschichten zu leisten. Zweitens wird durch Freistellung von 5 Schichten pro Jahr die vereinbarte regelmäßige wöchentliche Arbeitszeit von 32 Stunden erreicht.«
(§ 4 Ziff. 1 und 3.2 Ergänzungs-TV der ArcelorMittal GmbH)

Das in Übersicht 6.17 abgebildete kurzzyklische vollkontinuierliche Schichtmodell führt zu einem langfristig planbaren Schichtplan mit zwei freien Wochenenden im Monat ohne individuelle Nachleistungsschichten. Stattdessen haben die Beschäftigten aufgrund der 32-Stunden-Woche im Jahresverlauf sogar noch fünf Freischichten.

Übersicht 6.17 – Kurzzyklisches vollkontinuierliches Schichtmodell (21-Schichtmodell, 5 Schichtgruppen, 2 freie Wochenenden im Schichtzyklus)

	1. Woche							2. Woche							3. Woche							4. Woche							5. Woche						
Schichtgruppe	M	D	M	D	F	S	S	M	D	M	D	F	S	S	M	D	M	D	F	S	S	M	D	M	D	F	S	S	M	D	M	D	F	S	S
A	F	F	S	S	N	N	N					F	F	F	S	S	N	N						F	F	S	S	S	N	N					
B	N	N						F	F	S	S	N	N	N					F	F	F	S	S	N	N						F	F	S	S	S
C			F	F	S	S	S	N	N						F	F	S	S	N	N	N					F	F	F	S	S	N	N			
D	S	S	N	N						F	F	S	S	S	N	N						F	F	S	S	N	N	N					F	F	F
E					F	F	F	S	S	N	N						F	F	S	S	S	N	N						F	F	S	S	N	N	N

F = Frühschicht / S = Spätschicht / N = Nachtschicht

Die Verkürzung der Arbeitszeit trägt dem demographischen Wandel und zugleich dem im Vollkonti-Modell vielfach geäußerten Wunsch nach einer individuellen Reduzierung der Arbeitszeit Rechnung. Die Arbeitszeitverkürzung erfolgt dabei ohne Entgeltausgleich. Nicht alle Beschäftigten wollen bzw. können diese Reduzierung des Entgeltes verkraften. Vor diesem Hintergrund wird den Beschäftigten eine Wahlmöglichkeit eingeräumt. Eine individuell jeweils 1-jährige verbindliche Erklärung vorausgesetzt, beträgt die individuelle Wochenarbeitszeit 35 Stunden pro Woche. Realisiert wird dies über eine Einplanung von 13 bezahlten Zusatzschichten. So ist es individuell möglich, auch künftig 35 Stunden pro Woche bei einer entsprechenden Bezahlung zu arbeiten.

Tarifvertrag
»Die Arbeitsnehmer können auf die Freistellung von 5 Schichten verzichten und zusätzlich 13 bezahlte Zusatzschichten verfahren. Die Bezahlung erfolgt in diesem Fall durch eine feste monatliche Basisbezugszulage zum gleichmäßigen Monatslohn, der auf der Grundlage der 32-Stundenwoche ermittelt wird. Die Zusatzschichten sind keine Mehrarbeit.«
(§ 4 Ziff. 3.3 Ergänzungs-TV der ArcelorMittal GmbH)

Mit dem Ergänzungstarifvertrag ist es den Betriebsräten und der IG Metall also gelungen, ein langfristig planbares vollkontinuierliches Schichtmodell ohne die ungeliebten Nachleistungsschichten durchzusetzen und den Beschäftigten im Rahmen des bestehenden Schichtmodells zugleich eine echte Wahlmöglichkeit - Zeit oder Geld - einzuräumen.
In anderen Fällen ist es Betriebsräten und der IG Metall bei der Vereinbarung von Schichtmodellen mit geringerer Arbeitszeit gelungen, den Entgeltverlust anteilig durch vereinbarte Ausgleichszahlungen des Arbeitgebers auszugleichen.
Ungeachtet davon, welches vollkontinuierliche Schichtmodell im Betrieb umgesetzt wird, müssen aus Sicht der Beschäftigten zu drei Regelungsumständen zwingend betriebliche Regelungen abgeschlossen bzw. gesetzliche Vorschriften beachtet werden. Das ist
(1) die Anzahl der arbeitsfreien Sonntage bzw. der ggf. dafür zu gewährenden Ersatzruhetage,
(2) die in diesem Zusammenhang zu gewährende Ruhezeit von zusammenhängend 35 Stunden sowie
(3) die Anzahl der Urlaubstage.

Arbeitsfreie Sonntage

Nach § 11 Abs. 1 ArbZG müssen mindestens 15 Sonntage im Jahr beschäftigungsfrei bleiben. Mit dieser Regelung soll jedem Beschäftigten eine Mindestanzahl von beschäftigungsfreien Sonntagen gewährleistet werden. Allerdings sind nach herrschender Rechtsmeinung auch beschäftigungsfreie Sonntage, die in den Urlaub oder in sonstige arbeitsfreie Zeiten fallen, beschäftigungsfrei. Sie können auf die Mindestzahl von 15 beschäftigungsfreien Sonntagen angerechnet werden (Kittner/Zwanziger/Deinert 2013, § 26 Rn. 240). Das führt dazu, dass bei unterstellten 3 Wochen zusammenhängendem Urlaub nur noch weitere 12 Sonntage arbeitsfrei bleiben müssen. Um dies zu verhindern, könnte der Betriebsrat darüber nachdenken, in einer Betriebsvereinbarung folgenden Passus zu vereinbaren: *»Aufgrund der besonderen gesundheitlichen Beanspruchung, der Beschäftigte in vollkontinuierlichen Schichtmodellen ausgesetzt sind, wird über eine entsprechende Personalsteuerung abgesichert, dass ungeachtet der durch Urlaub verplanten Sonntage individuell mindestens 15 Sonntage beschäftigungsfrei sind.«*
Auch die Auslegung des Arbeitszeitgesetzes zum Ersatzruhetag ist aus Arbeitnehmersicht wenig erfreulich. § 11 Abs. 3 ArbZG sieht für Beschäftigte, die an einem Sonntag beschäftigt werden, einen Ersatzruhetag vor, der innerhalb eines

Zeitraums von 2 Wochen zu gewähren ist. Nach Auffassung des Bundesarbeitsgerichts kann ein Ersatzruhetag allerdings jeder Werktag sein, also bei einer 5-Tage-Woche auch ein ohnehin arbeitsfreier Samstag oder ein schichtplanmäßig freier sonstiger Werktag. Eine bezahlte Freistellung an einem Beschäftigungstag kann nicht verlangt werden (BAG vom 12.12.2001 – 5 AZR 294/00).

Ruhezeiten

Nach § 11 Abs. 4 ArbZG ist die Sonn- und Feiertagsruhe bzw. der Ersatzruhetag unmittelbar in Verbindung mit der in § 5 ArbZG geregelten arbeitstäglichen Ruhezeit von 11 Stunden zu gewähren (keine Anrechnung). Daraus resultiert – soweit dem nicht zwingende technische oder arbeitsorganisatorische Regelungen entgegenstehen – eine zusammenhängende erweiterte Sonn- und Feiertagsruhe von 35 Stunden. Ganz konkret dürfte auf die Spätschicht am Samstag (Ende um 22.00 Uhr), gefolgt von der Sonntagsruhe, keine Frühschicht am Montag folgen; es sei denn, sie beginnt erst um bzw. nach 9.00 Uhr.

Urlaubsanspruch

Die Schichtplanung in Wechselschichtsystemen sieht häufig vor, dass Beschäftigte mehr oder weniger als 5 Tage in der Woche arbeiten müssen. Vor allem in vollkontinuierlichen Schichtsystemen ist dabei die Arbeitszeit ungleich zwischen den einzelnen Wochen verteilt. Häufiger Streitpunkt in diesem Zusammenhang ist die Anzahl der der zu gewährenden Urlaubstage. Mit dieser Frage hat sich auch das Bundesarbeitsgericht auseinandergesetzt und ist zu einem streitbaren Ergebnis gekommen. Es hat entschieden, dass der tarifliche Urlaubsanspruch entsprechend der Arbeitsverpflichtung für die Woche zu rechnen sei, wenn die regelmäßige wöchentliche Arbeitszeit des Arbeitnehmers nicht auf 5 Kalendertage in der Woche verteilt ist. Die Tarifverträge sichern den Beschäftigten jedoch auch für den Fall, dass in der Woche mehr oder weniger als 5 Tage zu arbeiten sind, einen Urlaubsanspruch von 6 Wochen zu (vgl. Kapitel 10.1.2 und 10.11).

> **Tarifvertrag**
> *»Beschäftigte, deren regelmäßige Arbeitszeit/Ausbildungszeit auf mehr oder weniger als fünf Tage in der Woche – ggf. auch im Durchschnitt mehrerer Wochen – verteilt ist, haben einen Urlaubsanspruch, der dem Urlaub von Beschäftigten entspricht, die im Einschichtbetrieb an fünf Tagen in der Woche regelmäßig beschäftigt werden.«*
> (§ 13 Ziff. 4 EMTV Nordrhein-Westfalen)

Das bedeutet: Die Anzahl der zu gewährenden Urlaubstage richtet sich nach der Anzahl der durchschnittlichen Arbeitstage pro Woche. Dabei kann es rein rechnerisch auch zu einer Kürzung der Anzahl der Urlaubstage kommen. Um späteren Streitigkeiten über den genauen Urlaubsanspruch zuvorzukommen, sollte daher in einer betrieblichen Regelung unbedingt eine abschließende Klärung zum genauen Urlaubsanspruch im jeweiligen Schichtmodell erfolgen.

Aufgrund der besonders belastenden Situation der ungleich z. T. sogar vollkontinuierlich verteilten Arbeits- bzw. Schichtzeiten könnte es für den Betriebsrat in diesem Zusammenhang eine Überlegung sein, die Anzahl der zu gewährenden Urlaubstage nicht im Verhältnis zu kürzen, sondern es unverändert bei dem tarifvertraglich vereinbarten Anspruch von 30 Tagen zu belassen.

6.5 Tarifliche Zuschläge für Schicht- und Nachtschichtarbeit

In allen Manteltarifverträgen der Metall- und Elektroindustrie sind Zuschläge für Nachtarbeit, teilweise auch für Wechselschichtarbeit vereinbart. Die Zuschläge werden als Prozentsatz auf das jeweilige Stundenentgelt bezogen. Dazu zwei Beispiele:

Tarifvertrag
»Der Zuschlag beträgt für […] c.) Nachtarbeit von 20:00 bis 6:00 Uhr 25 Prozent.«
(§ 6.1 MTV Niedersachsen)
»Spätarbeit ist die in der Zeit von 14.00 Uhr bis 20.00 Uhr geleistete Arbeit, sofern die regelmäßige Arbeitszeit nach 17 Uhr endet. […]«
(§ 5 Abs. 2 EMTV NRW)
»Nachtarbeit ist die in der Zeit zwischen 20.00 Uhr und 6.00 Uhr geleistete Arbeit.«
(§ 5 Abs. EMTV NRW)
»Der Zuschlag beträgt für
a.) Spätarbeit … 15 Prozent
b.) Nachtarbeit … 25 Prozent
des tariflichen Stundenentgeltes der Entgeltgruppe EG 7.«
(§ 6 Abs. 2 EMTV NRW)

Um die folgenden Beispiele möglichst anschaulich und nachvollziehbar zu gestalten, erfolgt hier eine Umrechnung in Geld: Entsprechend dem ERA-Entgelttarifvertrag für die Metall- und Elektroindustrie in Nordrhein-Westfalen beträgt das Grundentgelt der Entgeltgruppe 7 = 2 424,– Euro pro Monat bzw. 15,92 Euro pro Stunde (Stand: Mai 2014). Daraus resultiert bei Spätarbeit ein Zuschlag von 2,39 Euro pro Stunde (15 Prozent), bei Nachtarbeit ein Zuschlag von 3,98 Euro pro Stunde (25 Prozent). Für bestimmte Zeiten in der Nacht sind diese Zuschläge gem. § 3 EStG zusätzlich steuer- und sozialversicherungsfrei:

Rechtsvorschrift
»[…] Steuerfrei sind Zuschläge, die für tatsächlich geleistete Sonntags-, Feiertags- oder Nachtarbeit neben dem Grundlohn gezahlt werden, soweit sie 1.) für Nachtarbeit 25 Prozent, […] des Grundlohns nicht übersteigen.

> *Grundlohn ist der laufende Arbeitslohn, der dem Arbeitnehmer bei der für ihn maßgebenden regelmäßigen Arbeitszeit für den jeweiligen Lohnzahlungszeitraum zusteht; er ist in einen Stundenlohn umzurechnen und mit höchstens 50 Euro anzusetzen. Nachtarbeit ist die Arbeit in der Zeit von 20 Uhr bis 6 Uhr. [...]*
> *Wenn die Nachtarbeit vor 0 Uhr aufgenommen wird, gilt abweichend [...] Folgendes:*
> *1.) Für Nachtarbeit in der Zeit von 0 Uhr bis 4 Uhr erhöht sich der Zuschlagssatz auf 40 Prozent, [...]«*
> (§ 3 EStG)

Um die Auswirkungen aus dem Tarifvertrag und dem Einkommenssteuergesetz besser nachvollziehen zu können, werden im Folgenden Brutto- und Nettoeinkommen von Beschäftigten in Normalschicht (ohne Zuschläge) und von Beschäftigten im klassischen Zwei-Schicht- bzw. Drei-Schichtmodell an jeweils 5 Tagen pro Woche dargestellt. Die Berechnungen gehen von folgenden gemeinsamen Grundlagen aus:
(1) Der bzw. die Beschäftigte hat ein Brutto-Monatsentgelt (ohne Schichtzuschläge) von 2800,– Euro.
(2) Bei Steuerklasse 3 mit 2 Kindern, entspricht dies ohne Kirchensteuer einem Nettoverdienst von 2046,60 Euro.
(3) Der bzw. die Beschäftigte unterliegt dem Einheitlichen Manteltarifvertrag der Metall- und Elektroindustrie Nordrhein-Westfalens (EMTV NRW).
(4) Der Schichtwechsel findet jeweils um 6.00 Uhr, um 14.00 Uhr und 22.00 Uhr statt.
(5) Der Monat hat 21,75 Arbeitstage.

Entgeltvergleich Zwei-Schicht zu Normalarbeit: Ergänzend zu den oben getroffenen Annahmen wird ferner davon ausgegangen, dass sich die 21,75 Arbeitstage bei zwei-schichtiger Wechselschichtfahrweise auf jeweils 10,88 Früh- und Spätschichten verteilen. Pro Spätschicht (also 10,88 mal) ergeben sich gem. EMTV NRW für 6 Stunden (14.00 bis 20.00 Uhr) steuer- und sozialversicherungspflichtige Zuschläge in Höhe von jeweils 15 Prozent (2,39 Euro) sowie für 2 Stunden (20.00 bis 22.00 Uhr) steuer- und sozialversicherungsfreie Zuschläge von jeweils 25 Prozent (3,98 Euro) der Entgeltgruppe 7. Aus der Übersicht 6.18 lässt sich ablesen: Der Mehrverdienst des Beschäftigten in Zwei-Schicht gegenüber dem Beschäftigten in Normalarbeit beträgt ca. 180,– Euro netto.

Übersicht 6.18 – Entgeltvergleich Zwei-Schicht zu Normalarbeit

					Normalarbeit	2-Schicht	
Einkommensbestandteil	Uhrzeit	Schichtzuschläge von EG 7	Anzahl Stunden	€ pro Stunde	€	Schichten pro Monat	€
gleichmäßiges Monatsentgelt					2800,–		2800,–
steuer-/sozialversicherungspflichtige Zuschläge	14 – 20	15 %	6	2,39	---	10,88	156,02
Brutto-Einkommen					2800,–		2956,02
steuer-/sozialversicherungsfreie Zuschläge	20 – 22	25 %	2	3,98	---	10,88	86,60
	22 – 06	25 %	8	3,98	---	---	00,–
Gesamt-Brutto-Einkommen					2800,–		3042,62
Gesamt-Netto-Einkommen					2046,60		2224,91
							+178,31

Entgeltvergleich Drei-Schicht zu Normalarbeit: Ergänzend zu den oben getroffenen Annahmen wird ferner davon ausgegangen, dass sich die 21,75 Arbeitstage im Drei-Schichtmodell gleichmäßig auf jeweils 7,25 Früh-, Spät- und Nachtschichten verteilen. Pro Spätschicht (also 7,25 mal) ergeben sich gem. EMTV NRW für 6 Stunden (14.00 bis 20.00 Uhr) steuer- und sozialversicherungspflichtige Zuschläge in Höhe von jeweils 15 Prozent (2,39 Euro) sowie für 2 Stunden (20.00 bis 22.00 Uhr) steuer- und sozialversicherungsfreie Zuschläge von jeweils 25 Prozent (3,98 Euro) der Entgeltgruppe 7. Pro Nachtschicht (also ebenfalls 7,25 mal) ergeben sich gem. EMTV NRW für 8 Stunden (22.00 bis 6.00 Uhr) steuer- und sozialversicherungsfreie Zuschläge von jeweils 25 Prozent (3,98 Euro) der Entgeltgruppe 7. Aus der Übersicht 6.19 lässt sich ablesen, dass der Mehrverdienst der bzw. des Beschäftigten im Drei-Schichtmodell gegenüber dem Beschäftigten in Normalarbeit ca. 350,– Euro netto beträgt. Wenn man seinen bzw. ihren Netto-Verdienst allerdings mit dem bzw. der Beschäftigten im Zwei-Schichtmodell vergleicht, beträgt der Mehrverdienst »nur« rund 175,– Euro netto.

Übersicht 6.19 – Entgeltvergleich Drei-Schicht zu Normalarbeit

					Normalarbeit	3-Schicht	
Einkommensbestandteil	Uhrzeit	Schichtzuschläge von EG 7	Anzahl Stunden	€ pro Stunde	€	Schichten pro Monat	€
gleichmäßiges Monatsentgelt					2800,–		2800,–
steuer-/sozialversicherungspflichtige Zuschläge	14 – 20	15 %	6	2,39	---	7,25	103,97
Brutto-Einkommen					2800,–		2903,97
steuer-/sozialversicherungsfreie Zuschläge	20 – 22	25 %	2	3,98	---	7,25	57,71
	22 – 06	25 %	8	3,98	---	7,25	229,10
Gesamt-Brutto-Einkommen					2800,–		3190,78
Gesamt-Netto-Einkommen					2041,27		2394,57
							+353,30

Aber Achtung: In einigen Betrieben wird, neben dem tariflichen Nachtzuschlag, *zusätzlich* ein übertariflicher Zuschlag für Nachtarbeit gezahlt. Dieser ist, sobald er »25 Prozent vom Grundlohn« übersteigt, steuer- und sozialversicherungspflichtig (vgl. Auszug aus dem Einkommensteuergesetz). Ausnahme: Zwischen 0.00 und 4.00 Uhr (Kernnachtarbeitszeit) sind bis zu 40 Prozent des gewährten Zuschusses steuer- und sozialversicherungsfrei.

6.6 Besondere Formen der Schichtarbeit

6.6.1 Dauernachtschicht

Eine besondere Form der Schichtarbeit ist die Dauernachtschicht.

Definition
Unter Dauernachtschicht wird ein Schichtmodell verstanden, bei dem eine Schichtgruppe ständig nachts arbeitet – meistens in der Zeit von 22.00 Uhr bis 6.00 Uhr an 5 Tagen in der Woche. Es werden vereinzelt auch Modelle angewendet, bei denen ein Nachtschichtblock 6 oder 7 Nächte dauert – in diesen Fällen mit mehreren Schichtgruppen.

Zumeist ist die Dauernachtschicht einer Schichtgruppe jedoch mit einem Früh-Spät-Wechsel-Rhythmus zweier anderer Schichtgruppen kombiniert (vgl. Übersicht 6.20).

Übersicht 6.20: Dauernachtschicht (Schichtgruppe C)

Schicht-gruppe	1. Woche							2. Woche							3. Woche							4. Woche				
	M	D	M	D	F	S	S	M	D	M	D	F	S	S	M	D	M	D	F	S	S	M	D	...	S	S
A	F	F	F	F	F			S	S	S	S	S			F	F	F	F	F			S	S	...		
B	S	S	S	S	S			F	F	F	F	F			S	S	S	S	S			F	F	...		
C	N	N	N	N	N			N	N	N	N	N			N	N	N	N	N			N	N	...		

F = Frühschicht / S = Spätschicht / N = Nachtschicht

Aufgrund der steuer- und sozialabgabefreien Schichtzuschläge in der Nacht ist die Dauernachtschicht finanziell sehr lukrativ (vgl. Kapitel 6.5). Wenn man die Rechenbeispiele aus Kapitel 6.5 zugrunde legt, ergibt sich eine Netto-Differenz zwischen den Beschäftigten in Früh-Spät-Wechselschicht und denen, die Dauernachtschicht leisten, in Höhe von rund 520,– Euro (vgl. Übersicht 6.21)

Übersicht 6.21 – Entgeltvergleich Dauernachtschicht zu Früh-Spät-Wechsel-Rhythmus

					Früh-Spät-Wechsel		Dauernachtschicht	
Einkommensbestandteil	Uhrzeit	Schicht-zuschläge von EG 7	Anzahl Stunden	€ pro Stunde	Schichten pro Monat	€	Schichten pro Monat	€
gleichmäßiges Monatsentgelt						2800,–		2800, –
steuer-/sozialversicherungs-pflichtige Zuschläge	14 – 20	15 %	6	2,39	10,88	156,02	---	00,–
Brutto-Einkommen						2956,02		2800,–
steuer-/sozialversicherungs-freie Zuschläge	20 – 22	25 %	2	3,98	10,88	86,60	---	00,–
	22 – 06	25 %	8	3,98	---	00,–	21,75	692,52
Gesamt-Brutto-Einkommen						3042,62		3492,52
Gesamt-Netto-Einkommen						2219,36		2739,12
								+519,76

Etliche Beschäftigte, überwiegend junge Arbeitnehmer, erklären sich aufgrund dieser finanziellen Anreize bereit, dauerhaft nachts zu arbeiten. Teilweise haben sie ihre Lebensweise entsprechend angepasst, sich mit dem Schichtmodell arrangiert und ihren individuellen Lebensstandard auf diesem Verdienstniveau aufgebaut. Diese Sichtweise ist aber wegen der negativen Auswirkungen auf das Rentenniveau (keine Berücksichtigung der Zuschläge bei der Rentenberechnung) sehr kurzsichtig.

Vor allem wegen der gesundheitlichen Folgeschäden ist von Dauernachtschicht auch aus arbeitsmedizinischer Sicht dringend abzuraten. Der Körper kann sich nicht auf die Nachtarbeit einstellen und muss deshalb ständig gegen die innere Uhr bzw. den körperlichen Rhythmus arbeiten. Alle arbeitsmedizinischen Erkenntnisse belegen, dass Dauernachtschicht extrem gesundheitsschädlich ist (vgl. Kapitel 6.1).

6.6.2 Schichtarbeit bei Werkfeuerwehren

Für bestimmte Beschäftigungsgruppen sind die bisher dargestellten Regelungen jedoch nicht praktikabel. Vor allem wenn eine kontinuierliche Schichtfahrweise erforderlich ist und wenn von einem besonders hohen Anteil an Arbeitsbereitschaft (vgl. Kapitel 7.) auszugehen ist, erreichen die beschriebenen Schichtmodelle ihre Grenzen. So sind z. B. bei Werkfeuerwehren 24-Stunden-Schichten geregelt. Hierfür werden die im Arbeitszeitgesetz geregelten Ausnahmetatbestände z. B. zur täglichen Höchstarbeitszeit herangezogen:

> **Rechtsvorschrift**
> *»In einem Tarifvertrag oder auf Grund eines Tarifvertrags in einer Betriebs- oder Dienstvereinbarung kann zugelassen werden, 1. abweichend von § 3 a) die Arbeitszeit über zehn Stunden werktäglich zu verlängern, wenn in die Arbeitszeit regelmäßig und in erheblichem Umfang Arbeitsbereitschaft oder Bereitschaftsdienst fällt, [...].«*
> (§ 7 ArbZG)

Von besonderer Bedeutung ist bei derartigen Regelungen die Definition und Abgrenzung von Arbeitszeit, Arbeitsbereitschaft und Ruhezeiten (vgl. Kapitel 7). Aufgrund der spezifischen Besonderheiten und dem Umfang der Regelungsdetails wird hier jedoch auf eine ausführlichere Darstellung derartiger Modelle verzichtet.

6.7 Computergestützte Schichtplangestaltung

Heute ist es in fast allen Industriebetrieben üblich, die Schichtplanerstellung zumindest bei einer Drei-Schicht mit drei, vier oder fünf Schichtgruppen computergestützt vorzunehmen. Die am meisten verbreiteten Software-Tools sind Ximes, Optischicht und der D&S Schicht- und Personalplaner. Ximes orientiert sich mit einer sehr umfangreichen und sehr komplexen Softwarearchitektur vor allem auf die betriebliche Einsatzplanung durch die Unternehmensverantwortlichen. Optischicht und der D&S Schicht- und Personalplaner zielen ab auf die Erstellung von Schichtplanalternativen und ihre Diskussion im Betriebsrat, in der Belegschaft bzw. zwischen Betriebsrat und Unternehmen.
Optischicht und der D&S-Schichtplaner unterscheiden sich vor allem bei der Herangehensweise an die eigentliche Schichtplangestaltung. D&S basiert auf über hundert Musterplänen, die ausgewählt und betrieblich angepasst werden, Optischicht errechnet die Schichtpläne nach Auswahl zu berücksichtigender arbeitswissenschaftlicher Erkenntnisse zur Schichtplangestaltung. Können ein oder mehrere Kriterien nicht eingehalten werden, wird dies als Verstoß rot angezeigt. Zwar ist es sinnvoll, möglichst viele arbeitswissenschaftliche Krite-

rien festzulegen, die beim Generieren eines Schichtplans Anwendung finden sollen. Ein Problem tritt allerdings dann auf, wenn zu viele »scharf gestellte« Kriterien verhindern, dass ein akzeptabler Schichtplan errechnet wird. Eine Auswahl an Musterplänen, die mit Optischicht erstellt wurden, findet sich in der Arbeitshilfe der IG Metall (IG Metall Vorstand 2009).
Das nachfolgende Beispiel einer betrieblichen Schichtplanerstellung wird mittels des D&S Schicht- und Personalplaners dargestellt. Für D&S – wie auch die beiden anderen Tools – gilt: Die Programme können die Auseinandersetzung um einen Schichtplan nicht ersetzen, aber sie können die Erstellung des Schichtplans und die betriebliche Diskussion darum erheblich unterstützen bzw. erleichtern.

Übersicht 6.22 – Benutzeroberfläche des D&S Schicht- und Personalplaners

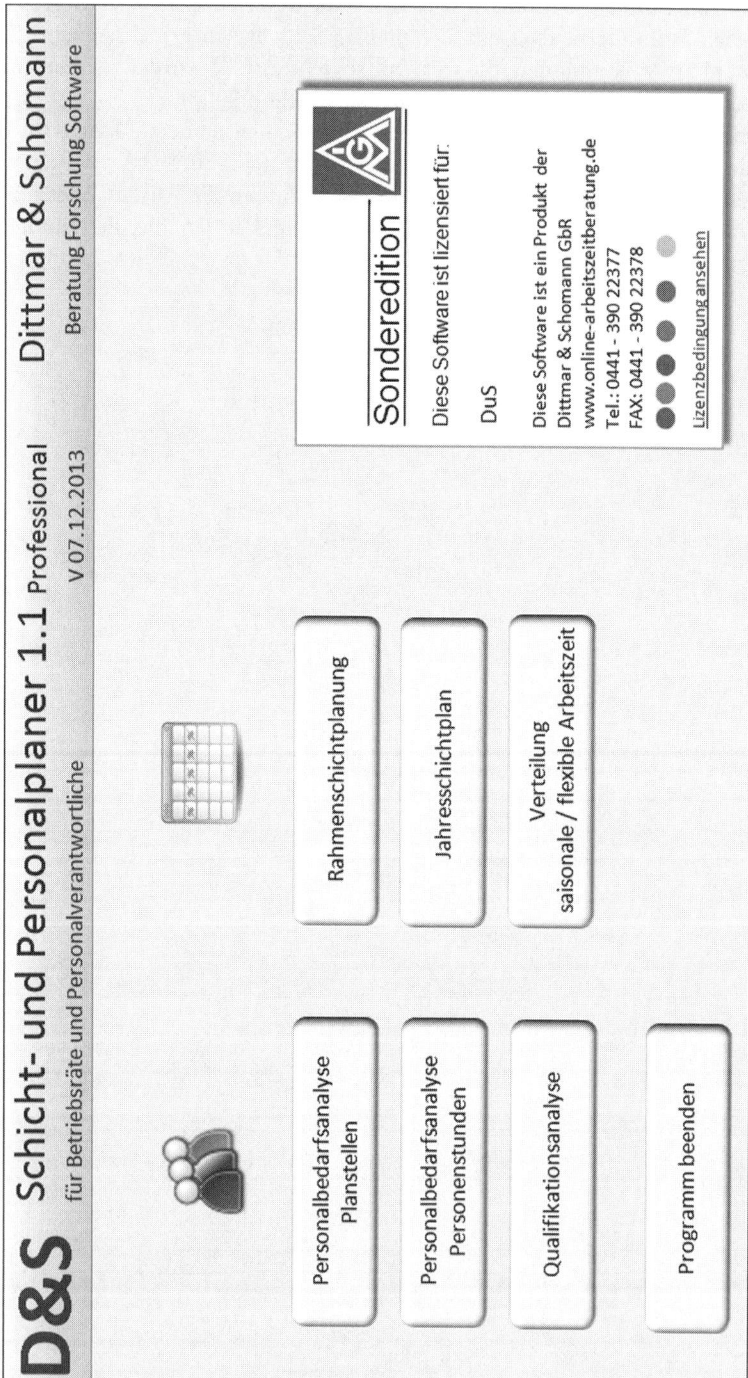

Beispiel:
In einem Betrieb der Metall- und Elektroindustrie arbeiten bisher 54 Beschäftigte mit einer tariflichen Wochenarbeitszeit von 35 Stunden pro Woche montags bis freitags regelmäßig in einem Drei-Schichtmodell. Absehbar reicht künftig die bisher eingesetzte »freiwillige« Frühschicht am Samstag nicht mehr aus, um die geforderten Produktionsmengen zu erreichen. Es wird immer schwieriger, »Freiwillige« für die Samstagsschichten zu gewinnen. Die Beschäftigten sprechen sich mehrheitlich für mehr Freizeit aus. In einer entsprechenden betrieblichen Auseinandersetzung konnte der Betriebsrat die Wochenendarbeit nicht verhindern. Auf der Grundlage des Spruches der Einigungsstelle soll nun ein Schichtmodell mit einer Ausweitung der Betriebszeiten regelmäßig auf 136 Stunden bzw. 17 Schichten pro Woche erarbeitet werden. Voraussetzung für die Einführung eines neuen Schichtmodells ist, dass ausreichend qualifiziertes Personal zur Verfügung steht.

Für die Schichtplanerstellung sind mehrere Arbeitsschritte erforderlich: Zum einen muss eine sorgfältige Personalbedarfsberechnung vorgenommen werden, zum anderen muss ein Schichtplan –möglichst mit mehreren Schichtplanalternativen – erstellt und bewertet werden.
Personalbedarfsrechnung: Die Übersicht 6.23 zeigt die Personalbedarfsrechnung bei Ausweitung der Betriebszeit auf regelmäßig 136 Stunden bzw. 17 Schichten pro Woche. Die Ergebnisse zeigen, dass zunächst ca. zwölf Beschäftigte fehlen, um rein rechnerisch das neue 17-Schichten-System ohne größere Schwierigkeiten umsetzen zu können. Entscheidend ist, dass bei der Berechnung sämtliche Fehlzeiten berücksichtigt werden, damit die dafür erforderliche Reserve in der Schichtbesetzung auch richtig berechnet werden kann.
Bei der Berechnung werden folgende Eckdaten zugrunde gelegt:
- Betriebsnutzungszeit 136 Stunden pro Woche – 17 Schichten pro Woche
- 8-Stunden-Schichtzeit; 30 Minuten bezahlte Pause
- 35 Stunden tarifliche Arbeitszeit, 30 Urlaubstage
- 54 Vollzeit-Beschäftigte, Mindestbesetzung 14 Beschäftigte pro Schicht
- 5 Prozent Krankenstand
- Schulungstage/sonstige Fehlzeiten: je 3 bzw. 2 Tage pro Jahr pro Mitarbeiter

Übersicht 6.23 – Personalbedarfsrechnung

	Eingaben	
Arbeitzeit / Fehlzeiten	**Tarifliche oder vereinbarte Wochenarbeitszeit**	35
	Urlaubstage (inkl. Zusatzurlaub)	30
	Stunden je Urlaubstag	7
	Durchschnittlicher Krankenstand (in %)	5,00%
	Anzahl Altersfreizeitberechtigte /Altersteilzeit	0
	Freizeitanspruch je Mitarbeiter (◉ Std. / Woche ○ Tage / Jahr)	0
	Anzahl Schwerbehinderter	0
	Anzahl Tage Zusatzurlaub pro Schwerbehindertem	0
	Ø Schulungstage je Mitarbeiter und Jahr	3
	Sonstige Fehlzeiten je Mitarbeiter und Jahr (in Tagen) [Rechner]	2
MA	Schwankungsreserve (in %)	0,00%
	Mitarbeiter gesamt (auf Vollzeit gerechnet) [Rechner]	54

Ergebnisse	Std. / Jahr
Personenstunden gesamt	99350,72
Jahresarbeitszeit	1826,30
Jahresurlaub	210,00
Max. betriebliche Anwesenheit je Mitarbeiter	1616,30
Fehlzeitenquote gesamt in %	18,41%
davon Urlaub in %	11,50%
Ø Netto-Arbeitszeit je Mitarbeiter	1490,00
Benötigte Anzahl Mitarbeiter insgesamt	66,68
Fehlendes(-) / Überzähliges(+) Personal	-12,68

Schichtbezeichnung	Mindest-besetzung	Schichtlänge	Schichten pro Woche	Wochen pro Jahr	Personen-stunden
Frühschicht	14	8	6	52,18	35064,96
Spätschicht	14	8	5	52,18	29220,80
Nachtschicht	14	8	6	52,18	35064,96

Erstellung und Bewertung von Schichtplanalternativen: Der erste Schritt ist die Auswahl eines geeigneten Grundmodells (Anzahl Schichtgruppen, kurz- oder langzyklisch etc.). Das kann selbstständig – durch Eingabe per Hand – geschehen oder durch die Auswahl eines Musterplans anhand von Suchkriterien. Hierfür stehen mehr als 100 Musterpläne zur Verfügung.

Übersicht 6.24 – Auswahlfenster eines Musterplans im D&S Schicht- und Personalplaner

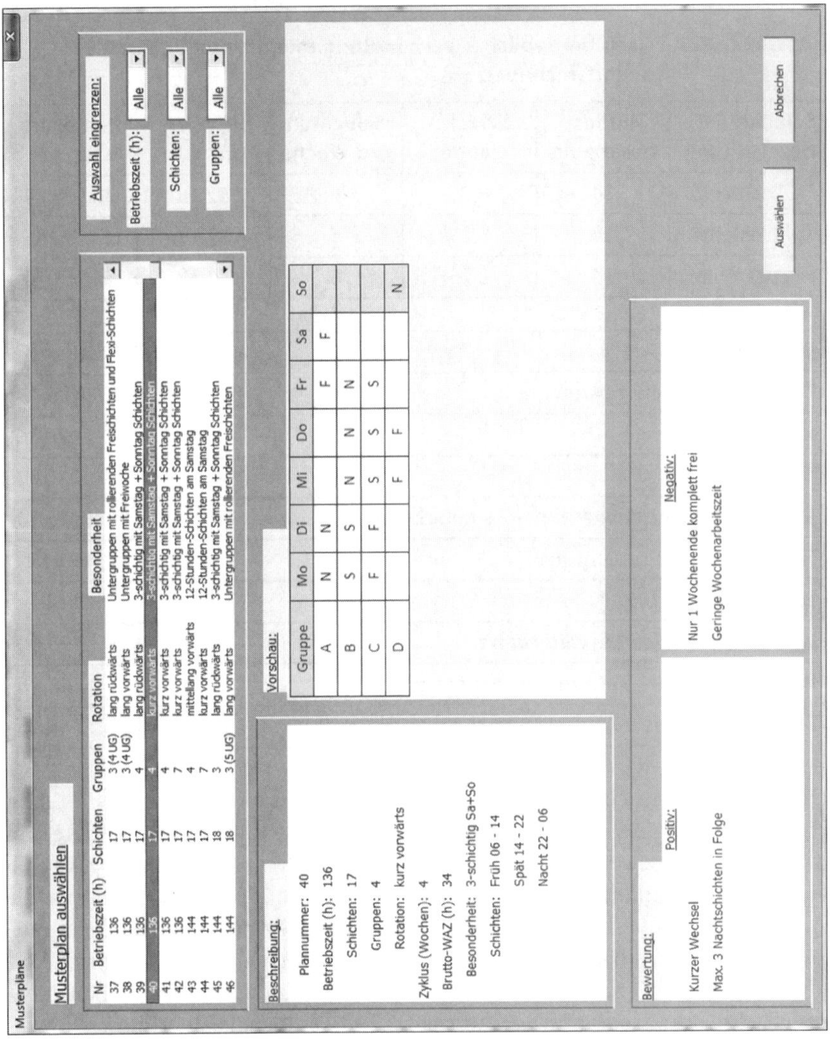

Das hier gewählte kurzzyklische Drei-Schichtmodell mit vier Schichtgruppen würde grundsätzlich die Anforderungen des Betriebsrates und der Beschäftigten erfüllen, hat aber das Problem einer »zu geringen« Wochenarbeitszeit von

lediglich 34 Stunden. Ohne Verlängerung der bezahlten Schichtzeit wären bei einer 35-Stunden-Woche ca. 6,5 Nachleistungsschichten pro Jahr und Beschäftigten notwendig. Um diese Anzahl zu senken, verhandelt der Betriebsrat mit dem Unternehmen über Schichtübergabe- und Umkleidezeiten.
Die weitergeführten Verhandlungen zwischen den Betriebsparteien ergeben die Bezahlung von Schichtübergabe- und Umkleidezeiten von insgesamt 15 Minuten. Das hat Auswirkungen auf die zu aktualisierende Personalbedarfsrechnung, aber auch auf die Anzahl der Nachleistungsschichten.

Übersicht 6.25 – Nach betrieblicher Verhandlung modifizierte Personalbedarfsrechnung

Schicht-bezeichnung	Mindest-besetzung	Schicht-länge	Schichten pro Woche	Wochen pro Jahr	Personen-stunden
Frühschicht	14	8,25	6	52,18	36 160,74
Spätschicht	14	8,25	5	52,18	30 133,95
Nachtschicht	14	8,25	6	52,18	36 160,74

Ergebnisse	Std./Jahr
Personenstunden gesamt	**102 455,43**
Jahresarbeitszeit	1 826,30
Jahresurlaub	210,00
Max. betriebliche Anwesenheit je Mitarbeiter	1 616,30
Fehlzeitenquote gesamt in %	18,41 %
Davon Urlaub in %	11,50 %
Ø Netto-Arbeitszeit je Mitarbeiter	**1 490,00**
Benötigte Anzahl Mitarbeiter insgesamt	**68,76**
Fehlendes(–)/Überzähliges(+) Personal	–14,76

Durch die Berücksichtigung der Schichtübergabe- und Umkleidezeiten werden ca. 69 Beschäftigte benötigt, es fehlen also insgesamt rund 15 Beschäftigte, um die geplante Ausweitung der Betriebszeiten auch personalmäßig auf eine ausreichende Grundlage zu stellen (vgl. Übersicht 6.25). Zugleich kann die Anzahl der Nachleistungsschichten auf Null pro Jahr pro Beschäftigten reduziert werden. Innerhalb kürzester Zeit ist so ein Vorschlag für die betriebliche Umsetzung des 17-Schichtenbetriebs entstanden. Auf der zentralen Benutzeroberfläche des Programms (Übersicht 6.26) sind zugleich sämtliche Auswirkungen sowohl individuell (Nachleistungsschichten/Freischichten pro Jahr, 39 freie Sonntage …) als auch für das Unternehmen (kurzzyklische Fahrweise, Personalbedarf, Besetzung in der Schicht) gut zu ersehen.
Auf der zentralen Benutzeroberfläche (Übersicht 6.26) erfolgt zugleich die

Eingabe bzw. Veränderung von Schichttypen, Schichtrhythmus und eine Auszählung der Schichtbesetzung, um das Ergebnis sachrichtig zu prüfen. Auch die benutzerdefinierte Bewertung des Schichtplans anhand der arbeitswissenschaftlichen Kriterien zur menschengerechten Gestaltung der Arbeit sowie anhand der gesetzlichen Ruhe- und Ausgleichszeiten ist von hier aus möglich. Die Übertragung des erstellten Grundrhythmus auf einen gruppenbezogenen Jahresschichtplan erfolgt mit einem Klick. Der Jahresschichtplan wiederum ermöglicht nicht nur die Übersicht über das gesamte Jahr, sondern auch eine detaillierte Analyse und Gegenüberstellung der Schichtgruppen (Anzahl der Schichten eines Schichttyps, Anzahl der betroffenen Feiertage etc.).

Übersicht 6.26 – Neues Schichtmodell auf der zentralen Benutzeroberfläche des D&S Schicht- und Personalplaners

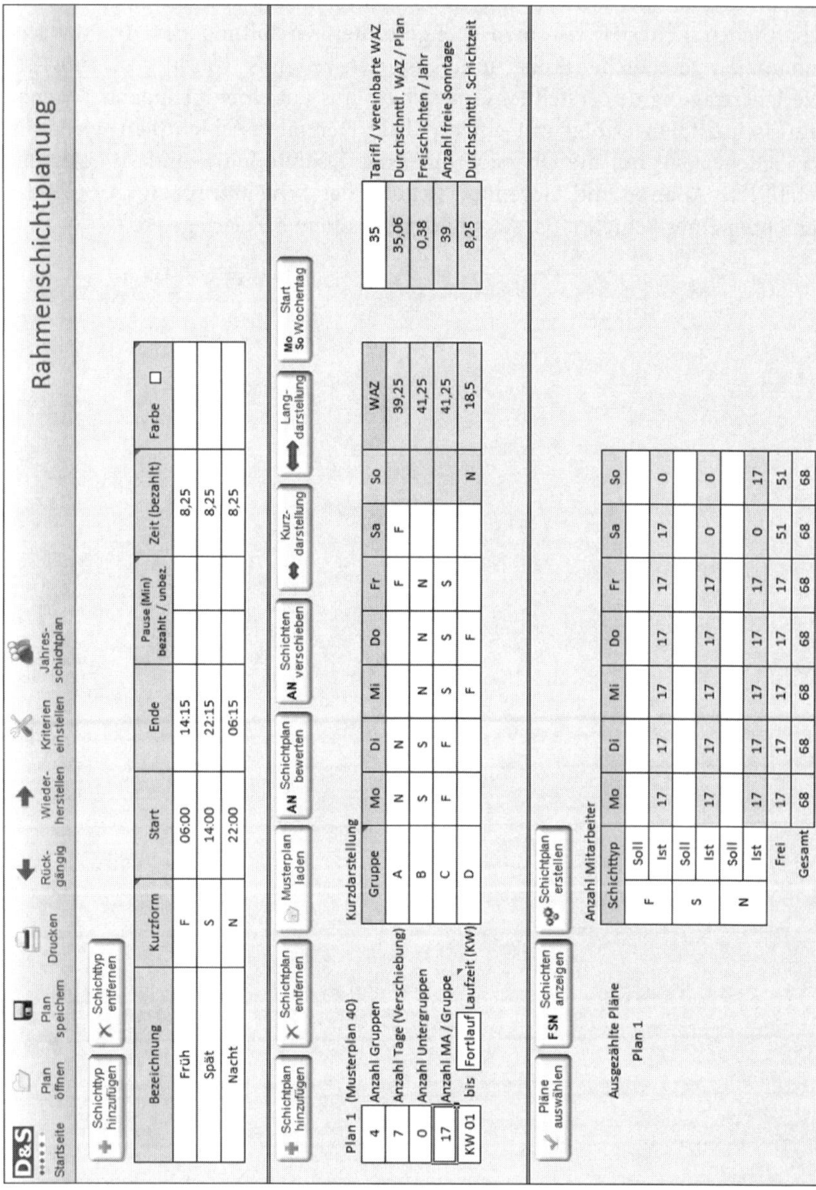

Bezeichnung	Kurzform	Start	Ende	Pause (Min) bezahlt / unbez.		Zeit (bezahlt)	Farbe □
Früh	F	06:00	14:15			8,25	
Spät	S	14:00	22:15			8,25	
Nacht	N	22:00	06:15			8,25	

Plan 1 (Musterplan 40)

4	Anzahl Gruppen
7	Anzahl Tage (Verschiebung)
0	Anzahl Untergruppen
17	Anzahl MA / Gruppe
KW 01	bis Fortlauf Laufzeit (KW)

Kurzdarstellung

Gruppe	Mo	Di	Mi	Do	Fr	Sa	So	WAZ
A	N	N			F	F		39,25
B	S	S	N	N	N			41,25
C	F	F	S	S	S			41,25
D			F	F			N	18,5

35	Tarifl./ vereinbarte WAZ
35,06	Durchschnttl. WAZ / Plan
0,38	Freischichten / Jahr
39	Anzahl freie Sonntage
8,25	Durchschnttl. Schichtzeit

Ausgezählte Pläne

Plan 1

Anzahl Mitarbeiter

Schichttyp		Mo	Di	Mi	Do	Fr	Sa	So
F	Soll							
	Ist	17	17	17	17	17	17	0
S	Soll							
	Ist	17	17	17	17	17	0	0
N	Soll							
	Ist	17	17	17	17	17	0	17
	Frei	17	17	17	17	17	51	51
	Gesamt	68	68	68	68	68	68	68

Übersicht 6.27 – Jahresschichtplan mit gruppenbezogener Monats- und Jahresanalyse

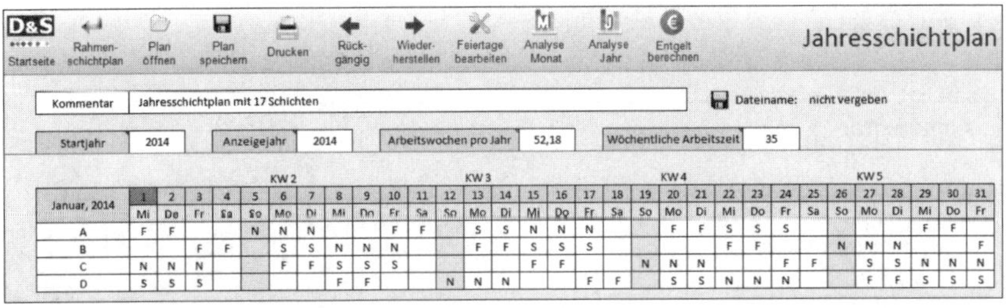

Kommentar: Jahresschichtplan mit 17 Schichten — Dateiname: nicht vergeben

Startjahr: 2014 — Anzeigejahr: 2014 — Arbeitswochen pro Jahr: 52,18 — Wöchentliche Arbeitszeit: 35

Januar, 2014	1	2	3	4	5	6	7	8	9	10	11	12	13	14	15	16	17	18	19	20	21	22	23	24	25	26	27	28	29	30	31
	Mi	Do	Fr	Sa	So	Mo	Di	Mi	Do	Fr	Sa	So	Mo	Di	Mi	Do	Fr	Sa	So	Mo	Di	Mi	Do	Fr	Sa	So	Mo	Di	Mi	Do	Fr
						KW 2							KW 3							KW 4							KW 5				
A	F	F			N	N	N			F	F		S	S	N	N	N			F	F	S	S	S					F	F	
B			F	F		S	S	N	N	N			F	F	S	S	S					F	F			N	N	N			F
C	N	N	N			F	F	S	S	S					F	F			N	N	N			F	F		S	S	N	N	N
D	S	S	S					F	F			N	N	N			F	F		S	S	N	N	N			F	F	S	S	S

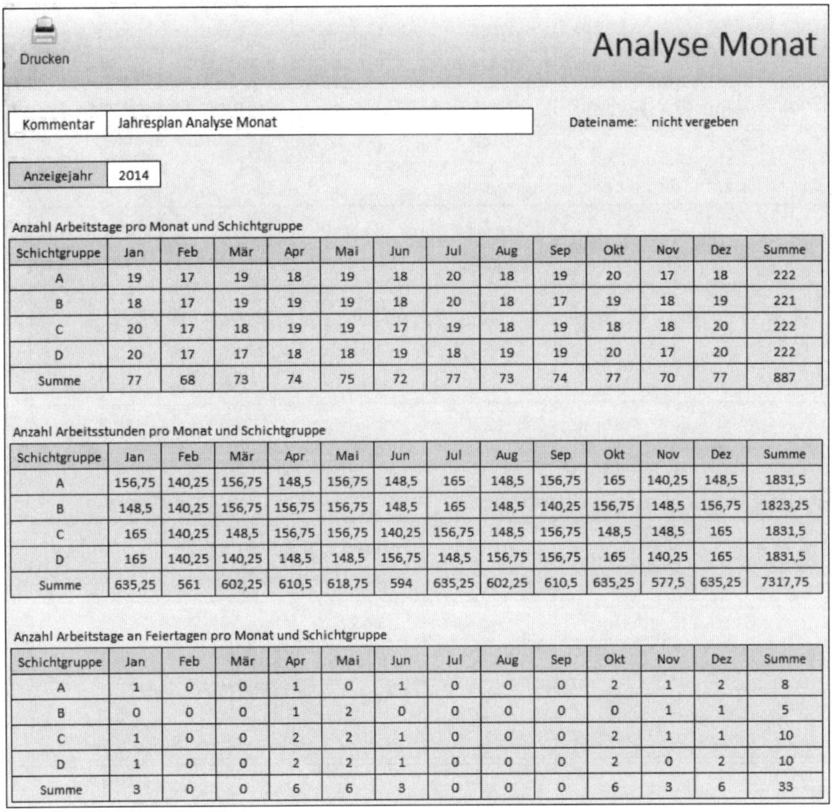

Kommentar: Jahresplan Analyse Monat — Dateiname: nicht vergeben

Anzeigejahr: 2014

Anzahl Arbeitstage pro Monat und Schichtgruppe

Schichtgruppe	Jan	Feb	Mär	Apr	Mai	Jun	Jul	Aug	Sep	Okt	Nov	Dez	Summe
A	19	17	19	18	19	18	20	18	19	20	17	18	222
B	18	17	19	19	19	18	20	18	17	19	18	19	221
C	20	17	18	19	19	17	19	18	19	18	18	20	222
D	20	17	17	18	18	19	18	19	19	20	17	20	222
Summe	77	68	73	74	75	72	77	73	74	77	70	77	887

Anzahl Arbeitsstunden pro Monat und Schichtgruppe

Schichtgruppe	Jan	Feb	Mär	Apr	Mai	Jun	Jul	Aug	Sep	Okt	Nov	Dez	Summe
A	156,75	140,25	156,75	148,5	156,75	148,5	165	148,5	156,75	165	140,25	148,5	1831,5
B	148,5	140,25	156,75	156,75	156,75	148,5	165	148,5	140,25	156,75	148,5	156,75	1823,25
C	165	140,25	148,5	156,75	156,75	140,25	156,75	148,5	156,75	148,5	148,5	165	1831,5
D	165	140,25	140,25	148,5	148,5	156,75	148,5	156,75	156,75	165	140,25	165	1831,5
Summe	635,25	561	602,25	610,5	618,75	594	635,25	602,25	610,5	635,25	577,5	635,25	7317,75

Anzahl Arbeitstage an Feiertagen pro Monat und Schichtgruppe

Schichtgruppe	Jan	Feb	Mär	Apr	Mai	Jun	Jul	Aug	Sep	Okt	Nov	Dez	Summe
A	1	0	0	1	0	1	0	0	0	2	1	2	8
B	0	0	0	1	2	0	0	0	0	0	1	1	5
C	1	0	0	2	2	1	0	0	0	2	1	1	10
D	1	0	0	2	2	1	0	0	0	2	0	2	10
Summe	3	0	0	6	6	3	0	0	0	6	3	6	33

Drucken

Analyse Jahr

Kommentar	

Anzeigejahr	2014	Jahresarbeitszeit Soll	1826,3

Summendurchschnitt über alle Schichtgruppen

	Anzahl Schichten	Anzahl Stunden	Freischichten	Summe +/- Stunden
Jahresdurchschnitt	221,75	1829,44	0,38	3,14

Auszählung für einzelne Schichtgruppen

Schichtgruppe	Schichttyp	Anzahl Schichten	Anzahl Stunden	Freischichten	Summe +/- Stunden
A	F	79	651,75		
	S	65	536,25		
	N	78	643,5		
	Summe	222	1831,5	0,63	5,2

Auszählung für einzelne Schichtgruppen

Schichtgruppe	Schichttyp	Anzahl Schichten	Anzahl Stunden	Bringschichten	Summe +/- Stunden
B	F	78	643,5		
	S	65	536,25		
	N	78	643,5		
	Summe	221	1823,25	0,37	-3,05

Das Programm kann die Auseinandersetzung um einen neuen Schichtplan nicht ersetzen, aber es unterstützt und erleichtert die Erstellung des Schichtplans und die betriebliche Diskussion darüber erheblich.

Das Programm ermöglicht die

- einfache Erstellung und Bewertung von standardisierten Rahmenschichtplänen, z. B. Vier- und Fünf-Schichtsysteme,
- Anpassung von über 100 Muster-Rahmenschichtpläne an die eigenen betrieblichen Anforderungen,

- automatische Erstellung von gruppenbezogenen Jahresschichtplänen und deren Analyse hinsichtlich Schichtverteilung und Jahresarbeitszeit,
- ergonomische Bewertung anhand arbeitswissenschaftlicher Kriterien zur Nacht- und Schichtarbeit,
- Anzeige von Besetzungszahlen und vielen weiteren Kennzahlen,
- Planung paralleler Schichtgruppen, z.B. klassisches Drei-Schichtmodell kombiniert mit einer Früh-/Spät-Wechselschicht,
- Berechnung des Qualifizierungsbedarfs gesamt und getrennt nach Schichtgruppen,
- Erstellung und Analyse saisonaler Arbeitsmodelle mit jahreszeitlich aufeinanderfolgenden unterschiedlichen Schichtplänen.

Weitergehende Informationen sind nachzulesen unter *www.online-arbeitszeit beratung.de.*

6.8 Arbeitswissenschaftliche Gestaltungsanforderungen und Regelungsvorschläge

6.8.1 Arbeitswissenschaftliche Gestaltungsanforderungen

Eine Schichtplangestaltung, die auf arbeitsmedizinischen Erkenntnissen beruht, ist die effektivste Möglichkeit, die negativen Auswirkungen der Schichtarbeit zu mildern. Ein arbeitswissenschaftlich gestaltetes Schichtsystem

- bewirkt eine Verringerung der Schlaf- und Gesundheitsbeeinträchtigungen,
- bringt Verbesserungen im privaten Bereich,
- ermöglicht die Teilnahme an Veranstaltungen oder Weiterbildungsmaßnahmen und
- verhilft zu mehr Leistung während der Arbeitszeit.

Grundlegende arbeitswissenschaftliche Empfehlungen sind:

- *Die Anzahl der hintereinanderliegenden Nachtschichten sollte möglichst klein sein (maximal drei)*
  Obwohl viele Schichtbeschäftigte, die in einem Arbeitszeitrhythmus mit fünf oder mehr hintereinanderliegenden Nachtschichten arbeiten, subjektiv den Eindruck haben, dass ihr Körper sich an die Nachtschicht angepasst hat, findet eine echte Anpassung der Körperfunktionen an die Nachtarbeit nicht statt. Aus diesem Grund sollten die Nachtschichtblöcke möglichst kurz sein. Hinzu kommt, dass durch kurze Nachtschichtphasen das Schlafdefizit gering gehalten wird. Auch bei Dauernachtschichtsystemen besteht bei vielen Beschäftigten der Eindruck, dass sie sich ganz gut an die Nachtarbeit angepasst haben. Trotzdem gilt auch hierbei, dass eine Anpassung letztlich nur stattfindet, wenn es keinerlei Bezug zur normalen Tageszeit gibt. Jeder freie Tag hebt die Teilanpassung wieder auf. Zudem führen lange Spät- und Nachtschichtblöcke und vor allem die Dauernachtschicht zum Ausschluss der Schichtbeschäftigten von der sozial wertvollen Freizeit am Abend. Kurze Wechsel ermöglichen dagegen jede Woche einen freien

Abend und mildern damit das Problem, dass Schichtbeschäftigte kaum ein gesellschaftliches und soziales Leben haben.

- *Auch Früh- und Spätschichten sollten schnell rotieren (1 bis 3 Tage)*
  Die geringsten Probleme mit der Rückumstellung der »inneren Uhr« wurden bei einzelnen Nachtschichten beobachtet. In jedem Falle nicht mehr als drei Nachtschichten in einem Block. Kurze Nachtschichtblöcke ermöglichen die Vermeidung von Schlafdefiziten. Auch bei Wochenschichtplänen kann sich der Körper nicht an die Nachtschicht anpassen, weil bereits ein freier Tag (z. B. am Wochenende) die Einstellung auf den Schichtplan verhindert. Es ist besser, wenn sich das Schlafdefizit nur über 1, 2 oder über maximal 3 Tage aufbaut.
- *Nachtschichten sollten möglichst früh enden (zwischen 5.00 und 6.00 Uhr)*
  Durch die circadiane Rhythmik besteht die Tendenz des Organismus, den Schlaf um die Mittagszeit abzubrechen. Bei einem frühen Ende der Nachtschicht kann die Schlafdauer ggf. verlängert werden.
  Ungeachtet der Berechtigung dieser arbeitswissenschaftlichen Gestaltungsempfehlung sei einschränkend jedoch darauf hingewiesen, dass möglichst früh endende Nachtschichten – vor allem in Verbindung mit nicht zu früh beginnenden Frühschichten (siehe unten) – nur dort realisiert werden können, wo prozesstechnische und arbeitsorganisatorische Rahmenbedingungen eine Schichtentkopplung ermöglichen.
- *Nach einer Nachtschichtphase sollte eine möglichst lange Ruhephase folgen*
  Die Ruhephase sollte nach einer Nachtschicht mindestens 1 Tag (wenn der folgende Tag nicht mit einer Frühschicht beginnt), nach zwei bis drei Nachtschichten möglichst 2 Tage betragen. Sie sollte auf keinen Fall weniger als 24 Stunden dauern.
- *Der Vorwärtswechsel (Früh-Spät-Nacht) sollte bevorzugt werden*
  Der Vorwärtswechsel (Früh-Spät-Nacht, kurz: FSN) entspricht dem natürlichen circadianen Rhythmus der Körperfunktionen. Die Vorwärtsrotation macht den Tag »länger«, die Rückwärtsrotation (Nacht-Spät-Früh, kurz NSF) »kürzer«.

Beispiel:
Wenn beim Wechsel von Früh auf Früh die »normallange« Arbeitspause 16 Stunden beträgt, ist sie beim Wechsel von Früh auf Spät schon 24 Stunden lang (Vorwärtswechsel). Dagegen ist dies beim Wechsel von Spät auf Früh (Rückwärtswechsel) nur 8 Stunden. Wechsel Spät-Früh (SF), Nacht-Früh (NF), Nacht-Spät (NS) sind verbotene Schichtfolgen, da zu wenig freie Stunden zwischen den Schichten liegen. Auch wenn zwischen den Schichtfolgen ein freier Tag eingefügt ist, sollte der Vorwärtswechsel bevorzugt werden, da er der Circadianrhythmik folgt.

- *Ungünstige Schichtfolgen sollten vermieden werden*
  Die Schichtfolge Früh-, Spät-, Nachtschicht, dann ein freier Tag, dann wieder Frühschicht ist ungünstig. Sie ist zwar kurzzyklisch und vorwärts-

rollierend, aber die Zeit zwischen den zwei Schichtblöcken (nur ein freier Tag) ist zu kurz. Zwischen der Nachtschicht und der ihr folgenden Frühschicht sollten mindestens 2 freie Tage sein, weil ansonsten die freie Zeit zu stark verkürzt und das Schlafdefizit zu hoch ist. Ebenso ungünstig ist, wenn auf einen Schichtblock ein freier Tag, dann nur eine weitere Schicht und wieder ein freier Tag folgen (z.B. Nacht-Nacht-Nacht-frei-Früh-frei-... Nicht nur ungünstig, sondern nach dem Arbeitszeitgesetz ohnehin verboten sind Schichtfolgen wie z.B. Früh-Spät-Früh (direkt aufeinanderfolgend) oder Früh-Nacht-Spät (direkt aufeinanderfolgend). In diesen Schichtfolgen kann die Ruhepause von mindestens 11 Stunden Pause nach der letzten Schicht nicht eingehalten werden.

- *Die Anzahl der hintereinander liegenden Frühschichten sollte möglichst klein sein*
  Auch die Zahl der Frühschichten in einem Block sollte drei nicht überschreiten, da der Schlaf vor Frühschichten zumeist recht kurz ist und es so leicht zu einer Anhäufung von Schlafdefiziten kommt. Der Vorschlag, einfach früher ins Bett zu gehen, hilft bei dieser Problemlage nicht wirklich weiter, denn Schichtbeschäftigte können z.T. nicht früher einschlafen.
- *Die Frühschicht sollte nicht zu früh beginnen*
  Je später die Frühschicht beginnt, desto geringer kann das Schlafdefizit werden. 7.00 Uhr ist besser als 6.00 Uhr, 7.30 Uhr ideal, möglicherweise können flexible Schichtwechselzeiten das Problem reduzieren. Dadurch könnten auch die individuellen Anfahrtswege berücksichtigt werden, denn die Frühschicht sollte nicht zur »Nachtschicht« werden.
  Ungeachtet der Berechtigung dieser arbeitswissenschaftlichen Gestaltungsempfehlung sei einschränkend jedoch darauf hingewiesen, dass spät beginnende Frühschichten – vor allem in Verbindung mit möglichst früh endenden Nachschichten (siehe oben) – nur dort realisiert werden können, wo prozesstechnische und arbeitsorganisatorische Rahmenbedingungen eine Schichtentkopplung ermöglichen.
- *Geblockte Wochenendfreizeiten sollten gewährt werden*
  Das Wochenende hat einen besonderen Freizeitnutzenwert, denn viele gesellschaftliche Aktivitäten spielen sich vorrangig am Wochenende ab und eine soziale Isolation sollte vermieden werden. Unter »geblockten Wochenendfreizeiten« versteht man zwei zusammenhängende freie Tage am Wochenende. Wenn ein freier Tag auf das Wochenende fällt, sollte dieser mit einem weiteren freien Tag verknüpft werden, so z.B.: Freitag bis Sonntag, Freitag und Samstag, Samstag und Sonntag oder Sonntag und Montag.
- *Die Schichtdauer sollte von der Arbeitsschwere abhängig sein*
  Hier wären Arbeitsumgebungsbedingungen zu berücksichtigen, wie etwa Lärm, Staub, Hitze, Kälte, sowie eine Belastung durch schwere körperliche Arbeitstätigkeiten. Da die Arbeit in der Nacht selbst schon eine hohe Belastung darstellt, sollten Nachtschichten kürzer sein als andere Schichten. Auch die Erholungsphasen innerhalb der Schichtarbeit sollten größer sein als in der Normalschicht (Erholungszeiten).

- *Flexibel ist besser als starr*
  Zugunsten individueller Bedürfnisse sollte auf starre Anfangszeiten verzichtet werden. Auch wenn diese arbeitswissenschaftliche Gestaltungsanforderung vor dem Hintergrund einer Vielzahl betrieblicher Erfahrungen unrealistisch erscheint, sind flexible Gestaltungselemente möglich (z. B. individuelle Absprache zur Verschiebung des Schichtwechsels). Solche Gestaltungselemente ermöglichen die gewünschte bzw. benötigte Arbeitszeitsouveränität und erzeugen eine größere Arbeitszufriedenheit. Optimal wäre ein flexibler Schichtzeitbeginn, um der unterschiedlichen Belastbarkeit der Beschäftigten (z. B. Alter), dem jeweiligen Typen (z. B. »Morgenmensch«, »Abendmensch«) und individuellen Voraussetzungen (z. B. lange Anfahrtswege) Rechnung zu tragen.
- *Eine Massierung (Anhäufung) der Arbeitszeit von mehr als 8 Stunden täglich ist zu vermeiden*
  Arbeitszeiten über 8 Stunden sollten die Ausnahme sein. Eine Ausweitung der Arbeitszeit über 8 Stunden pro Arbeitstag führt zu einer überdurchschnittlichen Ermüdung. Je länger die Arbeitszeit ist, desto mehr Zeit aus dem Freizeitblock wird zur Erholung des Organismus benötigt. Dadurch wird zugleich die tatsächlich freie Zeit geringer. Zwischen zwei Schichten muss eine Pause von mindestens 11 Stunden sein (§ 5 Abs. 1 ArbZG). Nach der letzten Nachtschicht empfiehlt sich eine noch längere Pause.
- *Kurzfristige Schichtplanänderungen sind zu vermeiden*
  Wird die durchschnittliche Arbeitszeit mit Frei- und Zusatzschichten kombiniert, um die tarifliche Arbeitszeit zu erreichen, sollte dies nicht kurzfristig geschehen, um die Planbarkeit der individuellen Freizeit zu erhalten. Dies gilt auch für Überstunden oder unregelmäßige Diensteinteilungen. Die Übersichtlichkeit, Planbarkeit und Beeinflussbarkeit des Schichtplans ist erforderlich, um das Privatleben mit der Arbeit vereinbaren zu können.
- *Schichtbeschäftigte sollten möglichst mehr freie Zeit im Jahr haben, als Beschäftigte in Normalschicht*
  Die aus der Schichtarbeit resultierende Mehrbelastung sollte möglichst durch zusätzliche freie Zeit ausgeglichen werden, um die Gesundheitsgefährdungen zu reduzieren. Die Umwandlung der »klassischen« Nachtarbeitszuschläge in zusätzliche freie Zeit eröffnet eine Reihe von weiteren Gestaltungsoptionen für ergonomische Schichtpläne.
- *Mindestens ein freier Abend pro Woche zwischen Montag und Freitag*
  Die sozial wirksame Freizeit ist zu einem großen Teil die Zeit am Abend unter der Woche. Es gibt diskontinuierliche Schichtsysteme, in denen Schichtbeschäftigte in den Spät- und Nachtschichtwochen in zwei von drei Wochen keine Möglichkeit haben, einen Abend mit Familie oder Freunden zu verbringen bzw. am sozialen Leben teilzunehmen.

Weitere Informationen zu den Auswirkungen und zur Gestaltung von Schicht- und Nachtarbeit finden sich auch in der Arbeitshilfe der IG Metall zu Schichtarbeit (IG Metall Vorstand 2009).

6.8.2 Regelungsvorschläge

Im Folgenden werden einige Punkte aufgezählt, die in einer Betriebsvereinbarung zur Schichtplangestaltung geregelt sein sollten.

- Gegebenenfalls eine Präambel mit Zieldefinition: Unterstützung der Gesundheit der Beschäftigten durch ergonomische Schichtplangestaltung
- Geltungsbereich (einzelne Betriebsbereiche detailliert aufführen)
- Anwendung arbeitswissenschaftlicher Erkenntnisse zur Schichtplangestaltung (vgl. Kapitel 6.8.1)
- Lage der Arbeitszeit (z. B. Montag bis Freitag)
- Lage der Schichten (die Schichtmodelle ggf. als Anlage zur Betriebsvereinbarung regeln, das ermöglicht eine Anpassung im gegenseitigen Einvernehmen, ohne die Betriebsvereinbarung zu kündigen)
- Ausgleichzeitraum für Arbeitszeitguthaben/-salden, ggf. Kontengrenzen (zu kurze und zu lange Ausgleichzeiträume sind problematisch, entsprechend sollte es keine zu weiten Kontengrenzen geben)
- Verfügungsrechte der Beschäftigten über Arbeitszeitguthaben/-salden (Sicherstellung individueller Interessen, z. B. bei positiven Arbeitszeitguthaben Verpflichtung zum zusätzlichen Schichteinsatz ausschließen)
- Lage der Pausen (nicht zu weit am Anfang oder am Ende der Schicht, Kurzpausen haben eine größere Erholungswirkung, aber Pausen zur Einnahme einer Mahlzeit müssen sich auch lohnen)
- Pausenbezahlung
- Schichtübergabezeiten und Bezahlung der Schichtübergabezeiten (vgl. Kapitel 6.2.2 und auch 6.4)
- Schichtgruppen/Personalbemessung (Mindestgrößen der Schichtgruppen definieren, um Personalunterdeckung zu verhindern)
- Gremien und Rhythmen für die Personalplanung
- Umgang mit Mehrarbeit, Einbring- bzw. Nachleistungsschichten – Gleichverteilung über die Schichtbesetzung (Entstehen einer Nachleistungsverpflichtung entgegenwirken. Wenn nicht möglich, Anzahl der verpflichtenden Nachleistungsschichten pro Monat begrenzen, soweit möglich Prinzip der Freiwilligkeit beachten usw.)
- Verfahrensregelungen zur terminlichen Vereinbarung von Einbring- bzw. Nachleistungsschichten (konkrete Fristen regeln und beidseitige Verbindlichkeit der Absprache sicherstellen)
- Verfahrensregelungen zum Schichttausch (individuelle Flexibilität ermöglichen)
- Ankündigungsfristen bei Änderungen der Schichtfahrweise
  (bei grundsätzlicheren Änderungen mindestens einen kompletten Schichtzyklus im Voraus, bei einzelnen zusätzlichen Schichten reichen ggf. auch ein paar Tage)
- bei ungleichmäßiger Verteilung der Arbeitszeit über die Woche: Grundprinzip (Anspar- oder Setzungsprinzip) und Anzahl der Urlaubstage regeln sowie den Verfall von Freischichten bei Krankheit ausschließen

- Geltungsdauer (begrenzt oder unbestimmte Dauer; Interessen des Betriebsrates bzw. der Belegschaft prüfen)
- Kündigungsfrist

6.9 Fragen aus der Praxis

Können die Vorgesetzten kurzfristig Schichten ansetzen und einzelne Beschäftigte zur Arbeit verpflichten?
Das kommt auf die Betriebsvereinbarung an. Die Betriebsparteien haben auf der Grundlage des Tarifvertrages das Recht, die Flexibilisierung der Arbeitszeit und damit verbunden auch die Ankündigungsfristen zu regeln. Aber: Das setzt weder die gesetzlichen noch die tarifvertraglichen Ausgleichszeiträume außer Kraft (vgl. Kapitel 4 und Kapitel 6.2.2).

Was kann ich als Betriebsrat gegen die Personalunterdeckung bei der Schichtarbeit tun?
Mehrere Hebel kommen in Betracht. Bei Leistungsentgelt kann der Betriebsrat über die Leistungsvorgaben gemäß der ERA-Tarifverträge in Verbindung mit § 87 Abs. 1 Ziff. 11 BetrVG mitbestimmen. Letztlich geht es damit auch um die Frage, wie viele Beschäftigte für eine bestimmte Leistungsvorgabe erforderlich sind. Darüber hinaus stehen dem Betriebsrat die Mitbestimmungshebel des § 87 Abs. 1 Ziff. 7 BetrVG zur Verfügung. Mit Blick auf die individuelle Gesundheit kann sich der Betriebsrat eine Menge an Gestaltungsoptionen erschließen (vgl. Kapitel 6.2)

Welche Möglichkeiten habe ich als Betriebsrat, die kurzfristige Flexibilität bei Schichtarbeit zu gestalten, ohne ständige Planabweichungen zu haben?
Wie in Kapitel 6.4 gezeigt, verändert die kurzfristige Flexibilität den Schichtplan immer. Es besteht aber die Möglichkeit, die Flexibilität durch kurzfristige Festlegung von Einbringschichten (aufgrund individuell vorhandener Nachleistungspflicht) oder Freischichten (aufgrund individuell vorhandener Zeitguthaben) zu realisieren. Letztere Möglichkeit wird dem Bedürfnis der Beschäftigten nach individueller Abstimmung besser gerecht. Grundsätzlich gilt: Es ist wichtig, diese Fragen mit den Beschäftigten möglichst frühzeitig zu diskutieren und ihre Interessen bei der Vereinbarung des Schichtmodells zu beachten.

Wie kann ich als Betriebsrat bei Schichtarbeit das freie Wochenende sichern? Was mache ich als Betriebsrat gegen Sonntagsarbeit?
Ein geeignetes Schichtmodell entwickeln. Der Betriebsrat sollte unbedingt prüfen, ob und wenn ja aus welchen Gründen (Maschinenlaufzeit oder Personalmangel) Wochenendarbeit notwendig ist. Gegebenenfalls lässt sich die Wochenendarbeit durch eine bessere Produktionsplanung vermeiden, z.B. durch Ausdehnung der Betriebsnutzungszeit in der Woche (vgl. Übersicht 6.4).

Möglicherweise ist aber auch die Qualifizierung von Beschäftigten erforderlich. Vor allem hinsichtlich genehmigungspflichtiger Sonntagsarbeit ist der Betriebsrat gut beraten, pro-aktiv auf die zuständigen Behörden zuzugehen und seine Ablehnung, ggf. auch die vom Betriebsrat vorgeschlagenen Vermeidungsmaßnamen zu erläutern und Verbündete zu suchen.

Wenn der Betriebsrat die Sonntagsarbeit nicht verhindern kann, welche Ruhezeiten bzw. Ausgleichstage sind dann in welcher Frist einzuhalten?
Grundsätzlich gilt, dass eine Ruhezeit von mindestens 11 Stunden zwischen zwei Arbeitstagen bzw. Schichten einzuhalten ist. Die gesetzliche Sonntagsruhe bzw. alternativ der Ersatzruhetag beträgt 24 Stunden zuzüglich der 11 Stunden Ruhezeit, also 35 Stunden (vgl. Kapitel 6.4). Rechtlich umstritten ist allerdings die Lage des Ersatzruhetages. Nach herrschender Meinung muss es kein zusätzlicher Tag sein. Es kann sich dabei um einen schichtplanmäßig ohnehin arbeitsfreien Tag (innerhalb einer 2-Wochen-Frist einschließlich des Sonntags) handeln.

Gibt es Möglichkeiten, die älteren Kolleginnen und Kollegen von der Schichtarbeit zu befreien?
Das ist prinzipiell möglich, setzt aber voraus, dass es entsprechende freie Arbeitsplätze in Normalschicht gibt. Tarifvertraglich führt dieser Weg über die tarifgebietsspezifischen Regelungen zur Verdienstsicherung. Darüber hinaus könnte der Betriebsrat dieses Ziel im Rahmen der Gefährdungsbeurteilung angehen. Eine steigende Gefährdung durch Schichtarbeit bei fortschreitendem Alter ist arbeitswissenschaftlich erwiesen. Hier könnte der Betriebsrat seine Mitbestimmung entsprechend § 87 Abs. 1 Ziff. 7 BetrVG in Verbindung mit § 5 ArbSchG nutzen.

Wie sieht ein ergonomisches Schichtmodell bei vollkontinuierlicher Produktionsweise aus?
Vollkontinuierlich und in vollem Umfang ergonomisch ist nicht miteinander zu vereinbaren. Aber: kurzzyklische Fahrweise mit mindestens 5 Schichtgruppen und möglichst langen Freizeitblöcken am Wochenende (ggf. sogar mit ausgedünnten Schichten am Wochenende) sind möglich. Wenn bei einer derartigen Fahrweise – z. B. durch die Reduzierung der Arbeitszeit – Nachleistungsschichten vermieden werden können, entsteht ein recht ergonomisches Schichtmodell (vgl. Kapitel 6.4.3).

Wie sieht ein ergonomisches Schichtmodell bei 15-Schichten aus (Montag bis Freitag 24 Stunden, Früh-, Spät- und Nachtschicht)?
Ergonomisch ist z. B. eine kurzzyklische Fahrweise mit mindestens 4 Schichtgruppen. Durch die Verlegung der Freitag-Nachtschicht auf eine Anfahrschicht von Sonntag auf Montag entsteht ein langer Wochenendblock. Und durch eine Vereinbarung von Schichtübergabezeiten lässt sich ggf. die Anzahl der Nachleistungsschichten reduzieren (vgl. Kapitel 6.4 und 6.4.2).

Unsere Beschäftigten wollen nachts arbeiten, da sie die Nachtarbeitszuschläge einplanen. Wir wollen als Betriebsrat weniger Nachtarbeit vereinbaren. Was können wir tun?
Restriktiv gegen Nachtarbeit und damit auch gegen die Interessen zumindest eines Teils der Beschäftigten vorzugehen scheint aussichtslos. Die »einzige« Chance des Betriebsrates ist, betrieblich meinungsbildend aktiv zu werden: Also mit den Beschäftigten über ihre – nicht mit Geld aufzuwiegende – individuelle Gesundheit sprechen. Der Betriebsrat sollte die Auswirkungen von Nachtarbeit (erhöhtes Krebs- und Herz-Kreislauf-Erkrankungsrisiko usw.) thematisieren. Er tut gut daran, für ein Gesprächs- und Diskussionsklima zu sorgen, in dem die geäußerten Sorgen und Ängste der Beschäftigten bzw. Wünsche nach weniger Nachtarbeit nicht als Arbeitsverweigerung bewertet werden, sondern als individuelle Gesundheitsmaßnahme. Ein solcher beteiligungsorientierter Weg bietet die Grundlage für die (individuelle) Reduzierung der Nachtarbeit. Begleitend sind seitens des Betriebsrates Analysen zur Auslastung der Produktion, mögliche Verschiebung von Produktionsanteilen aus der Nacht- in eine intensivere Früh- oder Spätschichtfertigung erforderlich. Eine weitere Voraussetzung, die Nachtarbeit zu reduzieren, ist eine Schichtfolge, in der die Nachtschicht am Beginn bzw. Ende der Schichtfolge liegt. In der Freitag-Nachtschicht nicht zu fertigen, dafür aber am Samstag in der Früh- und Spätschicht, das erscheint wenig durchsetzungsfähig.

Wie viel Urlaubsanspruch haben Beschäftigte mit vollkontinuierlichen Schichtmodellen bei ungleichmäßiger Verteilung ihrer Arbeitszeit?
Das kommt darauf an. Das Bundesarbeitsgericht hat hier nicht im Sinne der Beschäftigten geurteilt. Die Urlaubstage können ausgehend von der Logik des Bundesurlaubsgesetzes anteilig gekürzt werden. Das kann bzw. muss durch eine entsprechende Regelung in der Betriebsvereinbarung geregelt werden, z. B. »... Beschäftigten mit ungleichmäßiger Verteilung ihrer Arbeitszeit sind aufgrund der erhöhten Belastungen durch die ungleichmäßige Verteilung der Arbeitszeit ebenfalls 30 Tage Urlaub zu gewähren« (vgl. Kapitel 6.4 und Kapitel 10.11).

Welche Pausenregelungen muss der Betriebsrat bei 3-schichtiger Produktion berücksichtigen? Welche Pausen müssen bezahlt werden?
Auch hier ist ein detaillierter Blick erforderlich. Es gilt mindestens der Pausenanspruch gemäß Arbeitszeitgesetz (je nach Dauer des Arbeitstages bzw. der Schicht in der Regel 30 bzw. 45 Minuten). Gegebenenfalls ist den Beschäftigten zur Einnahme einer Mahlzeit eine 30-minütige Pause zu bezahlen. In einigen Tarifverträgen ist die Bezahlung einer Pause nur dann vorgesehen, wenn es keine feste Betriebspause gibt.

Muss ein Betriebsratsmitglied in der Nachtschicht arbeiten, wenn er morgens um 9.00 Uhr zur Betriebsratssitzung muss?
Nein, er muss nicht. Gegebenenfalls darf er es auch gar nicht: Die tägliche Arbeitszeit darf grundsätzlich 10 Stunden nicht überschreiten und zwischen zwei Arbeitstagen/Schichten muss eine Ruhezeit von mindestens 11 Stunden liegen.

7. Besondere Arbeitszeiten

von Kay Ohl

Die meisten Beschäftigten sind im Rahmen der regelmäßigen tariflichen Arbeitszeit im Betrieb beschäftigt, Beginn und Ende der Arbeitszeit sind mit dem Betriebsrat vereinbart, eventuell besteht auch eine Gleitzeitvereinbarung. Daneben gibt es jedoch Beschäftigte mit besonderen Arbeitszeiten, die im Folgenden erläutert werden sollen. Hierzu gehören vor allem:
- Beschäftigte, die regelmäßig eine Arbeitsbereitschaft zu leisten haben;
- Beschäftigte mit einer Rufbereitschaft;
- Beschäftigte, die regelmäßig auf Dienstreise sind;
- Beschäftigte auf Montagen;
- Beschäftigte, die zuhause bzw. unterwegs im Netz arbeiten.

Einige dieser Arbeitssituationen sind häufig miteinander kombiniert. Zum Beispiel müssen Beschäftigte auf Dienstreisen während der Fahrt häufig auch mit dem Laptop vorbereitende oder nachbereitende Tätigkeiten verrichten. Um die arbeitsrechtlichen und tariflichen Folgen zu erörtern, werden die einzelnen Fallgestaltungen hier getrennt behandelt.

7.1 Arbeitsbereitschaft

Für Beschäftigte mit Arbeitsbereitschaft bzw. Bereitschaftsdienst ist charakteristisch, dass sie während ihrer Anwesenheit im Betrieb z. T. direkt arbeiten, sich andererseits aber auch für die Arbeitsaufnahme bereithalten. Dies gilt beispielsweise für Beschäftigte im Werkschutz, der Werksfeuerwehr sowie für Kraftfahrerinnen und Kraftfahrer. Auf der Grundlage der Öffnungsklausel des § 7 ArbZG sind für die Beschäftigtengruppen mit Arbeitsbereitschaft in den Manteltarifverträgen längere Arbeitszeiten vereinbart.

> **Definition**
> Arbeitsbereitschaft bezeichnet die wache Achtsamkeit im Zustand der Entspannung, um jederzeit die Arbeit aufnehmen zu können. Die Überwachung von Betriebsmitteln ist keine Arbeitsbereitschaft.

Die Arbeitsbereitschaft ist ihrem Wesen nach eine Aufenthaltsbeschränkung, bei der die Beschäftigten bereit sein müssen, aus dem Zustand der wachen

Aufmerksamkeit zur Arbeit gerufen zu werden (vgl. BAG vom 19.12.1991 – 6 AZR 592/89).
Neben der Arbeitsbereitschaft gibt es meist außerhalb der Metall- und Elektroindustrie auch sogenannte Bereitschaftsdienste, z.B. bei Ärzten in Krankenhäusern. Während des Bereitschaftsdienstes können Beschäftigte ihre Zeit weitgehend frei gestalten und können in Zeiten ohne Inanspruchnahme auch ruhen. Nach einer Entscheidung des Europäischen Gerichtshofes zählen Bereitschaftsdienste auch zur Arbeitszeit (vgl. EuGH vom 09.09.2003 – C-151/02).
Manteltarifverträge regeln die Fälle der Arbeitsbereitschaft. Hier kommt es vor allen Dingen auf zwei Regelungen an: Einerseits auf die Arbeitszeit, andererseits auf das mit der Arbeitszeit verbundene Entgelt.
Für Beschäftigte, die Arbeitsbereitschaft leisten müssen, ist die tarifliche Arbeitszeit häufig höher als für Beschäftigte mit normaler Arbeitszeit.

Tarifvertrag
»a) Für Maschinisten, Heizer, Kraftfahrer, Beifahrer, Sanitäter u.ä. Beschäftigte beträgt die regelmäßige wöchentliche Arbeitszeit 41 Stunden, wenn im Durchschnitt von sechs Wochen die Arbeitsbereitschaft mindestens 20 Prozent der regelmäßigen Arbeitszeit nach § 2 Ziff. 1 Abs. 1 beträgt. Die Arbeitszeit darf täglich zehn Stunden nicht überschreiten.
Für LKW-Fahrer und Beifahrer im Werkfernverkehr gelten hinsichtlich der zulässigen Höchstarbeitszeiten die gesetzlichen Sonderregelungen.
b) Für Angehörige von Werkwachen und Werkfeuerwehren sowie für Pförtner u.ä. Beschäftigte beträgt die regelmäßige wöchentliche Arbeitszeit 46,5 Stunden, wenn im Durchschnitt von sechs Wochen die Arbeitsbereitschaft wenigstens 30 Prozent der regelmäßigen Arbeitszeit gem. § 2 Ziff. 1 Abs. 1 beträgt. Die Arbeitszeit darf täglich zwölf Stunden nicht überschreiten. Bei Schichtplänen mit anderweitiger Verteilung der Arbeitszeit kann die tägliche Arbeitszeit auf über zwölf Stunden verlängert werden.«
(§ 5 Ziff. 1 MTV Hessen)

Für die vereinbarte Arbeitszeit ist das jeweilige tarifliche Monatsentgelt zu zahlen.
In der betrieblichen Praxis kann es jedoch zu Schwierigkeiten mit der Abgrenzung von der Arbeitsbereitschaft zu der auszuführenden Tätigkeit kommen. Der häufigste Streitfall ist dabei oft, ob das Beobachten von Maschinen und Anlagen, bei denen sich das Eingreifen des Arbeitnehmers auf den Störungsfall beschränkt, nun Arbeitsbereitschaft ist oder nicht.
Um diesen betrieblichen Streit zu vermeiden, regeln Tarifverträge in eigenständigen Definitionen die Fälle der Arbeitsbereitschaft.

Tarifvertrag
»c) Arbeitsbereitschaft ist die Zeit, in der der Beschäftigte sich bei wacher Achtsamkeit im Zustand der Entspannung in seinem Arbeitsbereich aufhält und in der Lage ist, sofort die seiner Arbeitsaufgabe entsprechende Tätigkeit aufzunehmen.

> *Das Beobachten von Produktionsanlagen gilt nicht als Arbeitsbereitschaft.«*
> (§ 5 Ziff. 1 MTV Hessen)

7.2 Rufbereitschaft

Im Gegensatz zur Arbeitsbereitschaft halten sich die Beschäftigten während der Rufbereitschaft nicht im Betrieb des Arbeitgebers auf, sondern zuhause oder an einem Ort, von dem aus sie innerhalb einer vereinbarten Zeit den Betrieb erreichen können.

> **Definition**
> Rufbereitschaft liegt regelmäßig dann vor, wenn sich der Beschäftigte auf Anordnung des Arbeitgebers außerhalb der regelmäßigen Arbeitszeit an einer dem Arbeitgeber anzuzeigenden Stelle aufzuhalten hat, um auf Abruf die Arbeit aufzunehmen.

Die Rufbereitschaft ist keine Arbeitszeit. Sie muss besonders vereinbart werden.
Rufbereitschaft wird z. B. in folgenden Situationen vereinbart:

- Während einer Nachtschicht oder am Wochenende sind in einem Betrieb keine Beschäftigten zur Wartung, Instandhaltung und Störungsbeseitigung an Maschinen und Anlagen tätig. Hierzu wird mit den einzelnen Beschäftigten und dem Betriebsrat eine Rufbereitschaft vereinbart, die im Falle einer Störung telefonisch gerufen werden und in den Betrieb kommen, um die Störung zu beseitigen.
- Für den Fall, dass bei Kunden in der Nacht oder am Wochenende eine Heizungsanlage ausfällt, wird im Einzelnen mit Servicetechnikern bzw. Kundendienstmonteuren eine Rufbereitschaft vereinbart, so dass sie auch in der Nacht oder am Wochenende erreichbar sind und im Falle einer Störung zum Kunden fahren, um diese Störung zu beseitigen.

Die Tarifverträge treffen meist keine abschließenden Regelungen über die Fälle der Rufbereitschaft. Tarifvertragliche Regelungen sehen häufig nur vor, dass Rufbereitschaft einschließlich ihrer Bezahlung zwischen Arbeitgeber und Betriebsrat oder zwischen Arbeitgeber und dem einzelnen Beschäftigten zu vereinbaren ist.

> **Tarifvertrag**
> *»2. Arbeitnehmer, die nicht im Betrieb anwesend sein brauchen, sich aber für einen eventuellen Einsatz bereithalten müssen (Rufbereitschaft), erhalten für diese Zeit eine Vergütung.*
> *Der Personenkreis, der Zeitraum und die Grundsätze der Vergütung sind durch Betriebsvereinbarung zu regeln.«*
> (§ 5 MTV Metallindustrie Hessen)

Im Gegensatz zur Arbeitsbereitschaft handelt es sich bei der Rufbereitschaft um keinen besonderen mit dem § 615 BGB vergleichbaren Fall. Daher wird auch bei Rufbereitschaft nur die Zeit, in der der Arbeitnehmer tatsächlich eine Arbeitsleistung erbracht hat, mit dem tarifvertraglich vereinbarten Arbeitsentgelt bezahlt. Die Zeit, die sich der Beschäftigte zuhause oder an einem anderen Ort aufhält und von dort jederzeit zur Arbeit gerufen werden kann, muss gesondert vergütet werden.
Die Rufbereitschaft wird in der Regel zusätzlich zu der im Betrieb zu leistenden Arbeitszeit vereinbart. Daher sind die Fälle, in denen Beschäftigte während der Rufbereitschaft zur Arbeit gerufen werden, meist Fälle von Mehrarbeit, so dass für die dann entstehende Arbeitszeit zusätzlich zu dem tarifvertraglich vereinbarten Entgelt auch Mehrarbeitsvergütung zu zahlen ist. Für die Zeit während der Rufbereitschaft wird in einer Betriebsvereinbarung eine Pauschale vereinbart.

7.3 Arbeitszeit und Reisezeit

Für einige Berufe ist es typisch, dass sie nicht an einem bestimmten Arbeitsplatz verrichtet werden, sondern dass die Beschäftigten Dienstreisen leisten müssen. Beispielsweise ist es für Beschäftigte einer Vertriebsabteilung typisch, dass sie Kunden aufsuchen und dazu Dienstreisen unternehmen. Auch Beschäftigte einer Revisionsabteilung, die Revisionen in den einzelnen Filialen eines Unternehmens vornehmen, müssen typischerweise Dienstreisen absolvieren.
Bei Dienstreisen lässt sich die Arbeitszeit nicht einfach von der Freizeit abgrenzen. Auch die Erfassung der Arbeitszeit auf Dienstreisen bedarf einer besonderen Regelung. Arbeits- und tarifrechtlich ist aber zunächst zu klären, welche Zeit auf einer Dienstreise der Arbeitszeit zuzuordnen ist.

7.3.1 Dienstreisen und Arbeitszeit

Bei der arbeitsrechtlichen Behandlung von Dienstreisen sind zwei Fragestellungen zu beantworten:
1. Ist die Reisezeit der Arbeitszeit zuzurechnen oder nicht?
2. Wie ist die Reisezeit zu bezahlen?

Die Antwort auf diese Fragestellungen ist abhängig von der konkreten Fallgestaltung. Grundsätzlich gilt: Reisezeit ist Arbeitszeit, wenn sie zu den Hauptpflichten des Arbeitsverhältnisses gehört. Anderenfalls wird die Reisezeit nicht zur Arbeitszeit gerechnet. Es kann jedoch sein, dass eine Reise, bei der das Reisen nicht zu den Hauptpflichten des Arbeitsverhältnisses gehört, während der Arbeitszeit vorgenommen wird.
Bezahlt wird Reisezeit, die der Arbeitszeit zuzurechnen ist. Anderenfalls kommt es auf die konkrete vertragliche Vereinbarung an.

Hierzu einige Beispiele:

1. *Das Reisen gehört zu den Hauptpflichten des Arbeitsverhältnisses.*
   Ein LKW-Fahrer holt morgens um 8.00 Uhr einen LKW vom Hof, fährt zu einem Lager, holt dort Waren ab, liefert diese zu verschiedenen Kunden aus und bringt das Fahrzeug abends um 16:30 Uhr zurück. Die gesamte Fahr- und Reisezeit gehört zu den Hauptpflichten des Arbeitsverhältnisses und ist mit Ausnahme der Pausen Arbeitszeit. Hierbei ist zu beachten, dass auch Wartezeiten beim Be- und Entladen von Waren mit zur Arbeitszeit zählen. Denn die Beschäftigten stellen dem Arbeitgeber in dieser Zeit ihre Arbeitskraft zur Verfügung.
2. *Eine Dienstreise findet während der normalen, tariflichen Arbeitszeit statt und überschreitet nicht die betrieblichen Regelungen zur Lage und Verteilung der Arbeitszeit.*
   Die Beschäftigten fangen morgens um 7.00 Uhr an und unternehmen in der Zeit von 8.00 bis 14.00 Uhr eine Dienstreise, um in einer anderen Stadt ein Gespräch mit einem Kunden zu führen.
   Um 15.00 Uhr endet die Arbeitszeit.
   In diesem Fall gehört das Reisen zwar nicht zu den Hauptpflichten des Arbeitsverhältnisses, die Dienstreise liegt aber vollständig innerhalb der Arbeitszeit, daher zählt sie auch zur Arbeitszeit.
3. *Eine Dienstreise findet außerhalb der Arbeitszeit statt*
   Die Arbeitszeit der Beschäftigten ist in der Regel, wie im vorstehenden Beispiel auch, die Zeit von 7.00 bis 15.00 Uhr. Das Gespräch mit dem Kunden findet aber erst am Nachmittag statt. Daher fahren die Beschäftigten während der Arbeitszeit mittags zu dem Kunden, führen das Kundengespräch, und kommen erst am Abend außerhalb der Arbeitszeit wieder nach Hause. Statt zu dem Betrieb zurückzukehren, fahren sie direkt zu ihrer Wohnung.
   Hierbei muss von dem allgemeinen Grundsatz ausgegangen werden, dass Reisezeit keine Arbeitszeit ist. Im vorstehenden Beispiel sind also folgende Phasen zu unterscheiden:
   Die Fahrt zu dem Kunden gehört zwar nicht zu den Hauptpflichten des Arbeitsverhältnisses, ist aber vom Arbeitgeber veranlasst und findet während der Arbeitszeit statt, sie zählt zur Arbeitszeit. Das Gespräch mit dem Kunden gehört zu den Hauptpflichten und ist Arbeitszeit; soweit es über das übliche Ende der Arbeitszeit hinausgeht, handelt es sich ggf. um Mehrarbeit. Die Fahrt von dem Kunden zurück zur Wohnung des Arbeitnehmers ist aber keine Arbeitszeit, sondern Reisezeit.

Ob die Reisezeit, die außerhalb der Arbeitszeit liegt, zu vergüten ist, hängt nach der Rechtsprechung des Bundesarbeitsgerichts davon ab, ob darüber eine Vereinbarung getroffen wurde oder die Vergütung »den Umständen nach« zu erwarten ist.

Rechtsvorschrift

»1. Reisezeiten, die ein Arbeitnehmer über die regelmäßige Arbeitszeit hinaus im Interesse des Arbeitgebers aufwendet, hat der Arbeitgeber als Arbeitszeit zu vergüten, wenn das vereinbart oder eine Vergütung »den Umständen nach« zu erwarten ist (§ 621 Abs. 1 BGB).

> *2. Ist eine Regelung nicht getroffen, sind die Umstände des Einzelfalls maßgeblich. Einen Rechtssatz, daß solche Reisezeiten stets oder regelmäßig zu vergüten sein, gibt es nicht.*
> *3. Bei der Prüfung der Umstände steht den Tatsachengerichten ein Beurteilungsspielraum zu. Es kommt auch eine Vergütung eines Teils der Reisezeit in Betracht.«*
> (BAG vom 03.09.1997 – 5 AZR 428/96)

Ohne eine tarifvertragliche Regelung kommt es also immer darauf an, ob die Bezahlung der Reisezeit bereits im Arbeitsvertrag geregelt wurde oder wie die »Umstände« der Reise zu beurteilen sind. Einige Tarifverträge der Metall- und Elektroindustrie regeln den Vergütungsanspruch auf Dienstreisen.

> **Tarifvertrag**
> *»1. Bei angeordneten Dienstreisen wird die notwendige Reisezeit, soweit sie die Dauer der individuellen regelmäßigen Arbeitszeit überschreitet, an Arbeitstagen bis zu 4 Stunden und an arbeitsfreien Tagen bis zu 12 Stunden täglich wie Arbeitszeit vergütet, jedoch ohne Zuschläge.«*
> (§ 7 MTV Hessen)

Aufgrund einer solchen Tarifvorschrift ergibt sich, dass selbst wenn die Reisezeit, die außerhalb der Arbeitszeit stattfindet, keine Arbeitszeit ist, diese dennoch *wie eine solche* bezahlt wird.
Häufig ergibt sich die Situation, dass Beschäftigte direkt von zuhause zu einer Arbeitsstelle außerhalb des Betriebes fahren. Hier stellt sich die Frage, wie die Reisezeit zu dem außerbetrieblichen Arbeitsplatz zu berücksichtigen ist.
Besteht keine eindeutige tarifvertragliche Regelung, geht das Bundesarbeitsgericht davon aus, dass von der tatsächlichen Reisezeit von zuhause zu der außerbetrieblichen Arbeitsstelle die übliche Reisezeit von zuhause zum Betrieb abzuziehen und die darüber hinausgehende Zeit zu vergüten ist.

> **Tarifvertrag**
> *»Bei einer unmittelbaren Anreise des Arbeitnehmers von seiner Wohnung zu einem außerhalb der Betriebsstätte gelegenen Arbeitsplatz ist regelmäßig die Zeit nicht zu vergüten, die der Arbeitnehmer dabei dadurch erspart, dass er sich nicht von seiner Wohnung zum Betrieb zu begeben braucht.«*
> (BAG vom 08.12.1960 – 5 AZR 304/58)

Neben der Vergütung der Zeit entstehen dem Beschäftigten aber häufig zusätzliche Aufwendungen. Hierfür werden in der Regel betriebliche Reisekosten-Richtlinien zwischen Arbeitgeber und Betriebsrat vereinbart. Grundlage sind die Manteltarifverträge und soweit der Tarifvertrag keine Regelung vorsieht, der allgemeine Grundsatz des Bürgerlichen Gesetzbuchs:

> **Rechtsvorschrift**
> *»Macht der Beauftragte zum Zwecke der Ausführung des Auftrags Aufwendungen, die er den Umständen nach für erforderlich halten darf, so ist der Auftraggeber zum Ersatz verpflichtet.«*
> (§ 670 BGB)

Die Tarifverträge enthalten in der Regel auch nur eine allgemeine Bestimmung, nach der die notwendigen Aufwendungen für Dienstreisen dem Beschäftigten zu erstatten sind. Sie regeln aber auch, dass hierüber Betriebsvereinbarungen abgeschlossen werden können.

> **Tarifvertrag**
> *»Der notwendige Mehraufwand bei Dienstreisen ist vom Arbeitgeber zu vergüten. Die Grundsätze der Vergütung können betrieblich geregelt werden.«*
> (§ 8 Ziff. 3 MTV Hessen)

Wird über den Ersatz der Mehraufwendungen eine Betriebsvereinbarung abgeschlossen, steht die Höhe grundsätzlich nicht zur Disposition der Betriebsparteien. Sie können Grundsätze der Erstattung in einer Betriebsvereinbarung regeln, diese muss aber sicherstellen, dass den Beschäftigten die entstandenen Kosten in voller Höhe erstattet werden. Dies ist ggf. bei der Vereinbarung von Pauschalbeträgen zu berücksichtigen.
Zu den Kosten, die der Arbeitgeber ersetzen muss, gehören u. a. die Fahrtkosten, der Mehraufwand für Verpflegung, Übernachtungskosten und Nebenkosten, wie z. B. dienstlich veranlasste Parkgebühren.
Bei den Fahrtkosten hat der Arbeitgeber die tatsächlich entstandenen Kosten zu erstatten. Das gilt sowohl bei der Benutzung öffentlicher Verkehrsmittel wie auch bei der Nutzung von dienstlichen oder privaten Fahrzeugen. Da die Nutzung von privaten Fahrzeugen nicht zwingend ist, häufig aber sowohl im Interesse des Arbeitgebers als auch der Beschäftigten liegt, sehen betriebliche Reisekostenregelungen häufig eine Kilometer-Pauschale für die dienstliche Nutzung privater PKWs vor.
Steuerfrei kann der Arbeitgeber für die dienstliche Nutzung des privaten Fahrzeugs 0,30 Euro pro Kilometer erstatten.
Ein Ersatz von Mehraufwendungen für Verpflegung muss betrieblich vereinbart werden, soweit eine tarifvertragliche Regelung nicht besteht. Der Verpflegungsmehraufwand kann dem Arbeitnehmer durch den Arbeitgeber steuerfrei bis zu folgenden Grenzen ersetzt werden:

bei einer dienstlichen Abwesenheit von mehr als 8 Stunden	12,– Euro
bei einer dienstlichen Abwesenheit von 24 Stunden	24,– Euro
bei mehrtägigen Dienstreisen für den An- und Abreisetag	12,– Euro

Der Verpflegungsmehraufwand wird von den Finanzämtern für die Tage anerkannt, an denen Beschäftigte außerhalb ihrer »ersten Tätigkeitsstätte« eingesetzt sind. Der Begriff der »ersten Tätigkeitsstätte« ersetzt ab 2014 im Steuerrecht den bisherigen Begriff der »regelmäßigen Arbeitsstätte«. Der Ort der

ersten Tätigkeitsstätte richtet sich vorrangig nach der dauerhaften Zuordnung des Beschäftigten zu einer ortsfesten betrieblichen Einrichtung des Arbeitgebers oder eines vom Arbeitgeber bestimmten Dritten durch arbeits- oder dienstrechtliche Weisungen des Arbeitgebers und durch die diese ausfüllenden Absprachen (vgl. § 9 Abs. 4 Sätze 1 und 2 EStG). Deshalb ist es sinnvoll, mit dem Arbeitgeber eine Vereinbarung über die Zuordnung zu einer »ersten Tätigkeitsstätte« zu treffen. Der Arbeitgeber muss den Beschäftigten eine Bescheinigung über die »erste Tätigkeitsstätte« ausstellen, wenn mehrere Tätigkeitsstätten/ Firmenstandorte vorhanden sind.
Die steuerlichen Pauschalbeträge decken häufig nicht die tatsächlichen Verpflegungsaufwendungen. Sie sind auch keine Höchstgrenzen für die Erstattung von Verpflegungsmehraufwendungen durch den Arbeitgeber. Wird in einer betrieblichen Reisekostenrichtlinie eine höhere pauschale Erstattung vereinbart, müssen die über den steuerfreien Pauschalbeträgen liegenden Leistungen des Arbeitgebers versteuert werden.
Die Kosten für eine beruflich erforderliche Übernachtung muss der Arbeitgeber dem Beschäftigten, sofern eine tarifliche Regelung nicht besteht, ebenfalls nach § 670 BGB erstatten.

7.3.2 Arbeitszeit auf Montagen

Für gewerbliche Beschäftigte, die sich auf Montagen befinden und daher ständig außerhalb des Betriebssitzes beschäftigt werden, wurden von den Gewerkschaften z. T. Montageabkommen geschlossen. Für die Metall- und Elektroindustrie hatte die IG Metall einen Bundesmontagetarifvertrag (BMTV) abgeschlossen. Dieser Tarifvertrag wurde von den Arbeitgebern zum 30. 09. 2004 gekündigt. Ein neuer Tarifvertrag wurde nicht abgeschlossen, daher gilt der BMTV nur noch nachwirkend.
Die Nachwirkung erstreckt sich aber nicht auf alle Teile des Bundesmontagetarifvertrages. Er regelte im Wesentlichen die folgenden Punkte:

- Begriffsbestimmungen für Nah- und Fernmontage
- Die Bezahlung der Reisezeit bei Fernmontagen
- Die Erstattung der Fahrtkosten
- Auslösungen als pauschale Erstattung für den tägliche Mehraufwand
- Erstattung der Übernachtungskosten
- Heimfahrten bei Fernmontagen
- Montagezuschlag (§ 3.3 BMTV)
- Erschwerniszulagen (§ 8 BMTV)

Die Regelungen zum Montagezuschlag wurden mit der Einführung der Entgeltrahmenverträge aufgehoben. Die höheren Anforderungen, die sich durch die Arbeit auf Montagestellen ergeben, waren und sind bei der Eingruppierung der Beschäftigten zu berücksichtigen.
Auch die Bestimmungen über Erschwerniszulagen wurden aufgehoben, aber durch eine neue Regelung ersetzt, die bis zum Inkrafttreten eines »bundeseinheitlichen Aufwandsersatztarifvertrages« unmittelbar und zwingend gilt.

Ein bundesweiter Tarifvertrag Aufwendungsersatz wurde bisher nicht geschlossen, daher gilt die weiter unten zitierte Regelung.
Der BMTV wird durch den »Tarifvertrag für Auslösungssätze und Fahrtkosten zum Bundesmontagetarifvertrag« ergänzt, der ebenfalls durch die Arbeitgeber gekündigt wurde und nur noch nachwirkend gilt.
Die Nachwirkung eines Tarifvertrages erfasst immer nur die Arbeitsverhältnisse, für die der Tarifvertrag bereits vor einer Kündigung anzuwenden war (vgl. Kapitel 13.4.4). Sie gilt, bis der Tarifvertrag durch eine andere Abmachung ersetzt wird. Ob der BMTV noch anzuwenden ist, muss im Einzelnen beurteilt werden. Findet der BMTV keine Anwendung, gelten für gewerblich Beschäftigte auf Montagestellen auch die oben genannten Grundsätze. Häufig wenden Betriebe für die Beschäftigten auf Montagestellen die Regelungen des BMTV weiter an. Hierfür kann es unterschiedliche Rechtsgrundlagen geben:

- Der BMTV wurde bereits vor seiner Kündigung angewendet und eine neue arbeitsvertragliche Vereinbarung nicht getroffen. Dann gilt der BMTV mit Ausnahme der aufgehobenen Bestimmungen weiter.
- Im Arbeitsvertrag des Beschäftigten wurde die Anwendung des BMTV vereinbart und dieser bisher nicht verändert.
- In einer Betriebsvereinbarung wurde als »Grundsätze der Vergütung« die Anwendung des BMTV vereinbart.
- In einer Betriebsvereinbarung über »Grundsätze der Vergütung« wurden im BMTV entsprechende Regelungen getroffen.

Gibt es keine Rechtsgrundlage für die Anwendung des nachwirkenden BMTV, gelten die Tariflichen Bestimmungen über Dienstreisen auch für die gewerblich Beschäftigten auf Montagen. Da in vielen Betrieben der BMTV noch angewendet wird oder Vereinbarungen in Anlehnung an den BMTV getroffen wurden, orientiert sich die folgende Darstellung zu den speziellen Bedingungen auf Montagen auch an dem nachwirkenden BMTV.
Auf Montagen unterliegt die Arbeitszeit besonderen Bedingungen. Es liegt in der Natur der Sache, dass nicht für alle Montagestellen eine gleiche Arbeitszeit vereinbart werden kann. Deshalb regeln Tarifverträge über Montagearbeit meist, dass sich die Arbeitszeit auf Montagestellen nach der jeweiligen Arbeitszeit am Montageort richtet. Diese Regelung gilt natürlich nur für Lage und Verteilung, jedoch nicht für die Dauer der Arbeitszeit. So kann es sein, dass auf der einen Montagestelle von 6.00 bis 14.00 Uhr gearbeitet wird, auf der anderen Montagestelle von 7.00 bis 15.00 Uhr.
Auch die Frage der Feiertage kann unterschiedlich sein. Hier gehen die tarifvertraglichen Regelungen meist davon aus, dass sich die Zahl und die Art der Feiertage nach dem jeweiligen Montageort richten.

Tarifvertrag
»3.1 Montagestammarbeiter unterliegen dem für den entsendenden Betrieb geltenden Tarifbestimmungen …
Welche Tage gesetzliche und damit lohnzahlungspflichte Feiertage sind, ist in den einzelnen Bundesländern unterschiedlich. Für Montagestammarbeiter be-

> *antwortet der BMTV – abweichend von § 3.1 – die Frage, ob ein Tag Feiertag ist oder nicht, nach dem für den Montageort geltenden Feiertagsrecht.«*
> (§ 3 BMTV)

Der Pauschalersatz für die Aufwendung auf Montagen wird als *Auslösung* bezeichnet. Dabei besteht dieser Mehraufwand sowohl aus dem Verpflegungsmehraufwand, wie auch aus dem zeitlichen Mehraufwand, der mit der Montage verbunden ist.
Deshalb staffelt sich die Auslösung in den Tarifverträgen nach sogenannten Entfernungszonen. Dabei wird zwischen Nah- und Fernmontage unterschieden.

> **Tarifvertrag**
> *»4.1.1 Nahmontage ist eine Montage, bei der dem Montagestammarbeiter die tägliche Rückkehr zum Ausgangspunkt zumutbar ist.«*
> (§ 4 BMTV)

Der Sinn dieser Unterscheidung ist, dass es sich bei der Nahmontage um Montagestellen handelt, die keine Übernachtung erfordern, bei der Fernmontage wird in der Regel jedoch eine Übernachtung am Montageort notwendig.
Die Auslösungssätze – auch die Auslösungssätze der Fernmontage – decken die Übernachtungskosten nur teilweise ab. Deshalb besteht für den Arbeitgeber ggf. eine zusätzliche Verpflichtung, den Montage-Beschäftigten die Übernachtungskosten neben der Auslösung zu erstatten. Werden über die Fernauslösung hinaus Übernachtungskosten erstattet, reduziert sich die Auslösung aber auf den Anteil, der für die Verpflegungsmehraufwendungen gezahlt wird (vgl. § 6.2. 7.1 BMTV).
Bei Fernmontagen leben die Beschäftigten weitgehend von ihrem Wohnort entfernt. Deshalb regeln Tarifverträge auch die Heimfahrten an Wochenenden. Befindet sich der Montageort in einer Entfernung bis 180 km, gehen die Tarifvertragsparteien der Metall- und Elektroindustrie davon aus, dass die Beschäftigten jedes Wochenende heimfahren. Die Fernauslösung wird nach dem BMTV nur für die Arbeitstage gezahlt. Ist die Entfernung größer, wird die Auslösung auch für die Wochenenden gezahlt.
Die Auslösung schließt zwar den zeitlichen Mehraufwand für die An- und Abreise zum bzw. vom Montageort ein, nicht aber die damit verbundenen Fahrtkosten. Deshalb sind die Fahrtkosten den Beschäftigten gesondert zu erstatten.
Neben der Pauschalierung des Aufwandes für Montagearbeit regeln die Tarifverträge über die Arbeitsbedingungen auf Montagestellen häufig aber auch die Abgeltung für zusätzliche Erschwernisse, die mit der Arbeit auf Montagestellen verbunden sind.
Wie bereits oben erwähnt, wurden die Bestimmungen über Erschwerniszulagen des BMTV durch eine neue Regelung ersetzt, die unabhängig von den nachwirkenden Vorschriften des BMTV unmittelbar und zwingend für die Montagestammarbeiter in der Metall- und Elektroindustrie gelten.

Tarifvertrag
»(1) Zur Abgeltung von besonderen Erschwernissen aus der Montage z.B. durch Umgebungseinflüsse und das Tragen von Schutzkleidung erhalten die Montagestammarbeiter eine Zulage.
(2) Der Grund und die Höhe der jeweiligen Erschwerniszulagen werden – soweit diese nicht anderweitig abgegolten sind – durch Betriebsvereinbarung geregelt. Kommt eine Einigung nicht zustande, entscheidet die Einigungsstelle nach § 76 Abs. 5 BetrVG.
(3) In Betrieben ohne Betriebsrat sind die Erschwerniszulagen individuell zu regeln. Dabei beträgt der Mindestbetrag je festgestellter Erschwernis mindestens 0,36 Euro je Stunde.«
(§ 3 TV Montagezuschlag und Erschwerniszulagen auf Außenmontage)

7.3.3 Auslandsreisen

Im Gegensatz zu den Arbeiten im Inland bestehen für Arbeiten, die im Rahmen eines in Deutschland begründeten Arbeitsverhältnisses im Ausland ausgeführt werden, keine tarifvertraglichen Regelungen. Solche Arbeiten können z.B. die Reise eines Vertriebsmitarbeiters zu einem ausländischen Kunden, die Tätigkeit eines Technikers einer Serviceabteilung bei einem ausländischen Kunden oder der Aufbau einer Anlage im Ausland durch Servicemonteure sein. Durch die starke Exportabhängigkeit der Metall- und Elektroindustrie nehmen Auslandstätigkeiten zu. Da tarifliche Regelungen nicht bestehen, müssen die Bedingungen des Auslandseinsatzes vorher vertraglich zwischen dem Beschäftigten und dem Arbeitgeber geregelt werden. Der Regelungsumfang ist dabei sehr unterschiedlich. Bei einer Tagesreise in einen Nachbarstaat der EU wird es nur um die Reisezeiten und die Reisekosten gehen. Bei einer längeren Fernreise auf einen anderen Kontinent sind aber auch Fragen wie Heimreisen, Krankenvorsorge und weitere Details vorher zu klären.
In einzelnen Betrieben bestehen Betriebsvereinbarungen zum Auslandseinsatz. Da aber die Geltung des Betriebsverfassungsgesetzes auf das Gebiet der Bundesrepublik begrenzt ist, sollte auch dann, wenn eine Betriebsvereinbarung besteht, vor dem Auslandseinsatz eine Vereinbarung zwischen dem Beschäftigten und dem Arbeitgeber geschlossen werde.
Bei einer Tätigkeit im Ausland entsteht auch ein höherer Verpflegungsmehraufwand. Welche Kosten der Arbeitgeber steuerfrei erstatten kann, ist zunächst davon abhängig, wo die bei einer Auslandstätigkeit erzielten Einkünfte zu versteuern sind. Handelt es sich nur um einen kurzfristigen Auslandseinsatz, sind die Einkünfte weiter in Deutschland voll zu versteuern und der Verpflegungsmehraufwand kann vom Arbeitgeber im Rahmen von Pauschalsätzen steuerfrei erstattet werden. Die Höhe der Pauschalen ist je nach Einsatzland in unterschiedlicher Weise gestaffelt. Sie werden jährlich aufgrund von § 9 Abs. 4a Satz 5ff. EStG nach dem Bundesreisekostengesetz vom Bundesministerium der Finanzen (BMF) im Einvernehmen mit den obersten Finanzbehörden der Länder neu festgesetzt. Die aktuellen Sätze veröffentlicht das Finanzministerium jährlich, die Rundschreiben des BMF könne auch im Internet

heruntergeladen werden (*www.bundesfinanzministerium.de/Web/DE/Home/home.html*).

7.3.4 Arbeitszeit von Kraftfahrern und Kraftfahrerinnen

»Brummi-Fahrer am Steuer eingeschlafen« – Schlagzeilen wie diese gab es nach Verkehrsunfällen in den letzten Jahren immer häufiger. Seitdem immer mehr Transporte auf die Straße verlagert werden, seit die Dienstleistungsfreiheit in der EU auch das Transportgewerbe liberalisiert hat, herrscht ein teilweiser wüster Wettbewerb zwischen den großen, z.T. international organisierten Spediteuren. Ein Teil der Betriebe in der Metall- und Elektroindustrie unterhält – dem Wettbewerb der Spediteure zum Trotz – noch einen eigenen Fuhrpark.
Seit Langem bestehen für Kraftfahrer und Kraftfahrerinnen besondere Arbeitszeitvorschriften, die vor allem die Arbeitszeit am Steuer (»Lenkzeiten«) und die Ruhezeiten begrenzen. Sie dienen dem Schutz der Gesundheit der Kraftfahrer und Kraftfahrerinnen, aber auch der Verkehrssicherheit. Die rasante Entwicklung des Güterverkehrs erhöht ihre Aktualität. Neben Tarifverträgen spielen gesetzliche Vorschriften, vor allem der EU eine Rolle.
Die Arbeitszeit von Kraftfahrern und Kraftfahrerinnen wird durch die Tarifverträge und das Arbeitszeitgesetz (§ 21 a ArbZG) geregelt, die Lenkzeiten und Ruhezeiten vor allem durch die Verordnungen VO (EG) Nr. 561/206 und die VO (EWG) Nr. 3821/85.
Welche Lenk- und Ruhezeiten nach diesen Vorschriften einzuhalten sind, zeigt die Übersicht 7.1. Sie gelten in der EU für Fahrzeuge mit einem Gesamtgewicht über 3,5 t, in Deutschland für Fahrzeuge von über 2,8 t.

Übersicht 7.1 – Lenk- und Ruhezeiten

Lenkzeit	
• täglich	bis 9 Stunden, 2 mal wöchentlich bis 10 Stunden
• wöchentlich	maximal 56 Stunden
• pro Doppelwoche	nicht mehr als 90 Stunden
Fahrtunterbrechungen	nach spätestens 4,5 Stunden, aufteilbar in eine Unterbrechung von mindestens 15 Minuten, gefolgt von einer weiteren Unterbrechung von mindestens 30 Minuten
Tägliche Ruhezeiten	11 Stunden
• verkürzt	zwischen zwei Wochenruhezeiten kann die tägliche Ruhezeit dreimal auf mindestens 9 Stunden verkürzt werden
• aufgeteilt	Die Aufteilung Ruhezeit in zwei Abschnitte ist möglich. Der erste Abschnitt muss mindestens 3 Stunden, der zweite mindestens 9 Stunden betragen. Insgesamt also in diesem Fall mindestens 12 Stunden
• bei Mehrfahrerbetrieb	9 Stunden innerhalb eines Zeitraums von 30 Stunden
Wöchentliche Ruhezeit	45 Stunden, reduzierbar auf 24 Stunden, wenn ein Ausgleich innerhalb von 3 Wochen erfolgt

Die gesetzlichen Vorschriften dienen der Sicherheit im Straßenverkehr. Die dort verwendeten Begriffe sind daher unabhängig von den Vorschriften der Tarifverträge definiert. Der Gesetzgeber geht bei den in der Übersicht aufgeführten Begriffen von folgenden Definitionen aus:

- Zur Lenkzeit zählen alle Zeiten, in denen tatsächlich ein Fahrzeug gelenkt wird. Die Tageslenkzeit ist die gesamte Lenkzeit zwischen zwei Ruhezeiten. Wird die tägliche Ruhezeit nicht eingehalten, addieren sich die Lenkzeiten. Eine neue Lenkzeit beginnt immer erst nach einer ausreichenden Ruhezeit.
- Als Fahrtunterbrechungen gelten Pausen von mindestens 15 Minuten. Während einer Fahrtunterbrechung darf keine sonstige Arbeit ausgeführt werden. Spätestens nach einer Lenkdauer von 4,5 Stunden muss die Fahrt für 45 Minuten unterbrochen werden.
- Die tägliche Ruhezeit ist die Zeitspanne, in der der Fahrer frei über seine Zeit verfügen kann und keine Tätigkeit für seinen Arbeitgeber ausführen muss. Sie darf nur außerhalb des Fahrzeugs oder, wenn das Fahrzeug nicht in Betrieb ist, in der Schlafkabine des Fahrzeugs verbracht werden.
- Alle Arbeiten, die innerhalb oder außerhalb des Fahrzeugs verrichtet werden, sind sonstige Arbeitszeiten, z.B. Be- und Entladen.

Wartezeiten und Zeiten als Beifahrer bzw. Beifahrerin zählen nicht zu den »sonstigen Arbeitszeiten« und auch nicht zu den »Ruhezeiten«. Sie können aber, wenn die rechtlichen Voraussetzungen erfüllt sind, als Fahrtunterbrechungen gewertet werden.

Unabhängig von der rechtlichen Einordnung dieser Zeiten ist jedoch ihre Bezahlung.

Rechtsvorschrift

»Die gesetzliche Vergütungspflicht des Arbeitgebers ist unabhängig von der arbeitszeitrechtlichen Einordnung der Zeitspanne, während derer der Arbeitnehmer die geschuldete Arbeitsleistung erbringt. § 611 Abs. 1 BGB knüpft die Vergütungspflicht des Arbeitgebers allein an die »Leistung der versprochenen Dienste«. Für die gesetzliche Vergütungspflicht ist deshalb ausschließlich entscheidend, ob der Kläger, der unstreitig als Wechselfahrer eingesetzt war, mit dem Verbringen von Zeit während der Fahrt neben dem Fahrer oder in einer Schlafkabine vertraglich geschuldete Arbeit erbracht hat. [...] Arbeit in diesem Sinne ist auch die vom Arbeitgeber veranlasste Untätigkeit, während derer der Arbeitnehmer am Arbeitsplatz anwesend sein muss und nicht frei über die Nutzung des Zeitraums bestimmen kann, er also weder eine Pause iSd. Arbeitszeitgesetzes noch Freizeit bekommt [...]

Danach hat der Kläger während der als Beifahrer verbrachten Zeit gearbeitet und die von ihm geschuldete Tätigkeit als Kraftfahrer erbracht. Er musste sich aufgrund der Arbeitseinteilung der Beklagten an seinem Arbeitsplatz, dem LKW (vgl. Art. 3 Buchst. c RL 2002/15/EG), aufhalten und konnte nicht frei über die Nutzung seiner Zeit bestimmen.«

(BAG vom 20.04.2011 – 5 AZR 200/10)

Die Dauer der Arbeitszeit ergibt sich aber nicht aus dem Gesetz, sondern aus dem Arbeits- oder dem Tarifvertrag.

Grundsätzlich gilt auch für Kraftfahrer in der Metall- und Elektroindustrie die 35- bzw. 38-Stunden-Woche. Wie bereits oben angesprochen gelten die gesetzlichen Vorschriften über Lenk- und Ruhezeiten für Fahrzeuge mit einem Gesamtgewicht von über 2,8 t, also nicht für Fahrertätigkeit mit einem PKW.
Bei Kraftfahrern bzw. Kraftfahrerinnen, die einen PKW führen, gehört die Fahrertätigkeit zu den Hauptpflichten ihres Arbeitsverhältnisses. Alle Zeiten – auch ggf. anfallende Wartezeiten – werden zur Arbeitszeit gezählt. In einigen Fällen müssen sich Kraftfahrer aber in Bereitschaft halten, um – wenn erforderlich – Personen oder Sachen zu transportieren. Ist die Tätigkeit eines Fahrers mit Bereitschaftszeiten verbunden, regeln die Tarifverträge abweichende Arbeitszeiten.

Tarifvertrag
»Arbeitsbereitschaft
a) Für Maschinisten, Heizer, Kraftfahrer, Beifahrer, Sanitäter u.ä. Arbeitnehmer beträgt die tarifliche regelmäßige wöchentliche Arbeitszeit 41 Stunden, wenn im Durchschnitt von 6 Wochen die Arbeitsbereitschaft mindestens 20 Prozent der regelmäßigen Arbeitszeit nach § 2 Ziff. 1 Abs. 1 beträgt; die Arbeitszeit darf täglich 10 Stunden nicht überschreiten.
Für Lkw-Fahrer und Beifahrer im Werksverkehr gelten hinsichtlich der zulässigen Höchstarbeitszeiten die gesetzlichen Sonderregelungen.«
(§ 4 Ziff. 1 MTV Rheinland-Pfalz)

7.4 Arbeiten im Netz: Zuhause und unterwegs

Mit der zunehmenden digitalen Vernetzung wandeln sich auch die Arbeitsverhältnisse. Neben Arbeiten auf Dienstreisen tritt mehr und mehr vernetztes Arbeiten zuhause und unterwegs. Hierbei sind zwei Fälle zu unterscheiden:
Einerseits gibt es das Arbeiten zuhause (Homeoffice oder Teleheimarbeit). Diese Tätigkeiten unterscheiden sich grundlegend von traditioneller Heimarbeit. Heimarbeit ist eine gewerbliche Tätigkeit, deren Bedingungen im Heimarbeitsgesetz geregelt sind. Ein Wesensmerkmal dieser gewerblichen Tätigkeit ist, dass sie stückweise vergütet wird (Stückakkord). Eine Homeoffice-Tätigkeit im Netzwerk kann nicht stückweise vergütet werden. Es handelt sich hierbei um eine neue Arbeitsform, bei der der Arbeitszeit dahingehend eine Schlüsselfunktion zukommt, ob die Arbeit zumutbar und vertretbar ist oder nicht.
Andererseits gibt es das Arbeiten unterwegs mit einem Laptop oder Tablet-PC. Diese Arbeiten unterscheiden sich von Dienstreisen (vgl. Kapitel 7.3.1), da während der Reisezeit Arbeiten ausgeführt werden, die zu den Hauptpflichten des Arbeitsverhältnisses gehören.
Da beide geschilderten Formen der Arbeit tariflich nicht geregelt sind, besteht ein umfassender Komplex ggf. regelungsbedürftiger Fragen. An dieser Stelle wird ein Schwerpunkt auf die Fragen der Arbeitszeitgestaltung gelegt.
Bei beiden Formen der Arbeit gibt es unterschiedliche Interessenkonstellatio-

nen bei einzelnen Beschäftigten und beim Arbeitgeber. Einzelne Beschäftigte äußern den Wunsch, zuhause oder unterwegs arbeiten zu können, da sie damit eine bessere Vereinbarkeit von Arbeit und Privatleben sicherstellen können. Das gilt gerade für eine Vereinbarkeit von Beruf und Familie, vor allem zu Zeiten der Kinderbetreuung oder der häuslichen Pflege von Angehörigen (vgl. Kapitel 9). Sie empfinden es häufig als Entlastung bzw. als Privileg, ihre Arbeit zuhause oder unterwegs verrichten zu können. Anderseits versuchen einzelne Arbeitgeber mit diesen Formen der Arbeit, eine ständige Erreichbarkeit der Beschäftigten durchzusetzen und eine faktische Verlängerung der Arbeitszeit zu erreichen, da Arbeits- und Privatleben ineinander übergehen. Es kommt darauf an, einerseits den Wünschen der Beschäftigten nachzukommen, andererseits aber Risiken einzuschränken.

7.4.1 Arbeiten zuhause: Homeoffice/Telearbeit

Die Arbeit im Homeoffice ist davon geprägt, dass der Schwerpunkt des Arbeitseinsatzes zuhause liegt. Häufig sind Beschäftigte mit einem Homeoffice auch verpflichtet oder wünschen einen oder mehrere Tage in der Woche im Betrieb des Arbeitgebers zu arbeiten, z. B. um an Besprechungen teilzunehmen (alternierende Telearbeit).
Beim Arbeiten im Homeoffice muss ein entsprechender Arbeitsplatz zuhause eingerichtet und müssen die Arbeitsmittel vom Arbeitgeber bereitgestellt werden. Doch immer mehr Arbeitgeber versuchen angesichts der weiten Verbreitung von elektronischen Geräten, die Beschäftigten dazu zu bewegen, ihre privaten PCs oder Tablets für Dienstzwecke zu nutzen. Dies wird immer häufiger mit der englischen Abkürzung BYOD bezeichnet (Bring your own device = Bringe dein privates Arbeitsmittel mit). Das ist tarifvertraglich allerdings nicht zulässig. Dass der Arbeitgeber die Arbeitsmittel bereitstellen muss, z. B. einen PC, ist eigentlich eine Selbstverständlichkeit. Einzelne Tarifverträge regeln dies ausdrücklich.

Tarifvertrag
»Allen Beschäftigten werden die zur Arbeit erforderlichen Arbeitsmittel vom Arbeitgeber kostenlos zur Verfügung gestellt; sie bleiben Eigentum des Arbeitgebers.
Nutzen Beschäftigte eigene Arbeitsmittel mit vorheriger Zustimmung des Arbeitgebers, so ist ihnen hierfür eine Entschädigung zu bezahlen, die durch Vereinbarung mit dem Betriebsrat festgelegt wird.«
(§ 3.6 ERA-MTV Südbaden)

Für die Beschäftigten im Homeoffice ist es wichtig, dass ihre Arbeitszeit erfasst wird. Grundsätzlich gelten die gleichen tariflichen und gesetzlichen Regelungen für Homeoffice-Beschäftigte wie für die Beschäftigten am Betriebssitz des Arbeitgebers. Auch das Mitbestimmungsrecht des Betriebsrates über die Lage und Verteilung der Arbeitszeit gilt in gleicher Weise.

Der Verweis auf die Arbeitszeitregelungen im Betrieb des Arbeitgebers reicht aber nicht aus. Er wird der praktischen Situation der Arbeit im Homeoffice nicht gerecht. Deshalb ist es sinnvoll, eine Betriebsvereinbarung über die Arbeitsbedingungen für Beschäftigte mit Homeoffice-Arbeitsplatz zu schließen. Eckpunkte einer solchen Betriebsvereinbarung können u.a. sein:

- Zeitrahmen und Zugang zum internen Netz
- Erweiterung der Gestaltungsfreiheit gegenüber betrieblicher Arbeitszeit
- Ansprechpartner und Erreichbarkeit
- Anteil und ggf. Festsetzung der Arbeitszeit im Betrieb
- Mindestzahl für Arbeitstage im Betrieb
- Mehrarbeitszuschläge
- Erfassung und Anrechnung von Zeit

Wird die Arbeit im Wechsel zwischen dem Homeoffice-Arbeitsplatz und einem Arbeitsplatz im Betrieb des Arbeitgebers ausgeübt, stellt sich die Frage nach der damit verbundenen Reisezeit.

Steuerrechtlich ist ein Homeoffice-Arbeitsplatz niemals eine »erste Tätigkeitsstätte«. Die »erste Tätigkeitsstätte« ist in diesen Fällen immer der Betrieb des Arbeitgebers. Arbeitsrechtlich kann die Reisezeit zwischen dem Homeoffice-Arbeitsplatz und dem Arbeitsplatz im Betrieb aber auch eine Dienstreise sein, das hängt ab von der konkreten vertraglichen Regelung der Arbeit im Homeoffice.

7.4.2 Arbeiten unterwegs: Mobiles Arbeiten

Wird auf Reisen mit einem Laptop oder einem Tablet-PC gearbeitet, handelt es sich stets um Arbeitszeit. In diesen Fällen gehört die Arbeitsleistung immer zu den Hauptpflichten des Arbeitsverhältnisses. Dabei kommt es nicht darauf an, ob der Arbeitgeber von Beschäftigten ausdrücklich verlangt, z.B. während einer Bahnfahrt zu arbeiten oder nicht.

Mobiles Arbeiten ist eine neue Form der Arbeit, bei der die Grenzen zwischen Arbeit und Privatleben nicht mehr in so eindeutiger Weise vorhanden sind wie bei einer Arbeit im Betrieb mit festgelegtem Beginn und Ende der Arbeitszeit. Wenn sich die Grenzen von Arbeit und Freizeit auflösen, können neue Belastungen und neue Gefährdungen der sozialen Beziehungen und der Gesundheit der Beschäftigten entstehen. Sinnvoll ist es, zur Verringerung der Belastungen die Abgrenzung von mobiler Arbeitszeit und der Freizeit zu regeln. In einigen Betrieben gibt es Vereinbarungen, die z.B. den Zeitraum des Netzzuganges beschränken, um eine Trennung von Arbeit und Freizeit sicherzustellen.

Solche Regelungen werden gelegentlich von Beschäftigten aber auch als eine Bevormundung empfunden. Wichtig ist es deshalb, bei einer Arbeitszeitregelung über mobiles Arbeiten zu berücksichtigen, welche Faktoren besonders belastend für die Beschäftigten sind. An einer Regelung über mobiles Arbeiten sollten deshalb die Beschäftigten beteiligt werden.

Ein wichtiger Belastungsfaktor ist die ständige Erreichbarkeit per Smartphone oder Handy sowie die Erwartung, dass auf eingehende E-Mails sofort reagiert

wird. Sinnvoll ist deshalb die Regulierung von Ansprechzeiten und die Sicherung von freien Zeiten, in denen von den Beschäftigten keine Tätigkeit im Rahmen mobilen Arbeitens erwartet wird. Dies gilt beispielsweise für das Wochenende und die Nacht.
Auch bei mobilem Arbeiten kommt es darauf an, dass die gesamte Arbeitszeit erfasst wird (vgl. Kapitel 5.2.2). In Betriebsvereinbarungen zum mobilen Arbeiten ist die Arbeitszeiterfassung meist durch Selbstaufschreiben geregelt, da eine technische Erfassung der Arbeitszeit weder gewünscht noch praktikabel ist.
Über die Rahmenbedingungen des mobilen Arbeitens sollte eine Betriebsvereinbarung geschlossen werden. Gegenstand einer solchen Betriebsvereinbarung kann u. a. sein:

- Voraussetzungen und Vereinbarung des mobilen Arbeitens
- Verteilung der Arbeitszeit zwischen Büro und Mobilarbeit
- Erfassung der Arbeitszeit im Büro und bei mobiler Arbeit
- Mindestzahl für Arbeitstage im Betrieb
- Mobile Arbeit und Mehrarbeit
- Arbeitszeitrahmen und Erreichbarkeit.

Für Betriebsvereinbarungen zu mobilem Arbeiten und für Betriebsvereinbarungen zur Begrenzung der Erreichbarkeit von Beschäftigten außerhalb der regulären Arbeitszeit hat die IG Metall Eckpunkte zur Gestaltung vorgelegt (IG Metall Vorstand 2014). Zurzeit laufen in einigen Konzernen in der Metall- und Elektroindustrie Pilotprojekte mit speziellen Betriebsvereinbarungen. Vor dem Hintergrund dieser Pilotprojekte können Erfahrungen gesammelt werden, ob das Arbeiten von zuhause aus oder unterwegs tatsächlich zu einer Entlastung der Beschäftigten und einer besseren Vereinbarkeit von Arbeit und Privatleben führt.

8. Arbeitszeit und Qualifizierungszeit

von Jörg Köhlinger

Die Qualifikation hat für die Beschäftigten eine zentrale Bedeutung, mit ihr verknüpfen sich Lebens-, Einkommens- und Karrierechancen. Der Zugang zu einer qualifizierten beruflichen Erstausbildung ist dabei ebenso wichtig wie die Möglichkeit der beruflichen Weiterbildung.

Für die Unternehmen ist die Förderung von Fachkräften entscheidend für Innovation, Wachstum und eine nachhaltige Unternehmensentwicklung. Die eigene unternehmensinterne Ausbildung erhöht die Bindung an das Unternehmen und ermöglicht Spezialisierung und Anpassung an sich in immer kürzeren Abständen ändernde Abläufe und Veränderungen in allen Unternehmensbereichen.

Nicht zuletzt hat Qualifizierung auch eine hohe gesellschaftspolitische Bedeutung. Sie ist nicht nur entscheidend für die lokalen, regionalen und sektoralen Arbeitsmärkte, sondern zugleich auch eine entscheidende Voraussetzung für eine demokratische und als gerecht empfundene Gesellschaft. Sie ist damit auch ein Schlüssel für die notwendige Demokratisierung von Wirtschaft und Gesellschaft.

Qualifizierung ist auch ein zentraler Gegenstand verteilungspolitischer Auseinandersetzungen. In den vergangenen Jahren wurde wiederholt versucht, verteilungspolitische Auseinandersetzungen als überholt zu diskreditieren, mit dem Argument, in Wahrheit gehe es um Chancengleichheit. Diese offensichtlich interessengeleitete Beschränkung der Debatte führt jedoch in die Irre. Selbstverständlich ist Chancengleichheit eine zentrale Voraussetzung für die »Teilhabe am Haben und Sein«. Trotz gegenteiliger Behauptungen entscheiden Herkunft und Zugehörigkeit zu einem bestimmten sozialen Milieu nach wie vor über Zukunftschancen junger Menschen. Ebenso klar ist aber, dass Fragen nach der Beteiligung an betrieblicher und außerbetrieblicher Weiterbildung, nach Lehr- und Lernmittelfreiheit, nach Zugang zu weiterführenden Schulen und Universitäten sowie nach dem Zustand unserer Schulen und Hochschulen nur derjenige beantworten kann, der erkennt, dass es sich dabei immer auch um verteilungspolitische Auseinandersetzungen handelt.

Es geht schlicht um die Finanzierung öffentlicher Daseinsvorsorge, etwa durch ein gerechteres Steuersystem, oder um die Frage, ob Weiterbildung innerhalb oder außerhalb der Arbeitszeit erfolgt, ob sie bezahlt wird und ob sich einzelne Beschäftigte Weiterbildung überhaupt leisten können. Wer zu Recht auf die Notwendigkeit lebenslangen Lernens hinweist, muss deshalb Anspruchsgrundlagen schaffen und diese Finanzierungs- und Verteilungsfragen beantworten.

Für eine systematische Aus- und Weiterbildung von Beschäftigten fehlt es in nicht wenigen Betrieben an systematischer Personal- und Bildungsplanung. Systematische Bildungsplanung ist aber ein Schlüssel zur Förderung der Weiterbildungsbereitschaft von Beschäftigten, die manchmal, z.B. nach vielen Jahren Schichtarbeit, erschöpft ist.

Das Betriebsverfassungsgesetz enthält beim Thema Bildung weitreichende Rechte für die Betriebsräte, die häufig kaum genutzt werden. Die Tarifvertragsparteien haben in den vergangen Jahren weitere tarifliche Grundlagen geschaffen (z.B. die Tarifverträge zur Qualifizierung in der Metall- und Elektroindustrie), die jedoch ebenfalls nicht ausreichend in Anspruch genommen werden.

Demgegenüber steht ein nachvollziehbares und unübersehbares Interesse der Beschäftigten an Qualifizierung, wie es in der großen Beschäftigtenbefragung der IG Metall aus dem Jahre 2013 zum Ausdruck kommt, an der sich insgesamt mehr als eine halbe Million Beschäftigte beteiligt haben. Resultate dieser Befragung sind, dass große Teile der Belegschaften:

- Aufgrund des Arbeitsdrucks keine Zeit für Weiterbildung haben.
- Seitens des Betriebes kein Weiterbildungsangebot erhalten.
- Von Vorgesetzten nicht aktiv in ihrer beruflichen Entwicklung gefördert werden.
- Sich gerne beruflich entwickeln möchten, aber eine dafür nötige Auszeit nicht finanzieren können.
- Keine oder kaum berufliche Perspektiven in ihrem Betrieb sehen.

Aus der Übersicht 8.1 wird deutlich, dass Möglichkeiten für eine Weiterbildung sehr stark vom Qualifikationsniveau abhängen. In der Beschäftigtenbefragung der IG Metall wurde deutlich, dass höher qualifizierte Beschäftigte bessere Qualifizierungsangebote haben als niedrig qualifizierte Beschäftigte. Hieraus leitet sich die Aufgabe ab, bestehende Regelungen besser zu nutzen, ihre Anwendungspraxis zu überprüfen und für bessere Regelungen zu streiten.

Übersicht 8.1 – Beschäftigtenbefragung der IG Metall, 2013, zur Weiterbildung

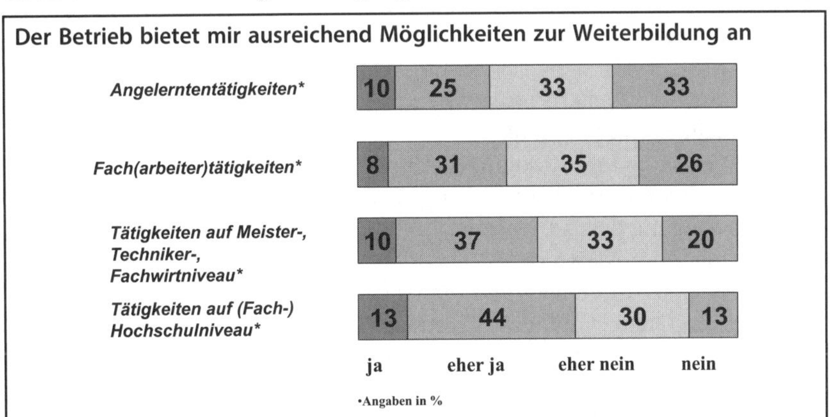

Quelle: SOFI

8.1 Tarifverträge zur Qualifizierung und Bildung

Für die Beschäftigten geht es beim Thema Qualifizierung um ihre berufliche Entwicklung, um die Möglichkeit zu Veränderung- und Weiterentwicklung und nicht zuletzt um die persönliche Einkommensentwicklung. Eine echte Chance zur Qualifizierung setzt jedoch einen kollektivrechtlichen Rahmen voraus. Erst wenn dieser geschaffen ist, kann der in der gesellschaftlichen wie in betrieblichen Debatten immer wieder betonten hohen Bedeutung des Qualifizierungsthemas Rechnung getragen werden.

In Baden-Württemberg wurde 2001 erstmals in der Metallindustrie ein Qualifizierungstarifvertrag abgeschlossen. Inzwischen konnten in allen Tarifgebieten für die Metallindustrie ähnliche Tarifverträge durchgesetzt werden, die dem Betriebsrat zahlreiche Handlungsmöglichkeiten eröffnen. Im Jahr 2015 wurden diese Tarifverträge um Regelungen zur Bildungsteilzeit ergänzt. Je nach Tarifgebiet heißen sie entweder Tarifvertrag Qualifizierung oder Tarifvertrag Bildung. Die Tarifverträge sehen zunächst vor, dass ein *Qualifizierungsplan* erstellt wird. Der Arbeitgeber hat auf der Grundlage der geplanten und erwarteten Veränderungen des Betriebes den künftigen betrieblichen Qualifikationsbedarf festzustellen und mit dem Betriebsrat zu beraten. Hierbei kann der Betriebsrat selbstverständlich eigene Vorschläge einbringen. Auf dieser Grundlage hat der Beschäftigte Anspruch auf ein individuelles *Qualifizierungsgespräch*, in dem Qualifizierungsmaßnahmen für den einzelnen Beschäftigten beraten werden. Bei der Umsetzung der Qualifizierung wird unterschieden zwischen:

- Betrieblich notwendiger Qualifizierung,
- betrieblich zweckmäßiger Qualifizierung (Entwicklungsqualifizierung) sowie
- persönlicher, beruflicher Weiterbildung.

Durch den Tarifvertrag zur Qualifizierung erhalten Betriebsräte und Beschäftigte mehr Rechte und Verbindlichkeiten im Handlungsfeld betrieblicher Qualifizierung. Ausführlichere Hinweise finden sich z. B. in der Handlungshilfe für den Bildungsausschuss des Betriebsrates (Jentgens u. a. 2012), auf die hier Bezug genommen wird. Mit dem Tarifvertrag wurden Regelungen vereinbart zur

- Ermittlung des Qualifizierungsbedarfs,
- zur Qualifizierungsplanung,
- zur Freistellung und Kostenübernahme,
- zur Umsetzung von Qualifizierungsmaßnahmen,
- zur Beteiligung des Betriebsrates und der Beschäftigten
- sowie zur Konfliktlösung.

Bis auf Baden-Württemberg und die teils unterschiedlichen Konfliktregelungen sind die Qualifizierungstarifverträge in den Tarifgebieten überwiegend gleich. In diesen sind fünf unterschiedliche Typen von Qualifizierungsmaßnahmen durch den Tarifvertrag geregelt worden, die durch Regelungen zur persönlichen beruflichen Weiterbildung ergänzt werden:

Tarifvertrag
»Qualifizierung im Sinne dieses Tarifvertrages sind betrieblich notwendige (Nr. 1 bis 3) sowie betrieblich zweckmäßige (Nr. 4) Weiterbildungsmaßnahmen sowie persönliche berufliche Weiterbildungsmaßnahmen (Nr. 5), die dazu dienen:
1. die ständige Fortentwicklung des fachlichen, methodischen und sozialen Wissens im Rahmen des eigenen Aufgabengebietes nachvollziehen zu können (Erhaltungsqualifizierung),
2. veränderte Anforderungen im eigenen Aufgabengebiet erfüllen zu können (Anpassungsqualifizierung),
3. beim Wegfall von Arbeitsaufgaben eine andere gleichwertige oder höherwertige Arbeitsaufgabe für einen durch den jeweiligen Beschäftigten im Betrieb zu besetzenden Arbeitsplatz übernehmen zu können (Umqualifizierung),
4. eine andere höherwertige Arbeitsaufgabe im Betrieb übernehmen zu können (Entwicklungsqualifizierung),
5. die berufliche Entwicklung der Beschäftigten zu fördern. Diese Qualifizierung ist zwar im Grundsatz geeignet, eine Tätigkeit im freistellenden Betrieb oder Unternehmen ausüben zu können; es besteht jedoch aufgrund der aktuellen Beschäftigungssituation kein betrieblicher Bedarf für derartige Weiterbildungsmaßnahmen (Persönliche berufliche Weiterbildung).«
(§ 2 Tarifvertrag Bildung Hessen)

8.1.1 Betrieblich notwendige und zweckmäßige Qualifizierung

Der Zusammenhang zwischen Qualifizierungsmöglichkeiten und Eingruppierung ist offensichtlich. Die Eingruppierung der Beschäftigten erfolgt entsprechend der übertragenen Tätigkeit. Wandelt sich im Laufe der Zeit und aufgrund technischen Wandels diese Tätigkeit, sind in der Regel *Erhalt- und Anpassungsqualifizierungen* erforderlich, um auch weiterhin die Tätigkeit ausführen zu können. Sollen höherwertige Tätigkeiten ausgeführt werden, die mit höheren Entgeltgruppen vergütet werden, sind in der Regel Qualifizierungsmaßnahmen für die Beschäftigten erforderlich *(Entwicklungsqualifizierung).* Darüber hinaus findet eine ständige Weiterentwicklung der Qualifikation durch Ausübung der Tätigkeiten statt (»learning by doing«). Dabei handelt sich um eine *Erhaltungsqualifizierung*, wenn beispielsweise bestehende Arbeitsverfahren aufgrund von Aktualisierungen (Update eines Computerprogramms) eine neue Einarbeitung bzw. Einweisung erforderlich machen. Die Beschäftigten erhalten den aktuellen Stand eines bereits eingesetzten Verfahrens, Programms etc. vermittelt.
Um eine *Anpassungsqualifizierung* handelt es sich, wenn eine Anpassung an veränderte Anforderungen bei gleicher Aufgabenstellung erfolgt. Es werden neue Maschinen, andere PC-Programme eingeführt und die Beschäftigten erhalten die notwendige Qualifizierungsmaßnahme zur Bedienung.

Übersicht 8.2 – Regelungen in den Tarifverträgen Qualifizierung bzw. Bildung

Regelungen in den Qualifizierungstarifverträgen der Metallindustrie		
Betrieblich notwendige Qualifizierung	**Betrieblich zweckmäßige Qualifizierung**	**Persönliche und berufliche Weiterbildung**
Ziele: **Erhaltungsqualifizierung:** Sie dient dazu, die ständige Fortentwicklung des fachlichen, methodischen und sozialen Wissens im Rahmen des eigenen Aufgabengebiets nachvollziehen zu können. **Anpassungsqualifizierung:** Sie dient dazu, veränderte Anforderungen im eigenen Aufgabengebiet erfüllen zu können. **Umqualifizierung:** Sie dient dazu, beim Wegfall von Arbeitsaufgaben eine andere gleichwertige oder höherwertige Arbeitsaufgabe für einen durch den jeweiligen Beschäftigten im Betrieb zu besetzenden Arbeitsplatz übernehmen zu können.	**Ziel:** **Entwicklungsqualifizierung:** Sie dient dazu, eine andere höherwertige Arbeitsaufgabe im Betrieb übernehmen zu können.	**Ziel:** Persönliche, berufliche Weiterbildung, obwohl zurzeit kein betrieblicher Bedarf entsteht.
Zeit wird zu 100 % von Arbeitgeber bezahlt	Qualifizierungszeit wird zu 50 % vom Arbeitgeber bezahlt und zu 50 % vom Beschäftigten eingebracht.	Qualifizierungszeit wird nicht vergütet (unbezahlte Freistellung) oder im Rahmen von Bildungsteilzeit gefördert
Kosten der Maßnahme zahlt der Arbeitgeber	Kosten der Maßnahme zahlt der Arbeitgeber	Kosten der Maßnahme zahlt der Beschäftigte

Im Falle der *Umqualifizierung* sind Arbeitsaufgaben weggefallen und Arbeitsplätze verändern sich. Dies ist meist Folge von Um-/Neustrukturierungen im Betrieb. Damit die Beschäftigten einen neuen, gleich- oder auch höherwertigen Arbeitsplatz übernehmen können, sind die entsprechenden Qualifizierungsmaßnahmen vorzunehmen. Im Rahmen der Beschäftigungssicherung ist das ein wichtiger Ansatzpunkt. Die Formulierung »im Betrieb zu besetzenden Arbeitsplatz übernehmen zu können« deutet jedoch darauf hin, dass ein Arbeitsplatz vorhanden sein muss, damit eine Umqualifizierung erfolgen kann.
Die *Entwicklungsqualifizierung* ist eine Qualifizierungsmaßnahme, die weitere, aufbauende, höherwertige Qualifikationen vermittelt. Beispielsweise kann hierunter die Fortbildung zum Betriebswirt oder Techniker fallen, wenn es gleichzeitig auch ein Interesse des Betriebes an dieser Qualifikation gibt.

8.1.2 Bildungsteilzeit (persönliche berufliche Weiterbildung)

Im Jahr 2015 konnten bundesweit die Tarifverträge zur Qualifizierung beim Thema persönliche berufliche Weiterbildung ergänzt werden. Es wurden dort u. a. Regelungen zur Bildungsteilzeit und zu Ausscheidungsvereinbarungen zur Qualifizierung aufgenommen. Die IG Metall hatte ursprünglich einen Anspruch auf Qualifizierung gefordert, der aber gegen den harten Widerstand der Arbeitgeberverbände nicht durchgesetzt werden konnte. Lediglich im Tarifgebiet Baden-Württemberg besteht ein Anspruch für 1 % der Beschäftigten – allerdings ausschließlich in Betrieben mit mehr als 500 Beschäftigten. In allen anderen Tarifgebieten sind die Regelungen zur Bildungsteilzeit freiwilliger Art; bei Streitigkeiten über die Ablehnung einer beantragten Qualifizierungsmaßnahme entscheidet aber die tarifliche Schlichtungsstelle. Durch eine Verknüpfung mit dem TV FlexÜ aus dem Jahr 2015 können nicht verbrauchte Mittel zur Finanzierung von Altersteilzeitverträgen für die Förderung der Bildungsteilzeit verwendet werden (vgl. Kapitel 11.6).

Tarifvertrag
»Persönliche berufliche Weiterbildung (§ 2 Nr. 5)
Bildungsteilzeit
Die Teilnahme an Maßnahmen der persönlichen beruflichen Weiterbildung findet außerhalb der Arbeitszeit statt. Im Wege einer Bildungsvereinbarung gem. § 8 können die Arbeitsvertragsparteien eine unbezahlte Freistellung (Teilzeit, ggf. mit monatlicher Aufzahlung) regeln oder eine aus einem Wertguthaben (teil-) bezahlte Freistellung vereinbaren (z. B. über verblockte Teilzeit).
Ausscheidensvereinbarung
Sofern dies durch die Art der Maßnahme der persönlichen beruflichen Weiterbildung geboten ist, kann zwischen dem Beschäftigten und dem Arbeitgeber eine Ausscheidensvereinbarung getroffen werden bei gleichzeitiger Wiedereinstellungszugsage auf dem vorherigen oder einem zumutbaren gleich- oder höherwertigen Arbeitsplatz. Dieser ist bei vorher Vollzeitbeschäftigten ein Vollzeitarbeitsplatz.
Förderung
Soweit sich die Betriebsparteien auf eine freiwillige Betriebsvereinbarung nach § 14 Ziff. 2 TV FlexÜ … einigen, ist dort festzulegen, welchen Anteil der Quote gemäß § 12 Ziff. 1.1 TV FlexÜ für eine Förderung verwendet wird. Für den vereinbarten Zeitraum reduziert sich der Anspruch bzw. die Quote für Altersteilzeit entsprechend. Der Gesamtwert dieser Förderung errechnet sich gem. § 12 Ziff. 3.2 Abs. 2 TV FlexÜ. Für jeden 0,1 %-Punkt weniger Altersteilzeit unterhalb der Quote von 4 % sind 0,02 % der tariflichen Bruttoentgeltsumme des Betriebes aufzuwenden. Die Einzelheiten der Verteilung werden im Rahmen der Beratungen zu §§ 3 und 4 zwischen Betriebsrat und Arbeitgeber erörtert und vereinbart.«
(§ 5 Tarifvertrag Bildung Hessen)

Die Bedingungen, zu denen eine Weiterbildungsmaßnahme durchgeführt wird, sind in einer Bildungsvereinbarung zwischen den Beschäftigten und dem Arbeitgeber zu beschreiben; in diesem Rahmen kann auch ein sog. Bildungskonto beschrieben werden. In einer Bildungsvereinbarung sind u.a. folgende Punkte zu regeln:

- Beginn und Dauer der Maßnahme sowie der Umfang und die zeitliche Lage der Freistellung,
- Ggf. ein Bildungskonto,
- Eventuelle öffentliche Förderung,
- Eventuelle freiwillige zusätzliche Leistungen des Arbeitgebers,
- U.a.

Beschäftigte können in einem Bildungskonto Geld und Zeit ansparen und dieses während der Qualifizierungsmaßnahme entnehmen. Dort können eingebucht werden: die zusätzliche Urlaubsvergütung, die Jahressonderzahlung (»Weihnachtsgeld«) sowie bis zu 152 Stunden Arbeitszeit pro Jahr. Es wird angestrebt, dass die Beschäftigten während der vollen bzw. teilweisen Freistellung zur Qualifizierung mindestens 70 % des zuletzt erzielten Netto-Monatsentgeltes erzielen.

8.1.3 Umsetzung

Die Tarifverträge Qualifizierung stärken die Rechte des Betriebsrates dadurch, dass der Arbeitgeber den Betriebsrat rechtzeitig über Veränderungen im Betrieb (technische Anlagen, Arbeitsverfahren, Arbeitsabläufe usw.) zu unterrichten hat. Auf der Grundlage der geplanten und erwarteten Veränderungen soll der künftige Personal- und Qualifikationsbedarf festgestellt und mit dem Betriebsrat beraten werden. Bei den Beratungen des gegenwärtigen und künftigen Personalbedarfs sind die Maßnahmen der Qualifizierung darzustellen. Zu diesen Beratungen können Sachverständige hinzugezogen werden. Der Betriebsrat kann dem Arbeitgeber Vorschläge für die Einführung von Maßnahmen und deren Umsetzung machen. Dabei bestimmt der Betriebsrat bei der Umsetzung der Qualifizierungsmaßnahmen mit. Mindestens jährlich muss ein Bericht des Arbeitgebers an den Betriebsrat über die umgesetzten Qualifizierungsmaßnahmen erfolgen.
Der Tarifvertrag stärkt auch die Rechte der Beschäftigten, weil auf der Basis der ermittelten betrieblichen Weiterbildungsbedarfe mindestens jährlich mit den Beschäftigten Gespräche über die konkreten individuellen Qualifizierungsbedarfe stattfinden sollen. Die Beschäftigten können dabei Vorschläge machen. Zu diesem Qualifizierungsgespräch kann der Betriebsrat hinzugezogen werden. Notwendige Qualifizierungsmaßnahmen können vereinbart werden. Für die betrieblich notwendigen Qualifizierungen wird die Qualifizierungszeit zu 100 Prozent vom Arbeitgeber bezahlt, für die betrieblich zweckmäßige Qualifizierung wird die Qualifizierungszeit lediglich zu 50 Prozent vom Arbeitgeber bezahlt. In beiden Fällen werden die Kosten der Qualifizierungsmaßnahme vom Arbeitgeber getragen. Bei der persönlichen beruflichen Weiterbildung wird weder die Qualifizierungszeit bezahlt, noch werden die Kosten der Maßnahme vom Arbeitgeber übernommen (vgl. Übersicht 8.2).
Die Teilnahme an den Qualifizierungsmaßnahmen muss dokumentiert werden. Für die persönliche berufliche Weiterbildung ist geregelt, dass eine unbe-

zahlte Freistellung mit Wiedereinstellungsanspruch möglich ist. Bei Konflikten gibt es ein festgelegtes Konfliktlösungsverfahren. Das ist in den einzelnen Tarifgebieten teilweise unterschiedlich geregelt. Die Konfliktregelung erfolgt bei Streitigkeiten hinsichtlich der genannten Qualifizierungsmaßnahmen durch den Arbeitgeber und den Betriebsrat bzw. durch eine paritätische Kommission, die bis hin zur tariflichen Einigungs- bzw. Schiedsstelle zu bilden ist.
Bei Streitigkeiten zwischen einem Beschäftigtem und dem Arbeitgeber im Rahmen des Qualifizierungsgesprächs befassen sich Arbeitgeber und Betriebsrat mit der Angelegenheit. Kann diese nicht geklärt werden und bestehen weiterhin Streitigkeiten über die Erhaltungs-, Anpassungs- und Umqualifizierung (betriebliche notwendige Qualifizierung) kann eine paritätische Kommission (je 2 Arbeitgeber- und Betriebsrat-Vertreter) eingerichtet werden. Kommt es in der paritätischen Kommission zu keiner Einigung, entscheidet die tarifliche Einigungs- bzw. Schiedsstelle; ggf. auch andere externe Stellen (je nach Tarifgebiet). Bei weiterhin bestehenden Streitigkeiten zu Fragen der Entwicklungsqualifizierung kann ebenfalls eine paritätische Kommission eingerichtet und die Einigungsstelle angerufen werden, sofern der Betrieb mehr als 50 Beschäftigte hat und eine Betriebszugehörigkeit von mindestens 2 Jahren vorliegt. Dies gilt auch für die persönliche berufliche Weiterbildung, hier bei mindestens 5 Jahren Beschäftigungszeit und mehr als 200 Beschäftigten. Diese Konfliktregelung ist teilweise in den Tarifgebieten unterschiedlich geregelt. Die hier beschriebene Regelung ist aus Nordrhein-Westfalen.
Die Tarifverträge Qualifizierung bzw. Bildung unterstützen die Berücksichtigung der Belange älterer Beschäftigter, Teilzeitbeschäftigter und von Beschäftigten mit Familienpflichten sowie an- und ungelernter Beschäftigter. Vor allem wird die Mitbestimmung des Betriebsrates bei Qualifizierungsmaßnahmen hervorgehoben, wenn betriebliche Veränderungen dazu führen, dass die Qualifikationen der Beschäftigten nicht mehr ausreichen, um ihre Aufgaben zu erfüllen. Durch das Recht der Einbeziehung von Sachverständigen erhält der Betriebsrat die Möglichkeit, sich fachliche Unterstützung zu holen. Mit der betrieblichen Umsetzung des Tarifvertrages kann die Transparenz und Verbindlichkeit im Betrieb über das Qualifikationsgeschehen und -verfahren, auch durch den Konfliktlösungsmechanismus, verbessert werden. Durch die verpflichtende Mitwirkung der Beschäftigten an der Bedarfsermittlung und Maßnahmenumsetzung kann die Zukunftsfähigkeit des Betriebes erhöht werden.
Trotz zahlreicher Reden über die Bedeutung von Bildung und Weiterbildung, werden in der Mehrheit der Metallbetriebe bisher nur sehr unzureichende Qualifizierungsmaßnahmen angeboten. Die Weiterbildungsmaßnahmen, die Unternehmer anbieten, richten sich überwiegend an bereits höher qualifizierte Beschäftigte. Beschäftigte, die nicht die Gelegenheit hatten, eine Berufsausbildung oder eine weiterführende Ausbildung abzuschließen, sind bei Qualifizierungsmaßnahmen stark unterrepräsentiert. Dies gilt vor allem für Frauen, die häufig Tätigkeiten am unteren Ende der Entgeltskala ausführen müssen. Erforderlich sind daher verbindliche Weiterbildungsansprüche für jeden Beschäftigten.

Betriebsverfassungsgesetz und die Qualifizierungstarifverträge in der Metall- und Elektroindustrie eröffnen für Betriebsräte und Beschäftigte zahlreiche Handlungsmöglichkeiten. Es gibt allerdings eine entscheidende Grenze: Die Qualifizierungstarifverträge enthalten keinen verbindlichen, einklagbaren Anspruch auf eine bestimmte Zahl von Weiterbildungstagen pro Jahr. Auch im Betriebsverfassungsgesetz kann der Betriebsrat lediglich über die Ausführung von Weiterbildungsmaßnahmen mitbestimmen, nicht jedoch über die Frage, ob überhaupt Maßnahmen ausgeführt werden (keine Mitbestimmung beim »Ob«, aber Mitbestimmung beim »Wie«). Trotz dieses Defizits gilt es, durch eine aktive Interessenspolitik Qualifizierungsmaßnahmen durchzusetzen. Da der ständige technologische und organisatorische Wandel immer neue und teilweise höhere Anforderungen an die Beschäftigten stellt, können sich die Arbeitgeber den Forderungen der Betriebsräte und Beschäftigten nicht gänzlich entziehen. Zur Regelung bieten sowohl das Betriebsverfassungsgesetz als auch die Qualifizierungstarifverträge wichtige Hilfsmittel für die Betriebsräte (vgl. Meine u.a. 2011, S. 176–177).

8.2 Mitbestimmungs- und Beteiligungsrechte des Betriebsrates

Die Handlungsmöglichkeiten nach dem Betriebsverfassungsgesetz beziehen sich vor allem auf die §§ 96–98 BetrVG und sind überblicksartig in der Übersicht 8.3 wiedergegeben.

Übersicht 8.3 – Beteiligungsrechte des Betriebsrates bei Qualifizierungsmaßnahmen nach dem BetrVG

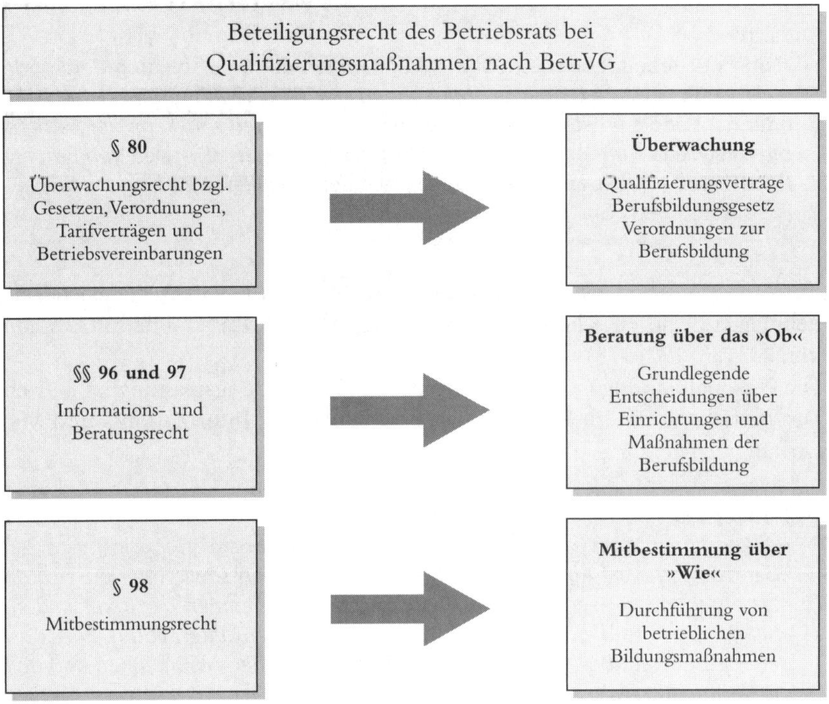

Quelle: Meine u. a. 2011, S. 177

Was heißt Beratung über das »Ob«?

Nach § 96 BetrVG haben Arbeitgeber und Betriebsrat die Berufsausbildung der Beschäftigten zu fördern. Hierzu kann der Betriebsrat Vorschläge machen, die der Arbeitgeber mit ihm beraten muss. Ein erzwingbares Mitbestimmungsrecht über die Ausführung der Maßnahmen existiert nicht. Das Beratungsrecht bezieht sich nach § 97 BetrVG auf:

- die Einrichtung und Ausstattung betrieblicher Einrichtungen,
- die Einführung betrieblicher Berufsbildungsmaßnahmen,
- die Teilnahme an außerbetrieblichen Berufsbildungsmaßnahmen.

Was heißt Mitbestimmung über das »Wie«?

Ist eine Entscheidung über das »Ob« gefallen, hat der Betriebsrat ein Mitbestimmungsrecht, wie diese Maßnahmen der betrieblichen Berufsbildung umgesetzt werden. Kommt eine Einigung nicht zustande, entscheidet die Einigungsstelle (§ 98 Abs. 4 BetrVG). Hierunter fallen etwa folgende Fragen:

- Welche Inhalte werden vermittelt?
- Welche Methoden werden eingesetzt?
- Wie wird die theoretische und praktische Ausbildung kombiniert?

- Wie lang sollen die Maßnahmen sein?
- An welchen Tagen und zu welcher Zeit werden die Maßnahmen angeboten?

Tarifvertrag
»Führt der Arbeitgeber betriebliche Maßnahmen der Berufsbildung durch oder stellt er für außerbetriebliche Maßnahmen der Berufsbildung Beschäftigte frei oder trägt er die entstehenden Kosten ganz oder teilweise, so kann der Betriebsrat Vorschläge für die Teilnahme von Beschäftigten oder Gruppen von Beschäftigten des Betriebes an diesen Maßnahmen der beruflichen Bildung machen.«
(§ 98 Abs. 3 BetrVG)

Können sich Arbeitgeber und Betriebsrat nicht über die vorgeschlagenen Teilnehmer einigen, entscheidet die Einigungsstelle (§ 98 Abs. 4 BetrVG; Meine u.a. 2011, S. 177–178)
Die Personalplanung ist ein Ausgangspunkt jeder Bildungsplanung im Betrieb. Der Betriebsrat hat im Rahmen der Personalplanung Informations- und Mitwirkungsrechte.

Tarifvertrag
»(1) Der Arbeitgeber hat den Betriebsrat über die Personalplanung, insbesondere über den gegenwärtigen und künftigen Personalbedarf sowie über die sich daraus ergebenden personellen Maßnahmen und Maßnahmen der Berufsbildung anhand von Unterlagen rechtzeitig und umfassend zu unterrichten. Er hat mit dem Betriebsrat über Art und Umfang der erforderlichen Maßnahmen und über die Vermeidung von Härten zu beraten.
(2) Der Betriebsrat kann dem Arbeitgeber Vorschläge für die Einführung einer Personalplanung und ihre Durchführung machen.
(3) Die Absätze 1 und 2 gelten entsprechend für Maßnahmen im Sinne des § 80 Abs. 1 Nr. 2a und 2b, insbesondere für die Aufstellung und Durchführung von Maßnahmen zur Förderung der Gleichstellung von Frauen und Männern.«
(§ 92 Betriebsverfassungsgesetz)

Besondere Informations-, Initiativ- und Beratungsrechte haben Betriebsräte zur Beschäftigungssicherung und Personalplanung, § 92a BetrVG. Auf dieser Grundlage kann der Betriebsrat Vorschläge auch für Qualifizierungsmaßnahmen machen, was auch in Krisensituationen hilfreich sein kann.

Tarifvertrag
»(1) Der Betriebsrat kann dem Arbeitgeber Vorschläge zur Sicherung und Förderung der Beschäftigung machen. Diese können insbesondere eine flexible Gestaltung der Arbeitszeit, die Förderung von Teilzeitarbeit und Altersteilzeit, neue Formen der Arbeitsorganisation, Änderung der Arbeitsverfahren und Arbeitsabläufe, die Qualifizierung der Arbeitnehmer, Alternativen zur Ausgliederung von Arbeit oder ihrer Vergabe an andere Unternehmen sowie Produktions- und Investitionsprogramm zum Gegenstand haben.
(2) Der Arbeitgeber hat die Vorschläge mit dem Betriebsrat zu beraten. Hält der Arbeitgeber die Vorschläge des Betriebsrats für ungeeignet, hat er dies zu

begründen; in Betrieben mit mehr als 100 AN erfolgt die Begründung schriftlich. Zu den Beratungen kann der Arbeitgeber oder der Betriebsrat einen Vertreter der Bundesagentur für Arbeit hinzuziehen.«
(§ 92 a BetrVG)

8.3 Gesetzliche Ansprüche auf Bildungsfreistellung

Beginnend mit den 1960er-Jahren wurde auf Initiative der Gewerkschaften die Forderung nach der Schaffung gesetzlicher Regelungen zur Weiterbildung erhoben. Der Gedanke, nicht nur schulische und berufliche Erstausbildung, sondern auch entsprechende Weiterbildung gesetzlich zu verankern, zu institutionalisieren und zu systematisieren, konnte sich vor dem Hintergrund der durch die sozialliberale Koalition zu Beginn der 1970er-Jahre angeschobenen Bildungsreformen entwickeln. Seitdem wurden in bisher zehn Bundesländern Gesetze geschaffen, die es Erwerbstätigen ermöglichen, zum Zweck der eigenen Weiterbildung unter Fortzahlung der Bezüge von der Arbeit freigestellt zu werden. Eine bundeseinheitliche Regelung existiert bis heute nicht. Der Begriff der Weiterbildung umfasst sowohl die politische Bildung als auch die berufliche Weiterbildung.
Notwendig ist die Anerkennung der von einem Bildungsträger geplanten Maßnahmen. Die Verfahren zur Anerkennung und die Inhalte von Bildungsveranstaltungen sind im Lauf der Jahre z. T. mehrfach geändert worden, beinhalten dennoch eine Reihe von Gemeinsamkeiten in den jeweiligen Ländern. Inhaltlich richtet sich der Anspruch auf Maßnahmen der politischen oder der beruflichen Bildung. Auszubildende haben teilweise ausschließlich Anspruch auf politische Bildung – sie befinden sich ja in der Berufsausbildung.

Tarifvertrag
»(2) Bildungsurlaub dient der politischen Bildung, der beruflichen Weiterbildung oder der Schulung (Qualifizierung und Fortbildung) für die Wahrnehmung eines Ehrenamtes. Bildungsurlaub für zu ihrer Berufsausbildung Beschäftigten dient allein der politischen Bildung.
(3) Politische Bildung soll Beschäftigte in die Lage versetzen, ihren Standort in Betrieb oder Gesellschaft sowie gesellschaftliche Zusammenhänge zu erkennen. Bildungsurlaub zur politischen Bildung verfolgt das Ziel, das Verständnis der Beschäftigten für gesellschaftliche, soziale oder politische Zusammenhänge zu verbessern, um damit die in einem demokratischen Gemeinwesen anzustrebende Mitsprache in Staat, Gesellschaft oder Betrieb zu fördern.
(4) Berufliche Weiterbildung soll den Beschäftigten ermöglichen, ihre berufliche Qualifikation zu erhalten, zu verbessern oder zu erweitern und ihnen zugleich in nicht unerheblichem Umfang die Kenntnis gesellschaftlicher Zusammenhänge vermitteln, damit sie ihren Standort in Betrieb oder Gesellschaft erkennen.«
(§ 1 Hessisches Bildungsurlaubsgesetz)

Die Dauer des Anspruchs beträgt überwiegend 5 Arbeitstage pro Jahr, in einzelnen Fällen kann der Anspruch für 2 Jahre zusammengefasst werden. Kann der Bildungsurlaub in einem Jahr nicht genommen werden, besteht häufig die Möglichkeit, den Anspruch auf das Folgejahr zu übertragen.
In der Regel sind bei Regelungen zur Bildungsfreistellung Maßnahmen, die der Gewinnerzielung dienen, sowie reine Freizeit-, Erholungs- und Urlaubsveranstaltungen ausgeschlossen.
Die Anerkennungsverfahren, sowohl bezogen auf die Träger als auch auf die einzelnen Veranstaltungen, sind z. T. recht kompliziert und wurden u. a. in den vergangenen Jahren durch verschiedene Verordnungen bürokratisiert. Für die Inanspruchnahme von Bildungsurlaub ist es unerlässlich, sich mit der im jeweiligen Land gültigen gesetzlichen Regelung auseinanderzusetzen.
Die Inanspruchnahme von Bildungsurlaub bzw. einer Bildungsfreistellung (die Begriffe sind in einzelnen Ländern unterschiedlich) ist in aller Regel ein Individualrecht. Die einzelnen Beschäftigten müssen den Anspruch also beim jeweiligen Arbeitgeber anmelden. Hierfür sind die gesetzlich definierten Fristen einzuhalten. Unter Angabe von Gründen und Wahrung entsprechender Fristen können Arbeitgeber in bestimmten Fällen die Gewährung einer Freistellung ablehnen. In der Regel geht dies jedoch nicht zweimal aus demselben Grund. Spätestens im Folgejahr ist der Anspruch zu erfüllen.
Nicht zuletzt wegen des anhaltenden Widerstandes der Arbeitgeberverbände und einzelner Unternehmer, zu deren Vorgehensweise verfassungsgerichtliche Auseinandersetzungen ebenso gehören wie Einschüchterungsversuche von Beschäftigten, die den individuellen Anspruch wahrnehmen, liegt die Quote der Inanspruchnahme bei weniger als einem Prozent. Dies steht in eklatantem Gegensatz zur immer wieder hervorgehobenen Bedeutung von Bildung im Allgemeinen und beruflicher Bildung im Besonderen. Es ist daher notwendig, die Weiterbildung stärker in den Tarifverträgen zu verankern, um die Rechte der Arbeitnehmer zu stärken und sie vor einem Verfall ihrer erworbenen beruflichen Qualifikation zu schützen.

8.4 Arbeitszeit für Auszubildende (Ausbildungszeit)

Die duale Berufsausbildung kombiniert die Ausbildung im Betrieb mit der Ausbildung in einer Berufsschule. Diese Form der Berufsausbildung hat sich weitgehend bewährt und gilt zwischenzeitlich auch international als vorbildlich. Die enge Verbindung zur betrieblichen Praxis hat gegenüber Modellen ganztägiger schulischer Ausbildung viele Vorteile und kann eine gute Grundlage für ein erfolgreiches Berufsleben bilden. Voraussetzung ist das Einhalten von Qualitätsstandards in der Berufsausbildung. Hierfür haben Betriebsrat und Jugend- und Auszubildendenvertretung (JAV) eine Reihe von betriebsverfassungsrechtlichen und tariflichen Handlungsmöglichkeiten, die es zu nutzen gilt.

Gleichwohl bleibt auch die quantitative Seite der beruflichen Erstausbildung eine offene Flanke des Arbeitsmarktes. Obwohl sich der Fachkräftebedarf regional und sektoral unterschiedlich entwickelt und – nicht zuletzt vor dem Hintergrund der sich abzeichnenden demografischen Veränderungen – mancherorts Ausbildungsplätze schwerer zu besetzen sind, bleiben viele Schulabgänger unversorgt oder landen in teils zweifelhaften Maßnahmen. Grund dafür ist auch, dass sich kaum mehr als ein Drittel der Betriebe an der beruflichen Ausbildung beteiligt. Die Ausbildungsquoten, d.h. der Anteil der Auszubildenden an der Gesamtzahl der Belegschaften, liegt auch in der Metall- und Elektroindustrie häufig bei weniger als 5 Prozent. Die langjährige gewerkschaftliche Forderung nach einer gesetzlichen Umlagefinanzierung zur Schaffung eines auswahlfähigen Ausbildungsangebotes konnte bisher nicht durchgesetzt werden.
Die tarifliche Ausbildungszeit ist in den Tarifverträgen aller Tarifgebiete identisch mit der Arbeitszeit der Beschäftigten geregelt. Sie beträgt in der westdeutschen Metallindustrie 35 Stunden pro Woche, in der ostdeutschen Metallindustrie 38 Stunden pro Woche.

8.4.1 Der Berufsschulbesuch

Die duale berufliche Erstausbildung findet zu einem Teil im jeweiligen Betrieb, zum anderen Teil in einer Berufsschule statt. Der Berufsschulunterricht kann dabei wöchentlich oder als Blockunterricht erteilt werden. Der Ausbildungsbetrieb ist in diesem Zusammenhang verpflichtet, die Auszubildenden zur Teilnahme am Berufsschulunterricht freizustellen. Rechtsgrundlagen hierfür sind die Schulgesetze der Länder, das Berufsbildungsgesetz, das Jugendarbeitsschutzgesetz und die tarifvertraglichen Regelungen.
In § 9 Abs. 1 JArbSchG ist die Freistellung für den Berufsschulbesuch geregelt. Jugendliche dürfen danach nicht im Betrieb beschäftigt werden, wenn der Unterricht vor 9.00 Uhr beginnt, ebenso nicht an Berufsschultagen mit mehr als 5 Unterrichtsstunden (mindestens je 45 Minuten). Letzteres gilt für einen Berufsschultag pro Woche.

Tarifvertrag
»(1) Der Arbeitgeber hat den Jugendlichen für die Teilnahme am Berufsschulunterricht freizustellen. Er darf den Jugendlichen nicht beschäftigen
1. vor einem vor 9 Uhr beginnenden Unterricht; dies gilt auch für Personen, die über 18 Jahre alt und noch berufsschulpflichtig sind,
2. an einem Berufsschultag mit mehr als fünf Unterrichtsstunden von mindestens je 45 Minuten, einmal in der Woche,
3. in Berufsschulwochen mit einem planmäßigen Blockunterricht von mindestens 25 Stunden an mindestens fünf Tagen; zusätzliche betriebliche Ausbildungsveranstaltungen bis zu zwei Stunden wöchentlich sind zulässig.
(2) Auf die Arbeitszeit werden angerechnet
1. Berufsschultage nach Absatz 1 Nr. 2 mit acht Stunden,
2. Berufsschulwochen nach Absatz 1 Nr. 3 mit 40 Stunden,

> *3. im Übrigen die Unterrichtszeit einschließlich der Pausen.*
> *(3) Ein Entgeltausfall darf durch den Besuch der Berufsschule nicht eintreten.«*
> (§ 9 JArbSchG)

Durch Änderungen in § 9 JArbSchG ergab sich 1997 eine Schlechterstellung der über 18-jährigen berufsschulpflichtigen Auszubildenden. Diese Verschlechterung bewirkt, dass der jeweilige Arbeitgeber darauf bestehen kann, dass der bzw. die über 18-jährige Auszubildende nach der Berufsschule im Betrieb erscheint. Gleichzeitig entfiel auch die Anrechnungsregelung der Berufsschulzeit auf die betriebliche Ausbildungszeit. Viele Arbeitgeber nutzten das zu einer erheblichen Ausdehnung der Arbeitszeit über die tarifliche oder betriebsübliche Arbeitszeit hinaus. In der Interpretation einiger Arbeitgeber und Verbände beträgt die mögliche wöchentliche Ausbildungszeit volljähriger Auszubildender danach entsprechend § 3 ArbZG bis zu 48 Stunden einschließlich der Berufsschulzeit.
Grundlage dieser Argumentation war ein Urteil des Bundesarbeitsgerichts (vom 27.05.1992 – 5 AZR 252/91), in dem es um die Anrechnung von Berufsschulzeiten auf die Arbeitszeiten ging. Zu dieser Entscheidung ist jedoch klarzustellen, dass das Bundesarbeitsgericht nur festgestellt hat, dass sich die im Jugendarbeitsschutzgesetz (vor der Veränderung von 1997) beschriebene Anrechnung von 8 Stunden bei mindestens 5 Unterrichtsstunden auf die gesetzliche 40-Stunden-Woche bezieht. Wie die Berufsschulzeit auf die tarifliche Ausbildungszeit anzurechnen ist, hängt von der jeweiligen tariflichen Regelung ab.

Bedeutung tariflicher Regelungen

In § 9 Abs. 1 Satz 2 Nr. 1 JArbSchG ist geregelt, dass auch über 18-jährige Auszubildende bei einem Unterrichtsbeginn vor 9.00 Uhr nicht vor dem Berufsschulunterricht im Betrieb beschäftigt werden dürfen. Dies gilt auch nach der Gesetzesänderung weiter.
Auch im Hinblick auf die oben genannte Entscheidung des Bundesarbeitsgerichts gilt prinzipiell: Tarifvertragliche Normen haben weiterhin ihre Gültigkeit, auch für volljährige Auszubildende, da sie eine günstigere Regelung beinhalten.

> **Tarifvertrag**
> *»Abweichende Abmachungen sind nur zulässig, soweit sie durch den Tarifvertrag gestattet sind oder eine Änderung der Regelungen zugunsten des Arbeitnehmers enthalten.«*
> (§ 4 Abs. 3 TVG)

Tarifvertragliche Arbeitszeitregelungen dürfen also nicht überschritten werden. In diesem Zusammenhang gilt die für den Berufsschultag vereinbarte betriebliche Arbeitszeit, unabhängig davon, für welchen Zeitraum die Auszubildenden an diesem Tag für den Besuch der Berufsschule freigestellt wurden.

Für Auszubildende, die das 18. Lebensjahr vollendet haben und in tarifgebundenen Betrieben der Metall- und Elektroindustrie beschäftigt werden, gewinnen tarifvertragliche Regelungen an Bedeutung, vor allem, wenn sie eine Anrechnungsregelung enthalten. So beträgt beispielsweise nach dem Tarifvertrag für Auszubildende in der Berufsausbildung Hessen die regelmäßige wöchentliche Ausbildungszeit 35 Stunden. Außerhalb der betrieblichen Ausbildungszeit erfüllte Berufsschul- und Ausbildungszeiten, die nicht im Betrieb erfolgen können, sind durch die Gewährung von Freizeit unter Kürzung der wöchentlichen Ausbildungszeit auszugleichen. Das heißt: Diese Zeiten sind auf die 35-Stunden-Woche anzurechnen und bewirken eine entsprechende Verkürzung.
Dieser Tarifvertrag enthält auch Tarifnormen für die Wegezeit ohne Minderung der Ausbildungsvergütung und ggf. zu erstattender Fahrtkosten.

Tarifvertrag

»1. Den Auszubildenden ist die zur Erfüllung der gesetzlichen Berufsschulpflicht notwendige Zeit einschließlich der Wegezeit zwischen Betrieb und Schule zu gewähren. Dadurch darf eine Minderung der Ausbildungsvergütung nicht eintreten.

2. Außerhalb der vereinbarten Ausbildungszeit erfüllte Berufsschulzeit und eine evtl. anfallende Ausbildungszeit (die im Rahmen der Ausbildungsbestimmungen erforderlich ist), die nicht im Betrieb erfolgen kann, ist durch die Gewährung von Freizeit unter entsprechender Kürzung der wöchentlichen Ausbildungszeit abzugelten.

3. Unvermeidbar anfallende Fahrtkosten durch die Benutzung öffentlicher Verkehrsmittel für den Besuch der Berufsschule sind durch den Ausbildungsbetrieb zu erstatten. Dies gilt nicht innerhalb des Stadt- und Gemeindeverkehrs.

Bestehende betriebliche Regelungen bleiben unberührt.«
(§ 12 Tarifvertrag für Auszubildende in der Berufsausbildung, Hessen)

Für volljährige Auszubildende außerhalb tarifgebundener Betriebe regelt sich die Freistellung zum Besuch der Berufsschule entsprechend § 7 BBiG.
Ob über 18-jährige Auszubildende nach dem Besuch der Berufsschule in den Betrieb zurückkehren müssen, hängt wesentlich davon ab, ob und inwieweit die Berufsschulzeit auf die tarifliche Ausbildungszeit anzurechnen ist. Tarifverträge regeln diese Frage unterschiedlich,
§ 8 des Manteltarifvertrages für Auszubildende der Metallindustrie Nordwürttemberg-Nordbadens enthält eine Bestimmung, nach der »eine Pflicht zur Rückkehr in den Betrieb nur besteht, wenn noch mindestens 1,5 Stunden« Ausbildungszeit verbleiben.
Die tariflichen Regelungen zur Freistellung am Berufsschultag verfolgen das Ziel, Auszubildenden die Möglichkeit zu geben, das in der Berufsschule erworbene theoretische Wissen zu verarbeiten. Ob dieses Ziel verwirklicht werden kann, hängt entscheidend davon ab, wie die Gestaltung der betrieblichen Ausbildungszeit geregelt ist. Versuche der Arbeitgeber, die Veränderung des Jugendarbeitsschutzgesetzes zum Anlass zu nehmen, die Ausbildungszeit

auf mehr als 35 Stunden anzuheben, lassen sich verhindern, wenn Betriebsräte in konsequenter Anwendung des § 87 Abs. 1 Nr. 2 und 3 BetrVG darauf achten, welche Auswirkungen die Vereinbarung der Lage und Verteilung der wöchentlichen Ausbildungszeit unter Beachtung der Freistellungsregelung auf die Belastung der Auszubildenden hat.

Übersicht 8.4 – Freistellung am Berufsschultag

Freistellung am Berufsschultag
am Beispiel des Ausbildungsabkommens für die Metall- und Elektroindustrie Hessen (Grundlage 35-Stunden-Woche)

Arbeitsbeginn	7.00 Uhr
Arbeitsende	14.30 Uhr
Schule	8.00 bis 14.00 Uhr
Wegezeit Schule – Betrieb	jeweils 30 Minuten

Da die Berufsschule vor 9.00 Uhr beginnt, darf der Auszubildende vor der Schule nicht beschäftigt werden (§ 9 Abs. 1 Satz 1 JArbSchG).

Nach der Berufsschule kann der Azubi nicht beschäftigt werden, da ein Freistellungsanspruch bis zum Ende der Arbeitszeit besteht (§ 12 Ziff. 1 Abkommen für Auszubildende).

Auf die tarifliche Arbeitszeit von 35 Stunden sind 7 Stunden anzurechnen.

Arbeitsbeginn	7.00 Uhr
Arbeitsende	14.30 Uhr
Schule	8.00 bis 12.00 Uhr
Wegezeit Schule – Betrieb	jeweils 30 Minuten

Da die Berufsschule vor 9.00 Uhr beginnt, darf der Auszubildende vor der Schule nicht beschäftigt werden (§ 9 Abs. 1 Satz 1 JArbSchG).

Nach der Berufsschule kann der Azubi beschäftigt werden, da ein Freistellungsanspruch nur bis 12.30 Uhr besteht (§ 12 Ziff. 1 Abkommen für Auszubildende, Metallindustrie Hessen i.d.F. vom 18.12.1996).

Auf die tarifliche Arbeitszeit von 35 Stunden sind 5 Stunden anzurechnen.

Arbeitsbeginn	7.00 Uhr
Arbeitsende	14.30 Uhr
Schule	10.00 bis 14.00 Uhr
Wegezeit Schule – Betrieb	jeweils 30 Minuten

Der Auszubildende darf vor der Schule beschäftigt werden, da die Schule nach 9.00 Uhr beginnt (§ 9 Abs. 1 Satz 1 JArbSchG).

Nach der Berufsschule kann der Azubi nicht beschäftigt werden, da ein Freistellungsanspruch bis zum Ende der Arbeitszeit besteht (§ 12 Ziff. 1 Abkommen für Auszubildende, Metallindustrie Hessen i.d.F. vom 18.12.1996).

Auf die tarifliche Arbeitszeit von 35 Stunden sind 5 Stunden anzurechnen.

Arbeitsbeginn	7.00 Uhr
Arbeitsende	14.30 Uhr
Schule	8.00 bis 13.00 Uhr
Wegezeit Schule – Betrieb	jeweils 30 Minuten

Da die Berufsschule vor 9.00 Uhr beginnt, darf der Auszubildende vor der Schule nicht beschäftigt werden (§ 9 Abs. 1 Satz 1 JArbSchG).

Nach der Berufsschule kann der Azubi beschäftigt werden, da ein Freistellungsanspruch nur bis 13.30 Uhr besteht.

Auf die tarifliche Arbeitszeit von 35 Stunden sind 6 Stunden anzurechnen.

(Quelle: Ohl u.a. 2000, S. 364–366)

8.4.2 Tarifverträge zur Einstiegsqualifizierung in die Berufsausbildung

In den meisten Tarifgebieten der Metall- und Elektroindustrie wurden zwischenzeitlich Tarifverträge zur Einstiegsqualifizierung und zur Integration Jugendlicher in die Berufsausbildung abgeschlossen. Ziel dieser Tarifverträge ist es, Jugendliche mit besonderem Förderungsbedarf zu unterstützen und ihre Ausbildungsfähigkeit zu fördern. Es soll damit einerseits erreicht werden, dass diese Jugendlichen am Ende der Fördermaßnahme in ein reguläres Ausbildungsverhältnis übernommen werden. Andererseits kann damit aus betrieblicher Sicht auch ein Beitrag zur Fachkräfteentwicklung geleistet werden. Der niedersächsische Tarifvertrag zur Einstiegsqualifizierung enthält folgende Regelungen zu Dauer und Inhalt der Förderung:

Tarifvertrag
»(1) Die Dauer der Qualifizierung beträgt mindestens 6 bis zu 12 Monate.
(2) Die Qualifizierung beginnt mit einer Probezeit. Sie muss mindestens einen Monat und darf höchstens vier Monate betragen.
(3) Die Qualifizierungsmaßnahme endet in der Regel zu Beginn des folgenden Ausbildungsjahres, um einen nahtlosen Übergang von der Qualifizierungsphase in die angestrebte Ausbildung sicherzustellen.
(4) Im Rahmen der Qualifizierung ist eine geeignete Betreuungsperson für die Teilnehmer/innen sicherzustellen.
(5) Während der Qualifizierungsmaßnahme vermittelt der Betrieb Fertigkeiten, Kenntnisse und Fähigkeiten und stellt ggf. eine »sozialpädagogische« Begleitung sicher. Der Qualifizierungsstand wird in einem Entwicklungsgespräch zwischen Teilnehmer/in, Betreuungsperson und Betriebsrat im Abstand von in der Regel jeweils 3 Monaten erörtert.«
(§ 4 TV Einstiegsqualifizierung Niedersachsen)

Die teilnehmenden Jugendlichen erhalten – je nach Tarifgebiet – eine am ersten Ausbildungsjahr orientierte – unterschiedlich hohe anteilige Vergütung, bei der eventuelle öffentliche Förderungen angerechnet werden können. In Niedersachsen können Zuschüsse beantragt werden.

Tarifvertrag
»Während der Dauer der Qualifizierung erhalten die Teilnehmer/innen eine Vergütung die derzeit bis zu 682 Euro pro Monat betragen kann. Sie setzt sich zusammen aus einer Arbeitgeberzahlung in Höhe von 250 Euro und derzeit bei

> *Förderung weiter 216 Euro von der Agentur für Arbeit sowie 216 Euro vom Verein für Beschäftigungsförderung.«*
> (§ 6 (3), Tarifvertrag zur Einstiegsqualifizierung Niedersachsen)

In allen Tarifgebieten ist zu beobachten, dass die Tarifverträge zur Einstiegsqualifizierung kaum angewendet werden, da sich fast alle Firmen weigern, förderungsbedürftigen Jugendlichen eine Einstiegsqualifizierung anzubieten.

8.5 Regelungsvorschläge

Regelungsvorschläge müssen an den spezifischen betrieblichen Problemstellungen ansetzen. Hierbei geht es vielfach darum, Qualifizierung und berufliche Entwicklung als Handlungsfelder von Betriebsrat und IG Metall aktiv zu besetzen und entsprechende Themen, Budgets und Verteilungsfragen (Wer nimmt an Weiterbildung teil? Wer trägt die Kosten?) nicht allein den Arbeitgebern und Vorgesetzten zu überlassen. Die Mitbestimmungsrechte der Betriebsräte werden nicht genutzt.
Gerade vor dem Hintergrund der notwendigen Fachkräfteentwicklung empfiehlt es sich, Erfolgskriterien zu entwickeln und umzusetzen. Mögliche Ziele wären:

1. Die jährliche Planung der Qualifizierungsmaßnahmen unter Beteiligung des Betriebsrates.
2. Das Unternehmen unterstützt persönliche Weiterbildung mit Stipendien und Aufstockungsbeträgen und hilft bei Auswahl und Begleitung von Maßnahmen und Möglichkeiten der Bildungsteilzeit.
3. Qualifizierungsangebote für Un- und Angelernte sowie für Beschäftigte aus Montagen und Produktion stehen in ausreichendem Umfang zur Verfügung.
4. Im Betrieb finden Auslerner-Runden statt, auf denen das Thema persönliche Weiterbildung und berufliche Entwicklung besprochen wird.

Betriebsverfassung und Tarifverträge bieten eine Reihe von Möglichkeiten, das Thema Qualifizierung aktiv zu gestalten, sich als Betriebsrat, Jugend- und Auszubildendenvertretung, Vertrauensleute der Schwerbehinderten und gewerkschaftliche Vertrauensleute zu profilieren, für die betroffenen Beschäftigten sinnvolle und bessere Regelungen betrieblich durchzusetzen. An dieser Stelle kann nur punktuell darauf eingegangen werden. Weitergehende Hinweise, Checklisten und Musterbetriebsvereinbarungen finden sich im Arbeitsordner »Tarifvertrag Qualifizierung« (IG Metall Vorstand 2007 c) und der IG Metall Handlungshilfe »Der Bildungsausschuss des Betriebsrates« (IG Metall Vorstand 2012).
Für die Umsetzung empfiehlt sich ein systematisches Vorgehen. Eine Orientierung hierfür bieten folgende Punkte:

1. Betriebsversammlungen und Informationsveranstaltungen über Inhalte der

Rechtsgrundlagen des Betriebsverfassungsgesetzes sowie des Tarifvertrages zur Qualifizierung.
2. Mobilisierung durch Beteiligung der Belegschaft (Befragungen zur Weiterbildung, Selbstcheck, Workshops).
3. Bildung eines betrieblichen Ausschusses und Projektgruppen.
4. Verantwortliche festlegen.
5. Aufbau von betrieblichen Strukturen zur Einführung und Verbesserung betrieblicher Weiterbildung.
6. Betriebsvereinbarungen zur Qualifizierung.
7. Einrichtung von paritätischen Kommissionen für Konflikte.
8. Vereinbarung von Instrumenten für die Berichte und zur Erfassung des Qualifikationsbedarfs, Ausführen von Qualifizierungsgesprächen, Dokumentation der Qualifizierungsmaßnahmen.

Betriebsvereinbarung Qualifizierung

Zur Umsetzung und Anwendung des Tarifvertrages Qualifizierung empfiehlt sich der Abschluss einer Betriebsvereinbarung. Gestaltungshinweise für Betriebsvereinbarungen finden sich in den genannten Materialien der IG Metall. Orientierungspunkte zur Regelung in einer Betriebsvereinbarung:

1. Präambel (Leitideen, Motive, z. B. Perspektiven nach der Beruflichen Erstausbildung zu eröffnen und die Durchlässigkeit zu erhöhen, Weiterbildungsbereitschaft zu fördern, mittel- und längerfristige Sicherung des Fachkräftebedarfs, Personalentwicklung, Innovationsfähigkeit)
2. Geltungsbereich (grundsätzlich für alle Beschäftigten außer Auszubildenden, auch Beschäftigte mit ruhendem Arbeitsverhältnis rechtzeitig vor Rückkehr in den Betrieb)
3. Qualifizierung (Definition der Maßnahmen, betriebliche notwendige und zweckmäßige Maßnahmen zur Erhaltungs- oder Anpassungsqualifizierung, zur Umqualifizierung oder zur Entwicklungsqualifizierung)
4. Feststellung des betrieblichen Qualifizierungsbedarfs (regelmäßige Unterrichtung des Betriebsrates gem. §§ 90 ff. BetrVG mindestens jährlich über Planung technischer Anlagen, Änderung von Arbeitsverfahren und Arbeitsabläufen oder deren Neueinführung oder die Änderung von Arbeitsplätzen, Einbringen eigener Vorschläge des Betriebsrates, Feststellung des Qualifizierungsbedarfes und Beratung mit dem Betriebsrat, Bereitstellung aller notwendigen Unterlagen, Hinzuziehen von Sachverständigen)
5. Individuelle Qualifizierungsgespräche (Rhythmus, Form, Ablauf und Dokumentation)
6. Ausführung der Qualifizierung (zeitlich-inhaltliche Beschreibung der Maßnahmen, intern oder extern, Anmeldeverfahren und Konfliktregelung in einer paritätischen Kommission, Kostenübernahme und Freistellungsregelung, ausreichende Personalbesetzung während der Abwesenheit)
7. Pflichten der Beschäftigten und Vorgesetzten (Mitwirkung an Qualifizierungsgesprächen und -maßnahmen, Entgeltsicherung entsprechend Tarifvertrag)

8. Konfliktregelung (paritätische Kommission bzw. entsprechend Tarifvertrag)
9. Persönliche berufliche Weiterbildung (Möglichkeiten und Konditionen zusätzlicher Freistellung, die nicht Qualifizierung im Sinne der Betriebsvereinbarung ist)
10. Schlussbestimmungen
11. Inkrafttreten und Kündigung

9. Vereinbarkeit von Arbeit und Privatleben

von Hartmut Meine und Hilde Wagner

Dauer und Lage der Arbeitszeit sind entscheidende Faktoren für eine gute Vereinbarkeit von Arbeit und Privatleben. Dies gilt für alle Beschäftigte, in besonderem Maße aber auch für Beschäftigte, die in Familien leben. Letztlich geht es um die Frage, wem die Zeit gehört – den Unternehmen oder den Menschen? Wie ist das Verhältnis von Arbeitszeit und freier Zeit? Es geht darum, wie viel Zeit die Beschäftigten mit abhängiger Arbeit im Betrieb verbringen und wie viel ihnen für das Privatleben zur Verfügung steht (vgl. Kapitel 1.). Je nach persönlicher Situation und Lebensphase gibt es dazu unterschiedliche Interessenlagen bei den Beschäftigten. So äußern junge Beschäftigte häufiger den Wunsch, länger als üblich arbeiten zu können, um einen möglichst hohen Verdienst und gute Karrierechancen zu erhalten. Diese Einstellung ändert sich aber häufig dann, wenn sie eine Familie gründen und Kinderbetreuung dazu kommt. Sie ändert sich manchmal auch, wenn langjährige Erfahrungen mit Belastungen aus dem Arbeitsleben vorliegen. Dann nimmt in der Regel der Wunsch nach mehr freier Zeit zu, um mit der Familie und den Kindern gemeinsam Zeit verbringen zu können oder um mehr Zeit zur Regeneration und Erholung zu haben.

Der Begriff »Vereinbarkeit von Arbeit und Privatleben« ist im Vergleich mit »Vereinbarkeit von Beruf und Familie« der weiter gefasste Begriff: Er umfasst Alleinstehende (»Singles«) gleichermaßen wie Familien. Der Familienbegriff hat sich in den letzten Jahren gewandelt. Galt bis in die 1980er-Jahre die Familie mit Vater, Mutter und zwei Kindern als Leitbild, werden heute unter Familie alle Lebenssituationen verstanden, in denen Menschen in häuslicher Gemeinschaft zusammenleben und für einander Verantwortung übernehmen. Also Paare mit und ohne Kinder. Paare mit eigenen oder adoptierten Kindern. Paare mit und ohne Trauschein. Alleinerziehende Väter und Mütter. Paare unterschiedlichen Geschlechts ebenso wie gleichgeschlechtliche Lebenspartnerschaften. »Patch-Work-Familien«, in denen beide Partner Kinder aus früheren Partnerschaften mit in die neue Familie einbringen. Dazu zählen auch Situationen, bei denen Eltern oder Großeltern mit in der Familie leben. Familienaufgaben beziehen sich häufig nicht nur auf Kinderbetreuung, sondern schließen auch Pflegeaufgaben mit ein. Viele gesetzliche und einige tarifliche Regelungen haben als Ausgangspunkt die klassische Familie, sie sind in den letzten Jahren zwar schrittweise, aber noch nicht ausreichend erweitert bzw. angepasst worden.

9.1 Hinderliche und förderliche Faktoren

Hinsichtlich des Arbeitsverhältnisses und der Arbeitszeit gibt es für die Vereinbarkeit von Beruf und Privatleben hinderliche und förderliche Faktoren (vgl. Übersicht 9.1).

Übersicht 9.1 – Hinderliche und förderliche Faktoren für die Vereinbarkeit von Arbeit und Privatleben

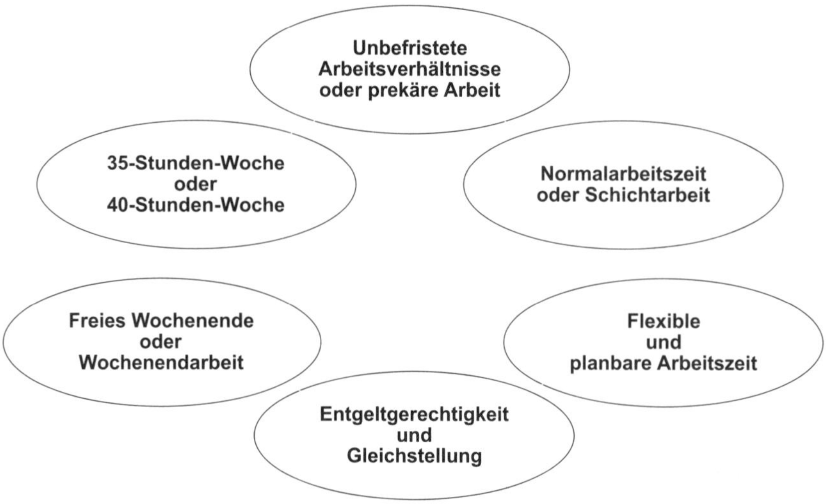

9.1.1 Unbefristete Arbeitsverhältnisse oder prekäre Arbeit

Die Frage, ob Beschäftigte ein unbefristetes Arbeitsverhältnis zu guten Tarifbedingungen oder ein befristetes Arbeitsverhältnis oder ein Leiharbeitsverhältnis haben, ist für eine Vereinbarkeit von Arbeit und Privatleben entscheidend. So sehen sich häufig junge Beschäftigte in prekären Arbeitssituationen nach mehreren befristeten Arbeitseinsätzen nicht in der Lage, eine Familie zu gründen und Kinder zu bekommen. Sie sehen dies zu Recht unter den Gesichtspunkt der Verantwortung für Kinder. Es ist bezeichnend, dass Vertreterinnen und Vertreter aus Politik und Wirtschaft einerseits die geringe Geburtenrate in Deutschland beklagen, aber gleichzeitig nicht offensiv gegen prekäre Arbeitsverhältnisse vorgehen. Das ist ein eklatanter Widerspruch. Ein unbefristetes Arbeitsverhältnis zu guten Tarifbedingungen ist einer der wichtigsten Faktoren für eine gute Vereinbarkeit von Beruf und Familie. Das gilt für ein Vollzeitarbeitsverhältnis gleichermaßen wie für ein Teilzeitverhältnis, wenn es auf eigenen Wunsch der Beschäftigten zustande kommt.

9.1.2 Dauer der Arbeitszeit

Es ist selbstverständlich, dass eine kürzere tarifliche Wochenarbeitszeit für die Vereinbarkeit von Arbeit und Privatleben besser ist, als eine lange Arbeitszeit. Die 35-Stunden-Woche in Westdeutschland und – abgeschwächt – die 38-Stunden-Woche in Ostdeutschland bieten bessere Möglichkeiten, beides zu vereinbaren, als eine 40-Stunden-Woche oder gar noch längere Arbeitszeiten. Bei der Durchsetzung der 35-Stunden-Woche in der Metall- und Elektroindustrie Westdeutschlands Mitte der 1980er-Jahre war die Vereinbarkeit von Beruf und Privatleben eines der entscheidenden Argumente der IG Metall. Wird die 35-Stunden-Woche in die Praxis umgesetzt und gelebt, haben Beschäftigte mehr Zeit für Privates, für Familie und ihre Kinder.
Vollzeitarbeit, wie sie derzeit in der betrieblichen Praxis oft vorherrscht, ist allerdings für viele Beschäftigte, vor allem wenn beide berufstätig sind, mit ihren Familienaufgaben oft schwer oder nicht zu vereinbaren. In die richtige Richtung gehen deshalb Überlegungen und Vorschläge, die Beschäftigte dabei unterstützen, Familien- und Erwerbsarbeit partnerschaftlich aufzuteilen oder auch Alleinerziehende bzw. Pflegende dabei zu unterstützen, der Kinder- oder Elternbetreuung nachzukommen. Diese Vorschläge beziehen sich auf Modelle *kürzerer Vollzeit*, die Frauen und Männern die Chance auf eine existenzsichernde und gleichberechtigte Teilhabe an der Erwerbsarbeit und auf eine geschlechtergerechte Aufteilung der Familienarbeit eröffnen. Damit solche Modelle auch von allen Beschäftigten in Anspruch genommen werden können, sind sie mit einer finanziellen Ausgleichszahlung (staatliche Lohnersatzleistung oder Teilentgeltausgleich) zu verknüpfen.
Die Verbesserung der Anspruchsgrundlagen für Teilzeit in Form eines verbindlichen individuellen Rechts verknüpft mit einem verbindlichen Rückkehrrecht auf Vollzeit ist ebenfalls ein wichtiger und richtiger Schritt, wenn Frauen oder Männer die Anforderungen der Erwerbsarbeit mit Familie und Privatleben besser in Einklang bringen möchten.

9.1.3 Normalarbeitszeit oder Schichtarbeit

Schichtarbeit ist wohl die größte Einschränkung einer Vereinbarkeit von Arbeit und Privatleben. Das gilt für klassische 2-Schicht-Arbeit und in verstärktem Maße für 3-Schicht-Systeme unter Einbeziehung von Nachtarbeit. Schichtarbeit ist in vielen Produktionsbetrieben der Metall- und Elektroindustrie Realität und kaum wegzudenken. Der gesamte Lebensrhythmus von Schichtbeschäftigten wird durch den Schichtplan bestimmt. Sie sind gezwungen, zu sozial wichtigen Zeiten zu arbeiten, an denen andere längst »Feierabend« haben. Die Spätschicht dauert meistens von 14.00 bis 22.00 Uhr, so dass Freizeitaktivitäten oder familiäres Zusammensein am Nachmittag und am Abend unmöglich sind. Arbeit in der Nacht, meistens in der Zeit von 22.00 bis 06.00 Uhr, bedeutet, dass am Tag geschlafen wird. Das stellt eine gravierende

Einschränkung für die 3-Schicht-Beschäftigten, aber auch für deren Partnerinnen und Partner bzw. deren Familie dar.
Die Alternative, auf einen Arbeitsplatz mit Normalschicht zu wechseln, stellt sich in der Realität für viele Schichtarbeiterinnen und Schichtarbeiter kaum, da in vielen Betrieben in der Produktion Schichtarbeit der Regelfall ist. Durch eine entsprechende Schichtplangestaltung lassen sich Belastungen aufgrund von Nachtarbeit verringern. Die nachteiligen Auswirkungen auf das Familienleben sind aber kaum zu vermeiden (vgl. Kapitel 6.1). Viele Schichtbeschäftigte sind gezwungen, sich auf spezielle Zeitrhythmen einzulassen, die das Privat- und Familienleben stark beeinträchtigen. Häufig ist eine Kinderbetreuung nur möglich, wenn beide Partner auf »Gegenschicht« arbeiten oder die Kinderbetreuung den Großeltern oder »Tagesmüttern« überlassen wird.
In wenigen Betrieben wurden spezielle Schichtsysteme mit vier Schichtgruppen entwickelt, bei denen drei Schichtgruppen Früh-, Spät- und Nachtschichten leisten, während eine Schichtgruppe ausschließlich Früh- und Spätschicht absolviert. Das eröffnet die Möglichkeit, dass Beschäftigte mit eigenen Kindern dann ausschließlich in Früh- und Spätschicht arbeiten können. Gleichzeitig bedeutet das aber für die drei anderen Schichtgruppen einen erhöhten Nachtschichtanteil (vgl. Kapitel 6.4).
Letztlich ist eine gute Kinderbetreuung mit Schichtarbeit nicht vereinbar. Eine Lösung könnte darin bestehen, dass Eltern mit Kindern für eine bestimmte Zeit auf Normalschicht wechseln können. Allerdings stößt dies in den klassischen 3-Schicht-Betrieben in der Praxis an Grenzen, da keine ausreichende Zahl von Arbeitsplätzen in Normalschicht zur Verfügung steht.

9.1.4 Freies Wochenende oder Wochenendarbeit

Das freie Wochenende von Freitagnachmittag bis Montagmorgen ist für die Vereinbarkeit von Arbeit und Privatleben von entscheidender Bedeutung. 2 Tage in der Woche, an denen alle Familienmitglieder *gemeinsam* freie Zeit haben, bieten gute Möglichkeiten, in entspannter Form nicht die Arbeit, sondern die Familie oder die Lebenspartnerschaft in den Mittelpunkt zu stellen (vgl. Kapitel 4.5).
Die Bedeutung des freien Wochenendes für die Vereinbarkeit von Beruf und Familie wird in einer Forderung des DGB aus den 1950er-Jahren deutlich. Damals hieß es: »Samstags gehört Vati mir!« Heute heißt es: »Samstags gehören Vati und Mutti mir!« Oder aus der Perspektive der Eltern: »Samstags gehören wir der Familie.« Das freie Wochenende bietet Eltern und Kindern die Möglichkeit, gemeinsame Aktivitäten zu unternehmen. Arbeitszeitmodelle, die den Samstag oder gar den Sonntag einbeziehen, stören diesen freien Zeitblock erheblich. Das gilt vor allem für Schichtmodelle mit drei Schichten unter Einbeziehung des Samstags und des Sonntags (vgl. Kapitel 6). Aber auch das Phänomen der »ständigen Erreichbarkeit« stört die private Gestaltung eines freien Wochenendes. Deshalb sind Regelungen sinnvoll, die dem Übergriff der Erwerbsarbeit in die freie Zeit Grenzen setzen.

9.1.5 Flexible und planbare Arbeitszeiten

Unternehmen gehen immer stärker dazu über, die Arbeitszeit flexibel zu gestalten (vgl. Kapitel 5). Dabei stellt sich die Frage, wer über eine flexible Gestaltung der Arbeitszeit entscheidet - das Unternehmen oder die jeweiligen Beschäftigten.
Einige Gleitzeitsysteme eröffnen den Beschäftigten Möglichkeiten, innerhalb eines bestimmten Rahmens die Lage ihrer Arbeitszeit eigenständig festzulegen (vgl. Kapitel 5.3). Ist diese Möglichkeit in der Praxis tatsächlich gegeben, verbessert sich die Chance für eine Vereinbarkeit von Arbeit und Privatleben, vor allem von Arbeit und Familie. Eltern können so auf bestimmte Betreuungssituationen für ihre Kinder besser reagieren.
Wird dagegen die Lage der Arbeitszeit einseitig vom Unternehmen vorgegeben und kurzfristig verlängert oder verkürzt, beeinträchtigt dies die Vereinbarkeit von Arbeit und Privatleben entscheidend. Wenn der Arbeitgeber je nach Auftragslage die Zahl der Arbeitstage pro Woche oder die Dauer der täglichen Arbeitszeit bestimmt, ist dies - vor allem für Eltern von kleinen Kindern - nicht akzeptabel. Unter Umständen ist es auch mit den geltenden Tarifnormen nicht vereinbar. Diese beinhalten in einigen Tarifgebieten die Bestimmung, dass bei Vereinbarungen über die Lage und Verteilung der Arbeitszeit dem Einzelnen im Rahmen der betrieblichen Möglichkeiten Entscheidungsspielräume einzuräumen sind.

Tarifvertrag
»Arbeitsplatz, Arbeitsablauf und Arbeitsumgebung sind menschengerecht zu gestalten.
Dabei sind insbesondere folgende Grundsätze zu beachten:
Arbeits- und Leistungsbedingungen und Arbeitszeiten sind im Rahmen der betrieblichen und wirtschaftlichen Möglichkeiten so zu gestalten,
- *dass sie auch auf Dauer zu keiner gesundheitlichen Beeinträchtigung der Beschäftigten führen,*
- *dass die freie Entfaltung der Persönlichkeit der im Betrieb Beschäftigten geschützt und gefördert sowie das Recht auf Menschenwürde geachtet wird,*
- *dass bei Vereinbarungen zu Lage und Verteilung der Arbeitszeit im Rahmen der betrieblichen Möglichkeiten dem Einzelnen Entscheidungsspielräume eingeräumt werden.*

Werden diese Grundsätze nicht eingehalten, so können die Beschäftigten Vorschläge zur Verbesserung der Arbeitssituation einbringen. Die Vorschläge sind umgehend zu prüfen und, soweit sachlich berechtigt und wirtschaftlich vertretbar, vom Arbeitgeber umzusetzen.
Die menschengerechte Gestaltung der Arbeits- und Leistungsbedingungen und Arbeitszeiten soll unter Berücksichtigung der vorgenannten, sowie wirtschaftlich vertretbarer Gesichtspunkte im Rahmen von § 88 BetrVG geregelt werden.«
(§ 3 MTV Hessen)

In flexiblen Arbeitszeitsystemen, die stark auf den Arbeitsanfall reagieren, ist es für eine halbwegs akzeptable Vereinbarkeit von Arbeit und Privatleben erforderlich, dass möglichst lange Ankündigungsfristen für eine Änderung der »Regelarbeitszeit« festgelegt sind. Je länger diese Ankündigungsfristen sind, desto besser können sich die Beschäftigten auf Arbeitszeitänderungen einstellen und ihrer privaten Situation anpassen, z. B. durch die Organisation der Betreuung ihrer Kinder in Zeiten, in denen sie arbeiten müssen.

9.1.6 Entgeltgerechtigkeit und Gleichstellung

Letztendlich gehört zur Vereinbarkeit von Arbeit und Privatleben die tatsächliche Gleichstellung im Betrieb. Zwar bieten beispielsweise die Entgeltrahmentarifverträge in der Metall- und Elektroindustrie diskriminierungsfreie Grundlagen zur Eingruppierung. Dennoch gibt es eine Lücke zwischen den Entgelten von Frauen und Männern. Männer sind häufiger in Tätigkeiten beschäftigt, die höheren Entgeltgruppen zugeordnet sind und sie erhalten auch höhere Zulagen. In vielen Paarbeziehungen ist das Einkommen der Frauen niedriger als das der Männer, selbst wenn sie ebenfalls in Vollzeit arbeiten. Oft stecken auch deshalb Frauen bei der Berufstätigkeit zurück und übernehmen Familienaufgaben. Nach wie vor übernehmen Frauen große Teile von Kindererziehungs- und Pflegeaufgaben, senken dafür ihre Arbeitszeiten ab oder steigen komplett aus dem Beruf aus. Entgeltgerechtigkeit herzustellen ist eine wichtige Voraussetzung für eine gleichberechtigte Teilhabe an den Entwicklungsmöglichkeiten in und außerhalb der Arbeit. Für eine gute Balance von Arbeit und Privatleben unabhängig vom Geschlecht ist es zudem notwendig, dass Aufstiegs- aber auch Ausstiegsmöglichkeiten tatsächlich gleichermaßen wahrgenommen werden können.

9.1.7 Fazit

Für eine gute Vereinbarkeit von Erwerbsarbeit und Privatleben, vor allem von Erwerbsarbeit und Familie sind förderlich:

- Ein unbefristetes Arbeitsverhältnis
- Eine 35-Stunden-Woche oder kürzere Arbeitszeiten
- Eine Normalschichtarbeit
- Ein freies Wochenende
- Eine planbare Arbeitszeit
- Eine Gleichstellung der Einkommenschancen

Es fällt auf, dass sich zahlreiche Vertreterinnen und Vertreter aus Politik und Wirtschaft zwar für eine Vereinbarkeit von Beruf und Familie aussprechen, aber auf die oben genannten Zusammenhänge überhaupt nicht eingehen. So wird beispielsweise die Vereinbarkeit von Beruf und Familie oft ausschließlich auf Akademikerinnen und Akademiker bezogen, die Situation von Beschäftigten in Schichtarbeit in der Produktion wird dagegen überhaupt nicht zur Kenntnis genommen. Für eine gute Vereinbarkeit von Arbeit und Privatleben ist eine ganzheitliche Sichtweise erforderlich, die die oben genannten Aspekte und zusätzlich förderliche Aspekte einschließt, wie ein Recht auf Teilzeit und ein Rückkehrrecht auf Vollzeit sowie zusätzlich weitere Möglichkeiten,

Arbeitszeit während der Pflegephase von Familienmitgliedern oder der Erziehungsphase der Kinder zu reduzieren (z. B. Familienarbeitszeit).

9.2 An Lebensphasen orientierte Arbeitszeit

Die Beschäftigten haben zu verschiedenen Phasen ihres Lebens häufig unterschiedliche Bedürfnisse bei der Arbeitszeitgestaltung. Daraus ergibt sich der Gedanke, dass sich die Dauer der Arbeitszeit auch an den Bedürfnissen bestimmter Lebensphasen orientieren sollte. Das wird in der aktuellen Debatte vorrangig auf die Zeiten der Kindererziehung und neuerdings auch auf Zeiten der privaten Pflege von Familienangehörigen bezogen. Darüber hinaus gibt es bei einigen Beschäftigten den Wunsch zur Freistellung bzw. Reduzierung der Arbeitszeit für längere Qualifizierungsphasen, z. B. für ein Studium. Bei anderen Beschäftigten ist der Wunsch nach einer längeren Auszeit zur Verwirklichung von privaten Interessen vorhanden, z. B. nach einem sogenannten Sabbatical. In den folgenden zwei Kapiteln liegt der Schwerpunkt auf Regelungen und Perspektiven für die Phasen der Kindererziehung und der Pflege von Familienangehörigen.

9.3 Mehr Zeit für die Kindererziehung

Ausgehend von klassischen Regelungen, wie sie beispielsweise im Mutterschutzgesetz verankert sind, gibt es eine Vielzahl von gesetzlichen und tariflichen Ansatzpunkten, die es beiden Elternpaaren ermöglichen sollen, eine bessere Vereinbarkeit von Beruf und Familie sicherzustellen.

9.3.1 Mutterschutz, Elternzeit und Elterngeld

Der gesetzliche Mutterschutz dient dazu, die werdende Mutter und das Kind vor Gefährdungen, Überforderung und Gesundheitsschädigung am Arbeitsplatz, und auch vor finanziellen Einbußen sowie vor dem Verlust des Arbeitsplatzes während der Schwangerschaft und einige Zeit nach der Geburt zu schützen. Nach § 3 MuSchG dürfen Frauen 6 Wochen vor der Geburt und 8 Wochen nach der Geburt nicht beschäftigt werden. Bei Früh- und Mehrlingsgeburten verlängert sich die Zeit des Beschäftigungsverbotes nach der Geburt auf 12 Wochen. Nach § 9 MuSchG ist eine Kündigung einer Frau während der Schwangerschaft und bis zum Ablauf von 4 Monaten nach der Geburt nicht zulässig.

Für Elternzeit und Elterngeld gelten seit 1. Januar 2015 neue gesetzliche Regelungen. Das Bundeselterngeld- und Elternzeitgesetz (BEEG) wurde durch das »Gesetz zur Einführung des Elterngeld Plus mit Partnerschaftsbonus und einer flexibleren Elternzeit« geändert. Damit wurden neue Möglichkeiten des Eltern-

geldbezugs geschaffen und die Möglichkeiten zur Inanspruchnahme der Elternzeit wurden variabler gestaltet. Die Veränderungen treffen für Eltern zu, deren Kind am oder nach dem 1. Juli 2015 geboren ist. Danach gibt es einen gesetzlichen Anspruch auf Elternzeit für Mütter und Väter in Form einer Auszeit für je 3 Jahre. Die Voraussetzungen sind, dass die Eltern ihr Kind überwiegend selbst betreuen, ihren Wohnsitz in Deutschland haben, in einem Haushalt zusammenleben und während der Elternzeit nicht mehr als 30 Stunden pro Woche arbeiten (§ 1 Abs. 1 BEEG). Dies gilt auch für unverheiratete Paare (§ 15 BEEG). Über Beginn und Dauer der Auszeit entscheiden die Eltern selbst. Sie können die 3 Jahre am Stück nehmen oder verteilen und sie können gleichzeitig oder versetzt in Elternzeit gehen. Zu beachten ist dabei, dass die ersten 12 Monate bis zur Vollendung des 3. Lebensjahres des Kindes genommen werden müssen und die restlichen 24 Monate bis zur Vollendung des 8. Lebensjahres. Die Elternzeit kann ohne Zustimmung des Arbeitgebers in drei Phasen aufgeteilt werden.
Anspruch auf Elterngeld haben alle Mütter und Väter ebenfalls unter der Voraussetzung, dass sie gewöhnlich in Deutschland mit dem Kind zusammenleben, es selbst betreuen und keiner oder keiner vollen Berufstätigkeit nachgehen. Die maximale Höchstarbeitszeit pro Woche beträgt auch hier 30 Stunden. Neu ist, dass Eltern das Elterngeld deutlich einfacher »strecken« können und dadurch zeitlich und finanziell flexibler werden. Sie können wählen zwischen dem »Basiselterngeld« und dem »Elterngeld Plus«. Das Basiselterngeld entspricht dem »alten« Elterngeld und liegt bei 67 Prozent eines pauschal ermittelten Nettoverdienstes, der Höchstsatz beträgt 1800 Euro, mit einer Bezugsdauer von 12 Monaten. Die Bezugsdauer erhöht sich auf 14 Monate, wenn sich die Eltern die Elternzeit teilen und der Partner oder die Partnerin die Tätigkeit mindestens zwei Monate ganz oder teilweise unterbricht. Elterngeld Plus bedeutet, dass die Eltern pro Monat nur das halbe Elterngeld bekommen, dafür aber doppelt so lange. Wenn sich beispielsweise Mutter und Vater die Elternzeit im ersten Jahr nach der Geburt des Kindes teilen, haben sie Anspruch auf 14 Monate Basiselterngeld oder 28 Monate Elterngeld Plus.
Neu ist auch der Partnerschaftsbonus, den Eltern erhalten, wenn sie gleichzeitig 4 Monate in Elternzeit gehen und zwischen 25 und 30 Stunden pro Woche arbeiten. Die Bezugsdauer des Elterngeldes verlängert sich dann um 4 Monate. Diese Regelung gilt auch für Alleinerziehende. Mit diesem Partnerschaftsbonus hat der Gesetzgeber weitere Anreize geschaffen, während der Elternzeit einer Teilzeitbeschäftigung nachzugehen.
Auch wenn sie noch nicht hinreichend sind, können von diesen Neuregelungen Impulse in Richtung einer stärkeren partnerschaftlichen Aufteilung der Kinderbetreuung ausgehen. Derzeit nehmen immer noch überwiegend Frauen die Elternzeit in Anspruch. Die Bereitschaft der Männer, eine Auszeit für Kinder zu nehmen, wächst zwar, aber Männer begnügen sich zum großen Teil mit den optionalen 2 Monaten.
Elterngeld Plus und Partnerschaftsbonus könnten Väter motivieren, die Elternzeit zu verlängern. Allerdings spiegeln die derzeitigen Daten immer noch eine

sehr geschlechtsspezifische Arbeitsteilung zwischen Frauen und Männern wider. Ein nicht unwesentlicher Grund für diese traditionelle Rollenverteilung ist in der immer noch bestehenden Einkommenslücke zwischen Männern und Frauen zu finden.

9.3.2 Wiedereinstellung nach Zeiten der Kinderziehung

In allen Manteltarifverträgen der Metall- und Elektroindustrie sind Regelungen vereinbart, nach denen Beschäftigte im Anschluss an die gesetzliche Elternzeit aus dem Betrieb ausscheiden können und einmalig einen Anspruch auf Wiedereinstellung erhalten.

> **Tarifvertrag**
> *»Wiedereinstellung für Zeiten der Kindererziehung*
> *Beschäftigte, die im Anschluss an die gesetzliche Elternzeit zur Betreuung eines Kindes aus dem Betrieb ausscheiden, haben einmalig einen Anspruch auf Wiedereinstellung auf einen vergleichbaren und gleichwertigen Arbeitsplatz, es sei denn, ein geeigneter Arbeitsplatz ist zum Zeitpunkt der Wiedereinstellung nicht vorhanden und steht auf absehbare Zeit nicht zur Verfügung.*
> *Voraussetzung ist eine mindestens 5-jährige ununterbrochene Betriebszugehörigkeit bis zum 5. Jahr. Der Anspruch ist bis zur Vollendung des 5. Lebensjahres des Kindes begrenzt. Beschäftigten ist während der Kindererziehungszeit im Rahmen der betrieblichen Möglichkeiten Gelegenheit zu geben, an betrieblichen Weiterbildungsmaßnahmen teilzunehmen und kurzfristige Vertretungen wahrzunehmen.*
> *Frühere Beschäftigungszeiten werden bei Wiedereinstellung angerechnet. Die Wiederaufnahme des Arbeitsverhältnisses ist mindestens 6 Monate vorher anzukündigen. Betriebe mit weniger als 500 Beschäftigten sind von dieser Regelung ausgenommen.«*
> (§ 24 MTV Niedersachsen)

Mit dieser Regelung wurde erstmals ein tariflicher Anspruch auf Wiedereinstellung nach Zeiten der Kinderziehung durchgesetzt. Sie ist als erster Schritt in die richtige Richtung zu betrachten, denn sie ist noch an mehrere Einschränkungen geknüpft. Zunächst einmal ist kritisch zu betrachten, dass diese Regelung nur für größere Betriebe mit mehr als 500 Beschäftigten gilt. Hinzu kommt, dass ein Anspruch auf Wiedereinstellung auf den »alten« Arbeitsplatz nicht besteht. Auch der Anspruch auf die Wiedereinstellung auf einen vergleichbaren und gleichwertigen Arbeitsplatz ist daran geknüpft, dass ein entsprechender Arbeitsplatz zur Verfügung steht.
Der Grundgedanke dieser tariflichen Regelung ist, dass das Arbeitsverhältnis für die Zeit der Kinderbetreuung unterbrochen wird und dementsprechend kein Entgeltanspruch besteht. Vor diesem Hintergrund werden allein aus finanziellen Gründen nur wenige Beschäftigte diese Regelung in Anspruch nehmen können. Regelungen zur Teilzeitbeschäftigung während der Zeit der Kinderbetreuung dürften für die Mehrheit der Beschäftigten interessanter sein.

9.3.3 Anspruch auf Teilzeit und Rückkehrrecht auf Vollzeit

Im Teilzeit- und Befristungsgesetz sind grundsätzliche Ansprüche von Beschäftigten auf den Wechsel von Vollzeit in Teilzeit und auf den Wechsel von Teilzeit in Vollzeit angesprochen. Diese Ansprüche sind jedoch eher grundsätzlicher Art und letztlich im Konfliktfall mit dem Arbeitgeber nur schwer durchsetzbar. Vor diesem Hintergrund werden in der Koalitionsvereinbarung der schwarz-roten Bundesregierung vom November 2013 Verbesserungen in Aussicht gestellt.

Zahlreiche Mütter und einige Väter haben neben der Inanspruchnahme der gesetzlichen Elternzeit den Wunsch, für mehrere Jahre während der Zeiten der Kinderbetreuung in ein Teilzeitarbeitsverhältnis zu wechseln und nach der Beendigung dieser Phase wieder in ein Vollzeitarbeitsverhältnis zurückzukehren. Dieser Wunsch stößt trotz der grundsätzlichen gesetzlichen Regelungen in der betrieblicher Praxis auf mehrere Hemmnisse:

Nach § 8 TzBfG können Beschäftigte in Betrieben mit mehr als 15 Beschäftigten, die länger als 6 Monate im Betrieb gearbeitet haben, verlangen, dass ihre vertraglich vereinbarte Arbeitszeit verringert wird. Der Arbeitgeber ist verpflichtet, mit dem Beschäftigten die gewünschte Verringerung der Arbeitszeit zu erörtern. Er hat dem Wunsch auf Verringerung der Arbeitszeit grundsätzlich nachzukommen, soweit *»betriebliche Gründe dem nicht entgegenstehen«*.

Eine ähnliche Regelung findet sich in § 9 TzBfG hinsichtlich der Verlängerung der Arbeitszeit. Äußern Beschäftigte den Wunsch, von einem Teilzeitverhältnis in ein Vollzeitarbeitsverhältnis zu wechseln, hat der Arbeitgeber bei der Besetzung eines entsprechenden freien Arbeitsplatzes bei gleicher Eignung diese Beschäftigten bevorzugt zu berücksichtigen, es sei denn, dass dringende betriebliche Gründe oder Arbeitszeitwünsche anderer Teilzeitbeschäftigter dem entgegenstehen. Auch diese Regelung verursacht in der Praxis erhebliche Probleme.

Ohne verbindlichen individuellen Anspruch ist Teilzeit im betrieblichen Konfliktfall nicht durchsetzbar. Außerdem ist bei Beginn der Teilzeitbeschäftigung nicht sichergestellt, dass am Ende dieser Phase ein Rückkehrrecht in Vollzeit besteht. Dies ist für viele Väter und Mütter ein Hemmnis, Teilzeitarbeit in Anspruch zu nehmen.

Vor diesem Hintergrund wurde in der Koalitionsvereinbarung der schwarz-roten Bundesregierung vom November 2013 eine Weiterentwicklung des Teilzeitrechts angekündigt. Für Beschäftigte, die sich z. B. wegen Kindererziehung oder Pflege von Angehörigen zu einer zeitlich befristeten Teilzeitbeschäftigung entschieden haben, soll künftig sichergestellt werden, dass sie wieder zur früheren Arbeitszeit zurückkehren können (Rückkehrecht). Hier bleibt abzuwarten, inwieweit dieser Sachverhalt bei einer Novellierung des Teilzeit- und Befristungsgesetzes so geregelt wird, dass für die Beschäftigten verbindliche Ansprüche bestehen, die in der Praxis auch durchsetzbar sind.

Die Mehrzahl der regionalen Manteltarifverträge enthält die folgende Bestimmung:

Tarifvertrag
»Wünschen Arbeitnehmer Teilzeit, so soll dem im Rahmen der betrieblichen Möglichkeiten entsprochen werden« und »Übergang in Vollzeit oder andere Arbeitszeit unterhalb der Vollzeit sollte grundsätzlich möglich sein – wenn es betrieblich am gleichen Arbeitsplatz zu anderen Arbeitszeiten oder an einem anderen Arbeitsplatz möglich ist.«
(§ 2 Ziff. 2 MTV Rheinland-Pfalz)

Damit bleibt die Umsetzung der Wünsche und Interessen der Beschäftigten an den ›Rahmen der betrieblichen Möglichkeiten‹ gebunden. Eine Weiterentwicklung des Teilzeitrechts in Richtung eines verbindlichen individuellen Anspruchs ist auch aus diesem Grund auf alle Fälle wünschenswert.

9.3.4 Freistellung bei Krankheit von Kindern

Aufgrund des § 616 BGB haben die Beschäftigten ein prinzipielles Recht auf bezahlte Freistellung von der Arbeit für eine *»verhältnismäßig nicht erhebliche Zeit durch einen in seiner Person liegenden Grund ohne sein Verschulden«*. Dieser allgemeine Anspruch ist in der Metall- und Elektroindustrie durch eine abschließende Aufzählung von Freistellungsansprüchen in den jeweiligen Manteltarifverträgen abbedungen (vgl. Kapitel 12). Die üblicherweise in den Manteltarifverträgen aufgezählten Gründe für bezahlte Freistellungen beziehen sich in der Regel nicht auf die Erkrankungen von Kindern.
Die tarifvertraglichen Regelungen ergänzen – je nach Tarifgebiet in unterschiedlicher Weise – die gesetzlichen Bestimmungen, die bezogen auf die Beaufsichtigung, Betreuung und Pflege von Kindern den Anspruch auf Krankengeld in § 45 SGB V wie folgt regeln:

Rechtsvorschrift
»(1) Versicherte haben Anspruch auf Krankengeld, wenn es nach ärztlichen Zeugnis erforderlich ist, dass sie zur Beaufsichtigung, Betreuung oder Pflege ihres erkrankten und versicherten Kindes der Arbeit fern bleiben, eine andere in ihren Haushalt lebende Person das Kind nicht beaufsichtigen, betreuen oder pflegen kann und das Kind das 12. Lebensjahr noch nicht vollendet hat oder behindert und auf Hilfe angewiesen ist […]
(2) Anspruch auf Krankengeld nach Absatz 1 besteht in jedem Kalenderjahr für jedes Kind längstens für 10 Arbeitstage, für allerziehende Versicherte längstens für 20 Arbeitstage. Der Anspruch nach Satz 1 besteht für Versicherte für nicht mehr als 25 Arbeitstage, für allerziehende Versicherte für nicht mehr als 50 Arbeitstage je Kalenderjahr.«
(§ 45 SGB V)

Aufgrund dieser gesetzlichen Bestimmung können Beschäftigte bei einer entsprechenden Erkrankung ihrer Kinder auch kurzfristig eine Freistellung von der Arbeit beantragen. Wenn also morgens vor Arbeitsbeginn die Krankheit eines Kindes festgestellt wurde, haben die Beschäftigten das Recht, der Arbeit fern zu bleiben, nachdem sie den Arbeitgeber informierten. Für diese Zeit haben sie allerdings keinen Anspruch auf Entgeltfortzahlung, sondern lediglich auf Krankengeld, das von der jeweiligen Krankenkasse ausgezahlt wird.

Rechtsvorschrift
»(4) Versicherte haben ferner Anspruch auf Krankengeld, wenn sie zur Beaufsichtigung, Betreuung oder Pflege ihres erkrankten und versicherten Kindes der Arbeit fern bleiben, sofern das Kind das 12. Lebensjahr noch nicht vollendet hat [...]. Der Anspruch besteht nur für ein Elternteil. [...]«
(§ 45 SGB V)

Das Krankengeld, das die jeweilige gesetzliche Krankenkasse bezahlt, beträgt gem. § 47 SGB V 70 Prozent des jeweiligen Bruttoverdienstes, maximal jedoch 90 Prozent der Beitragsbemessungsgrenze. Es muss in jedem Einzelfall von den Beschäftigten bei der Krankenkasse beantragt werden, was ein nicht unerheblicher bürokratischer Aufwand ist. Im Manteltarifvertrag des Tarifgebiets Nordwürttemberg-Nordbaden ist ein Zuschuss zum Krankengeld vereinbart, so dass 100 Prozent des monatlichen Nettoverdienstes erreicht werden.

Tarifvertrag
»Die Beschäftigten erhalten zu dem gemäß § 45 SGB V gewährten Krankengeldes einen Zuschuss in Höhe der Differenz zwischen dem Krankengeld und 100 Prozent der monatlichen Nettobezüge.«
(§ 13 2.1 MTV, Nordwürttemberg-Nordbaden)

9.4 Mehr Zeit für die Pflege von Familienangehörigen

In der Vergangenheit wurde das Thema der Vereinbarkeit von Arbeit und Privatleben vorrangig unter dem Gesichtspunkt der Zeiten für die Kindererziehung debattiert. Vor dem Hintergrund des demographischen Wandels wird jedoch zunehmend das Thema »Pflege von Familienangehörigen« aktuell. Bei der Betreuung von pflegebedürftigen Familienangehörigen stehen Beschäftigte häufig vor der Entscheidung, die Angehörigen in einem Pflegeheim pflegen zu lassen oder in der vertrauten Umgebung zuhause die Pflege privat zu übernehmen. In dieser Entscheidungssituation gibt es verschiedene Interessenlagen. Ein Teil der Beschäftigten möchte die Pflege eigenständig übernehmen, sieht sich aber aufgrund der beruflichen Belastungssituation dazu nicht in der Lage. Um die Vereinbarkeit von Familie, Pflege und Beruf zumindest schrittweise zu verbessern, wurden vor diesem Hintergrund die bisherigen Regelungen des Pflegezeitgesetzes (PflegeZG) und des Familienpflegezeitgesetzes (FPflegeZG) weiterentwickelt und mehr miteinander verzahnt. Das neue Gesetz zur besseren Vereinbarkeit von Familie, Pflege und Beruf ist am 1. Januar 2015 in Kraft getreten.

Die neue (Familien)Pflegezeit berücksichtigt verschiedene Pflegesituationen und besteht aus drei Säulen:

- Kurzzeitige Freistellung im akuten Pflegefall mit Lohnersatzleistung
  Beschäftigte, die in einer akut auftretenden Pflegesituation die Versorgung eines Angehörigen organisieren oder selbst übernehmen, können eine Auszeit von bis zu 10 Tagen nehmen (§ 2 Abs. 1 PflegeZG). Dies gilt unabhängig von der Beschäftigtenzahl ihres Arbeitgebers; eine Zustimmung des Arbeitgebers ist nicht erforderlich. Dem Arbeitgeber muss die Verhinderung sowie deren voraussichtliche Dauer unverzüglich mitgeteilt werden (§ 2 Abs. 2 PflegeZG). Seit dem 1. Januar 2015 wird die 10-tägige Auszeit mit einem Anspruch auf Lohnersatzleistung – dem Pflegeunterstützungsgeld – verknüpft (§ 44a Abs. 3 SGB XI). Diese Lohnersatzleistung ist in Anlehnung an das Kinderkrankengeld geregelt und beträgt 70 Prozent des Bruttoentgelts, maximal 90 Prozent des Nettoverdienstes (§ 44a Abs. 3 SGB XI in Verbindung mit § 45 Abs. 2 SGB V). Das Pflegeunterstützungsgeld wird bei der Pflegeversicherung der zu pflegenden Person beantragt. Während der Auszeit bleiben die freigestellten Beschäftigten in der Kranken-, Pflege- sowie Arbeitslosenversicherung versichert.
- Pflegezeit bis zu 6 Monate mit vollständiger oder teilweiser Freistellung und zinslosem Darlehen
  Mit dem Pflegezeitgesetz besteht ein Rechtsanspruch auf vollständige oder teilweise Freistellung für die Betreuung pflegebedürftiger naher Angehöriger in häuslicher Umgebung von bis zu 6 Monaten. Einen Anspruch auf diese Pflegezeit(en) in Form einer maximal 6-monatigen Auszeit haben Beschäftigte gegenüber Arbeitgebern mit mehr als 15 Beschäftigten (§ 3 Abs. 1 PflegeZG). Eine Freistellung zur Pflege minderjähriger Angehöriger ist auch dann möglich, wenn diese in außerhäuslicher Umgebung stattfindet. Daneben besteht als neuer Freistellungstatbestand ein Anspruch auf vollständige oder teilweise Freistellung von bis zu drei Monaten für die Begleitung naher Angehöriger in der letzten Lebensphase (§ 3 Abs. 6 FPfZG). Die Zustimmung des Arbeitgebers ist in den benannten Fällen nicht erforderlich. Eine Entgeltfortzahlung ist nach wie vor nicht vorgesehen, der Vergütungsanspruch entfällt im Umfang der Freistellung. Eingeführt wurde ein Anspruch der Beschäftigten auf ein zinsloses Darlehen, das allerdings nur einen Teil des Verdienstausfalls abdeckt. Dieses Darlehen kann beim Bundesamt für Familie und zivilgesellschaftliche Aufgaben beantragt werden.
  Wer Pflegezeit in Anspruch nehmen will, muss dies dem Arbeitgeber spätestens 10 Arbeitstage vor Beginn schriftlich ankündigen. Besteht der Wunsch, in der Pflegezeit in Teilzeit zu arbeiten, ist die Verringerung der Arbeitszeit zwischen dem Beschäftigten und dem Arbeitgeber schriftlich zu vereinbaren. Für die Freistellung im Rahmen der Pflegezeit ist keine wöchentliche Mindestarbeitszeit – anders als bei der Familienpflegezeit – vorgesehen. Dem Wunsch des Beschäftigten nach einer bestimmten Verringerung und Verteilung der Arbeitszeit muss der Arbeitgeber entspre-

chen, es sei denn, dass dringende betriebliche Gründe dem entgegenstehen (§ 3 Abs. 4 PflegeZG).

- Familienpflegezeit als Teilfreistellung zur Pflege von bis zu 24 Monaten
  Das Familienpflegezeitgesetz sieht die Möglichkeit vor, zur Pflege oder Betreuung eines nahen Angehörigen in der häuslichen Umgebung eine Familienpflegezeit für die Dauer von bis zu 24 Monaten in Anspruch zu nehmen. Die Pflegezeit und die Familienpflegezeit können miteinander kombiniert werden; die Zeiten der Inanspruchnahme der Pflegezeit und der Familienpflegezeit werden jedoch zusammengerechnet, so dass eine Freistellung in der Summe maximal 24 Monate betragen kann (§ 2 Abs. 2 FPfZG und § 4 Abs. 1 PflegeZG). Auch diese Freistellung bis maximal 24 Monate bedarf keiner Zustimmung des Arbeitgebers; die Ankündigungsfrist beträgt 8 Wochen. Dieses Modell setzt allerdings zwingend voraus, dass neben der Pflege bzw. Betreuung im Umfang von mindestens 15 Wochenstunden weiter gearbeitet wird. Bei unterschiedlicher Verteilung der wöchentlichen Arbeitszeit ist auf die durchschnittliche Wochenarbeitszeit in einem Zeitraum von bis zu einem Jahr abzustellen (§ 2 Abs. 1 FPfZG). Bei dieser Freistellung gibt es ebenfalls keine Entgeltfortzahlung, aber ein Anspruch auf ein zinsloses Darlehen, das beim Bundesamt für Familie und zivilgesellschaftliche Aufgaben beantragt werden kann und das einen Teil des Verdienstausfalls abfedert. Ein Anspruch auf eine Freistellung in dieser Säule besteht nur bei Arbeitgebern mit in der Regel mehr als 25 Beschäftigten (§ 2 Abs. 1 FPfZG).

Die Neuregelung enthält in einigen Punkten Verbesserungen, ist aber insgesamt noch unzureichend. Positiv ist, dass der Kreis der Angehörigen, für deren Pflege eine Kurz- oder Langzeitfreistellung in Anspruch genommen werden kann, durch die Neuregelung erweitert wurde. Durch die Einführung des Rechtsanspruchs auf Familienpflegezeit sowie durch die finanzielle Absicherung der kurzzeitigen Freistellung von bis zu 10 Tagen wurde zudem sowohl die Rechtsposition verbessert als auch die Möglichkeit zur Kurzzeitpflege für die Beschäftigten ausgeweitet. Allerdings bleiben bezogen auf die beiden weiteren Säulen Beschäftigte in Unternehmen mit weniger als 15 Beschäftigten (PflegeZG) bzw. 25 Beschäftigten (FPfZG) benachteiligt und die finanziellen Regelungen bleiben für viele Beschäftigte unattraktiv. Die Inanspruchnahme dieser beiden Säulen wird deshalb für viele Beschäftigte kaum möglich sein. Aus diesem Grund bleibt es notwendig, zusätzliche Aufstockungszahlungen auf das reduzierte Entgelt zu vereinbaren. Eine Verbesserung und Erweiterung der Anspruchsgrundlagen für Pflegezeiten steht deshalb weiter auf der Tagesordnung.

9.5 Fragen aus der Praxis

Aus privaten Gründen würde ich gerne von Vollzeit in Teilzeit wechseln. Mein Arbeitgeber weigert sich, meinem Interesse nachzukommen. Ist das statthaft?
Nach dem Teilzeit- und Befristungsgesetz (§ 8 TzBfG) können Beschäftigte in Betrieben mit mehr als 15 Beschäftigten, die länger als 6 Monate im Betrieb gearbeitet haben, verlangen, dass ihre vertraglich vereinbarte Arbeitszeit verringert wird. Der Arbeitgeber ist verpflichtet, mit dem Beschäftigten die gewünschte Verringerung der Arbeitszeit zu erörtern. Er hat dem Wunsch auf Verringerung der Arbeitszeit grundsätzlich nachzukommen, soweit *»betriebliche Gründe dem nicht entgegenstehen«*. Auch in den Manteltarifverträgen findet sich die Bestimmung, dass den Wünschen der Beschäftigten nach Teilzeit im Rahmen der betrieblichen Möglichkeiten zu entsprechen ist (vgl. Kapitel 9.3.3).

Ich möchte meine Teilzeitbeschäftigung wieder beenden und in eine Vollzeitbeschäftigung zurückkehren. Auf welche Rechte kann ich mich dabei berufen?
Besteht der Wunsch, von Teilzeitarbeit in Vollzeit zu wechseln, regelt das Teilzeit- und Befristungsgesetz (§ 9 TzBfG), dass der Arbeitgeber bei der Besetzung eines entsprechenden freien Arbeitsplatzes bei gleicher Eignung den betroffenen Beschäftigten bevorzugt zu berücksichtigen hat, es sei denn, dass dringende betriebliche Gründe oder Arbeitszeitwünsche anderer Teilzeitbeschäftigter dem entgegenstehen. Auch die regionalen Manteltarifverträge sehen vor, dass der *Übergang in Vollzeit grundsätzlich zu ermöglichen ist, »wenn es betrieblich am gleichen Arbeitsplatz zu anderen Arbeitszeiten oder an einem anderen Arbeitsplatz möglich ist.«* (§ 2 Ziff. 2 MTV Rheinland-Pfalz)

Wenn mein Kind plötzlich krank wird, welche Möglichkeiten, Rechte und Ansprüche habe ich dann, um von der Arbeit fern bleiben zu können?
Aufgrund gesetzlicher Bestimmungen (§ 45 SGB V) kann bei einer ärztlich attestierten Erkrankung von Kindern auch kurzfristig eine Freistellung von der Arbeit beantragt werden. Wenn also morgens vor Arbeitsbeginn die Krankheit eines Kindes festgestellt wird, besteht das Recht, nach Information des Arbeitgebers, der Arbeit fern zu bleiben. Für diese Zeit besteht allerdings kein Anspruch auf Entgeltfortzahlung, sondern lediglich auf Krankengeld, das von der jeweiligen Krankenkasse ausgezahlt wird. Der Anspruch auf Krankengeld besteht in jedem Kalenderjahr für jedes Kind längstens für 10 Arbeitstage. Teilweise ergänzen die regionalen Manteltarifverträge diese gesetzlichen Bestimmungen (vgl. Kapitel 9.3.4).

Ich benötige Zeit für die häusliche Pflege meiner Mutter. Welche Anspruchsgrundlagen gibt es dafür?
Wenn der Bedarf für die häusliche Pflege über eine akute Pflegesituation, die im Rahmen von 10 Tagen zu bewältigen ist, hinausgeht, gibt es mit dem

Pflegezeitgesetz einen Rechtsanspruch auf vollständige oder teilweise Freistellung von bis zu 6 Monaten. Dieser Anspruch besteht gegenüber Arbeitgebern mit mehr als 15 Beschäftigten. Für die Zeit der Freistellung kann ein zinsloses Darlehen, das allerdings nur einen Teil des Verdienstausfalls abdeckt, beim Bundesamt für Familie und zivilgesellschaftliche Aufgaben beantragt werden. In der Pflegezeit kann auch in Teilzeit gearbeitet werden, darüber ist mit dem Arbeitgeber dann eine schriftliche Vereinbarung abzuschließen.
Im unmittelbaren Anschluss an die 6 Monate Pflegezeit (nach dem PflegeZG) kann die häusliche Pflege auf Basis des Familienpflegezeitgesetzes (FPfZG) fortgesetzt werden. Die Zeiten der Inanspruchnahme der Pflegezeit und der Familienpflegezeit werden jedoch zusammengerechnet, so dass eine Freistellung in der Summe maximal 24 Monate betragen kann. Die zweite Phase der Freistellung ist allerdings an die Bedingung geknüpft, dass neben der Pflege bzw. Betreuung im Umfang von mindestens 15 Wochenstunden weiter gearbeitet wird. Für die Zeit der Teilfreistellung kann ebenfalls ein zinsloses Darlehen beim Bundesamt für Familie und zivilgesellschaftliche Aufgaben beantragt werden, das auch in diesem Fall nur einen Teil des Verdienstausfalls abfedert. Für beide Phasen der Freistellung ist die Zustimmung des Arbeitgebers nicht notwendig, allerdings müssen die jeweils geltenden Ankündigungsfristen beachtet werden.
Daneben besteht als neuer Freistellungstatbestand ein Anspruch auf vollständige oder teilweise Freistellung von bis zu drei Monaten für die Begleitung naher Angehöriger in der letzten Lebensphase (Freistellung zur Sterbebegleitung). Durch ein ärztliches Zeugnis ist dabei nachzuweisen, dass eine entsprechende Krankheit, die weit fortgeschritten und unheilbar ist, vorliegt. Die betrieblichen Voraussetzungen für die Geltendmachung des Anspruchs entsprechen denen der Pflegezeit.

10. Arbeitszeit und Urlaub[1]

von Dirk Schumann

»*Endlich mal raus aus dem Arbeitsstress, 4 Wochen nichts von Arbeitsproblemen hören, keine Vorgesetzten, keine Kolleginnen und Kollegen sehen, sich mal richtig erholen, den Akku wieder aufladen …*«, so oder so ähnlich verabschieden sich viele in die wichtigsten Wochen des Jahres, um im ersehnten Erholungsurlaub den Stress der zurückliegenden Arbeitswochen und -monate auszugleichen. Dieser Urlaubszweck ist auch in vielen Tarifverträgen formuliert.

Tarifvertrag
»Der Urlaub wird zur Erholung gewährt. Er muss im laufenden Kalenderjahr, und zwar grundsätzlich zusammenhängend, gewährt und genommen werden. […] Während des Urlaubs darf keine dem Urlaubszweck widersprechende Erwerbstätigkeit geleistet werden.«
(§ 2.2 Urlaubsabkommen Nordwürttemberg/Nordbaden)

Andere Beschäftigte nehmen Urlaub, um endlich das nebenbei in Eigenarbeit entstehende Eigenheim in einem zusammenhängenden Zeitraum zu Ende zu bauen oder um vorübergehend pflegebedürftige Familienangehörige zu betreuen. Arbeitsrechtlich sind die verschiedenen Gesichtspunkte in Tarifverträgen (Manteltarifvertrag, Urlaubstarifvertrag, Urlaubsabkommen) und im Bundesurlaubsgesetz (§§ 1, 7 bis 9 BUrlG) unter dem Gesichtspunkt »Erholungsurlaub« zusammengefasst. Der Zweck kann nur erreicht werden, wenn in diesem Zeitraum der Abwesenheit von der Arbeit das Einkommen gesichert ist und die Beschäftigten, ungestört vom Arbeitgeber, ihren Urlaub gestalten können. In welcher Weise die Beschäftigten die freien Tage verbringen, ist ihnen selbst überlassen. Mit Ausnahme des nachweislich urlaubszweckwidrigen Verhaltens gem. § 8 BUrlG (vgl. Kapitel 10.10) ist jede Art der Freizeitbeschäftigung erlaubt (Heilmann 2014, Einführung Rn. 15)

1 Es handelt sich bei diesem Kapitel um einen überarbeiteten, ergänzten und aktualisierten Text aus dem »Handbuch Manteltarifverträge«, der ursprünglich von Helmut Platow stammt (Ohl u.a. 2000).

10.1 Gesetzlicher und tariflicher Urlaub

Das Urlaubsrecht wird sowohl in Tarifverträgen als auch im »*Gesetz über Mindesturlaub für Arbeitnehmer*« (Bundesurlaubsgesetz (BUrlG)) geregelt. Die gesetzliche Regelung erfolgte nach 1945 allerdings zunächst in uneinheitlichen Urlaubsgesetzen der Länder, bis diese 1963 durch das Bundesurlaubsgesetz abgelöst wurden. Bis zu diesem Zeitpunkt gab es eine rechtliche Absicherung des Urlaubs nur durch Tarifvertrag. Wer vor 1945 nicht unter den Geltungsbereich eines Tarifvertrages fiel und auch keinen einzelvertraglich abgesicherten Urlaubsanspruch hatte, ging möglicherweise leer aus. Das Reichsarbeitsgericht lehnte in ständiger Rechtsprechung einen Urlaubsanspruch der Arbeitnehmer aus allgemeinen Gesichtspunkten der Fürsorgepflicht ab und akzeptierte den Urlaubsanspruch nur aufgrund einer ausdrücklichen Bestimmung im Arbeitsvertrag oder in einer Tarifordnung.
Die heutigen Tarifverträge regeln allerdings auch nicht abschließend sämtliche Urlaubsfragen. Der Schwerpunkt der tarifvertraglichen Urlaubsregelungen beschäftigt sich mit der Dauer des Urlaubs, der Gewährung von Zusatzurlaub aus besonderen Anlässen, der Urlaubsvergütung, der zusätzlichen Urlaubsvergütung, mit Fragen des Teilurlaubs und der Urlaubsabgeltung. Haben die Tarifvertragsparteien zu bestimmten Fragen keine eigene Regelung getroffen, ist von der gesetzlichen Regelung auch für den tariflichen Urlaub auszugehen (BAG vom 18.10.1990 - 8 AZR 490/89).
Ausgangs- und Bezugspunkt vieler tariflicher Urlaubsregelungen sind die §§ 1 bis 3 BUrlG. § 1 BUrlG regelt das *Entstehen des Urlaubsanspruchs*, § 2 BUrlG den Geltungsbereich und § 3 BUrlG die *Dauer des Urlaubs*.

Rechtsvorschrift
»Jeder Arbeitnehmer hat in jedem Kalenderjahr Anspruch auf bezahlten Erholungsurlaub.«
(§ 1 BUrlG)

Rechtsvorschrift
»Arbeitnehmer im Sinne des Gesetzes sind Arbeiter und Angestellte sowie die zu ihrer Berufsausbildung Beschäftigten. Als Arbeitnehmer gelten auch Personen, die wegen ihrer wirtschaftlichen Unselbständigkeit als arbeitnehmerähnliche Personen anzusehen sind; für den Bereich der Heimarbeit gilt § 12.«
(§ 2 BUrlG)

Rechtsvorschrift
»(1) Der Urlaub beträgt jährlich mindestens 24 Werktage.
(2) Als Werktage gelten alle Kalendertage, die nicht Sonn- oder gesetzliche Feiertage sind.«
(§ 3 BUrlG)

Dies entspricht auf der Grundlage einer 6-Tage-Woche (Montag bis Samstag) einem *Urlaubsanspruch von 4 Wochen.*
Diese Vorschriften dürfen nicht - auch nicht tarifvertraglich - verschlechtert werden. Das ergibt sich aus § 13 BUrlG, der ausdrücklich festhält, dass von allen anderen Vorschriften des Gesetzes mit Ausnahme der §§ 1, 2 und 3 Abs. 1 BUrlG abgewichen werden kann. Mit dieser Regelung soll sichergestellt werden, dass der gesetzliche Mindestanspruch auf Urlaub nicht durch andere Kompensationsleistungen des Arbeitgebers abgekauft wird.
Ergänzend zu den Mindestbestimmungen im Bundesurlaubsgesetz und den tarifvertraglichen Regelungen finden sich noch zusätzliche Urlaubsregeln für Schwerbehinderte (§ 125 SGB IX), Jugendliche (§ 19 JArbSchG), Wehrdienstleistende (§ 4 ArbPlSchG) sowie in § 17 BEEG.
Zunehmend spielt auch beim Urlaub das Unionsrecht eine Rolle. Seit 2003 gilt die europäische Richtlinie über bestimmte Aspekte der Arbeitszeitgestaltung (Arbeitszeitrichtlinie), nach der ein bezahlter Mindesturlaub von 4 Wochen im Jahr gewährt werden muss.

Rechtsvorschrift
»(1) Die Mitgliedstaaten treffen die erforderlichen Maßnahmen, damit jeder Arbeitnehmer einen bezahlten Mindestjahresurlaub von vier Wochen nach Maßgabe der Bedingungen für die Inanspruchnahme und die Gewährung erhält, die in den einzelstaatlichen Rechtsvorschriften und/oder nach den einzelstaatlichen Gepflogenheiten vorgesehen sind.
(2) Der bezahlte Mindestjahresurlaub darf außer bei Beendigung des Arbeitsverhältnisses nicht durch eine finanzielle Vergütung ersetzt werden.«
(Art. 7 der Richtlinie 2003/88/EG des Europäischen Parlaments und des Rates vom 4. November 2003 über bestimmte Aspekte der Arbeitszeitgestaltung)

Auf das deutsche Urlaubsrecht wirkt auch die Rechtsprechung des Europäischen Gerichtshofes ein (vgl. Kapitel 10.1.2 und Kapitel 10.5.3).

10.1.1 Urlaubsanspruch

Alle Manteltarifverträge in der Metall- und Elektroindustrie enthalten Regelungen zum Urlaubsanspruch und zur Urlaubsdauer.
Die Tarifverträge wiederholen in Bezug auf den Urlaubsanspruch den Gesetzestext entweder im Originalwortlaut oder - noch besser - mit einer eigenständigen Formulierung.

Tarifvertrag
»Die Beschäftigten haben Anspruch auf bezahlten Erholungsurlaub.«
(§ 13 Ziff. 1 MTV Sachsen-Anhalt)

Das Entstehen des Urlaubsanspruchs hängt neben dem Bestehen eines Arbeitsverhältnisses außerdem von der *Erfüllung der Wartezeit* nach § 4 BUrlG ab.

Rechtsvorschrift
»Der volle Urlaubsanspruch wird erstmalig nach 6-monatigem Bestehen des Arbeitsverhältnisses erworben.«
(§ 4 BUrlG)

Auch in Bezug auf die Wartezeit wird in vielen Tarifverträgen der Gesetzeswortlaut wiederholt.

Tarifvertrag
»Der volle Urlaubsanspruch wird erstmalig nach 6-monatigem Bestehen des Arbeitsverhältnisses erworben (Wartezeit).«
(§ 16 Ziff. 2 MTV Hessen)

Da der Gesetzeswortlaut allein auf das 6-monatige Bestehen des Arbeitsverhältnisses abstellt, führen nur rechtliche Unterbrechungen des Arbeitsverhältnisses zu einer Unterbrechung der Wartezeit. Dagegen ist für den Beginn bzw. für die Erfüllung der Wartezeit unbeachtlich, ob die Beschäftigten tatsächlich zur Arbeit erscheinen oder z. B. wegen Krankheit, Arbeitskampf oder Ruhen des Arbeitsverhältnisses nicht gearbeitet haben (Heilmann 2014, § 4 Rn. 6). Das Entstehen des Urlaubsanspruchs ist an den rechtlichen Bestand des Arbeitsverhältnisses geknüpft (Kittner/Zwanziger/Deinert 2013, § 49 Rn. 39). Damit entsteht der Urlaubsanspruch auch, wenn die Beschäftigten im gesamten Urlaubsjahr wegen Arbeitsunfähigkeit nur in geringem Umfang oder gar nicht gearbeitet haben (vgl. Kapitel 10.5.3).

Rechtsvorschrift
»Für das Entstehen des Urlaubsanspruchs ist nach dem Bundesurlaubsgesetz allein das Bestehen eines Arbeitsverhältnisses Voraussetzung […]. Der Urlaubsanspruch nach §§ 1, 3 Abs. 1 BUrlG steht ebenso wie der Urlaubsanspruch nach § 125 SGB IX […] nicht unter der Bedingung, dass der Arbeitnehmer im Bezugszeitraum eine Arbeitsleistung erbracht hat. Der Urlaubsanspruch entsteht auch dann, wenn der Arbeitnehmer nicht arbeitet.«
(BAG vom 07.08.2012 – 9 AZR 353/10)

Nach Auffassung des Bundesarbeitsgerichts ergibt sich aus dem Gesetz kein Ansatzpunkt dafür, dass die tatsächliche Arbeitsleistung Voraussetzung für den gesetzlichen Urlaubsanspruch ist. Genauso wenig muss ein Erholungsbedürfnis vorliegen. Damit entsteht mindestens der gesetzliche Urlaubsanspruch auch für den Fall, dass der Beschäftigte z. B. arbeitsunfähig ist (so bereits BAG vom 13.05.1982 – 6 AZR 360/80), sich in Elternzeit befindet (BAG vom 17.05.2011 – 9 AZR 197/10) oder unbezahlten Sonderurlaub genommen hat (BAG vom 06.05.2014 – 9 AZR 678/12). Tarifvertragliche Kürzungsregelungen, die den gesetzlichen Urlaubsanspruch betreffen, sind insofern unwirksam (BAG vom 06.05.2014 – 9 AZR 678/12).

10.1.2 Urlaubsdauer

Das Gesetz stellt bei der Dauer des Urlaubsanspruchs auf Werktage ab (§ 3 Abs. 1 BUrlG). Nach § 3 Abs. 2 BUrlG sind Werktage alle Kalendertage, außer Sonn- und Feiertage. Dem gesetzlichen Anspruch liegt somit eine 6-Tage-Woche zugrunde. Verteilt sich die Arbeitszeit auf weniger Tage, ist der Urlaubsanspruch anzupassen. Bei einer 5-Tage-Woche beträgt der gesetzliche Urlaubsanspruch somit 20 Tage. Unabhängig von der Dauer und Verteilung der Arbeitszeit ergibt sich aber aus dem Gesetz immer ein Mindesturlaubsanspruch von 4 Wochen.
Die Manteltarifverträge der Metall- und Elektroindustrie sehen dagegen eine längere Urlaubsdauer vor, nämlich eine *einheitliche Urlaubsdauer von 30 Arbeitstagen.*
In den Tarifverträgen, die die individuelle regelmäßige wöchentliche Arbeitszeit grundsätzlich auf 5 Werktage verteilen, wird die Anzahl der Urlaubstage in *Arbeitstagen* ausgedrückt.

> **Tarifvertrag**
> *»2. Der Urlaub beträgt im Kalenderjahr für die Beschäftigten 30 Arbeitstage.*
> *3. Arbeitstage sind alle Kalendertage, an denen der bzw. die Beschäftigte in regelmäßiger Arbeitszeit zu arbeiten hat.«*
> (§ 13 Ziff. 2, 3 MTV Sachsen-Anhalt)

Dabei wird von einer 5-Tage-Woche von Montag bis Freitag ausgegangen. Somit ergibt sich ein Urlaubsanspruch von 6 Wochen – im Unterschied zum gesetzlichen Anspruch von 4 Wochen. Dies ist einer der entscheidenden Punkte, bei denen Tarifverträge eine deutliche Verbesserung gegenüber der gesetzlichen Regelung aufweisen.
Viele Tarifverträge enthalten Regelungen über zusätzliche Urlaubstage. Häufig ist ein Zusatzurlaub von 5 Tagen für schwerbehinderte Menschen vorgesehen, wobei in der Regel auf den Anspruch gem. § 125 SGB IX verwiesen wird.

> **Tarifvertrag**
> *»Schwerbehinderte Menschen haben einen gesetzlichen Anspruch auf einen zusätzlichen Urlaub von fünf Arbeitstagen.«*
> (§ 17 Abs. 2 MTV Saarland)

Einige Tarifverträge enthalten darüber hinaus weitere zusätzliche Urlaubsansprüche, die z. B. für schwere oder gesundheitsschädliche Arbeit oder die Urlaubsentnahme zu bestimmten Zeiten gewährt werden.

> **Tarifvertrag**
> *»Beschäftigte, die ständig in der Gießerei unter den dortigen erschwerten Arbeitsbedingungen beschäftigt sind, haben Anspruch auf Zusatzurlaub von zwei Arbeitstagen.«*
> (§ 3.3 Urlaubsabkommen Nordwürttemberg/Nordbaden)

> **Tarifvertrag**
> *»Kann der überwiegende Teil des Urlaubs dem/der Beschäftigten aus betrieblichen Gründen in der Zeit vom 1. April bis 30. September nicht gewährt werden, so erhöht sich sein/ihr Urlaubsanspruch um 2 Arbeitstage.«*
> (§ 4.3 Urlaubstarifvertrag Berlin-Brandenburg)

> **Tarifvertrag**
> *»Beschäftigte, die ihren vollen Urlaub in der Zeit vom 01. Oktober bis 31. März nehmen, erhalten einen Urlaubstag zusätzlich.«*
> (§ 13 Abs. 2 MTV Nordrhein-Westfalen)

Die Verbandstarifverträge der Metall- und Elektroindustrie haben keine Regelungen über eine Altersstaffelung bei der Urlaubsdauer; Ältere erhalten somit keine zusätzlichen Urlaubstage. Regelungen dieser Art dürfen nicht altersdiskriminierend sein. Das BAG hat z.B. eine Tarifvorschrift für unwirksam angesehen, die den höchsten Anspruch von 30 Urlaubstagen erst nach der Vollendung des 40. Lebensjahres vorsah (BAG vom 20.03.2012 – 9 AZR 529/10). Eine Altersstaffelung bedarf einer besonderen Begründung, die sich aus den für Ältere auftretenden Schwierigkeiten in Arbeit und Beruf aus arbeitsmedizinischer Sicht ergeben muss (BAG vom 21.10.2014 – 9 AZR 956/12).
Auch *Teilzeitbeschäftigte* haben entsprechend der Zahl der für sie geltenden Arbeitstage Anspruch auf Erholungsurlaub wie vollzeitbeschäftigte Arbeitnehmer, auch wenn der Tarifvertrag darüber keine konkrete Aussage getroffen hat. In der Regel erwähnen die Tarifverträge jedoch den Urlaubsanspruch von Teilzeitbeschäftigten:

> **Tarifvertrag**
> *»Beschäftigte in Betrieben, in denen in regelmäßiger Wechselschicht oder vollkontinuierlich gearbeitet wird, sowie Teilzeitbeschäftigte haben unter Beachtung der jeweiligen Schichtpläne einen Urlaubsanspruch, der dem Urlaub von Beschäftigten entspricht, die im Einschichtbetrieb an fünf Tagen in der Woche regelmäßig beschäftigt werden.«*
> (§ 13 Ziff. 4 MTV NRW)

Bei einem *Wechsel von Voll- zu Teilzeit* wird der künftige Urlaubsanspruch entsprechend angepasst, falls die oder der Beschäftigte nicht nur ihre arbeitstäglichen Stunden, sondern auch die Anzahl ihrer Arbeitstage reduzieren. Der Europäische Gerichtshof verbietet in seiner neueren Rechtsprechung allerdings eine unterjährige Reduzierung: Beschäftigte, die im laufenden Jahr von einer Vollzeit- auf eine Teilzeitstelle wechseln, sollen ihren ursprünglich erworbenen Urlaubsanspruch behalten (EuGH vom 13.06.2013 – C-415/12). Der Europäische Gerichtshof betont dabei, dass der in Vollzeit erworbene Urlaubsanspruch nur dann nicht reduziert werden darf, wenn der Arbeitnehmer tatsächlich nicht die Möglichkeit hatte, diesen in Anspruch zu nehmen. Der in Vollzeit erworbene Urlaubsanspruch bezieht sich sowohl auf die Anzahl der

Urlaubstage als auch auf die Bezahlung der einzelnen Urlaubstage. Das BAG hat infolge dieser Entscheidung seine bisherige Rechtsprechung geändert: Der Anspruch auf bezahlten Jahresurlaub darf wegen des Übergangs in eine Teilzeittätigkeit nicht verringert werden, soweit dies Urlaubstage betrifft, die während der Vollzeittätigkeit erworben wurden (BAG vom 10.02.2015 – 9 AZR 53/14 (F)).
Zu den Problemen bei der Berechnung der Urlaubsdauer bei flexiblen Arbeitszeiten vgl. Kapitel 10.11.

10.2 Die Zwölftelung im Eintritts- und Austrittsjahr

Teilurlaub (Zwölftelung des Jahresurlaubs) ist für viele Beschäftigte inzwischen eine alltägliche Erfahrung. Waren von Teilurlaubsansprüchen früher vorrangig die Beschäftigten betroffen, die bereits nach kurzer Probezeit oder nach längerem Arbeitsverhältnis im Laufe eines Kalenderjahres aus dem Arbeitsverhältnis ausschieden, hat sich heute der Anwendungsbereich der Teilurlaubsregelungen durch die im Teilzeit- und Befristungsgesetz erleichterten Befristungsmöglichkeiten von Arbeitsverhältnissen um das Vielfache erweitert.
Die gesetzlichen Regelungen zum Teilurlaub und bei Beendigung des Arbeitsverhältnisses finden sich in den §§ 5 und 6 BUrlG.

Rechtsvorschrift
»(1) Anspruch auf ein Zwölftel des Jahresurlaubs für jeden vollen Monat des Bestehens des Arbeitsverhältnisses hat der Arbeitnehmer
a) für Zeiten eines Kalenderjahres, für die er wegen Nichterfüllung der Wartezeit in diesem Kalenderjahr keinen vollen Urlaubsanspruch erwirbt;
b) wenn er vor erfüllter Wartezeit aus dem Arbeitsverhältnis ausscheidet;
c) wenn er nach erfüllter Wartezeit in der ersten Hälfte eines Kalenderjahres aus dem Arbeitsverhältnis ausscheidet.
(2) Bruchteile von Urlaubstagen, die mindestens einen halben Tag ergeben, sind auf volle Urlaubstage aufzurunden.
(3) Hat der Arbeitnehmer im Falle des Absatzes 1 c bereits Urlaub über den ihm zustehenden Umfang hinaus erhalten, so kann das dafür gezahlte Urlaubsentgelt nicht zurückgefordert werden.«
(§ 5 BUrlG)

Tarifvertrag
»(1) Der Anspruch auf Urlaub besteht nicht, soweit dem Arbeitnehmer für das laufende Kalenderjahr bereits von einem früheren Arbeitgeber Urlaub gewährt worden ist.
(2) Der Arbeitgeber ist verpflichtet, bei Beendigung des Arbeitsverhältnisses dem Arbeitnehmer eine Bescheinigung über den im laufenden Kalenderjahr gewährten oder abgegoltenen Urlaub auszuhändigen.«
(§ 6 BUrlG)

Liegen die Voraussetzungen des § 5 BUrlG vor, erwerben die Beschäftigten einen gesetzlichen Teilurlaubsanspruch. Andererseits ergibt sich aus dieser Vorschrift, dass der volle gesetzliche Urlaubsanspruch nach erfüllter Wartezeit und bei Ausscheiden aus dem Arbeitsverhältnis in der zweiten Jahreshälfte erworben wurde bzw. beansprucht werden kann.
Die Regelungen in den Manteltarifverträgen konzentrieren sich im Wesentlichen auf folgende Punkte:
- anteiliger Urlaub im Eintritts- und Austrittsjahr unabhängig von der Erfüllung der Wartezeit;
- Berücksichtigung eines angefangenen Kalendermonats als voller Monat unter genau definierten Voraussetzungen;
- Berücksichtigung von Bruchteilen von Urlaubstagen;
- Behandlung von vollständig gewährtem Jahresurlaub vor Ausscheiden des Arbeitnehmers durch Eigenkündigung oder fristlose Entlassung;
- Verfahrensregelungen bei Arbeitgeberwechsel im laufenden Kalenderjahr.

10.2.1 Anteiliger Urlaub im Eintritts- und Austrittsjahr

Die überwiegende Zahl der Tarifverträge sieht unabhängig von der Frage, ob die Wartezeit erfüllt ist oder nicht, eine anteilige Kürzung des Urlaubs im Eintritts- und Austrittsjahr vor.

> **Tarifvertrag**
> *»Im Eintritts- und Austrittsjahr erhält der Arbeitnehmer so viele Zwölftel des ihm für das Kalenderjahr zustehenden Urlaubs, als er Monate im Betrieb beschäftigt gewesen ist.«*
> (§ 16 Ziff. 3 Abs. 1 MTV Hessen)

Gegen diese Art der tariflichen Regelung bestehen Bedenken, soweit der gesetzliche Urlaubsanspruch durch die tarifliche Zwölftelung eingeschränkt wird.

> **Beispiel:**
> Ein Beschäftigter, der seit mehreren Jahren angestellt ist, hat Anspruch auf 30 Arbeitstage Jahresurlaub bei einer 5-Tage-Woche. Er scheidet zum 30. Juli aus. Nach der tariflichen Regelung errechnet sich der Urlaubsanspruch wie folgt: $30 : 12 \times 7 = 17{,}5$, aufgerundet 18 Arbeitstage Urlaub.

Der gesetzliche Mindesturlaub beträgt jedoch 20 Arbeitstage bei einer 5-Tage-Woche. Beschäftigte, die in der zweiten Jahreshälfte aus dem Arbeitsverhältnis ausscheiden, haben nach erfüllter Wartezeit Anspruch auf den vollen (gesetzlichen) Jahresurlaub (§§ 4, 5 Abs. 2 c) BUrlG).
Scheidet der Beschäftigte in der zweiten Hälfte des Kalenderjahres aus, ist eine Zwölftelung des gesetzlichen Urlaubs durch Tarifvertrag unzulässig, jedenfalls soweit sie den gesetzlichen Mindesturlaub berührt.

> **Rechtsvorschrift**
> *»Durch eine tarifliche Regelung kann der gesetzliche Urlaubs- und Urlaubsabgeltungsanspruch eines Arbeitnehmers, der nach erfüllter Wartezeit in der zweiten Hälfte eines Kalenderjahres aus dem Arbeitsverhältnis ausscheidet, nicht ausgeschlossen oder gemindert werden. Auch eine Zwölftelung dieses Anspruchs ist nicht wirksam [...]«*
> (BAG vom 08.03.1984 – 6 AZR 442/83)

Diese Rechtsprechung hat das BAG in der Folgezeit immer wieder bestätigt (z.B. BAG vom 20.01.2009 – 9 AZR 650/07; BAG vom 18.02.2014 – 9 AZR 765/12). Die zitierte Tarifnorm ist ein typisches Beispiel, wie Bestimmungen die lange Jahre in Tarifverträgen fortgeschrieben wurden, zwischenzeitlich durch die Rechtsprechung überholt werden. Andere Tarifverträge berücksichtigen bereits diese Rechtsprechung:

> **Tarifvertrag**
> *»Beschäftigte, die nach Erfüllung der Wartezeit und nach dem 30. Juni ausscheiden, erhalten den vollen Jahresurlaub.«*
> (§ 16 Ziff. 4 MTV Sachsen-Anhalt)

In diesem Fall hat ein Beschäftigter nach Erfüllung der Wartezeit und bei Ausscheiden nach dem 30. Juni Anspruch auf den vollen tariflichen Jahresurlaub.

10.2.2 Berücksichtigung eines angefangenen Kalendermonats als voller Monat

Nach der gesetzlichen Regelung des § 5 Abs. 1 BUrlG besteht Anspruch auf ein Zwölftel des Jahresurlaubs nur für jeden vollen Monat des Bestehens des Arbeitsverhältnisses. Viele Tarifverträge sehen insoweit günstigere Regelungen vor.

> **Tarifvertrag**
> *»Ein Beschäftigungsmonat wird voll gerechnet, wenn der Arbeitnehmer mehr als 12 Kalendertage im Betrieb beschäftigt war. Der Anspruch auf Teilurlaub entfällt jedoch im Eintrittsjahr, wenn der Arbeitnehmer weniger als einen Monat im Betrieb beschäftigt war. Im Übrigen wird bei dem Teilanspruch keine Wartezeit vorausgesetzt.«*
> (§ 16 Ziff. 3 Abs. 2 MTV Hessen)

10.2.3 Behandlung von Bruchteilen von Urlaubstagen

Die gesetzliche Regelung in § 5 Abs. 2 BUrlG sieht die Aufrundung von Urlaubstagen, die mindestens einen halben Tag ergeben, auf volle Urlaubstage vor. Entsprechende Regelungen finden sich auch in den Tarifverträgen.

Tarifvertrag
»Bruchteile von Urlaubstagen, die mindestens einen halben Tag ergeben, sind auf volle Urlaubstage aufzurunden.«
(§ 2.6 Urlaubsabkommen Nordwürttemberg/Nordbaden)

Das Bundesarbeitsgericht hatte früher die Auffassung vertreten, dass mangels ausdrücklicher gesetzlicher Regelung Bruchteile von weniger als einem halben Tag nicht für den Urlaubsanspruch zu berücksichtigen, also abzurunden seien (BAG vom 17.03.1970 – 5 AZR 540/69). Diese Rechtslage hat sich geändert. In der Zwischenzeit vertritt auch das Bundesarbeitsgericht die zutreffende Ansicht, dass die Bruchteile, die nicht mindestens einen halben Tag ausmachen, entsprechend ihrem Umfang dem Arbeitnehmer durch Befreiung von der Arbeitspflicht zu gewähren oder nach dem Ausscheiden aus dem Arbeitsverhältnis gem. § 7 Abs. 4 BUrlG abzugelten sind.

Rechtsvorschrift
»Ergeben sich Bruchteile von Arbeitstagen, hat der Arbeitnehmer Anspruch auf Gewährung in diesem Umfang, es sei denn, der Tarifvertrag schließt dies ausdrücklich aus.«
(BAG vom 14.02.1991 – 8 AZR 97/90)

10.2.4 Ausscheiden des Beschäftigten im Laufe des Kalenderjahres

Tarifverträge sehen besondere Regelungen für den Fall des Übergangs in die Rente vor.

Tarifvertrag
»Scheidet ein Beschäftigter nach Erreichen der Altersgrenze oder wegen Erwerbs- bzw. Berufsunfähigkeit aus dem Berufsleben aus, so erhält er abweichend von Abs. 1 für das Austrittsjahr den vollen Jahresurlaub, wenn er länger als fünf Monate im Urlaubsjahr dem Betrieb angehört hat. Maßgeblich ist der Rentenbescheid.«
(§ 16 Ziff. 3 Abs. 4 MTV Hessen)

10.2.5 Keine Doppelansprüche bei Wechsel des Arbeitsverhältnisses

In vielen Tarifverträgen finden sich Konkretisierungen zu § 6 BUrlG, wonach Doppelansprüche im laufenden Kalenderjahr bei einem Wechsel des Arbeitsverhältnisses verhindert werden sollen.

Tarifvertrag
»Kein Arbeitnehmer kann im laufenden Kalenderjahr durch Wechsel seines Arbeitsverhältnisses längeren Urlaub beanspruchen, als ihm nach diesem Tarifvertrag zusteht. Für die Urlaubsgewährung wird daher der Urlaub angerechnet, den der Arbeitnehmer bereits erhalten hat oder von einem anderen Arbeitgeber hätte erhalten müssen.«
(§ 18 Ziff. 10 MTV Sachsen-Anhalt)

Diese Tarifvereinbarung stellt also nicht nur darauf ab, ob ein Beschäftigter den Urlaub beim letzten Arbeitgeber bereits erhalten hat. Der Urlaubsanspruch entfällt beim neuen Arbeitgeber auch dann, wenn er ihn nicht erhalten hat, aber hätte erhalten müssen. Andere Tarifverträge stellen nur darauf ab, ob ein Beschäftigter beim alten Arbeitgeber tatsächlich für das betreffende Jahr Urlaub erhalten hat.

> **Tarifvertrag**
> *»Der Anspruch auf Urlaub besteht nicht, soweit dem Beschäftigten für das laufende Kalenderjahr bereits von einem früheren Arbeitgeber Urlaub gewährt worden ist.«*
> (§ 16 Ziff. 5 MTV Hessen)

Arbeitet z. B. ein Beschäftigter im Betrieb bis zum 30. September und hat er seinen vollen Jahresurlaub erhalten, besteht kein Urlaubsanspruch im neuen Betrieb, in den er ab 1. Oktober eingetreten ist. Hat ein Beschäftigter bei Ausscheiden zum 31. August eines Jahres jedoch erst 8/12 seines Jahresurlaubs erhalten, hat er bei Eintritt ab 1. September des Jahres bei dem neuen Arbeitgeber Anspruch auf den Resturlaub in Höhe von 4/12.

10.3 Der Urlaubsplan

In vielen Betrieben gibt es Jahr für Jahr Streit, wenn es um die konkrete Festlegung des individuellen Urlaubs geht. Was nützen die schönsten Urlaubsträume und konkreten Absichten, wenn sie nicht durchgesetzt werden können. Das Bundesurlaubsgesetz bestimmt in § 7 Abs. 1 BUrlG, dass bei der zeitlichen Festlegung des Urlaubs der Arbeitgeber die *Wünsche der Beschäftigten* zu berücksichtigen hat.

> **Rechtsvorschrift**
> *»Bei der zeitlichen Festlegung des Urlaubs sind die Urlaubswünsche des Arbeitnehmers zu berücksichtigen, es sei denn, dass ihrer Berücksichtigung dringende betriebliche Belange oder Urlaubswünsche anderer Arbeitnehmer, die unter sozialen Gesichtspunkten den Vorrang verdienen, entgegenstehen.«*
> (§ 7 Abs. 1 Satz 1 BUrlG)

Es sind viele Gründe denkbar, die diesen Urlaubswünschen der Beschäftigten entgegenstehen können. Nach § 7 Abs. 1 BUrlG sind allerdings nur *dringende betriebliche Belange* oder aus *sozialen Erwägungen* vorrangige Urlaubswünsche anderer Kollegen beachtlich. Zu dringenden betrieblichen Belangen zählen Umstände der betrieblichen Organisation, der Auftragslage oder des technischen Arbeitsablaufs. Da allerdings jede Abwesenheit des Beschäftigten zu Störungen im Betriebsablauf führen kann, sind an die Geltendmachung von

betrieblichen Belangen durch den Arbeitgeber besondere Anforderungen zu stellen. Er muss ganz konkret darlegen, weshalb der Urlaubswunsch des Beschäftigten abgelehnt wird; pauschale Behauptungen reichen nicht aus (Heilmann 2014, § 7 Rn. 3).
Die Urlaubswünsche anderer Beschäftigter sind aus sozialen Gründen zu beachten, wenn z. B. in dem gleichen Zeitraum Schulferien sind und ein Arbeitskollege mit schulpflichtigen Kindern Urlaub machen muss.
Meinungsverschiedenheiten können aber nicht nur zwischen Beschäftigten und Arbeitgeber bzw. zwischen zwei Beschäftigten um die besten Urlaubstermine auftreten. Häufig gibt es auch auf Arbeitgeberseite unterschiedliche Interessen. Während Personalleitungen in der Regel Wert auf Planungssicherheit legen und in diesem Zusammenhang auf eine möglichst frühzeitige Festlegung des Urlaubs dringen, möchten die Fachabteilungen bei dem häufig sehr knappen Personalbestand möglichst flexibel den Personaleinsatz gestalten und daher eine Festlegung des individuellen Urlaubs möglichst weit hinausschieben. In diesem Zusammenhang spielt das *Mitbestimmungsrecht des Betriebsrates* nach § 87 Abs. 1 Nr. 5 BetrVG eine entscheidende Rolle.

Rechtsvorschrift
»Der Betriebsrat hat, soweit eine gesetzliche oder tarifliche Regelung nicht besteht, in folgenden Angelegenheiten mitzubestimmen:
[...]
5. Aufstellung allgemeiner Urlaubsgrundsätze und des Urlaubsplans sowie die Festsetzung der zeitlichen Lage des Urlaubs für einzelne Arbeitnehmer, wenn zwischen dem Arbeitgeber und den beteiligten Arbeitnehmern kein Einverständnis erzielt wird. [...]«
(§ 87 Abs. 1 Nr. 5 BetrVG)

Hieraus ergibt sich für den Betriebsrat ein *zwingendes Mitbestimmungsrecht zur kollektiven Ausgestaltung des Urlaubs.* Es besteht, soweit nicht eine tarifliche Regelung vorgeht.
Die Manteltarifverträge enthalten zu diesem Punkt allerdings kaum eigenständige Regelungen. Sofern sie sich überhaupt mit der Urlaubsplanung befassen, wiederholen sie die geltende Rechtslage.

Tarifvertrag
»Der Urlaubsplan wird vom Arbeitgeber gemeinsam mit dem Betriebsrat aufgestellt. [...]
Es können auch Werksferien vereinbart werden. Ihre Festlegung soll grundsätzlich bei Aufstellung des Urlaubsplans erfolgen; der Betriebsrat kann den Abschluss einer solchen Vereinbarung ablehnen oder fordern, wenn nach Abwägung mit den betrieblichen Belangen dringende Bedürfnisse der betroffenen Arbeitnehmer überwiegen.«
(§ 19 Ziff. 1 MTV Hessen)

Im Ergebnis sind die Betriebsparteien bei der *Aufstellung des Urlaubsplans* also weitgehend frei von tariflichen Vorgaben. Unter Aufstellung des eigentlichen Urlaubsplans versteht man die genaue Festlegung des Urlaubs der einzelnen Arbeitnehmer im jeweiligen Urlaubsjahr und die Regelung der Urlaubsvertretung.

Als Vorstufe zum Urlaubsplan ist eine so genannte *Urlaubsliste* zu erstellen, die ebenfalls der Mitbestimmung nach § 87 Abs. 1 Nr. 5 BetrVG unterliegt. Sie wird üblicherweise vor Beginn des Urlaubsjahres im Betrieb ausgelegt und die Arbeitnehmer werden aufgefordert, die Wünsche hinsichtlich der zeitlichen Lage des Urlaubs einzutragen. Diese Liste wird regelmäßig Grundlage des zwischen den Betriebsparteien zu vereinbarenden Urlaubsplans sein. Wenn kein Urlaubsplan vereinbart wird, der Arbeitgeber aber nicht innerhalb einer angemessenen Frist der Eintragung in eine Urlaubsliste widerspricht, gilt dieser Urlaub als festgelegt.

Können sich Arbeitgeber und Betriebsrat nicht auf einen verbindlichen Urlaubsplan verständigen, entscheidet die Einigungsstelle bzw. in einigen Tarifgebieten die tarifliche Schlichtungsstelle. Im Rahmen der Urlaubsplanung ist nicht nur der Tarifurlaub mit einzubeziehen, sondern jeder andere gesetzliche oder tarifliche Zusatzurlaub sowie bezahlte oder unbezahlte Freistellungen aus persönlichen oder betrieblichen Anlässen.

Verbleiben nach Aufstellung eines Urlaubsplans oder auch ohne Aufstellung eines Urlaubsplans Streitfälle zwischen dem Arbeitgeber und einzelnen Beschäftigten hinsichtlich der endgültigen Festlegung des Urlaubs, steht dem Betriebsrat zur Lösung des Konflikts ein Mitbestimmungsrecht zu. Einigen sich die Betriebsparteien nicht, entscheidet auch in diesem Fall die Einigungsstelle. Allerdings kann der einzelne Arbeitnehmer versuchen, seine Urlaubswünsche doch noch gegen einen Spruch der Einigungsstelle mithilfe des Arbeitsgerichts durchzusetzen.

Zusätzlich besteht nach § 87 Abs. 1 Nr. 5 BetrVG ein Mitbestimmungsrecht des Betriebsrates bei der *Aufstellung allgemeiner Urlaubsgrundsätze.* Hierunter werden betriebliche Richtlinien verstanden, nach denen dem einzelnen Arbeitnehmer im Einzelfall Urlaub zu gewähren ist. In diesem Zusammenhang haben Vereinbarungen über sogenannte *Werks- oder Betriebsferien* die größte Bedeutung. Sie regeln – sofern es keine tariflichen Vorgaben gibt – die Lage und die Dauer der Betriebsferien und unterliegen der Mitbestimmung des Betriebsrates (BAG vom 28.07.1981 – 1 ABR 79/79). Einseitige vom Arbeitgeber aufgestellte Urlaubsgrundsätze oder Urlaubspläne sind unwirksam. Mit der Einführung von Betriebsferien wird der Urlaubszeitraum für alle Beschäftigten oder Gruppen von Beschäftigten im Betrieb festgelegt, individuelle Urlaubswünsche müssen dann wegen betrieblicher Belange zurückstehen (Heilmann 2014, § 7 Rn. 11).

10.4 Änderung des festgelegten Urlaubs

Ist der Urlaubsbeginn einmal festgelegt, können in der Regel die Beschäftigten darauf vertrauen, dass sie den geplanten Urlaub auch antreten bzw. vollständig nehmen können. Die zeitliche Festlegung des Urlaubs ist eine Willenserklärung, die mit ihrem Zugang wirksam wird. Der einseitige Widerruf eines einmal bewilligten, erst recht eines bereits angetretenen, Urlaubs durch den Arbeitgeber ist nach den allgemeinen Regeln nicht möglich. Infrage kommt nur eine Anfechtung, wenn der Urlaub noch nicht angetreten wurde (Kittner/Zwanziger/Deinert 2013, § 49 Rn. 178). Dann muss allerdings schon eine Notfallsituation für den Arbeitgeber vorliegen, durch die ihm unzumutbare wirtschaftliche Nachteile drohen (Kittner/Zwanziger/Deinert 2013, § 49 Rn. 179 f.). Selbstverständlich kann eine einvernehmliche Veränderung der Urlaubsfestlegung zwischen Arbeitgeber und Beschäftigten erfolgen. Die durch den Widerruf des Urlaubs entstandenen Mehrkosten (Stornogebühren für Reiserücktritt, Rückholkosten usw.) sind vom Arbeitgeber im Rahmen seiner Schadensersatzpflicht zu tragen.
Auch der Beschäftigte ist grundsätzlich an die Festlegung des Urlaubs gebunden. Eine Änderung ist nur noch einvernehmlich möglich. Etwas anderes kann aber gelten, wenn *erhebliche persönliche Gründe* vorliegen, die eine Abänderung des festgelegten Urlaubs erfordern, z. B. die Notwendigkeit, den Urlaub zur Pflege kranker Angehöriger zu verwenden (Kittner/Zwanziger/Deinert 2013, § 49 Rn. 175).

10.5 Der Verfall von Urlaubsansprüchen

Der Urlaub muss grundsätzlich im laufenden Kalenderjahr gewährt und genommen werden, so schreibt es § 7 Abs. 3 Satz 1 BUrlG vor.

> **Rechtsvorschrift**
> *»Der Urlaub muss im laufenden Kalenderjahr gewährt und genommen werden. Eine Übertragung des Urlaubs auf das nächste Kalenderjahr ist nur statthaft, wenn dringende betriebliche oder in der Person des Arbeitnehmers liegende Gründe dies rechtfertigen. Im Fall der Übertragung muss der Urlaub in den ersten drei Monaten des folgenden Kalenderjahres gewährt und genommen werden. […]«*
> (§ 7 Abs. 3 BUrlG)

10.5.1 Übertragungsmöglichkeiten

Nimmt der Beschäftigte den vom Arbeitgeber im Urlaubsjahr festgelegten Urlaub nicht oder macht er ihn in diesem Zeitraum auch nicht geltend, *verfällt* der gesetzliche Urlaubsanspruch. Anderes gilt nur, wenn die gesetzlichen *Übertragungsgründe* des § 7 Abs. 3 Satz 2 BUrlG vorliegen (BAG vom 13.05.1982

– 6 AZR 360/80 und vom 18.09.2001 – 9 AZR 571/00). Dieser Grundsatz widerspricht nicht dem vom Gesetz selbst vorgegebenen Urlaubszweck, sich einmal im Jahr über einen längeren Zeitraum zusammenhängend vom Arbeitsstress zu erholen. Die Erholung soll im laufenden Kalenderjahr erfolgen. Spätestens nach 12 Monaten Arbeit ohne Urlaub »ist der Akku in der Regel leer« und im neuen Kalenderjahr beginnt der Anspruch auf einen neuen Erholungsurlaub. Nach der Rechtsprechung des Bundesarbeitsgerichts muss der Urlaub im laufenden Kalenderjahr so rechtzeitig geltend gemacht bzw. bestimmt werden, dass er noch in der verbleibenden Zeit bis zum Ablauf des Urlaubsjahres abgewickelt werden kann (BAG vom 28.11.1990 – 8 AZR 570/89).

In der Praxis gibt es häufig Fälle, in denen es dem Arbeitgeber aus betrieblichen und/oder den Beschäftigten aus persönlichen Gründen unmöglich ist, den Urlaub innerhalb bestimmter Zeiten oder Fristen zu gewähren bzw. anzutreten. Aus diesem Grund hat der Gesetzgeber Voraussetzungen genannt, die zu einer Übertragung des Urlaubs bis zum 31. März des folgenden Jahres berechtigen.

Nach § 7 Abs. 3 Satz 2 und 3 BUrlG ist die *Übertragung bis zum 31. März des Folgejahres* nur statthaft, wenn dringende *betriebliche* oder *in der Person* der Beschäftigten liegende Gründe dies rechtfertigen. Dringende betriebliche Gründe können die Erfüllung termingebundener Aufträge, krankheitsbedingte Ausfälle sowie Urlaubswünsche anderer Beschäftigter sein, die unter sozialen Gesichtspunkten Vorrang verdienen. Es ist ein strenger – objektiver – Maßstab anzulegen, damit der Sinn und Zweck des Erholungsurlaubs nicht unterlaufen wird (Heilmann 2014, § 7 Rn. 20). Die in der Person der Beschäftigten liegenden Gründe brauchen nicht dringend zu sein, sachliche Gründe reichen aus. Anerkannte Gründe sind z. B. die Erkrankung des Beschäftigten oder von Familienmitgliedern, ein Familienurlaub, Übertragung des Urlaubs ins nächste Jahr, um im Folgejahr eine besondere, längere Urlaubsreise zu unternehmen (Heilmann 2014, § 7 Rn. 21). Die Tarifvertragsparteien dürfen von den gesetzlichen Vorgaben nicht zu Ungunsten des Beschäftigten abweichen, indem sie z. B. die möglichen gesetzlichen Übertragungsgründe einschränken (BAG vom 05.08.2014 – 9 AZR 77/13).

Wird der Urlaub in das Folgejahr übertragen oder gibt es tarifvertraglich ein bestimmtes Enddatum im Folgejahr, ist der Urlaub bis dahin abzuwickeln, anderenfalls verfällt der Urlaubsanspruch (zu den Ausnahmen bei Erkrankung, vgl. Kapitel 10.5.3). Haben die oder der Beschäftigte den Urlaub rechtzeitig verlangt und *wird er vom Arbeitgeber nicht gewährt*, verfällt er zwar mit Fristablauf. An seine Stelle tritt aber ein *Anspruch auf Schadensersatz* in Form eines Urlaubsanspruchs in gleicher Höhe. Im Ergebnis kommt dies einer weiteren Übertragung gleich (Heilmann 2014, § 7 Rn. 24).

10.5.2 Übertragung von Teilurlaub

Eine besondere Regelung für eine gerechtfertigte Urlaubsübertragung ins Folgejahr hat der Gesetzgeber selbst in § 7 Abs. 3 Satz 4 BUrlG vorgesehen. Danach kann ein nach § 5 Abs. 1 a) BUrlG entstandener Teilurlaub (wegen

Nichterfüllung der Wartezeit im Kalenderjahr besteht noch kein voller Urlaubsanspruch) auf das nächste Kalenderjahr übertragen werden - und zwar auf das gesamte nächste Kalenderjahr; die Ausschlussfrist des 31. März gilt nicht (Heilmann 2014, § 7 Rn. 26). Damit besteht die Möglichkeit, den übertragenen Teilurlaub zusammen mit dem Vollurlaub im nächsten Kalenderjahr zu nehmen. Diese Regelung findet sich auch in einigen Tarifverträgen.

Tarifvertrag
»Auf Verlangen des Beschäftigten ist ein nach § 10 Ziff. 4 entstehender Teilurlaub jedoch auf das nächste Kalenderjahr zu übertragen.«
(§ 10 Ziff. 6.8 MTV Küste)

10.5.3 Übertragung bei Arbeitsunfähigkeit

Der Urlaubsanspruch der Beschäftigten verfiel nach bisheriger Rechtsprechung, wenn der Urlaub *wegen langandauernder Arbeitsunfähigkeit* auch im Übertragungszeitraum nicht genommen werden konnte. Dem ist der *Europäische Gerichtshof* entgegengetreten: Die Regelung in § 7 Abs. 3 BUrlG, wonach der Urlaub maximal für die Frist von 3 Monaten, die übertragen werden kann, entspräche der europäischen Richtlinie 2003/88/EG über bestimmte Aspekte der Arbeitszeitgestaltung (Arbeitszeitrichtlinie, vgl. Kapitel 10.1) nur, wenn sie *Ausnahmen für arbeitsunfähig erkrankte Beschäftigte* zulässt (EuGH vom 20.01.2009 - C-350/06 und C-520/06). In einer späteren Entscheidung hat der Europäische Gerichtshof seine Ausführungen präzisiert und einen tariflichen *Übertragungszeitraum von 15 Monaten* als zulässig angesehen (EuGH vom 22.11.2011 - C-214/10). Das Bundesarbeitsgericht ist dem gefolgt, hat zunächst einen generellen Verfall des Urlaubsanspruchs bei Arbeitsunfähigkeit im Urlaubsjahr und im Übertragungszeitraum verneint (BAG vom 24.03.2009 - 9 AZR 983/07) und dann entschieden, dass gesetzliche Urlaubsansprüche 15 Monate nach Ablauf des Urlaubsjahres verfallen (BAG vom 07.08.2012 - 9 AZR 353/10 und vom 12.03.2013 - 9 AZR 532/11).
Die Rechtsprechung von Europäischem Gerichtshof und Bundesarbeitsgericht haben auch Konsequenzen für die tarifvertraglichen Regelungen zur Urlaubsübertragung.
Grundsätzlich können die Tarifvertragsparteien nach der gesetzlichen Öffnungsklausel in § 13 Abs. 1 BUrlG in den Tarifverträgen eigenständig Voraussetzungen festlegen, nach denen der Urlaub auf das Folgejahr übertragen werden kann. Einige Tarifverträge sehen die Möglichkeit der Übertragung von Urlaubsansprüchen bis zu einem bestimmten Termin im Folgejahr, ohne nähere Angabe von Gründen vor (anders als in § 7 Abs. 3 BUrlG).

Tarifvertrag
»Der Urlaub ist spätestens bis zum 31. März des folgenden Jahres zu gewähren und zu nehmen. Der Urlaubsanspruch erlischt nach Ablauf dieser Zeit, es sei denn, dass er erfolglos geltend gemacht worden ist.«
(§ 17 Ziff. 2 MTV Niedersachsen)

Andere orientieren sich an der gesetzlichen Regelung:

> **Tarifvertrag**
> *»Eine Übertragung des Urlaubs auf das nächste Kalenderjahr ist nur aus persönlichen oder dringenden betrieblichen Gründen statthaft.*
> *Der Urlaubsanspruch, der während eines Urlaubsjahres entsteht, erlischt drei Monate nach Ablauf des Urlaubsjahres, es sei denn, dass er erfolglos geltend gemacht wurde.«*
> (§§ 2.10 und 2.11 Urlaubsabkommen Nordwürttemberg-Nordbaden)

Der Fall der Arbeitsunfähigkeit, der dazu führt, dass Urlaub nicht im Kalenderjahr oder im Übertragungszeitraum genommen werden kann, ist nur im Tarifgebiet Nordrhein-Westfalen explizit geregelt.

> **Tarifvertrag**
> *»[...] Der Urlaubsanspruch erlischt drei Monate nach Ablauf des Kalenderjahres, es sei denn, dass er erfolglos geltend gemacht wurde oder dass Urlaub aus betrieblichen Gründen nicht genommen werden konnte.*
> *Konnte der Urlaub wegen Krankheit nicht genommen werden, erlischt der Urlaubsanspruch zwölf Monate nach Ablauf des Zeitraums nach Abs. 2.«*
> (§ 11 Ziff. 1 Abs. 2 und 3 MTV Nordrhein-Westfalen)

Für Nordrhein-Westfalen ergibt sich somit genau die vom Europäischen Gerichtshof und vom Bundesarbeitsgericht geforderte Mindestübertragungsfrist von 15 Monaten nach Ablauf des Urlaubsjahres. Das ist kein Zufall: Die Tarifregelung für Nordrhein-Westfalen war Gegenstand der Prüfung des Europäischen Gerichtshofs (EuGH vom 22.11.2011 – C-214/10) und hat durch die festgestellte Konformität mit Gemeinschaftsrecht die spätere Rechtsprechung des Bundesarbeitsgerichts mitgeprägt.
Die neuere Rechtsprechung betrifft nur den *gesetzlichen Urlaubsanspruch* und ist diesbezüglich auch von Tarifverträgen zu beachten. Fraglich ist aber, ob der tarifliche Urlaubsanspruch, der über den gesetzlichen hinausgeht, ebenfalls diesen Regelungen unterliegt.
Grundsätzlich ist von einem *Gleichlauf von gesetzlichem Mindesturlaub und tariflichem Mehrurlaub* auszugehen. Allerdings können die Tarifvertragsparteien Urlaubsansprüche, die den gesetzlichen Mindesturlaub übersteigen, abweichend vom Bundesurlaubsgesetz frei regeln. Das Bundesarbeitsgericht (BAG vom 22.05.2012 – 9 AZR 618/10 und vom 12.04.2011 – 9 AZR 80/10) geht davon aus, dass ein Gleichlauf nicht gewollt ist, wenn die Tarifvertragsparteien entweder bei der Befristung und Übertragung bzw. beim Verfall des Urlaubs zwischen gesetzlichem Mindesturlaub und tarifvertraglichem Mehrurlaub ausdrücklich unterscheiden, oder sich vom gesetzlichen Fristenregime gelöst und eigenständige, vom Bundesurlaubsgesetz abweichende Regelungen zur Befristung und Übertragung bzw. zum Verfall des Urlaubsanspruchs getroffen haben.
Sind Beschäftigte längere Zeit erkrankt, kommt es also für die Frage, ob neben

dem gesetzlichen auch der tarifliche Urlaubsanspruch über den Übertragungszeitraum hinaus bestehen bleibt, auf die konkrete Ausgestaltung der tariflichen Regelung an, d.h., es kommt auf den jeweiligen regionalen Tarifvertrag an. Höchstrichterliche Entscheidungen liegen zu der Frage, welche Tarifverträge der Metall- und Elektroindustrie einen Gleichlauf vorsehen und welche nicht, noch nicht vor.

10.6 Erwerbstätigkeit im Urlaub

Nach § 8 BUrlG dürfen Beschäftigte keine dem Urlaubszweck widersprechende Erwerbstätigkeit leisten. Viele Tarifverträge wiederholen den Gesetzeswortlaut sinngemäß.

> **Tarifvertrag**
> *»Der Urlaub soll der Erholung dienen. Die Beschäftigten dürfen während der Urlaubszeit keine diesem Zweck widersprechende Erwerbsarbeit übernehmen.«*
> (§ 2.1 Urlaubstarifvertrag Berlin-Brandenburg)

Zweck dieser Vorschrift ist, dass der mit dem Urlaub beabsichtigte Erholungszweck auch tatsächlich eintritt. Unter Erwerbstätigkeit im Sinne des § 8 BUrlG ist zu verstehen, dass diese auf den Erwerb von Geld oder geldwerten Gütern als Gegenleistung gerichtet ist. Vom Begriff Erwerbstätigkeit werden Gefälligkeitshandlungen, Tätigkeiten zum Zweck der Fortbildung, landwirtschaftliche Nebentätigkeiten oder Arbeiten zum eigenen Nutzen (Hausbau usw.) nicht erfasst. Entscheidend ist jedoch, dass selbst bei Vorliegen einer zweckwidrigen Erwerbstätigkeit die verbotene Tätigkeit nicht *zum Wegfall des Urlaubs führt* (Kittner/Zwanziger/Deinert 2013, § 49 Rn. 236f.).
Gleiches gilt nach überwiegender Ansicht auch für das im Urlaubszeitraum fortzuzahlende Entgelt. Zweckwidrige Erwerbstätigkeit lässt den *Anspruch auf Entgelt nicht entfallen.* § 1 BUrlG ist unabdingbar und stellt sicher, dass das zustehende Arbeitsentgelt trotz Nichtleistung der Arbeit weitergezahlt wird.

> **Rechtsvorschrift**
> *»Handelt ein Arbeitnehmer der Pflicht nach § 8 BUrlG zuwider, während des gesetzlichen Mindesturlaubs keine dem Urlaubszweck widersprechende Erwerbstätigkeit zu leisten, begründet dies weder ein Recht des Arbeitgebers, die Urlaubsvergütung zu kürzen, noch entfällt damit der Anspruch auf Urlaubsvergütung.«*
> (BAG vom 25.02.1988 – 8 AZR 596/85)

Bei besonders schwerwiegenden Verstößen gegen § 8 BUrlG kommen Ansprüche des Arbeitgebers auf Schadensersatz, auf Unterlassung der Erwerbstätigkeit sowie die Möglichkeit, ggf. wegen der Erwerbstätigkeit das Arbeitsverhältnis durch Kündigung zu beenden, infrage (BAG vom 25.02.1988 – 8 AZR 596/85). Praktische Relevanz haben diese Fälle allerdings nicht.

10.7 Elternzeit und Urlaubsanspruch

Nach der Rechtsprechung des BAG entsteht der Urlaubsanspruch unabhängig von einer tatsächlichen Arbeitsleistung des Beschäftigten. Das gilt grundsätzlich auch bei Inanspruchnahme von Elternzeit (vgl. Kapitel 10.1.1). Nimmt ein Beschäftigter Elternzeit kann der Arbeitgeber gem. § 17 BEEG den Urlaub für jeden vollen Monat Elternzeit um ein Zwölftel kürzen. Die Kürzung tritt nicht kraft Gesetz automatisch ein, sondern muss vom Arbeitgeber ausgeübt werden. Voraussetzung für eine Kürzung ist allerdings, dass der Urlaubsanspruch noch besteht. Eine nachträgliche Kürzung kann daher nicht mehr erfolgen, wenn das Arbeitsverhältnis bereits beendet ist und der restliche Urlaub abgegolten werden soll (BAG vom 19.05.2015 - 9 AZR 725/13).
Bei Teilzeittätigkeit ist eine Kürzung allerdings ausgeschlossen.

> **Rechtsvorschrift**
> *»Der Arbeitgeber kann den Erholungsurlaub, der dem Arbeitnehmer oder der Arbeitnehmerin für das Urlaubsjahr zusteht, für jeden vollen Kalendermonat der Elternzeit um ein Zwölftel kürzen. Dies gilt nicht, wenn der Arbeitnehmer oder die Arbeitnehmerin während der Elternzeit bei seinem oder ihrem Arbeitgeber Teilzeitarbeit leistet.«*
> (§ 17 Abs. 1 BEEG)

Nach § 17 Abs. 2 BEEG kann der vor Antritt einer Elternzeit nicht oder nicht vollständig erhaltene Urlaub nach der Elternzeit im laufenden oder im nächsten Urlaubsjahr in Anspruch genommen werden.

> **Rechtsvorschrift**
> *»Hat der Arbeitnehmer oder die Arbeitnehmerin den ihm oder ihr zustehenden Urlaub vor dem Beginn der Elternzeit nicht oder nicht vollständig erhalten, hat der Arbeitgeber den Resturlaub nach der Elternzeit im laufenden oder im nächsten Urlaubsjahr zu gewähren.«*
> (§ 17 Abs. 2 BEEG)

Grundsätzlich verfällt dieser Resturlaub also nicht, auch wenn zwischen dem Entstehungszeitraum und der Inanspruchnahme aufgrund der Elternzeit mehrere Jahre liegen. § 17 Abs. 3 BEEG geht als Spezialvorschrift den Verfallsvorschriften nach § 7 Abs. 3 BUrlG und entsprechenden tariflichen Regelungen vor. Das gilt sogar, wenn die Beschäftigte bei Geburt eines weiteren Kindes eine zweite Elternzeit anschließt: Der vor der ersten Elternzeit entstandene Anspruch auf Erholungsurlaub wird dann auf die Zeit nach der weiteren Elternzeit übertragen, die sich unmittelbar an die frühere Elternzeit anschließt (BAG vom 20.05.2008 - 9 AZR 219/07).

10.8 Tod des Urlaubsberechtigten

Da der Anspruch auf Erholungsurlaub höchstpersönlicher Natur ist, kann er weder übertragen noch vererbt werden (Kittner/Zwanziger/Deinert 2013, § 49 Rn. 30). Damit entfallen nach dem Tod des Beschäftigten Ansprüche auf Urlaubsgewährung, Urlaubsentgelt und in aller Regel auch auf Urlaubsabgeltung (vgl. Kapitel 10.9). Mit dem Tod des Beschäftigten erlischt der Urlaubsanspruch und wandelt sich nicht in einen Abgeltungsanspruch nach § 7 Abs. 4 BUrlG um (BAG vom 12.03.2013 - 9 AZR 532/11).

Rechtsvorschrift
»Erbrechtlich sind nur die Vermögenspositionen relevant, die im Zeitpunkt des Todes des Erblassers zu dessen Vermögen gehören. Eine solche Vermögensposition liegt nicht vor. Die verstorbene Arbeitnehmerin war niemals Inhaberin eines Anspruchs auf Urlaubsabgeltung.«
(BAG vom 12.03.2013 - 9 AZR 532/11)

Etwas anderes gilt nur, wenn ein Beschäftigter bereits Klage auf Zahlung von Urlaubsabgeltung erhoben hat und dann verstirbt (BAG vom 19.11.1996 - 9 AZR 376/95). Das Gleiche gilt hinsichtlich des Urlaubsentgeltes, wenn der Anspruch zum Zeitpunkt des Todes bereits bestand und noch nicht erfüllt ist (Kittner/Zwanziger/Deinert 2013, § 49 Rn. 317).
Eine Besonderheit gilt im Tarifgebiet Baden-Württemberg, wo neben weiteren Fällen auch bei Tod des Beschäftigten die Urlaubsabgeltung gegenüber Erben vorgesehen ist.

Tarifvertrag
»Das Gleiche gilt beim Tod des Beschäftigten. Der Urlaubsanspruch, der dem Beschäftigten noch zugestanden hätte, ist gegenüber dem Ehegatten oder den unterhaltsberechtigten Angehörigen abzugelten.«
(§ 2.3 Urlaubsabkommen Nordwürttemberg/Nordbaden)

10.9 Urlaubsabgeltung

Während des *laufenden Arbeitsverhältnisses* ist eine finanzielle Abgeltung des Urlaubsanspruchs anstelle der Urlaubsgewährung grundsätzlich nicht zulässig. Eine Urlaubsabgeltung während des Arbeitsverhältnisses, mag sie für die Beschäftigten finanziell auch noch so verlockend sein, ist grundsätzlich unwirksam. Eine gesetzliche Ausnahme hiervon regelt § 7 Abs. 4 BUrlG:

Rechtsvorschrift
»Kann der Urlaub wegen Beendigung des Arbeitsverhältnisses ganz oder teilweise nicht mehr gewährt werden, so ist er abzugelten.«
(§ 7 Abs. 4 BUrlG)

Eine Abgeltung kann somit nur verlangt werden, wenn das Arbeitsverhältnis beendet worden ist. Zu diesem Zeitpunkt besteht in der Praxis oft noch ein Restanspruch auf Urlaub, der – aus welchen Gründen auch immer – nicht mehr genommen werden konnte. Der gesetzliche Urlaubsabgeltungsanspruch ist Ersatz für den wegen Beendigung des Arbeitsverhältnisses noch bestehenden, aber nicht mehr zu realisierenden Urlaubsanspruch.
In allen Tarifgebieten finden sich Regelungen, die sich mit der Frage der Abgeltung beschäftigen. Die meisten Tarifvorschriften enthalten jedoch kaum mehr als eine (bestätigende) Wiederholung des Gesetzesinhalts.

Tarifvertrag
»Wenn Beschäftigte ausscheiden, die noch Urlaubsansprüche haben, so ist der Urlaub während der Kündigungsfrist zu gewähren und zu nehmen. Besteht die Möglichkeit hierzu nicht, so ist der Urlaub abzugelten. In anderen Fällen ist die Abgeltung des Urlaubs unzulässig.«
(§ 16 Ziff. 8 MTV Sachsen-Anhalt)

Die Bestimmung des § 7 Abs. 4 BUrlG kann durch Tarifvertrag nicht zuungunsten, aber jederzeit zugunsten der Beschäftigten abgeändert werden, und zwar auch für den Fall, dass das Arbeitsverhältnis fortbesteht.

Rechtsvorschrift
»Das Urlaubsabkommen für Arbeiter und Angestellte in der Metallindustrie Nordwürttemberg-Nordbaden vom 22. Dezember 1987 enthält einen eigenständigen tariflichen Anspruch für Abgeltung des Urlaubs bei längerer Krankheit lediglich für das fortbestehende Arbeitsverhältnis (§ 2.3 Abs. 2 Satz 1, 2. Alternative), nicht jedoch für den Fall der Kündigung (§ 2.3 Abs. 2 Satz 1, 1. Alternative).«
(BAG vom 03.05.1994 – 9 AZR 522/92)

Die vom Bundesarbeitsgericht erwähnte Tarifvorschrift lautete wie folgt:

Tarifvertrag
»Eine Abgeltung des Urlaubsanspruchs ist nicht zulässig. Ausnahmen sind nur möglich bei Kündigung des Arbeitsverhältnisses und bei längerer Krankheit. Das gleiche gilt beim Tod des Beschäftigten.«
(§ 2.3 Urlaubsabkommen Nordwürttemberg-Nordbaden).

Eine längere Krankheit im Sinne des oben genannten Urlaubsabkommens liegt nicht erst dann vor, wenn die Beschäftigten 6 Wochen oder länger krank sind.

Eine Krankheitsdauer von 24 Kalendertagen ist hier bereits als längere Krankheit anzusehen (BAG vom 24.11.1992 – 9 AZR 331/91).
Nach der bisherigen Rechtsprechung des Bundesarbeitsgerichts war der Abgeltungsanspruch ein *umgewandelter Urlaubsanspruch*, d.h. ein Ersatz oder »Surrogat« für den Urlaubsanspruch (Surrogatstheorie). Es galten für ihn dieselben Voraussetzungen wie beim Urlaubsanspruch. Diese Rechtsprechung hat das Bundesarbeitsgericht inzwischen aufgegeben und behandelt den Abgeltungsanspruch wie einen *reinen Geldanspruch*.

Rechtsvorschrift
»Der Anspruch auf Abgeltung des Urlaubs ist auch für den Fall der Arbeitsfähigkeit des aus dem Arbeitsverhältnis ausscheidenden Arbeitnehmers ein reiner Geldanspruch. Er unterfällt deshalb nicht dem Fristenregime des Bundesurlaubsgesetzes.«
(BAG vom 19.06.2012 – 9 AZR 652/10)

Hieraus ergeben sich Konsequenzen für die *Geltendmachung der Ansprüche*. Während Urlaub, der im Urlaubsjahr nicht gewährt und auch nicht übertragen wurde, am Ende des Urlaubsjahrs geltend gemacht werden muss, gilt dies nicht für die Urlaubsabgeltung. Der Anspruch eines Beschäftigten auf Abgeltung des ihm zustehenden Urlaubs entsteht mit der Beendigung des Arbeitsverhältnisses und wird zu diesem Zeitpunkt fällig (BAG vom 12.03.2013 – 9 AZR 292/11). Es gelten somit dann auch die tariflichen Ausschlussfristen, die hinsichtlich der Geltendmachung beachtet werden müssen (Berg u.a. 2015, § 4 Rn. 266).

Rechtsvorschrift
»Der Urlaubsabgeltungsanspruch stellt einen Anspruch aus dem Arbeitsverhältnis [...] dar. Formulieren Tarifvertragsparteien – wie in der vorliegenden Verfallvorschrift – keine Einschränkungen, so fallen unter den Begriff der »Ansprüche aus dem Arbeitsverhältnis« alle gesetzlichen und vertraglichen Ansprüche, die Arbeitsvertragsparteien aufgrund ihrer durch den Arbeitsvertrag begründeten Rechtsstellung gegeneinander haben. [...] Diese Voraussetzung trifft gleichermaßen auf Urlaubs- und Urlaubsabgeltungsansprüche zu. Sie begründen sich aus dem Arbeitsverhältnis.«
(BAG vom 09.08.2011 – 9 AZR 352/10)

10.10 Erkrankung im Urlaub

Werden Beschäftigte während des Urlaubs krank, kann der Erholungszweck des Urlaubs nicht eintreten. Die Tage der Arbeitsunfähigkeit müssen sie sich aber *nicht auf den Jahresurlaub anrechnen* lassen. Voraussetzung dafür ist nach § 9 BUrlG, dass die Tage der Arbeitsunfähigkeit durch *ärztliches Zeugnis* nachgewiesen werden.

> **Rechtsvorschrift**
> *»Erkrankt ein Arbeitnehmer während des Urlaubs, so werden die durch ärztliches Zeugnis nachgewiesenen Tage der Arbeitsunfähigkeit auf den Jahresurlaub nicht angerechnet.«*
> (§ 9 BUrlG)

Die Beschäftigten haben dann einen Anspruch auf Nachgewährung der Urlaubstage, an denen sie arbeitsunfähig krank waren.
Das Gesetz fordert den objektiven Nachweis der Erkrankung. Das ärztliche Zeugnis ist unverzüglich einzureichen. Ohne Attest besteht kein Nachgewährungsanspruch. Das ärztliche Zeugnis muss erkennen lassen, dass sich der ausstellende Arzt mit dem Begriff »Arbeitsunfähigkeit durch Krankheit« vertraut gemacht hat. Es reicht nicht aus, wenn das Attest nur den Nachweis einer Krankheit im medizinischen Sinne ausweist. Es muss bestätigen, dass die Beschäftigten konkret die geschuldete Arbeitsverpflichtung nicht erfüllen können (BAG vom 15.12.1987 - 8 AZR 647/86). Ausreichend ist auch das Attest eines ausländischen Arztes (Kittner/Zwanziger/Deinert 2013, § 49 Rn. 217).
Mit Vorlage des ärztlichen Attests besteht der Anspruch auf Nachgewährung. Der Zeitpunkt für die Nachgewährung muss nach den Grundsätzen des § 7 Abs. 1 BUrlG wieder neu bestimmt werden. Eine Selbstbeurlaubung der Beschäftigten, indem sie die nachzugewährenden Tage einfach nach Beendigung der Arbeitsunfähigkeit als Urlaub anhängen, ist unzulässig. Der Arbeitgeber kann die Nachgewährung verweigern, wenn er Zweifel an der Richtigkeit der Arbeitsunfähigkeitsbescheinigung hat. Der Arbeitgeber hat insoweit die Beweislast. Er kann bei Zweifeln an der Richtigkeit der Bescheinigung über die Krankenkasse eine Untersuchung durch den medizinischen Dienst verlangen (Heilmann 2014, § 9 Rn. 2).
Tarifliche Urlaubsregelungen wiederholen in der Regel die gesetzliche Regelung mit anderen Worten, teilweise treffen sie konkrete Regelungen zur Nachgewährung.

> **Tarifvertrag**
> *»Werden Beschäftigte während des Urlaubs arbeitsunfähig krank, so gelten die in die Arbeitsunfähigkeit fallenden Urlaubstage als nicht genommen. Die Beschäftigten sind in diesem Fall verpflichtet, dem Arbeitgeber dies entsprechend § 12 I. mitzuteilen und nachzuweisen. […]*
> *Die Beschäftigten haben Anspruch auf diese Urlaubstage nach Wiederherstellung der Arbeitsfähigkeit. Mit dem Arbeitgeber muss vereinbart werden, wann der Resturlaub genommen wird.«*
> (§ 20 MTV Niedersachsen)

Die vorstehend beschriebenen Rechtsgrundsätze gelten auch für den Fall, dass die Erkrankung vor dem bestimmten Urlaubsbeginn eintritt. Auch dann findet keine Anrechnung dieser Tage auf den Urlaub statt; sie sind nachzugewähren.

10.11 Urlaub bei ungleichmäßiger Verteilung der Arbeitszeit

Die in den Tarifverträgen festgelegte Urlaubsdauer bezieht sich auf Vollzeitbeschäftigte und ist bei einer geringeren Arbeitszeit entsprechend anzupassen (vgl. Kapitel 10.1). Schwierigkeiten bei der Berechnung der Urlaubsdauer ergeben sich aber dann, wenn die Arbeitszeit durch wechselnde Formen *flexibler Arbeitszeitgestaltung* starken Schwankungen ausgesetzt ist.
Eine im Hinblick auf die Dauer des Urlaubsanspruchs relevante unregelmäßige Arbeitszeit liegt vor, wenn in einem bestimmten Zeitraum in aufeinanderfolgenden Wochen jeweils *ungleichmäßig viele Arbeitstage* anfallen. Hiervon können Teilzeit- und Vollzeitbeschäftigte gleichermaßen betroffen sein. In der Praxis spricht man von wechselnden Teilzeittätigkeiten, von rollierenden Systemen und vom Schichtbetrieb. Zwar finden sich in fast allen Tarifverträgen eigenständige Regelungen zur Dauer des Urlaubs, individuelle Berechnungsformen bezogen auf die in den Betrieben praktizierten unregelmäßigen Arbeitszeiten sind aber selten. Fallen über einen längeren Zeitraum ungleichmäßig viele Arbeitstage für den einzelnen Beschäftigten an, muss nach der Rechtsprechung des Bundesarbeitsgerichts die Berechnung der Urlaubsdauer auf einen längeren Zeitraum als 1 Woche bezogen werden. Häufige Berechnungsgrundlage ist ein Zeitraum von einem Jahr. Die Berechnung für den Urlaubsanspruch muss auch dann auf ein Jahr bezogen werden, wenn die Arbeitszeit über mehrere Kalenderjahre verteilt ist (BAG vom 22.10.1991 – 9 AZR 621/90). Dabei wird der gesetzliche oder der tarifliche Jahresurlaubsanspruch durch die Jahreswerktage geteilt und mit denjenigen Tagen multipliziert, an denen der Arbeitnehmer seiner vertraglich geschuldeten Arbeitsleistung nachkommen muss (Heilmann 2014, § 3 Rn. 7). Gleiches gibt bei einem auf Arbeitstage bezogenen Anspruch auf Urlaub, wobei der tarifliche Urlaubsanspruch durch die Jahresarbeitstage geteilt wird. Die bloße Umrechnung des Urlaubsanspruchs führt aber teilweise zu fragwürdigen Ergebnissen, wie die folgenden Beispiele zeigen (nach Heilmann 2014, § 3 Rn. 7):

Beispiel 1:
Der in Vollzeit beschäftigte A arbeitet regelmäßig an 5 Tagen in der Woche mit einer wöchentlichen Arbeitszeit von 35 Stunden. A arbeitet somit 260 Tage (52 × 5) jährlich mit 1820 (52 × 35) Arbeitsstunden. Sein Urlaubsanspruch beträgt *30 Arbeitstage.*

Beispiel 2:
Der in Vollzeit beschäftigte B arbeitet hingegen unregelmäßig an 2 bis 5 Tagen pro Woche und erreicht dadurch 208 Arbeitstage pro Jahr mit ebenfalls insgesamt 1820 Arbeitsstunden. Der Urlaubsanspruch des B beträgt aufgrund der unregelmäßigen Arbeitszeit lediglich *24 Arbeitstage* (30 × 208 : 260) bei einer gleichen jährlichen Arbeitszeit.

Beide Beschäftigte arbeiten also die gleiche Stundenzahl und verfügen daher über den gleichen Umfang an Freizeit. Dennoch hat der Beschäftigte in unregelmäßiger Arbeitszeit 6 Urlaubstage weniger zur Verfügung.
Der gleiche nachteilige Effekt kann sich auch bei variablen Schichtsystemen ergeben (vgl. Kapitel 6.4.3).
Dieses Ergebnis war von den Tarifvertragsparteien in der Metall- und Elektroindustrie nicht gewollt und auch mit keinem Wort in den Tarifverträgen formuliert. In Kenntnis der komplizierten Rechenmethoden wurde gerade nicht eine Urlaubsberechnung nach Zahl der persönlichen Arbeitstage pro Woche gewählt, sondern bestimmt, dass bei ungleichmäßiger Arbeitszeitverteilung 5 Tage je Woche als Arbeitstage gelten.

Tarifvertrag
»Arbeitstage sind alle Kalendertage, an denen die Beschäftigten in regelmäßiger Arbeitszeit zu arbeiten haben.
Auch wenn die regelmäßige Arbeitszeit auf mehr oder weniger als 5 Tage in der Woche – gegebenenfalls auch im Durchschnitt mehrerer Wochen – verteilt ist, gelten 5 Tage je Woche als Arbeitstage.«
(§§ 4.5 und 4.6 Urlaubstarifvertrag Berlin-Brandenburg)

Das Bundesarbeitsgericht hat sich bei der Berechnung der Urlaubsdauer allerdings nicht an diese Vorgabe der Tarifverträge gehalten, sondern entschieden, dass der tarifliche Urlaubsanspruch entsprechend der Arbeitsverpflichtung für die Woche zu rechnen sei, wenn die regelmäßige wöchentliche Arbeitszeit des Arbeitnehmers nicht auf 5 Kalendertage in der Woche verteilt ist. Wenn ein Schichtplan bestimmt, dass die regelmäßige wöchentliche Arbeitszeit erst nach 20 Wochen erreicht wird, sei dieser Zeitraum für die Umrechnung des nach Arbeitstagen bemessenen tariflichen Urlaubs zu nehme (BAG vom 03.05.1994 – AZR 165/91).
Zu entscheiden war über die Urlaubsberechnung zu einer Tarifregelung, die dem vorstehend wiedergegebenen Tariftext entsprach. In dem entschiedenen Fall ging es um ein Heizkraftwerk eines Automobilunternehmens, in dem in fünf Schichten kontinuierlich gearbeitet wurde. Die Arbeitszeit der einzelnen Beschäftigten verteilte sich unregelmäßig auf 6, auf 2, auf 3 oder auf 5 Tage in der Woche, wobei die Schichtzeiten unterschiedlich lang waren. Ein Schichtrhythmus dauerte 20 Wochen. In dieser Zeit waren 90 Schichten zu fahren. Da nach Ansicht des Unternehmens die Beschäftigten 10 Tage weniger zu arbeiten hatten als die regelmäßig an 5 Tagen Beschäftigten, erfolgte eine Kürzung des Urlaubs in einem entsprechenden Verhältnis auf 27 Tage (100 zu 90 Arbeitstagen = 30 zu 27 Urlaubstagen). Das Bundesarbeitsgericht hat diese Sichtweise abgesegnet. Wenn ein Schichtplan bestimme, dass die regelmäßige wöchentliche Arbeitszeit im Durchschnitt erst nach 20 Wochen erreicht werde, sei für die Umrechnung des nach Arbeitstagen bemessenen Urlaubsanspruchs auf diesen Zeitraum abzustellen. Nach der vorgenommenen Umrechnung ergaben sich nicht mehr 5, sondern nur noch 4,5 Arbeitstage und damit auch nur

4,5 Urlaubstage pro Woche. Damit entschied das Bundesarbeitsgericht gegen den ausdrücklichen Inhalt der Tarifvorschrift und die Festlegung der Tarifvertragsparteien. *Der Umstand, dass das BAG die grundlegenden Normen des MTV im vorliegenden Fall ignoriert, muss jeden nachdenklich stimmen, für den Tarifautonomie und Tarifverträge einen hohen Wert darstellen* (Unterhinninghofen 1995, S. 235ff.).
Trotz dieser Bedenken und der berechtigten Kritik hat sich an der durch das Bundesarbeitsgericht geprägten rechtlichen Situation nichts geändert. Eine entsprechende Umrechnung ist in vielen Betrieben inzwischen gängige Praxis. Auf der anderen Seite gibt es aber viele gute betriebliche Beispiele, in denen es dem Betriebsrat gelungen ist, für die Beschäftigten einen ungeminderten Anspruch auf den vollen Jahresurlaub zu erhalten (vgl. Kapitel 6.4).

10.12 Bezahlung des Urlaubs

10.12.1 Urlaubsentgelt

Die Fortzahlung des Arbeitsentgeltes während des Urlaubs ist unabdingbare Voraussetzung dafür, sich während des Erholungsurlaubs von den Strapazen des Arbeitsalltags zu erholen. Es geht darum, dass der Lebensstandard möglichst so erhalten bleibt, als hätten die Beschäftigten weitergearbeitet. Für die Berechnung des Urlaubsentgeltes gibt es üblicherweise *zwei Methoden*: Man kann das Entgelt für den Urlaub danach berechnen, was die Beschäftigten in der Vergangenheit verdient haben *(Referenzprinzip)*. Man kann das Urlaubsentgelt aber auch nach den Umständen berechnen, die die Vergütung bei einer Arbeitsleistung im Urlaubszeitraum bestimmt hätten *(Entgeltausfallprinzip)*. Der Gesetzgeber hat sich in § 11 BUrlG für ein gemischtes System entschieden. Nach § 11 Abs. 1 Satz 1 BUrlG bemisst sich das Entgelt nach dem *durchschnittlichen Arbeitsverdienst*, das die Beschäftigten in den letzten 13 Wochen vor dem Beginn des Urlaubs erhalten haben, mit Ausnahme des zusätzlich für Überstunden gezahlten Arbeitsverdienstes. *Künftige Verdienstelemente* sind insoweit mit einbezogen, als dass nach § 11 Abs. 1 Satz 2 BUrlG Verdiensterhöhungen nicht nur vorübergehender Natur, die während des Berechnungszeitraums oder des Urlaubs eintreten, zu berücksichtigen sind.

Rechtsvorschrift
»Das Urlaubsentgelt bemisst sich nach dem durchschnittlichen Arbeitsverdienst, das der Arbeitnehmer in den letzten dreizehn Wochen vor dem Beginn des Urlaubs erhalten hat, mit Ausnahme des zusätzlich für Überstunden gezahlten Arbeitsverdienstes. Bei Verdiensterhöhungen nicht nur vorübergehender Natur, die während des Berechnungszeitraums oder des Urlaubs eintreten, ist von dem erhöhten Verdienst auszugehen. Verdienstkürzungen, die im Berechnungszeitraum infolge von Kurzarbeit, Arbeitsausfällen oder unverschuldeter Arbeitsversäumnis eintreten, bleiben für die Berechnung des Urlaubsentgelts außer Betracht.«
(§ 11 Abs. 1 BUrlG)

Die Vergütung von Urlaubstagen ist auch in Tarifverträgen geregelt und zwar überwiegend nicht in den Urlaubsbestimmungen selbst, sondern in den Regelungen über Methoden der Entgeltberechnung. Diese Vorschriften enthalten alle detaillierten Regelungen der Geldfaktoren, die bei der Berechnung der Urlaubsbezahlung zu berücksichtigen sind.

Tarifvertrag
»Für die Berechnung der Entgeltfortzahlung im Krankheitsfall und des Urlaubsentgelts ist für jeden Krankheits- bzw. Urlaubstag 1/65,25 des tatsächlichen Bruttomonatsentgelts der letzten drei abgerechneten Monate zu Grunde zu legen.
In diesem Zeitraum gezahltes Urlaubsgeld, Sonderzahlung, Aufwandsentschädigungen (z.B. Auslösungen), Mehrarbeitsvergütung und Mehrarbeitszuschläge sowie der Mehrarbeitsanteil in Höhe von 15 Prozent bzw. 25 Prozent in gemischten Nachtschichtzuschlägen gem. § 7 Ziff. 1 Buchst. c), 4. und 5. Spiegelstrich bleiben unberücksichtigt.
Ist die regelmäßige wöchentliche Arbeitszeit auf mehr oder weniger als fünf Tage in der Woche – gegebenenfalls auch im Durchschnitt mehrerer Wochen – verteilt, so ist der Divisor anzupassen.«
(§ 27 Ziff. 3 MTV Hessen)

Die hier zitierte Tarifregelung ist nicht vollständig wiedergegeben. Sie enthält außerdem noch Vorschriften zum Umgang mit Krankheitszeiten, kurzer Betriebszugehörigkeit usw.
Die Tarifvertragsparteien können die Vorschriften über das während des Urlaubs fortzuzahlende Entgelt inhaltlich ausgestalten. Das Entgelt für den gesetzlichen Mindesturlaub ist dabei mindestens nach § 11 BUrlG zu berechnen. Lediglich für den darüber hinausgehenden Urlaub können die Tarifvertragsparteien auch Regelungen zuungunsten der Beschäftigten treffen (BAG vom 15.12.2009 – 9 AZR 887/08).
Sie können das gesetzliche Referenzprinzip durch das Entgeltausfallprinzip ersetzen (BAG vom 19.09.1985 – 6 AZR 460/83). Wenn sie das Referenzprinzip beibehalten, können sie den Referenzzeitraum verlängern oder verkürzen.
In der Metall- und Elektroindustrie unterscheiden die Tarifverträge teilweise auch zwischen gleichmäßigen und variablen Entgeltbestandteilen, bei den variablen Entgeltbestandteilen wiederum zwischen den zeitabhängige Bestandteilen (Schichtzuschläge u. Ä.) und den leistungsabhängigen Bestandteilen (Leistungsentgelte). Darauf aufbauend regeln die Tarifverträge eine unterschiedliche Berechnung.

Tarifvertrag
»4.2.1 Während des Urlaubs werden die festen Bestandteile des Monatsentgelts und die leistungsabhängigen variablen Bestandteile des Monatsentgelts weitergezahlt.
4.2.2 Zusätzlich erhalten die Beschäftigten die zeitabhängigen variablen Bestandteile ihres Monatsentgelts der letzten abgerechneten drei Monate vor Antritt des Urlaubs einschließlich aller laufend gewährten Zulagen und Zuschlä-

ge, soweit diese nicht in den festen Bestandteilen des Monatsentgelts enthalten sind, jedoch ohne Mehrarbeitsgrundvergütungen und Mehrarbeitszuschläge sowie Auslösungen und ähnliche Zahlungen (z. B. Reisespesen, Trennungsentschädigungen), Krankenlohn, Krankengeldzuschüsse, Urlaubsvergütung, die vermögenswirksamen Leistungen des Arbeitgebers sowie einmalige Zuwendungen. Bei der Berechnung des Urlaubsentgeltes für einen Urlaubstag wird dieser Betrag durch die Anzahl der in diesem Zeitraum bezahlten Tage ohne Krankheits- und Urlaubstage geteilt.«
(§ 4.2 Urlaubsabkommen Nordwürttemberg/Nordbaden)

10.12.2 Zusätzliches Urlaubsgeld

Vom Urlaubsentgelt ist das so genannte Urlaubsgeld oder – je nach Tarifgebiet – die zusätzliche Urlaubsvergütung zu unterscheiden. Damit sollen erhöhte Aufwendungen im Urlaub abgedeckt werden. Gesetzliche Vorschriften über das Urlaubsgeld gibt es nicht, es handelt sich somit um einen *originär tarifvertraglichen Anspruch*, der dementsprechend auch nur für die Gewerkschaftsmitglieder besteht. Die Ausgestaltung der tariflichen Regelungen zum Urlaubsgeld ist sehr unterschiedlich, z. T. wird das tarifliche Urlaubsgeld auch als Teil oder Aufschlag zum Urlaubsentgelt vereinbart.
In der Metall- und Elektroindustrie ist ein Urlaubsgeld in Höhe von 50 Prozent des Urlaubsentgeltes geregelt.

Tarifvertrag
»Zusätzlich zu dem Urlaubsentgelt ist für jeden Urlaubstag ein Urlaubsgeld zu zahlen. Das Urlaubsgeld beträgt 50 Prozent des Urlaubsentgelts gem. Ziff. 1.«
(§ 18 Ziff. 2 MTV Hessen)

Im obigen Beispiel ist die Berechnungsgrundlage für das Urlaubsgeld – wie in den meisten Tarifgebieten – das im Urlaub zu zahlende *Urlaubsentgelt* und nicht das Monatsentgelt. Da die Beschäftigen in der Metall- und Elektroindustrie einen Urlaubsanspruch von 30 Tagen haben, steht ihnen auch für diesen Zeitraum das Urlaubsentgelt zu. Die Formulierungen in den Tarifverträgen sind an dieser Stelle allerdings sehr unterschiedlich, es ergibt sich aber in jedem Fall ein Urlaubsgeld in Höhe von ca. 69 Prozent eines Monatsentgeltes. Denn werden pro Monat 21,75 Arbeitstage zugrunde gelegt, lautet die Rechnung: 30 : 21,75 × 50 Prozent = 69 Prozent. Eine Ausnahme gilt für das Tarifgebiet Nordrhein-Westfalen: Hier wird auf das *Monatsentgelt* abgestellt und es ergibt sich eine zusätzliche Urlaubsvergütung von 72 Prozent eines Monatsentgeltes.

Tarifvertrag
»Sie erhalten darüber hinaus eine zusätzliche Urlaubsvergütung, die bei 30 Urlaubstagen gemäß § 13 Nr. 1 je Urlaubstag 2,4 Prozent des monatlichen regelmäßigen Arbeitsentgelts/der regelmäßigen Ausbildungsvergütung ausmacht.«
(§ 14 Ziff. 1 Abs. 2 MTV NRW)

10.13 Fragen aus der Praxis

Ein Beschäftigter möchte im kommenden Monat ein paar Tage Urlaub machen. Der Arbeitgeber verweigert ihm dies mit Hinweis auf die momentane betriebliche Auslastung. Der Beschäftigte glaubt, dass der Arbeitgeber im Unrecht ist und bleibt zum beabsichtigten Zeitpunkt einfach zuhause. Mit welchen Konsequenzen? Wie liegt der Fall, wenn er den Urlaub dringend nehmen muss, weil er ansonsten verfällt?
Hier geht es um die sogenannte Selbstbeurlaubung. Diese ist grundsätzlich unzulässig. Tritt der Beschäftigte eigenmächtig einen nicht genehmigten Urlaub an, verletzt er seine arbeitsvertraglichen Pflichten, was zur Abmahnung bis hin zur außerordentlichen Kündigung führen kann (BAG vom 20.01.1994 – 2 AZR 521/93). Etwas anderes gilt auch nicht für den Fall, dass der Verfall des Urlaubs droht: Der Beschäftigte muss den Urlaub rechtzeitig verlangen, ggf. kann er gegenüber dem Arbeitgeber einen Schadensersatzanspruch geltend machen (vgl. Kapitel 10.5). Bei der Interessenabwägung muss allerdings zugunsten des Beschäftigten berücksichtigt werden, falls der Arbeitgeber den Urlaub zu Unrecht abgelehnt hat oder wegen seiner organisatorischen Fehler der Urlaubswunsch nicht erfüllt werden konnte (Kittner/Zwanziger/Deinert 2013, § 49 Rn. 164). Bei Nichtgewährung von Urlaub steht dem Beschäftigten der Rechtsweg zu den Arbeitsgerichten offen, ggf. auch im Wege einer einstweiligen Verfügung (Kittner/Zwanziger/Deinert 2013, § 49 Rn. 166ff.).

Wird mit der Einreichung der Kündigungsschutzklage beim Arbeitsgericht auch gleichzeitig ein eventueller Urlaubsabgeltungsanspruch rechtswirksam geltend gemacht?
Das Bundesarbeitsgericht vertritt die Auffassung, dass die Erhebung einer Kündigungsschutzklage nicht auch eine rechtswirksame Geltendmachung des Urlaubsabgeltungsanspruchs darstellt. Der Anspruch auf Urlaubsabgeltung knüpft nicht an den Erfolg der Kündigungsschutzklage und den daraus resultierenden Fortbestand des Arbeitsverhältnisses an, sondern setzt sogar eine Beendigung des Arbeitsverhältnisses voraus (BAG vom 21.02.2012 – 9 AZR 486/10). Der Arbeitnehmer muss somit vorsorglich neben der Kündigungsschutzklage eventuelle Urlaubsabgeltungsansprüche ausdrücklich geltend machen.

Kann nach dem Tod eines Beschäftigten der Erbe für den nicht verbrauchten Urlaub einen Urlaubsabgeltungsanspruch beanspruchen?
Der Urlaubsanspruch zielt auf die Befreiung von der Arbeitsleistung und ist daher höchstpersönlicher Natur. Er ist daher nicht vererblich und erlischt beim Tod des Beschäftigten (BAG vom 12.03.2013 – 9 AZR 532/11). Damit entsteht auch kein Urlaubsabgeltungsanspruch, der auf die Erben übergehen könnte. Anderes gilt nur, wenn der verstorbene Beschäftigte bereits nach Beendigung des Arbeitsverhältnisses Klage auf Zahlung der Urlaubsabgeltung erhoben

hatte. Neuerdings behandelt das Bundesarbeitsgericht den Abgeltungsanspruch wie einen reinen Geldanspruch, der mit Ende des Arbeitsverhältnisses entsteht (BAG vom 19.06.2012 – 9 AZR 652/10; vgl. Kapitel 10.8). Das spricht für eine Vererbbarkeit des bereits entstandenen Urlaubsabgeltungsanspruchs, Rechtsprechung hierzu gibt es allerdings noch nicht (Heilmann 2014, S. 37).

Muss der Arbeitgeber bei einer Erkrankung im Ausland das Attest eines ausländischen Arztes anerkennen?
Ausländische Atteste haben den gleichen Beweiswert wie inländische Atteste (BAG vom 20.02.1985 – 5 AZR 43/84). Entscheidend ist, dass sie nicht nur eine Erkrankung bestätigen, sondern bestätigen, dass der Arbeitnehmer nicht in der Lage ist, seine konkret geschuldete Arbeitsverpflichtung zu erfüllen.

Gibt es eine Frist für die Vorlage des ärztlichen Attests, um den Nachgewährungsanspruch nicht zu verlieren?
Das Gesetz schreibt keine Frist zur Vorlage des Attests vor. Die Regeln nach dem Entgeltfortzahlungsgesetz, d.h. die Anzeige- und Nachweispflichten, gelten hier nicht. Allerdings hat der Arbeitgeber die Möglichkeit, die Nachgewährung des Urlaubs so lange zu verweigern, bis ein ordnungsgemäßes Attest vorliegt.

11. Altersteilzeit und flexibler Übergang in die Rente

von Hartmut Meine und Elke Schulte-Meine

Altersteilzeit ist heute in der Metall- und Elektroindustrie das dominierende Modell für Beschäftigte, die vorzeitig aus dem Arbeitsleben ausscheiden wollen. Während die schwarz-rote Bundesregierung von CDU und SPD im Jahre 2007 die schrittweise Einführung der Rente mit 67 beschlossen hat, sieht sich die Mehrheit der Beschäftigten in der Metall- und Elektroindustrie nicht in der Lage, die Belastungen an ihrem Arbeitsplatz bis zum 63., 65. oder gar 67. Lebensjahr auszuhalten. Deshalb besteht in der betrieblichen Wirklichkeit der Wunsch, zu akzeptablen Bedingungen zwischen dem 60. und 63. Lebensjahr ausscheiden zu können.

Seit 1996 wurden unter verschiedenen Regierungskonstellationen die Rentengesetzgebung und vor allem die Möglichkeit, vorzeitig aus dem Arbeitsleben auszuscheiden, zum Nachteil der Beschäftigten geändert. Die Situation im Jahr 2016 sieht wie folgt aus:

Die früheste Möglichkeit, Altersrente beziehen zu können, besteht ab dem 63. Lebensjahr, ist aber am Ende des Stufenplans zur Einführung der Rente mit 67 damit verbunden, dass 14,4 Prozent Rentenabschläge in Kauf genommen werden müssen (0,3 Prozent pro Monat, der vor der Regelaltersrente liegt). Wollen oder müssen Beschäftigte vor dem 63. Lebensjahr ausscheiden, ist Altersteilzeit die einzige Möglichkeit, dies zu halbwegs akzeptablen Bedingungen zu realisieren. Aufgrund des neuen § 236 b SGB VI besteht ab 1. Juli 2014 für die Jahrgänge bis einschließlich 1952 die Möglichkeit, bei 45 Versicherungsjahren mit 63 Jahren abschlagsfrei in Rente zu gehen (besonders langjährig Versicherte). In einem Stufenplan wird die Möglichkeit der abschlagsfreien Rente für die Jahrgänge ab 1953 schrittweise wieder erhöht. Dementsprechend können beispielsweise besonders langjährig Versicherte des Jahrgangs 1958 mit 64 Jahren abschlagsfrei Rente beziehen. Für besonders langjährig Beschäftigte ab dem Jahrgang 1964 gilt dann wieder die abschlagsfreie Rente mit 65 Jahren.

Im Altersteilzeitgesetz steht die Altersteilzeit in unverblockter Form gleichrangig neben dem sogenannten Blockmodell. Altersteilzeit in unverblockter Form bedeutet: Die Beschäftigten arbeiten während der gesamten Dauer ihrer Altersteilzeit in der Woche nur noch die Hälfte ihrer bisherigen Arbeitszeit. Diese Form der Altersteilzeit entspricht aber in der Regel nicht den betrieblichen Notwendigkeiten und den Erwartungen der Beschäftigten. In den Tarifverträgen ist deshalb die Altersteilzeit vorrangig in einer verblockten Form geregelt.

Ein in der betrieblichen Praxis häufig genutztes Modell in der Metall- und Elektroindustrie zeigt die Übersicht 11.1. Hierbei handelt es sich um ein 5-jähriges sogenanntes *Blockmodell*: Beschäftigte beginnen im Alter von 58 Jahren die Altersteilzeit, um mit 63 Jahren die vorgezogene Altersrente, mit Abschlägen von bis zu 14,4 Prozent, beziehen zu können. In den ersten 2,5 Jahren ihres Altersteilzeitarbeitsverhältnisses arbeiten sie in ihren bisherigen Arbeitszeitregelungen unverändert weiter (*Arbeitsphase*), in den letzten 2,5 Jahren sind sie von der Arbeit freigestellt (*Freistellungsphase*). Im Durchschnitt dieser 5 Jahre arbeiten die Beschäftigten also die Hälfte der tariflich bzw. individuell vereinbarten Arbeitszeit. Bei bisheriger Vollzeit heißt das: im Westen 17,5 Stunden, im Osten 19 Stunden. Die Beschäftigten sind, unabhängig von der Verteilung der Arbeitszeit auf die einzelnen Wochentage, Teilzeitbeschäftigte. Für diese Arbeitszeit erhalten sie ein Altersteilzeitentgelt in Höhe von 50 Prozent ihres bisherigen Monatsentgeltes. Gemäß den tariflichen Bestimmungen erhalten die Beschäftigten darauf einen individuellen Aufstockungsbetrag, so dass sie in etwa eine Größenordnung von ca. 87 Prozent ihres bisherigen monatlichen Nettoverdienstes über die 5-jährige Laufzeit als Gesamtentgelt erhalten (vgl. Kapitel 11.4).

Übersicht 11.1 – Grundprinzip der Altersteilzeit (Beispiel)

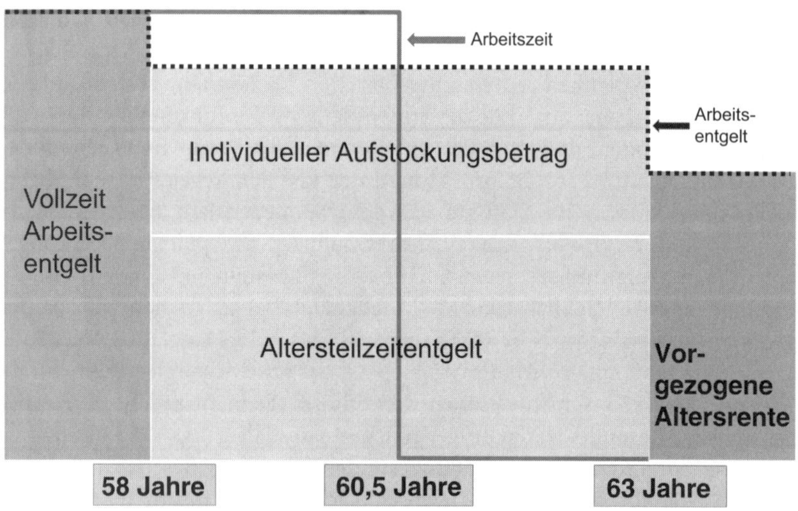

Der »Tarifvertrag zum flexiblen Übergang in die Rente« (TV FlexÜ) vom Februar 2015 eröffnet auch die Möglichkeit, ein gleitendes Modell zu vereinbaren. Zum Beispiel kann bei einer 4-jährigen Altersteilzeit die Arbeitszeit jährlich abnehmen, beispielsweise von 80 % auf 60 %, 40 % und 20 %. Dies entspricht bei einer 35-Stundenwoche Arbeitszeiten von 28 Stunden, 21 Stunden, 14 Stunden und 7 Stunden pro Woche.

Übersicht 11.2 – Gesamtentgelt bei Altersteilzeit

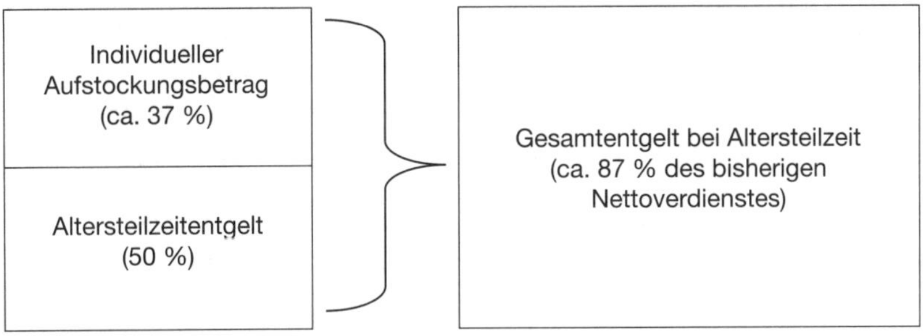

11.1 Rechtliche und tarifliche Grundlagen der Altersteilzeit

Das Altersteilzeitgesetz ist die Rechtsgrundlage für die tariflichen und betrieblichen Bestimmungen. Alle Vereinbarungen müssen die Anforderungen dieses Gesetzes erfüllen, da sonst die Befreiung der Aufstockungsbeträge von der Steuer- und Sozialversicherungspflicht entfällt. Die erforderlichen Voraussetzungen sind:
Die Beschäftigten müssen innerhalb der letzten 5 Jahre vor Beginn der Altersteilzeit mindestens 1080 Kalendertage in einer versicherungspflichtigen Beschäftigung nach dem SGB III gestanden haben. Aufgrund eines Tarifvertrages, einer Betriebsvereinbarung oder einer Vereinbarung mit dem Beschäftigten muss das Regelarbeitsentgelt um mindestens 20 Prozent und die Beiträge zur gesetzlichen Rentenversicherung auf 80 Prozent des Regelarbeitsentgeltes aufgestockt werden. Die Beitragsbemessungsgrenzen sind dabei zu beachten.
Das *Regelarbeitsentgelt* nach dem Altersteilzeitgesetz umfasst das sozialversicherungspflichtige Arbeitsentgelt, soweit es die Beitragsbemessungsgrenze nach dem SGB III nicht überschreitet. Dazu können z. B. gehören: Leistungszulagen, Mehrverdienste für Akkord oder Prämie, Belastungszulagen oder Zulagen für Rufbereitschaft usw. Die Arbeitsentgelte, die einmalig (z. B. Jahressondervergütungen), nicht regelmäßig oder nicht für die vereinbarte Arbeitszeit gewährt werden, bleiben unberücksichtigt (vgl. Durchführungsanordnung zu § 3 AltTZG).
Der Begriff der Altersteilzeit setzt voraus, dass Beschäftigte ihre bisherige Arbeitszeit auf die Hälfte verringern. Sie kann im Durchschnitt auf die gesamte Zeit der Altersteilzeit vereinbart werden (unverblockte Altersteilzeit) oder in eine Arbeits- und Freistellungsphase geteilt werden (verblockte Altersteilzeit).
Außerdem enthält das Altersteilzeitgesetz einen sogenannten Überforderungsschutz, der sich auf die Anzahl der Beschäftigten bezieht, die maximal in Altersteilzeit gehen können. Dieser beträgt 5 Prozent der Beschäftigten des Betriebes (vgl. § 3 Abs. 3 AltTZG). Der Arbeitgeber ist nach § 8 a AltTZG

verpflichtet, eine Insolvenzsicherung von Wertguthaben vorzunehmen (vgl. Kapitel 11.7).

Enthalten sind außerdem Regelungen zur sozialen Sicherung der Beschäftigten in Altersteilzeit (§ 10 AltTZG). Dies betrifft z.B. den Fall einer vorzeitigen Beendigung des Arbeitsverhältnisses: Das Arbeitslosengeld ist so zu bemessen, als ob die Beschäftigten ihre Arbeitszeit nicht wegen Altersteilzeit reduziert hätten, d.h. auf Basis einer Vollzeittätigkeit (vgl. § 10 Abs. 1 AltTZG). Das gilt vor allem dann, wenn Arbeitslosigkeit infolge von Zahlungsunfähigkeit – Insolvenz des Arbeitgebers – eintritt (vgl. Durchführungsanweisung zu § 131 SGB III 1.4. 1).

Der »Tarifvertrag zum flexiblen Übergang in die Rente« (TV FlexÜ) vom Februar 2015 knüpft an die Regelungen des Gesetzes an und verbessert die Ansprüche der Beschäftigten vor allem in folgenden Punkten:

- Erzwingbare Ansprüche auf Altersteilzeit,
- Höhere Aufstockung des Arbeitsentgeltes,
- Abfindungen beim Anspruchsmodell für die besonders belasteten Beschäftigten,
- Möglichkeit der Altersteilzeit im Blockmodell

Nach dem Altersteilzeitgesetz ist die Anwendung des TV FlexÜ in nicht tarifgebundenen Betrieben möglich. Ein Anspruch besteht aber nicht.

Der TV FlexÜ eröffnet die Möglichkeit, in einer Betriebsvereinbarung eine 6-jährige Altersteilzeit ab dem 57. Lebensjahr zu vereinbaren. Die Anspruchsmodelle sind allerdings anders geregelt. Für »besonders belastete Beschäftigte« besteht ab dem 58. Lebensjahr ein Anspruch auf eine 5-jährige Altersteilzeit. Für alle anderen Beschäftigten besteht ein Anspruch auf eine 4-jährige Altersteilzeit (vgl. Kapitel 11.3). Der Tarifvertrag zum flexiblen Übergang in die Rente kann variabel angewandt werden. Es ist nicht erforderlich, mit 58 Jahren in die Arbeitsphase der Altersteilzeit zu gehen und mit 60,5 Jahren in die Freistellungsphase. Denkbar ist auch, die Altersteilzeit später zu beginnen. Zum Beispiel dadurch, dass mit 59 Jahren die Arbeitsphase der Altersteilzeit beginnt, mit 61,5 Jahren die Freistellungsphase und mit 64 Jahren der vorgezogene Renteneintritt erfolgt; in diesem Fall sind die Rentenabschläge geringer. Auch Modelle einer 4-jährigen Altersteilzeit sind möglich. Die Arbeitsphase der Altersteilzeit beginnt mit 59 Jahren, mit 61 Jahren wechseln die Beschäftigten in die Freistellungsphase, um mit 63 Jahren die vorgezogene Altersrente zu beziehen.

Bei den Tarifverhandlungen wurde auf Drängen der Arbeitgeber der Anspruch auf Altersteilzeit auf 4 Prozent der Belegschaft begrenzt (vgl. Kapitel 11.3). Begrenzt ist dabei nur die Verpflichtung des Arbeitgebers. Freiwillig kann er darüber hinaus weitere Altersteilzeitfälle vereinbaren. In vielen Betrieben wurden freiwillige Betriebsvereinbarungen mit höheren Quoten abgeschlossen.

Der neue TV FlexÜ trat am 1.4.2015 in Kraft und kann erst zum 31.12.2021 gekündigt werden. Durch den Tarifvertrag Anspruchsvoraussetzungen (TV AVo) stellen die Tarifvertragsparteien die Finanzierung der Altersteilzeit von 4 % sicher. Dieser Tarifvertrag hat eine Laufzeit bis zum 31.3.2016 und muss

danach verlängert werden. Kommt es zu keiner Verlängerung, erhöht sich die tarifliche Sonderzahlung (»Weihnachtsgeld«) um 5 %-Punkte.
Auf der politischen Ebene fordern die Gewerkschaften eine Rücknahme der Rente mit 67 und die weitere Förderung der Altersteilzeit. Gleichzeitig arbeiten die IG Metall und die Betriebsräte an einer akzeptablen Umsetzung der bestehenden Tarifverträge im Betrieb, um Beschäftigten die Möglichkeit zu geben, vorzeitig aus dem Arbeitsleben auszuscheiden.
Die Vereinbarung von Altersteilzeitverträgen im Betrieb geschieht auf der Grundlage des Altersteilzeitgesetzes und der regionalen Tarifverträge zum flexiblen Übergang in die Rente (TV FlexÜ) aus dem Jahre 2015 (vgl. Übersicht 11.3).

Übersicht 11.3 – Rechtliche und tarifliche Grundlagen der Altersteilzeit

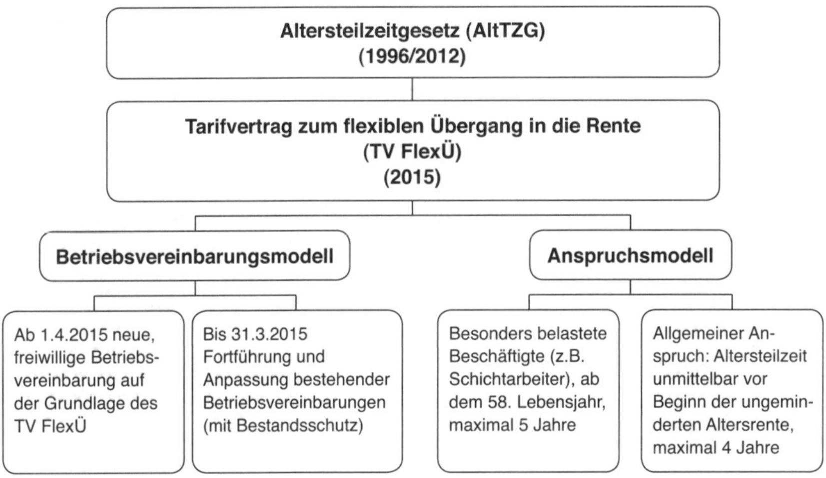

Auf der Grundlage des TV FlexÜ sind zwei Betriebsvereinbarungsmodelle (vgl. Kapitel 11.2) und zwei Anspruchsmodelle (vgl. Kapitel 11.3) möglich. Die gesetzlichen Voraussetzungen gelten sowohl für die Betriebsvereinbarungsmodelle als auch für die Anspruchsmodelle. Für die Anspruchsmodelle sind weitere engere Voraussetzung definiert (vgl. Kapitel 11.3).
Die folgenden Erläuterungen der verschiedenen Altersteilzeitmodelle sind für die praktische Anwendung im Betrieb immer darauf zu überprüfen, welche Regelungen im jeweiligen Betrieb vereinbart sind (vgl. Übersicht 11.3).

11.2 Betriebsvereinbarungsmodelle

In den Tarifverträgen zum flexiblen Übergang in die Rente sind zwei verschiedene Möglichkeiten vereinbart, nach denen freiwillige Betriebsvereinbarungen abgeschlossen werden können. Freiwillig bedeutet, dass sowohl der Betriebsrat als auch der Arbeitgeber mit dem Abschluss einer Betriebsvereinbarung einverstanden sein müssen. Keine Seite – weder der Betriebsrat noch der Arbeitgeber – kann eine Betriebsvereinbarung beispielsweise über eine Einigungsstelle oder tarifliche Schlichtungsstelle erzwingen. Die Betriebsvereinbarungsmodelle sind:

- Neue freiwillige Betriebsvereinbarungen, die nach dem 1.4.2015 vereinbart sind (vgl. Kapitel 11.2.1)
- Freiwillige Vereinbarung über die Fortführung einer Betriebsvereinbarung, die vor dem 31.12.2015 bestand. (vgl. Kapitel 11.2.2) Diese Betriebsvereinbarungen sind teilweise auf der Grundlage der »alten« Tarifverträge Altersteilzeit und Beschäftigungsbrücke oder auf der Grundlage des (alten) TV FlexÜ aus dem Jahr 2008 abgeschlossen. Im neuen TV FlexÜ ist ausdrücklich festgehalten, dass die Betriebsparteien verpflichtet sind, zu überprüfen, in wie weit die neuen Zugangskriterien und/oder die materielle Ausstattung entsprechend dem neuen TV FlexÜ integriert werden können. Dies ist insbesondere für die Berechnung des Aufstockungsbetrages relevant (vgl. Kapitel 11.4.1).

11.2.1 Neue freiwillige Betriebsvereinbarungen

In den regionalen Tarifverträgen zum flexiblen Übergang in die Rente (TV FlexÜ) sind Eckpunkte zum Abschluss freiwilliger Betriebsvereinbarungen zur Altersteilzeit aufgeführt:

> **Tarifvertrag**
> *»Im Betrieb kann eine freiwillige Betriebsvereinbarung zur Altersteilzeit abgeschlossen werden. In dieser sollen insbesondere die im Betrieb geltenden Modelle der Altersteilzeit (Dauer, Beginn und Ende), die Anzahl der Beschäftigten, die teilnehmen können und Kriterien für deren Auswahl sowie Abfindungsregelungen im Sinne des § 12.2.2 geregelt werden, sofern nicht die Bestimmungen dieses Tarifvertrags unmittelbar angewandt werden.*
> *Die Bedingungen dieses Tarifvertrages sind hierbei insgesamt wertgleich abzubilden.«*
> (§ 3.3 TV FlexÜ Baden-Württemberg)

In den Verhandlungen über eine Betriebsvereinbarung wird der Betriebsrat in der Regel versuchen, eine möglichst hohe Zahl von Anspruchsberechtigten zu vereinbaren, während die Arbeitgeberseite in der Regel versuchen wird, dies wegen der anfallenden Kosten zu begrenzen. Aufgrund der Quotenregelungen im Rahmen des Anspruchsmodells ist die Größe von 4 Prozent eine Mindestgröße. Diese werden je nach Alterszusammensetzung des Betriebes gelegentlich auch für bestimmte Jahrgänge unterschiedlich hoch festgelegt.
Bei den Kriterien, welche Beschäftigtengruppen bevorzugt an Altersteilzeit teilnehmen können, sind denkbar:

- Vorrang für Arbeitsplätze mit hohen körperlichen bzw. psychischen Belastungen und Umgebungseinflüssen,

- Vorrang für Arbeitsplätze in kontinuierlicher 3-Schicht-Arbeit,
- Vorrang für Beschäftigte in Dauernachtschicht,
- Vorrang für Arbeitsplätze in Wechselschicht,
- Vorrang für Beschäftigte mit hohen Beschäftigungsjahren,
- Soziale Kriterien.

Bei den Modellen für die Altersteilzeit werden in der Regel ein 6-jähriges Modell (3 Jahre Arbeitsphase und 3 Jahre Freistellungsphase) oder ein 5-jähriges bzw. 4-jähriges Modell als Möglichkeiten vereinbart. Es ist auch möglich, Altersteilzeitmodelle von mehr als 6 Jahren zu vereinbaren. Das bildet allerdings die Ausnahme.

Hinsichtlich der materiellen Ausgestaltung der Altersteilzeit bilden die Vorschriften über die Aufstockung des Altersteilzeitentgeltes und zu den zusätzlichen Rentenversicherungsbeiträgen die Basis für wertgleiche Regelungen in Betriebsvereinbarungen über Altersteilzeit.

11.2.2 Fortführung bestehender Betriebsvereinbarungen

Vor dem Abschluss des neuen TV FlexÜ im April 2015 gab es in vielen Betrieben Betriebsvereinbarungen auf der Grundlage des alten TV FlexÜ vom 1. 10. 2008, aber auch auf der Grundlage des Tarifvertrages zur Altersteilzeit und des Tarifvertrages zur Beschäftigungsbrücke. Die Tarifverträge zum flexiblen Übergang in die Rente eröffnen die Möglichkeit zu vereinbaren, dass diese bestehenden Betriebsvereinbarungen fortgeführt werden, aber angepasst werden sollen.

Tarifvertrag

»In bestehenden Betriebsvereinbarung festgelegte Regelungsinhalte können einvernehmlich fortgeführt werden.

Die Betriebsparteien sind verpflichtet, zu überprüfen, ob und inwieweit die neuen Zugangskriterien und/oder die materielle Ausstattung entsprechend den Regelungen dieses Tarifvertrages in die bestehende Betriebsvereinbarung integriert werden können. Berechnungen und Nachweise zur Wertgleichheit müssen nicht erfolgen.

Protokollnotiz:

Da frühere Tarifverträge im Anschluss an die Übergangsfrist gemäß § 16.1 nicht mehr fortgeführt werden, empfehlen die Tarifvertragsparteien, die Fortführung der bestehenden Betriebsvereinbarungen im Geltungsbereich dieses Tarifvertrages schriftlich zu dokumentieren. Die Tarifvertragsparteien werden die Mindestnettoentgelttabellen über den 31. 12. 2017 hinaus nicht mehr fortschreiben«.

(§ 3.4 TV FlexÜ Baden-Württemberg)

Die vor dem Inkrafttreten des alten TV FlexÜ aus dem Jahr 2008 geltenden Bestimmungen waren in zwei unterschiedlichen Tarifverträgen geregelt.

- Der Tarifvertrag zur Altersteilzeit regelte die materiellen Bedingungen der Altersteilzeit.

- Der Tarifvertrag zur Beschäftigungsbrücke regelte den Anspruch der Beschäftigten auf Abschluss eines Altersteilzeitarbeitsvertrages.

Die materielle Ausstattung der »alten« Tarifverträge Altersteilzeit und Beschäftigungsbrücke ist anderes geregelt als die des TV FlexÜ.

11.2.3 Praktische Beispiele

Im Rahmen beider Betriebsvereinbarungsmodelle sind verschiedene Ausgestaltungen der Altersteilzeit möglich. Die am häufigsten angewendete Form ist eine 6-jährige verblockte Altersteilzeit mit einer jeweils 3 Jahre langen Arbeits- und Freistellungsphase. Es wurden auch 5-jährige Altersteilzeitverträge abgeschlossen. Aufgrund des Stufenplans zur Einführung der Rente mit 67 ergeben sich je nach Rentenbezug und Lebensalter unterschiedliche Rentenabschläge (vgl. Übersicht 11.4).

Übersicht 11.4 – Möglichkeiten für 5-jährige Altersteilzeit und Rentenabschläge

Beginn Arbeitsphase	Ende Arbeitsphase	Ende Freistellungsphase	Rentenabschläge bei Rente ab 63 Jahren	
			Jahrgang 1958*	ab Jahrgang 1964**
58	60,5 J.	63 J.	10,8 %	14,4 %
59	61,5 J.	64 J.	7,2 %	10,8 %
60	62,5 J.	65 J.	3,6 %	7,2 %
61	63,5 J.	66 J.	0 %	3,6 %
62	64,5 J.	67 J.	–	0 %
			*ungeminderte Altersrente ab 66 J.	**ungeminderte Altersrente ab 67 J.

11.3 Individuelle Anspruchsmodelle

Ist es nicht möglich, eine freiwillige Betriebsvereinbarung mit dem Arbeitgeber zur Altersteilzeit zu vereinbaren, gelten diejenigen Bestimmungen des TV FlexÜ, die für einzelne Beschäftigte Ansprüche auf Altersteilzeit regeln (Anspruchsmodelle). Das sind individuelle Anspruchsmodelle, d.h.: Im Rahmen der genannten Voraussetzungen haben Beschäftigte Anspruch auf Abschluss eines Altersteilzeitvertrages.

Um im Rahmen des TV FlexÜ den Anspruch auf Abschluss eines Altersteilzeitvertrages einlösen zu können, müssen die Beschäftigten in den letzten 5 Jahren mindestens 1080 Kalendertage (dies entspricht etwa 3 Jahren) in einer sozialversicherungspflichtigen Beschäftigung gestanden haben. Voraussetzung für die individuellen Anspruchsmodelle ist eine Betriebszugehörigkeit des Beschäftigten von mindestens 12 Jahren. Hierbei werden zwei Fallgruppen definiert, für die ein Anspruch besteht:

a) Beschäftigte, die in Schichtarbeit tätig sind, oder unter besonders starken Umgebungseinflüssen arbeiten müssen. Für diese Beschäftigten besteht ein Anspruch auf eine bis zu 5-jährige Altersteilzeit, frühestens ab Vollendung des 58. Lebensjahres.
b) Ansonsten besteht für Beschäftigte ein Anspruch auf eine bis zu 4-jährige Altersteilzeit, die frühestens mit Vollendung des 61. Lebensjahres beginnt und einer ungeminderten Altersrente unmittelbar vorausgeht. Freiwillig kann auch eine vorgezogene Altersteilzeit mit gemindertem Rentenzugang vereinbart werden.

Durch eine Quotenregelung ist die Anzahl der Beschäftigten, die einen Anspruch auf Altersteilzeit haben, in folgender Weise begrenzt:

- Beschäftigte in Schichtarbeit oder mit besonders starken Umgebungseinflüssen: maximal 3 Prozent der Beschäftigten.
- Beschäftigte, die Altersteilzeit unmittelbar vor der ungeminderten Altersrente in Anspruch nehmen: maximal 2 Prozent der Belegschaft.
- Für beide Anspruchsmodelle zusammen ist der Anspruch auf maximal 4 Prozent begrenzt.

Dies bedeutet beispielsweise: Wird in einem Betrieb, in dem ein hoher Anteil von »besonders belasteten Beschäftigten« arbeitet, von diesen die Quote von 3 Prozent voll ausgeschöpft, verbleibt für die »nicht besonders belasteten Beschäftigten« ein Anspruch auf 1 Prozent. In einem anderen Betrieb, in dem es keine »besonders belasteten Beschäftigten« gibt, besteht ein Anspruch für 2 Prozent der Beschäftigten.

11.3.1 Anspruch für besonders belastete Beschäftigte

Zunächst sind die persönlichen Voraussetzungen zu beachten:

- Lebensalter mindestens 58 Jahre,
- Beschäftigung in den letzten 5 Jahren 1080 Kalendertage (dies entspricht in etwa 3 Jahren),
- Betriebszugehörigkeit des Beschäftigten mindestens 12 Jahre.

Darüber hinaus sind für besonders belastete Beschäftigte folgende Voraussetzungen erforderlich:

Tarifvertrag

»Beschäftigte, die

- *während der letzten 8 Jahre mindestens 6 Jahre beim derzeitigen Arbeitgeber*
- *regelmäßig in drei oder mehr Schichten mit Nachtschicht oder nur in Nachtschicht gearbeitet haben oder*
- *unter besonderen Umgebungseinflüssen gearbeitet haben, die über mittlere Belastungen erheblich hinausgehen*

oder

> - *während der letzten 12 Jahre mindestens 9 Jahre beim derzeitigen Arbeitgeber in Wechselschicht gearbeitet haben,*
>
> *haben einen Anspruch auf Abschluss eines Altersteilzeitvertrages. [...]«*
> (§ 12.2 TV FlexÜ Nordrhein-Westfalen)

Für diese Beschäftigtengruppe besteht ein Anspruch auf eine bis zu 5-jährige verblockte Altersteilzeit, frühestens ab Vollendung des 58. Lebensjahres. Bei der Frage, was besonders starke Umgebungseinflüsse sind, die über mittlere Belastungen erheblich hinausgehen, sind Ermessungsfragen zu klären. Diese Klärung sollte in Abstimmungen zwischen Betriebsrat und Geschäftsführung erfolgen. Für die Altersteilzeit der besonders belasteten Beschäftigten gibt es eine Besonderheit: Die Beschäftigten haben einen Anspruch auf Abfindung von 250,– Euro für jeden vollen Monat zwischen Beendigung des Altersteilzeitarbeitsverhältnisses und dem Beginn ihrer ungeminderten Rente, maximal 6000,– Euro.

> **Tarifvertrag**
> *»Beschäftigte nach § 12.2, deren Altersteilzeitarbeitsverhältnis vor dem Beginn einer ungeminderten Altersrente endet, erhalten am Ende des Altersteilzeitarbeitsverhältnisses für den Verlust des Arbeitsplatzes für jeden vollen Monat zwischen Beendigung des Altersteilzeitarbeitsverhältnisses und dem frühestmöglichen Beginn einer ungeminderten Altersrente, maximal jedoch für 24 Monate, eine Abfindung in Höhe von 250,– €.«*
> (§ 12.2.2 TV FlexÜ Baden-Württemberg)

11.3.2 Allgemeiner Anspruch bei ungeminderter Altersrente

Eine weitere Form des Anspruchsmodells bezieht sich auf Beschäftigte, die »nicht besonders belastet sind« und die die Altersteilzeit unmittelbar vor dem Zeitpunkt der ungeminderten Altersrente legen. Neben den persönlichen Voraussetzungen, die die Beschäftigten erfüllen müssen, ist der Anspruch auf den Abschluss eines Altersteilzeitvertrages weiter begrenzt:

> **Tarifvertrag**
> *»Der Anspruch besteht auf eine bis zu vierjährige Altersteilzeit, die frühestens mit der Vollendung des 61. Lebensjahres beginnt und einer ungeminderten Altersrente unmittelbar voran geht. Ein früheres Ende im Zusammenhang mit einem geminderten Rentenzugang kann vereinbart werden.«*
> (§ 12.3 TV FlexÜ Baden-Württemberg)

Der Begriff »Zeitpunkt der ungeminderten Altersrente« ist vor dem Hintergrund der schrittweisen Anhebung der Regelaltersgrenze auf 67 Jahre zu sehen. Bis zum Jahrgang 1946 liegt die ungeminderte Altersrente bei 65 Jahren und wird in einem Stufenplan schrittweise auf 66 Jahre bzw. für die Jahrgänge ab 1964 auf 67 Jahre erhöht. Daraus ergeben sich für die einzelnen Jahrgänge folgende Möglichkeiten einer 4-jährigen Altersteilzeit vor den Eintritt in die ungeminderte Altersrente (vgl. Übersicht 11.5). Diese Übersicht zeigt beispielhaft drei Fälle. Durch die monatliche stufenweise Anhebung des Rentenalters ergeben sich entsprechende Zwischenformen.

Übersicht 11.5 – Altersteilzeit nach dem Anspruchsmodell »unmittelbar vor ungeminderter Altersrente«, Dauer 4 Jahre: Lebensalter

Jahrgang	Ungeminderte Rente ab	Beginn Altersteilzeit	Beginn Freistellungsphase	Ende Altersteilzeit
Bis 1946	65 J.	61 J.	63 J.	65 J.
Ab 1958	66 J.	62 J.	64 J.	66 J.
Ab 1964	67 J.	63 J.	65 J.	67 J.

Diese Form der Altersteilzeit bietet nur eingeschränkt die Möglichkeit, vorzeitig aus dem Arbeitsleben auszuscheiden, da die Kriterien des Anspruchsmodells für besonders Belastete nicht vorhanden sind. Es bietet aber die Möglichkeit, je nach Geburtsjahrgang bis zum 63., 64. oder 65. Lebensjahr zu arbeiten, dann in die Freistellungsphase zu gehen, um anschließend ohne Abschläge in Kauf nehmen zu müssen in Altersrente zu gehen. Letztlich muss jeder Beschäftigte für sich selbst entscheiden, welche der möglichen Modelle für die jeweils spezifische persönliche Situation infrage kommen.
Wer die Wartezeit (Versicherungsjahre) von 45 Jahren erfüllt hat, kann weiterhin mit 65 Jahren in die ungeminderte Altersrente wechseln.
Ab 1. Juli 2014 ist im neuen § 236b SGB VI geregelt, für Beschäftigte mit 45 Versicherungsjahren (einschließlich der Zeiten für Arbeitslosigkeit) eine abschlagsfreie Rente mit 63 Jahren zu ermöglichen. Dies gilt für die Jahrgänge bis einschließlich 1952. In einem Stufenplan wird die Möglichkeit der abschlagsfreien Rente schrittweise wieder erhöht. Dementsprechend können besonders langjährig Versicherte des Jahrgangs 1958 mit 64 Jahren abschlagsfrei in Rente gehen. Ab dem Jahrgang 1964 gilt dann wieder die abschlagsfreie Rente ab 65 Jahren. Dieser frühestmögliche Rentenbeginn soll allerdings schrittweise wieder erhöht werden, und zwar entsprechend dem Stufenplan für die Einführung der Rente mit 67. Am Ende steht auch bei 45 Versicherungsjahren die Möglichkeit, mit 65 Jahren eine abschlagsfreie Rente zu beziehen.

11.4 Berechnung des Gesamtentgeltes bei Altersteilzeit

Das monatliche Gesamtentgelt bei Altersteilzeit setzt sich aus dem Altersteilzeitentgelt und dem sogenannten tariflichen Aufstockungsbetrag zusammen (vgl. Übersicht 11.2). Bei einem 5-jährigen Blockmodell arbeiten die Beschäftigten in den ersten Jahren gemäß ihrer individuellen Arbeitszeit weiter und werden in den letzten 2,5 Jahren von der Arbeit freigestellt. Für die Dauer von 5 Jahren beziehen die Beschäftigten ein Teilzeitentgelt in Höhe von 50 Prozent des Monatsentgeltes vor der Altersteilzeit, entsprechend ihrer verringerten Arbeitszeit.

Das ist das Entgelt für eine spezifische Teilzeitarbeit von 50 Prozent der tariflichen Arbeitszeit, also 17,5 Stunden in Westdeutschland und 19 Stunden in Ostdeutschland. Die Tarifverträge unterscheiden zwischen den gleichmäßigen und variablen Entgeltbestandteilen. Die gleichmäßigen Entgeltbestandteile fallen jeden Monat in gleicher Höhe an. Sie werden in der Arbeitsphase erarbeitet, aber nur zur Hälfte ausgezahlt. Die variablen Entgeltbestandteile, z.B. schwankende Leistungsentgelte oder Belastungs- bzw. Erschwerniszulagen, fallen selbstverständlich nur in der Arbeitsphase an. Auch sie werden zur Hälfte ausgezahlt. Die nicht ausgezahlten, aber bereits erarbeiteten Entgelte werden einem Wertguthaben zugeführt, aus dem während der Freistellungsphase die gleichmäßigen Entgeltbestandteile weiter und die variablen Entgeltbestandteile im Durchschnitt der letzten 12 Monate ebenfalls ausgezahlt werden. Eine Ausnahme bilden die steuer- und sozialversicherungsfreien Entgeltbestandteile, z.B. für Nachtarbeit oder Sonn- und Feiertagsarbeit, sowie Mehrarbeitsvergütung und Mehrarbeitszuschläge. Sie werden zu 100 Prozent während der Arbeitsphase ausgezahlt. Betrieblich oder vertraglich können andere Regeln vereinbart werden. Das ist in der Mehrheit der Tarifverträge so geregelt, es gibt jedoch Ausnahmen.

Die variablen Entgeltbestandteile werden aus dem Durchschnitt der letzten 12 Monate berechnet. Das Altersteilzeitentgelt entspricht, soweit es steuer- und sozialabgabenpflichtig ist, dem Regelarbeitsentgelt.

Neben diesem Altersteilzeitentgelt erhalten die Beschäftigten einen monatlichen tariflichen Aufstockungsbetrag, der sich individuell errechnet (vgl. Kapitel 11.4.1). Das Gesamtentgelt bei Altersteilzeit beträgt durchschnittlich etwa ca. 87 Prozent des Nettoverdienstes. Hervorzuheben ist bei dem vereinbarten Berechnungsverfahren, dass sich für die unteren Entgeltgruppen ein höheres relatives Nettoniveau ergibt als in den oberen Entgeltgruppen. Das Altersteilzeitentgelt nimmt während der Altersteilzeit, also während der Arbeitsphase und während der Freistellungsphase, an den tariflichen Entwicklungen teil. Damit erhöht sich, entsprechend den zwischen den Tarifvertragsparteien jährlich vereinbarten Entgelterhöhungen, das Altersteilzeitentgelt. Der individuelle Bruttoaufstockungsprozentsatz wird nicht neu berechnet.

Ansprüche auf ein zusätzliches Urlaubsgeld und eine tarifliche Sonderzahlung (»Weihnachtsgeld«) bestehen während der Altersteilzeit nicht. Nur für das Jahr des Wechsels von dem Vollzeitarbeitsverhältnis in das Altersteilzeitarbeitsverhältnis ist in einigen regionalen Tarifverträgen geregelt, dass die Beschäftigten zusätzliche Urlaubsvergütung für die Resturlaubstage erhalten. In anderen Tarifverträgen ist dieser Anspruch nicht geregelt. Sie enthalten Öffnungsklauseln, die es möglich machen, dies betrieblich zu vereinbaren. Im Folgenden werden in Auszügen die wichtigsten Bestimmungen aus dem niedersächsischen Tarifvertrag FlexÜ widergegeben:

Tarifvertrag

»(1) Das Monatsentgelt für einen Beschäftigten in Altersteilzeit (Altersteilzeit-Entgelt) berechnet sich nach den tariflichen Bestimmungen (§ 8 MTV) sowie den nachfolgenden Bestimmungen und wird unabhängig von der Verteilung der Arbeitszeit für die Gesamtdauer der Altersteilzeitarbeit fortlaufend gezahlt.
Das gleichmäßige Monatsentgelt wird für die Gesamtdauer der Altersteilzeit auf der Basis auf der Hälfte der individuellen regelmäßigen wöchentlichen Arbeitszeit (§ 3 MTV), die vor Beginn der Altersteilzeit vereinbart war gezahlt.
Die variablen Entgeltbestandteile werden entsprechend der geleisteten oder aus anderem Grund zu vergütenden Arbeitsstunden abgerechnet und je zur Hälfte in der Arbeits- und Freistellungsphase monatlich gezahlt. Die in der Freistellungsphase zu berücksichtigenden hälftigen variablen Entgeltbestandteile werden aus dem Durchschnitt der letzten 12 Monaten der Arbeitsphase ermittelt. […]
(4) Ansprüche auf das zusätzliche Urlaubsentgelt und die tariflich abgesicherte betriebliche Sonderzahlung bestehen während der Altersteilzeit nicht.
(5) Das Altersteilzeitentgelt nimmt während der Altersteilzeit an der allgemeinen tariflichen Entwicklung teil.«
(§ 5 TV FlexÜ Niedersachsen)

Im Tarifgebiet Baden-Württemberg ist die Alterssicherung nach § 6.6.1 des Manteltarifvertrages zu berücksichtigen. Der Alterssicherungsbetrag ist in der Freistellungsphase dahingehend zu verändern, dass die zeitabhängigen und leistungsabhängigen variablen Entgeltbestandteile aus dem Durchschnitt der letzten 12 Monate zugrunde gelegt werden. Der Bruttoaufstockungsprozentsatz ist in diesem Fall neu zu berechnen.
Für Beschäftigte in Schichtsystemen mit Nachtarbeit stellen die steuer- und sozialabgabefreien Zuschläge (z. B. in der Zeit von 20.00 Uhr bis 6.00 Uhr) einen erheblichen Einkommensbestandteil dar (vgl. Kapitel 6.5). Hier ist zu klären, ob die Auszahlung der steuer- und sozialabgabefreien Zuschläge zu 100 % in der Arbeitsphase oder zu jeweils 50 % in der Arbeits- und Freistellungsphase zu zahlen sind. Beides hat Vor- und Nachteile.

11.4.1 Berechnung des Aufstockungsbetrages

Der Aufstockungsbetrag wird nach dem neuen TV FlexÜ aus dem Jahr 2015 anhand einer Tabelle berechnet, die dem Tarifvertrag als Anlage beigefügt ist. Der Aufstockungsbetrag wird individuell berechnet und ist abhängig vom Bruttoentgelt vor der Altersteilzeit und dem Familienstand. Daraus ergibt sich in der Tabelle ein Brutto-Aufstockungsprozentsatz, mit dem der Aufstockungsbetrag und das Gesamtentgelt bei Altersteilzeit berechnet werden.
Dieses Verfahren ist wesentlich einfacher als das komplizierte Verfahren im (alten) TV FlexÜ aus dem Jahr 2008. Im Folgenden wird ausschließlich die Berechnung des Aufstockungsbetrages auf der Grundlage des (neuen) TV FlexÜ aus dem Jahr 2015 dargestellt, das mindestens bis zum Ende der Laufzeit, dem 31. 12. 2021 Bestand haben wird. In einigen Betrieben dürfte in der Übergangszeit der (alte) TV FlexÜ aus dem Jahr 2008 noch eine Rolle spielen,

jedenfalls dann, wenn die Fortgeltung einer bestehenden Betriebsvereinbarung vereinbart wurde. Dies gilt auch für bestehende Altersteilzeitverträge auf der Grundlage des TV FlexÜ aus dem Jahr 2008. Generell wird den Betriebsparteien aber empfohlen, das Berechnungsverfahren an den neuen TV FlexÜ anzupassen. Dies sollte spätestens ab dem 1.1.2018 erfolgt sein, da die Tarifvertragsparteien letztmalig für das Jahr 2017 die sog. Mindest-Netto-Tabellen erstellen, auf deren Grundlage die Berechnung des Aufstockungsbetrages aufgrund des (alten) TV FlexÜ aus dem Jahr 2008 erfolgt. Das Verfahren zur Berechnung des Aufstockungsbetrages aufgrund des (alten) TV FlexÜ aus dem Jahr 2008 ist in der 1. Auflage dieses Handbuches dargestellt (vgl. Meine/Wagner 2014, S. 389 bis 394 und S. 396 bis 399). Dort ist auch das Software-Tool zur Berechnung des Aufstockungsbetrages erläutert. Die entsprechenden Texte sind abrufbar unter: *http://extranet.igmetall.de* (Button Tarif und Altersteilzeit). Dort ist auch ein Software-Tool abrufbar (vgl. Kapitel 11.4.4).
Die Berechnung des Aufstockungsbetrages nach dem (neuen) TV FlexÜ aus dem Jahr 2015 ist wie folgt geregelt:

> **Tarifvertrag**
> *»Die Beschäftigten in Altersteilzeit erhalten einen monatlichen Aufstockungsbetrag. Dieser ermittelt sich aus dem Regelarbeitsentgelt gemäß § 6 Abs. 1 AltTZG, multipliziert mit dem jeweils zutreffenden Bruttoaufstockungsprozentsatz. Der Bruttoaufstockungsprozentsatz wird im ersten Monat der Altersteilzeit auf Basis des individuellen Regelentgeltes ermittelt und bleibt vorbehaltlich einer Neuregelung gemäß § 5.2 Abs. 2 während der gesamten Laufzeit des Altersteilzeitverhältnisses gleich. Der individuelle Bruttoaufstockungsprozentsatz ergibt sich aus Anlage 1.«*
> (§ 6 TV FlexÜ Baden-Württemberg)

Die Anlage bzw. die Tabelle zur Berechnung des Bruttoaufstockungsbetrages ist in Übersicht 11.6 wiedergegeben.
Die Tabelle ist einerseits nach Einkommensgruppen des Regelentgeltes gegliedert, andererseits nach dem Familienstand. Die Kategorie A gilt – vereinfacht gesagt – für ledige Beschäftigte bzw. für verheiratete Beschäftigte, die weniger als 2/3 des Gesamtbruttoeinkommens der Ehegatten aus Arbeitseinkommen beitragen. Die Kategorie B gilt – vereinfacht gesagt – für verheiratete Beschäftigte bzw. für Beschäftigte, die in einer eingetragenen Lebenspartnerschaft leben. Die exakten Formulierungen im Tarifvertrag lauten wie folgt (s. unter Übersicht 11.6):

Übersicht 11.6 – Tabelle zur Ermittlung des Bruttoaufstockungsprozentsatzes (Anlage 1 zum TV FlexÜ Baden-Württemberg)

Regelarbeitsentgelt in Euro		Bruttoaufstockungsprozentsatz	
von	bis	Kategorie A	Kategorie B
	1 199,99	42,0	57,4
1 200,00	1 299,99	41,0	54,7
1 300,00	1 399,99	39,9	52,0
1 400,00	1 499,99	39,0	49,3
1 500,00	1 599,99	38,1	46,6
1 600,00	1 699,99	37,2	43,9
1 700,00	1 799,99	36,4	41,2
1 800,00	1 899,99	35,6	39,8
1 900,00	1 999,99	34,8	38,4
2 000,00	2 099,99	33,8	37,4
2 100,00	2 199,99	32,5	36,8
2 200,00	2 299,99	31,3	36,2
2 300,00	2 399,99	30,0	35,6
2 400,00	2 499,99	28,7	35,0
2 500,00	2 599,99	27,7	34,4
2 600,00	2 699,99	26,1	33,8
2 700,00	2 799,99	25,1	33,2
2 800,00	2 899,99	24,0	32,6
≥ 2 900,00		23,8	32,0

Tarifvertrag

»Der individuelle Bruttoaufstockungsbetrag ergibt sich aus der für einen Beschäftigten einschlägigen Kategorie.

- *Der Kategorie A sind alle Beschäftigten zuzuordnen, die die Voraussetzungen der Kategorie B nicht erfüllen.*
- *Der Kategorie B sind alle verheirateten Beschäftigten zuzuordnen, die vor Beginn des Altersteilzeitverhältnisses beim Arbeitgeber einen geeigneten Nachweis erbringen, dass sie in einem Umfang von mindestens 2/3 zum Gesamtbruttoeinkommen der Ehegatten aus Arbeitseinkommen beitragen. Eingetragene Lebenspartnerschaften stehen verheirateten Beschäftigten bei der Zuordnung der Kategorie gleich.«*

(Anlage zum TV FlexÜ Baden Württemberg)

Die Prozentsätze beziehen sich auf das Regelarbeitsentgelt, d. h. auf das Bruttoentgelt bei einer Arbeitszeit von 50 %.

Übersicht 11.7 – Beispiel 2200 € brutto: Berechnung des Aufstockungsbetrages und des Gesamtentgeltes bei Altersteilzeit

	Kategorie A	Kategorie B
Vollzeit-Bruttoentgelt	2200,00 €	2200,00 €
Vollzeit-Nettoentgelt	1461,31 €	1688,89 €
ATZ Brutto (Regelarbeitsentgelt)	1100,00 €	1100,00 €
ATZ-Netto auf Basis des Regelarbeitsentgelt	853,98 €	874,77 €
Bruttoaufstockungsprozentsatz laut Tabelle auf das Regelarbeitsentgelt	42,0 %	57,4 %
Aufstockungsbetrag	462,00 €	631,40 €
Summe ATZ-Netto plus Aufstockungsbetrag (Gesamtentgelt bei Altersteilzeit)	1315,98 €	1506,17 €
entspricht in Prozent vom Vollzeit-Netto	90,0 %	89,2 %

Übersicht 11.8 – Beispiel 3000 € brutto: Berechnung des Aufstockungsbetrages und des Gesamtentgeltes bei Altersteilzeit

	Kategorie A	Kategorie B
Vollzeit-Bruttoentgelt	3000,00 €	3000,00 €
Vollzeit-Nettoentgelt	1867,85 €	2140,39 €
ATZ Brutto (Regelarbeitsentgelt)	1500,00 €	1500,00 €
ATZ-Netto auf Basis des Regelarbeitsentgelt	1089,55 €	1192,87 €
Bruttoaufstockungsprozentsatz laut Tabelle auf das Regelarbeitsentgelt	38,1 %	46,6 %
Aufstockungsbetrag	571,50 €	699,00 €
Summe ATZ-Netto plus Aufstockungsbetrag (Gesamtentgelt bei Altersteilzeit)	1661,05 €	1891,87 €
entspricht in Prozent vom Vollzeit-Netto	88,9 %	88,4 %

Übersicht 11.9 – Beispiel 5000 € brutto: Berechnung des Aufstockungsbetrages und des Gesamtentgeltes bei Altersteilzeit

	Kategorie A	Kategorie B
Vollzeit-Bruttoentgelt	5000,00 €	5000,00 €
Vollzeit-Nettoentgelt	2802,80 €	3262,23 €
ATZ Brutto (Regelarbeitsentgelt)	2500,00 €	2500,00 €
ATZ-Netto auf Basis des Regelarbeitsentgelt	1617,14 €	1866,59 €
Bruttoaufstockungsprozentsatz laut Tabelle auf das Regelarbeitsentgelt	27,7 %	34,4 %
Aufstockungsbetrag	692,50 €	860,00 €
Summe ATZ-Netto plus Aufstockungsbetrag (Gesamtentgelt bei Altersteilzeit)	2309,64 €	2726,50 €
entspricht in Prozent vom Vollzeit-Netto	82,4 %	83,6 %

Die Übersichten 11.7 bis 11.9 zeigen die Berechnung des Aufstockungsbetrages und des Gesamtentgeltes bei Altersteilzeit für Brutto-Monatsentgelte von 2200 €, 3000 € und 5000 € pro Monat.

11.4.2 Besteuerung des Entgeltes in der Altersteilzeit

Das Altersteilzeitentgelt ist steuer- und sozialabgabenpflichtig. Da das steuerpflichtige Einkommen in der Altersteilzeit geringer ist als vorher, verringert sich auch der persönliche Steuersatz. Dies wird aber durch den sogenannten *Progressionsvorbehalt* (vgl. § 32b EStG) teilweise wieder aufgehoben.
Der Aufstockungsbetrag ist steuer- und sozialversicherungsfrei (vgl. § 3 Nr. 28 EStG). Der Progressionsvorbehalt führt dazu, dass an sich steuerfreie Entgeltersatzleistungen bei der Ermittlung des Steuersatzes berücksichtigt werden, der für die übrigen steuerpflichtigen Einkünfte maßgebend ist. Beim Jahressteuerausgleich kommt es vielfach durch den erhöhten Steuersatz zu einer Nachforderung durch das Finanzamt.
Der Arbeitgeber ist weder gesetzlich noch tarifvertraglich verpflichtet, steuerliche Nachteile aufgrund des Progressionsvorbehalts auszugleichen. Nach der Rechtsprechung kann dies zumindest einer üblichen Vereinbarung über Altersteilzeit nicht entnommen werden (vgl. BAG vom 25.06.2002 – 9 AZR 155/01).

11.4.3 Aufstockung der Beiträge zur Rentenversicherung

Da für die Berechnung der Beiträge zur Rentenversicherung zunächst während der Altersteilzeit nur die Berechnungsgrundlage des Altersteilzeitentgeltes zugrunde gelegt wird, wurde im Tarifvertrag eine Aufstockung der Rentenbeiträge durch den Arbeitgeber vereinbart. Der Arbeitgeber entrichtet für die Beschäftigten in Altersteilzeit zusätzliche Beiträge zur gesetzlichen Rentenversicherung mindestens in Höhe des Beitrags, der auf 90 Prozent des Regelarbeitsentgeltes für die Altersteilzeitarbeit entfällt. Dieser ist jedoch durch die Beitragsbemessungsgrenze begrenzt. Mit der Summe der Rentenversicherungsbeiträge aus dem Altersteilzeitentgelt und den zusätzlichen Rentenversicherungsbeiträgen wird erreicht, dass insgesamt Rentenversicherungsbeiträge in Höhe von 95 Prozent des Beitrags bei Vollzeitbeschäftigung entrichtet werden.
Für den genannten Fall ergibt sich der Aufstockungsbetrag für die Rentenversicherung aus der Übersicht 11.10.

Übersicht 11.10 – Berechnung des Gesamtbeitrags zur Rentenversicherung

1.) Vollzeit-Brutto-Entgelt	3000,– €
2.) ATZ Brutto (Regelarbeitsentgelt für die Altersteilzeitarbeit)	1500,– €
3.) Beitrag zur Rentenversicherung: Für den Betrag von 1500,– € werden die Sozialversicherungsbeiträge in Höhe von 18,7 % paritätisch gezahlt: jeweils 140,05 € durch Arbeitgeber und Arbeitnehmer.	280,10 €
4.) 90 % des Regelarbeitsentgeltes (sprich 90 % von 1500,– € ATZ-Entgelt brutto)	1350,00 €
5.) Zusätzlicher Beitrag: Für den Betrag von 1350,– € zahlt ausschließlich der Arbeitgeber die Rentenversicherung (18,7 %) in voller Höhe	252,45 €
6.) Summe (3 + 5) der Beiträge zur Rentenversicherung	532,95 €

11.4.4 Software zur Berechnung des Gesamtentgeltes bei Altersteilzeit

Zur Berechnung des Altersteilzeitentgeltes haben der IG-Metall-Vorstand und der Arbeitgeberverband Gesamtmetall ein Beratungsunternehmen beauftragt, ein Software-Paket zu erstellen, das jährlich, in der Regel im Februar eines Jahres, erneuert wird. Die Firma Rauser Towers Perrin hat dieses Programm erstellt und aktualisiert es jährlich entsprechend der Vereinbarungen der Tarifvertragsparteien. Dieses Programm, TV FlexÜ Tool, ist für Betriebsräte und Vertrauensleute im Extranet der IG Metall zugänglich:
http://extranet.igmetall.de
Betriebsräte und Vertrauensleute der IG Metall müssen sich registrieren lassen, um Zugang zum Extranet zu erhalten (Startseite des Extranets: Button »Tarif«, dann Button »Altersteilzeit«). Dort finden sich neben allgemeinen Erläuterungen zur Altersteilzeit Hinweise zur Benutzung des Softwarepakets. Das TV FlexÜ Tool ist sehr umfangreich und muss separat auf den eigenen PC heruntergeladen werden (Größenordnung: ca. 1 Gigabyte). Dieses Programm bietet die Möglichkeit, für einzelne Beschäftigte sowohl das Gesamtentgelt bei Altersteilzeit als auch den Rentenbeitrag detailliert zu berechnen. Für die Arbeitgeberseite sind Auswertungen zum Kostenvolumen der jeweiligen Altersteilzeit enthalten. Die Personalabteilungen von Betrieben, die Mitglied in einem Metallarbeitgeberverband sind, haben über Gesamtmetall ebenfalls Zugriff auf dieses Software-Paket.
Das Software-Paket ist so aufgebaut, dass einerseits die komplizierte Berechnung des Aufstockungsbetrages gemäß des alten TV FlexÜ von 2008 unterstützt wird. Andererseits wird für Altersteilzeitverträge ab dem 1.4.2015 automatisch die Berechnungsformel des neuen TV FlexÜ von 2015 herangezogen. Darauf beziehen sich die beiden folgenden Übersichten.
Übersicht 11.11 zeigt die Eingabemaske der regional spezifischen Berechnungsgrößen, hier am Beispiel Nordrhein-Westfalen. Übersicht 11.12 zeigt

für das oben angegebene Berechnungsbeispiel die jeweiligen Entgeltbeträge für die gesamte Laufzeit der Altersteilzeit.

Übersicht 11.11 – Eingabemaske zur Berechnung des Aufstockungsbetrages

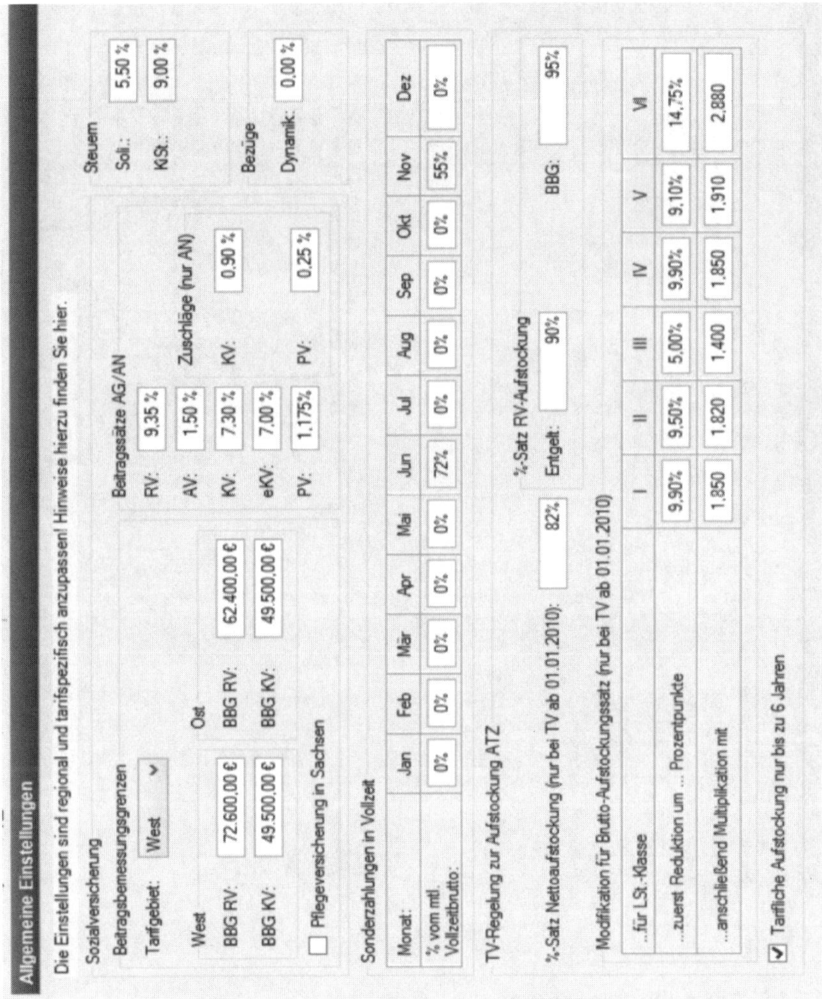

Übersicht 11.12 – Berechnung des Aufstockungsbetrages und des Gesamtentgelts bei Altersteilzeit

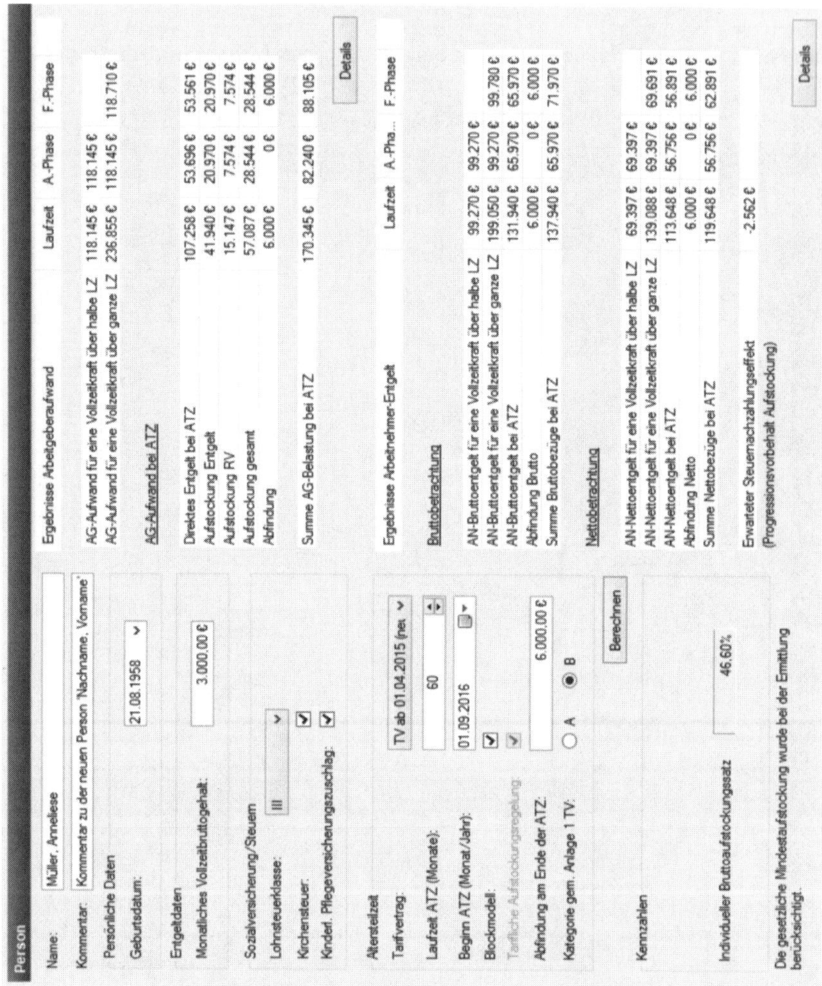

11.4.5 Abfindungsregelung

Beschäftigte haben im Anspruchsmodell für besonders belastete Beschäftigte (vgl. Kapitel 11.3.1) Anspruch auf eine Abfindung. Diese Abfindung stellt in gewisser Weise einen Teilausgleich der Rentenabschläge bei vorgezogenem Renteneintritt dar. Die Höhe der Abfindung beträgt für jeden vollen Monat zwischen Beendigung des Altersteilzeitarbeitsverhältnisses und dem Beginn der ungeminderten Altersrente 250,– Euro. Die Abfindung ist auf 24 Monate 250,– Euro = 6000,– Euro begrenzt.

11.5 Ersetzende wertgleiche Betriebsvereinbarungsmodelle

Der Tarifvertrag zum flexiblen Übergang in die Rente sieht grundsätzlich zwei Betriebsvereinbarungsmodelle und zwei Anspruchsmodelle vor (vgl. Kapitel 11.1). Darüber hinaus eröffnet der TV FlexÜ den Betriebsparteien die Möglichkeit, freiwillige Betriebsvereinbarungen abzuschließen, die andere, aber *kollektiv wertgleiche* Regelungen zur Altersteilzeit umfassen. Diese Möglichkeit wurde vor allem für Großbetriebe eröffnet, in denen es zahlreiche spezifische, zusätzliche betriebliche Regelungen gibt.
In dieser Betriebsvereinbarung kann auch ein zusätzliches wertgleiches Einbringen von übertariflichen Leistungen vereinbart werden, so dass eine höhere Quote oder eine höhere materielle Ausstattung des Altersteilzeitentgeltes möglich ist. Denkbar ist auch das Ausbuchen von bis zu 20 Guthabenstunden aus flexiblen Arbeitszeitkonten. Dazu ist aber eine intensive Debatte mit den Beschäftigten erforderlich.
Für Betriebe, die keine Altersteilzeitregelung anwenden bzw. die Quote nicht ausschöpfen, sind alternative Regelungen vorgesehen, beispielsweise zur Förderung der betrieblichen Weiterbildung oder zur Auszahlung an die Beschäftigten.

11.6 Altersteilzeit und geförderte Bildungsteilzeit

Als im Jahr 2015 der neue TV FlexÜ abgeschlossen wurde, wurde zeitgleich ein neuer Tarifvertrag Bildung vereinbart. Dort sind u.a. neue Regelungen für persönliche berufliche Weiterbildung bzw. die Bildungsteilzeit vereinbart (vgl. dazu Kapitel 8.1.2). Zwischen beiden Tarifverträgen gibt es Wechselwirkungen. So wird im TV FlexÜ an mehreren Stellen auf den TV Bildung verwiesen, insbesondere dann, wenn im Anspruchsmodell für nicht belastete Beschäftigte die tariflichen Quoten nicht ausgeschöpft werden oder wenn durch eine freiwillige Betriebsvereinbarung geregelt ist, dass die für Altersteilzeit vorgesehenen Mittel für andere Zwecke verwendet werden sollen. Die nicht ausgeschöpften Mittel können dann für eine finanzielle Förderung der Bildungsteilzeit gemäß TV Bildung verwendet werden.
Dazu gibt im TV FlexÜ drei Verweise:

- Im Anspruchsmodell für nicht besonders belastete Beschäftigte ist geregelt: Lehnt der Arbeitgeber einen ansonsten berechtigten Anspruch mit der Begründung ab, die Quote von 2 % werde überschritten und wird gleichzeitig die allgemeine Quote von 4 % unterschritten, hat er wertgleich ein Finanzierungsvolumen der tariflichen Bruttoentgeltsumme zur Förderung der Entwicklungsqualifizierung oder der Bildungsteilzeit zu verwenden. Für je 0,1 %-Punkte unterhalb von 4 % sind 0,02 % der tariflichen Bruttoentgeltsumme des Betriebes aufzuwenden.

- Es ist möglich, dass der Arbeitgeber die Quote für nicht belastete Beschäftigte auf 1,5 % begrenzt. Dies ist nur zulässig, wenn ein konkretes wertgleiches Angebot auf Abschluss einer Betriebsvereinbarung zur Entwicklungsqualifizierung oder zur Bildungsteilzeit vereinbart wird.
- In § 14 des TV FlexÜ besteht die Möglichkeit, abweichend von den tariflichen Bestimmungen eine wertgleiche, freiwillige Betriebsvereinbarung abzuschließen. Auch danach ist es möglich, finanzielle Mittel, die nicht für die Altersteilzeit verwendet werden, zur finanziellen Förderung von Bildungsteilzeit zu verwenden.

11.7 Altersteilzeit und Krankheit

Eine sowohl im Gesetz als auch in den Tarifverträgen unzureichend geklärte Situation ist die soziale Absicherung von Beschäftigten in einem Altersteilzeitarbeitsverhältnis gegen das Risiko der Langzeiterkrankung. In einem Altersteilzeitarbeitsverhältnis ist es aufgrund des erhöhten Lebensalters der dort Beschäftigten wahrscheinlich, dass sie auch während der Altersteilzeitarbeit erkranken. Hierbei sind je nach Zeitpunkt und Dauer der Erkrankung unterschiedliche Fallgestaltungen denkbar.

Erkrankung in der Arbeitsphase

Erkranken Beschäftigte in der Arbeitsphase, haben sie Anspruch auf Entgeltfortzahlung. In diesem Fall sind nach den tariflichen und gesetzlichen Bestimmungen sowohl das Altersteilzeitentgelt als auch der Aufstockungsbetrag weiter zu zahlen. Die Beschäftigten erhalten also den Aufstockungsbetrag und das Arbeitsentgelt, das sie auch erhalten hätten, wenn sie nicht erkrankt wären. Anders sieht die Situation aus, wenn die Krankheit länger als 6 Wochen andauert.

Langzeiterkrankung in der Arbeitsphase

Dauert innerhalb der Arbeitsphase eine Erkrankung länger als 6 Wochen an, endet nach dem Ablauf der 6 Wochen die Entgeltfortzahlungspflicht des Arbeitgebers. An ihre Stelle tritt das Krankengeld durch die Krankenkasse. Die Krankenkasse zahlt jedoch ein Krankengeld nur in der Höhe, die der bei ihrer erbrachten Beitragsleistung entspricht. Da der Aufstockungsbetrag steuer- und sozialabgabenfrei ist, bemisst sich der Beitrag zur Krankenversicherung allein aufgrund des gekürzten Arbeitseinkommens aus Teilzeit, z. B. das Arbeitseinkommen aus 17,5 Stunden in Westdeutschland und 19 Stunden in Ostdeutschland.
Die Beschäftigten erhalten also auch das Krankengeld nur auf der Basis dieser verringerten Arbeitszeit. Darüber hinaus existieren in den TV FlexÜ Regelungen, die in den einzelnen Tarifgebieten unterschiedlich sind. In einem Teil der Tarifverträge muss der Arbeitgeber den Aufstockungsbetrag mindestens in gesetzlicher Höhe des Altersteilzeitgesetzes, also 20 Prozent, zahlen. Gleiches

gilt für den Betrag der Rentenversicherung. Eine zeitliche Begrenzung gibt es hier nicht.
In den anderen Tarifverträgen wird mit Bezug auf die Bestimmungen des Manteltarifvertrages »Zuschuss zum Krankengeld« der volle Aufstockungsbetrag weiter gezahlt. Diese Regelungen sind zeitlich auf 2 bis max. 3 Monate begrenzt.
Deshalb ist es notwendig, dass vor Einführung der Altersteilzeitarbeit im Betrieb eine entsprechende betriebliche Regelung in einer Betriebsvereinbarung getroffen wird.
Dauert die Arbeitsunfähigkeit länger als 6 Wochen, entspricht die in der Arbeitsphase geleistete Arbeitszeit und das daraus aufgebaute Wertguthaben nicht mehr der Zeit der Freistellungsphase.
In den regionalen Tarifverträgen gibt es dazu unterschiedliche Regelungen. Am häufigsten findet man die Regelung, dass Nacharbeit in einer freiwilligen Betriebsvereinbarung oder einzelvertraglich – in Betrieben mit Betriebsrat mit Zustimmung des Betriebsrates – vereinbart werden. In einigen Tarifverträgen ist geregelt, dass die Beschäftigten die Hälfte der Krankheitsdauer, soweit sie 6 Wochen überschreitet, nacharbeiten müssen. Der Zeitpunkt des Wechsels von der Arbeits- in die Freistellungsphase verschiebt sich entsprechend.

Erkrankung in der Freistellungsphase

In der Freistellungsphase besteht keine Arbeitsverpflichtung mehr, da es sich bei der Altersteilzeit nach dem Blockmodell um einen Spezialfall der ungleichmäßigen Verteilung der Arbeitszeit handelt und die Beschäftigten ihre Arbeitszeit geleistet haben. Daher brauchen sich die Beschäftigten auch nicht mehr krank zu melden, wenn sie in der Freistellungsphase erkranken sollten. Den Nachweis der Arbeitsunfähigkeit und die Verpflichtung, eine Arbeitsunfähigkeitsbescheinigung abzugeben, entfällt.
Die Beschäftigten erhalten das Arbeitsentgelt und den Aufstockungsbetrag unabhängig davon, ob sie erkrankt sind oder nicht. Der Fall, dass Beschäftigte aus der Entgeltfortzahlung nach Ablauf der 6 Wochen herausfallen können, ist in der Freistellungsphase nicht mehr gegeben.

11.8 Insolvenzsicherung bei Altersteilzeit

Die Beschäftigten arbeiten in der Arbeitsphase in ihren bisherigen Arbeitszeitregelungen weiter, also in der Regel 35 Stunden pro Woche im Westen und 38 Stunden pro Woche im Osten. Das Altersteilzeitentgelt beträgt aber nur die Hälfte, da die andere Hälfte auf die Freistellungsphase übertragen wird. Das angesparte Wertguthaben und die darauf entfallenen Beiträge zur Sozialversicherung müssen gegen Insolvenz gesichert werden. Die Aufstockungsbeträge spielen hier keine Rolle, da es um kein angespartes Wertguthaben geht, sondern um eine tarifliche Leistung.

Die Bestimmungen zur Insolvenzsicherung wurden nicht im TV FlexÜ geregelt, da sie im § 8a AltTZG geregelt sind. Dort ist u.a. festgehalten, dass der Arbeitgeber verpflichtet ist, das Wertguthaben gegen Insolvenz zu sichern, wenn es das Dreifache des Regelarbeitsentgeltes übersteigt. Das Regelarbeitsentgelt umfasst nach dem Altersteilzeitgesetz das sozialversicherungspflichtige Arbeitsentgelt, soweit es die Betragsbemessungsgrenze nach dem SGB III nicht überschreitet. Die Insolvenzsicherung ist dem Beschäftigten mit der ersten Gutschrift schriftlich nachzuweisen, danach alle 6 Monate. Die Betriebsparteien können eine gleichwertige Art und Weise des Nachweises vereinbaren.

Der Nachweis der Insolvenzsicherung ist für die Beschäftigten besonders wichtig, da die Pflicht zur Insolvenzsicherung nichts nützt, wenn sie nicht eingehalten wird. Kommt ein Betrieb seiner Verpflichtung zur Insolvenzsicherung nicht nach, haftet für den entstandenen Schaden das Unternehmen, welches sich in der Insolvenz befindet. Das nützt den Beschäftigten aber nichts.

Anders ist die Situation nur, wenn der Arbeitgeber dem Beschäftigten die Sicherung ihrer Wertguthaben vorspiegelt, sie aber tatsächlich nicht vornimmt.

Rechtsvorschrift

»1. Spiegelt der Geschäftsführer einer GmbH-Arbeitgeberin vor, die tariflich vorgeschriebene Insolvenzsicherung eines Wertguthabens aus einem Altersteilzeitarbeitsverhältnis sei erfolgt, kann dies seine Schadensersatzpflicht nach § 823 Abs. 2 BGB iVm. § 263 StGB begründen. Er kann einen Betrug iSd. § 263 Abs. 1 StGB durch Täuschung des Betriebsrats zu Lasten eines Arbeitnehmers begangen haben, wenn der Betriebsrat auf Grund einer Betriebsvereinbarung berechtigt war, den Nachweis der Insolvenzsicherung zu verlangen.

2. Der Geschäftsführer haftet dann gem. § 823 Abs. 2 BGB iVm. § 263 Abs. 1 StGB persönlich für den Schaden, der dem Arbeitnehmer durch die (teilweise) Nichterfüllung seines erarbeiteten und nicht gesicherten Wertguthabens in der Insolvenz entsteht. Der Eintritt eines derartigen Schadens ist regelmäßig zu erwarten; denn das vor Insolvenzeröffnung erarbeitete Wertguthaben wird nach § 108 Abs. 2 InsO nur als Insolvenzforderung berichtigt.«

(BAG vom 13.02.2007 – 9 AZR 207/06 und vom 12.04.2011 – 9 AZR 229/10)

In § 8a AltTZG ist ausdrücklich festgehalten, dass der Arbeitgeber die Insolvenzsicherung »in geeigneter Weise« vornimmt. Geeignet ist eine Insolvenzsicherung nur, wenn das Wertguthaben vom Betriebsvermögen getrennt wird. Im Gesetz sind Rückstellungen, Konzernbürgschaften und Patronatserklärungen ausdrücklich als nicht ausreichend bezeichnet, da keine Trennung vom Betriebsvermögen erfolgt und diese im Insolvenzfall nicht abgesichert sind. Grundsätzlich muss eine Insolvenzsicherung extern erfolgen, so dass auf das Wertguthaben auch im Insolvenzfall zugegriffen werden kann. Geeignete Instrumente zur Insolvenzsicherung durch den Arbeitgeber sind: Bankbürgschaften oder Abschluss einer Versicherung.

11.9 Fragen aus der Praxis

Gibt es pauschale Empfehlungen, ob und wie Altersteilzeit in Anspruch genommen werden soll?
Ein klares Nein. Die Voraussetzungen jedes bzw. jeder Beschäftigten sind unterschiedlich. Es ist eine sorgfältige Prüfung und ein Beratungsgespräch mit dem Betriebsrat und ggf. auch mit einem Rentenberater der IG Metall sinnvoll. Zunächst muss geprüft werden, ob die gesetzlichen und tariflichen Voraussetzungen vorliegen (vgl. dazu Kapitel 11.1 und Kapitel 11.3). Dann ist das Alter bzw. der Jahrgang des bzw. der Beschäftigten entscheidend. Dies liegt an den Stufenplänen zur Rente mit 67 bzw. für diejenigen mit 45 Versicherungsjahren zur Rente ab 63 bzw. 65. Für manche ist es günstiger, eine 5-jährige Altersteilzeit zu vereinbaren, für andere eine 4-jährige. Für Beschäftigte mit 45 Versicherungsjahren kann es günstiger sein, mit 63 oder 64 in Rente zu gehen und auf Altersteilzeit zu verzichten.

Kann ich während der Altersteilzeit eine Nebentätigkeit ausführen?
Ja, dies ist grundsätzlich im Rahmen der sogenannten Geringfügigkeitsgrenze des § 8 SGB IV möglich. Die Geringfügigkeitsgrenze beträgt zurzeit 450,– Euro.

Dürfen Beschäftigte während der Altersteilzeit Mehrarbeit leisten?
Auch in der Altersteilzeit gilt die grundsätzliche Begrenzung der Mehrarbeit, die sich aus den Manteltarifverträgen ergibt. Zusätzlich gibt es in dem TV FlexÜ eine Begrenzung des Mehrarbeitsverdienstes auf die Geringfügigkeitsgrenze von 450,– Euro pro Monat.

Können Stunden aus dem Arbeitszeitkonto in die Altersteilzeit eingebracht werden?
Wenn auf einem Arbeitszeitkonto eines Beschäftigten positiv Stunden verbucht sind, stellt sich die Frage, ob diese Stunden in die Gestaltung der Altersteilzeit eingebracht werden können. Grundsätzlich sind Arbeitszeitkonten innerhalb des Ausgleichszeitraums von 12 Monaten auszugleichen. Ist absehbar, dass der Beschäftigte am Ende der Arbeitsphase einen positiven Saldo auf dem Arbeitszeitkonto hat, sind die restlichen Zeitguthaben während der Arbeitsphase zu gewähren. Sollte dies aus betrieblichen oder krankheitsbedingten Gründen nicht möglich sein, sind sie vor Beginn der Freistellungsphase abzugelten.

Gibt es bei Altersteilzeit eine Abfindung?
Eine Abfindung erhalten nur die »besonders belasteten Beschäftigten« im Anspruchsmodell. Dies ist im § 12.2.2 des TV FlexÜ geregelt. Für jeden vollen Monat zwischen Beendigung des Altersteilzeitverhältnisses und dem Beginn der ungeminderten Altersrente werden 250,– Euro Abfindung pro Monat für maximal 24 Monate bezahlt. Dadurch ergibt sich ein Abfindungsbetrag von

maximal 6000,– Euro. Er kann in gewisser Weise als ein Teilausgleich für die Rentenabschläge gewertet werden.

Ich möchte einen Altersteilzeitvertrag abschließen, der Arbeitgeber weigert sich aber. Was kann ich tun?
In den Anspruchsmodellen ist der Zugang zur Altersteilzeit begrenzt (vgl. Kapitel 11.3). In der Praxis tritt häufig der Fall auf, dass mehr Beschäftigte Altersteilzeitverträge abschließen wollen, als es die Quotenregelung vorsieht. In diesem Falle kann der Arbeitgeber den Abschluss eines Altersteilzeitvertrages ablehnen. Eine Klage wäre hier auch nicht erfolgreich.
Für den Fall, dass die Quoten nicht ausgeschöpft sind, besteht für den Arbeitgeber keine Möglichkeit, Anträge auf Altersteilzeit abzulehnen. Der Arbeitgeber hat nur die Möglichkeit, bei Beschäftigten mit Schlüsselqualifikation oder bei Beschäftigten in den oberen Entgeltgruppen, für die kurzfristig kein Ersatz auf dem Arbeitsmarkt zu finden ist, auf das unverblockte Modell zu verweisen. In diesem Fall müssen ggf. die Betriebsparteien eine einvernehmliche Lösung finden. Andere Ablehnungsgründe sind nicht zulässig. Wird auf betrieblicher Ebene keine Lösung gefunden, steht hier der Rechtsweg offen.

Wie berechnen sich im Anspruchsmodell die Anzahl der Anspruchsberechtigten?
Als Beschäftigte des Betriebes gelten die Wahlberechtigten zur Betriebsratswahl, auch die außertariflichen Beschäftigten, aber nicht die Leiharbeitsbeschäftigten. Außerdem werden die Auszubildenden, die Schwerbehinderten und die Gleichgestellten nicht berücksichtigt. Teilzeitbeschäftigte mit einer Arbeitszeit von nicht mehr als 20 Stunden pro Woche sind mit 0,5 und mit nicht mehr als 30 Stunden pro Woche mit 0,75 zu berücksichtigen. Die tariflichen Vorschriften zur Berechnung entsprechen hierbei der gesetzlichen Regelung in § 7 Abs. 3 AltTZG. Ergeben sich Bruchzahlen, sind diese stets abzurunden, da sonst die Quote überschritten wird.

Können außertariflich Beschäftigte in Altersteilzeit wechseln?
Grundsätzlich ist Altersteilzeit auch für außertariflich Beschäftigte auf der Grundlage des Altersteilzeitgesetzes möglich. Da außertariflich Beschäftigte aber nicht in den Geltungsbereich der Tarifverträge fallen, besteht für sie kein Anspruch auf Zahlung des tariflichen, jedoch auf den gesetzlichen Aufstockungsbetrag. In eine betriebliche Regelung können sie mit einbezogen oder es können abweichende Regelungen mit ihnen vereinbart werden. Rechte von Beschäftigten, die unter den Geltungsbereich des Tarifvertrages fallen, werden hiervon nicht berührt.

Ist auch ein unverblocktes Modell der Altersteilzeit möglich?
Das Altersteilzeitgesetz sieht sowohl unverblockte als auch verblockte Altersteilzeitmodelle vor. In der Praxis sind aber fast ausschließlich verblockte Modelle verbreitet. Theoretisch ist es aber möglich, dass die Beschäftigten

eine unverblockte Altersteilzeit vereinbaren und über beispielsweise 5 Jahre lang ein Teilzeitverhältnis eingehen, und in dieser Zeit in Westdeutschland 17,5 und in Ostdeutschland 19 Stunden pro Woche arbeiten. Im TV FlexÜ ist nur ein Fall beschrieben, bei dem der Arbeitgeber auf das unverblockte Modell verweisen kann. Und zwar bei Beschäftigten mit sogenannten Schlüsselqualifikationen. Für diesen Fall gelten auch die materiellen Bedingungen des Tarifvertrages FlexÜ.

Bei uns gibt es eine Konzernbetriebsvereinbarung. Ist das zulässig?
In großen Konzernen ist es zulässig, dass der Gesamtbetriebsrat oder der Konzernbetriebsrat eine Betriebsvereinbarung zur Altersteilzeit vereinbart, die für alle Standorte Anwendung findet.

11.10 Regelungsvorschläge

In der Übersicht 11.3 sind die verschiedenen Regelungsmodelle für Altersteilzeit aufgeführt. Das sind: Die Fortführung bestehender Betriebsvereinbarungen, der Abschluss neuer Betriebsvereinbarungen oder die Anspruchsmodelle gemäß Tarifvertrag FlexÜ. Für den Abschluss einer neuen, freiwilligen Betriebsvereinbarung zur Altersteilzeit auf der Grundlage des TV FlexÜ sind zahlreiche Punkte zu überlegen. Die IG Metall bietet dazu Gestaltungshinweise für eine Betriebsvereinbarung an, die bei der örtlichen IG Metall erhältlich bzw. für Betriebsräte und Vertrauensleute der IG Metall im Extranet abrufbar sind. Die vereinbarten Regelungspunkte sollten in keinem Fall schlechter als die tariflichen Anspruchsmodelle sein. Die wichtigsten Eckpunkte sind:

Eckpunkte für eine Betriebsvereinbarung zur Altersteilzeit:
- Geltungsbereich
- Persönliche Voraussetzungen
- Anzahl der Anspruchsberechtigten
  (als Prozentsatz der Belegschaft bzw. als Absolut-Zahl pro Kalenderjahr vereinbaren sowie Rangfolge-Regelungen für den Fall, dass es mehr Bewerber als vereinbarte Plätze gibt)
- Altersteilzeitmodelle
  (hier grundsätzlich das Blockmodell vereinbaren. Dauer zwischen 2 und 6 Jahren. Beginn der Altersteilzeit frühestens mit dem 57. Lebensjahr)
- Antrag auf Altersteilzeit
- Informationspflichten und Altersteilzeitvertrag
- Arbeitszeit in der Altersteilzeit
- Altersteilzeitentgelt
- Aufstockung des Altersteilzeitentgeltes
  (mindestens so hoch wie im Anspruchsmodell des TV FlexÜ. Wenn möglich höhere Prozentsätze vereinbaren.)

- Zusätzliche Rentenversicherungsbeiträge
- Abfindung
- Urlaubsansprüche
- Krankheit in der Arbeitsphase
- Insolvenzsicherung
  (hier konkrete Regelungen treffen, wie sie im § 8 a AltTZG aufgeführt sind)
- Betriebliche Altersversorgung
- Benachteiligungsverbot
- Meinungsverschiedenheiten
- Schlussbestimmung

12. Arbeitsverhinderung und Betriebsstörung

von Kay Ohl

In vielen Tarifverträgen findet sich der Satz: »Bezahlt wird nur die gearbeitete Zeit.« Dieser Grundsatz gilt jedoch nicht uneingeschränkt, da im Bürgerlichen Gesetzbuch (BGB) und in den Tarifverträgen für einige Fälle Ansprüche auf Fortzahlung des Arbeitsentgeltes geregelt sind, z. B. bei Arbeitsunfähigkeit oder Urlaub.

> **Tarifvertrag**
> *»Bezahlt wird nur die tatsächlich geleistete Arbeitszeit, soweit in diesem Tarifvertrag nicht besondere Ausnahmen vorgesehen sind.«*
> (§ 9 Ziff. 1 MTV Bayern)

Neben dem Urlaub oder der Krankheit gibt es zwei weitere Fallgruppen, bei denen das Arbeitsentgelt weiter gezahlt werden muss, obwohl keine Arbeitsleistung erbracht wird. Das sind die kurzzeitigen Arbeitsverhinderungen aus persönlichen Gründen sowie Betriebsstörungen. Für beide Fälle ist der Entgeltanspruch sowohl im BGB wie auch in Tarifverträgen geregelt. Da es sich bei den Regelungen im Bürgerlichen Gesetzbuch um Bestimmungen handelt, von denen durch einen Tarifvertrag abgewichen werden kann, sind meistens die Regelungen der Manteltarifverträge für die Beschäftigten maßgebend. Zu den Arbeitsverhinderungen aus persönlichen Gründen regelt das Bürgerliche Gesetzbuch:

> **Rechtsvorschrift**
> *»Der zur Dienstleistung Verpflichtete wird des Anspruchs auf die Vergütung nicht dadurch verlustig, daß er für eine verhältnismäßig nicht erhebliche Zeit durch einen in seiner Person liegenden Grund ohne sein Verschulden an der Dienstleistung verhindert wird.«*
> (§ 616 BGB)

Und zum Arbeitsausfall durch Betriebsstörungen:

> **Rechtsvorschrift**
> *»Kommt der Dienstberechtigte (= Arbeitgeber) mit der Annahme der Dienste in Verzug, so kann der Verpflichtete (= Arbeitnehmer) für die in Folge des Verzugs nicht geleisteten Dienste die vereinbarte Vergütung verlangen, ohne zur Nachleistung verpflichtet zu sein. […]«*
> (§ 615 BGB)

Diese beiden Bestimmungen sind sehr allgemein formuliert. In der Rechtsprechung wurden diese allgemeinen Formulierungen ausgefüllt, für die Beschäftigten sind ihre Rechte aus diesen Vorschriften aber sehr undurchsichtig. Deshalb haben die Tarifvertragsparteien eigenständige Regelungen in den Tarifverträgen getroffen.

Ein Anspruch auf Entgelt besteht nicht, wenn die Beschäftigten ihre Arbeitsleistung nicht im Betrieb anbieten können, weil sie dort nicht hinkommen, z. B. wegen Glatteis, Schnee, Überschwemmung, Ausfall öffentlicher Verkehrsmittel. Das sind Fälle des sogenannten »Wegerisikos«, das grundsätzlich die Beschäftigten tragen und das ihnen weder durch § 615 BGB noch durch § 616 BGB abgenommen werden kann.

12.1 Entgeltfortzahlung im Krankheitsfall

Die Entgeltfortzahlung bei Krankheit ist ein Musterbeispiel für die soziale Vorreiterrolle von Tarifverträgen für staatliche Gesetze. Seit Mitte des 19. Jahrhunderts gab es für Teile der Angestellten, ab 1900 für alle Beschäftigten, die Lohnfortzahlung bei Krankheit – allerdings mit dem Haken, dass die Arbeitgeber diese Pflicht per Vertrag ausschließen konnten, was sie durchweg taten. 1930 wurde die Gehaltsfortzahlung für Angestellte verbindlich. Für Arbeiter blieb alles beim Alten: In den ersten drei Krankheitstagen (»Karenztage«) gab es nichts, danach Krankengeld von der Krankenversicherung, damals 50 Prozent des letzten Entgeltes.

Gegen den Zwang, sich krank zur Arbeit schleppen zu müssen, und gegen die soziale Benachteiligung machte der DGB Anfang der 1950er-Jahre mobil. Bewegung kam in die Sache, als 1956/57 die Metallarbeiter in Schleswig-Holstein 16 Wochen streikten. Zwar wurde die volle Lohnfortzahlung und die Gleichstellung mit den Angestellten (noch) nicht erreicht. Aber das Streikergebnis war der Startschuss für tarifliche und gesetzliche Regelungen; letztere führten über Zwischenstationen – 90-prozentiger, dann 100-prozentiger Arbeitgeberzuschuss zum Krankengeld – 1969 zum Lohnfortzahlungsgesetz mit 100 Prozent Lohnfortzahlung durch den Arbeitgeber für die Dauer von 6 Wochen.

In den 1980er-Jahren geriet die volle Entgeltfortzahlung ins Visier der Praktiker des Sozialabbaus und der Deregulierer. Wiederholt wurde über die Wiedereinführung von Karenztagen diskutiert. Die Kohl-Regierung löste 1996 mit ihrem Beschluss, die Entgeltfortzahlung auf 80 Prozent zu senken, Proteststürme bis hin zu Arbeitsniederlegungen aus. Diese Proteste waren vor allem in der Metall- und Elektroindustrie verbreitet und führten 1996 zum Pilotabschluss in der niedersächsischen Metallindustrie über eine neue Regelung im Manteltarifvertrag, der dann in allen Tarifgebieten übernommen wurde (vgl. Kapitel 12.1.1).

Die rot-grüne Bundesregierung stellte ab 01.01.1999 die 100-prozentige gesetzliche Entgeltfortzahlung bei Krankheit und Kuren wieder her und schaffte die Anrechnungsmöglichkeiten auf Arbeitszeit und Urlaub ab.

12.1.1 Volle Entgeltfortzahlung für 6 Wochen

Alle Manteltarifverträge der Metall- und Elektroindustrie enthalten Bestimmungen über die Entgeltfortzahlung bei Krankheit. Im Hinblick auf den Konflikt im Jahre 1996 regeln alle Manteltarifverträge den Grundsatz der Entgeltfortzahlung eigenständig (konstitutiv), unabhängig vom Entgeltfortzahlungsgesetz. Sollte der Gesetzgeber wieder auf die Idee kommen, das Entgeltfortzahlungsgesetz (EFZG) zulasten der Beschäftigten zu ändern, gelten die Bestimmungen der Manteltarifverträge uneingeschränkt weiter. Einer der ersten Verträge nach der Gesetzesänderung war der im KFZ-Handwerk von Nordrhein-Westfalen vom 09.10.1996. Größere politische Bedeutung erzeugte der Tarifvertrag in der niedersächsischen Metallindustrie, der das Vorbild für andere Metall-Tarifbereiche und zahlreiche andere Branchen wurde. Die 6 Wochen volle Entgeltfortzahlung bei Krankheit ab dem ersten Tag wurden abgesichert und der Zuschuss zum Krankengeld (nach Ablauf der Entgeltfortzahlung) verbessert (vgl. Kapitel 12.1.3).

Tarifvertrag

»Werden Beschäftigte durch Arbeitsunfähigkeit infolge Krankheit an ihrer Arbeitsleistung verhindert, ohne dass sie ein Verschulden trifft, so haben sie unabhängig von der jeweils geltenden gesetzlichen Regelung vom ersten Tag an Anspruch auf Entgeltfortzahlung im Krankheitsfall durch den Arbeitgeber für die Zeit der Arbeitsunfähigkeit bis zur Dauer von 6 Wochen.
Der Anspruch auf Entgeltfortzahlung gilt auch während einer unter den Voraussetzungen des § 9 Entgeltfortzahlungsgesetz unter voller Kostenübernahme von einem öffentlich rechtlichen Versicherungsträger oder dem Versorgungsamt durchgeführten stationären Heilbehandlung.
Das fortzuzahlende Arbeitsentgelt errechnet sich gem. § 9 Ziff. (2) unabhängig von der jeweils geltenden gesetzlichen Regelung.«
(§ 12 Abs. 2 MTV Niedersachsen)

12.1.2 Entgeltfortzahlungsgesetz

Nach dem Intermezzo von Oktober 1996 bis Dezember 1998 und der neuen tariflichen Regelung in der Metallindustrie wurde die volle Entgeltfortzahlung durch die rot-grüne Bundesregierung gesetzlich wieder hergestellt. Die wichtigsten Bestimmungen sind:

- Der Arbeitgeber hat das Entgelt für 6 Wochen bei Arbeitsunfähigkeit wegen Krankheit, nicht rechtswidriger Abtreibung und Sterilisation fortzuzahlen; bei Wiederholungserkrankungen beträgt der Zeitraum ggf. weitere 6 Wochen (vgl. § 3 Abs. 1 und Abs. 2 EFZG).
- Die Entgeltfortzahlung setzt nach 4 Wochen Betriebszugehörigkeit ein (§ 3 Abs. 3 EFZG; nach den meisten Tarifverträgen aber schon vom ersten Tag an). Bei einer Erkrankung in den ersten 4 Wochen der Betriebszugehörigkeit setzt die gesetzliche Pflicht zur Entgeltfortzahlung erst nach den 4 Wochen ein. Während dieser Zeit gibt es Krankengeld von der Krankenkasse.

Die 4 Wochen werden nicht auf den Zeitraum der Entgeltfortzahlung von 6 Wochen angerechnet (vgl. BAG vom 26.05.1999 – 5 AZR 476/98 und 5 AZR 338/98).

- Höhe der Entgeltfortzahlung: 100 Prozent.
- Mehrarbeitsvergütung und -zuschläge werden bei der Entgeltfortzahlung nicht berücksichtigt, günstigere Tarifverträge bleiben möglich (vgl. § 4 Abs. 1a EFZG).
- Nicht geändert wurde die Bestimmung, dass die Sonderzahlung (das »Weihnachtsgeld«) für Krankheitszeiten gekürzt werden kann (vgl. § 4a EFZG; viele Tarifverträge schließen dies allerdings aus).
- Die Beschäftigten müssen die Arbeitsunfähigkeit dem Arbeitgeber mitteilen und eine ärztliche Bescheinigung vorlegen (vgl. § 5 EFZG; Kapitel 12.1.4).
- Das Gesetz ist zwingend und unabdingbar. Es kann weder durch Arbeitsvertrag noch durch Tarifvertrag unterschritten werden (vgl. § 12 EFZG).

12.1.3 Zuschuss zum Krankengeld

Nach Ablauf der 6 Wochen Entgeltfortzahlung haben Beschäftigte nur noch Anspruch auf Krankengeld. Dieses beträgt zurzeit 70 Prozent des letzten Bruttoentgeltes, höchstens aber 90 Prozent des letzten Nettoentgeltes (vgl. § 47 SGB V). Dies bringt Langzeitkranke in finanzielle Engpässe. Um das abzumildern oder zu verhindern, sehen die meisten Manteltarifverträge vor, dass der Arbeitgeber das Krankengeld für eine bestimmte Zeit auf 100 Prozent (oder 90 Prozent) des letzten Verdienstes aufstocken muss.

Tarifvertrag

»Bei Arbeitsunfähigkeit infolge unverschuldeter Krankheit erhält der bzw. die Beschäftigte nach 1-jähriger Betriebszugehörigkeit für 3 Monate nach Beendigung der Entgeltfortzahlung den Unterschied zwischen dem Krankengeld aus der gesetzlichen Krankenkasse und dem entsprechenden Nettobetrag der Entgeltfortzahlung.

Der Zuschuss wird brutto gewährt und unterliegt den gesetzlichen Abzügen.«

(§ 12 Abs. 2 Satz 1 MTV Niedersachsen)

Der Arbeitgeber zahlt dann also den Unterschiedsbetrag zwischen dem bisherigen Arbeitsentgelt und dem Krankengeld. Die Dauer dieser Zuschusszahlung ist in den Tarifverträgen unterschiedlich und variiert zusätzlich je nach Dauer der Betriebszugehörigkeit.

12.1.4 Mitteilung und Nachweis der Arbeitsunfähigkeit

Wenn die Beschäftigten nicht arbeiten können – z. B. wegen eines plötzlichen Trauerfalls, wegen Betreuung eines kranken Kindes oder wegen Krankheit –, müssen sie den Arbeitgeber informieren, damit dieser sofort personell disponieren kann.

Bei einer Erkrankung muss die Arbeitsunfähigkeit grundsätzlich durch eine ärztliche Bescheinigung, den sogenannten »gelben Zettel«, nachgewiesen werden. Bei längeren Krankheiten muss die Bescheinigung spätestens am 4. Krankheitstag beim Arbeitgeber vorliegen. Dauert die Arbeitsunfähigkeit länger als ursprünglich vorgesehen und bescheinigt, muss eine erneute Bescheinigung eingereicht werden. So sehen es die meisten Tarifverträge und § 5 Abs. 1 EFZG vor.
Besonderheiten bestehen bei sogenannten Kurzerkrankungen, die nur bis zu 3 Tage dauern. Die bestehenden Tarifverträge spiegeln zum Teil noch die unterschiedliche Situation wider, die bis 1994 für Arbeiter und Angestellte galt: Für Angestellte wurde meistens bei Kurzerkrankungen von der ärztlichen Bescheinigung abgesehen, bei Arbeitern dagegen nicht. Die Gewerkschaften haben ab den 1970er-Jahren versucht, diese Ungleichbehandlung und das in der Pflicht zum »gelben Zettel« liegende Misstrauen zu beseitigen, allerdings mit unterschiedlichem Erfolg. Teilweise muss die Bescheinigung bei Kurzerkrankungen, zumindest bei länger Beschäftigten, nicht mehr vorgelegt werden.

> **Tarifvertrag**
> *»Bei Erkrankungen bis zu 3 Tagen Dauer haben Beschäftigte auf rechtzeitiges Verlangen des Arbeitgebers eine Arbeitsunfähigkeitsbescheinigung vorzulegen. Nach einer Betriebszugehörigkeit von 5 Jahren entfällt diese Verpflichtung, es sei denn, die Betriebsparteien vereinbaren hierzu eine andere Regelung.*
> *Bei Arbeitsunfähigkeit von über 3 Tagen Dauer ist vom Beschäftigten eine Arbeitsunfähigkeitsbescheinigung vorzulegen.*
> *Die Kosten der Arbeitsunfähigkeitsbescheinigung trägt der Arbeitgeber, sofern sie nicht von anderen Stellen ersetzt werden.«*
> (§ 12.2 ERA-MTV Nordwürttemberg-Nordbaden)

Teilweise kann die Pflicht zur Vorlage der Bescheinigung nur in Einzelfällen und nur mit Zustimmung des Betriebsrates verlangt werden.
Wird die Bescheinigung nicht oder nicht rechtzeitig vorgelegt, ruht der Anspruch auf Entgeltfortzahlung bis zum entsprechenden Nachweis.

12.2 Freistellung von der Arbeit

Fast alle Manteltarifverträge enthalten mehr oder weniger umfangreiche Aufzählungen von Anlässen, bei denen Beschäftigte bezahlt von der Arbeitsleistung freigestellt werden. Es handelt sich um Fälle, in denen es den Beschäftigten – überwiegend aus persönlichen Gründen – nicht zugemutet werden kann, ihrer Arbeitspflicht nachzukommen.

Tarifvertrag

»In unmittelbarem Zusammenhang mit den nachstehenden Ereignissen ist Beschäftigten/Auszubildenden Freizeit ohne Anrechnung auf den Urlaub unter Weiterzahlung des regelmäßigen Arbeitsentgelts/der regelmäßigen Ausbildungsvergütung (berechnet nach § 16) zu gewähren, und zwar:

a) bei eigener Eheschließung	*2 Tage*
b) bei Niederkunft der Ehefrau	*2 Tage*
c) bei eigener Silberhochzeit	*1 Tag*
d) beim Tod des mit dem/der Beschäftigten/Auszubildenden in häuslicher Gemeinschaft lebenden Ehegatten/Kindes	*3 Tage*
e) beim Tod von Eltern, Schwiegereltern, Kindern, Geschwistern, Schwiegerkindern (Schwiegertöchter und Schwiegersöhne)	*1 Tag*
f) bei Eheschließung von Kindern, Geschwistern und Eltern	*1 Tag*
g) beim Umzug des/der Beschäftigten/Auszubildenden mit eigener Wohnungseinrichtung sowie beim Erstbezug einer Wohnung mit eigener Wohnungseinrichtung	*1 Tag*
erfolgt ein solcher Umzug auf Wunsch des Arbeitgebers/Ausbildungsbetriebes	*während der für den Umzug erforderlichen Zeit*
h) bei Erfüllung gesetzlich auferlegter Pflichten aus öffentlichen Ehrenämtern Soweit ein Erstattungsanspruch besteht, entfällt in dieser Höhe der Anspruch auf das Arbeitsentgelt/die Ausbildungsvergütung	*für die notwendige ausfallende Arbeitszeit/Ausbildungszeit*
i) bei schwerer, mit Bettlägerigkeit verbundener Erkrankung des in häuslicher Gemeinschaft lebenden Ehegatten, wenn der Arzt bescheinigt, dass eine derartige Erkrankung vorliegt, welche die Anwesenheit des/der Beschäftigten/Auszubildenden zur Sicherung der Pflege erforderlich macht, und der/die Beschäftigte/Auszubildende nachweist, dass eine andere Person die Pflege nicht übernehmen kann, und in der häuslichen Gemeinschaft ein Kind lebt, welches das achte Lebensjahr noch nicht vollendet hat.«	*bis zur Dauer von 2 Tagen im Kalenderjahr*

(§ 8 MTV Nordrhein-Westfalen)

Die familienbezogenen Freistellungen in den Tarifverträgen orientieren sich häufig an dem traditionellen Ehe- bzw. Familienbegriff auf der Grundlage einer standesamtlich beurkundeten Heirat. Diese Form der Ehe bzw. der Familie hat sich in den letzten Jahren in vielfältiger Form erweitert. Ein Großteil der Paare lebt ohne Trauschein in einer eheähnlichen Lebensgemeinschaft. Dazu kommen eingetragene gleichgeschlechtliche Lebenspartnerschaften. Vor dem Hintergrund der Rechtsprechung zur Aufhebung der Diskriminierung von Schwulen und Lesben sollten auch die Manteltarifverträge präzisiert werden. Das ist bisher nur vereinzelt gelungen, z. B. in der niedersächsischen Metallindustrie. Der oben zitierte Tarifvertrag enthält Präzisierungen zu den Buchstaben b), d) und i)

Tarifvertrag
»Dem Ehegatten/der Ehefrau gleichgestellt ist der Lebensgefährte/die Lebensgefährtin, wenn eine eheähnliche Lebensgemeinschaft vorliegt.«
(§ 8 MTV Nordrhein-Westfalen)

Anders als in § 616 BGB werden in den Tarifverträgen die Anlässe und die notwendige Zeit der Freistellung konkret benannt. Weitere tarifliche Freistellungsansprüche können z. B. bestehen bei

- einem Arztbesuch, soweit nicht wegen Arbeitsunfähigkeit sowieso Anspruch auf Entgeltfortzahlung besteht.
- einer Stellensuche nach Kündigung durch den Arbeitgeber.

Im Gegensatz zu den Tarifverträgen ist das Bürgerliche Gesetzbuch sehr allgemein, es bezeichnet nicht die Anlässe und die notwendige Zeit der Arbeitsbefreiung. Als Anlässe sind u. a. anerkannt: eigene Hochzeit, Hochzeit der Kinder, goldene Hochzeit der Eltern, Niederkunft der Ehefrau oder der Lebensgefährtin, religiöse Feste wie Kommunion und Konfirmation, Begräbnisse im engeren Familienkreis oder von nahen Angehörigen, Vorladungen vor Behörden, Ehrenämter, Erkrankung und Pflege von Angehörigen (vgl. Schaub, § 97 Rn. 4 ff.).
Der § 616 BGB kann durch Tarifvertrag erweitert, eingeschränkt, aber auch ausgeschlossen werden. Die Auswirkungen sind aber gering, da die Tarifverträge in der Regel einen eigenen Freistellungskatalog enthalten. Wenn eine tarifliche Regelung die Freistellungsansprüche abschließend regelt, wird dies gewöhnlich im Tarifvertrag ausdrücklich bestimmt:

Tarifvertrag
»Mit § 11 (Arbeitsversäumnis – Arbeitsverhinderung) und § 23 Ziff. 6 (Stellensuche nach Kündigung) sind die in Anwendung des § 616 BGB möglichen Fälle abschließend festgelegt […].«
(§ 10 MTV Hessen)

Manchmal sind die Aufzählungen in Tarifverträgen nur beispielhaft, also nicht abschließend, so dass § 616 BGB daneben anwendbar bleibt.

Tarifvertrag
»Bei notwendig werdendem Ausfall von regelmäßiger täglicher Arbeitszeit wird das Entgelt ohne Anrechnung auf den Jahresurlaub unter Freistellung von der Arbeit fortgezahlt, insbesondere in folgenden Fällen: […]«
(§ 13.2 ERA-MTV Nordwürttemberg-Nordbaden)

12.3 Arbeitsausfall, Betriebsstörung, Betriebsrisiko

Es kann vorkommen, dass im Betrieb wegen technischer, wirtschaftlicher oder anderer Störungen nicht gearbeitet werden kann.

> **Beispiele:**
> Vormaterial fehlt, Maschinenschaden, Störung an IT-Systemen und Netzwerken, Inventur, Absatzmangel, Brand, staatliches Herstellungs- oder Absatzverbot, Energieausfall, Mangel an Brennstoffen, Naturkatastrophen, Überschwemmung, Hochwasser, Schnee, Frost, Smog-Alarm, Streik- oder Aussperrungsfolgen.

Eigentlich könnten die Beschäftigten arbeiten, sie stehen dem Betrieb zur Arbeitsleistung zur Verfügung. In diesen Fällen stellt sich nun die Frage, ob die Beschäftigten ihren Entgeltanspruch behalten oder verlieren.

12.4 Wirtschafts- und Betriebsrisiko

Der Arbeitgeber hat die Verfügungsgewalt über die Betriebsmittel und -organisation sowie über das Personal. Er ist dafür verantwortlich, dass der Betrieb funktioniert oder die Dienstleistung erbracht werden kann. Er hat dafür einzustehen, dass die Beschäftigten entsprechend ihrem Arbeitsvertrag beschäftigt werden können. Auch wenn dies nicht der Fall ist, hat er sie grundsätzlich zu bezahlen:

> **Rechtsvorschrift**
> *»Kommt der Dienstberechtigte [gemeint ist der Arbeitgeber; d. Verf.] mit der Annahme der Dienste in Verzug, so kann der Verpflichtete [gemeint ist der Beschäftigte; d. Verf.] für die in Folge des Verzugs nicht geleisteten Dienste die vereinbarte Vergütung verlangen, ohne zur Nachleistung verpflichtet zu sein. […]«*
> (§ 615 BGB)

Der Arbeitgeber trägt das *Wirtschaftsrisiko*: Er hat dafür zu sorgen, dass Waren und Dienstleistungen abgesetzt werden können. Ist dies aus irgendwelchen Gründen nicht möglich (weigern sich z. B. Kunden, die Waren abzunehmen, und fällt deshalb die Arbeit aus), muss er dennoch den Beschäftigten ihr Entgelt zahlen.
Der Arbeitgeber trägt das *Betriebsrisiko*: Er muss das Entgelt auch dann zahlen, wenn es – aus welchen Gründen auch immer – betriebstechnisch unmöglich ist, die Arbeit ausführen zu lassen. Alles, was den normalen Betriebsablauf stört oder ihn zum Erliegen bringt, liegt im Risikobereich des Arbeitgebers – umgekehrt, wenn der Betrieb gut läuft, führt es ja auch zu Chancen und Gewinnen, über die der Arbeitgeber ebenfalls allein verfügt. Deshalb werden vom Be-

triebsrisiko auch Fälle der sogenannten höheren Gewalt erfasst, wie z. B. Naturkatastrophen, Ölkrise, Liefersperren, Vormaterial-Stopp durch Zulieferer – alles Dinge, die der Arbeitgeber nicht beeinflussen kann.
Die Rechtsprechung macht davon nur in folgenden Fällen eine Ausnahme: Verschulden der Beschäftigten, Existenzgefährdung des Betriebes, abweichende kollektivvertragliche Regelungen.

Rechtsvorschrift
»[Der Arbeitgeber; d. Verf.] … hat mithin das Risiko der Unmöglichkeit der Arbeitsleistung aus im Betrieb liegenden Gründen schlechthin zu tragen und bleibt, sofern nicht durch Einzelvertrag oder Kollektivvereinbarung eine andere Regelung getroffen ist, zur Lohnzahlung verpflichtet, auch wenn diese Gründe nicht betriebstechnische Störungsursachen haben oder auf einem Versagen der sachlichen oder persönlichen Mittel des Betriebes beruhen, sondern von außen auf das Unternehmen einwirken. […] Damit sind gerade die Ursachen angesprochen, die von außen auf typische Betriebsmittel (z. B. Maschinen, Fabrikgebäude, Heizungsanlagen) einwirken und sich für den Arbeitgeber als ein Fall der höheren Gewalt darstellen, z. B. Naturkatastrophen (Erdbeben, Überschwemmungen, Brände usw.), Unglücksfälle sowie extreme Witterungsverhältnisse. In allen diesen Fällen hat der Arbeitgeber das Betriebsrisiko zu tragen.«
(BAG vom 30.01.1991 – 4 AZR 338/90)

Der Arbeitgeber hat Möglichkeiten, das Wirtschafts- und Betriebsrisiko abzumildern, z. B. durch die Vereinbarkeit von Kurzarbeit. Bei Arbeitsmangel und bei bestimmten betriebstechnischen Problemen kann nämlich der Arbeitgeber – nach Vereinbarung mit dem Betriebsrat – Kurzarbeit anmelden und so die eigentlich fällige Entgeltzahlung faktisch auf die Arbeitsämter verlagern. Umgekehrt sollen Kurzarbeiter- und Winterausfallgeld den Arbeitgeber davon abhalten, wegen der Risikoursachen Kündigungen auszusprechen.

12.5 Tarifvertragliche Regelungen zu Betriebsstörung und Betriebsrisiko

Die Manteltarifverträge der Metall- und Elektroindustrie regeln unter der Überschrift »Arbeitsausfall«, »Arbeitsunterbrechung« oder »Betriebsstörung« die Folgen für Beschäftigte und Arbeitgeber. Sie ändern die Risikoverteilung nicht, d. h., auch nach den Tarifverträgen bleibt es dabei, dass der Arbeitgeber das Betriebsrisiko zu tragen hat. Sie schaffen aber einige Sonderregelungen bezüglich der Folgen: z. B. bei Naturkatastrophen oder durch zeitliche Begrenzung der Entgeltzahlung. In vielen Tarifverträgen findet sich folgende Dreiteilung:
Es wird durchweg bekräftigt, dass der Arbeitgeber das Entgelt zu zahlen hat, wenn er den Arbeitsausfall zu vertreten hat. Wird die ausfallende Arbeitszeit – nach Vereinbarung mit dem Betriebsrat – nachgeholt, handelt es sich um zuschlagspflichtige Mehrarbeit.

Bei Naturkatastrophen wie Hochwasser, Schnee oder Frost oder bei außerbetrieblichen Energiestörungen ist die ausfallende Arbeitszeit nur ausnahmsweise zu vergüten; grundsätzlich soll Nacharbeit angeboten werden.
Fällt die Arbeit aus Gründen aus, die der Arbeitnehmer zu vertreten hat, entfällt die Bezahlung.

Tarifvertrag
»1. Muss die Arbeit aus Gründen ruhen, die der Arbeitgeber zu vertreten hat, so ist den Beschäftigten für die ausgefallenen Arbeitsstunden das regelmäßige Arbeitsentgelt weiterzuzahlen (berechnet nach § 16).
Ist eine Schicht oder sind mehrere Schichten durch einen Beauftragten des Arbeitgebers so rechtzeitig abgesagt, dass der/die Beschäftigte vor Antritt des Weges zur Arbeitsstelle weiß, dass die Schicht nicht verfahren wird, so besteht Anspruch auf Bezahlung, wenn nicht Gelegenheit gegeben wird, die Ausfallstunden nachzuarbeiten. Der Zeitpunkt für das Nachholen der Schicht ist mit dem Betriebsrat zu vereinbaren. Diese Nachholschichten gelten als Mehrarbeit.
2. Muss die Arbeit aus Gründen ruhen, die weder Arbeitgeber noch Beschäftigte (r) zu vertreten haben, z. B. Naturkatastrophen, außerbetriebliche Energiestörungen (Gas, Wasser, Strom), so ist die begonnene Schicht zu vergüten, es sei denn, dass die Ausfallstunden unverzüglich – möglichst innerhalb von zwei Wochen – nach Beendigung der Arbeitsunterbrechung nachgearbeitet werden können; diese an Werktagen verfahrenen Arbeitsstunden sind zuschlagfrei.
3. Muss die Arbeit aus Gründen ruhen, die der/die Beschäftigte zu vertreten hat, so entfällt die Bezahlung.«
(§ 10 MTV Nordrhein-Westfalen)

In der Praxis versuchen Arbeitgeber immer wieder, sich der Pflicht zur Entgeltfortzahlung bei Betriebsstörungen zu entziehen. Dazu verweisen sie auf vereinbarte Regelungen zu betrieblichen Arbeitszeit-Konten (vgl. Kapitel 5). Sie konfrontieren den Betriebsrat in derartigen Fällen mit dem Vorschlag, die entstandene Stillstandszeit aus dem Arbeitszeitkonto auszubuchen. Bei ganztägigen Störungen wird vorgeschlagen, dass die Beschäftigten zuhause bleiben können und die Zeitdifferenz aus dem Arbeitszeitkonto ausgebucht wird. Derartige Vorschläge der Arbeitgeber sind rechtswidrig und tarifwidrig, denn es läuft auf eine Umgehung des § 615 BGB hinaus.
Das LAG Rostock hat in einem Fall des Dachdeckergewerbes entschieden, dass bei einer Abweichung von § 615 BG eine klare vertragliche Regelung erforderlich ist.

Rechtsvorschrift
»1. Mit der Einführung eines Stundenkontos weichen die Arbeitsvertragsparteien von § 615 BGB ab. § 615 BGB verkörpert eine bestimmte Wertvorstellung des Gesetzgebers über die gerechte Verteilung der Risiken im Arbeitsverhältnis. Daher bedarf es, wenn die Parteien davon abweichen wollen, einer klaren vertraglichen Regelung. […]«
(LAG Rostock vom 01.06.2010 – 5 Sa 16/10)

Regelung zu § 615 BGB haben die Tarifvertragsparteien der Metall- und Elektroindustrie in den Manteltarifverträgen getroffen. Das schließt Regelungen in einer Betriebsvereinbarung oder schlechtere arbeitsvertragliche Regelungen aus.
Eine Verrechnung von Stunden aus Arbeitszeitkonten mit dem Arbeitsausfall durch Betriebsstörungen sehen die Tarifverträge nicht vor. Das Risiko bei Betriebsstörungen trägt allein der Arbeitgeber bzw. tragen für besondere Fälle nach den Bestimmungen der Manteltarifverträge anteilig Arbeitgeber und Arbeitnehmer.

12.6 »Arbeitskampfrisiko«

Erstmals beim Streik im Kieler Elektrizitätswerk stellte sich 1923 die Frage, ob die Straßenbahnfahrer, die wegen des Strommangels nicht arbeiten konnten, trotzdem entlohnt werden müssten. Das Reichsgericht hat dies mit der Begründung verneint, dass die Arbeitnehmer alle aus der »Sphäre« der Arbeitnehmer herrührenden Folgen als »soziale Betriebsgemeinschaft« zu tragen hätten. Obwohl die »Sphärentheorie« längst nicht mehr vertreten wird, wird auch heute noch das »Arbeitskampfrisiko« vom normalen Betriebsrisiko getrennt. Es spielt vor allem eine Rolle bei Fernwirkungen bzw. mittelbaren Auswirkungen von Arbeitskämpfen auf andere, nicht bestreikte Betriebe oder auf andere Abteilungen bei betrieblichen Teilstreiks oder Aussperrungen. Das Bundesarbeitsgericht steht auf dem Standpunkt, dass nicht am Arbeitskampf beteiligte Beschäftigte dann ihren Entgeltanspruch verlieren, wenn der Arbeitgeber in anderen Tarifbereichen von den gleichen Verbänden vertreten wird, die Fernwirkung also von Betrieben der gleichen Branche ausgeht.

Rechtsvorschrift
»1. Das Betriebs- und das Wirtschaftsrisiko trägt grundsätzlich der Arbeitgeber.
2. Das gilt nicht uneingeschränkt bei Störungen, die auf einem Streik in einem anderen Betrieb beruhen und die Fortsetzung des Betriebes ganz oder teilweise unmöglich oder wirtschaftlich unzumutbar machen.
3. Können diese Fernwirkungen eines Streiks das Kräfteverhältnis der kampfführenden Parteien beeinflussen, so tragen beide Seiten das Arbeitskampfrisiko. Das bedeutet für die betroffenen Arbeitnehmer, dass sie für die Dauer der Störung keine Beschäftigungs- und Vergütungsansprüche haben.
Ein solcher Fall ist z. B. dann anzunehmen, wenn die für den mittelbar betroffenen Betrieb zuständigen Verbände mit den unmittelbar kampfführenden Verbänden identisch oder doch organisatorisch eng verbunden sind.«
(BAG vom 22.12.1980 – 1 ABR 2/79)

Die Sonderstellung des Arbeitskampfrisikos findet im Bürgerlichen Gesetzbuch keine Stütze. Vielmehr ist auch hier grundsätzlich die Entgeltzahlungspflicht des Arbeitgebers gem. § 615 BGB angezeigt.

Die Probleme werden dadurch verschärft, dass nach der Änderung des § 116 AFG im Jahre 1986 (jetzt § 160 SGB III) die Arbeitsämter in der Regel den mittelbar betroffenen (»kalt ausgesperrten«) Beschäftigten kein Kurzarbeitergeld zu zahlen brauchen.

12.7 Fragen aus der Praxis

Die Metallfirma A sagt die Früh-, Spät- und Nachtschicht im Bereich X ab – ohne Zustimmung des Betriebsrates; sie zahlt den betroffenen Beschäftigten dafür kein Entgelt. Begründung: Das für die Produktion notwendige Vormaterial fehle, da der Betriebsrat Mehrarbeit für die vorgelagerten Abteilungen abgelehnt habe.
Die Versorgung mit Vormaterial ist Sache des Unternehmers. Das bleibt auch dann so, wenn der Betriebsrat für Beschäftigte in bestimmten Abteilungen Mehrarbeit ablehnt. Wenn dadurch Vormaterial in den nachgelagerten Abteilungen fehlt, muss der Arbeitgeber dennoch das Entgelt bezahlen. So steht es z.B. auch im einschlägigen § 10.1 MTV Metallindustrie Nordrhein-Westfalen vom 18.12.1996 (vgl. LAG Hamm vom 29.06.1993 – 13 TaBV 158/92).

Gleiche Situation wie oben, aber das Vormaterial konnte wegen einer Straßensperre aufgrund Hochwassers nicht angeliefert werden.
Wenn der LKW oder Güterzug mit den Zulieferteilen wegen Hochwassers, Schneeverwehungen, Glatteis etc. stecken bleibt und die Teile nicht geliefert werden können, ist das das Risiko des Arbeitgebers. Gegebenenfalls gibt es bezüglich Naturkatastrophen eine andere Regelung im jeweiligen Manteltarifvertrag (so z.B. teilweise im MTV Metall Nordrhein-Westfalen oder Hessen). Deshalb sind unbedingt die jeweiligen tariflichen Regelungen über Arbeitsausfall oder Betriebsstörung zu beachten (vgl. Kapitel 12.4 und 12.5).

Gleiche Situation wie oben, aber das Vormaterial ist wegen eines Streiks der Lastwagenfahrer in Frankreich nicht transportiert worden.
Der Arbeitgeber muss zahlen. Auch nach der – abzulehnenden – Lehre vom »Arbeitskampfrisiko« bleibt der Arbeitgeber bei Fernwirkungen eines Streiks im Ausland entgeltzahlungspflichtig.

Gleiche Situation, aber das Vormaterial ist wegen einer Aussperrung im deutschen Zulieferwerk nicht produziert und ausgeliefert worden.
Die Versorgung mit Vormaterial ist Aufgabe des Arbeitgebers und sein Risiko. Daran ändert sich auch nichts dadurch, dass Ursache für das Ausbleiben von Vormaterial die Aussperrung in einem Zulieferwerk derselben Branche ist. Das »Arbeitskampfrisiko« gehört zum Risikobereich des Arbeitgebers (vgl. Kapitel 12.6).

Ein Beschäftigter macht Urlaub auf Mallorca. Er wird krank. Was muss er bezüglich des Arbeitgebers und der Krankenkasse in Deutschland machen?
Die Beschäftigten sollten vor Ort zum Arzt gehen und sich die Arbeitsunfähigkeit bestätigen lassen. Zweckmäßigerweise nimmt man ein entsprechendes Formular der Krankenkasse in den Urlaub mit. Er muss seinen Arbeitgeber ebenso wie seine Krankenkasse über die Arbeitsunfähigkeit, die voraussichtliche Dauer und die Adresse am Aufenthaltsort möglichst schnell informieren (vgl. § 5 Abs. 2 EFZG). Die Krankheitstage während des Urlaubs werden nicht auf den Jahresurlaub angerechnet; dafür ist es aber nötig, dass der Arbeitnehmer dem Arbeitgeber die Tage der Arbeitsunfähigkeit durch ärztliches Zeugnis nachweist (vgl. § 9 BUrlG und entsprechende Vorschriften in Manteltarifverträgen).

13. Arbeitszeit und Tarifautonomie

von Dirk Schumann

Die Regelung der Dauer der Arbeitszeit ist ein wesentliches Kernthema von Tarifverträgen. Gleichzeitig stehen diese Tarifregelungen seit Jahren im Fokus von Auseinandersetzungen auf der politischen, tariflichen und betrieblichen Ebene. Immer wieder ist die Verlängerung der Arbeitszeit ohne Lohnausgleich von Arbeitgebervertretern, Politikern und Wirtschaftswissenschaftlern als Rezept für mehr Wachstum und Beschäftigung angepriesen worden. Geht es um Sanierungs- oder Investitionsbeiträge der Beschäftigten (vgl. Kapitel 3.3) stehen längere Arbeitszeiten oft an erster Stelle des »Wunschzettels« des Unternehmens. Die Verlängerung der Arbeitszeit ist ein häufiges Motiv der Arbeitgeber für Verbands- und Tarifflucht. Oft werden Beschäftigte mit Vertragsänderungen über Arbeitszeitverlängerung unter Druck gesetzt, regelmäßig auch im »Tausch« gegen zweifelhafte Beschäftigungszusagen.
Im Kampf gegen solche Angriffe auf die tarifvertraglichen Arbeitszeiten ist eine Klärung der tarifrechtlichen Situation und der Rechte der Beschäftigten unverzichtbar.

13.1 Bedeutung von Tarifautonomie und Tarifverträgen

Grundlage der Tarifverträge und ihrer für die Beschäftigten wichtigen normativen Wirkung ist die im Grundgesetz verankerte Tarifautonomie.

> **Definition**
> Tarifautonomie ist das Recht von Gewerkschaften einerseits und Arbeitgeberverbänden bzw. einzelnen Arbeitgebern andererseits, Entgelte sowie andere Arbeits- und Wirtschaftsbedingungen selbstständig und unabhängig von staatlicher Einflussnahme in Tarifverträgen zu regeln.

Dem Staat ist es grundsätzlich verboten, in die Tarifautonomie einzugreifen. Je stärker die Tarifvertragsparteien eine Materie bisher geregelt haben, desto mehr muss sich der Staat zurückhalten: Das gilt beispielsweise für staatliche Lohnregelungen oder -leitlinien oder für den Tarifvorrang in § 77 Abs. 3 BetrVG. Das Bundesverfassungsgericht sagt dazu Folgendes:

> **Rechtsvorschrift**
> *»Die Aushandlung von Tarifverträgen gehört zu den wesentlichen Zwecken der Koalitionen. Hierin sollen sie nach dem Willen des Grundgesetzes frei sein. Der Staat enthält sich in diesem Betätigungsfeld grundsätzlich einer Einflussnahme und überlässt die erforderlichen Regelungen der Arbeits- und Wirtschaftsbedingungen zum großen Teil den Koalitionen, die sie autonom durch Vereinbarung treffen [...] Dazu gehören vor allem das Arbeitsentgelt und die anderen materiellen Arbeitsbedingungen wie etwa Arbeits- und Urlaubszeiten sowie nach Maßgabe von Herkommen und Üblichkeit weite Bereiche des Arbeitsverhältnisses, außerdem darauf bezogene soziale Leistungen und Einrichtungen.«*
> (BVerfG vom 24.04.1996 – 1 BvR 712/86)

So wie das Sozialstaatsgebot des Art. 20 GG den Vorrang des Politischen vor der Ökonomie fordert, verlangt die Tarifautonomie, der Entfaltung wirtschaftlicher Macht bei den Arbeits- und Wirtschaftsbedingungen soziale Grenzen zu setzen.

> **Rechtsvorschrift**
> *»Das Recht, zur Wahrung und Förderung der Arbeits- und Wirtschaftsbedingungen Vereinigungen zu bilden, ist für jedermann und für alle Berufe gewährleistet. Abreden, die dieses Recht einzuschränken oder zu behindern suchen, sind nichtig, hierauf gerichtete Maßnahmen sind rechtswidrig.«*
> (Art. 9 Abs. 3 GG)

Aus Art. 9 Abs. 3 GG lassen sich folgende Rechte der Beschäftigten und der Gewerkschaften ableiten:
- gewerkschaftliche Betätigung in Betrieb und Gesellschaft
- gewerkschaftliches Recht, im Betrieb Mitglieder zu werben
- das Recht, Tarifverträge unabhängig von staatlicher Einflussnahme abzuschließen
- das Recht, Tarifverträge mit Streiks durchzusetzen

Tarifverträge und Tarifautonomie haben sich als ein Mittel der Beschäftigten und ihrer Gewerkschaften entwickelt, um ein Gegengewicht gegen die Abhängigkeit von Marktgesetzen und Kapitalinteressen und gegen die Alleinbestimmung durch die Unternehmer zu schaffen. Die Entwicklung fußt auf der Erkenntnis, dass nur kollektives Handeln der Unternehmermacht und -willkür Einhalt gebieten kann. Tarifverträge und Tarifautonomie sind Teil des politischen Kampfes für eine freie, demokratische und soziale Gesellschaft. Ihre wichtigsten Funktionen sind:
- Schutz durch Mindestarbeitsbedingungen,
- gleiche Konkurrenzbedingungen,
- Teilhabe am gesellschaftlichen Wohlstand, Selbstbestimmung und Demokratisierung des Arbeits- und Wirtschaftslebens.

13.1.1 Schutz durch Mindestarbeitsbedingungen

Tarifverträge regeln Mindestbedingungen. Sie beanspruchen Gültigkeit für alle Betriebe und Beschäftigten, die vom Tarifvertrag berührt sind. Die Regelungen des Tarifvertrages gelten unabhängig von der wirtschaftlichen Lage des Betriebes und der Durchsetzungskraft der einzelnen Beschäftigten
Ihr Wert zeigt sich besonders in Krisenzeiten. Sie sind keine »unverbindliche Preisempfehlung«, sondern einklagbarer Mindestschutz.

13.1.2 Gleiche Konkurrenzbedingungen

Durch Arbeitslosigkeit, betriebliche Rationalisierungsprogramme und Globalisierung geraten der Preis der Arbeitskraft sowie Entgelte und Arbeitsbedingungen unter Druck. Trotzdem behalten Tarifverträge ihre Funktion, die Konkurrenz unter den Beschäftigten einzudämmen und einen Unterbietungswettbewerb bei den Arbeitsbedingungen zu verhindern. Auch den Unternehmen in einer Branche und in einem Tarifgebiet sollen gleiche Konkurrenzbedingungen garantiert werden. Hierfür regelt der Flächentarifvertrag überbetriebliche Mindeststandards.
Diese Funktion wird im Zeichen europa- und teilweise weltweiten Wettbewerbs um Marktanteile und Gewinne noch wichtiger. Allerdings hat die Anzahl von Firmentarifverträgen, Sanierungstarifverträgen und sonstigen anlassbezogenen Tarifverträgen mit Sonderregelungen für einzelne Betriebe in den letzten Jahren stark zugenommen. Gerade auch die Dauer der wöchentlichen Arbeitszeit ist dabei immer wieder Gegenstand der betrieblichen Auseinandersetzung. Ziel der IG Metall ist es, trotz der Notwendigkeit solcher Regelungen im Einzelfall, den Flächentarifvertrag als maßgebliche Referenz für die geltenden Arbeitsbedingungen der Beschäftigten zu erhalten und zu verteidigen.

13.1.3 Teilhabe am gesellschaftlichen Wohlstand und Demokratisierung

Ziel tariflicher Regelungen ist, humane, erträgliche Arbeitsbedingungen zu vereinbaren, die vor einer Ausbeutung der Arbeitskraft schützen und ein eigenverantwortliches Leben sichern. Der Lebensstandard soll gesichert und verbessert werden, sowohl materiell als auch z. B. als verfügbare Lebenszeit (»Zeit-Wohlstand«). Tarifpolitik ist immer auch ein Kampf um den Anteil an den von den Beschäftigten geschaffenen Werten und am wachsenden gesellschaftlichen Wohlstand. Es geht um die Verteilungsgerechtigkeit zwischen den verschiedenen Gruppen der Gesellschaft. Maßstab dafür ist u. a. die Lohnquote, d. h. der Anteil der Entgelte am Bruttosozialprodukt.
Tarifverträge sind auch Ausdruck und Instrument kollektiver Selbstbestimmung. Die Beschäftigten und ihre Organisationen machen in diesen Verträgen ihren Anspruch kund, bei den Entscheidungen mitreden zu wollen, die sie betreffen. Damit trägt Tarifautonomie zur eigenverantwortlichen Gestaltung des Lebens (»Emanzipation«) und zur Demokratisierung von Wirtschaft und

Gesellschaft bei. Kollektive Regelungen sind eine wichtige Voraussetzung für die Entfaltung individueller Fähigkeiten und Möglichkeiten. »*Das Maß der wirtschaftlichen Freiheit des einzelnen Arbeitnehmers wird im Durchschnitt nicht durch ihn, sondern durch die kollektive Macht der Organisation bestimmt. Sein individuelles Selbstbestimmungsrecht ruht im sozialen Selbstbestimmungsrecht*« (Sinzheimer 1926, S. 745).

13.1.4 Ausdruck von Machtverhältnissen

Tarifverträge sind keine Selbstverständlichkeit und fallen nicht vom Himmel. Sie sind Ausdruck von Machtverhältnissen, sowohl der allgemeinen Machtverhältnisse in Staat und Gesellschaft, als auch der konkreten Machtverhältnisse in einer Branche und in den Betrieben. Ihre Inhalte müssen in einem demokratischen Prozess formuliert und durchgesetzt werden. Auch wenn Streiks in der Bundesrepublik Deutschland relativ selten sind, die Tarifstandards hängen letztlich von der Fähigkeit ab, sie notfalls durch Streik zu erkämpfen oder zu verteidigen. Streik und Streikrecht sind deshalb für eine funktionierende Tarifautonomie und die Tarifpolitik unverzichtbar:

> **Rechtsvorschrift**
> »*Tarifverträge kommen nur zustande, wenn sie gegebenenfalls von den Gewerkschaften mit den Mitteln eines Arbeitskampfes erzwungen werden können [...] Bei diesem Interessengegensatz wären Tarifverhandlungen ohne das Recht zum Streik nicht mehr als kollektives Betteln.*«
> (BAG vom 12.09.1984 – 1 AZR 342/83)

13.2 Verhältnis des Tarifvertrages zum Gesetz, zu betrieblichen Regelungen und zum Arbeitsvertrag

13.2.1 Verhältnis der tariflichen Regelungen zum Gesetz

Tarifverträge haben sich im Rahmen der Verfassung und der Gesetze zu halten. Das bedeutet aber nicht, dass Gesetze stets dem Tarifvertrag vorgehen. Das Arbeitszeitgesetz lässt eine Arbeitszeit von bis zu 48 Stunden in der Woche zu, die Tarifverträge in der Metall- und Elektroindustrie sehen dagegen eine regelmäßige wöchentliche Arbeitszeit von 35 bzw. 38 Stunden vor. Die Tarifverträge gehen als Mindestbedingungen dem Gesetz vor. Denn der Gesetzgeber hat aufgrund der Tarifautonomie die von den Tarifvertragsparteien geregelten oder beanspruchten Materien zu respektieren und zu beachten, dass Tarifverträge anderen Regelungsinstrumenten der Arbeitsbedingungen – wie Betriebsvereinbarungen oder Arbeitsverträgen – vorgehen.

Rechtsvorschrift
»Bei der gesetzlichen Ordnung von Materien, die herkömmlicherweise in Tarifverträgen geregelt werden, ist Art. 9 Abs. 3 GG zu beachten. [...] Bestehende tarifvertragliche Regelungen genießen grundsätzlich stärkeren Schutz als die Tarifautonomie in Bereichen, die die Koalitionen ungeregelt gelassen haben.«
(BVerfG vom 24.04.1996 – 1 BvR 712/86)

Eine ganze Anzahl von Gesetzen und Verordnungen betreffen die Arbeits- und Wirtschaftsbedingungen, wie z. B. Arbeitsschutz, Arbeitszeit, Betriebsverfassung, Entgeltfortzahlung bei Krankheit, Erziehungsurlaub, Kündigung, Urlaub. Gesetze enthalten Mindestnormen, die grundsätzlich nicht unterschritten werden dürfen.
Allerdings enthalten viele gesetzliche Regelungen die Möglichkeit von Abweichungen, soweit diese durch Tarifverträge geregelt sind (tarifdispositive Normen), z. B. der Ausgleichszeitraum im Arbeitszeitgesetz oder die Kündigungsfristen im Bürgerlichen Gesetzbuch (§ 622 BGB).

Rechtsvorschrift
(1) In einem Tarifvertrag oder auf Grund eines Tarifvertrags in einer Betriebs- oder Dienstvereinbarung kann zugelassen werden,
1. abweichend von § 3
   a) die Arbeitszeit über zehn Stunden werktäglich zu verlängern, wenn in die Arbeitszeit regelmäßig und in erheblichem Umfang Arbeitsbereitschaft oder Bereitschaftsdienst fällt,
   b) einen anderen Ausgleichzeitraum festlegen, [...]

(§ 7 ArbZG)

Rechtsvorschrift
»Von den Absätzen 1 bis 3 abweichende Regelungen können durch Tarifvertrag vereinbart werden. Im Geltungsbereich eines solchen Tarifvertrags gelten die abweichenden tarifvertraglichen Bestimmungen zwischen nicht tarifgebundenen Arbeitgebern und Arbeitnehmern, wenn ihre Anwendung zwischen ihnen vereinbart ist.«
(§ 622 Abs. 4 BGB)

Die Tarifvertragsparteien haben dann oft auch die Möglichkeit, die gesetzlichen Regelungen zu verschlechtern. Damit können z. B. branchenspezifische Gegebenheiten abgebildet werden. Problematisch ist es dagegen, wenn tarifdispositive Normen zur Verschlechterung gesetzlicher Schutzbestimmungen missbraucht werden, ohne dass ein tarifvertraglicher Ausgleich erfolgt.
Nur wenige Gesetze können überhaupt nicht verändert werden, z. B. die Wahlvorschriften im Betriebsverfassungsgesetz. Die meisten Gesetze können dagegen durch Tarifverträge verbessert werden. Das konnte in vielen wichtigen Punkten, z. T. erst nach harten Auseinandersetzungen bis hin zu Streiks, durchgesetzt werden (z. B. bei der Urlaubsdauer).
Der Gesetzgeber muss die Tarifautonomie respektieren und darf nicht in

Tarifverträge eingreifen. Trotzdem hat es seit Ende der 1980er- bzw. Anfang der 1990er-Jahre immer wieder Versuche des Gesetzgebers bzw. Appelle von politischen und unternehmerischen Kräften an den Gesetzgeber gegeben, Tarifautonomie und Tarifverträge infrage zu stellen (vgl. Kapitel 3.3.1; ausführlich: Berg u. a. 2015, Grundlagen Rn. 212 ff.). Dabei ging es stets darum, die unmittelbare und zwingende Wirkung des Tarifvertrages zu durchlöchern, die Regelungsmacht auf die betriebliche Ebene zu verlagern und Arbeitskämpfe zu erschweren. Beispiele für Angriffe auf Tarifautonomie und Tarifverträge sind:

- Abschaffung des Tarifvorbehalts in § 77 Abs. 3 BetrVG
- Öffnung der Tarifverträge für verschlechternde betriebliche Regelungen
- neue Interpretation des Günstigkeitsprinzips
- Einsteigertarife und Niedriglöhne
- »Friedensabkommen«/Zwangsschlichtung
- Angriffe auf das Streikrecht (z. B. § 116 AFG = § 160 SGB III)
- Verbot/Einschränkungen von Streiks in bestimmten Bereichen (Bahn- und Flugverkehr, Krankenhäuser usw.)

13.2.2 Verhältnis des Tarifvertrages zu betrieblichen Regelungen

Betriebsvereinbarungen werden zwischen Arbeitgeber und Betriebsrat geschlossen. Sie sind inhaltlich auf die im Betriebsverfassungsgesetz genannten personellen, sozialen und wirtschaftlichen Materien begrenzt. Eine Durchsetzung von Betriebsvereinbarungen durch Arbeitskampf wird im Betriebsverfassungsgesetz ausgeschlossen (§ 74 Abs. 2 BetrVG), bei Konflikten kann – je nach Inhalt – die Einigungsstelle angerufen werden und verbindlich entscheiden (§ 76 BetrVG).
Eine wichtige Grenze im Verhältnis zu Tarifverträgen markiert § 77 Abs. 3 BetrVG, der sogenannte *Tarifvorbehalt*.

> **Rechtsvorschrift**
> *»Arbeitsentgelte und sonstige Arbeitsbedingungen, die durch Tarifvertrag geregelt sind oder üblicherweise geregelt werden, können nicht Gegenstand einer Betriebsvereinbarung sein.«*
> (§ 77 Abs. 3 BetrVG)

Betriebsvereinbarungen über Materien, die tariflich geregelt sind oder üblicherweise tariflich geregelt werden, sind somit unzulässig und rechtsunwirksam. Das gilt auch für günstigere Arbeitsbedingungen und auch für Arbeitgeber, die nicht tarifgebunden sind.
Die Regelung in § 77 Abs. 3 BetrVG dient dem Schutz der Tarifautonomie. Diese soll durch Parallelregelungen auf betrieblicher Ebene nicht untergraben werden. Sie dient auch dem Schutz der Betriebsräte, denen wegen § 74 Abs. 2 BetrVG ein effektives Instrument für die Durchsetzung von Forderungen fehlt (Kempen u. a. 2014, Grundlagen Rn. 432).
Tarifüblichkeit besteht immer dann, wenn für den Geltungsbereich, dem der Betrieb unterliegt, Tarifverträge über die entsprechenden Arbeitsbedingungen

schon mindestens einmal abgeschlossen wurden und davon ausgegangen werden kann, dass diese auch künftig noch abgeschlossen werden. Tarifüblichkeit besteht somit während der Laufzeit eines Tarifvertrages, aber auch nach seiner Beendigung für den Zeitraum der Nachwirkung (§ 4 Abs. 5 TVG, vgl. Kapitel 13.4.4) sowie bei der Nachbindung des Tarifvertrages bei einem Austritt des Arbeitgebers aus dem Verband (§ 3 Abs. 3 TVG, vgl. Kapitel 13.5). Betriebsvereinbarungen sind dagegen immer dann zulässig, wenn der Tarifvertrag selbst ergänzende Betriebsvereinbarungen zulässt (betriebliche Öffnungsklauseln), z. B.:

Tarifvertrag

»Die Verteilung der Arbeitsstunden sowie Beginn und Ende der täglichen Arbeitszeit, einschließlich der Pausen, werden mit dem Betriebsrat festgelegt.
Die individuelle regelmäßige wöchentliche Arbeitszeit kann gleichmäßig oder ungleichmäßig auf fünf Werktage (Montag bis Freitag) verteilt werden. Eine davon abweichende Verteilung kann nach Maßgabe der betrieblichen Erfordernisse mit dem Betriebsrat vereinbart werden. Die wöchentliche Arbeitszeit muss im Durchschnitt von sechs Monaten erreicht werden. Beginn und Ende des Ausgleichszeitraums sind in der Betriebsvereinbarung über die Arbeitszeitverteilung festzulegen.«
(§ 2 Ziff. 3 MTV Hessen)
»Zur Sicherung und zum Erhalt von Arbeitsplätzen können Arbeitgeber und Betriebsrat durch Betriebsvereinbarung die individuelle regelmäßige wöchentliche Arbeitszeit auf eine Dauer von unter 35 bis 30 Stunden (für das Tarifgebiet Mecklenburg-Vorpommern 38 bis 33 Stunden) für alle Beschäftigten oder Gruppen von Mitarbeitern des Betriebes, mit Ausnahme der Auszubildenden und der Ausbilder in einer Ausbildungswerkstatt, festlegen.«
(§ 5 Abs. 1 TV-Besch Küste)

Betriebsvereinbarungen sind somit zulässig,
- wenn eine tarifliche Regelung nicht besteht und auch nicht üblich ist,
- wenn der Tarifvertrag ausdrücklich ergänzende Betriebsvereinbarungen durch sogenannte Öffnungsklauseln zulässt, z. B. Verteilung der Arbeitszeit und Pausen, Kurzarbeit, Entgeltgestaltung, Leistungszulage.

Unzulässig ist dagegen eine betriebliche Regelung, mit der die Betriebsparteien den tarifvertraglich gesetzten Rahmen überschreiten. So können sie zwar die Lage der Arbeitszeit innerhalb der tariflichen Grenzen festlegen. Dabei dürfen sie aber nicht in den durch den Tarifvertrag geschützten Vergütungsanspruch des Beschäftigten eingreifen, z. B. im Wege einer Regelung zur Kappung von Arbeitsstunden:

Rechtsvorschrift

»(…) da eine derartige Regelung für die in den Geltungsbereich des Tarifvertrags fallenden Arbeitnehmer bereits nach § 87 Abs. 1 Eingangshalbs. BetrVG unwirksam wäre. Der in dem Betrieb anwendbare Manteltarifvertrag sieht in § 4 Nr. 1 MTV vor, dass als vergütungspflichtige Mehrarbeit auch die arbeitgeberseitig

> *angeordnete oder gebilligte Arbeitszeit gilt, die über zehn Stunden täglich hinaus geleistet wird. Damit haben die Tarifvertragsparteien die vergütungsrechtliche Behandlung von außerhalb der Vorgaben des Arbeitszeitgesetzes geleisteter Arbeit abschließend tariflich geregelt. Ein durch die Betriebsparteien auszufüllender Gestaltungsspielraum verbleibt in vergütungsrechtlicher Hinsicht nicht.«*
> (BAG vom 10.12.2013 – 1 ABR 40/12 zum MTV Bayern)

Weitere Beispiele für unzulässige Betriebsvereinbarungen:
- Vorwegnahme einer Tariferhöhung, »Hauszulagen«,
- (zusätzliche) Überstundenvergütung,
- Entgeltfortzahlung bei Krankheit,
- Kündigungsfristen,
- Urlaubsdauer/Urlaubsgeld,
- Dauer der regelmäßigen Arbeitszeit.

13.2.3 Verhältnis der tariflichen Regelungen zum Arbeitsvertrag

Arbeitsverträge werden zwischen Arbeitgeber und Arbeitnehmer vereinbart. Sie sind Ergebnis der Vertragsfreiheit, die allerdings angesichts des Machtungleichgewichts im sich anbahnenden oder geschlossenen Arbeitsverhältnis nur auf dem Papier steht und nicht der sozialen Wirklichkeit entspricht. Gerade deshalb werden Tarifverträge geschlossen, so dass die wesentlichen Inhalte von Arbeitsverträgen durch Gesetze oder Tarifverträge bereits vorgeprägt sind.
Wichtig ist das sogenannte *Günstigkeitsprinzip* in § 4 Abs. 3 TVG: Arbeitsverträge können bessere Arbeitsbedingungen enthalten als Tarifverträge, nicht aber schlechtere. Der Tarifvertrag regelt somit Mindestbedingungen, die nicht unterschritten werden dürfen. Diese Schutzfunktion steht aber günstigeren Bedingungen nicht im Weg.

> **Rechtsvorschrift**
> *»Abweichende Abmachungen sind nur zulässig, soweit sie durch den Tarifvertrag gestattet sind oder eine Änderung der Regelungen zugunsten des Arbeitnehmers enthalten.«*
> (§ 4 Abs. 3 TVG)

Bei der Feststellung, ob die arbeitsvertragliche Regelung günstiger ist, muss diese der entsprechenden tarifvertraglichen Regelung gegenübergestellt werden (Kempen u. a. 2014, § 4 Rn. 408 ff.). Entgelt muss mit Entgelt, Arbeitszeit muss mit Arbeitszeit verglichen werden (Sachgruppenvergleich).
Also ist es möglich, ein Entgelt von 3000,– Euro statt der tariflichen 2800,– Euro zu vereinbaren, oder eine wöchentliche Arbeitszeit von 32 Stunden statt der tariflichen 35 Stunden, oder ein »Weihnachtsgeld« von 100 Prozent eines Monatsentgeltes statt der tarifvertraglichen Sonderzahlung von 55 Prozent. Soweit die arbeitsvertraglichen Regelungen über die tarifvertraglichen hinausgehen, handelt es sich um übertarifliche Entgelt- und Arbeitsbedingungen.

Vielfach wird diese Art des Vergleichs von Arbeitgeberseite infrage gestellt: So soll z. B. eine längere (unbezahlte) Arbeitszeit mit Arbeitsplatzgarantie günstiger sein, als die kürzere tarifliche Arbeitszeit. Diese Betrachtung bewirkt aber eine Umkehrung des Gesetzeszwecks. Die Tarifverträge würden ihre Mindestfunktion und ihren verbindlichen Charakter verlieren. Jede noch so vage arbeitgeberseitige Zusage über Beschäftigungssicherung und Arbeitsplätze könnte dann eine Unterschreitung tariflicher Standards rechtfertigen. Entsprechende Überlegungen sind deshalb strikt abzulehnen. So sieht es auch das Bundesarbeitsgericht:

Rechtsvorschrift
»Arbeitszeit oder Arbeitsentgelt einerseits und eine Beschäftigungsgarantie andererseits sind […] völlig unterschiedlich geartete Regelungsgegenstände, für deren Bewertung es keinen gemeinsamen Maßstab gibt. Sie können nicht miteinander verglichen werden. Eine Beschäftigungsgarantie ist nicht geeignet, Verschlechterungen beim Arbeitsentgelt oder bei der Arbeitszeit zu rechtfertigen.«
(BAG vom 20.04.1999 – 1 ABR 72/98)

Übersicht 13.1 – Regelungen von Arbeitsbedingungen im Überblick

Die gesetzlichen Bestimmungen sind *hierarchisch* gegliedert (Über- und Unterordnung der Wirkungsbereiche und Regelbestimmungen)

Die höhere Bestimmung setzt *Mindestnormen* für die unteren D. h. keine Bestimmung darf gegen die nächst höhere verstoßen

Verbesserungen zugunsten der Arbeitnehmer sind in der Regel möglich (z. B. kann ein Tarifvertrag die Mitbestimmungsmöglichkeiten des BetrVG verbessern oder in einem Einzelarbeitsvertrag können günstigere Bedingungen für einzelne Arbeitnehmer vereinbart werden)

13.3 Tarifvertragsparteien und die Geltung von Tarifverträgen

Tarifverträge werden zwischen Gewerkschaften und Arbeitgeberverbänden abgeschlossen. In diesem Fall spricht man von Verbands-, Branchen- oder auch Flächentarifverträgen. Auch der einzelne Arbeitgeber kann Tarifvertragspartei sein, in diesem Fall spricht man von einem Firmen- oder Haustarifvertrag.

> **Rechtsvorschrift**
> *»Tarifvertragsparteien sind Gewerkschaften, einzelne Arbeitgeber sowie Vereinigungen von Arbeitgebern.«*
> (§ 2 Abs. 1 TVG)

Von den im Jahre 2014 geltenden 70216 Tarifverträgen waren 25227 Verbandstarifverträge und 40265 Firmentarifverträge für ca. 10000 Unternehmen (WSI-Tarifarchiv 2015, Übersicht 1.3).
Firmen- oder Haustarifverträge lassen sich in verschiedene Kategorien unterteilen:

- *Eigenständige Firmen- oder Haustarifverträge*, in denen die Arbeitsbedingungen selbstständig und anders als im Verbandstarifvertrag geregelt werden. Die sicherlich bekanntesten Haustarifverträge im Bereich der Metall- und Elektroindustrie sind die bei Volkswagen. Haustarifverträge sind vor allem in »neueren« Branchen der Metall- und Elektroindustrie sowie im IT- oder Engineering-Bereich die Regel, da hier Verbandstarifverträge fehlen oder erst etabliert werden müssen.
- *Firmen- oder Haustarifverträge* nicht verbandsgebundener Unternehmen, in denen sich die Arbeitsbedingungen eng an die Regelungen des Verbandstarifvertrages anlehnen, einzelne Bestimmungen jedoch abweichen. Häufig sind dies auch Kernbestimmungen zur Arbeitszeit oder zum Entgelt.
- *Anerkennungstarifverträge*, mit denen im nicht verbandsgebundenen Betrieb die jeweiligen Tarifbestimmungen einer Branche auch für die Beschäftigten des einzelnen Unternehmens gelten. Veränderungen im Verbandstarifvertrag werden in der Regel automatisch auch für die Beschäftigten des Unternehmens wirksam.
- *Ergänzungs- oder Zusatztarifverträge* mit verbandsangehörigen Firmen, in denen Themen geregelt werden, die nicht im Verbandstarifvertrag enthalten sind (z. B. über Arbeitszeitkonten oder Fremdfirmeneinsätze) oder mit denen einzelne Gegenstände anders als im Verbandstarifvertrag geregelt werden (z. B. Entgeltsystem, Befristungen).
- *Tarifliche Sonderregelungen* mit einzelnen verbandsangehörigen Firmen wie Sanierungstarifverträge oder Tarifverträge zur Standort- und Beschäftigungssicherung.

13.3.1 Gewerkschaften

Das Tarifvertragsgesetz beschränkt das Recht, Tarifverträge abzuschließen, auf Gewerkschaften. Gewerkschaften im Sinne des Tarifvertragsgesetzes sind nur solche Vereinigungen von Beschäftigten, die tariffähig sind. Nur eine tariffähige Gewerkschaft kann für ihren Zuständigkeitsbereich gültige Tarifverträge abschließen. Schwache Arbeitnehmervereinigungen oder vom Arbeitgeber initiierte und abhängige Organisationen dürfen dies nicht.

Die Rechtsprechung hat für die Tariffähigkeit einer Arbeitnehmervereinigung u.a. folgende Anforderungen aufgestellt (Kempen u.a. 2014, § 2 Rn. 24ff.):

- Eine Gewerkschaft muss das Ziel haben, die Arbeits- und Wirtschaftsbedingungen zu fördern, vor allem durch Tarifverträge.
- Es muss sich um einen freiwilligen Zusammenschluss handeln. Dieser muss demokratisch aufgebaut sein.
- Sie muss eine »Mächtigkeit« haben, also fähig sein, Druck und Gegendruck auf die Arbeitgeber auszuüben (auch durch Arbeitskampf) und muss über eine dauerhafte und leistungsfähige Organisation verfügen.

Oder anders ausgedrückt: Eine Gewerkschaft ist tariffähig, wenn sie aufgrund eines ausreichend hohen Organisationsgrades und leistungsfähiger Strukturen von der Gegenseite tatsächlich ernst genommen werden muss. Nur so kann ein gleichgewichtiges Aushandeln von Entgelt- und Arbeitsbedingungen gewährleistet werden.

Die erforderliche Durchsetzungskraft begründet das Bundesarbeitsgericht so:

Rechtsvorschrift

»Ein angemessener sozial befriedigender Interessenausgleich kann nur zustande kommen, wenn die Arbeitnehmervereinigung zumindest so viel Druck ausüben kann, dass sich die Arbeitgeberseite veranlasst sieht, sich auf Verhandlungen über eine tarifliche Regelung von Arbeitsbedingungen einzulassen. Die Arbeitnehmervereinigung muss von ihrem sozialen Gegenspieler ernst genommen werden, so dass die Regelung der Arbeitsbedingungen nicht einem Diktat der Arbeitgeberseite entspringt, sondern tatsächlich ausgehandelt wird.«

(BAG vom 25.11.1986 – 1 ABR 22/85)

Diese Kriterien werden zweifelsfrei von den Gewerkschaften im DGB erfüllt. Dagegen ist einer ganzen Reihe von sogenannten »Christlichen Gewerkschaften« die Gewerkschaftseigenschaft abgesprochen worden. Zwar hat das BAG im Jahre 2006 in einer sehr umstrittenen Entscheidung die »Christliche Gewerkschaft Metall« (CGM) als tariffähig anerkannt (BAG vom 28.03.2006 – 1 ABR 58/04). In einer Reihe von späteren Entscheidungen hat es dann aber einen strengeren Prüfungsmaßstab angelegt und z.B. im Bereich der Leiharbeit (BAG vom 14.12.2010 – 1 ABR 19/10) oder im Tischler-/Schreinerhandwerk (BAG vom 05.10.2010 – 1 ABR 88/09) »christliche« Pseudogewerkschaften für nicht tariffähig erklärt (ausführlich: Berg u.a. 2015, § 2 Rn. 37ff.).

13.3.2 Arbeitgeberverbände – mit und ohne Tarifbindung

Ursprünglich gegründet als Antistreikvereine sind Arbeitgeberverbände Zusammenschlüsse von Unternehmen mit dem Ziel, die Arbeitsbedingungen durch Tarifverträge zu regeln. Die Verbände haben sich nach Branchen und Regionen zusammengefunden, die häufig stärker gegliedert sind als die Gewerkschaften. Nach der Handwerksordnung sind auch Handwerksinnungen und Innungsverbände tariffähig.
Auch einzelne Arbeitgeber können gem. § 2 Abs. 1 TVG Tarifverträge abschließen (Firmen- oder Haustarifvertrag). Sie gelten nur für die (organisierten) Beschäftigten dieses Arbeitgebers.
Aber: Nicht jedes Mitglied im Arbeitgeberverband unterliegt zwangsläufig der Tarifbindung: Mit dem Ziel, der Verbindlichkeit von Tarifnormen zu entgehen, haben sich seit den 1990er-Jahren Arbeitgeberverbände ohne Tarifbindung herausgebildet (*OT-Verbände*). Diese werden fast immer von bestehenden Tarifverbänden gegründet und sind mit ihnen häufig auch personell eng verbunden. Ein anderes Modell mit gleicher Zielrichtung sind Arbeitgeberverbände mit einer gesonderten »Mitgliedschaft ohne Tarifbindung« (*OT-Mitgliedschaft*). Die Mitglieder können zwischen einer Mitgliedschaft mit oder ohne Tarifbindung wählen.
Beide Konstruktionen sind problematisch. Sie sind Varianten von Tarifflucht, schwächen die Tarifverbände und sind für Beschäftigte und Gewerkschaften undurchsichtig. Es kann sich nämlich herausstellen, dass ein Betrieb trotz Verbandsmitgliedschaft eben nicht tarifgebunden ist. Die Zulässigkeit von OT-Verbänden und OT-Mitgliedschaften war lange Zeit rechtlich umstritten. Das Bundesarbeitsgericht sieht sie inzwischen als zulässig an (u.a. BAG vom 18.07.2006 – 1 ABR 36/05).
Allerdings wird vom Bundesarbeitsgericht eine strikte *organisationsrechtliche Trennung* von OT-Mitgliedern und tarifgebundenen Mitgliedern verlangt. In einem Verband mit möglicher OT-Mitgliedschaft muss daher sichergestellt sein, dass keine direkte Einflussnahme der OT-Mitglieder auf tarifpolitische Entscheidungen erfolgt, z.B. bei Abstimmungen. Erfüllt die Verbandssatzung diese Voraussetzung nicht, entfällt der OT-Status und der jeweilige Arbeitgeber unterliegt wie ein tarifgebundenes Mitglied dem Tarifvertrag.
Im Fall des *kurzfristigen Übertritts* eines Arbeitgebers in den OT-Status (leider nur für diesen Fall!) liegt für das Bundesarbeitsgericht eine mögliche Störung der Funktionsfähigkeit der Tarifautonomie vor (BAG vom 20.02.2008 – 4 AZR 64/07). Ein solcher »Blitzübertritt« ist tarifrechtlich unwirksam, wenn er im Zusammenhang mit einer laufenden Tarifverhandlung erfolgt und der Übertritt der Gewerkschaft nicht bekannt gemacht wird. Der Arbeitgeber bleibt dann tarifgebunden. Allerdings stellt das Bundesarbeitsgericht an die Form der Bekanntmachung keine besonderen Anforderungen, sogar eine mündliche Mitteilung soll schon genügen (BAG vom 19.06.2012 – 1 AZR 775/10).
Das Gleiche gilt bei einem *kurzfristigen Austritt* (»Blitzaustritt«) des Arbeit-

gebers aus dem Verband, die häufig innerhalb einer sehr kurzen Frist oder sogar fristlos möglich ist.
Im Fall des Bekanntwerdens einer OT-Übertritts oder eines Verbandsaustritts macht es für die Gewerkschaft allerdings meist wenig Sinn, diese einer rechtlichen Prüfung zu unterziehen. Erfolgversprechender ist die Möglichkeit, mit betrieblichen Tarifverhandlungen und ggf. einem Streik um einen Firmen- oder Anerkennungstarifvertrag eine erneute Tarifbindung herzustellen.
OT-Übertritt und Verbandsaustritt werden auch hinsichtlich der Geltung der Tarifverträge gleich behandelt: Es besteht Nachbindung nach § 3 Abs. 3 TVG, bestehende Tarifverträge gelten weiter; es entfällt aber die sich aus ihnen ergebende Friedenspflicht (vgl. Kapitel 13.5.1).

13.3.3 Beidseitige Tarifbindung bei Inhalts-, Abschluss- und Beendigungsnormen

Tarifgebunden sind nur Gewerkschaftsmitglieder und Mitglieder des Arbeitgeberverbandes bzw. der nicht verbandsgebundene Arbeitgeber mit Firmen- oder Haustarifvertrag.

> **Rechtsvorschrift**
> *»Tarifgebunden sind die Mitglieder der Tarifvertragsparteien und der Arbeitgeber, der selbst Partei des Tarifvertrages ist.«*
> (§ 3 Abs. 1 TVG)

Tarifverträge schaffen nur Rechte und Pflichten für die Mitglieder der Tarifvertragsparteien.

> **Rechtsvorschrift**
> *»Die Rechtsnormen des Tarifvertrages, die den Inhalt, den Abschluss oder die Beendigung von Arbeitsverhältnissen ordnen, gelten unmittelbar und zwingend zwischen den beiderseits Tarifgebundenen, die unter den Geltungsbereich des Tarifvertrages fallen.«*
> (§ 4 Abs. 1 TVG)

Tarifverträge wirken *unmittelbar und zwingend* für tarifgebundene Beschäftigte und Betriebe. »Unmittelbar« heißt: Es bedarf keiner weiteren gesonderten Vereinbarung, sie finden automatisch Anwendung. »Zwingend« sind sie, weil sie nicht durch andere Vereinbarungen verändert oder eingeschränkt werden können.
Die Notwendigkeit einer beidseitigen Tarifbindung bezieht sich nach § 4 Abs. 1 TVG auf *Inhalts-, Abschluss- und Beendigungsnormen*. Das sind Normen, die den Inhalt des Arbeitsverhältnisses (Inhaltsnormen, z. B. Arbeitszeit, Entgelt, Urlaub, Entgeltfortzahlung), sein Zustandekommen (Abschlussnormen, z. B. Übernahme von Auszubildenden und Leiharbeitsbeschäftigten) oder seine Beendigung (Beendigungsnormen, z. B. Kündigung, Sonderkündigungsschutz)

und somit die wesentlichen mit dem Arbeitsverhältnis im Zusammenhang stehenden Fragen zum Gegenstand haben.
Einen Rechtsanspruch auf die Leistungen des Tarifvertrages haben nur Mitglieder der tarifschließenden Gewerkschaft. Diese Begrenzung ist rechtlich geboten, da sich das Recht der Tarifvertragsparteien zur Normsetzung durch Tarifvertrag aus der Mitgliedschaft legitimiert. Sie ist aber auch politisch gewollt, denn es sind die Gewerkschaftsmitglieder, die durch ihren Beitritt, durch die Zahlung von Beiträgen, die Teilnahme an Arbeitskampfmaßnahmen und durch sonstige Aktivitäten die Voraussetzungen für den Abschluss von Tarifverträgen herstellen und tarifpolitische Erfolge möglich machen.
Nichtmitglieder haben nur dann Ansprüche aus dem Tarifvertrag, wenn eine Klausel im Arbeitsvertrag auf die geltenden Tarifverträge Bezug nimmt. Bei ihnen wirkt der Tarifvertrag nicht »unmittelbar«. Und er wirkt auch nicht »zwingend«: Der Arbeitgeber hat jederzeit über Vertragsänderungen oder Änderungskündigung die Möglichkeit, diese Ansprüche zu verschlechtern (Berg u.a. 2015, § 4 TVG Rn. 4ff.)

13.3.4 Einseitige Tarifbindung bei betrieblichen und betriebsverfassungsrechtlichen Normen

Eine Ausnahme vom Grundsatz der Notwendigkeit einer beidseitigen Tarifbindung gibt es bei betrieblichen und betriebsverfassungsrechtlichen Normen.
Das sind Regelungen, die die Betriebsgestaltung (z.B. Arbeits- und Gesundheitsschutz, Arbeitsplatzgestaltung, Gestaltung der betrieblichen Arbeitszeit, Betriebsordnung) bzw. die Beteiligungsrechte des Betriebsrates betreffen (z.B. Betriebsratsstrukturen nach § 3 BetrVG oder erweiterte Beteiligungsrechte des Betriebsrates).
Für die Geltung solcher betrieblicher und betriebsverfassungsrechtlicher Regelungen reicht die Tarifbindung des Arbeitgebers aus, sie finden dann auch Anwendung auf nicht tarifgebundene Arbeitnehmer, also auch auf Nichtmitglieder.

> **Rechtsvorschrift**
> *»Rechtsnormen des Tarifvertrages über betriebliche und betriebsverfassungsrechtliche Fragen gelten für alle Betriebe, deren Arbeitgeber tarifgebunden sind.«*
> (§ 3 Abs. 2 TVG)

Begründet wird dies damit, dass solche Normen notwendigerweise nur betriebseinheitlich zur Anwendung kommen können. Die bekanntesten betrieblichen und betriebsverfassungsrechtlichen Tarifregelungen in der Metall- und Elektroindustrie sind die Quotenregelungen zu verlängerten Arbeitszeiten in den Manteltarifverträgen (bei denen dann sämtliche Beschäftigte zu berücksichtigen sind, vgl. Kapitel 2.4.2) sowie die Tarifverträge zur Beschäftigungssicherung, nach denen die Betriebsparteien die Möglichkeit erhalten, für alle Beschäftigten die Arbeitszeit abzusenken (vgl. Kapitel 3.2).

13.3.5 Allgemeinverbindlichkeit

Tarifverträge können nach § 5 TVG für allgemein verbindlich erklärt werden. Sie gelten dann nicht nur für beiderseits Tarifgebundene, sondern werden auch verbindlich für Arbeitgeber, die nicht Mitglied im Arbeitgeberverband sind, ebenso wie für Beschäftigte, die nicht Mitglied der Gewerkschaft sind.

> **Rechtsvorschrift**
> *»Das Bundesministerium für Arbeit und Soziales kann einen Tarifvertrag im Einvernehmen mit einem aus je drei Vertretern der Spitzenorganisationen der Arbeitgeber und der Arbeitnehmer bestehenden Ausschuss auf Antrag einer Tarifvertragspartei für allgemeinverbindlich erklären. [...]«*
> (§ 5 Abs. 1 TVG)

Die Allgemeinverbindlichkeit (AVE) wird auf Antrag der am Tarifvertrag beteiligten Verbände durch den Bundes- bzw. Landesarbeitsminister im Einvernehmen mit dem paritätisch mit Arbeitgeber- und Gewerkschaftsvertretern besetzten Tarifausschuss erklärt.
Der inhaltliche Schwerpunkt der AVE liegt nicht bei Entgelttarifverträgen, sondern bei Manteltarifverträgen und Tarifverträgen über Urlaub und Urlaubsvergütung, Berufsbildung und Zusatzversorgung. Allgemeinverbindlich erklärte Tarifverträge gibt es hauptsächlich im Bauhaupt- und Baunebengewerbe, im Einzel- und Großhandel, im Hotel- und Gaststättengewerbe, in der Land- und Forstwirtschaft und in verschiedenen Handwerkszweigen.
Voraussetzung für die AVE war bis 2014, dass die tarifgebundenen Arbeitgeber mindestens 50 Prozent der unter den Geltungsbereich des Tarifvertrages fallenden Arbeitnehmer beschäftigen und ein öffentliches Interesse an der Allgemeinverbindlichkeitserklärung besteht. In einigen Branchen ergaben sich Schwierigkeiten, die Voraussetzung der 50-Prozent-Klausel nachzuweisen. Hinzu kam eine zunehmende Blockadehaltung der Arbeitgebervertreter der BDA durch ein Veto im Tarifausschuss, aber auch das abnehmende Interesse vieler Arbeitgeberverbände an der AVE als Instrument zur Sicherung von Mindestarbeitsbedingungen und zur Verhinderung von »Schmutzkonkurrenz«.
Die Anzahl der für allgemein verbindlich erklärten Tarifverträge ist daher seit Anfang der 1990er-Jahre immer weiter zurückgegangen (1991: 621 AVE-Tarifverträge; 2014: 496 AVE-Tarifverträge). Das gilt umso mehr für die Anzahl der jeweils im Jahr neu für allgemeinverbindlich erklärten Tarifverträge (1991: 199 AVE-Tarifverträge; 2014: 37 AVE-Tarifverträge) (Bundesministerium für Arbeit und Soziales 2015, S. 7).
Von Gewerkschaftsseite wurde daher schon seit Längerem eine Reform der AVE gefordert, vor allem ein erleichtertes Verfahren, das Ersetzen der 50-Prozent-Quote durch das Erfordernis der Repräsentativität sowie eine andere Zusammensetzung und Entscheidungsfindung im Tarifausschuss.
Durch das »Gesetz zur Stärkung der Tarifautonomie«, welches am 16. August 2014 in Kraft getreten ist, wurden diese Forderungen teilweise aufgegriffen.

Das bisherige 50-Prozent-Kriterium ist weggefallen. Stattdessen wird nun ausschließlich verlangt, dass die AVE im öffentlichen Interesse ist. Dieses wird angenommen, wenn der Tarifvertrag in seinem Geltungsbereich für die Gestaltung der Arbeitsbedingungen überwiegende Bedeutung erlangt hat oder die Absicherung der Arbeitsbedingungen gegen die Folgen wirtschaftlicher Fehlentwicklung eine Allgemeinverbindlicherklärung des Tarifvertrages verlangt (vgl. Berg u. a. 2015, § 5 TVG Rn. 17 ff.). Neu ist auch, dass die Zuständigkeit für die gerichtliche Überprüfung einer AVE nunmehr ausschließlich den Arbeitsgerichten zugewiesen ist und die Zuständigkeit der Verwaltungsgerichtsbarkeit entfällt (§ 2 a Abs. 1 Nr. 5 Arbeitsgerichtsgesetz). Die von den Gewerkschaften geforderte Stärkung der antragstellenden Tarifvertragsparteien wurde dagegen nicht umgesetzt; nach wie vor können die Arbeitgebervertreter im Tarifausschuss, auch gegen den Willen des antragstellenden Arbeitgeberverbandes, eine Allgemeinverbindlichkeit verhindern.
Der Koalitionsvertrag zwischen CDU/CSU und SPD vom November 2013 greift diese Forderungen teilweise auf.

Arbeitnehmer-Entsendegesetz (AEntG)

Allgemeinverbindliche Tarifverträge nach § 5 TVG erstrecken sich allerdings *nur auf inländische Beschäftigte, nicht auf Beschäftigte ausländischer Firmen*, die im Rahmen einer Entsendung vorübergehend in Deutschland tätig sind. Das führte Anfang der 1990er-Jahre zu schweren Verwerfungen infolge der Niederlassungs- und Dienstleistungsfreiheit in den Ländern der EU (Kempen u. a. 2014, Anhang 1 zu § 5 Rn. 8).
Mit dem *Arbeitnehmer-Entsendegesetz (AEntG)* wurde 1996 ein Instrument geschaffen, welches die Möglichkeit für allgemeinverbindliche tarifliche Mindestbedingungen eröffnet, die sowohl Beschäftigte aus dem Inland wie auch aus dem Ausland erfassen. Dabei gibt es eine Reihe von Unterschieden zur Allgemeinverbindlichkeit nach dem TVG. Das Gesetz bezieht sich nicht auf alle möglichen Normen von Tarifverträgen, sondern lediglich auf Mindestarbeitsbedingungen, vor allem auf Entgelt, Urlaub, Arbeitszeit. Vom Arbeitnehmer-Entsendegesetz wurden bislang nur bestimmte Branchen erfasst (siehe die Auflistung in § 4 Abs. 1 AEntG). Durch die Änderungen im Rahmen des »Gesetzes zur Stärkung der Tarifautonomie« können seit 2015 Tarifverträge einer Branche aber auch dann für verbindlich erklärt werden, wenn diese nicht ausdrücklich im Gesetz aufgeführt werden. Voraussetzung ist dabei, dass die Erstreckung der Rechtsnormen erforderlich ist, um insbesondere einem Verdrängungswettbewerb über die Lohnkosten entgegen zu wirken (§ 4 Abs. 2 AEntG).
Bisher konnte eine Erstreckung von tariflichen Mindestbedingungen für in- und ausländische Unternehmen über die Allgemeinverbindlichkeit des Tarifvertrages (§ 5 TVG) oder über eine *Rechtsverordnung* erfolgen. Mit der Neufassung des Gesetzes ist das Verfahren nach § 5 TVG nur noch für Tarifverträge der Baubranche möglich, für alle anderen Branchen erfolgt die Normenerstreckung durch Rechtsverordnung. Diese erfordert einen gemeinsamen Antrag der Tarifparteien (§ 7 Abs. 1 AEntG).

Für den Organisationsbereich der IG Metall sind die Tarifverträge über Mindestentgelte im Elektrohandwerk, bei Wäschereidienstleistungen sowie in der Textil- und Bekleidungsindustrie durch das Arbeitnehmer-Entsendegesetz erfasst.

13.3.6 Anwendung mehrerer Tarifverträge im Betrieb

In der Regel findet in einem tarifgebundenen Betrieb nur der Tarifvertrag bzw. finden nur die Tarifverträge einer einzigen Gewerkschaft Anwendung. Die meisten Gewerkschaften und Arbeitgeberverbände sind auf bestimmte Wirtschaftszweige ausgerichtet und streben Branchentarifverträge an. Die DGB-Gewerkschaften folgen tarif- und organisationspolitisch dem Prinzip »Ein Betrieb – Eine Gewerkschaft – Ein Tarifvertrag«, dennoch kann es vorkommen, dass für einen Betrieb mehrere Tarifverträge Geltung beanspruchen. Dabei ist zu unterscheiden zwischen:

Definition
Tarifkonkurrenz: Sowohl Arbeitgeber als auch Beschäftigte sind an mehrere Tarifverträge (betreffend den gleichen Regelungsgegenstand) gebunden. Typische Beispiele für Tarifkonkurrenz sind das Zusammentreffen eines allgemeinverbindlichen Tarifvertrages mit einem anderen für den Betrieb gültigen Tarifvertrag oder die gleichzeitige Bindung an einen Firmen- oder Haustarifvertrag und einen Verbandstarifvertrag.
Tarifpluralität: Der Arbeitgeber ist an mehrere Tarifverträge gebunden, die Beschäftigten (aufgrund ihrer Mitgliedschaft in verschiedenen Gewerkschaften) jeweils aber nur an einen dieser Tarifverträge. Tarifpluralität entsteht in der Regel immer dann, wenn der Arbeitgeber mit mehreren Gewerkschaften Tarifverträge abschließt.

Tarifkonkurrenz

Eine *Tarifkonkurrenz* muss aufgelöst werden. Es können nicht gleichzeitig mehrere, unterschiedliche Tarifnormen, die den gleichen Regelungsgegenstand betreffen, auf dasselbe Arbeitsverhältnis Anwendung finden. Gilt im Betrieb der Manteltarifvertrag der Gewerkschaft A, der einen Feiertagszuschlag von 100 Prozent vorsieht, und gleichzeitig ein Firmentarifvertrag derselben Gewerkschaft, der aber einen Feiertagszuschlag von 150 Prozent anordnet, muss dieser Widerspruch aufgelöst werden.
Keine Tarifkonkurrenz liegt vor, wenn sich aus den Tarifverträgen selbst ergibt, welcher von ihnen, ggf. für einen bestimmten Zeitraum, vorrangig gelten soll. Das dürfte vor allem bei zeitlich befristeten Sanierungstarifverträgen oder »Pforzheim«-Regelungen gelten, die üblicherweise ausdrückliche Bestimmungen darüber enthalten, dass Vorschriften aus den Verbandstarifverträgen während ihrer Laufzeit verändert werden (vgl. Kapitel 3.3).
Das Bundesarbeitsgericht löst Tarifkonkurrenz in der Regel nach dem »Spezialitätsprinzip«: Es soll nur der Tarifvertrag Anwendung finden, der »den Erfordernissen und Eigenarten des betreffenden Betriebes und der darin

beschäftigten Arbeitnehmer am besten gerecht wird«. Das soll der Tarifvertrag sein, der dem Betrieb und den Beschäftigten räumlich, fachlich und persönlich am nächsten steht. Im Ergebnis hat der Tarifvertrag mit einem engeren Geltungsbereich Vorrang vor dem mit einem weiteren Geltungsbereich. Ein Firmen- oder Haustarifvertrag verdrängt somit den »allgemeineren« Verbandstarifvertrag.

Tarifpluralität

Anders als bei der Tarifkonkurrenz gilt bei *Tarifpluralität* nur ein Tarifvertrag für das jeweilige Arbeitsverhältnis, z. B. der Tarifvertrag der Gewerkschaft A für ihre Mitglieder und der Tarifvertrag der Gewerkschaft B für deren Mitglieder. Solange die Tarifverträge inhaltlich im Wesentlichen identisch sind, ergeben sich keine Unterschiede. Unterscheiden sie sich jedoch voneinander, z. B. bei Kerninhalten des Arbeitsverhältnisses wie Dauer der wöchentlichen Arbeitszeit oder beim Entgelt, kann dies zu einer unterschiedlichen Behandlung der Beschäftigten je nach ihrer Gewerkschaftsmitgliedschaft führen.
Das Bundesarbeitsgericht ging bis 2010 allerdings *vom Rechtsgrundsatz der Tarifeinheit* aus, d. h. es soll immer nur ein Tarifvertrag im Betrieb Anwendung finden. Begründet wurde dies damit, dass die Anwendung mehrerer Tarifverträge zu Rechtsunsicherheit führe und für den Arbeitgeber unpraktikabel sei. Genau wie bei Tarifkonkurrenz hat das Bundesarbeitsgericht Fälle von Tarifpluralität in der Regel über das »Spezialitätsprinzip« zugunsten des »näheren« Tarifvertrages aufgelöst. Der allgemeinere Tarifvertrag wird verdrängt. Das Problem: Den Gewerkschaftsmitgliedern des »unterlegenen« Tarifvertrages wird der Schutz ihres Tarifvertrages entzogen, sie verlieren ihre Ansprüche. Kritiker der damaligen Rechtsprechung haben darin zu Recht einen Verstoß gegen die Koalitionsfreiheit aus Art. 9 Abs. 3 GG gesehen. Darüber hinaus konnte die Rechtsprechung auch zur Aushebelung von Tarifverträgen missbraucht werden.

Beispiel:
2005 schloss der an die Flächentarifverträge der IG Metall gebundene Kabelhersteller Nexans mit der CGM (die im Betrieb quasi nicht vertreten war) einen Haustarifvertrag ab, der u. a. eine Verlängerung der wöchentlichen Arbeitszeit auf bis zu 42 Stunden sowie massive Entgeltabsenkungen enthielt. Die IG Metall klagte auf Anwendung ihrer Tarifverträge – und verlor, da das Arbeitsgericht der damaligen Rechtsprechung des Bundesarbeitsgerichts folgte. Danach wurde der »allgemeinere« IG Metall-Flächentarifvertrag durch den spezielleren CGM-Haustarifvertrag verdrängt. Nur durch den Widerstand der IG-Metall-Mitglieder bei Nexans konnte erreicht werden, dass die Arbeitgeberseite den Haustarifvertrag letztendlich nicht anwendete.

Das Bundesarbeitsgericht hat seine Rechtsprechung inzwischen geändert (BAG vom 07.07.2010 – 4 AZR 549/08): Inhaltsnormen eines Tarifvertrages gelten im jeweiligen Arbeitsverhältnis unmittelbar und zwingend, die Bindung kann nicht durch einen anderen Tarifvertrag verdrängt werden, ein Rechts-

grundsatz, wonach Tarifpluralität zugunsten von Tarifeinheit aufgelöst werden muss, besteht nicht.
Nach der neuen Rechtsprechung gelten Inhaltsnormen, wie Entgelt, Arbeitszeitdauer, Urlaubsanspruch usw. im tarifpluralen Betrieb für die jeweiligen Gewerkschaftsmitglieder, selbst wenn sie inhaltlich unterschiedlich sind. Dagegen müssen sich widersprechende betriebliche und betriebsverfassungsrechtliche Normen nach wie vor aufgelöst werden, da sie bei einseitiger Tarifbindung des Arbeitgebers für alle Beschäftigten unabhängig von der Gewerkschaftsmitgliedschaft gelten (vgl. Kapitel 13.3.4).

Praktische Bedeutung der Tarifpluralität und Tarifeinheitsgesetz
In der Metall- und Elektroindustrie spielt das Thema Tarifpluralität bisher nur eine untergeordnete Rolle. Zwar besteht mit der CGM eine Konkurrenzorganisation, diese tritt aber nicht als eigenständiger tarifpolitischer Akteur auf, da allenfalls sogenannte Anschlusstarifverträge abgeschlossen werden, in denen Tarifergebnisse der IG Metall wortgleich abgeschrieben werden. Die Verdrängung von IG-Metall-Tarifverträgen durch billigere Haustarifverträge wie im oben geschilderten Fall »Nexans« ist seit der neuen Rechtsprechung nicht mehr möglich.
Rechts- und gewerkschaftspolitisch ist das Thema aber von großer Bedeutung. Dafür sind insbesondere die Aktivitäten von Berufsgruppen- und Spartengewerkschaften verantwortlich, die Teile von Belegschaften mit betrieblichen Schlüsselfunktionen organisieren und unter Ausnutzung dieser Stärke durch Arbeitskampf Tarifverträge durchgesetzt haben.
Der Gesetzgeber hat dies zum Anlass genommen, um über eine gesetzliche Regelung eine Wiederherstellung des Grundsatzes der Tarifeinheit vorzunehmen. Durch das am 10. Juli 2015 in Kraft getretene »Tarifeinheitsgesetz« wurde ein neuer § 4a in das TVG eingefügt.
Dieser regelt den Fall, dass sich mehrere, inhaltlich verschiedene Tarifverträge unterschiedlicher Gewerkschaften im Betrieb in ihrem Geltungsbereich überschneiden. Das Gesetz spricht von kollidierenden Tarifverträgen, § 4a Abs. 2 TVG. Zur Anwendung soll nur der Tarifvertrag derjenigen Gewerkschaft kommen, die im Betrieb die meisten Mitglieder hat. Die Minderheitsgewerkschaft erhält als Ausgleich einen Anspruch auf »Nachzeichnung« des Tarifvertrages der Mehrheitsgewerkschaft, d.h. sie kann vom Arbeitgeber den Abschluss eines eigenen Tarifvertrages mit den Inhalten des anzuwendenden Tarifvertrages verlangen (§ 4a Abs. 4 TVG). Das Nachzeichnungsrecht geht allerdings nur soweit, als der Mehrheitstarifvertrag vom Geltungsbereich und Gegenstand her den Normen des Minderheitentarifvertrages entspricht. Die Minderheitsgewerkschaft kann somit keine Tarifregelungen verlangen, die nicht auch in ihrem eigenen verdrängten Tarifvertrag enthalten sind. Außerdem besteht ein Anhörungsrecht, wenn der Arbeitgeber Tarifverhandlungen mit einer anderen Gewerkschaft aufnimmt (§ 4a TVG Abs. 5).
Grundsätzlich lässt das Gesetz auch mehrere Tarifverträge unterschiedlicher Gewerkschaften zu. Diese müssen dann allerdings ihre Geltungsbereiche von-

einander abgrenzen oder inhaltliche gleiche Regelungen enthalten (z.B. im Rahmen einer Tarifgemeinschaft). Eine zwingende Auflösung zugunsten der Mehrheitsgewerkschaft erfolgt somit nur im Fall von kollidierenden Tarifverträgen.
Der Verabschiedung des Tarifeinheitsgesetzes ist ein sehr strittiger Gesetzgebungsprozess vorausgegangen, in dem vor allem die Frage der Verfassungskonformität der Regelung eine Rolle spielte. Bereits mit Inkrafttreten des Gesetzes wurden mehrere Anträge von Sparten- und Berufsgewerkschaften beim Bundesverfassungsgesetz gestellt, um dies überprüfen zu lassen.

13.4 Inkrafttreten und Beendigung von Tarifverträgen

13.4.1 Inkrafttreten

Es gibt keine gesetzlichen Vorgaben für das Inkrafttreten und für die Laufzeit von Tarifverträgen. Die Tarifvertragsparteien sind frei darin, diese zu gestalten und treffen üblicherweise hierzu eine Regelung im Tarifvertrag selbst.
Hinsichtlich des Beginns eines Tarifvertrages sind zu unterscheiden: Der Abschluss eines Tarifvertrages, sein Inkrafttreten und der Beginn einzelner Regelungen.
Der Abschluss des Tarifvertrages ist der Zeitpunkt, zu dem sich die Tarifvertragsparteien auf seine Inhalte geeinigt haben, d.h. der Zeitpunkt, zu dem ein Verhandlungsergebnis erzielt wird. Das entsprechende Datum findet sich dann üblicherweise in der Unterschriftenleiste des später auf Grundlage des Verhandlungsergebnisses ausgefertigten Tarifvertrages.
Das Inkrafttreten des Tarifvertrages kann auf den Zeitpunkt des Abschlusses fallen, aber auch auf einen früheren oder späteren Zeitpunkt. Ein rückwirkendes Inkrafttreten ist häufig bei Entgelttarifverträgen der Fall.

Beispiel für ein rückwirkendes Inkrafttreten
Entgelttarifvertrag Bayern vom 14.05.2013: Der Tarifvertrag tritt am 01.05.2013 in Kraft.

Beispiel für ein Inkrafttreten zeitgleich mit Abschluss
Tarifvertrag Leih-/Zeitarbeit Berlin-Brandenburg TG II vom 23.05.2012: Der Tarifvertrag tritt am 23.05.2012 in Kraft.

Auch der Beginn der im Tarifvertrag geregelten Rechtsnormen wird von den Tarifvertragsparteien festgelegt. Meistens fällt er mit dem Inkrafttreten zusammen. (Organisierte) Beschäftigte haben damit Anspruch auf die dann gültigen neuen Arbeitsbedingungen ab diesem Zeitpunkt. Es kann aber auch Rechtsnormen im Tarifvertrag geben, die erst zu einem späteren Zeitpunkt in Kraft treten. Bekannt sind die zeitlichen Staffelungen bei Entgelterhöhungen (sogenannte Stufentarifverträge).

Beispiel für einen Stufentarifvertrag
Entgelttarifvertrag Küste vom 27.05.2013:

»Mit Wirkung ab 1. Juli 2013 werden die ERA-Monatsgrundentgelte um 3,4 Prozent erhöht. [...]. Mit Wirkung ab 1. Mai 2014 werden die ERA-Monatsgrundentgelte um 2,2 Prozent erhöht.«

13.4.2 Laufzeit

Die Laufzeit (Laufdauer, Geltungsdauer) wird von den Tarifvertragsparteien vereinbart. Entgelttarifverträge haben üblicherweise eine kurze Laufzeit von 1 bis 2 Jahren. Hintergrund sind die relativ kurzzyklischen wirtschaftlichen Entwicklungen, die für beide Tarifvertragsparteien über einen längeren Zeitraum nicht vorherzusehen sind. Gerade bei Entgelttarifverträgen ist die Laufzeit immer auch »Stellschraube« für ein Tarifergebnis und damit eine Frage des Kräfteverhältnisses.
Rahmen- und Manteltarifverträge laufen dagegen meistens über einen längeren Zeitraum. Von der in diesen Tarifverträgen enthaltenen Kündigungsmöglichkeit wird zudem sehr häufig kein Gebrauch gemacht, so dass sie weit über den ersten möglichen Zeitpunkt einer Kündigung hinaus in Kraft bleiben.

Beispiel:
Manteltarifvertrag Nordrhein-Westfalen vom 24.08.2001:
»Dieser Manteltarifvertrag tritt am 1. Januar 2002 in Kraft und tritt an die Stelle des Manteltarifvertrages vom 11. Dezember 1996 in der Fassung vom 23. Oktober 1997/28. März 2000.«

Er kann mit dreimonatiger Frist zum Schluss eines Kalenderhalbjahres, erstmals zum 31. Dezember 2002, gekündigt werden.«

13.4.3 Ende des Tarifvertrages

Üblicherweise endet ein Tarifvertrag durch *Kündigung*. Die Kündigungsfrist ist gesetzlich nicht geregelt, sondern Vereinbarungssache.

Beispiele:
Entgeltrahmenabkommen Rheinland-Pfalz vom 06.07.2004:
»Dieser Tarifvertrag kann mit einer Frist von 6 Monaten zum Jahresende, frühestens zum 31. Dezember 2013, gekündigt werden.«
Tarifvertrag Förderjahr Sachsen vom 24.05.2012:
»Er kann mit einer Kündigungsfrist von einem Monat zum Monatsende gekündigt werden.«

In der Regel kann ein Tarifvertrag nur als Ganzes gekündigt werden. Eine *Teilkündigung*, d.h. die Kündigung nur einzelner Vorschriften ist nur dann möglich, wenn sie ausdrücklich vereinbart wurde. Dies ist z. B. bei vielen Manteltarifvertragen vorgesehen.

> **Beispiel:**
> ERA-Manteltarifvertrag Saarland vom 20.07.2005:
> *»Mit Ausnahme der §§ 13 und 16 bis 23 ist dieser Tarifvertrag mit einer Frist von einem Monat zum Monatsende kündbar. Die §§ 13 und 16 bis 23 sind mit dreimonatiger Frist kündbar.«*

Weitere Möglichkeiten der Beendigung eines Tarifvertrages sind:

- *Zeitablauf* bei Befristung der Laufzeit.
- Einvernehmliche *Aufhebung*, d. h. ein Aufhebungstarifvertrag, der vorzeitig den Tarifvertrag beendet.
- *Auflösende Bedingung*: Das heißt, es gibt eine Vereinbarung darüber, dass der Tarifvertrag enden soll, wenn eine bestimmte Bedingung eintritt. Üblicher sind hier allerdings sogenannte Revisionsklauseln, wie Verhandlungs- oder Anpassungsverpflichtungen, die den Tarifvertrag nicht automatisch beenden.
- *Außerordentliche Kündigung*: Ob ein Tarifvertrag auch außerordentlich kündbar ist, ist umstritten. Diese Frage war 1993 Gegenstand eines Streiks in der ostdeutschen Metall- und Elektroindustrie. Das Problem ist: Mit einer fristlosen Kündigung könnte sich eine Tarifpartei vorzeitig vom Tarifvertrag lossagen; damit wird aber der Vertragscharakter und die beiderseitige Bindung für die vereinbarte Laufzeit infrage gestellt. Es ist daher davon auszugehen, dass eine solche Kündigung nur im absoluten Ausnahmefall infrage kommt. Eine außerordentliche Kündigung eines Entgelttarifvertrages allein wegen einer Verschlechterung der wirtschaftlichen Lage wäre jedenfalls unzulässig.

Nicht zur Beendigung des Tarifvertrages führt die *Insolvenz des Arbeitgebers*. Diese ändert nichts an der Tarifbindung, da der Insolvenzverwalter in die tarifrechtliche Stellung des Arbeitgebers eintritt. Manche Verbandssatzung sieht allerdings für den Fall der Insolvenz vor, dass die Mitgliedschaft des Arbeitgebers im Verband endet. In diesem Fall gilt der Tarifvertrag gem. § 3 Abs. 3 TVG fort (Nachbindung; vgl. Kapitel 13.5.1).

Auch die *Auflösung einer Tarifvertragspartei*, z. B. des Arbeitgeberverbandes, führt nicht zur Beendigung der vom Verband abgeschlossenen Tarifverträge, sofern diese nicht vorher noch gekündigt wurden.

Zur Situation bei Verkauf oder Umstrukturierung des Betriebes, vgl. Kapitel 13.5.3 und 13.5.4, zum Austritt des Arbeitgebers aus dem Verband oder dem Übertritt in eine OT-Mitgliedschaft, vgl. Kapitel 13.5.1.

Mit Beendigung eines Tarifvertrages endet auch grundsätzlich die sich aus diesem ergebende *Friedenspflicht* (in den alten Bundesländern ergibt sich für die Metall- und Elektroindustrie aus der Schlichtungs- und Schiedsvereinbarung allerdings eine verlängerte Friedenspflicht von 4 Wochen).

13.4.4 Nachwirkung des Tarifvertrages

Das Ende des Tarifvertrages, z. B. durch Kündigung, bedeutet nicht, dass damit automatisch die sich aus ihm ergebenden Ansprüche entfallen. Seine Normen »wirken nach«, sie gelten auch nach Beendigung weiter und zwar in der Fassung, die bei seiner Beendigung bestanden hat.

> **Rechtsvorschrift**
> *»Nach Ablauf des Tarifvertrages gelten seine Rechtsnormen weiter, bis sie durch eine andere Abmachung ersetzt werden.«*
> (§ 4 Abs. 5 TVG)

Nachwirkung und Nachbindung

Zu unterscheiden ist die *Nachwirkung* nach § 4 Abs. 5 TVG bei Beendigung des Tarifvertrages von der *Nachbindung* nach § 3 Abs. 3 TVG, die z. B. beim Austritt des Arbeitgebers aus dem Verband eintritt (vgl. Kapitel 13.5).

> **Definition**
> *Nachwirkung:* Mit Beendigung des Tarifvertrages (z. B. durch Kündigung) gilt dieser weiter, kann aber durch eine andere, auch ungünstigere Regelung ersetzt werden.
> *Nachbindung:* Verlässt der Arbeitgeber die Tarifbindung (z. B. durch Austritt aus dem Verband) gilt der Tarifvertrag trotzdem weiter, eine Verschlechterung seiner Regelungen ist nicht zulässig. Der Arbeitgeber bleibt so lange gebunden, bis der Tarifvertrag (z. B. durch Kündigung) endet. Dieser Sachverhalt wird als Nachbindung bezeichnet, manchmal auch als Fortgeltung. Mit der Beendigung tritt Nachwirkung ein.

Übersicht 13.2 – Nachbindung und Nachwirkung

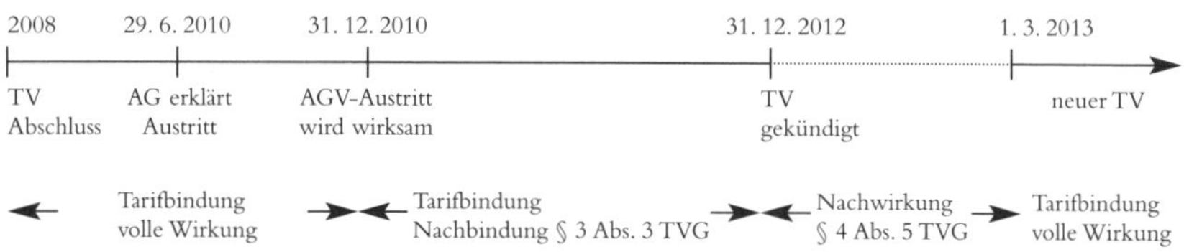

Folgen für die Arbeitsverhältnisse

Mit der Nachwirkung entfällt die zwingende Wirkung des Tarifvertrages, d. h. andere, auch ungünstigere Vereinbarungen werden nicht mehr von den Tarifnormen verdrängt. Die Normen des Tarifvertrages gelten damit nur so lange weiter, bis sie durch eine andere Abmachung ersetzt werden.
Die Nachwirkung bezieht sich auf alle Rechtsnormen des Tarifvertrages. Das sind vor allem die Inhaltsnormen, wie Arbeitszeit, Entgelt, Urlaub, Eingruppierung usw., aber auch betriebliche und betriebsverfassungsrechtliche Normen (vgl. Kapitel 13.3.4). Der Arbeitgeber muss den Tarifvertrag weiter einhalten und darf nicht zuungunsten der Beschäftigten davon abweichen.

Das gilt in jedem Fall für Beschäftigte, die im Zeitpunkt der Beendigung Gewerkschaftsmitglied sind. Bei Nichtmitgliedern ist zu fragen, ob die Tarifverträge im Beendigungszeitpunkt auf diese überhaupt Anwendung gefunden haben, z.B. durch eine Bezugnahmeklausel (vgl. Kapitel 13.3.3).
Bei Arbeitsverhältnissen, die erst im Nachwirkungszeitraum begonnen werden, gilt nach Auffassung des Bundesarbeitsgerichts der abgelaufene Tarifvertrag nicht, selbst wenn es sich dabei um ein Gewerkschaftsmitglied handelt. Neu eingestellte Beschäftigte haben damit grundsätzlich keine Ansprüche aus dem nachwirkenden Tarifvertrag, es sei denn, dieser wird trotzdem auf sie angewandt, z.B. durch arbeitsvertragliche Bezugnahme.

Ende der Nachwirkung

Die Tarifregelungen wirken nach, bis sie durch eine andere Abmachung ersetzt werden. Die Nachwirkung ist *zeitlich nicht befristet*. Gibt es keine andere Abmachung, gelten die Tarifregelungen daher unbegrenzt weiter.
»Andere Abmachungen« sind im verbandsgebundenen Betrieb üblicherweise nachfolgende Tarifverträge, z.B. ein neuer Entgelttarifvertrag, der den gekündigten Tarifvertrag ersetzt. Wichtig ist, dass ein neuer Tarifvertrag die Nachwirkung nur bei beidseitiger Tarifbindung (vgl. Kapitel 13.3.3) beendet. Der Tarifvertrag einer anderen Gewerkschaft beendet die Nachwirkung daher nicht.

Beispiel:
Der Arbeitgeber kündigt einen mit der IG Metall abgeschlossenen Firmentarifvertrag zum 31. Dezember und schließt einen Firmentarifvertrag mit der CGM, der ab 1. Januar höhere Arbeitszeiten und Streichung der Sonderzahlung vorsieht. Die Regelungen des gekündigten Firmentarifvertrages gelten auch ab 1. Januar für alle IG-Metall-Mitglieder nach, die ihre Ansprüche behalten. Der CGM-Vertrag gilt nur für deren Mitglieder (falls sie welche hat!) und kann die Nachwirkung des IG-Metall-Tarifvertrages nicht beenden.

In nicht mehr tarifgebundenen Betrieben versuchen die Arbeitgeber häufig durch *Änderungsverträge* mit den Beschäftigten, die noch geltenden Tarifregelungen zu verschlechtern, vor allem durch längere Arbeitszeiten oder durch die Streichung von Leistungen. Das Angebot eines neuen, auch ungünstigeren Arbeitsvertrages im Nachwirkungszeitraum ist grundsätzlich zulässig. Allerdings können die Beschäftigten diesen ablehnen. Änderungskündigungen hält das Bundesarbeitsgericht in solchen Fällen für zulässig (BAG vom 27.09.2001 – 2 AZR 236/00), diese sind aber kündigungsschutzrechtlich nur in Ausnahmefällen wirksam. Deshalb sollte Änderungskündigungsschutzklage erhoben werden.
Üblicherweise werden Änderungsverträge zur Ersetzung der Nachwirkung erst nach Beendigung des Tarifvertrages vom Arbeitgeber angeboten. Das Bundesarbeitsgericht hält in bestimmten Fällen aber auch eine ersetzende Abmachung bereits *während der Laufzeit des Tarifvertrages* für zulässig, z.B. wenn schon feststeht, dass der Tarifvertrag enden wird und ersetzt werden soll und die Än-

derungsvereinbarung »zeitnah« zur Beendigung erfolgt (BAG vom 01.07.2009 – 4 AZR 261/08). Ist der Tarifvertrag allerdings nicht gekündigt bzw. ist seine Kündigung nicht absehbar, ist jede Vertragsänderung unwirksam und bewirkt auch keine Ablösung der Nachwirkung (BAG vom 20.05.2009 – 4 AZR 230/08).

Wichtig ist, dem Angebot verschlechternder Arbeitsverträge unmittelbar und geschlossen entgegenzutreten und die Beschäftigten, ob Gewerkschaftsmitglied oder nicht, von der Unterschrift abzuhalten. Hat die Mehrzahl der Beschäftigten erst einmal unterschrieben, ist es sehr unwahrscheinlich, dass der Arbeitgeber mit der IG Metall überhaupt noch über eine Wiederherstellung der Tarifbindung verhandeln wird.

Handlungsmöglichkeiten für den Betriebsrat

Auch die nachwirkenden Tarifregelungen haben eine Bedeutung für die Arbeit des *Betriebsrates*. Da der Arbeitgeber den Tarifvertrag weiter einhalten muss, hat der Betriebsrat dies gem. § 80 Abs. 1 Nr. 1 BetrVG zu überwachen.

Das Angebot von Änderungsverträgen durch den Arbeitgeber oder die Einstellung von neuen Beschäftigten zu untertariflichen Bedingungen kann er zwar (rechtlich) nicht verhindern. Die nachwirkenden tariflichen Eingruppierungsregelungen stellen aber weiterhin die geltende Vergütungsordnung im Sinne des § 87 Abs. 1 Nr. 10 BetrVG dar, die der Arbeitgeber ohne Zustimmung des Betriebsrates nicht verschlechtern oder ersetzen darf (BAG vom 11.01.2011 – 1 AZR 310/09).

Bei einzelvertraglich verlängerten Arbeitszeiten hat der Arbeitgeber auch weiterhin eine gem. § 87 Abs. 1 Nr. 2 BetrVG mit dem Betriebsrat vereinbarte betriebliche Arbeitszeitregelung zu beachten (LAG Stuttgart vom 20.05.1999 – 19 Ta BV/4/98). Hier kann dem Betriebsrat eine Vereinbarung hilfreich sein, in der explizit klargestellt ist, dass ihr die *tarifvertragliche Arbeitszeit* zugrunde liegt bzw. die im Geltungsbereich auf Beschäftigte beschränkt ist, für die die tarifliche Arbeitszeit gilt.

Betriebsvereinbarungen können nachwirkende Tarifregelungen nicht ersetzen. Dem steht in der Regel der Tarifvorbehalt aus § 77 Abs. 3 BetrVG entgegen. Die »Tarifüblichkeit« bezieht sich auch auf den nachwirkenden Tarifvertrag (vgl. Kapitel 13.2.2). Keine Sperrwirkung entfaltet der nachwirkende Tarifvertrag allerdings in Bezug auf die Bereiche der zwingenden Mitbestimmung nach § 87 Abs. 1 BetrVG, nur ein bestehender Tarifvertrag geht diesen vor.

Allerdings gehören »Kernregelungen« wie die Dauer der regelmäßigen wöchentlichen Arbeitszeit oder die Entgelthöhe gerade nicht zum Katalog des § 87 Abs. 1 BetrVG. Verschlechternde Betriebsvereinbarungen zu solchen Gegenständen wären somit unwirksam und berühren die nachwirkenden Tarifregelungen nicht.

Regelungsabreden, d.h. Absprachen zwischen Arbeitgeber und Betriebsrat, die nur deren Rechtsbeziehungen regeln und keine unmittelbare Ausstrahlung auf die Beschäftigten haben, können die Nachwirkung mangels normativem Regelungsinhalt nicht beenden.

Daraus wird deutlich, dass es nicht Aufgabe des Betriebsrates ist, die Regelungen eines nachwirkenden Tarifvertrages durch betriebliche Regelungen zu ersetzen. Entsprechende Anliegen der Arbeitgeberseite sollten daher abgelehnt werden.
Angesichts der Möglichkeiten des Arbeitgebers, durch Druck auf die Beschäftigten die nachwirkenden Tarifregelungen in seinem Sinne zu verändern, aber auch wegen der lediglich statischen Absicherung, vor allem der Entgeltbedingungen, ist die schnelle Wiederherstellung einer Tarifbindung durch eine betriebliche Tarifbewegung dringend geboten. Während der Nachwirkung besteht *keine Friedenspflicht*. Arbeitskampfmaßnahmen sind möglich und zulässig.

13.5 Verbandsaustritt, Verbandswechsel und Betriebsübergang

Die Verbands- bzw. Tarifbindung eines Arbeitgebers kann aus unterschiedlichen Gründen enden. Sehr häufig ist die »Tarifflucht« – also eine gezielte Maßnahme des Arbeitgebers, wie der Austritt aus dem Arbeitgeberverband oder der Übertritt in eine OT-Mitgliedschaft, die darauf abzielt, seine Bindung an die geltenden Tarifverträge loszuwerden – meistens gekoppelt mit weiteren Bemühungen, die Arbeitsbedingungen zu verschlechtern (z.B. das Angebot von Änderungsverträgen).
Auch beim Verkauf des Betriebes oder seiner Umstrukturierung sowie dem »Herauswachsen« des Betriebes aus seiner ursprünglichen Branche stellt sich die Frage nach der Weitergeltung der bisher gültigen Tarifverträge.

13.5.1 Verbandsaustritt und Nachbindung

Die Tarifbindung über eine Verbandsmitgliedschaft nimmt in der Metall- und Elektroindustrie seit Jahren ab. So ist die Zahl der tarifgebundenen Betriebe in Westdeutschland von 5826 im Jahre 2000 auf 3337 im Jahre 2014 zurückgegangen. Im gleichen Zeitraum sank die Zahl der tarifgebunden Betriebe in Ostdeutschland von 426 auf 217. Allerdings ging die Zahl der tarifgebundenen Beschäftigten in diesen Betrieben in weitaus geringerem Maße zurück, nämlich von 2038258 auf 1728430 im Westen und von 84214 auf 78685 im Osten (Gesamtmetall 2015, Übersicht 1.2). Diese Zahlen zeigen deutlich, dass der Verlust der Tarifbindung vor allem ein Problem kleinerer Betriebe ist.
Der Rückgang der Zahl der tarifgebundenen Betriebe ist, neben dem Kriterium der Betriebsgröße, zum einen auf den fehlenden Eintritt neuer Unternehmen in die Verbände, aber nach wie vor auch auf Austritte aus dem Arbeitgeberverband oder auf den Übertritt in einen OT-Verband oder eine OT-Mitgliedschaft (vgl. Kapitel 13.3.2) zurückzuführen. Häufig erfolgt ein Verbandsaustritt im Zusammenhang mit neuen Tarifabschlüssen, also typischerweise im Zeitraum zwischen Erzielung eines Verhandlungsergebnisses und Abschluss des Tarifvertrages. In anderen Fällen ist der Verbandsaustritt das Ergebnis länger-

fristiger »unternehmerischer Planungen«. Zum sogenannten »Blitzaustritt« vgl. Kapitel 13.3.2.
Viele Arbeitgeber glauben, dass sie sofort nach dem Verbandsaustritt die Tarifverträge nicht mehr einhalten müssen, sondern die Arbeitsbedingungen vertraglich oder sogar einseitig verschlechtern könnten. Das ist nicht der Fall. Vielmehr bleibt der Arbeitgeber nach § 3 Abs. 3 TVG an den Tarifvertrag gebunden, als wäre er noch Mitglied im Arbeitgeberverband. Der Tarifvertrag befindet sich in der *Nachbindung* (auch als Fortgeltung oder Weitergeltung bezeichnet), er bleibt bestehen und behält seine unmittelbare und zwingende Wirkung. Das gilt zumindest so lange, wie der entsprechende Tarifvertrag noch läuft, also nicht gekündigt worden ist.

> **Rechtsvorschrift**
> *»Die Tarifgebundenheit bleibt bestehen, bis der Tarifvertrag endet.«*
> (§ 3 Abs. 3 TVG)

Folgen der Nachbindung

Die Vorschrift des § 3 Abs. 3 TVG bedeutet praktisch:
- der Tarifvertrag gilt verbindlich weiter,
- seine Abänderung/Verschlechterung durch Einzelarbeitsvertrag ist nicht zulässig,
- der Tarifvertrag gilt verbindlich auch für neu Eingestellte und für Arbeitnehmer, die erst im Zeitraum der Nachbindung Mitglied der Gewerkschaft werden.

Die Nachbindung wirkt *statisch*, sie sichert den Zustand zum Zeitpunkt des Verbandsaustritts ab. Danach abgeschlossene neue (Verbands-)Tarifverträge gelten nicht mehr. Tarifregelungen, die allerdings noch bei Mitgliedschaft abgeschlossen wurden und erst nach Austritt *wirksam* werden, z. B. eine weitere Stufe einer Entgelterhöhung, werden von der Nachbindung noch erfasst.

> **Beispiel:**
> Der Entgelttarifvertrag tritt am 01.05.2013 in Kraft, die Tarifentgelte erhöhen sich ab 01.07.2013 um 3,4 Prozent, ab 01.05.2014 um 2,2 Prozent. Der Arbeitgeber tritt zum 31.12.2013 aus dem Verband aus. Er bleibt weiter an die Regelungen des Entgelttarifvertrages gebunden und muss auch die Tariferhöhung von 2,2 Prozent zahlen. An einen neu abgeschlossenen Entgelttarifvertrag ist er dagegen nicht mehr gebunden.

Auch während der fortgeltenden Tarifbindung nach § 3 Abs. 3 TVG wirken die Tarifverträge unmittelbar und zwingend, ihre Verschlechterung, z. B. durch neue Arbeitsverträge, ist unzulässig. Es gilt weiter das Günstigkeitsprinzip nach § 4 Abs. 3 TVG (vgl. Kapitel 13.2.3), zulässig sind nur Abweichungen zugunsten der Beschäftigten.
Trotzdem werden häufig ungünstigere neue Arbeitsverträge angeboten, die tunlichst nicht unterschrieben werden sollten. Sollte z. B. aufgrund einer Druck-

situation trotzdem eine Unterschrift erfolgen, ist die *abändernde Vereinbarung unwirksam*, soweit es sich um ein Gewerkschaftsmitglied handelt (BAG vom 01.07.2009 – 4 AZR 261/08). Das Mitglied kann Ansprüche dann noch geltend machen, muss aber die *tariflichen Ausschlussfristen* beachten, nach deren Ablauf Ansprüche erlöschen.

Möglich ist auch, dass der Arbeitgeber den Tarifvertrag zwar einhält, trotzdem aber »vorsorglich« einen abändernden Arbeitsvertrag anbietet für den Fall, dass der Tarifvertrag später endet und nur noch nachwirkt. Dann erst soll die Abmachung die Tarifregelungen ersetzen (vgl. Kapitel 13.4.4). Das Bundesarbeitsgericht hält eine solche Abmachung für zulässig, wenn schon feststeht, dass der Tarifvertrag enden wird und ersetzt werden soll, also z.B. der Verbandstarifvertrag schon gekündigt wurde und die Änderungsvereinbarung »zeitnah« zur Beendigung erfolgt (BAG vom 01.07.2009 – 4 AZR 261/08). Das Problem besteht darin, dass die Beschäftigten die Beendigung des Verbandstarifvertrages zum Zeitpunkt ihrer Unterschrift meistens gar nicht absehen können. Da solche Vereinbarungen in erster Linie auf Verschlechterungen abzielen, ist daher größte Vorsicht geboten.

Anders als bei der Nachwirkung können auch Neueingestellte und Nichtmitglieder nach Verbandsaustritt eine Geltung der Tarifverträge *durch Gewerkschaftsbeitritt* herbeiführen (vgl. Kapitel 13.4.4). Das heißt, dass der Arbeitgeber auch bei solchen Beschäftigten nicht einfach durch neue Arbeitsverträge die bislang geltenden Bedingungen verschlechtern kann (BAG vom 06.07.2011 – 4 AZR 424/09). Die Absicherung der bisher gültigen Tarifregelungen auch nach Verbandsaustritt ist daher für die Gewerkschaft ein gutes Argument zur Werbung neuer Mitglieder.

Ende der Nachbindung

Die Nachbindung endet mit der Kündigung, der einvernehmlichen Aufhebung oder mit Ablauf der Befristung des fortgeltenden (Verbands-)Tarifvertrages (vgl. Kapitel 13.4.3).

Selbst wenn der Tarifvertrag endet, ist der ausgetretene Arbeitgeber ihn aber noch immer nicht los: *Nach Ende der Nachbindung wirkt der Tarifvertrag dann gem. § 4 Abs. 5 TVG nach*: Er muss eingehalten werden, kann allerdings, z.B. durch Arbeitsvertrag, abgeändert werden (vgl. Kapitel 13.4.4 und Übersicht 13.2).

Die Nachbindung ist zeitlich nicht begrenzt. Das heißt, dass viele Tarifregelungen (aus ungekündigten Verbandstarifverträgen) auch viele Jahre nach Austritt des Arbeitgebers nach wie vor unmittelbar und zwingend gelten. Das betrifft vor allem die Regelungen in den längerfristig gültigen Manteltarifverträgen.

Problematisch ist allerdings, dass das Bundesarbeitsgericht die (zweifelhafte) Auffassung vertritt, dass eine Beendigung der Nachbindung schon durch jede, auch rein redaktionelle, *Änderung oder Ergänzung* des Tarifvertrages eintreten soll (BAG vom 07.11.2001 – 4 AZR 703/00). Diese Rechtsprechung führt dazu, dass häufig gar nicht klar ist, ob sich ein Tarifvertrag noch in der Nachbindung nach § 3 Abs. 3 TVG befindet oder nur noch gem. § 4 Abs. 5 TVG nachwirkt.

Nach Austritt des Arbeitgebers gilt – obwohl die Tarifverträge wegen Nachbindung weiter gelten – *keine Friedenspflicht*. Diese wirkt nur zwischen den Tarifvertragsparteien, d.h. der Gewerkschaft und dem Arbeitgeberverband und deren Mitgliedern. Mit dem Verbandsaustritt verlässt der Arbeitgeber den Schutzbereich des Tarifvertrages und kann sich nicht mehr auf Friedenspflicht berufen, obwohl er an die Regelungen gebunden bleibt (LAG Frankfurt vom 17.09.2008 – 9 SaGa 1442/08).
Die Nachbindung des Tarifvertrages hindert die Gewerkschaft daher nicht daran, eine *Tarifbindung über Firmen- oder Anerkennungstarifvertrag* zu erstreiken. Der Wiedereintritt des Arbeitgebers in den tarifgebundenen Verband ist dagegen als Forderung nicht streikfähig, er kann nicht zur Verbandsmitgliedschaft gezwungen werden; ein Wiedereintritt kann sich allenfalls als (durchaus erwünschte) »Nebenwirkung« eines wirksamen Streiks um einen Firmen- oder Anerkennungstarifvertrag ergeben.
Bei Übertritt in einen OT-Verband oder eine OT-Mitgliedschaft gilt das Gleiche wie beim Austritt aus dem Arbeitgeberverband: es entsteht die Nachbindung aus § 3 Abs. 3 TVG (vgl. Kapitel 13.3.2).
Die Nachbindung stellt somit eine relativ starke Besitzstandsicherung dar. Die Beschäftigten sollten sich aber nicht in Sicherheit wiegen: Neue Tarifverträge werden nicht mehr wirksam, vor allem die künftige Entgeltentwicklung ist dann Sache des Arbeitgebers. Außerdem sind die Besitzstände nach einer Beendigung des Tarifvertrages angreifbar. Eine solche Beendigung kann aber nach der herrschenden Rechtsprechung schon mit redaktionellen Änderungen – die in einem »lebenden« Tarifvertragswerk häufig sind – schnell eintreten. Deshalb muss, am besten gleich mit Bekanntwerden der »Tarifflucht«, eine neue Tarifbindung erkämpft werden.

13.5.2 Verbandswechsel

Beim Verbandswechsel tritt der Arbeitgeber aus seinem bisherigen Arbeitgeberverband aus und wird Mitglied eines anderen Arbeitgeberverbandes.

Beispiele:
Ein Betrieb der Elektrotechnik wechselt vom Verband der Metall- und Elektroindustrie in einen Verband des Elektrohandwerks.
Ein Zulieferbetrieb der Automobilindustrie, der u.a. Kunststoffteile fertigt, wechselt aus dem Verband der Metallindustrie in den Verband der holz- und kunststoffverarbeitenden Industrie oder in einen Verband der Kunststoffindustrie, für den die IG BCE Tarifverträge abschließt.

Ein solcher Wechsel kann dadurch motiviert sein, dass ein Betrieb durch veränderte Tätigkeiten, Produkte usw. aus der bisherigen Branche herauswächst. Der Wechsel erfolgt häufig aber zu dem Zweck, einen anderen für den Arbeitgeber günstigeren Tarifvertrag anzuwenden, z.B. mit einer höheren wöchentlichen Arbeitszeit.

Grundsätzlich gilt: Die bisherigen (Verbands-)Tarifverträge bleiben infolge des Austritts im Rahmen der *Nachbindung gem. § 3 Abs. 3* TVG verbindlich (vgl. Kapitel 13.5.1).

Es muss allerdings überprüft werden, ob die Tarifverträge des Verbandes, dem der Arbeitgeber beigetreten ist, für die Beschäftigten Anwendung finden.

Dazu muss der Tarifvertrag des neuen Verbandes zunächst auf den Betrieb *anwendbar* sein. Das ist nur der Fall, wenn die Tarifvertragsparteien für den Betrieb *zuständig* sind und Betrieb und Beschäftigte unter den *tariflichen Geltungsbereich* fallen. Diese Frage wird allerdings häufig nicht so einfach zu entscheiden sein, da z. B. Industrie zu Handwerk oder die Zuständigkeitsbereiche verschiedener Gewerkschaften nicht ohne Weiteres voneinander abgegrenzt werden können.

Neben der Anwendbarkeit im Betrieb muss für die Beschäftigten aber auch eine *Bindung an die »neuen« Tarifverträge* bestehen. Das ist bei Tarifverträgen, die mit einer anderen Gewerkschaft abgeschlossen sind, nicht der Fall. Zumindest die Gewerkschaftsmitglieder behalten daher ihre Ansprüche aus den bisher gültigen Tarifverträgen, die nach § 3 Abs. 3 TVG fortgelten.

Problematisch ist dagegen die Fallkonstellation, dass die neuen Tarifverträge angewendet werden können, weil die zuständige Gewerkschaft die gleiche bleibt und auch mit dem neuen Arbeitgeberverband Tarifverträge abgeschlossen hat. Das wird z. B. bei einem Wechsel von Industrie zum Handwerk häufig der Fall sein. Neben einer rechtlichen Prüfung der Anwendbarkeit der Tarifverträge (also z. B. die Frage, ob es sich tatsächlich um einen Handwerksbetrieb handelt), kommt ggf. der Abschluss eines Überleitungsvertrages infrage.

Ein Verbandswechsel kommt auch häufig im Zusammenhang mit Betriebsübergang oder Umwandlung vor.

13.5.3 Verkauf des Betriebes: Gesellschafterwechsel oder Betriebsübergang

»Unser Betrieb soll verkauft werden!« Wenn diese Nachricht veröffentlicht wird, sind viele Beschäftigte beunruhigt und fragen sich, welche Folgen dies haben kann. Bei einem Verkauf sollte zunächst geprüft werden, ob es sich um einen Gesellschafterwechsel oder um einen Betriebsübergang handelt.

Der wesentliche Unterschied im Hinblick auf die Geltung der Tarifverträge besteht darin, dass bei einem Gesellschafterwechsel die Tarifverträge unverändert fortgelten. Bei einem Betriebsübergang gelten dagegen besondere Regelungen. Nach der Parole »Diversifizierung« kam Ende der 1980er- bzw. Anfang der 1990er-Jahre für Unternehmen die Ansage: Reduzierung aufs Kerngeschäft, Abstoßen von Randbereichen, Fusion zu strategischen Allianzen, Shareholder Value. Mit der scheinbar objektiven Entwicklung sollen Marktsegmente neu justiert, Risiken minimiert, Gewinnchancen optimiert und die Haftung reduziert werden. Der Verkauf bzw. die Umstrukturierung von Betrieben hatte aber einen Nebeneffekt, der zunehmend auch gezielt von Unternehmen ausgenutzt wurde und nach wie vor wird: Im Gegensatz zum Austritt

aus dem Arbeitgeberverband, die die Nachbindung nach § 3 Abs. 3 TVG zur Folge hat, führt eine Ausgliederung oder Umstrukturierung in der Regel zu einem unmittelbaren Verlust der Tarifbindung. Die Parzellierung von Unternehmen hat außerdem häufig eine – aus Arbeitgebersicht gewünschte – Schwächung gewerkschaftlicher Strukturen und der betrieblichen Interessenvertretung zur Folge. Tausende vernichteter Arbeitsplätze und die Entstehung zahlreicher tarifloser Bereiche pflastern den Siegeszug der Umwandlungs-, Ausgliederungs-, Spaltungs- und Fusionspolitik der Unternehmen.
Zu unterscheiden sind hier die Fälle des Betriebsübergangs und der Umwandlung, hier vor allem Verschmelzung und Spaltung.

Beispiele:
Betrieb(steil) A wird durch Vertrag an den Betriebserwerber B verkauft (Betriebsübergang).
Betrieb(steil) A wird ausgegliedert und auf das Unternehmen B übertragen (Spaltung).
Betrieb(steil) A fusioniert mit Betrieb B zur neuen Firma C (Verschmelzung).

Beim Betriebsübergang handelt es sich um eine sogenannte *Einzelrechtsnachfolge*. Betriebe oder Betriebsteile werden nicht als Vermögensgesamtheit, sondern einzeln durch Rechtsgeschäft übertragen (in der Regel durch einen Kaufvertrag).
Kein Betriebsübergang ist der bloße *Wechsel der Gesellschafter* durch die Übertragung von Anteilen.

Beispiel:
A besitzt als Gesellschafter die Mehrheit der Anteile an der XY AG. Diese verkauft er an B. B ist jetzt Mehrheitseigner. Es liegt aber kein Betriebsübergang vor. Arbeitgeber der Beschäftigten bleibt die XY AG. Alle Tarifverträge bleiben unverändert bestehen.

Übertragung der Tarifnormen in das Arbeitsverhältnis

Durch einen Betriebsübergang gehen die Arbeitsverhältnisse nach § 613a Abs. 1 Satz 1 BGB auf den Erwerber über, dieser wird neuer Arbeitgeber.

Rechtsvorschrift
»Geht ein Betrieb oder Betriebsteil durch Rechtsgeschäft auf einen anderen Inhaber über, so tritt dieser in die Rechte und Pflichten aus den im Zeitpunkt des Übergangs bestehenden Arbeitsverhältnissen ein.«
(§ 613a Abs. 1 Satz 1 BGB)

Die beim bisherigen Arbeitgeber geltenden Rechtsnormen von Tarifverträgen werden gem. § 613a Abs. 1 Satz 2 BGB in das Arbeitsverhältnis übertragen, man spricht von einer »Transformation«.

Rechtsvorschrift
»Sind diese Rechte und Pflichten durch Rechtsnormen eines Tarifvertrages [...] geregelt, so werden sie Inhalt des Arbeitsverhältnisses zwischen dem neuen Inhaber und dem Arbeitnehmer und dürfen nicht vor Ablauf eines Jahres nach dem Zeitpunkt des Übergangs zum Nachteil des Arbeitnehmers geändert werden.«
(§ 613 a Abs. 1 Satz 2 BGB)

Die Tarifnormen werden in der Fassung übertragen, in der sie zum Zeitpunkt des Übergangs gelten, d.h. sie gelten *statisch*, alle Änderungen danach gelten für die Beschäftigten des übergegangenen Betriebs(-teils) nicht mehr. Änderungen, die schon bei Übergang tariflich vereinbart waren und erst später wirken (Stufentarifvertrag, vgl. Kapitel 13.4.1), finden dagegen noch Anwendung. Die Besitzstandssicherung durch § 613 a Abs. 1 Satz 2 BGB gilt nicht für Beschäftigte, die erst nach dem Betriebsübergang neu eingestellt werden.
Es gilt eine *1-jährige Veränderungssperre* für die in den Arbeitsvertrag transformierten Tarifregelungen. Die bisher geltenden Tarifregelungen dürfen in diesem Zeitraum nicht zum Nachteil des Beschäftigten verändert werden, und zwar weder einseitig, noch im gegenseitigen Einvernehmen.
Der Schutz durch § 613 a BGB geht allerdings nicht weiter als der Schutz des bis zum Betriebsübergang geltenden Tarifvertrages: Die Veränderungssperre gilt nicht mehr, wenn der Tarifvertrag, aus dem die Regelungen transformiert wurden, nicht mehr unmittelbar und zwingend gilt, also durch Kündigung, Aufhebungsvertrag oder Befristung beendet wurde und nur noch nachwirkt (BAG vom 22.04.2009 - 4 AZR 100/08).
Endet die Veränderungssperre, sind auch verschlechternde Änderungsvereinbarungen zulässig. Solange keine abändernde Vereinbarung erfolgt, gelten die übergegangenen Tarifnormen weiter, eine zeitliche Begrenzung, nach der sie ganz entfallen würden, gibt es nicht.

Keine Übertragung der Tarifnormen wegen anderem Tarifvertrag

Besteht *im Betrieb des Erwerbers ein eigener Tarifvertrag*, tritt eine Transformation nicht ein. Der Gesetzgeber sieht die Übertragung nur als eine Art Auffangtatbestand, der nur zum Tragen kommt, wenn für die übergegangenen Beschäftigten im Betrieb des Erwerbers keine Tarifverträge gelten. Der Bestandsschutz durch transformierte Tarifnormen gilt nach § 613 a Abs. 1 Satz 3 BGB deshalb nur dann, wenn die entsprechenden Tarifthemen nicht beim neuen Arbeitgeber bereits tarifvertraglich geregelt sind oder neu geregelt werden.

Rechtsvorschrift
»Satz 2 gilt nicht, wenn die Rechte und Pflichten bei dem neuen Inhaber durch Rechtsnormen eines anderen Tarifvertrags oder durch eine andere Betriebsvereinbarung geregelt werden.«
(§ 613 a Abs. 1 Satz 3 BGB)

Hierfür reicht allerdings nicht jeder beliebige Tarifvertrag aus. Ähnlich wie beim Verbandswechsel (vgl. Kapitel 13.5.2) müssen die Parteien des Tarifvertrages für den Betrieb tarifzuständig sein und der Tarifvertrag muss den Betrieb des Erwerbers mit seinem Geltungsbereich erfassen. Der Tarifvertrag muss außerdem voll wirksam sein, eine Nachwirkung reicht nicht aus. Außerdem müssen auch die übergegangenen Beschäftigten an den Tarifvertrag gebunden sein, eine einseitige Tarifbindung des Arbeitgebers reicht nicht aus. *Gewerkschaftsmitglieder werden daher vom Tarifvertrag einer anderen Gewerkschaft nicht erfasst.* Nur wenn die Beschäftigten im neuen Betrieb an einen Tarifvertrag gebunden sind, scheidet eine Übertragung der bisherigen Tarifnormen aus. Allerdings kann der »neue« Tarifvertrag dann auch ggf. schlechter sein als der bisherige. In diesem Fall sollten Überleitungsvereinbarungen getroffen werden.

Beispiele:
Betriebsteil A wird an B verkauft. Bisher galten die Tarifverträge der Metall- und Elektroindustrie. B hat einen Haustarifvertrag mit Verdi abgeschlossen. Die Mitglieder der IG Metall werden vom Verdi-Haustarifvertrag nicht erfasst. Nach § 613a BGB werden die bisherigen Tarifbedingungen in das Arbeitsverhältnis übertragen und dürfen vor Ablauf 1 Jahres nicht verändert werden.
Für Betrieb C galten vor dem Verkauf die Tarifverträge der Metall- und Elektroindustrie. Der Erwerber D wendet die Tarifverträge der holz- und kunststoffverarbeitenden Industrie an. Tarifvertragspartei ist die IG Metall. Für die IG-Metall-Mitglieder gilt der Tarifvertrag Holz- und Kunststoff. Die bisherigen Metall-Tarifregelungen werden nicht übertragen.

Eine *beim Erwerber bestehende Betriebsvereinbarung* kann eine Transformation von Tarifnormen dagegen nicht verhindern, sie ist nicht von gleicher Wertigkeit wie eine Tarifregelung (BAG vom 13.11.2007 – 3 AZR 191/06). In Bezug auf tarifliche Kernthemen wie Arbeitszeit oder Entgelt dürfte eine solche Betriebsvereinbarung außerdem regelmäßig schon wegen § 77 Abs. 3 BetrVG unwirksam sein (vgl. Kapitel 13.2.2).
Folge eines Betriebsüberganges nach § 613a BGB ist somit der Wegfall der unmittelbaren und zwingenden Wirkung des Tarifvertrages, die durch eine begrenzte individuelle Besitzstandsregelung ersetzt wird. Das gilt sowohl bei einem Verbands- wie auch bei einem Firmen- oder Haustarifvertrag.
Galt vor Betriebsübergang ein *Verbandstarifvertrag*, übernimmt der Erwerber Rechte und Pflichten des Veräußerers, nicht aber dessen (»höchstpersönliche«) Mitgliedschaft im Arbeitgeberverband. Hier kann sich eine kollektive Weitergeltung der Tarifverträge nur für den (seltenen) Fall ergeben, dass der Erwerber Mitglied des gleichen Arbeitgeberverbandes ist.
Auch bei einem *Firmentarifvertrag* entfällt nach Auffassung des Bundesarbeitsgerichts die kollektive Weitergeltung. Obwohl der bisherige Arbeitgeber unmittelbare Tarifvertragspartei ist, soll diese nicht vom Erwerber übernommen werden müssen (BAG vom 26.08.2009 – 4 AZR 280/08).

13.5.4 Umwandlung

Eine Umwandlung stellt eine Übertragung aller Vermögenswerte in ihrer Gesamtheit auf einen neuen Rechtsträger. Rechtsgrundlage für solche Umstrukturierungen ist das Umwandlungsgesetz (UmwG), welches vier Umwandlungsarten regelt (Verschmelzung/Fusion, Abspaltung, Vermögensübertragung, Formwechsel). Nicht geregelt sind allerdings die Folgen einer Umwandlung für die bis dahin im Betrieb geltenden Tarifverträge.
In der Regel finden über § 324 UmwG auch hier die Regelungen des § 613a BGB Anwendung, d.h. die Tarifnormen werden wie im Fall eines Betriebsübergangs in das jeweilige Arbeitsverhältnis transformiert. Die oben dargestellten Grundsätze zur Veränderungssperre und zu Tarifverträgen im aufnehmenden Betrieb gelten entsprechend.

Rechtsvorschrift
»§ 613a Abs. 1, 4 bis 6 des Bürgerlichen Gesetzbuchs bleibt durch die Wirkungen der Eintragung einer Verschmelzung, Spaltung oder Vermögensübertragung unberührt.«
(§ 324 UmwG)

Im Gegensatz zum Betriebsübergang muss bei der Umwandlung aber unterschieden werden, ob bisher eine Tarifbindung durch einen Firmen- oder einen Verbandstarifvertrag vorgelegen hat.
Beim *Verbandstarifvertrag* wird auch hier die Mitgliedschaft des alten Arbeitgebers als »höchstpersönliches« Recht *nicht* im Wege der Gesamtrechtsnachfolge auf den neuen Rechtsträger übertragen. Die weitere Tarifbindung hängt damit von einer Mitgliedschaft des neuen Arbeitsgebers im Arbeitgeberverband ab.
Ein *Firmentarifvertrag* gilt bei der Umwandlung durch Gesamtrechtsnachfolge dagegen kollektivrechtlich fort, denn er ist eine zum Gesamtvermögen gehörende Verbindlichkeit. Der neue Rechtsträger wird somit als Rechtsnachfolger Tarifvertragspartei des bisher geltenden Firmentarifvertrages. Der Tarifvertrag gilt dann auch für neu Eingestellte und wirkt unmittelbar und zwingend. Zumindest für den Fall einer Verschmelzung ist dies vom Bundesarbeitsgericht so entschieden worden (BAG vom 24.06.1998 – 4 AZR 208/97).
In welchem Umfang der bisherige Firmentarifvertrag dann im fusionierten Unternehmen zur Anwendung kommt, muss im Wege der Auslegung seines Geltungsbereichs ermittelt werden. Denkbar ist z.B. eine Geltung nur für die Beschäftigten, für die er schon bisher gegolten hat oder für die Beschäftigten des gesamten Unternehmens.

13.6 Fragen aus der Praxis

Der Arbeitgeber ist zum 31.12.2012 aus dem Verband ausgetreten. Der Entgelttarifvertrag ist zum 30.04.2013 gekündigt worden. Haben die Beschäftigten Anspruch auf den neuen Entgelttarifvertrag ab 01.05.2013?
Auf die Tariferhöhungen besteht kein Anspruch. Sie sind nach dem Austritt vereinbart worden. Zu dieser Zeit war der Arbeitgeber nicht mehr gem. § 3 Abs. 3 TVG tarifgebunden. Die alten Tarife wirken nach. Für höhere Entgelte ist eine neue Tarifbindung, z.B. ein Haustarifvertrag, nötig (vgl. Kapitel 13.4.3 und 13.5.1).

Der Arbeitgeber ist zum 31.12.2012 aus dem Verband ausgetreten. Der Manteltarifvertrag (mit Arbeitszeit, Urlaub etc.) wurde zum 30.06.2013 gekündigt. Kann der Arbeitgeber für die Beschäftigten die Arbeitszeit und den Urlaub verschlechtern? Kann er dies bei neu Eingestellten tun?
Der Arbeitgeber ist bis Mitte 2013 an den Manteltarifvertrag nach § 3 Abs. 3 TVG gebunden. Er darf also Arbeitszeit und Urlaub nicht verschlechtern, auch nicht im Einvernehmen mit der Beschäftigten. Das gilt auch für neu Eingestellte – sofern sie Gewerkschaftsmitglied sind oder vor dem 30.06.2013 werden (vgl. Kapitel 13.5.1). Zum 30.06.2013 wurde der Manteltarifvertrag gekündigt und wirkt gem. § 4 Abs. 5 TVG nach. Gewerkschaftsmitglieder behalten ihre Ansprüche. Der Arbeitgeber kann nun aber über Änderungsverträge versuchen, Arbeitszeit- und Urlaubsdauer zu verändern. Die Beschäftigten müssen nicht unterschreiben. Neu Eingestellte werden aber nur geänderte Arbeitsbedingungen erhalten (vgl. Kapitel 13.4.3 und Übersicht 13.2).

Der Arbeitgeber tritt aus dem Arbeitgeberverband aus, zahlt aber weiter die tariflichen Leistungen. Die IG Metall verlangt einen Anerkennungstarifvertrag und ruft, nach erfolglosen Verhandlungen, zum Warnstreik auf. Der Arbeitgeber will mit einer einstweiligen Verfügung beim Arbeitsgericht den Streik verbieten lassen. Er behauptet, die Beschäftigten hätten gar keine Nachteile, weil die Tarifverträge weiter gelten; allein für eine Tarifbindung könne man nicht streiken. Richtig?
Nein. Mit dem Austritt aus dem Verband kann sich der Arbeitgeber auch nicht mehr auf die Friedenspflicht aus den Verbandstarifverträgen berufen. Diese entfällt und Arbeitskampfmaßnahmen sind möglich. Auch die Herstellung von Tarifbindung ist eine arbeitskampfrechtlich zulässige Forderung (LAG Frankfurt vom 17.09.2008 – 9 SaGa 1442/08; vgl. Kapitel 13.5.1).

Der Arbeitgeber wechselt zum 31.12.2011 in eine OT-Mitgliedschaft. Im Februar 2012 bietet der Arbeitgeber neue Verträge mit längeren Arbeitszeiten bei gleichem Entgelt an, ca. 20 Prozent der Beschäftigten (auch Organisierte) unterschreiben. Im Mai 2013 wird der Manteltarifvertrag gekündigt. Wenig später bietet der Arbeitgeber dem Betriebsrat eine Ver-

einbarung über längere Arbeitszeit an. Er behauptet: Der Tarifvertrag sei beendet, nun könne der Betriebsrat eine Regelung treffen. Außerdem hätten ja bereits 20 Prozent der Belegschaft längere Arbeitszeiten vereinbart. Was kann der Betriebsrat entgegnen?
Der OT-Wechsel steht einem Verbandsaustritt des Arbeitgebers gleich, die Tarifverträge gelten nach § 3 Abs. 3 TVG fort. Zumindest die Änderungsverträge, die Gewerkschaftsmitglieder abgeschlossen haben, sind unwirksam, da ungünstigere abweichende Abmachungen nicht zulässig sind, § 4 Abs. 3 TVG (vgl. Kapitel 13.2.3 und 13.5.1). Mit der Kündigung im Mai 2013 endet der Tarifvertrag, andere Abmachungen sind dann zulässig. Die Änderungsverträge der Gewerkschaftsmitglieder vom Februar 2012 stellen aber keine solche Abmachung dar. Sie bleiben unwirksam, da zu diesem Zeitpunkt eine Kündigung des Manteltarifvertrages gar nicht absehbar war. Eine Betriebsvereinbarung, wie sie der Arbeitgeber hier fordert, kann eine ablösende Abmachung sein, soweit es sich um Bereiche der zwingenden Mitbestimmung nach § 87 Abs. 1 BetrVG handelt. Die Dauer der wöchentlichen Arbeitszeit gehört aber nicht dazu, hier besteht wegen »Tarifüblichkeit« die Sperre des § 77 Abs. 3 BetrVG. Der Betriebsrat darf also hierzu keine Regelung treffen (vgl. Kapitel 13.4.3). Der Arbeitgeber muss mit jedem einzelnen Beschäftigten eine Änderung vereinbaren.

Ein Unternehmen (mit Chemie- und Metall-Betrieben) möchte in allen seinen Betrieben die Chemie-Tarifverträge anwenden. Es tritt mit den Metallbetrieben aus dem Arbeitgeberverband Metall aus und in den Arbeitgeberverband Chemie ein. Gelten die Chemie-Tarifverträge auch in diesen Betrieben?
Nein. Die Betriebe gehören nicht in die Organisations- und Tarifzuständigkeit der IG BCE. Es gibt keine Doppelzuständigkeit von Gewerkschaften (BAG vom 25.09.1996 – 1 ABR 4/96)
Die Betriebe fallen nicht in den Geltungsbereich der Chemie-Tarifverträge. Die IG-Metall-Mitglieder sind außerdem nicht an diese Tarifverträge gebunden (vgl. Kapitel 13.5.2).

Ein Elektrobetrieb wechselt vom Arbeitgeberverband der Metallindustrie in einen Verband des Elektrohandwerks. Welche Tarifverträge gelten?
Zunächst ist zu prüfen, ob es sich um einen Handwerksbetrieb handelt (hier entscheiden Kriterien wie die Größe des Betriebes, ob überwiegend Handarbeit verrichtet wird, die persönliche Verantwortung des Inhabers). Wenn nicht, gelten die Industrieverträge weiter. Wenn ja, muss weiter geprüft werden, mit welcher Gewerkschaft der Handwerksverband Tarifverträge geschlossen hat. Handelt es sich um CGM-Tarifverträge, sind die Mitglieder der IG Metall nicht daran gebunden, es bleibt bei der Nachbindung an die Industrietarifverträge gem. § 3 Abs. 3 TVG (vgl. Kapitel 13.5.2). Hat der Verband aber mit der IG Metall Tarifverträge für das Handwerk geschlossen, sind ihre Mitglieder daran gebunden. Gleichzeitig besteht eine (Nach-)Bindung an die Industrietarifver-

träge. Es handelt sich um einen Fall von Tarifkonkurrenz (vgl. Kapitel 13.3.6), die zugunsten eines Tarifvertrages aufgelöst werden muss. Nach Auffassung des Bundesarbeitsgerichts gilt hier der »speziellere« (Handwerks-)Tarifvertrag (BAG vom 26.10.1983 – 4 AZR 219/81). Anders als das Bundesarbeitsgericht befürwortet ein Teil der Rechtsliteratur einen Vorrang der fortgeltenden Industrietarifverträge für die Gewerkschaftsmitglieder, da dieser durch ihre Beteiligung beim Zustandekommen stärker legitimiert ist (Berg u.a. 2015 § 3 TVG Rn. 80).

Ein verbandsgebundener Metallbetrieb gliedert seine Logistik im Rahmen eines Betriebsübergangs aus. Der Erwerber ist ein Logistikunternehmen, welches über Mitgliedschaft im zuständigen Arbeitgeberverband für das Logistikgewerbe tarifgebunden ist. Die entsprechenden Verbandstarifverträge sind mit ver.di abgeschlossen. Welche Arbeitsbedingungen gelten für die IG-Metall-Mitglieder im Betrieb? Zur »Harmonisierung« der Arbeitsbedingungen möchte der Erwerber die Arbeitszeit verlängern und bietet entsprechende Verträge an. Zulässig?
Die Metall-Tarifverträge gelten nach dem Betriebsübergang nicht kollektivrechtlich weiter, denn der Erwerber ist zwar verbandsgebunden, aber nicht im gleichen Verband. Nach § 613a Abs. 1 Satz 2 BGB werden die Rechtsnormen der Metall-Tarifverträge in das Arbeitsverhältnis übertragen (»transformiert«). Diese Übertragung erfolgt trotz der beim Erwerber bestehenden Tarifverträge. § 613a Abs. 1 Satz 3 BGB findet keine Anwendung, da die IG-Metall-Mitglieder nicht an die Logistik-Tarifverträge der ver.di gebunden sind. Vor Ablauf 1 Jahres dürfen die übertragenen Metall-Tarifbedingungen nicht verschlechtert werden, solche Vereinbarungen wären unwirksam (vgl. Kapitel 13.5.3).

14. Perspektiven der Arbeitszeitgestaltung

von Hilde Wagner

Im letzten Jahrzehnt ist der arbeitszeitpolitische Handlungsdruck in den Betrieben und in der Gesellschaft deutlich gestiegen. Unter den Prämissen globaler Konkurrenz und überzogener Renditeorientierungen haben sich die Arbeits- und Leistungsbedingungen im Organisationsbereich der IG Metall erheblich verändert. In Verbindung mit neuen Reorganisationsmaßnahmen wurden Belegschaften häufig durch den Ausbau prekärer Beschäftigung unter Druck gesetzt oder ausgedünnt. Neue und belastende Formen von Arbeitszeit haben zugenommen, seien dies Modelle flexibilisierter Arbeitszeit, die sich in erster Linie nach den betrieblichen Anforderungen richten oder Modelle von Schichtarbeit, die in das Wochenende hineinragen oder die Nacht einbeziehen.

Neue unternehmerische Steuerungsformen sind mit arbeitszeitpolitischen Folgewirkungen verbunden. Sie zielen darauf ab, die Beschäftigten möglichst unmittelbar mit den Anforderungen des Marktes zu konfrontieren und sie für die Bewältigung des permanenten Marktdrucks verantwortlich zu machen. In der Leistungspolitik wird die aufwands- und arbeitskraftbezogene Begründung zugunsten einer ergebnisorientierten Leistungssteuerung und -begründung infrage gestellt oder durch diese ergänzt. Wird aber Maßlosigkeit zum dominierenden Prinzip bei der Leistung, ufern in der Folge auch die Arbeitszeiten aus.

Wie die Beschäftigtenbefragung der IG Metall 2013 zeigt, haben die Beschäftigten nichts gegen flexible Arbeitszeiten einzuwenden, wenn sie sich mit ihren privaten Lebensverhältnissen und familiären Aufgaben in Einklang bringen lassen. In der Realität richtet sich die Flexibilisierung der Arbeitszeit allerdings oft in erster Linie nach den betrieblichen Anforderungen. Für immer mehr Beschäftigte werden im Zuge der Flexibilisierung die Grenzen zwischen Arbeit und Privatleben durchlässiger. Hierzu trägt auch das Phänomen der »ständigen Erreichbarkeit« bei, die bisher nur in einzelnen Betrieben durch Betriebsvereinbarungen begrenzt bzw. geregelt wird. Der Übergriff der Arbeit auf die Privatsphäre und die Einschränkung der Erholungsmöglichkeiten und -zeiten für die Beschäftigten sind wesentliche Gründe dafür, dass die psychischen Belastungen und in der Folge die psychischen Beschwerden und Erkrankungen in den letzten Jahren stark zugenommen haben.

Dass die Unternehmen aufgrund des demografischen Wandels und des Fachkräftebedarfs die »Personalreserve der Frauen« stärker erschließen wollen, kommt hinzu. Bei einer Berufstätigkeit von zwei Partnern in Vollzeit in der derzeit vorherrschenden Form, stellt sich allerdings das Problem, dass es kaum möglich ist, Arbeit und Familienaufgaben zufriedenstellend unter einen Hut zu bringen. Aus diesem Grund erlebt das Thema der Vereinbarkeit von Arbeit und Privatleben eine neue Blütezeit.

All dies sind entscheidende Gründe dafür, dass Fragen der Arbeitszeit in der Prioritätenliste der Gesellschaftspolitik und der Gewerkschaften gegenwärtig wieder nach oben rücken (Wagner 2011). Wie in diesem Buch deutlich wird, bieten die Manteltarifverträge der IG Metall bereits heute wesentliche Hilfestellungen bei Fragen der Arbeitszeitgestaltung, die es zu nutzen gilt. Die in den Tarifverträgen enthaltenen Regelungsbereiche wurden in den vorstehenden Kapiteln dargestellt und mit Hinweisen versehen, wie die Bestimmungen in der Praxis angewendet werden können. An vielen Stellen wurde aufgezeigt, wie die tariflichen Schutz- und Gestaltungsansprüche und -rechte im Betrieb im Interesse der Beschäftigten zu nutzen sind. Für einzelne Handlungsbereiche wurden arbeitszeitpolitische Gestaltungsvorschläge entwickelt. Auch grundsätzlich tritt die IG Metall für eine Verbesserung und Weiterentwicklung der Arbeitszeitregelungen ein und zwar auf drei Ebenen:

- im Betrieb,
- in der Tarifpolitik und
- gegenüber der Politik.

Auf der *betrieblichen Ebene* hat der Betriebsrat ein umfassendes Mitbestimmungsrecht über alle Fragen der Arbeitszeitgestaltung. Dabei ist darauf zu achten, dass die Rahmenregelungen der Manteltarifverträge und die tariflichen Ansprüche und Rechte im Interesse der Beschäftigten betrieblich umgesetzt werden. Um den Verfall von Arbeitszeit zu verhindern, ist Arbeitszeit auf alle Fälle zu erfassen. Dies bildet die Grundlage für die Ausübung des Mitbestimmungsrechts. Auch alle weiteren tariflichen Bestimmungen, z.B. zur betrieblichen Gestaltung der Schichtarbeit, sind zu beachten. Eine offensive Politik des Betriebsrates, die mit den Vertrauensleuten der IG Metall und den Beschäftigten entwickelt und abgestimmt wurde und diese an den Auseinandersetzungen beteiligt, bietet dazu gute Grundlagen.

Auch in der *Tarifpolitik* ergeben sich wichtige Handlungsfelder. Die Regelungen zur Lage und Verteilung der Arbeitszeit in den Manteltarifverträgen stammen überwiegend aus der Zeit um 1984, als in Westdeutschland die stufenweise Einführung der 35-Stunden-Woche vereinbart wurde. Die damaligen Konflikte führten in den einzelnen Tarifgebieten teilweise zu unterschiedlichen Rechtsprechungen der Gerichte. Die Bestimmungen in den Manteltarifverträgen sind im Grunde genommen veraltet, sie müssten dringend reformiert werden. So taucht beispielsweise in den Manteltarifverträgen der meisten Tarifgebiete das Wort »Arbeitszeitkonto« nicht auf, obwohl in der Mehrheit der Betriebe Arbeitszeitkonten Anwendung finden. Die IG Metall hat die regionalen Arbeitgeberverbände mehrfach aufgefordert, die Regelungen zur Lage und Verteilung der Arbeitszeit in den Manteltarifverträgen zu überarbeiten. Die Mehrheit der regionalen Arbeitgeberverbände verweigert sich aber den Verhandlungen.

Von der *Politik* fordert die IG Metall eine Verbesserung der gesetzlichen

Bestimmungen zur Arbeitszeit. Es ist dringend erforderlich, das Arbeitszeitgesetz zu reformieren und an die betriebliche Realität anzupassen. Es ist im Grunde genommen nicht akzeptabel, dass das Arbeitszeitgesetz eine wöchentliche Arbeitszeit von 48 Stunden zulässt, während die Manteltarifverträge in der Metall- und Elektroindustrie eine Wochenarbeitszeit von 35 bzw. 38 Stunden vorsehen. Hinsichtlich der Vereinbarkeit von Arbeit und Privatleben plant die Regierungskoalition von CDU und SPD verbesserte gesetzliche Regelungen für individuelle Ansprüche auf Teilzeitarbeit, auch während der Zeiten der Kindererziehung und der Pflege von Familienangehörigen. In diesem Zusammenhang soll ebenfalls ein Anspruch auf Rückkehr von Teilzeit in Vollzeit geregelt werden. Insgesamt ist die Politik aufgefordert, bessere Rahmenbedingungen für lebensphasenorientierte Arbeitszeiten zu schaffen.
Das sind nur einige Beispiele. Deutlich wird in diesem Buch auch, dass sich in der betrieblichen Praxis weitergehende Anforderungen an die betriebliche und tarifliche Regulierung von Arbeitszeit und deren Weiterentwicklung stellen. Voraussetzung für eine wirkungsvolle gewerkschaftliche Arbeitszeitpolitik ist, dass sie an den Arbeits- und Arbeitszeitrealitäten der Beschäftigten ansetzt und deren Interessenlagen berücksichtigt. Gewerkschaftliche Arbeitszeitpolitik muss Antworten auf prägende Entwicklungen in der Arbeits- und Lebenswelt der Beschäftigten geben und Veränderungen im Bewusstsein der Beschäftigten reflektieren, wenn sie erfolgreich sein will. Die Diskussionen um Perspektiven zur Arbeitszeitgestaltung kreisen in diesem Sinne im Wesentlichen um folgende Handlungsbereiche und Aspekte:

Verfall und Verlängerungen von Arbeitszeit entgegenwirken

Die Ergebnisse der Beschäftigtenbefragung der IG Metall 2013 weisen eine deutliche Kluft zwischen den effektiven und den tariflichen Arbeitszeiten auf. Eine der Facetten dieses bedenklichen Sachverhaltes besteht darin, dass Arbeitszeiten der Beschäftigten teilweise nicht erfasst oder zwar erfasst, aber nicht bewertet und weder durch Entgelt noch durch Zeitausgleich honoriert werden. Wird aber der Verfall oder die unbezahlte Verlängerung von Arbeitszeit betrieblich hingenommen, laufen alle weitergehenden betrieblichen und tariflichen Gestaltungsansätze ins Leere. Wenn es um neue Gestaltungsansätze der Arbeitszeit geht, ist es deshalb wichtig, dem Verfall und der Verlängerung von Arbeitszeit in den Betrieben entgegenzuwirken. Es geht dabei nicht zuletzt darum, die betriebliche Konfliktfähigkeit von Betriebsräten, Vertrauensleuten und Beschäftigten zu stärken, um die längeren effektiven Arbeitszeiten auf die tariflichen Arbeitszeiten zurückzuführen.

35-Stunden-Woche als Referenzgröße

In der westdeutschen Metall- und Elektroindustrie, der Stahlindustrie in West- und Ostdeutschland sowie in der holzverarbeitenden Industrie ist die 35-Stunden-Woche im Tarifvertrag verankert. Zahlreiche Angriffe der Arbeitgeber mit dem Ziel, die 35-Stunden-Woche rückgängig zu machen, konnten abgewehrt werden. In Teilbranchen des Organisationsbereichs der IG Metall und in der ostdeutschen Metall- und Elektroindustrie ist die 35-Stunden-Woche noch nicht tariflich verankert. Im Jahre 2003 ist der Versuch der IG Metall, in der ostdeutschen Metall- und Elektroindustrie die 35-Stunden-Woche einzuführen, trotz eines Streikes nicht gelungen. Dennoch bleibt die Angleichung der Arbeitszeiten zwischen West und Ost auf der mittelfristigen gewerkschaftlichen Tagesordnung. Es ist im Grunde nicht akzeptabel, dass über 20 Jahre nach der deutschen Einheit in Ostdeutschland für dasselbe Monatsentgelt 3 Stunden pro Woche länger gearbeitet werden muss. Für die Metall- und Elektroindustrie und für die weiteren Teilbranchen, für die die IG Metall zuständig ist, bleibt es bei der 35-Stunden-Woche als Referenzgröße.

Flexible Arbeitszeiten und Zeitsouveränität der Beschäftigten

Die großen Industrieunternehmen in der Metall- und Elektroindustrie sind seit Jahren Vorreiter flexibler Arbeitszeiten. Dabei ist der Prozess der Entkopplung der Betriebsnutzungs- und Arbeitszeit weit fortgeschritten. Der Druck auf noch stärkere Flexibilisierung der Arbeitszeiten ist nach wie vor groß und steigt gegenwärtig vor allem in den Fällen, in denen Unternehmen die externe Flexibilisierung (z. B. über Leiharbeit) partiell zurücknehmen und im Gegenzug die interne Flexibilisierung ausdehnen. Gleichzeitig thematisieren die Beschäftigten das Problem zu geringer Zeitsouveränität. Denn familiäre und private Interessen lassen sich mit den Anforderungen aus der Arbeit oft kaum noch in Einklang bringen. Die Flexibilisierung bedroht auch die gemeinsamen Zeiten, den gemeinsamen Feierabend und die freien Wochenenden, die den Beschäftigten nach wie vor wichtig sind.

Gute Regelungen von Arbeitszeitkonten könnten als Instrument dienen, um sozialen Folgeschäden und betrieblichem Wildwuchs vorzubeugen. Deshalb ist es unverantwortlich, dass sich die Arbeitgeber in den meisten Tarifgebieten immer noch weigern, die Rahmenbedingungen von Arbeitszeitkonten tariflich zu regulieren.

Bei Kontenregelungen, deren Rahmen tariflich geregelt sein sollte, geht es darum, dass auch die Beschäftigten reale Chancen auf eine höhere Zeitsouveränität und auf individuelle Wahlmöglichkeiten erhalten. Es geht um mehr Einfluss der Beschäftigten auf die Lage und Verteilung sowie auch auf die Länge ihrer Arbeitszeit. Um die Möglichkeit wirklicher Zeitsouveränität zu erhöhen, sind individuelle Gestaltungs-, Anspruchs- und Verfügungsrechte verbindlich zu verankern. Bezogen auf Arbeitszeitmodelle können beispielsweise die Wahlmöglichkeiten ausgeweitet, bezogen auf Arbeitszeitkonten die individuellen Verfügungsrechte der Beschäftigten über ihre angesparten Zeitguthaben erhöht werden. Werden die Konten auf Basis tariflicher Regelungen so angelegt, dass der Ausgleichszeitraum von 12 Monaten überschritten oder aufgehoben wird, gilt es, Obergrenzen von einzuspeisenden Stunden oder Zeitguthaben sowie Gestaltungsrechte und Sanktionsmechanismen zu verankern, die dann wirken, wenn die vereinbaren Limits erreicht werden. Tarifverträge und Betriebsvereinbarungen können hierfür einen verbindlichen Rahmen abstecken.

Arbeitszeitkonten können auch ein hilfreiches Instrument sein, dem Verfall und der Ausweitung von Arbeitszeit entgegenzuwirken. Sinnvoll sind dabei vor allem Ampelregelungen, die sowohl die kollektiven als auch die individuellen Verfügungsrechte der Beschäftigten regeln und beim Erreichen definierter Grenzen initiativ Beratungs- und erweiterte Mitbestimmungsrechte des Betriebsrates auslösen (etwa bei der Personalbesetzung und den Leistungsbedingungen).

Belastende Arbeitszeit eindämmen und Regenerationszeiten schaffen

Angesichts der Intensivierung der Arbeit und des demografischen Wandels sind Konzepte alternsgerechten Arbeitens und gesundheitsverträglicher Arbeitszeiten auszubauen. Atypische Arbeitszeiten haben im letzten Jahrzehnt zugenommen – in der Metall- und Elektroindustrie vor allem Schicht- und Nachtarbeit sowie Wochenendarbeit. Aufgrund der gestiegenen Zahlen der Erwerbsunfähigkeit von Beschäftigten in besonders belastenden Tätigkeitsbereichen ist inzwischen nicht mehr von der Hand zu weisen, dass in Schichtarbeit verbindliche Wahlmöglichkeiten zum Ausstieg aus Schichtarbeit und Ausgleichsmöglichkeiten in Form von zusätzlichen freien Tagen sinnvoll wären. Das gilt vor allem für extrem belastendende 3-Schichtmodelle »rund um die Uhr«. Gerade für sogenannte 21-Schichtmodelle ist eine Reduzierung der Arbeitszeit sinnvoll und gesundheitsförderlich. Besonders für ältere Beschäftigte in Schichtarbeit sollten entlastenden Maßnahmen vereinbart werden. Mit erhöhten Belastungen und Gesundheitsrisiken geht oftmals aber auch die Arbeit z. B. in Projekten einher, die meist unter hohem Kosten- und Zeitdruck stattfindet. Immer dann, wenn Gesundheitsgefährdungen auftreten, geht es darum, die Forderung nach ausreichenden Regenerations- und Erholungszeiten wieder aufzugreifen. Für Beschäftigte mit besonders belastenden Tätigkeiten sind zusätzliche freie Tage zur Regeneration anzustreben.
In der Metall- und Elektroindustrie sind gegenwärtig nach Angaben der Bundesagentur für Arbeit lediglich 5 Prozent der Beschäftigten älter als 60 Jahre. Das ist nicht einfach ein Resultat früherer Vorruhestandsregelungen, wie Gesamtmetall behauptet, sondern auch Ausdruck stark belastender Arbeits- und Leistungsbedingungen. Die Verlängerung der Lebensarbeitszeit auf 67 Jahre ignoriert diesen Tatbestand, sie führt in erster Linie zu Rentenkürzungen und ist zurückzunehmen. Damit die Beschäftigten überhaupt bis zur Altersrente arbeiten können, ist es notwendig, die Arbeit für alle alter(n)sgerechter zu gestalten und dabei die Bedeutung gesundheitsförderlicher Arbeitszeiten zu berücksichtigen. Ferner sind die gesetzlichen Grundlagen für einen früheren Ausstieg aus dem Arbeitsleben und einen gleitenden Übergang in den Ruhestand zu verbessern. Darüber hinaus spielt die tarifliche Regelung der Altersteilzeit in den Betrieben eine bedeutende Rolle. Die Tarifverträge zum flexiblen Übergang in die Rente (TV FlexÜ) sind Ende 2016 kündbar. Hier ist es möglich, dass die IG Metall schon vorzeitig versucht, mit den Arbeitgeberverbänden, Anschlussregelungen zur Altersteilzeit zu vereinbaren.

Sozialverträgliche Arbeitszeiten für Frauen und Männer

Noch immer nehmen Frauen und Männer nicht gleichberechtigt an der Erwerbsarbeit und an den Aufgaben im privaten und familiären Bereich teil. Seit Mitte der 1990er-Jahre ist vielmehr zu beobachten, dass der Anteil der männlichen Vollzeitbeschäftigten mit immer längeren durchschnittlichen Wochenarbeitszeiten zunimmt, während gleichzeitig der Anteil der weiblichen Beschäftigten in Teilzeit mit sinkenden durchschnittlichen Wochenarbeitszeiten steigt. Es gilt, die Wünsche der Frauen nach existenzsichernder Arbeit und existenzsichernden Arbeitszeiten und die Wünsche der Männer und Frauen nach mehr Zeit für Familie, Beziehungen und weitere Aktivitäten zu bestärken und in der Arbeitszeitpolitik aufzugreifen.

Um eine gleiche Teilhabe an existenzsichernder Erwerbsarbeit und Familienarbeit zu ermöglichen und das Problem der schwierigen Vereinbarkeit von Vollzeitarbeit – wie sie derzeit in der betrieblichen Praxis vorherrscht – mit privaten Aufgaben zu bewältigen, sind Überlegungen in Richtung kürzerer Arbeitszeiten für beide richtig. Kürzere Vollzeitbeschäftigung eröffnet Männern und Frauen die Chance auf gleichberechtigte und existenzsichernde Erwerbsarbeit und eine geschlechtergerechte Aufteilung der Arbeit im Privatbereich. Modelle, die Möglichkeiten *»kurzer Vollzeit«* für beide schaffen, sollten deshalb künftig tarif- und sozialpolitisch unterstützt werden.

Ein Ansatz könnte ein anlassbezogener, individueller Anspruch auf eine geringere Arbeitszeit sein, wenn z. B. Aufgaben der Kinderbetreuung oder der häuslichen Pflege übernommen werden. Für solche Fälle, in denen also für eine begrenzte Zeit gesellschaftliche Aufgaben übernommen werden, sind die Möglichkeiten materieller Unterstützung zu prüfen, damit alle Beschäftigten die Option auch wirklich realisieren können. Ein aktueller Vorschlag in diese Richtung ist die sogenannte *»Familienarbeitszeit«*. Nach diesem Konzept soll es eine zeitlich befristete und nach den Einkommen gestaffelte, steuerfinanzierte Entgeltersatzleistung geben, wenn im Fall von Kindererziehung beide Eltern ihre Arbeitszeit auf 80 Prozent reduzieren. Denkbar sind aber auch andere Varianten, die sich auf eine variablere Reduzierung von Arbeitszeit beziehen und mit anderen Modellen des Teilentgeltausgleichs oder der materieller Unterstützung verbunden sind.

Im Lebensverlauf verändern sich die Arbeitszeitbedürfnisse meist abhängig von den spezifischen Lebensphasen und Lebensumständen. Deshalb sind die Möglichkeiten für *lebenslauforientierte Arbeitszeiten für Männer und Frauen* auszubauen. Wenn für Frauen und Männer realisierbare Möglichkeiten bestünden, je nach Bedarf ihre Erwerbstätigkeit im Umfang zu variieren oder phasenweise ganz zu unterbrechen (für Pflege oder Kindererziehung) und später wieder auf die gewünschte Arbeitszeit oder in das gewünschte Arbeitszeitmodell zurückzukehren, würde dies die Balance zwischen Arbeit und Privatleben erheblich verbessern. Hierfür sind unterstützende sozialpolitische Maßnahmen auszubauen.

Arbeitszeitpolitik gemeinsam angehen

Aufgrund des gestiegenen Handlungsdrucks in den Betrieben zeichnet sich im Organisationsbereich der IG Metall schon seit längerem ab, dass das Thema Arbeitszeit wieder betriebs- und tarifpolitisch zu bearbeiten ist (Wagner 2013). Die Ergebnisse der Beschäftigtenbefragung 2013 haben dies mit Nachdruck unterstrichen. Auf den beiden letzten ordentlichen Gewerkschaftstagen der IG Metall 2007 und 2011 war bereits erkennbar, dass vor allem dem Handlungsfeld Arbeitszeit wieder eine wachsende Bedeutung zugemessen wurde. Dies drückte sich nicht zuletzt in zahlreichen Anträgen zu arbeitszeitpolitischen Themen aus, die nicht selten eine Verknüpfung mit Fragen der Arbeits- und Leistungsbedingungen aufwiesen. Im Ergebnis beschloss die IG Metall, die Handlungsbereiche Arbeitszeit und Leistung orientiert an inhaltlichen Vorstellungen eines gesundheitsförderlichen und »alternsgerechten Arbeitens« und an den Wünschen der Beschäftigten nach mehr Zeitsouveränität und einer besseren Balance von Arbeit wieder stärker in den Mittelpunkt der Betriebs- und Tarifpolitik zu stellen.

Darüber hinaus wurde in der IG Metall Beschäftigtenbefragung 2013 von den Beschäftigten das Thema der beruflichen Weiterentwicklung hoch gewichtet. Um die Chancen einer Realisierung beruflicher Entwicklung zu stärken, wird gegenwärtig das Modell einer *»Bildungsteilzeita«* diskutiert. Dabei wird über einen bestimmten Zeitraum ein Teilzeit-Arbeitsverhältnis vereinbart, so dass berufsbegleitend die Möglichkeit besteht, persönliche Weiterbildungsmaßnahmen zu absolvieren. Dieses Modell könnte durch tarifliche Aufzahlungsansprüche, die im Rahmen der bestehenden Gesetzgebung teilweise steuer- und abgabefrei gestellt werden, unterstützt werden. Solche Teilfreistellungen könnten neben der beruflichen Entwicklung nach einer dualen Ausbildung auch für das Nachholen eines Berufsabschlusses oder eines ergänzenden Abschlusses, z.B. als Techniker oder als Meister oder für einen Bachelor-Studiengang, genutzt werden. Für Unternehmen könnte dies die Bindung engagierter und qualifizierter Beschäftigter stärken, um den erhöhten Fachkräftebedarf der Zukunft erfüllen zu können.

In das Reich der Mythen gehört, dass die unterschiedlichen Arbeitszeitrealitäten der Beschäftigten gemeinsame arbeitszeitpolitische Schwerpunktsetzungen verhindern würden. Vielfältige Erfahrungen und Diskussionen belegen, dass es auch künftig unter Berücksichtigung der Unterschiede in den konkreten arbeitszeitpolitischen Interessenlagen und in der Folge unter Berücksichtigung aller notwendigen Differenzierungen möglich ist, in der gewerkschaftlichen Arbeitszeitpolitik an gemeinsame Interessenlagen anzuknüpfen, die sich in den genannten Schwerpunkten deutlich abzeichnen.

Gewerkschaftliche Arbeitszeitpolitik muss dort Schwerpunkte setzen, wo der Handlungsdruck am größten ist. Wenn die Beschäftigten – wie gegenwärtig – darunter leiden, dass die Arbeit ihr soziales Leben und ihre Gesundheit gefährdet und sich für viele die Grenzen zwischen Arbeitszeit und privater Lebenszeit auflösen, treten diese Handlungsfelder in den Vordergrund:

- Stärkung des Einflusses der Beschäftigten auf ihre eigene Zeit – mehr Zeitautonomie für eine gute Balance von Arbeit und Privatleben.

- Existenzsichernde Arbeitsverhältnisse für alle, Kampf gegen Arbeitszeitverlängerungen und arbeitszeitverkürzende Schritte in definierten Bereichen.
- Leistung und Arbeitszeit wieder ein gesundes Maß geben. Gesundheitsförderliche und alter(n)sgerechte Arbeitszeiten.
  Unter anderem geht es dabei um Erhol- und Regenerationszeiten, aber auch neu um Beteiligungszeiten als Voraussetzung einer Demokratisierung von Arbeit.
- Und als Voraussetzung für diese Schwerpunkte: Maßnahmen gegen den Verfall von Arbeitszeit und für eine Rückführung der effektiven Arbeitszeiten auf die tariflich vereinbarten Arbeitszeiten.

In diesen Handlungsfeldern gilt es die Konfliktfähigkeit der Belegschaften zu stärken. Sie zeigen, dass es jenseits aller Differenzierungen noch Themenfelder gibt, auf die sich gemeinsame Interessenlagen der Beschäftigten beziehen. Auf sie bezogen besteht auch die Chance, eine mobilisierungsfähige Basis zu schaffen. Der gemeinsame Nenner besteht in der Orientierung, die individuellen Anspruchs- und Verfügungsrechte und die individuellen Wahlmöglichkeiten der Beschäftigten bei der Arbeitszeit durch kollektive Mitbestimmung und tarifliche Regulierung zu stärken.

Arbeitszeit- und Leistungspolitik hat sich stark auf die Betriebsebene verlagert und die Betriebsräte zu wichtigen arbeitszeitpolitischen Akteuren gemacht. Diese können in zunehmendem Maße ihrer Aufgabe als Interessenvertreter im Bereich Arbeitszeit allerdings erfolgsversprechend nur nachkommen, wenn sie die Beschäftigten bei der Entwicklung und Durchsetzung betrieblicher Regelungen beteiligen und sie in ihren Wünschen nach mehr und wirklicher Zeitsouveränität unterstützen. Darüber hinaus wird es künftig jedoch auch darauf ankommen, weitere betriebsübergreifende Regulierungen zu erreichen, die den Betriebsräten, Vertrauensleuten und einzelnen Beschäftigten Unterstützung bieten. Für die tarifpolitische Aneignung betrieblicher Themen spricht: »Jeder Schritt, der den sozialen Konflikt im Betrieb [...] in die Hände der Tarifpolitik (zurück-)legt, erweitert nicht nur das Feld demokratischer, selbstbestimmter Interessenwahrnehmung, sondern nimmt den Betriebsräten einen Teil des Drucks von den Schultern, ihre betrieblichen Mitwirkungsrechte dem Kostenwettbewerb dienstbar zu machen« (Hensche 2012, S. 250).

Die Gewerkschaften sind aufgefordert, den beschriebenen gesellschaftlichen Rückenwind für eine neue Initiative in der Arbeitszeit- und Leistungspolitik zu nutzen. Es gilt, die verschiedenen arbeitszeitpolitischen Aktivitäten und Bausteine in der IG Metall – und wenn möglich darüber hinaus in den DGB-Gewerkschaften – in einer neuen Initiative weiterzuentwickeln. Konkret geht es um eine mittel- und langfristig angelegte arbeitszeitpolitische Strategie, aus der in den jeweiligen Tarifbewegungen einzelne Elemente herausgegriffen und tariflich zugespitzt werden und andere mittel- und langfristig weiter verfolgt und bearbeitet werden.

Literaturverzeichnis

Berg, P.; Kocher, E.; Platow, H.; Schoof, C.; Schumann, D. (2015): Tarifvertragsgesetz und Arbeitskampfrecht, 5. Auflage, Frankfurt a. Main

Bundesagentur für Arbeit (2013): Geschäftsanweisung zu § 96 SGB III, http://www.arbeitsagentur.de/zentraler-Content/E-Mail-Infos/Dokument/E-Mail-Info-2013_06_24-Anlage.pdf

Bundesinstitut für Berufsbildung (Hrsg.) (2012): AusbildungPlus in Zahlen, Trends und Analysen

Bundesministerium für Arbeit und Soziales (2015): Verzeichnis der für allgemeinverbindlich erklärten Tarifverträge, http://www.bmas.de/SharedDocs/Downloads/DE/PDF-Publikationen-DinA4/arbeitsrecht-verzeichnis-allgemeinverbindlicher-tarifvertraege.pdf?__blob=publicationFile&v=4

Bundestag (2013 –17/12273): Antwort der Bundesregierung auf die Kleine Anfrage der Abgeordneten Jutta Krellmann, Sabine Zimmermann, Diana Golze, weiterer Abgeordneter und der Fraktion DIE LINKE. – Drucksache 17/11974 – Psychische Belastungen aufgrund flexibler und atypischer Arbeitszeiten

Bundestag (2013 –17/8531): Antwort der Bundesregierung auf die Kleine Anfrage der Abgeordneten Sabine Zimmermann, Jutta Krellmann, Diana Golze, weiterer Abgeordneter und der Fraktion DIE LINKE. – Drucksache 17/8229 – Flexibilisierung der Arbeitszeit, atypische Arbeitszeiten und Anforderungen an die Politik

Buschmann, R.; Ulber, J. (2011): Arbeitszeitgesetz. Basiskommentar. 7. Auflage, Frankfurt a. Main.

Däubler, W.; Kittner, M.; Klebe, T.; Wedde, P. (Hrsg) (2014): BetrVG – Betriebsverfassungsgesetz, 14. Auflage, Frankfurt a. Main

Deutscher Metallarbeiterverband (DMV) (1918) in: Verein für Frankfurter Arbeiterbewegung in Dokumenten 1832–1933 Bd. 2, S. 835

DGB-Index Gute Arbeit (2012): Arbeitshetze – Arbeitsintensivierung – Entgrenzung, Repräsentativbefragung 2011, Berlin

Dulger, R. (2012): Wir werden mehr und flexibler arbeiten müssen; in: Betriebspraxis & Arbeitsforschung Nr. 214 Düsseldorf

Gesamtmetall (2015): Zahlen 2015, Die Metall- und Elektroindustrie in der Bundesrepublik Deutschland, https://www.gesamtmetall.de/sites/default/files/download/zahlenheft_2015.pdf

Hamm, I. (2013): Das Ende der Vertrauensarbeitszeit. Zumindest so wie wir sie kannten. In: AiB 2013, Heft 9, S. 518–520

Heilmann, J. (2014): Urlaubsrecht – Basiskommentar zum BurlG und zu anderen urlaubsrechtlichen Vorschriften, 4. Auflage, Frankfurt a. Main

Hensche, D. (2012): Markt und Mitbestimmung – Ansatzpunkte demokratischer Arbeit und überbetrieblicher Ausgleichsmacht, in: Fricke, W., Wagner, H. (Hrsg.): Demokratisierung der Arbeit, Hamburg, S. 239–257

IG Metall Bezirksleitung Baden-Württemberg (2011): Geleistete Arbeit muss bezahlt werden! Handlungsempfehlung gegen den Verfall von Arbeitszeit, Stuttgart

IG Metall Bezirksleitung Nordrhein-Westfalen (2010): Kommentierung Tarifvertrag ZiA, Düsseldorf.

IG Metall Vorstand (2003): Unternehmenskrise = Arbeitsplatzabbau ... »Es geht auch anders« – Der Tarifvertrag zur Beschäftigungssicherung in der Praxis, Frankfurt a. Main

IG Metall Vorstand (2007a): »Anpacken statt abwarten!«- Mit »besser statt billiger-Strategien« Beschäftigung und gute Arbeit sichern, Frankfurt a. Main

IG Metall Vorstand (2007b): Entschließung 3 des 21. Ordentlichen Gewerkschaftstages, Frankfurt a. Main

IG Metall Vorstand (2007c): Arbeitsordner Tarifvertrag Qualifizierung; Eine Handlungshilfe, Frankfurt a. Main

IG Metall Vorstand (2008): »Weniger Aufträge – weniger Produktion: Was nun?« – Handlungsoptionen für betriebliche Interessenvertretungen bei Produktionsrückgang, Frankfurt a. Main

IG Metall Vorstand (2009): Gute Arbeit im Schichtbetrieb? So werden Schichtpläne besser, Frankfurt a. Main

IG Metall Vorstand (2011): Zur Praxis: Meine Arbeit – meine Zeit – mein Leben. Arbeitszeitpolitische Herausforderungen und Gestaltungshinweise, Frankfurt a. Main

IG Metall Vorstand (2012): Handlungshilfe 28 für Betriebsräte und Vertrauensleute; Der Bildungsausschuss des Betriebsrates, Frankfurt a. Main

IG Metall Vorstand (2013a): Arbeit: sicher und fair! Die Befragung. Ergebnisse, Zahlen, Fakten, Frankfurt a. Main

IG Metall Vorstand (2013b): Rechtsinformationen zur konjunkturellen Kurzarbeit, Frankfurt a. Main

IG Metall Vorstand (2014): Mobiles Arbeiten, Frankfurt a. Main

IG Metall Vorstand/IAQ (Hrsg.) (2012): Franz, C., Lehndorff, S.: Entwicklung der tatsächlichen Arbeitszeiten in der Metall- und Elektroindustrie, Frankfurt a. Main

Internationaler Arbeiterkongress (1890): Protokoll des Internationalen Arbeiterkongresses zu Paris, vom 14. bis 20. Juli 1889, deutsche Übersetzung, Nürnberg

Jürgens, K. (2004): Kein Seiltanz ohne Netz. Zur Funktionalität indivudueller und betrieblicher Grenzziehungen, in: Pongartz, H.-J.: Voß, G. (Hrsg.): Typisch Arbeitskraftunternehmer? Befunde der empirischen Arbeitsforschung, Berlin, S. 163–186.

Kadritzke, U. (2005): Moderne Zeiten. Einige Gedanken zur Kolonialisierung der Lebenswelt durch die »neue Arbeit«, in: Bsirske, F. u.a. (Hrsg.): Perspektive neue Zeitverteilung, S. 149–177.

Kempen, O. E.; Brecht-Heitzmann, H.; Schubert, J.; Seifert, A. (Hrsg.) (2014): TVG Tarifvertragsgesetz, 5. Auflage, Frankfurt a. Main.

Kittner, M.; Zwanziger, B.; Deinert, O. (Hrsg.) (2013): Arbeitsrecht – Handbuch für die Praxis, 7. Auflage, Frankfurt a. Main

Lohmann-Haislah, A. (2012): Stressreport Deutschland 2012 Psychische Anforderungen, Ressourcen und Befinden; Bundesanstalt für Arbeitsschutz und Arbeitsmedizin, Hrsg. Dortmund/Berlin/Dresden

Meine, H.; Ohl, K.; Rohnert, R. (Hrsg.) (2011): Handbuch Arbeit – Entgelt – Leistung. Entgelt-Rahmentarifverträge im Betrieb, 5. Auflage, Frankfurt a. Main

Nachreiner, F.; Arlinghaus, A. (2013): Zur zeitlichen Kompensation der Belastung durch unübliche Arbeitszeiten; Präsentation auf der Frühjahrskonferenz der GfA, Krefeld

Negt, O. (1987): Lebendige Arbeit, enteignete Zeit. Politische und kulturelle Dimensionen des Kampfes um die Arbeitszeit, Frankfurt a. Main

Ohl, K.; Platow, H.; Stang, B.; Unterhinninghofen, H.; Fergen, A.; Vogt, W.; Köhlinger, J.; Wiedemuth, J.; Schwitzer, H. (2000): Handbuch Manteltarifverträge. Gestaltung – Auslegung – Umsetzung, Frankfurt a. Main

Rinderspacher, J. P. (1987): Am Ende der Woche – Die soziale und kulturelle Bedeutung des Wochenendes, Bonn

Salm, R. (2010): Abschied vom Arbeitszeit-Polizisten – Neue Konzepte für die Arbeitszeitpolitik in Gleitzeitbereichen, in Schwitzer, H.; Ohl, K.; Rohnert, R.; Wagner, H. (Hrsg.): Zeit, dass wir was drehen!, Hamburg, S. 119–154

Schaub, G. (2013): Arbeitsrechts-Handbuch, Systematische Darstellung und Nachschlagewerk für die Praxis, 15., neu bearbeitete Auflage

Schoof, C. (1998): Anmerkung zu LAG Hamburg vom 24.06.1998 in: Arbeitsrecht in Betrieb 1998, S. 228

Schröder, G. (2003) in: Deutscher Bundestag Stenographischer Bericht 32. Sitzung Freitag, den 14. März 2003, Berlin

Schumann, D. (2010): Beschäftigungssicherung in der Metall- und Elektroindustrie, Arbeitsrecht im Betrieb 2010, Seiten 222–226

Schwitzer, H.; Ohl, K.; Rohnert, R.; Wagner, H. (Hrsg.) (2010): Zeit, dass wir was drehen! Perspektiven der Arbeitszeit- und Leistungspolitik, Hamburg

Seifert, H.; Kümmerling, A.; Riedmann, A. (2013): Langzeitkonten – überschätzte Erwartungen einer biografieorientierten Zeitpolitik? in: WSI-Mitteilungen Jg. 66/2, S. 133–143

Sinzheimer, H. (1926): Koalitionen, Koalitionsfreiheit und Koalitionsrecht: II. Die Koalitionsfreiheit. – in: Die Arbeit: Zeitschrift für Gewerkschaftspolitik und Wirtschaftskunde, S. 744–752

Unterhinninghofen, H. (1995): Tariflicher Urlaubsanspruch – Berechnung der Urlaubsdauer, in: Arbeit und Recht, S. 235–238

Wagner, H. (2011): Arbeitszeitpolitik in der Krise und darüber hinaus, in: Groß, H.; Seifert, H. (Hrsg.): Zeitkonflikte. Renaissance der Arbeitszeitpolitik, S. 341–358

Wagner, H. (2013): Gewerkschaftliche Arbeitszeitpolitik heute: »Zeit, dass wir was drehen!«, in: Zeitschrift Sozialismus, Nr. 5, S. 37–43
Wirtz, A. (2010): Gesundheitliche und soziale Auswirkungen langer Arbeitszeiten; (Hrsg.) Bundesanstalt für Arbeitsschutz und Arbeitsmedizin, Dortmund/Berlin/Dresden
WSI-Tarifarchiv (2015): Statistisches Taschenbuch Tarifpolitik, Düsseldorf

Autorinnen und Autoren

Andrea Fergen, Ressortleiterin Arbeitsgestaltung und Gesundheitsschutz beim Vorstand der IG Metall

Jörg Hofmann, 1. Vorsitzender der IG Metall,

Jörg Köhlinger, Bezirksleiter des IG Metall Bezirks Mitte

Hartmut Meine, Bezirksleiter des IG Metall Bezirks Niedersachsen und Sachsen-Anhalt

Kay Ohl, ehemaliger Funktionsbereichsleiter Tarifpolitik beim Vorstand der IG Metall

Elke Schulte-Meine, Bildungsreferentin, IG Metall Bildungszentrum Sprockhövel

Dirk Schumann, Ressortleiter Tarifrecht beim Vorstand der IG Metall

Stefan Vetter, Bildungsreferent, IG Metall Bildungszentrum Sprockhövel

Dr. Hilde Wagner, Ressortleiterin Tarifpolitische Themen- und Handlungsfelder beim Vorstand der IG Metall

Gerhard Wick, 1. Bevollmächtigter der IG Metall Verwaltungsstelle Esslingen

Stichwortverzeichnis